“十二五”普通高等教育本科国家级规划教材
国家精品课程配套教材
国家级精品资源共享课配套教材

项目管理学

PROJECT MANAGEMENT（第四版）

戚安邦　孙贤伟　编著

科学出版社
北　京

内 容 简 介

本书是国家精品课程、国家级精品资源共享课及国家级双语示范课程“项目管理”的教材。本书有四个特色：其一，与国际项目管理最新发展接轨，如包含了 PMI 2021 年 PMBOK 的内容；其二，包含了作者及其团队的最新研究成果，如创新和创业项目管理、跨国项目和应急项目管理等内容；其三，包含了 IPMA 项目管理能力基线（ICB4.0）的思想；其四，体现了中国项目管理学派的思想和原理，如借鉴了《中国式项目风险管理》《创新项目管理》《创业项目管理》等诸多学术著作的内容。

本书既可供各管理专业本科生作为教材使用，也可作为 MPM、MEM、MBA 与 MPA 等专业的硕士研究生教材，还可以供政府、企业和事业单位从事项目管理工作与研究的人员使用。

图书在版编目(CIP)数据

项目管理学/戚安邦，孙贤伟编著. —4 版. —北京：科学出版社，2024.7
“十二五”普通高等教育本科国家级规划教材
国家精品课程配套教材
国家级精品资源共享课配套教材
ISBN 978-7-03-076150-7

Ⅰ.①项…　Ⅱ.①戚…　②孙…　Ⅲ.①项目管理-高等学校-教材
Ⅳ.①F224.5

中国国家版本馆 CIP 数据核字（2023）第 152615 号

责任编辑：方小丽／责任校对：王晓茜
责任印制：赵　博／封面设计：楠竹文化

科学出版社出版
北京东黄城根北街 16 号
邮政编码：100717
http://www.sciencep.com
保定市中画美凯印刷有限公司印刷
科学出版社发行　各地新华书店经销
*
2007 年 3 月第　一　版　开本：787×1092　1/16
2013 年 6 月第　二　版　印张：25 1/2
2019 年 6 月第　三　版　字数：605 000
2024 年 7 月第四版
2025 年 7 月第四十次印刷
定价：58.00 元
（如有印装质量问题，我社负责调换）

前　言

本书源于 1999 年笔者为国家外国专家局引进美国项目管理协会（Project Management Institute，PMI）的项目管理知识体系（project management body of knowledge，PMBOK）和项目管理专业人员资质认证（project management professional，PMP）所做的工作。笔者于 2001 年出版的《现代项目管理》一书，是当时国家外国专家局用于全国 PMP 认证的指定用书。随后经过多次修订和再版，先后成为 2001 年初在中央电视台综合频道面向全国播出的《现代项目管理》讲座用书、2005 年的首批国家精品课程配套教材、2008 年的首批国家级双语示范课程的教材、2009 年的国家工硕委唯一资助的全国项目管理工程硕士统编教材、2013 年的首批国家级精品资源共享课配套教材、2015 年的国家来华留学生英语授课品牌课程教材和 2016 年的首批国家工程硕士全国公开课（慕课）的教材。

因此，本书的第一个特点是：这是一本历经几十年磨炼和推敲的教材，已经经历了国家精品课程等众多国家教育质量工程的建设和评审，特别是众多学校在教学实践中的实际使用效果证明了本书是项目管理方面的好教材，如在 2022 年春季学期，仅在“学堂在线”公开课的选修学生中，就有 7 万多人使用本教材，在“学堂在线”公开课的选学人数中名列前茅。

本书的第二个特点是，内容涵盖了国际上中、美、欧三大项目管理学派的最新研究成果、知识与方法。自 2012 年笔者当选并连任两届国际项目管理协会（International Project Management Association，IPMA）研究管理委员会主席，参与了很多国际上现代项目管理知识和技能方面的研讨，这些成果都被融入本书的内容中。最重要的是本书中还包括了中国项目管理学派的知识体系和内容，如笔者先后使用了中英文版的《中国式项目风险管理》的原理和方法等。因此本书最大的特色是中西合璧、融会贯通，囊括了中、美、欧三大项目管理学派的思想和方法。

本书的第三个特点是全书内容中有很多都是笔者及其团队历经数年自行研究给出的成果，本书的核心内容主要是笔者多年教学和科研的结晶，这包括 20 世纪 80 年代笔者在硕士阶段的“项目评估学”方面的研究成果、20 世纪 90 年代笔者在博士阶段对于“项目成本与造价管理”的研究成果，还包括笔者在英国利兹大学开展的信息系统开发项目管理知识研究的成果和在美国北卡罗来纳大学（University of North Carolina）开展的项目造价全面管理方法研究的成果，特别包括了笔者在南开大学所开展的几十年的项目全面集成管理研究的成果（该研究成果获得了 IPMA2009 年研究大奖以及 IPMA2023 年全球终身研究成就奖）以及“创新项目管理”“创业项目管理”“跨国项目管理”“应急项目管理”“项目导向型组织和社会”等方面的成果。

最为重要的是本书根据党的二十大报告提出的“坚持和发展马克思主义，必须同中华优秀传统文化相结合”①的精神，很好地将中华优秀传统文化中的“识变、应变、创新、亲民”等，中华文明的突出特性“连续性、创新性、统一性、包容性”等管理哲学思想和方法融汇到了本书的现代项目管理思想和方法之中，因此本书在很大程度上是我国自 2018 年开始的“新文科-新商科”建设的成果之一。

本书不但可供管理学各专业本科生和硕士研究生使用，而且特别适合作为项目管理、工程管理、工商管理、公共管理和其他管理专业的硕士研究生教材。同时，本书可供政府、企业和事业单位从事项目管理与研究的人员使用。

戚安邦负责全书编撰和审定工作，以及第 1 章、第 3 章、第 4 章、第 7 章、第 9 章、第 10 章和第 12 章的撰写工作；孙贤伟负责第 2 章、第 5 章、第 6 章、第 8 章和第 11 章的撰写工作。由于作者水平有限，书中疏漏之处还请读者批评指正。

戚安邦于南开大学园

2024 年 6 月

①《习近平：高举中国特色社会主义伟大旗帜 为全面建设社会主义现代化国家而团结奋斗——在中国共产党第二十次全国代表大会上的报告》，https://www.gov.cn/xinwen/2022-10/25/content_5721685.htm[2022-10-25]。

目　　录

第 1 章　绪论 ······ 1

1.1　项目的定义和特性 ······ 1

1.2　项目管理的定义与内涵 ······ 8

1.3　项目管理知识体系 ······ 14

1.4　项目管理的发展历程 ······ 19

1.5　现代项目管理的最新发展 ······ 22

第 2 章　项目决策与项目过程 ······ 35

2.1　项目管理中的决策 ······ 35

2.2　项目的起始决策 ······ 39

2.3　项目决策中的评估 ······ 42

2.4　项目过程和项目管理过程 ······ 49

2.5　项目生命周期的管理方法与实务 ······ 61

第 3 章　项目范围管理 ······ 69

3.1　项目范围管理的概述 ······ 69

3.2　项目范围管理计划的编制 ······ 72

3.3　项目需求的收集与确认 ······ 75

3.4　项目范围的界定 ······ 78

3.5　项目 WBS 的创建 ······ 80

3.6　项目范围的确认 ······ 87

3.7　项目范围的控制 ······ 91

第 4 章　项目时间管理 ······ 96

4.1　项目时间管理的概述 ······ 96

4.2　项目时间管理计划编制 ······ 98

4.3　项目活动的分解和界定 ······ 101

4.4　项目活动的排序 ······ 106

4.5　项目活动所需资源的估算 ······ 111

4.6　项目活动工期的估算 ······ 113

4.7 项目进度计划制订 …… 115
4.8 项目进度计划控制 …… 122
第 5 章 项目成本管理 …… 126
5.1 项目成本管理的概述 …… 126
5.2 项目成本管理计划 …… 132
5.3 项目资源计划 …… 134
5.4 项目成本估算 …… 138
5.5 项目成本预算 …… 143
5.6 项目成本控制 …… 152
5.7 项目挣值管理方法 …… 156
5.8 项目挣值管理方法的拓展 …… 161
第 6 章 项目质量管理 …… 166
6.1 项目质量管理的概述 …… 166
6.2 项目质量管理计划 …… 172
6.3 项目质量保障 …… 177
6.4 项目质量控制 …… 180
第 7 章 项目管理沟通与信息资源管理 …… 187
7.1 管理沟通与信息资源管理概述 …… 187
7.2 项目管理沟通的方法与技巧 …… 195
7.3 项目管理沟通的管理计划编制 …… 202
7.4 项目管理沟通的管理工作 …… 207
7.5 项目管理沟通的监控 …… 213
第 8 章 项目组织与人力资源管理 …… 216
8.1 项目组织与人力资源管理的概述 …… 216
8.2 项目组织的全面集成管理 …… 220
8.3 项目相关方的参与管理 …… 223
8.4 项目实施组织的管理 …… 231
8.5 项目团队的管理 …… 236
8.6 项目经理的管理 …… 245
8.7 项目人力资源的管理 …… 252
第 9 章 项目采购管理 …… 261
9.1 项目采购管理的概念 …… 261
9.2 项目采购计划的制订 …… 265
9.3 项目采购计划的实施 …… 271
9.4 项目采购的控制 …… 279
9.5 项目采购合同的终结管理 …… 284
第 10 章 项目风险管理 …… 287
10.1 项目风险和项目风险管理 …… 287

10.2　项目风险管理计划 …… 294
10.3　项目风险的识别 …… 301
10.4　项目风险的度量 …… 306
10.5　项目风险应对计划制订 …… 314
10.6　项目风险监测 …… 319
10.7　项目风险应对 …… 323
第 11 章　项目集成管理 …… 328
11.1　项目集成管理的概论 …… 328
11.2　项目全过程集成管理的原理和方法 …… 335
11.3　项目全团队集成管理的原理和方法 …… 338
11.4　项目全要素集成管理的原理和方法 …… 344
11.5　项目章程 …… 353
11.6　项目集成计划的编制 …… 355
11.7　项目集成计划的实施与管理 …… 359
11.8　项目变更的集成管理 …… 363
11.9　项目或项目阶段的终结管理 …… 365
第 12 章　最新项目管理知识体系 …… 368
12.1　概论 …… 368
12.2　价值交付系统 …… 373
12.3　新版《指南》中的项目管理原理 …… 378
12.4　新版《指南》的项目管理主绩效域 …… 383
12.5　裁剪 …… 396

第1章 绪　论

【本章导读】按管理对象做分类，管理学科可分为日常运营管理和项目管理两大类，因此项目管理学是管理学科的两大分支之一。由于人们首先要完成项目后才能够将项目成果投入日常运营，因此项目管理和日常运营管理二者之间的关系是先有项目管理，后有日常运营管理。本章是对于整个项目管理学科的原理和概念所做的介绍，其主要内容有：项目与项目管理的定义、特性和分类，项目管理与日常运营管理的联系和不同之处，项目管理学的知识体系以及各个项目专项管理的基本概念和原理，最后是对现代项目管理的发展历程及最新发展所做的综述和讨论。

1.1　项目的定义和特性

中文的“项目”一词，泛指“颈部以上的面目”，由于每个人的独特之处就在于“面目”的不同，所以中文的“项目”泛指一切具有独特性的事物。按照英文“project”一词所具有的“投射和扔出”的意思，可知项目具有一次性和独特性等特性。由此可知，在中外文化中，项目就是一种具有一次性、独特性和不确定性等特性的人类活动。

本书中的“项目”是指涉及人类社会中各方面的一次性、独特性和不确定性的活动与过程，本节将介绍有关项目的定义、内涵和特性等方面的内容。但是项目所属的行业和专业十分不同，因此现有多种从专业角度给出的项目定义及管理方法。另外，项目出资人、所有者、实施者、最终用户和政府监管部门等各自的视角不同，因此人们对于项目的定义也会有很多不同。本书将从项目管理学的广义角度给出有关项目的定义，以便后续开展项目管理学概念和特性的讨论。

1.1.1　项目的定义

在现有众多的项目定义中，最有代表性的是（美国）PMI 给出的项目定义：“项目是为创造独特的产品、服务或成果而进行的临时性工作”①。这个定义简洁明了，其中，“临时性工作”指的是项目都有明确的起点和终点，而不会“周而复始”和“无始无终”。这种项目的“临时性”并非指项目持续时间长短，而是指项目有始有终。不过项目所创造的独特产品、服务或成果可能是永久性的，如中国的长城就是一个流传百世的项目成果。

---

① Project Management Institute. A Guide to the Project Management Body of Knowledge （PMBOK® Guide）. 7th ed. Newtown Square：Project Management Institute，2021.

另外，国际标准化组织（International Organization for Standardization，ISO）也有对项目的定义。ISO 的定义是："项目是由一系列独特的具有开始和结束日期、相互协调和控制的活动组成的过程，通过这些活动和过程去实现项目的目标。"①这个定义突出了项目的独特性，指出了项目是为实现目标服务的，以及项目是一种由受控的组织活动构成的过程，这些是重要的项目内涵。

本书给出的项目定义是：项目是人们为实现既定的目标，在一定的时间、环境和资源的约束条件下，所开展的一种有独特性、一次性、过程性和不确定性的管理与实施活动的过程。这一定义表明：项目是人类社会中特有的一类经济和社会活动，任何项目都是为实现既定目标而开展的，项目是为创造特定的产品或服务而开展的一次性活动，项目受到各方面环境与条件的制约，人们必须在制约因素下开展项目。

综上所述，项目是人们开展的各种具有一次性、独特性、不确定性、创新性与制约性的活动过程。这不仅包括传统的工程建设项目，而且包括各种创新与创业项目活动、各种组织变革与管理变革项目活动、各种科学和技术的研究与开发项目活动、各种软件或信息系统的开发项目活动、各种大型体育比赛或文娱演出项目活动、各种应对突发事件的应急项目管理活动，以及各种各样的独特服务的项目活动等。

1.1.2 项目的基本特性

人们要更进一步认识项目的本质，还需要知道项目所具有的各种特性。虽然不同的项目会有不同的特性，但是项目共有的主要特性可概括为如下几个方面。

1. 目的性

这是指任何项目都是为实现人们的特定目标服务的，所以任何项目管理都必须根据人们的既定目标去计划、决策和实施，以便实现既定的项目目标。项目的目的性可用三方面的指标去描述：一是有关项目功能方面的指标，二是有关项目可交付成果的价值指标，三是为生成项目可交付成果的项目各项工作指标。其中，项目可交付成果的价值指标是根据项目整体功能指标分析得出的，而项目工作指标是根据生成项目可交付成果所需要的工作分解得到的。例如，一个学校为了扩大招生规模（功能）而需要建设一栋新教学楼（产出物），该教学楼的投资为三千万元并能收益五千万元（财务性价值指标），这就必须开展一系列的教学楼的建设、安装和装修（工作指标）工作。

2. 独特性

这是指项目、项目可交付成果和项目工作等都会与其他项目有所不同。这包括项目的地点、时间和相关方等方面的不同等。例如，每个人的婚礼项目都会有某些独特的地方，这既可以表现在婚礼的内容和形式上，也可以表现在婚礼的时间、地点、参加人物等各方面的特性上。项目管理成功的关键在于人们找出并针对项目的独特性去开展好项目工作和管理。项目最主要的独特性有：不同的项目业主、不同的项目设计、不同的项目地点、不同的项目承包商、不同的项目施工方法和项目施工时间等。所以项目管理最重要的工作就是充分认识一个具体项目所具有的各种独特性，并针对一个具体项

① ISO. Guidance on Project Management. 2012.

目的各种独特性去开展好具体项目的管理。

3. 一次性

这是指每个项目都是有始有终的，即项目都有自己明确的起点与终点。有时这种特性也被称为项目的时限性或临时性，总之项目不是周而复始或无始无终的。其中，项目的起点是指项目起始的时间，项目的终点是指项目终止的时间。项目的终止既可以是项目目标得以实现而终止，也可以是项目目标无法实现而被迫终止。项目的一次性与项目持续时间长短无关，这一特性使得项目的成功机会也是一次性的，所以对于项目管理的要求要比日常运营管理高得多，如项目管理不当就会有“不成功便成仁”的结果。例如，高考没考上则该项目就失败了，即便“复读”再考也是另一个项目了。

4. 制约性

这是指每个项目都会受到项目所处环境与条件方面的制约因素的影响，这种制约因素可以源于项目微观和宏观等各方面的环境与条件及其发展变化，以及项目所需各种资源的供给短缺等方面的影响。其中，项目资源的制约性是关乎项目成败的关键所在，因为“巧妇难为无米之炊”。这包括项目所需人力资源、财力资源、物力资源、时间资源、技术资源、信息资源等方面的短缺情况。每个项目的环境与条件多会随着项目的进展而发展变化，这包括项目环境与条件向着有利和不利两个方面的变化。有利的发展变化会使得项目制约性下降，不利的发展变化会使得项目制约性上升。

5. 不确定性

由于项目及其所处的各种条件和环境会发展变化，再加上人们对于这些发展变化的认识能力有限和项目信息所具有的滞后性等，因此项目具有不确定性的特性。从主观上说，人们认识能力有限而难以认清项目环境与条件的发展变化是项目存在不确定性的根本原因。从客观上说，项目及其各方面环境与条件的发展变化相关信息的短缺是项目具有不确定性的主要原因。实际上每个项目都有一定程度的不确定性，所以项目可划分成三类：一是确定性项目（项目有已知的唯一后果），二是不确定性项目（项目有多种可能后果，人们只知道每种可能后果的发生概率），三是完全不确定性项目（人们不知道项目有几种可能后果，也不知道每种可能后果的发生概率）。

6. 风险性

项目的不确定性的后果会导致项目出现风险损失或风险收益，所以项目还具有风险性的特性。项目风险性的根源分为两个，一是项目风险事件（对项目某个目标造成影响的单一项目风险），二是系统性项目风险（对于项目整体目标造成影响的项目风险）。项目风险事件是由单一突发事件造成的，系统性项目风险是多因素综合作用的结果。所以人们需要开展项目风险管理，即努力将项目风险向有利于项目相关方的方向引导和发展，从而使人们能够获得或增大项目风险收益、消减项目风险损失。项目的风险性要求人们必须从“趋利/避害”和增加信息方面去做好项目风险管理。

7. 过程性

这是指项目是由一系列的项目阶段、项目工作包或项目活动所构成的一个完整的过程，在项目全过程中人们通过不断地开展计划、组织、实施、控制和决策而最终生成项目的产出物和实现项目的既定目标。正是因为项目有这种过程性，人们才能够去对项目开展管理，因为瞬间发生和结束的事情（如地震等）由于没有过程是难以开展管理的。项目具有过程性，因此项目必须按照基于过程和基于活动的方法开展管理和控制。通常，人们会将项目划分成阶段、工作包和每项具体活动，然后再按照项目阶段、工作包和活动所构成的全过程去管理好项目。例如，研究生的培养项目就是由入学考试、录取、修学分、完成学位论文等一系列阶段组成的项目。

8. 组织驱动性

这是指人们开展项目的根本目的就是要驱动组织或社会上升到一个更高的层次，如果没有项目的驱动则会使得组织或社会永远处在现有层次或台阶上。实际上，项目的这一特性就是人类不断进取的天性，这种天性使得人类社会总要为实现某些目标而去不断地开展各种各样的项目，因此人类社会才从原始社会走到了今天的现代社会。项目的组织驱动性既可以体现在追求商业利益，也可以体现在实现社会进步。项目的组织驱动性既可以是驱使个人、家庭、企业或组织通过开展项目而去获得提升或发展，也可以是为社会发展和进步去开展如环境保护项目、立法和司法项目等项目，从而使整个社会获得发展和进步并上升到更高的层次和台阶。

9. 其他特性

除了上述特性以外，项目还有其他一些特性，这包括项目的创新性、项目后果的不可挽回性、项目组织的临时性与开放性等。这些项目的特性之间相互关联、相互影响、共同作用，进而决定了项目的成败，所以人们必须根据这些项目特性去做好项目的集成管理。例如，项目组织的临时性和开放性是由项目的一次性造成的，因为项目全过程中的任何一次性活动一旦完成，相关项目团队成员就需要离去，从而造成了项目团队的临时性和开放性。另外，由于项目具有一次性、不可重复，因此项目的成果一旦形成基本是无法改变的，这就造成了项目后果的不可挽回性。

上述关于项目各种特性的讨论，其根本目的是要充分认识这些项目的特性，从而能够开展针对这些项目特性的有效项目管理。

1.1.3 项目的分类

按照管理学的方法论，人们要认识一个事物就需要使用分类的方法，通过将事物按照不同的标志进行分类去深入认识事物的本质，所以为更好地认识项目就需要对项目进行科学的分类。从分类学的角度上说，任何分类都是以事物的某个特性为标志对事物进行的细分，所以根据项目所具有的主要特性，项目的主要分类有如下几种。

1. 封闭性项目和开放性项目

这是根据项目的不确定性和风险性对项目所做的分类，共四类：一是封闭性项目，这类项目的确定性较高；二是半封闭性项目，这类项目的确定性较低；三是半开放性项目，这类项目的不确定性较高；四是开放性项目，这类项目的不确定性最高。这种项目分类的说明可以用图 1-1 给出示意，从图中可以看出开放性项目的信息缺口最大，而封闭性项目的信息缺口最小。所以这种分类可使人们很好地认识项目的不确定性和风险性，并借此选择合适的项目管理的过程和方法。

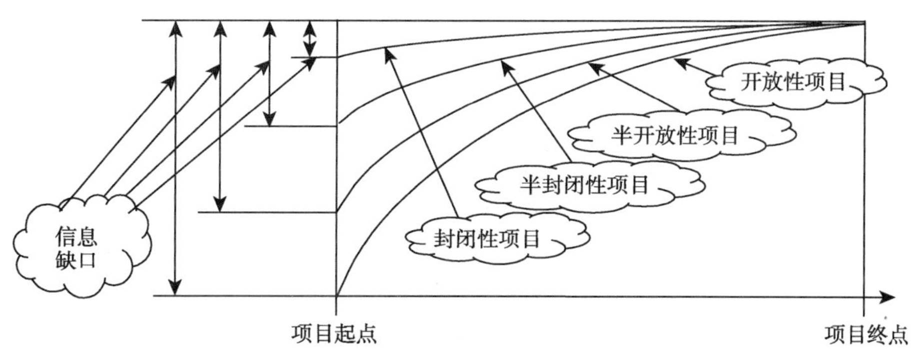

图 1-1 按照项目的不确定性和风险性分类的项目示意图

2. 业务项目和自我开发项目

这是按照项目实施者的不同所做的项目分类，主要有两类：一是业务项目，这是指由项目承包者为项目业主/客户所完成的项目；二是自我开发项目，这是组织自己的项目团队去完成的项目。例如，由业主出资并由开发商完成的住宅项目就属于业务项目，而企业自己开展的新产品研究与开发项目就属于自我开发项目。这两类项目的实质是：业务项目的所有者和实施者是不同的社会组织或经济实体，而自我开发项目的所有者和实施者是同一社会组织或经济实体。

3. 企业项目、政府项目和非营利机构的项目

这是根据项目业主的特性所做的一种项目分类。其中，企业项目是指企业为实现盈利所开展的各种项目，政府项目是指政府为实现特定社会目标所开展的各种公益项目，非营利机构的项目是指像学校、社团、社区等组织所开展的各种非营利项目。这三种项目分别需要按照不同的法律法规去开展不同项目的管理服务。例如，企业项目需要按照国家的财税制度开展管理，政府项目需按照国家预算和法律法规去开展管理，非营利机构的项目需要按照国家非营利组织管理的法律法规去开展管理。

4. 创新项目、创业项目和投资项目

这是按照项目成果及其功能特性所做的项目分类。其中，创新项目的成果包括这类项目所生成的产品、技术、服务、商业模式等，而创业项目的成果包括初始创业、二次创业和企业内的创业等不同的成果，投资项目则是指通过投资去获取收益的项目，如工业投资项目、农业投资项目和商业投资项目等。需要注意的是：创新项目与创业项目有着十分紧密的联系，多数情况下，创业项目必须以创新项目成果为基础或出发点，所以创业项目多属于利用创新项目成果的一类项目。同时，创新项目多数是以未来的创业项目为导向的，不管是科学创新项目、技术创新项目还是社会创新项目都是如此。最重要的，各种创新项目和创业项目所需的投资大多数是一种具有风险性的投资。

5. 应急项目与常规项目

这是根据项目风险征兆给出的一种项目的分类。项目风险分为有预警信息风险和无预警信息风险，而无预警信息风险就是突发事件导致的风险，所以人们无法预知风险何时发生和具有哪些可能的后果，因此应对突发事件的工作就是应急项目[①]。常规项目是指有预警信息风险的项目，它们会有项目风险征兆去提示人们项目风险何时发生及其可能的后果，人们可以针对这种项目的风险征兆和具体情况去提前制订计划和安排好项目风险应对措施，然后按照计划去开展相应的项目风险管理。

6. 项目组合、项目群、项目和子项目

这是按照组织战略和多个项目之间的关系所做的一种项目分类，这种分类有四个层次的项目组件。其中，最上层是为实现组织战略的项目组合，其次是项目群，再次是项目，最底层是子项目。在我国工程项目管理中的相关叫法是：工程（项目组合）、单项工程（项目群）、单位工程（项目）、分部分项工程（子项目）。组织战略、项目组合、项目群和项目之间的关系可见图 1-2，由图中可知组织的项目组合、项目群和项目都是为实现组织战略服务的。

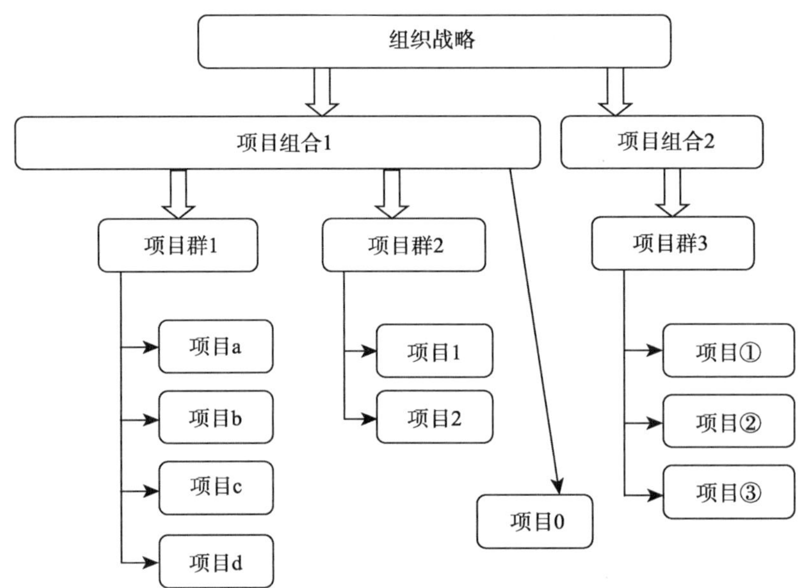

图 1-2　组织战略、项目组合、项目群、项目之间的关系示意图

项目的分类还有很多，人们可以根据需要而使用各种不同的分类标志去对项目进行不同的分类，从而满足认识和管理项目的需要。例如，按照项目工期的长短分类、按照项目涉及组织或单位的多少分类和按照资金的来源分类等。

1.1.4　项目与日常运营的联系和不同

人类有组织的活动分两大类，即项目活动和日常运营活动。人们在相对封闭和确定

① 戚安邦，姜卉. 应急项目管理. 北京：高等教育出版社，2021.

的环境下所开展的周而复始、不断重复的活动被称为日常运营活动，如企业定型产品的生产与销售以及政府的日常办公等都属于这一范畴。人们在相对开放和不确定的环境下所开展的具有独特性、一次性和风险性的活动被称为项目活动，像建设工厂、举办奥运会、研发新药等都属于这一范畴。这是两种不同的人类活动，但是人们经常会使用日常运营的管理方法去做项目管理而导致项目失败，所以人们只有充分认识二者之间的不同才能做好项目管理，二者最主要的不同和联系之处包括下述几个方面。

1. 二者之间的相互关系

项目和日常运营活动之间具有直接的相互关系，图 1-3 给出了这种关系的示意图①。从图 1-3 中可以看出，广义项目把项目分成项目建设期和项目运营期，并由二者共同构成一个项目全生命周期。狭义项目仅指项目建设期的活动，而项目建成后投入使用就是日常运营活动。当然，有些项目没有运营期，这种项目的成果及应用都是一次性的，只有在这种情况时狭义项目和广义项目才是一致的。

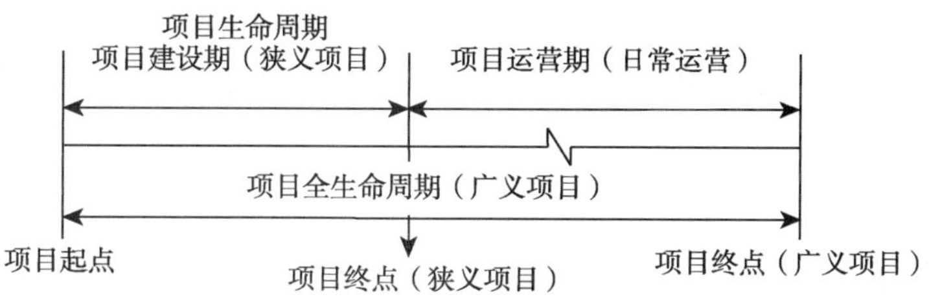

图 1-3　项目和日常运营的相互关系示意图

2. 二者的目的和作用不同

项目活动的目的是创造具有独特性的项目成果，所以有人将项目称为“独特性任务”②。日常运营活动的目的是使用项目所生成的成果去开展周而复始的运行活动，从而收回投资并获得投资回报。实际上所有人类社会活动中都是先有项目，后有日常运营，因为人类社会活动必须先有项目，然后才能利用项目成果去开展运营。

3. 二者的结果和收益模式不同

项目活动的结果是获得具有独特性的成果，如每届奥运会都会留下建成的场馆这种成果，这些场馆设施日后可投入日常运营使用，并且借此收回建设它们的投资。例如，北京奥运会留下的水立方项目后来作为水上乐园开展运营，再后来被改建成北京冬奥会的冰立方项目并再次投入滑冰场的运营去收回投资。

4. 二者的工作性质与内容不同

由于项目和日常运营在工作性质与内容上有很大不同，因此项目和日常运营的管理也有很大不同。日常运营管理是一种基于分工和以职能管理为主的管理，而项目管理是一种基于团队和以合作为主的管理。日常运营管理具有结构化、程序化和职能化的特性，而项目管理具有非结构化、非程序化和复杂化的特性。

① 戚安邦，孙贤伟. 项目管理. 2 版. 北京：高等教育出版社，2021.

② Wijnen G，Kor R. 独特性任务的项目与项目群管理方法. 戚安邦，等译. 天津：南开大学出版社，2005.

5. 二者的工作环境与管理核心不同

日常运营活动多是在组织内部或既定环境下重复开展的，所以它的环境是相对确定的，这使得日常运营管理具有常规化和以计划管理为主的特点。项目活动是在组织内外部两种环境与条件都会发展变化的环境下开展的，因此它的环境是相对开放和不确定的，这使得项目活动具有复杂性与风险性和以风险管理为主的特点。

6. 二者所需的组织结构和管理不同

日常运营活动的组织结构是一种基于分工的直线职能制的组织结构，其组织管理模式是一种按照职能分工开展管理的模式。项目活动的组织结构是一种基于团队的具有临时性和开放性的组织结构，使用的是项目导向型的组织管理模式。直线职能制的组织结构刚性相对较强、难以适应各种变化，项目导向型组织结构的柔性能够使这种组织具有较好的适应环境变化的特性。

综上所述，项目活动和日常运营活动在管理模式、管理主体、管理方法和组织管理等方面都有很大不同。人们只有充分认识这一点，才能真正避免在管理中产生“使用日常运营管理方法去管理项目”的错误，这是一种后果十分严重的错误的项目管理方法。

1.2 项目管理的定义与内涵

任何项目要想取得预期成果，就需要进行科学而有效的项目管理，本节将全面讨论项目管理的定义和内涵，以及项目管理有别于日常运营管理的地方。

1.2.1 项目管理的定义

在当今的“知识经济”时代，项目管理已经演变为推动组织发展的独特管理。这使得项目管理演变为一个独立的管理分支或学科，关于项目管理的定义和其变化讨论如下。

1. PMI 的项目管理定义

PMI 对项目管理的定义为：“项目管理就是将知识、技能、工具与技术应用于项目活动，以满足项目的要求。项目管理通过合理运用与集成特定项目所需的项目管理过程得以实现。项目管理使组织能够有效且高效地开展项目。”①由此可见，PMI 对项目管理的定义包括三个层面。首先给出了项目管理是什么（相关知识、技能、工具与技术的应用），其次给出了项目管理是如何实现的（通过项目管理过程去实现），最后给出了项目管理的目的（有效且高效地开展项目）。

2. ISO 的项目管理定义

ISO 也有自己对项目管理的定义：“项目管理就是应用相关的方法、工具、技术和能力去管理项目的活动。项目管理包括集成项目生命周期的各个阶段所开展的管理，这是贯穿于项目全过程的管理，而项目全过程需要按照系统观点去划分成一系列可执行的项

---

① Project Management Institute. A Guide to the Project Management Body of Knowledge（PMBOK® Guide）. 6th ed. Newtown Square：Project Management Institute，2017.

目阶段。项目生命周期的每个阶段都必须有自己的可交付物，且这些可交付物要在项目过程中按规定进行评估，以满足项目发起人、客户和其他相关方的要求。”[①] ISO 的项目管理定义同样包括三个层面：首先给出了项目管理是什么（相关方法、工具、技术和能力的应用），其次给出了项目管理是一种基于过程的管理（包括集成项目生命周期各阶段所开展的管理），最后给出了项目管理的内容（生成可交付物且要满足各方的要求）。

3. 本书对项目管理的定义

本书对项目管理的定义为：项目管理是运用各种相关的知识、技能、方法与工具，为满足或超越项目相关方对项目的合理要求与期望所开展的一种独特的管理；项目管理需按照项目起始、计划、组织、控制和结束的管理子过程去采取基于过程的方法管理好项目的各个方面；项目管理的核心在于对项目全过程（所有项目阶段和活动）、全要素（所有项目专项和知识领域）和全团队（所有项目相关方）开展的全面集成管理（按照合理配置关系所开展的管理）。本书的这一定义包括了三个层面的内涵：首先给出了项目管理的目的是满足和超越各方面的合理要求和期望；其次给出了按照五个项目管理子过程展开的基于过程的项目管理方法；最后给出了项目全过程、全要素和全团队的全面集成管理的核心内容。

1.2.2 项目管理的内涵

从本书对项目管理的定义可知，项目管理的具体内涵包括如下几个方面。

1. 项目管理需要运用各种相关知识、技能、方法与工具

这既包括各种管理学方面的相关知识、技能、方法与工具，也包括项目所属专业领域的各种相关知识、技能、方法与工具。其中，知识是人类对以前成功经验的总结和对客观规律的认识，方法是指人们按照这些客观规律去分析问题和解决问题的程序与做法，工具是人们在分析和解决具体问题时借用的手段，技能是人们掌握和运用知识、方法和工具的自身能力。项目本身的一系列特性使得项目管理需要运用更为广泛的各种知识、技能、方法与工具，这样人们才能管理好具体项目。

2. 项目管理涉及三大维度和五个管理子过程

本书定义给出的项目管理的三大维度或领域包括：项目的全过程管理，即基于活动、工作包和项目阶段的全面集成管理；项目的全要素管理，即基于项目目标四要素、资源三要素和风险要素的全面集成管理；项目的全团队管理，即针对项目所有相关方（项目业主、实施组织、项目团队和项目经理与成员等）的全面管理。在项目全过程管理的维度中，人们需要按照项目起始、计划、组织、控制和结束五个管理子过程去做好项目、项目阶段、项目工作包及其活动的管理。

3. 项目管理的根本目的是满足项目相关方的合理要求与期望

本书定义提出：项目管理是为“满足或超越项目相关方对项目的合理要求与期望”而开展的一种管理。这些项目相关方的要求与期望既包括人们明确提出的要求和期望，

① ISO. Guidance on Project Management. 2012.

也包括隐含在国家标准或法律法规中的要求和规定；这方面的管理既包括对项目相关方合理的要求与期望的满足和超越方面的管理，也包括对项目相关方不合理的要求与期望的消减和抑制的管理。实际上，项目管理不可能满足项目相关方的所有要求和期望，因为有些项目相关方的要求与期望超过了项目及其管理的实际情况。

4. 项目管理必须开展实际结果与期望的双向管理

本书定义认定项目管理是为了“满足或超越项目相关方对项目的合理要求与期望”，这就需要针对项目相关方的要求和期望与项目实际能够实现的结果去进行集成管理。项目管理的最高境界是达到使项目相关方“大喜过望或喜出望外”的结果，即项目实际结果超越项目相关方期望的结果。反之，如果项目管理不善而无法满足项目相关方的合理要求与期望，就会使项目相关方“大失所望甚至绝望”。图 1-4 给出了两个箭头所指示的“结果管理”和“期望管理”，这表明项目需要这种双向的管理，因为某些项目相关方的不合理期望永远会高于项目实际结果的情况，需要对项目相关方的不合理期望进行管理。

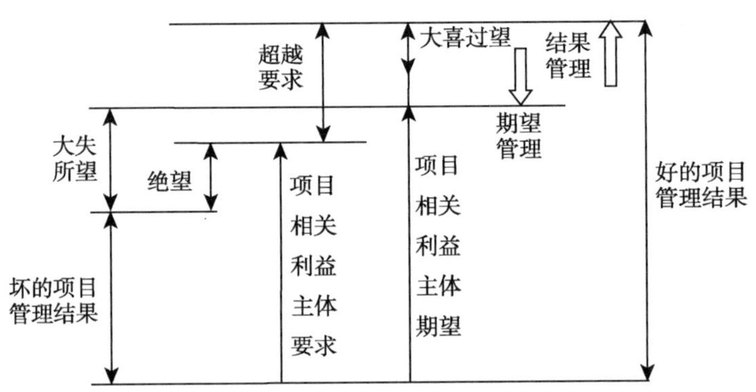

图 1-4　项目实际结果与相关方要求和期望的双向管理

另外，项目相关方的要求与期望也是不同的，如项目业主期望以最小的投资获得最大的收益（少给钱多干活），项目承包商期望以最小的成本获得最大的项目承包收入和利润（少干活多拿钱），项目供应商期望获得更多的销售收入和利润（卖高价多赚钱），而项目所在社区期望项目能给社区带来好处并不对环境造成破坏或污染，项目政府主管部门要求和期望扩大就业与提高社会福利等。因此，项目管理需要努力协调与平衡这些不同相关方的要求与期望，从而实现对项目相关方期望的科学管理。

5. 项目三个维度的全面集成管理

本书的定义指出项目管理必须以实现项目各方面的合理配置关系的项目集成管理为核心。其中，项目全过程的集成管理是对项目生命周期中所有项目阶段、项目工作包和项目具体活动合理配置关系的集成管理；项目全要素的集成管理是对项目目标四要素、资源三要素和风险要素的合理配置关系的集成管理；项目全团队的集成管理是对项目所有相关方的要求、期望和参与等各方面合理配置关系的集成管理；全面集成管理是指对这三个维度的合理配置关系的集成管理。实际上，项目本身就具有集成的特性，所以项目管理必须开展全面集成的管理。这方面的思想和方法是人们在 20 世纪 80 年代开始的信息系统开发项目中提出的，所以现代项目管理中用的两个重要术语“集成”（integration）与合理“配置”（configuration）都是源于计算机和信息系统的专业词语。

1.2.3　项目管理的特性

为了更好地认识项目管理，人们还需要深入探讨有关项目管理的基本特性。项目管理理论认为，项目管理的基本特性有如下几个方面。

1. 项目管理的普遍性

项目作为具有一次性、独特性和不确定性的活动而普遍存在于人类社会之中，所以项目管理具有普遍性。在人类社会中，小到个人的婚礼，大到三峡工程，都属于项目的范畴，所以都需要开展项目管理。实际上，只要人们有一个新的想法，并开始将想法付诸实施就开始了一个项目，从而需要对其开展项目管理。古今中外，人类现有的各种物质和文化成果都是通过项目及其管理的方式获得的，所以人类自有文明以来所创建的各种管理方法多数是用于项目管理的。人类最早的社会生产活动（渔猎）就是以项目的形式开展的，所以自古至今项目管理都具有普遍性。

2. 项目管理的目的性

项目管理的根本目的是“满足或超越项目相关方对项目的合理要求与期望”，这就是项目管理的目的性。其中，项目相关方对于项目的要求是明确规定的项目目标或指标，而项目相关方对于项目的期望是一种潜在的愿望和追求，所以项目管理必须做好抑制过高期望和满足合理要求这两个方面的管理活动。从根本上说，项目管理的目的就是实现既定的项目目标，而这需要通过努力去满足或超越项目相关方明确或隐含的要求来实现。项目管理的这种目的性如图 1-4 所示，根本目的就是要获得项目相关方的“大喜过望”。

3. 项目管理的独特性

这是指项目管理既不同于企业的日常运营管理，也不同于政府的日常行政管理，而是一种独特的管理活动。任何项目都具有自己的独特性，所以项目管理的方法也必须具有独特性和创新性，即项目管理既有其独特的对象（项目）和内容，又有其独特的管理目的和方法。项目管理方法的独特性还表现在它有自己的管理哲学思想和方法论，这既包括项目管理知识体系中各个项目专项管理的原理和方法，也包括每个项目自己独特的管理方法和工具。例如，关键路径法（critical path method，CPM）和挣值管理法（earned value management，EVM）等。

4. 项目管理的集成性

这是指项目管理需按具体项目各方面合理配置关系去做好集成性的管理，而不能孤立地开展项目各专项或某个方面的管理。项目管理的失败都是由按照“单打一”的模式开展管理造成的，都是由项目集成管理出现问题而造成的，所以项目管理的关键在于实现项目各方面合理配置关系的集成管理，在项目管理中人们需要按照项目全过程、项目全要素和项目全团队以及它们三者之间的合理配置关系去开展集成性的管理。项目专项管理是为实现项目单个目标服务的，项目集成管理才是为整个项目的成功服务的。

5. 项目管理的创新性

项目管理的这一特性有两层含义：一是指项目管理对象本身具有创新性，这就要求人们的项目管理活动和方法也必须具有创新性；二是指任何项目的管理都必须先找出项目的独特性并根据这种项目的独特性去开展有创新性的具体项目管理。在现实生活中，由于所有项目的地点、资源、环境和条件等各方面都不同，每个具体项目都需要开展有创新性的管理。特别是对创新项目、创业项目和应急项目等这类独特性、创新性和不确定性很强的项目，人们更需要使用具有创新性的方法去开展管理。

6. 项目管理的过程性

这也被称为项目管理的渐进性，这是指项目管理是由一系列的管理阶段或过程构成的。项目本身具有过程性，这就要求项目管理也必须具有过程性的特性。因此人们在项目管理中不但要划分好项目阶段，而且要区分不同性质的项目工作包和活动，以便去开展相应的管理，最重要的是，根据项目环境与条件的发展变化去确定项目的开发方法和生命周期并借此去开展管理。实际上项目管理的过程是一个学习和变更的过程，人们在这一过程中不断获得信息和做出决策，所以项目管理的过程性是十分重要的。

7. 项目管理的其他特性

项目管理还有许多其他特性，如项目管理的预测性（任何项目决策都必须先对未来项目环境与条件进行预测）、变更性（只要项目计划与项目实际情况不一致就必须对项目现有计划进行变更）、团队性（项目管理按照团队模式开展并要求团队合作和发挥团队精神）等。所有这些项目管理的特性决定着项目管理的成败，人们只有很好地认识项目管理的这些特性，才能做好项目管理。

1.2.4 项目管理的分类

这是针对项目的不同特性而对项目管理进行的分类，各种独特的项目多需要具有独特性的项目管理，所以人们需要通过项目管理的分类更好地认识项目管理的内涵。

1. 按照项目不确定性和风险性进行的项目管理分类

如图 1-1 所示，项目分为开放性项目、半开放性项目、半封闭性项目和封闭性项目四类，所以由此会有四种不同的项目分类管理方法。首先，开放性项目的风险性最大，因此需要使用非结构化和非程序化的探索型或适应型的管理方法。其次，半开放性项目的不确定性和风险性仍然比较高，因此使用的是一种半程序化和半结构化的迭代型或敏捷型管理方法，如企业自主创新项目所使用的就是这类项目管理方法。再次，半封闭性项目的不确定性和风险性相对较低，所以这类项目的管理使用的是一种相对程序化和结构化的预测型项目管理方法。最后，对于不确定性和风险性很低的封闭性项目的管理需要使用的方法基本上是一种类似于日常运营管理的方法。

2. 按照行业类别进行的项目管理分类

不同行业的项目具有不同的特性，所以需要使用不同的项目管理方法。例如，工业、农业、服务业、金融业等各行各业的项目都具有其行业性的特性和要求，所以都需要使用不同的项目管理方法。其中，农业和林业项目多数需要很长的时间才能够收回投资（因为农业开发和林业的树木生长需要很长时间），但是市场开发项目、贷款项目和保险项目等收回投资的时间则相对比较短，所以这些项目需要使用不同的项目管理方法。对于医院的急诊项目和应急救援项目需要使用“快速反应的救人救火”的项目管理方法，否则会丧失“救人救火”的最佳时机而造成这类项目的失败，带来人员和财产的损失。

3. 按照项目规模或时间长短进行的项目管理分类

我们还可以按照项目规模的大小将项目分成大项目、中等项目和小项目去开展项目管理，也可以按照项目实施的时间长短将项目分成长期、中期和短期项目来管理。大项目和长期项目涉及的各方面因素众多而导致项目的复杂性程度很高，所以需要使用以复杂性管理为主的项目管理方法；小项目和短期项目所涉及的各方面要素较少，相对比较简单、确定性较高，因此可以采用以计划为主导的项目管理方法。对于按照项目时间长短进行分类的项目管理方法而言，最为重要的是必须考虑跨多个年度的项目资金的时间价值和每年通货膨胀带来的影响。

4. 按项目的不同性质所做的管理分类

相同行业中具有不同性质的项目也需要使用不同的管理方法，如各个行业中的创新项目和创业项目就必须使用各自的独特管理方法，公共卫生突发事件的应急项目管理就与自然灾害突发事件的应急项目管理使用的方法不同，所以要开展创业项目就需要使用创业项目管理的方法[①]，要开展创新项目就需要使用创新项目管理的方法[②]，要应对突发事件就需要使用应急项目管理的方法[③]，如果是跨国项目，就必须使用涉及跨国界、跨组织、跨文化、跨语言、跨时区以及跨法律体系等的跨国项目管理的方法[④]。

1.2.5 项目管理与日常运营管理的不同

如前所述，项目活动和日常运营活动之间本身就存在许多不同之处，因此项目管理与日常运营管理也有很大的不同，主要表现在如下几个方面。

1. 二者的管理对象不同

项目管理的对象是具有一次性和独特性的项目活动，所以项目管理的主要内容是项目风险、项目变更和项目集成管理等。日常运营管理的对象是企业或组织的具有重复性和经常性的日常运营活动，所以该管理的主要内容是计划、组织、领导与控制等程序化和结构化的管理。二者的管理内容和方法都不同，且各自是管理学的专门学科。

2. 二者的管理原理不同

项目管理和日常运营管理的对象不同，所以二者在管理原理上也不同。项目管理是一种基于过程和活动的管理，而日常运营管理是一种基于分工和职能的管理。项目管理强调主人翁精神、团队合作、相关方参与、价值管理、环境适应和全面集成管理等，但日常运营管理更多强调基于职能分工的职能专业化和科层化的管理。

---

① 戚安邦，等. 创新项目管理. 北京：中国电力出版社，2017.

② 戚安邦，杨玉武，等. 创业项目管理. 北京：中国电力出版社，2020.

③ 戚安邦，姜卉，等. 应急项目管理. 北京：高等教育出版社，2021.

④ 戚安邦，孙贤伟，杨玉武，等. 跨国项目管理：服务于“一带一路”建设. 北京：中国电力出版社，2020.

3. 二者的管理方法不同

二者的管理原理不同，所以二者的管理方法也不同。项目管理的方法论是基于过程和聚焦项目专项管理的一套管理方法体系，而日常运营管理方法的核心是按照组织的职能分工所开展的对于人、财、物和产、供、销各方面的管理方法体系。项目管理使用针对一次性活动的管理方法，日常运营管理使用针对重复性活动的管理方法。

4. 二者的管理目标不同

项目管理的根本目标是实现项目的成功，即使用最小的项目成本去按时生成项目成果，从而实现项目新增价值最大化的目标。日常运营管理的根本目标是实现组织生产或经营活动的持续盈利，以收回项目的投资和获得更多的利润。但项目管理和日常运营管理的目标都是为实现组织的战略目标和获得项目投资收益的最大化服务的。

5. 两种管理之间的衔接

项目管理和日常运营管理之间具有紧密的关联和衔接关系，项目管理的内容必须为项目日后的运营提供基础和条件，而日常运营管理的内容必须为实现组织既定的项目投资计划提供服务和保障。从项目全生命周期的角度出发，实际上项目管理和日常运营管理是项目全生命周期中两个相互关联的不同阶段所开展的管理。

综上所述，项目管理和日常运营管理有许多不同之处，所以项目管理与日常运营管理就成了管理学的两个完全不同的专门学科或领域。

1.3 项目管理知识体系

项目管理知识体系是指在项目管理中所要使用的各种知识、理论、方法和工具的总称，项目管理的知识按一定的合理配置关系构成了一套完整的知识体系。

1.3.1 项目管理知识体系的逻辑框架

PMI 提出的项目管理知识体系（project management body of knowledge，PMBOK）[①]包括十个方面的项目管理知识领域。ISO 的《项目管理指南》也包含十大专项管理或知识领域[②]。作者根据多年来的研究结果提出了如图 1-5 所示的项目管理知识体系的逻辑框架模型，这也是作者获得 IPMA 2009 年研究大奖的核心内容。该模型将 PMI 的项目管理知识体系中的“项目相关方参与”的内容归入了项目组织管理，因为项目相关方参与实际上是属于项目组织管理范畴的。

由图 1-5 可知，项目管理知识体系主要包括三个部分的内容。

1. 项目目标四要素管理部分的内容和逻辑关系

这是项目目标要素管理的知识领域或专项管理部分，这包括项目范围管理、成本管理、时间管理和质量管理。其中，项目成本管理、时间管理和质量管理作为项目绩效考

---

① Project Management Institute. A Guide to the Project Management Body of Knowledge （PMBOK® Guide）. 6th ed. Newtown Square：Project Management Institute，2017.

② ISO. Guidance on Project Management. 2012.

核的目标放在了该模型的中心位置。这三方面的目标的实现需要靠项目资源的合理配置予以保障，所以它们之外是三个项目资源要素的管理。项目范围是决定项目所需资源三要素的依据，所以项目范围管理被安排在项目资源三要素管理之外，用外接圆来表示，这就构成了项目目标四要素和资源三要素之间的内在逻辑关系。

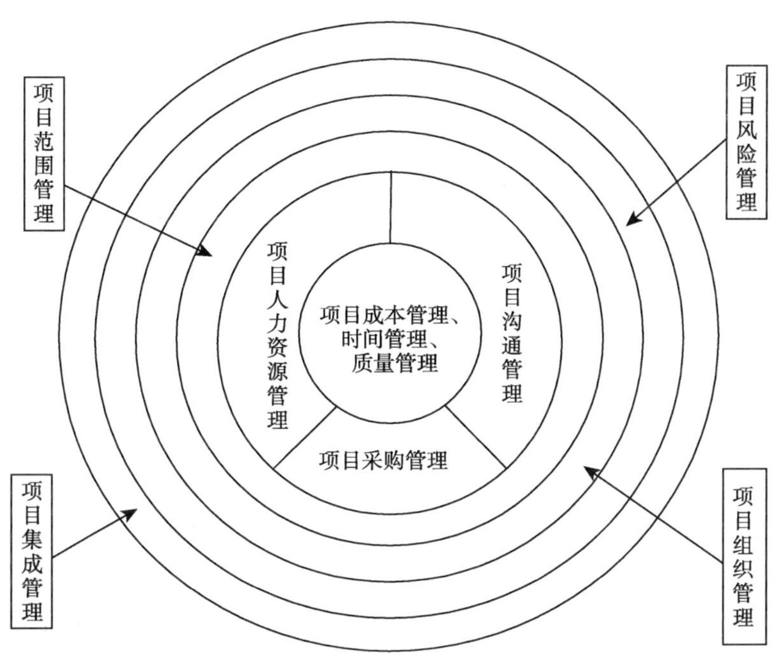

图 1-5 项目管理知识体系的逻辑框架模型

2. 项目资源三要素管理部分的内容和逻辑关系

项目所需资源的管理内容包括：项目人力资源管理、项目沟通管理（即项目信息资源管理）和项目采购管理（即项目服务和物资管理）。其中，项目人力资源管理涉及项目所需各种人力资源的需求、获得、配置和激励等方面的管理；项目沟通管理的根本目的是获得项目所需的信息资源，所以这方面主要是项目信息资源的管理；项目采购管理是项目所需物资和服务的获得管理。三者之间的逻辑关系是：项目所需人力资源、信息资源和服务与物资可通过组织内部调配或组织外部采购或协作获得。项目人力资源与信息资源紧密关联，因为项目信息都是由人力资源加工得来的。

3. 项目综合管理部分的内容和逻辑关系

这部分的内容包括项目组织管理、项目风险管理和项目集成管理三个方面。其中，项目组织管理主要涉及项目人力资源和项目相关方参与的综合性管理，项目风险管理是针对项目的不确定性和项目风险所开展的综合性管理，项目集成管理是针对项目各方面按照它们应有的合理配置关系所开展的综合性管理。这三方面的逻辑关系是：项目是由人来完成的，所以需要开展组织管理；项目存在风险，所以需要开展项目风险管理去实现“趋利避害”；项目各方面应实现合理配置关系，所以需要开展项目集成管理。

正是上述这三个部分的项目管理相互关联和相互作用，才构成了一个完整的项目管理知识体系的逻辑框架，项目管理知识体系的具体构成将在后续章节详细讨论。

1.3.2 项目管理知识体系及其构成

如前所述，PMI 的项目管理知识体系主要包括十个方面的专项管理或知识领域，各个项目专项管理需要不同的管理知识、方法、工具和技能，具体内容如下。

1. 项目范围管理

按照中文的含义，“范”字是对事物模样的规定，“围”字是对事物大小的规定，所以“范围”指的是事物的“模样和大小”，项目范围规定了项目的“模样和大小”。因此项目范围管理就是对项目的“模样和大小”开展的计划、实施、控制和变更等方面的管理。项目范围管理的对象有两个：一是项目可交付成果的范围管理，二是项目工作的范围管理。具体内容包括项目范围管理计划制订、收集项目需求、分解和界定项目范围、创建项目工作分解结构（work breakdown structure，WBS）、确认项目范围和控制项目范围等一系列的管理工作。

2. 项目时间管理

这是为确保项目能够按既定的时间去完成所开展的一项项目专项管理工作，这包括对于时期（时间长度）和时点（时间点位）两方面的管理。按照项目管理的原理，项目的“时期”管理也叫项目工期管理，项目的“时点”管理也叫项目进度管理。其主要内容包括项目时间管理计划的制订、项目活动分解与界定、项目活动排序、项目活动时间估算、项目进度计划制订、项目进度控制等一系列的项目时间管理的工作。项目时间管理十分重要，因为世人的时间资源都是有限的和刚性的，故有“寸金难买寸光阴”的说法。

3. 项目成本管理

项目成本管理包括项目成本和项目价值两方面的管理，所以在工程项目管理领域又被称为项目造价管理。这是为了能够以较低的项目成本去实现较大价值而开展的管理工作，是兼顾项目投资和收益两方面的项目专项管理。根据价值工程公式 $V=F/C$（价值=功能/成本）的原理，项目成本管理涉及对 V（项目价值）、F（项目功能）和 C（项目成本）三方面的管理。其主要内容有：项目成本管理计划编制、项目资源计划编制、项目成本的估算、项目成本的预算、项目成本的监控和预测等。

4. 项目质量管理

项目质量管理既包括项目可交付物的质量管理，也包括项目工作质量的管理。其实质是一种保证项目可交付物的功能和价值最终符合既定目标与要求的项目专项管理，其中的项目工作质量管理是确保项目可交付物质量的根本保障。根据价值工程公式 $V=F/C$ 的基本原理，项目质量管理是在既定项目成本（C）的基础上，努力使项目功能（F）得以提升，从而增大项目价值（V）的项目专项管理。具体内容包括项目质量管理计划的编制、项目质量管理的实现和项目质量的控制等一系列的专项管理工作。

5. 项目沟通管理

项目沟通管理是为获得和使用项目所需信息资源而开展的项目专项管理。这是在项目全过程中为确保项目能及时有效地收集、储存、处理、加工和使用项目所需信息资源，以及合理地进行项目相关方之间的信息沟通与传递而开展的项目管理工作。其根本目的有两个：一是为获得和使用信息去做出正确的项目决策；二是实现项目相关利益者之间的沟通以消除冲突。其主要内容包括：项目沟通管理计划的制订、项目沟通过程的管理、项目沟通过程的监控、项目沟通所生成的文档管理及项目各种报告的管理等。

6. 项目人力资源管理

这是为确保项目更有效地获得和利用所需人力资源而开展的一种项目专项管理工作，其根本目的是对项目所需的人力资源进行科学规划和确定，然后去努力实现人力资源的合理配置和有效激励与开发等方面的目标。项目人力资源管理的对象是为项目贡献聪明才智和真知灼见的“劳心者”，项目人力资源管理即对于项目管理团队和技术团队成员的管理（不是对项目所需服务的管理）。其主要内容包括：项目人力资源的规划、项目人力资源的获得与配备、项目管理团队的组织和建设以及项目人力资源的开发等。

7. 项目采购管理

项目采购管理又被称为项目所需服务和物资的获得管理，是在项目实施过程中为确保能够获得项目所需的各种物资与服务而开展的项目专项管理工作。其根本目的是对项目所需的物资和服务的获得与使用进行有效的管理。因此项目采购管理是从买主角度所开展的一种对项目所需物资和服务的寻求、获得和有效使用的管理工作。其主要内容包括：项目采购管理计划的编制、项目采购作业计划的制订、项目采购作业计划的实施、项目合同履行的管理和项目合同终结方面的管理等。

8. 项目组织管理

这是针对项目经理、项目团队、项目团队组织环境和项目相关方参与等各项工作所开展的专项管理。按照“人存事兴，人亡事废”的管理思想，任何项目的关键在于使用组织手段去管好人的项目组织管理，所以项目组织管理的任务是对项目所涉及的各层面的组织及其成员进行管理。其主要内容包括：项目相关方参与的管理、项目实施组织的管理、项目团队的管理、项目经理的管理等方面，以及将项目所涉及的各层的组织按照它们应有的合理配置关系去实现全面集成管理等。

9. 项目风险管理

这是针对项目不确定性以及由此可能产生的项目风险损失或收益所开展的项目专项管理，其根本目的是对项目所面临的风险进行有效的识别、度量、监测和应对。这包括努力收集信息去消减项目不确定性方面的管理，以及对于项目风险损失和风险收益的管理。所以这是在项目不确定性情况下，为积极降低项目风险损失与提升项目风险收益而开展的项目管理工作。这包括对项目风险事件和系统性项目风险两方面的管理，其主要内容包括：项目风险管理计划的制订、项目风险的识别和度量、项目风险应对计划、项目风险征兆的监测和项目风险的应对。

10. 项目集成管理

项目集成管理是为确保项目各方面能够实现合理配置关系而开展的一种具有整合性和集成性的管理工作，这既包括对项目全部要素的集成管理，也包括对项目全过程的集成管理，以及对项目全体相关方及其参与的项目全团队的集成管理①。国际上的项目管理知识体系中一直没有这方面的相关原理和方法，所以作者多年来聚焦于项目全过程、全要素和全团队的全面集成管理的学术研究，这方面的研究成果获得了 IPMA 的 2009 年研究大奖。其主要内容包括：项目集成计划的编制、项目集成计划的实施和项目变更的集成控制。

综上所述，项目管理涉及多个方面的知识领域或项目专项管理，本书将分章展开对这些项目专项管理或知识领域的讨论。

1.3.3　项目管理中所涉及的其他知识

开展项目管理不但需要使用项目管理方面的知识、方法和技术，还需要使用其他方面的知识、方法和技术。这包括具有一般性的管理原理、知识、方法和技术，以及每个具体项目属于的不同的行业或专业领域专门的知识、方法和技术。图 1-6 给出了一个具体项目所需的管理知识和方法，以及这些知识和方法之间的相互关系。

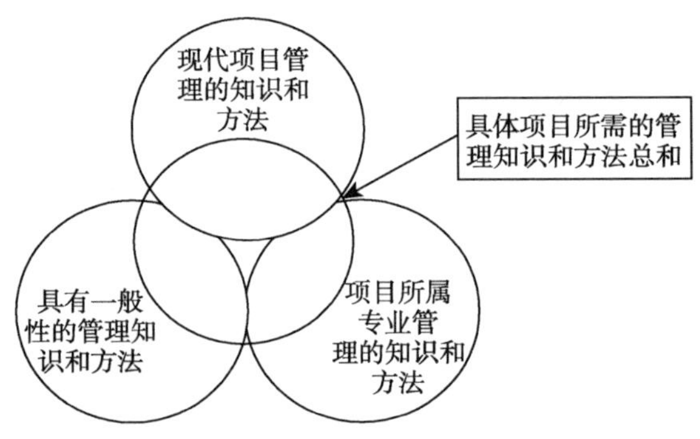

图 1-6　具体项目所需的管理知识和方法

由于在前文已经对项目管理的知识体系做了讨论，所以此处只对一般性管理和项目所属专业管理的知识、方法和技术的内容进行分述。

1. 具有一般性的管理知识和方法

这是指管理学中最基本的原理和方法，主要包括六个方面。一是计划管理的知识和方法，这包括常规计划、滚动计划、迭代计划等方面的知识和方法。二是组织管理的知识和方法，这包括组织设计、组织建设、组织开发等方面的知识和方法。三是领导方面的知识和方法，这包括领导风格、领导方法和领导力及其提升等方面的知识和方法。四是管理控制的知识和方法，这包括过程控制、人员控制、质量控制等方面的知识和方法。五是资源管理方面的知识和方法，这包括对于人力、物力、财力和信息资源的合理配置、

① 戚安邦. 项目全面集成管理原理与方法. 天津：南开大学出版社，2015.

管理与控制的原理和方法。六是其他专项方面的管理知识与方法，这包括在管理学中经常使用的信息管理、服务管理、物流管理等方面的原理和方法等。

2. 项目所属专业管理的知识和方法

这是指在具体项目所属专业领域中的各种专业知识和方法，主要包括如下两个方面。一是项目所属行业与专业的技术知识和方法，这是指具体项目所涉及的行业和专业领域中的各种技术知识，如新药研制项目中所使用的医学、药学、给药系统等方面的技术知识和方法。二是项目所涉及的具体行业与专业领域中的专业管理知识和方法，如公共项目管理和应急项目管理所涉及的国家或地方政府财政拨款及紧急救援等方面的管理知识和方法。

由于具体项目涉及的行业或专业不同，因此没有办法一一展开讨论，但是任何项目所用的一般性管理知识和方法的原理是一致的，具体讨论和介绍如下。

1.4 项目管理的发展历程

项目和项目管理的实践从人类开始进行有组织的社会活动之日起就已经出现了，所以现有管理学的知识大部分都属于项目管理的范畴。真正的日常运营管理是在工业革命之后才形成的，虽然此前的农业也有日常运营（年种年收）的成分，但是那时候的运营管理方法相对比较原始。在人们将项目管理发展成管理学中一门单独的学问或专业的过程中，项目管理学科的发展大致经历了三个主要的阶段：古典项目管理阶段、传统项目管理阶段和现代项目管理阶段。

1.4.1 古典项目管理阶段的发展历程

古典项目管理阶段可从人类社会最初离开“山顶洞”开始，自从人类走入社会开展有组织的活动就已经产生了古典项目管理，但是有文字记载的古典项目管理比较晚，如中文的“项目”和“管理”等词都是几千年前创立的。这既说明项目管理早就是人类社会中的一种管理活动，也表明中华民族在古时候就已较早地认识了“项目管理”的某些实质与特性。

1. 古典项目管理的遗迹

从古典项目的遗迹上说，既有中国长城与埃及金字塔等世界著名的古代工程项目，也可以追溯到人类更早的各种有组织的社会活动成果。实际上最初人类开展的有组织的活动主要是渔猎活动，这种就是具有一次性和独特性的活动，所以都是项目并需要项目管理。只是进入农业社会，特别是进入工业社会后才有了日常运营管理。实际上，在农业社会人们也是只有先完成开垦荒地的项目及其管理，然后才能有年种年收的日常运营及其管理，所以人们在总结众多项目管理经验的基础上就逐步形成了古典项目管理的思想与方法。例如，战国时期由蜀郡太守李冰父子组织修建的都江堰至今仍在使用，它就是以实物向人们展示中国古典项目管理的卓越成就。

2. 古典项目管理的文字记载

中国的祖先通过实践和总结留下了一系列关于项目工期、成本和质量等项目管理方面的思想与方法的文字记载，这使得中华民族成为人类对项目与项目管理认识较早且理解深度与广度较高的民族之一。例如，我国春秋战国时期的科学技术名著《考工记》[①]记载，早在2000多年前中国人就已经对制造、建筑、水利等工程项目的管理和技术做出了很好的总结与规定。另外，我国北宋时期李诫（主管建筑的大臣）所著的《营造法式》[②]一书，给出了北宋官方颁布的一系列建筑设计和施工项目的规范与管理方法。由此可见，人类早在几千年前就已经认识与掌握项目和项目管理的某些规律、知识与方法，这些实际上就成了现代项目管理的原理和方法的基础。

1.4.2　传统项目管理阶段的发展历程

传统项目管理阶段是指从工业革命开始之后到新技术革命开展之前（即20世纪80年代）的项目管理阶段，在这一阶段中人们使用各种适合于工业社会的项目管理的知识和方法，所以传统项目管理可以追溯到工业革命之初，并发展完善到20世纪80年代而结束。

1. 传统项目管理阶段的管理方法

在工业革命发生以后，人们需要建设大量的工厂，所以项目管理知识和方法在建筑领域中获得很大的发展。英国现有的众多的项目管理专业组织和认证资质都是在工业革命之后创立的（如皇家特许测量师协会等）。到了第一次世界大战和第二次世界大战及其之后的时期，军事方面的需要促使传统项目管理的知识和方法获得很大的发展。现在仍有很多项目管理方法和技术是在那个时期开发的，这些项目管理的理论、方法和技术在20世纪70年代经过不断完善与提高就融入了现代项目管理知识和方法体系之中。

2. 传统项目管理阶段的学科发展

在这一阶段中，项目管理的职业化和学术研究获得了很大发展。20世纪60年代前后各国先后成立了项目管理协会，尤其是两大国际性项目管理协会先后成立。一是在欧洲先成立的IPMA（早期称为INTERNET），二是在美洲成立的PMI。这些协会为了推动项目管理职业化的发展，开始研究和提出项目管理者所需的知识体系以及项目管理专业认证，如PMI的PMP和IPMA的IPMP（international project management professional，国际项目管理专业人员资质认证）等。在这一阶段，发达国家的政府部门在项目管理的理论和方法方面的研究与开发中占据着主导地位，它们创造了许多新的项目管理方法和工具。

1.4.3　现代项目管理阶段的发展历程

现代项目管理阶段是20世纪80年代之后发展至今的项目管理新阶段，这一阶段的改变源于信息技术和信息系统开发项目的出现。随后，各种创新项目和创业项目使得现代项目管理的范畴扩大，最终促使项目管理进入了现代项目管理阶段，并且成了管理学

---

① 闻人军. 考工记导读. 成都：巴蜀书社，1996.

② （宋）李诫. 营造法式. 北京：商务印书馆，1954.

中十分重要的独立学科。

1. 现代项目管理产生的时间

现代项目管理阶段源于 20 世纪 80 年代的新技术革命，此时信息技术和信息系统开发项目以及创新与创业项目得到高速发展和广泛应用。这改变了传统项目管理阶段以工程建设项目管理知识和方法为主导的局面，使得项目管理进入现代项目管理阶段。由于信息系统集成项目、创新和创业项目等现代项目需要使用与传统项目管理不同的一些专项管理与项目管理原理和方法（如项目风险管理和项目集成管理等），最终形成独特的现代项目管理知识体系，从而进入现代项目管理阶段。

2. 现代项目管理产生的原因

实际上现代项目管理阶段出现的根本原因是全世界从工业经济与社会向知识经济与社会转型，这使得工业经济与社会的日常运营导向型的组织和社会逐渐让位给知识经济与社会的项目导向型的组织和社会，所以人类社会中各种项目的数量、规模和复杂程度急剧增加，迫使人们努力去寻找更为科学和有效的项目管理原理与方法。最重要的是在人类社会进入知识经济与社会以后，各种创新和创业项目成了人们创造财富与福利的主要手段，而这些项目具有更高的独特性、风险性与复杂性，所以就需要更为科学有效的现代项目管理方法，从而推动了项目管理学科进入现代项目管理阶段。

3. 现代项目管理产生的背景

创新项目和创业项目成了人类社会创造财富的主要途径与手段，从而促使人们必须去研究和发现现代项目管理理论与方法，结果就形成了现代项目管理的知识和方法[①]。纵观 20 世纪 80 年代至今的社会发展，从美国的亚马逊公司、微软公司和苹果公司到中国的腾讯公司、阿里巴巴和百度公司，它们的巨额财富都是通过创新和创业项目创造与积累的。美国的统计资料表明，它们当今的财富 90%以上是 20 世纪 80 年代以来创新创业的成果。我国自 2006 年提出建设创新型国家至今，有大量的财富也都是创新和创业项目创造的。

1.4.4　我国项目管理的发展历程

我国在现代项目管理的职业化发展和学术性研究方面的起步相对较晚，所以在学科发展与管理实践方面都相对落后一些，但是近年来发展十分迅速且正与国际水平看齐。

1. 我国古典和传统项目管理阶段的发展历程

我国古典和传统项目管理阶段所创造的项目管理知识、方法和实践在全世界都是最早而且最有建树的，我国只是在工业革命的发展时期落后了。实际上，早在数千年前我国就已经开展了项目和项目管理方法与实践的研究。神农尝百草就是最早的中药开发项目，大禹治水就是最早的水利工程开发项目，万里长城是伟大的建筑项目，这些项目不管是设计还是施工和管理都使用了系统性的管理方法，最终建成了举世公认的伟大工程项目，从而充分体现了中华民族的伟大和聪明智慧。

① 戚安邦，等. 浮现中的中国现代项目导向型社会与组织. 北京：电子工业出版社，2009.

2. 我国现代项目管理的引进和发展历程

我国的现代项目管理阶段是从发达国家引进现代项目管理的知识和方法开始的，其中从 1999 年开始由国家外国专家局同本书作者所在的南开大学合作开展引进 PMI 的 PMBOK 和 PMP 认证的引智工程占有重要地位[①]。当年夏天，国家外国专家局与 PMI 在南开大学东方艺术系礼堂召开了“中国现代项目管理推广发布会”，本书作者担任了该发布会的翻译和发言人，PMI 认证委员会官员在会上介绍了 PMBOK 和 PMP 认证。随后国家外国专家局资助本书作者编写出版了《现代项目管理》一书[②]，并指定该书作为推广 PMBOK 和 PMP 的教材在全国使用。2001 年春节期间，本书作者和国家外国专家局领导在中央电视台综合频道开展了《现代项目管理》的讲座，从而开始了我国全面推广 PMI 的 PMBOK 和 PMP 的进程。为表彰作者及其南开大学的团队为引进现代项目管理知识体系所做的贡献，2009 年国家外国专家局和 PMI 为作者和南开大学颁发了唯一的“PMP 认证引入中国十周年特殊贡献奖”，并且随后在 2019 年颁发了“二十年特殊贡献奖”。2002 年，中国项目管理研究会（Project Management Research Committee，PMRC，作者是该研究会的副主任委员）加入了 IPMA，随后就全面投入了与国际项目管理知识体系研究和职业化认证的接轨工作。本书作者多年研究的项目集成管理原理和方法在 2009 年获得了 IPMA 的研究大奖，并因此在 2012 年被选为 IPMA 研究管理委员会主席，然后连任两届，做了大量的项目管理研究方面的管理工作，特别是从比较管理的角度研究了中、美、欧三大项目管理学派或体系的独特之处，研究结果表明，现在中国的现代项目管理发展已经逐步走在国际的前列。2023 年，本书作者获得了 IPMA 的全球终身研究成就奖。

1.5 现代项目管理的最新发展

随着人类社会活动的发展与变化，人类社会和经济的形态也在不断进步，并且人类社会的管理主导模式（范式）也在不断进步。现代项目管理的发展和进步就是人类社会近年来为适应知识经济与社会发展的产物，有关这方面的最新发展介绍如下。

1.5.1 社会生产、管理和项目管理范式的转换

随着当今社会向知识经济与社会的转换和发展，人们的创新与创业活动逐渐成了社会创造财富和福利的主导手段，这使得人类社会生产、管理和项目管理的范式都发生了变化。

1. 社会生产范式的变化

当今人类社会生产范式正在逐步转向以项目为主的模式，这使得人类社会也逐渐演变成一种项目导向型的社会，并且这种社会中的企业和政府等组织也逐渐演变成项目导向型组织。人类社会管理与组织主导模式（范式）的变化如图 1-7 所示，该图给出了人类社会从农业、工业到知识经济与社会的发展历程。

① 中国（双法）项目管理研究委员会. 中国现代项目管理发展报告（2006）. 北京：电子工业出版社，2006.

② 戚安邦. 现代项目管理. 北京：对外经济贸易大学出版社，2001.

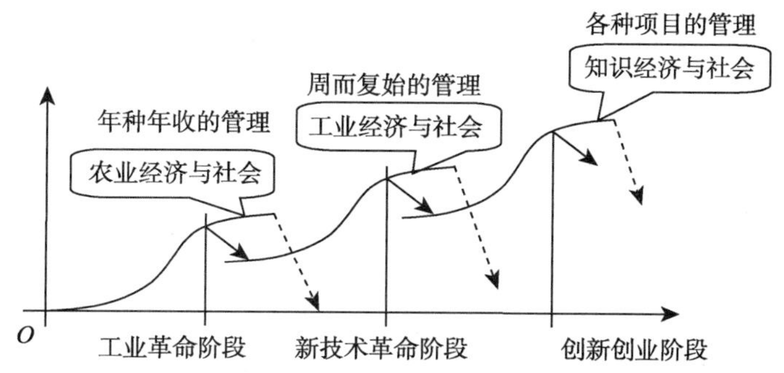

图 1-7　不同社会的管理主导模式与社会和组织主导模式的示意图[①]

由图 1-7 可知，人类在农业经济与社会中以“年种年收”的日常运营活动及其管理为主导活动和管理范式，而在工业经济与社会中以“周而复始”的日常运营活动及其管理为主导活动和管理范式。如今人类在知识经济与社会中的主导活动变成了创新与创业项目活动，所以现在的管理主导模式是以基于团队的项目管理为主。因此，现在的社会是以项目导向型组织为主构成的项目导向型社会（有关项目导向型组织和社会的内容后续将做讨论）。

2. 管理范式的转换

创新和创业都属于项目活动的范畴，因此都需要使用现代项目管理的知识和方法去管理，现代项目管理就逐渐演变成人类社会的管理范式[②]。这种人类社会的管理范式的转换如图 1-8 所示，显然，现代项目管理的范式正在替代传统日常运营管理的范式，现代项目管理从而成了当今社会的主导管理模式。

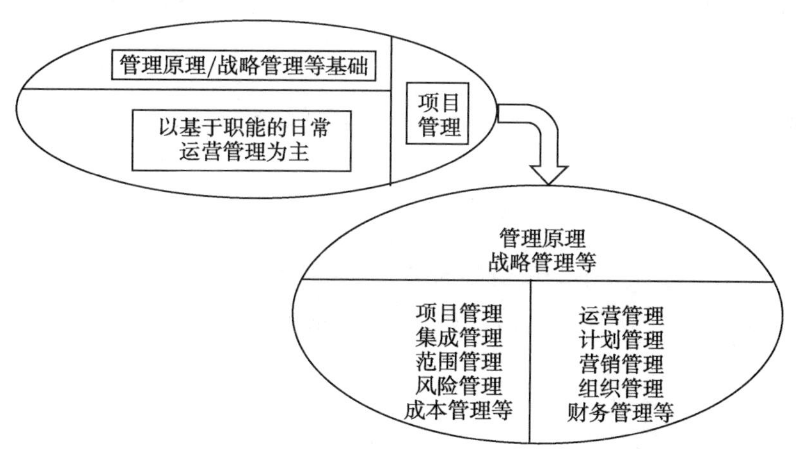

图 1-8　传统日常运营管理范式向现代项目管理范式的转换

3. 项目管理范式的转换

同样，项目管理的主导模式也经历了从传统项目管理向现代项目管理范式的转换，

① 戚安邦，等. 浮现中的中国现代项目导向型社会与组织. 北京：电子工业出版社，2009.

② 戚安邦，孙贤伟. 论建设项目工程造价管理范式的科学转换. 南开管理评论，2005，(4)：39-42.

这主要表现在两方面，即项目管理知识体系和应用范围的变化。一是项目管理知识体系方面的变化，如图 1-9 所示，现代项目管理相比传统项目管理在知识体系的内容上有很大增加，从而构成了全新的现代项目管理知识体系。

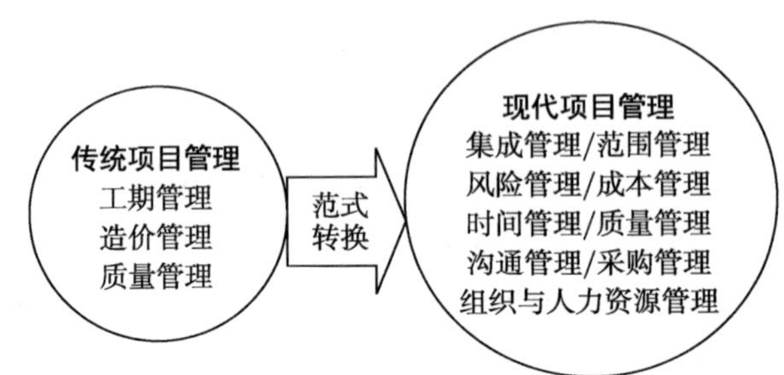

图 1-9 项目管理范式在知识体系内容方面的转换示意图

二是项目管理应用范围方面的变化，如图 1-10 所示，从图中可以看出项目管理的应用范围获得极大的拓展，由原有局限在工程项目管理领域变化到现代项目管理已广泛应用到人类社会生产与生活的各个领域。

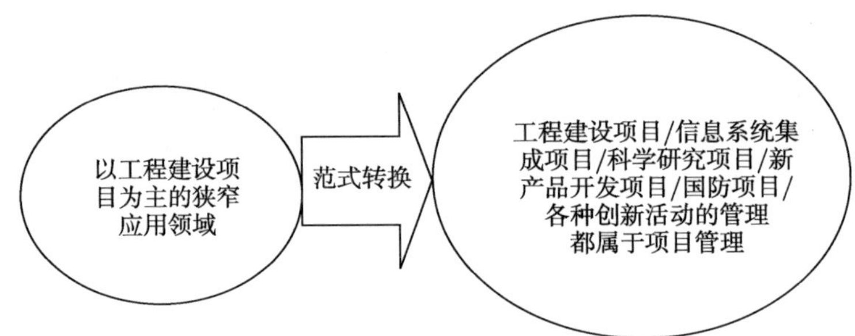

图 1-10 传统项目管理和现代项目管理应用范围的对比

1.5.2 基于项目的管理和组织（企业）级项目管理

当今知识经济与社会中的项目导向型社会和组织都是按照“基于项目的管理”的主导模式去开展管理的，PMI 将这称为“组织（企业）级项目管理”，二者的具体内涵和作用分述如下。

1. 基于项目的管理

这是指人们在组织中以“项目管理”为主导管理模式，甚至将日常运营中的每个批量生产活动也作为一种“项目”去管理。自 20 世纪 80 年代以后，越来越多的组织接受了这种全新的管理模式。基于项目的管理要求企业或组织首先根据自己的使命去分解得到组织战略目标，然后根据组织战略目标去拟订实现战略目标的项目、项目群和项目组合，进而使用项目管理的方法成功实现组织战略目标。这实际就是使用项目管理的理论和方法去开展组织的各方面事务的管理。

2. 组织（企业）级项目管理

这也是项目管理领域拓展的一个重要方面，它要求人们在企业管理中全面使用项目管理的理论和方法。这就要求全面提升组织和个人的项目管理能力与素质，同时组织要建立项目管理办公室或战略项目管理办公室，组织高层要更加了解、参与和做好项目管理，要建立和使用自己组织的项目管理信息系统，要有基于网络的组织内部项目团队和虚拟项目团队的项目报告系统,要会集项目管理理论专家去培训组织中的项目管理人员，要做好组织级项目管理的服务等。

1.5.3　项目群管理和项目组合管理

现代项目管理的另一个新拓展是关于项目群和项目组合的管理理论与方法的发展和应用。现代项目管理模式认为现在有三种项目管理模式：一是独立项目管理的模式，二是将项目置于项目群中管理的模式,三是项目和项目群置于项目组合中开展管理的模式。由此可见，项目群管理和项目组合管理是更高层的项目管理。

1. 项目群管理

“项目群”实际上就是一种多项目的集合，项目群中的项目之间存在直接和紧密的相互关联，每个单独的项目都不能离开项目群而存在。这使得项目群管理在原理和方法上与一般项目的管理有所不同，所以才有了独立的项目群管理的原理和方法。

2. 项目组合管理

“项目组合”实际是指相互关联的项目和项目群有机组合而成的整体，根据项目组合管理的理论，任何组织的战略方案都可以分解出一个或多个项目组合，组织借助项目组合管理去实现组织战略目标。所以项目组合管理始于组织使命、愿景和战略计划，然后据此分解得到项目组合并进行实施和控制，最终实现组织的战略目标。

1.5.4　项目导向型组织与项目导向型社会

有关项目导向型组织(project-oriented organization，POO)和项目导向型社会(project-oriented society，POS）的研究最早始于 21 世纪初，最初是 Gareis[①]和 Turner[②]等提出相关的设想与模型，随后 IPMA 资助了对这方面课题的研究，之后获得了十分广泛的应用。相关内容分述如下。

1. 全球社会与经济方式的转型

根据作者及其团队的研究成果，全球自 20 世纪 80 年代开始从工业社会和工业经济向知识社会与知识经济的转型，涉及全球的社会、经济、管理方式和组织模式等方面的全面转型。这种转型的模型如图 1-11 所示[③]。

① Gareis R. Knowledge Elements for Project Management and Managing Project-Oriented Organizations. Vienna：Vienna University of E & B，1999.

② Turner J R. Handbook of Project-Based Management：Improving the Processes for Achieving Strategic Objectives. 2nd ed. London：McGraw-Hill，1999.

③ 戚安邦，等. 浮现中的中国现代项目导向型社会与组织. 北京：电子工业出版社，2009.

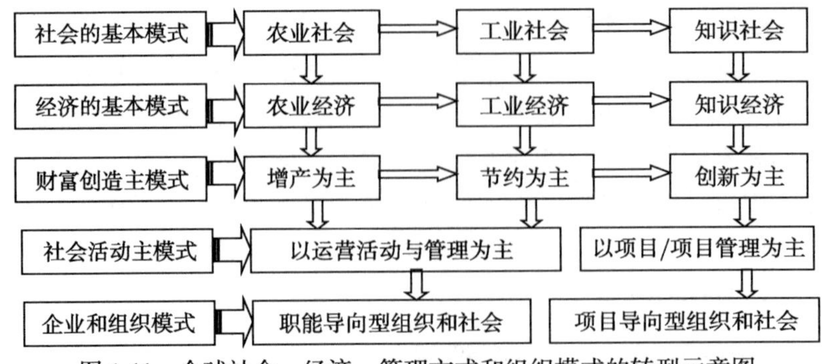

图 1-11 全球社会、经济、管理方式和组织模式的转型示意图

由图 1-11 可知，在农业和工业的经济与社会中，人们以“增产和节约”作为创造财富的主要途径和手段，所以农业社会和工业社会都是一种以运营活动与管理为主的“职能导向型”的组织和社会。但是在知识经济与社会中，人们以创新和创业项目作为创造财富的主要途径与手段，所以就需要一种“项目导向型”的组织和社会。

2. 项目导向型组织

从根本上说，这种组织是为更好地开展各种项目管理服务的。这种组织既不同于专门从事项目的项目型组织，也不同于专门从事日常运营的直线职能型组织，是一种既有面向运营的职能部门，又有面向项目的临时性团队的二元化新型组织。有关项目导向型组织的基本模型如图 1-12 所示[①]。

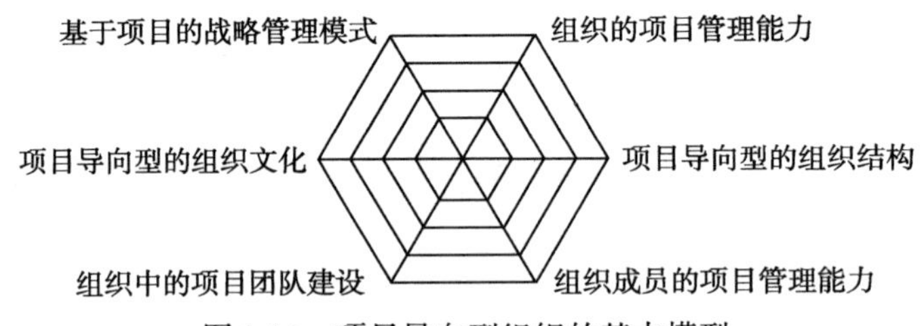

图 1-12 项目导向型组织的基本模型

由图 1-12 中可以看出，这种组织的主要特征有六个方面：一是它具有很强的项目管理能力，二是它开展项目团队建设，三是它具有项目导向型的组织结构（二元化结构），四是它具有项目导向型的组织文化，五是它的项目团队和个人具有很好的项目管理能力，六是它有基于项目的战略管理模式。

3. 项目导向型社会

这是以项目导向型组织为主体的一种社会，这种社会的模型如图 1-13 所示[①]。研究表明，每个项目导向型社会都有不同的成熟度，项目导向型社会的成熟度越高，该社会的知识经济和创新与创业项目就发展得越好，其在知识经济中的国际竞争力就越高。因此这种社会的建设是提高社会创新和创业能力以及国际竞争力的有效途径与方法。

---

① 戚安邦，等. 浮现中的中国现代项目导向型社会与组织. 北京：电子工业出版社，2009.

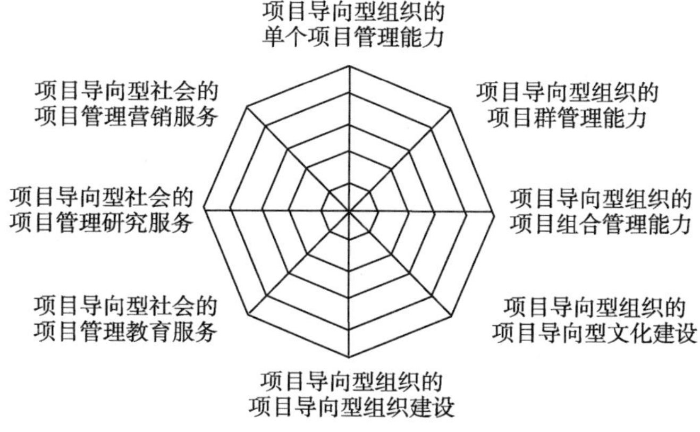

图 1-13　项目导向型社会的基本模型

由图 1-13 可知，项目导向型社会主要有两个特征：一是项目导向型组织及其管理能力是这种社会的基础，二是全社会项目管理服务能力是这种社会的关键。项目导向型社会中的项目管理社会化服务有三个方面：一是社会化的项目管理研究服务，二是社会化的项目管理营销服务，三是社会化的项目管理教育服务。

1.5.5　组织项目管理成熟度模型及其他发展

PMI 主导和开展了组织项目管理成熟度模型（organizational project management maturity model，OPM3）的研究，这也是现代项目管理理论与方法的新发展之一，一些方面的发展分述如下。

1. OPM3

这是一种对于一个组织项目管理成熟度的评估与提升的知识和方法。它包括三个主要内容：一是组织项目管理成熟度知识；二是组织项目管理成熟度评估的模型和方法；三是组织项目管理成熟度改进和提升的模型方法。PMI 的 OPM3 不但有专门的规范，而且有专门的单用户版和多用户版的软件，人们可以通过使用 OPM3 的方法和软件去提升自己的组织项目管理成熟度。OPM3 将一个组织项目管理成熟度的水平及其评估和提升路径分成了五个层次，具体模型如图 1-14 所示。

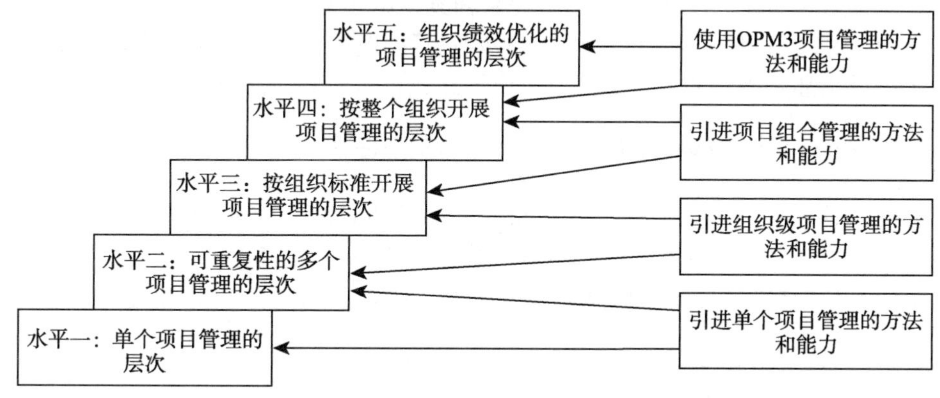

图 1-14　组织级项目管理成熟度模型示意图

由图 1-14 可以看出，OPM3 的方法是先评估组织现有的项目管理成熟度，然后根据发现的问题提出改进和提升的办法与途径，进而通过实施这些改进和提升活动去全面提升组织的项目管理成熟度，最终达到组织所需的项目管理成熟度的层次。

2. 其他项目管理的最新发展

除了上述这些新的发展之外，项目管理的发展还有很多其他方面的成果。例如，项目管理在教育、学术和研究方面的发展。同时，许多项目管理的研究机构先后建立起来，它们与各种项目管理专业协会共同合作开展了大量合作研究，并取得了丰硕的成果。同时，国际先进造价工程师协会（Association for the Advancement of Cost Engineering International，AACE-I）和皇家特许测量师协会（Royal Institution of Chartered Surveyor，RICS）等众多专业协会也都在项目管理专业职业资质认证体系方面取得了很大进步，这些都在很大程度上推动了现代项目管理知识体系的发展。

1.5.6 ISO 的项目管理指南

自 ISO 经过多年努力于 2012 年 9 月发布了 ISO 21500 标准①以来，ISO 针对项目管理发布了众多国际标准。按照 ISO 的说法，这些标准的使用者和作用包括：一是企业高级主管和项目负责人利用该标准能使他们对项目管理的原理和实践进行更好的理解并帮助他们给予其项目经理和项目团队更准确的指导和支持；二是对于项目经理和项目管理团队而言，该标准可以使他们具有一个共同的合作基础；三是对于国家或组织标准的制定者而言，该标准可以用作他们自己的项目管理标准。

1. ISO 标准中的独特之处

ISO 标准中的项目管理过程也有自己的独特之处，图 1-15 给出了示意和说明。由图 1-15 可知，从项目管理的角度看，ISO 标准更重视项目环境、项目治理、项目组织和项目支持过程。从组织级项目管理的角度看，ISO 标准重视组织外部环境、组织内部环境、组织的战略管理。从项目和日常运营管理结合来看，ISO 标准重视项目利益、项目机遇、项目经营实务等方面的综合管理，以及组织战略层面管理的影响和作用。

2. ISO 近年颁布的项目管理标准和技术标准

最重要的是，ISO 近年来还颁布了一系列其他的项目管理的标准和技术标准，这些 ISO 的标准有些是直接关于项目管理、项目群管理和项目组合管理的标准，有些是关于某个行业项目（如空间项目）管理的标准，具体请见表 1-1 所给出的内容。

1.5.7 PMI 的《PMBOK® 指南》的最新发展

PMI 提供的项目管理知识体系的最新发展涉及两个较新版本的《PMBOK® 指南》②所发生的重大变化，一是 2017 年推出的第六版《PMBOK® 指南》，该版给出了“基于过程和聚焦项目专项管理”的最翔实和最先进的知识体系和方法。二是 2021 年推出的第七

---

① ISO. Guidance on Project Management. 2012.

② PMI 的《PMBOK® 指南》中包括《项目管理知识体系》和《项目管理标准》（以下简称《标准》）两部分内容。

版《PMBOK® 指南》，该版给出了“基于原理和聚焦项目管理主绩效域”的全新知识和方法。本书将在后面各章中详细讨论第六版《PMBOK® 指南》的内容，并且在第 12 章中全面介绍第七版《PMBOK® 指南》的内容，所以此处只对二者做简单介绍。

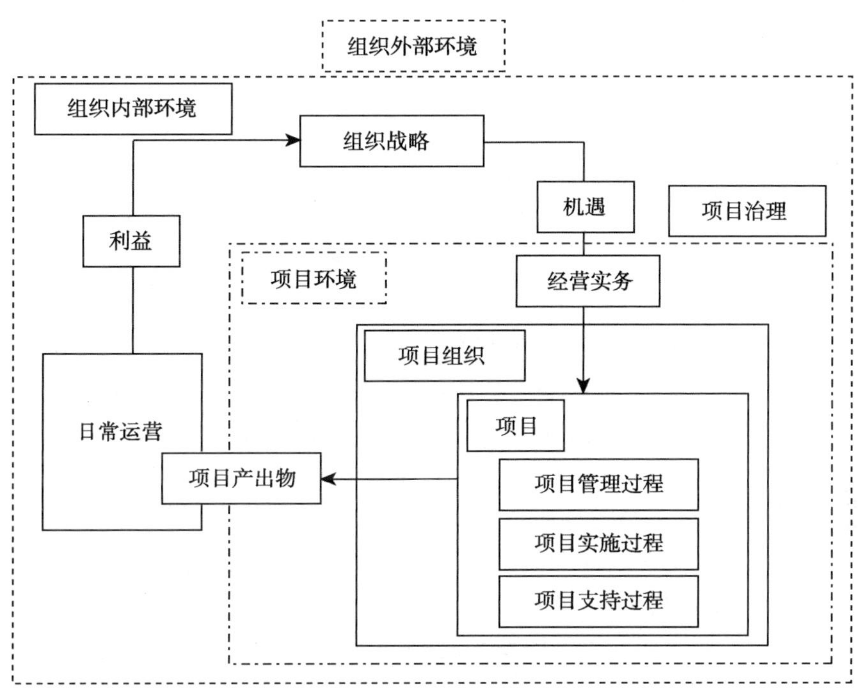

图 1-15　ISO 标准中的项目管理过程示意图

表 1-1　ISO 近年来颁布的项目管理的标准和技术标准

ISO 标准号	ISO 标准名称	发布年份	版本
ISO 21508	项目和项目群管理中的挣值管理	2018	1
ISO 21502	项目、项目群和项目组合管理——项目管理指南	2020	1
ISO/TR 21506	项目、项目群和项目组合管理——词汇	2018	1
ISO 21504	项目、项目群和项目组合管理——项目组合管理指南	2022	2
ISO 21500	项目、项目群和项目组合管理——内容和概念	2021	2
ISO 10006	质量管理——项目质量管理指南	2017	3
ISO 15188	项目管理术语标准化指南	2001	1
ISO 21505	项目、项目群和项目组合——治理指南	2017	1
ISO 21503	项目、项目群和项目组合管理——项目群管理指南	2022	2

1. 第七版《PMBOK® 指南》的简介

PMI 在最新的第七版《PMBOK® 指南》的声明中说：“本版《标准》和《项目管理知识体系》中的任何内容都不否定与过去版本中基于过程的方法的一致性，很多组织和从业人员仍然认为基于过程的方法对于指导人们的项目管理能力，调整他们的方法论以及评估他们的项目管理能力非常有用。这种方法与新版本的内容仍是相关的。”[①]PMI 还在相关声明中提到了第六版的《项目管理知识体系》仍然在发展中。由此可见，PMI 认可这两个版本的并存。

PMI 在第七版《PMBOK® 指南》中提到：“在过去的几年里，新兴技术、新方法和快速的市场变化扰乱了我们的工作方式，推动了项目管理专业领域的发展。因此第七版《PMBOK® 指南》深入探讨了这个专业领域的基本概念和结构。” PMI 在第七版的新《标准》中主要介绍了 12 项项目管理的原理，同时对“价值交付系统”进行了讨论；在第七版的新《项目管理知识体系》中给出了项目管理的八个主绩效域，并进一步讨论了“裁剪”与“模型、方法和工件”。这使得 PMI 的两个版本间出现了两个“质”的变化：一是它的《标准》实现了从“基于过程”向“基于原理”的转变，二是它的《项目管理知识体系》实现了从“聚焦项目专项管理”向“聚焦项目管理主绩效域”的转变。

2. 第六版《PMBOK® 指南》的简介

PMI 在第六版中说道：“本版本《PMBOK® 指南》收录了项目管理知识体系中被普遍认可为‘良好实践’的那一部分”[②]，“本《PMBOK® 指南》是组织制定实践项目管理所需方法论、政策、程序、规则、工具、技术和生命周期阶段的基础”。由此可见，第六版《PMBOK® 指南》坚持此前版本的关于“良好实践”的指导思想。第六版中还提到：“本《PMBOK® 指南》更详细地说明了核心概念、新兴趋势、裁剪项目管理过程时应考虑的因素，以及如何将工具和技术应用于项目中。”由此可见，PMI 第六版《PMBOK® 指南》给出了全新的概念、项目管理新兴趋势以及裁剪项目管理过程和方法的变化。

另外，PMI 在第六版《PMBOK® 指南》中说道：“本《项目管理知识体系》是基于《标准》制定的，《标准》是基于权威、惯例或共识而建立并用作模式或范例的文件。”这段话强调了一个事实：第六版的《项目管理知识体系》是根据《标准》编制的，而第六版《标准》既是“基于过程”的，又是按照“输入—技术和工具—输出（input-tool & technology-output，ITTO）”去展开的。第六版《PMBOK® 指南》中最大变化是更详细地说明了核心概念、新兴趋势、裁剪项目管理过程时应考虑的因素。

3. 第六版《PMBOK® 指南》的逻辑关系

按照 PMI 的上述说法，第六版《PMBOK® 指南》中的《标准》和《项目管理知识体系》的内容有很强的逻辑关系，这种逻辑关系如图 1-16 所示。

4. 第六版《PMBOK® 指南》的“生命周期”

第六版《PMBOK®指南》认为项目生命周期是项目从启动到完成所经历的一系列阶段，这些阶段之间的关系可以顺序、迭代或交叠进行，所以这一版指出项目生命周期有“预测型”和“适应型”两个大类，并给出了项目生命周期的如下几种模式：一是预测型生命周期，即在生命周期的早期阶段确定项目范围、时间和成本并对任何变更都要进

---

① Project Management Institute. A Guide to the Project Management Body of Knowledge （PMBOK® Guide）. 7th ed. Newtown Square：Project Management Institute, 2021.

② Project Management Institute. A Guide to the Project Management Body of Knowledge （PMBOK® Guide）. 6th ed. Newtown Square：Project Management Institute, 2017.

行管理；二是迭代型生命周期，项目范围可于项目生命周期的早期确定，但时间及成本估算将随着对产品理解的不断深入而定期修改；三是增量型生命周期，这是通过在预定的时间内渐进增加产品功能的一系列迭代来产出可交付成果的生命周期；四是敏捷型生命周期，这是由于项目需求难以确定或在不断变化，需逐步交付给客户有价值的项目局部成果，从而导致项目不断变更而需做出敏捷应对的生命周期；五是适应型生命周期，敏捷型、迭代型或增量型都属于此类；六是混合型生命周期，这是预测型生命周期和适应型生命周期的组合。这是第六版《PMBOK® 指南》的重要进展。图1-17给出了各种类型的项目生命周期所构成的连续体和应用选择。

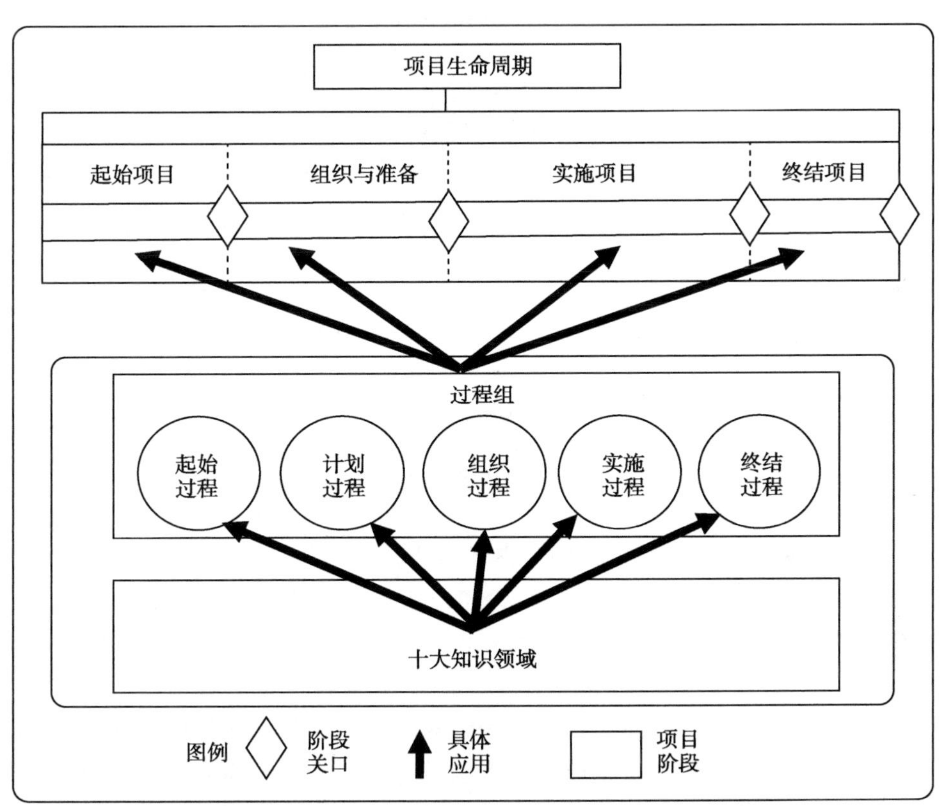

图 1-16 第六版《PMBOK® 指南》的逻辑关系示意图

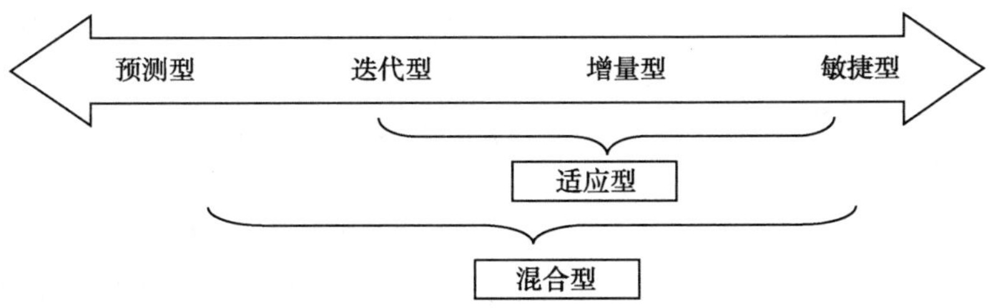

图1-17 各种类型的项目生命周期所构成的连续体和应用选择

5. 第六版《PMBOK® 指南》的"项目边界"

第六版《PMBOK® 指南》中首次给出了项目边界的规定，以及项目边界之内和之外所涉及的项目管理内容，特别是项目及其管理子过程之间的关系。这是一个重要的项目管理知识体系的发展。图 1-18 给出了相关概念的示意图。由图 1-18 可知，"项目边界"是由项目管理的"起始子过程"和"终结子过程"二者界定的。项目边界之前的"商业文件"的工作属于"项目前期工作"，而最后将"可交付成果"交给开展经营的用户，以及把"项目记录"转变成组织过程资产的两项工作则属于"项目后期工作"。

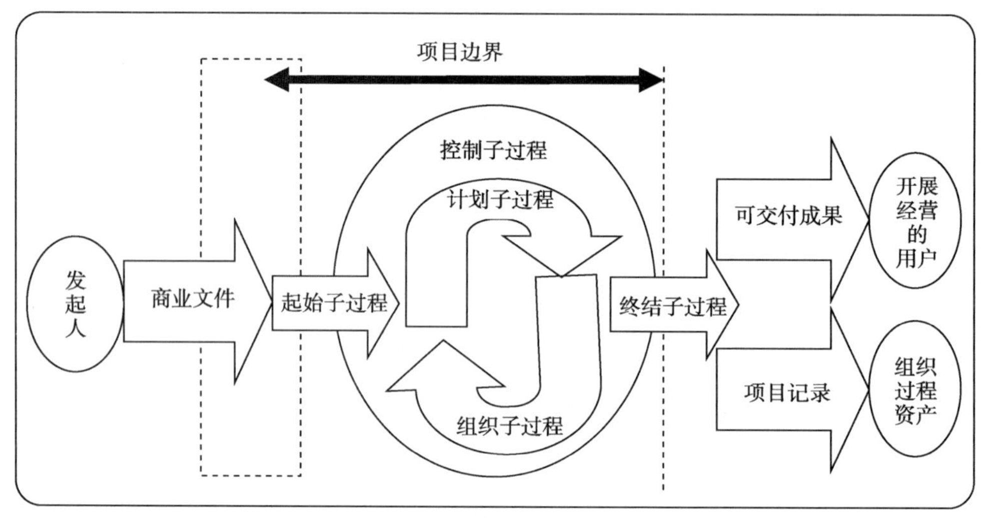

图 1-18 "项目边界"相关概念的示意图

6. 第六版《PMBOK® 指南》的"集成管理"地位

第六版《PMBOK® 指南》将项目集成管理的地位做了非常大的提高，全面实现了项目管理以项目集成计划为主导，所有项目专项管理服从于项目集成管理，所有的项目专项管理计划从属于项目集成管理。图 1-19 给出了项目集成管理和项目专项管理的相互关系示意图。由图 1-19 可以看出，第六版《PMBOK® 指南》将项目集成管理作为项目管理的核心知识领域，并且将项目集成计划（项目管理计划）作为所有项目专项管理计划的依据。这表明所有项目专项管理计划都是根据项目集成的管理计划分解得到的。这与此前五个版本的基于过程的项目管理知识体系相比，第六版明确给出了项目集成管理知识领域在整个项目管理知识体系中的核心地位。

7. 第六版《PMBOK® 指南》的"管理计划"主导

第六版《PMBOK® 指南》中还有一个大的变化，就是项目各专项管理工作都是从制订"管理计划"开始的，从而使得所有项目专项管理都以"管理计划"为起始和核心工作，表 1-2 给出了相关的示意。从表 1-2 中可以看出，每个项目专项管理都有自己的"管理计划"，并且这些 "管理计划"的制订多是整个项目专项管理的首要工作。当然，多数项目专项管理知识领域中还有自己的"业务计划"，如项目进度计划和项目风险应对计划等。

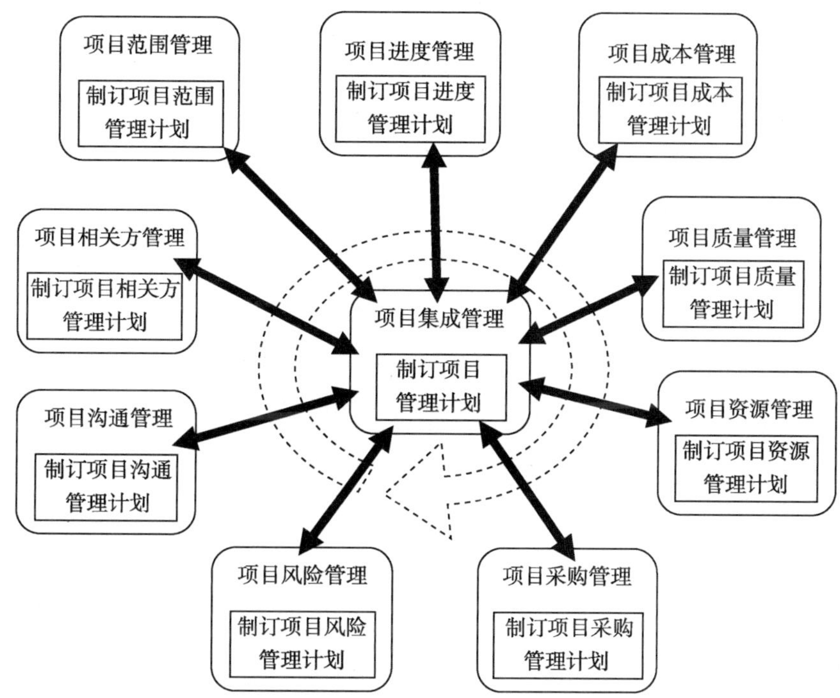

图 1-19 项目集成管理和项目专项管理的相互关系示意图

表 1-2 第六版《PMBOK® 指南》的“管理计划”主导示意

项目专项管理	起始子过程	计划子过程	组织子过程	控制子过程	终结子过程
项目集成管理	略	制订项目管理计划	略	略	略
项目范围管理	略	制订项目范围管理计划	略	略	略
项目进度管理	略	制订项目进度管理计划	略	略	略
项目成本管理	略	制订项目成本管理计划	略	略	略
项目质量管理	略	制订项目质量管理计划	略	略	略
项目资源管理	略	制订项目资源管理计划	略	略	略
项目沟通管理	略	制订项目沟通管理计划	略	略	略
项目风险管理	略	制订项目风险管理计划	略	略	略
项目采购管理	略	制订项目采购管理计划	略	略	略
项目相关方管理	略	制订项目相关方管理计划	略	略	略

8. 第七版《PMBOK® 指南》的全面转型

第六版《PMBOK® 指南》中的《标准》是“基于过程”的，核心内容是五大项目管理子过程的讨论，其中《项目管理知识体系》部分的核心内容是十个项目管理知识领域或叫项目专项管理。但是，第七版《PMBOK® 指南》中的《标准》是“基于原理”的，核心内容是十二条项目管理的原理，而其中《项目管理知识体系》部分的核心内容是八个项目管理的主绩效域。这是一个十分重大的转型，第七版《PMBOK® 指南》的全面转型是一种颠覆性的。有关第七版《PMBOK® 指南》的内容将专门在第 12 章中展开讨论，所以在此不再赘述。

本章思考题

1. 什么是现代项目管理的特性?
2. 现代项目管理与传统项目管理有何不同?
3. 项目管理与日常运营管理相比有哪些不同?
4. 现代项目管理是如何发展起来的?
5. 项目管理知识体系中的哪个专项管理是核心和关键?
6. PMI第六版和第七版《PMBOK®指南》最大的不同何在?

第 2 章　项目决策与项目过程

【本章导读】项目是由一系列项目活动所构成的一个整体的过程，所以项目管理的根本方法是基于过程和活动的管理方法。项目管理的核心在于及时做出正确的项目决策，因此本章重点讨论的内容是项目评估、项目决策、项目生命周期和项目管理过程。本章主要讨论项目初始评估与决策、项目跟踪评估与决策、项目生命周期的阶段划分和项目各阶段的内容以及项目里程碑。

2.1　项目管理中的决策

管理学的原理认为：决策是所有管理中最重要的工作，美国学者赫伯特 · 西蒙甚至提出“管理就是决策”的说法。他认为在存在大量可备选行动方案的情况下，人们选取其中一个方案的行为就是决策[①]。

2.1.1　项目决策的定义与内涵

管理学对决策的定义中有三个要点：首先，决策是人们在认识世界的基础上为了能动地改造世界所开展的一种思维和选择活动；其次，决策的内容包括确定目标、分析环境和条件以及选择满意行动方案等一系列活动；最后，决策是由一系列步骤所组成的一种管理过程，其主要步骤包括数据收集与加工、备选方案设计和评估与抉择满意方案等。同样，项目管理的首要工作是做出正确的项目决策，而正确的项目决策依赖的是项目及其方案的可行性与科学性等一系列的项目评估。

1. 项目决策的定义

本书对项目决策的定义是：为实现组织的既定目标，设计和提出实现组织目标的各种项目可行备选方案，然后通过项目评估去对多个项目可行备选方案进行分析、评价和优化，最终选择一个满意的项目方案以供人们去付诸实施的项目管理工作就是项目决策。由于项目具有一次性、独特性和不确定性等特性，项目决策比日常运营的决策更加困难，所以必须开展好项目决策工作。

2. 项目决策的作用

项目决策的好坏直接决定了项目的成败，因此项目决策在项目管理中具有极为重

① 赫伯特 · 西蒙. 管理行为：管理组织决策过程的研究. 杨砾，韩春立，徐立，译. 北京：北京经济学院出版社，1988.

要的作用，项目决策的具体作用表现为以下几个方面。

1）项目决策关乎组织的生存和发展

项目决策是一个组织开展项目或项目阶段的首要工作，所以项目决策的正确性和科学性对项目成败起着决定性的作用，同时整个项目决策的正确与否直接关乎一个组织的战略生存与发展，人们需要借助项目驱动组织发展到新高度。

2）项目决策是项目管理的核心和关键

任何人类有组织的活动都是“先决策后实施”，项目管理也不例外，任何项目管理工作都离不开决策。从项目目标的确定，到项目所需资源的确定和配置，以及项目任务的安排等都需要去做决策，所以在项目管理中项目决策是核心性和关键性的内容。

3）项目决策是项目管理者的主要职责

项目管理者要在不同的范围和层次上进行决策，他们或者直接参与决策的制定，或者从事决策支持与参谋工作，所以项目决策是项目管理者的主要职责和基本工作，这占用了项目管理者主要的时间和精力。

3. 项目决策的特性

项目决策有其自己的特性，主要的和基本的特性如下。

1）普遍性和目的性

项目决策存在于所有的项目管理工作之中，所以它具有普遍性。对于项目管理而言，项目决策包括项目起始决策、项目方案优化、项目计划制订、项目组织和项目控制等各方面的决策，在项目全过程中决策工作几乎无处不在和无时不在。同时，任何项目决策必须根据组织既定项目目标去做出，所以项目决策具有很强的目的性。任何项目决策都是以目标为导向的，都是分析和选定为实现目标而制订的合理方案的工作，都必须以全面而客观的项目可行性和科学性的评估为依据去做出项目决策。

2）可行性和选优性

项目决策的根本目的是使组织的项目活动能够获得成功，所以任何项目决策都必须借助项目评估去选择出可行的项目备选方案。这就要求项目决策结果必须能够很好地满足项目实施条件和环境的限制与要求，因此项目决策必须充分考虑项目的可行性。同时，项目决策就是从一系列可行的项目备选方案中“抉择”出相对满意的“方策”，所以任何项目决策都应该是从多个可行的项目备选方案中进行选优，因此项目决策还具有选优性，即项目决策结果必须是经过比较和优化后的既定方案。

3）过程性和动态性

任何项目决策都是由一系列的决策步骤所构成的一个完整过程，这包括从目标确定到项目备选方案的制订、开展评估、优化和选择等决策步骤，所以项目决策具有过程性。同时，项目决策还具有动态发展变化的特性，即每个项目决策都会在“初始决策”后根据项目环境与条件的发展变化去做出跟踪决策的修订或变更，否则项目决策就会在项目内外部环境与条件变化后而失去其正确性和可行性。

4）满意性和择优性

项目决策必须按照“满意”的准则进行，而不能按照“最优”的准则去开展，因为人们无法获得完备的项目信息从而难以选择出“最优”的项目备选方案（成本也不允许），人们只能在不完备信息情况下去分析、评估和抉择项目方案，从而找到自己满意的项目决策方案。同时，由于人们无法获得项目的完备信息（由人们的认识能力限制和信息的滞后性等客观情况造成的），因此在项目决策中有时是依据人们的经验、直觉和判断去做出选择。这就使项目决策必须按照“满意”的原则去做出项目的决策。

2.1.2　项目决策的过程与内容

项目决策是人们开展的一系列独特决策活动所构成的一个过程，每个项目决策的过程都包括一系列的具体决策活动或步骤，项目决策的过程及其步骤和工作分述如下。

1. 项目决策的过程

项目决策是由一系列的工作步骤所构成的一个完整过程，图 2-1 给出了项目决策过程和步骤的示意。

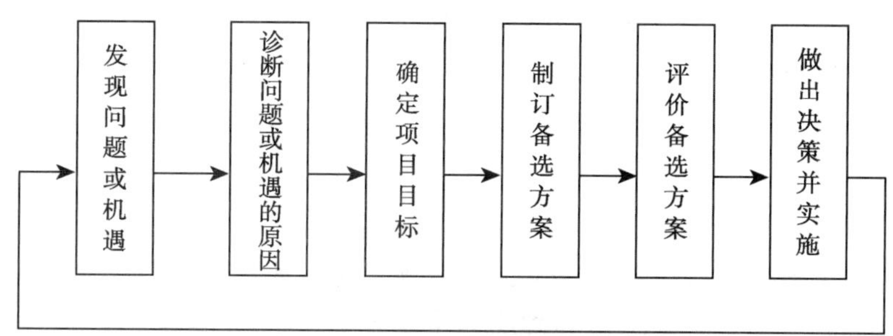

图 2-1　项目决策过程①

2. 项目决策过程中的步骤

由图 2-1 可知，项目决策过程包括如下几个具体步骤。

1）发现问题或机遇

项目都是为组织解决问题或为抓住机遇而开展的，以便去驱动组织提升和发展到更高层次，所以项目决策的首要步骤是发现问题或机遇，这是在充分收集信息的基础上，所开展的分析和界定组织的问题或机遇的工作。

2）诊断问题或机遇的原因

这是分析与诊断所发现问题或机遇根本原因的工作（也称为“根本原因分析”），借此找出解决问题或抓住机遇的办法和方案。项目决策者必须通过这种分析和诊断工作，找出解决问题或抓住机遇的方法，然后才能制订和提出项目的各种备选方案。

3）确定项目目标

在找到了组织面临的问题或机遇的根本原因之后，人们就可以确定项目目标了，即确定人们需要通过项目达到何种目的和效果。人们只有有了明确的项目目标，才能去制订项目备选方案和开展后续的决策步骤。

---

① 戚安邦. 管理学. 北京：电子工业出版社，2006.

4）制订备选方案

项目决策是在多种可行的项目备选方案中做出抉择，所以制订项目可替代的备选方案是项目决策的重要步骤之一。因为任何组织问题或机遇多会有多种解决方案，所以人们首先需要找到可行的备选方案，然后在项目决策过程中进行方案选优。

5）评价备选方案

这是人们根据项目目标对各个项目备选方案进行分析和评价的工作，其结果是给出项目各种备选方案利弊的评价结果，从而为最终选择项目方案提供依据。与此同时，使用这种项目备选方案的评估信息还可以对项目备选方案进行优化。

6）做出决策并实施

这是项目决策者根据项目评估和方案优化的结果，以及自己的经验和直觉判断去选择项目及其实施方案的工作。然后人们就可以开始按照项目的决策去开展项目的实施、监督和控制等工作。

3. 项目初始决策和跟踪决策的不同

项目全过程的决策是个动态过程，在项目管理中首先会有项目的初始决策，在项目初始决策后就会有项目跟踪决策，由此就形成了项目全过程的管理决策。因为项目各方面的环境与条件都会不断发展变化，所以人们必须根据这种发展变化去不断地修订和变更此前做出的项目决策。因此，项目跟踪决策的根本任务就是要及时地把项目实施过程中出现的问题和偏差进行再次项目决策，所以项目跟踪决策与项目初始决策在决策时点和决策内容上不同，项目跟踪决策的方法和步骤主要包括以下几个方面。

1）回溯分析和寻找问题根源

人们首先要通过回溯分析去寻找项目初始决策所面临的情况，由此才能发现在初始决策之后出现的环境与条件发展变化带来的问题或机遇。这种回溯分析是一种倒序分析，以找出究竟在哪个环节上发生了项目决策偏差或问题及其原因。

2）非零起点和初始决策的影响

项目初始决策是以零为起点的，而项目跟踪决策是在初始决策付诸实施后，因种种原因出现问题而开展的，因此项目跟踪决策必然受到项目初始决策的影响。所以项目跟踪决策具有“非零起点”的特性，它必须考虑项目初始决策的影响。

3）双重优化和跟踪择优的标准

项目跟踪决策的择优标准具有双重优化的性质：一方面，它要对项目初始决策方案进行必要的优化；另一方面，它要对项目跟踪决策方案做进一步的优化和选优。这样项目跟踪决策的结果就能达到令人满意的水平，这就是项目跟踪决策的双重优化和择优特性。

4. 项目决策过程中的学习曲线

从项目初始决策到项目跟踪决策，一直到项目最终完成，整个项目决策过程实际上是一个学习过程。因为人们在进行项目决策的过程中不断地获得新的信息，并据此去做好项目的变更工作，在这个过程中，项目信息是不断增加和积累的，所以说项目决策的全过程就是一个学习过程，这种学习过程的学习曲线可以用图 2-2 示意。

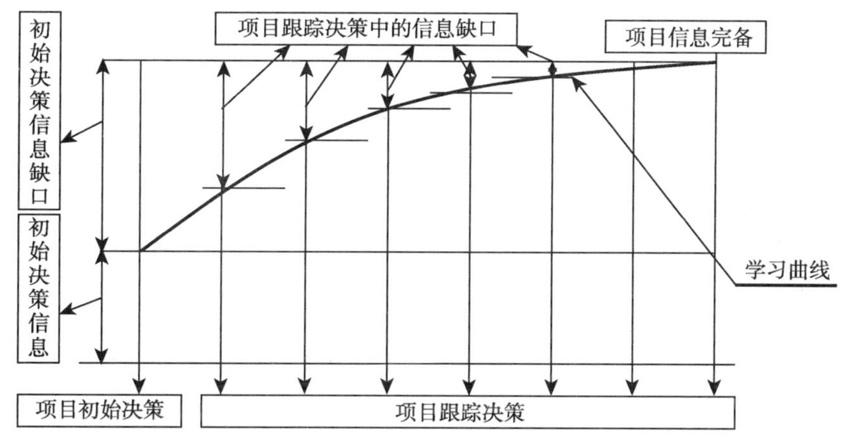

图 2-2　项目决策中的学习过程和学习曲线①

5. 项目决策信息与知识的积累

任何人在项目决策之前都必须收集相关信息，但是由于各方面的限制总会存在某种信息的缺口，即项目决策所依据的信息总是不完备的。这表明项目决策中会有某些不确定的因素和情况，此时就需要靠决策者的判断、直觉、知识和经验去做出项目决策。随着项目跟踪决策的展开，人们会获得更多的信息，从而可以对项目初始决策进行修正和改进。这就形成了一种图 2-2 中展示的“学习曲线”，在这种“学习”中项目信息缺口不断得到填补，通过人们学习，项目决策得以改进和完善，并获得信息和知识的积累。

2.2　项目的起始决策

项目起始决策是指启动或开始一个项目的管理决策工作，其最主要的任务就是做出是否起始一个项目的决策。因为开展任何项目都需要投入资源和成本，所以项目起始决策的正确与否不但对组织的生存与发展至关重要，而且也是项目成功与否的根本所在。

2.2.1　项目起始决策的概念

项目起始决策是整个项目管理中首要的工作，其相关概念和内涵如下。

1. 项目起始决策的定义

项目起始决策是指人们在发现组织遇到问题或发现机遇时，在经过对解决问题和抓住机遇的各种备选方案做出可行性和必要性分析之后，所做出的启动和开始一个项目的决策。所以这种决策就是人们对于组织面临的问题或机遇所做出的一种回应或对策的决策，只要组织面临问题或发现机遇，就需要开展项目起始决策。

2. 项目起始决策的成因

项目起始决策通常是组织在遇到问题或机遇的时候做出的。导致组织出现问题或面

① 戚安邦. 管理学. 北京：电子工业出版社，2006.

临机遇的主要原因（即项目起始决策的成因）包括如下几个方面。

1）市场需求变化的原因

这是由于组织或企业所处市场环境变化而开展项目起始决策的情况，如组织在产品输出与资源输入两方面环境的变化、组织在市场竞争中优势地位的变化都属此列。

2）出现商业机遇的原因

这包括各种新商机出现的情况，从而组织为抓住新商机而需要制定项目起始决策，如随着人口老龄化的进程而出现的“银发族”消费方面的商机就属此列。

3）消费结构变化的原因

这多数是由于出现新的消费需求或时尚变化而引起项目起始决策的情况，如当今社会的消费主力族群在衣着等方面追求独特性时，定制化的服装生产项目就属此列。

4）科技进步方面的原因

这是由于某项新的科学技术出现而引起的项目起始决策，如在智能手机技术成熟之后，市场上出现许多智能手机软件和硬件新产品的开发项目就属此列。

5）法律要求方面的原因

这是由于国家或地区的法律规定发生变化引起的项目起始决策，如在政府颁布新的《中华人民共和国环境保护法》后，人们为解决汽车尾气污染问题而开展的创新项目就属此列。

6）组织变革方面的原因

这是由于组织所处环境与条件发生了变化，组织必须开展变革以适应环境而引起的项目起始决策，如调整组织结构和改进管理机制的组织变革项目都属此列。

2.2.2 项目起始决策的程序和方法

项目起始决策具有自己的程序，整个程序中涉及很多方面的工作步骤。同时，项目起始决策具有自己的方法，这些方法都是针对项目起始决策特性设计的。

1. 项目起始决策的程序

项目起始决策的程序中主要包括以下几个步骤。

1）调查研究和收集资料

人们首先必须进行调查研究和收集相关的数据与资料，这是项目起始决策的基础性工作，也是为项目起始决策提供支持信息的工作。

2）分析和确定项目目标

这需要从组织发展战略出发，通过分析和提炼而确定出项目目标，然后根据项目目标进一步确定项目的具体考核指标及其指标体系。

3）分析和确定项目可交付成果

在确定项目目标后就可以确定出项目可交付成果了，这包括项目可交付成果的功能和逻辑与物理结构，以及项目可交付成果的主要指标和规定。

4）拟订可行的项目备选方案

这是人们为实现项目目标与生成项目可交付成果而拟订的可行的各种项目备选方案，项目起始决策就是从这些可行的项目备选方案中通过优化和优选而做出的。

5）评估和优化项目备选方案

这包括对可行的各项目备选方案的收益和成本、资源和条件、风险和问题等各方面的分析与评估，以及人们根据这种评估的结果信息去做出的项目备选方案的优化。

6）选择项目方案和做出项目决策

这是指按照“满意原则”对可行的项目各个备选方案进行优化和优选而最终做出决策的工作，即将各项目备选方案进行优化组合而找出满意的项目方案的工作。

2. 项目起始决策的主要方法

项目起始决策的制定有很多种方法，下面是两种主要方法。

1）组织战略分解的方法

由于项目是为实现组织发展和提升的目标服务的，因此项目起始决策可使用组织战略分解的方法。这是一种根据组织的战略去分解找出组织在既定时间内所需开展项目的方法，这种方法的程序和内涵如图 2-3 所示。

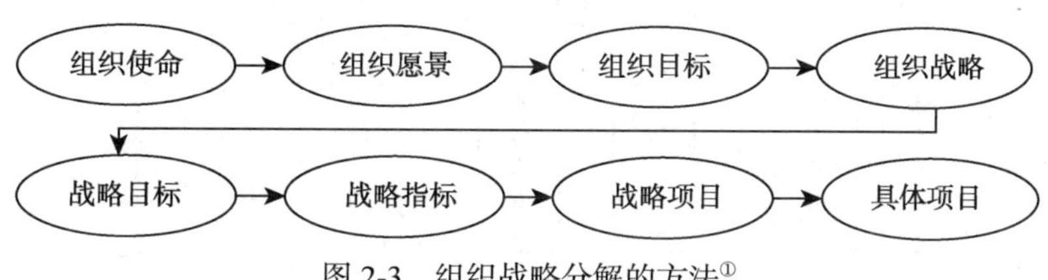

图 2-3　组织战略分解的方法①

由图 2-3 可知，人们首先需要研究组织的使命、愿景、目标和战略等方面的情况和变化，然后根据组织战略的需要确定应该开展的战略项目和具体项目。这种制定项目起始决策的方法可以进一步见图 2-4 给出的层次和结构化模型的描述。

由图 2-4 可以看出，组织先要根据环境与条件的发展变化去修订好组织的使命、愿景和目标，然后据此去制定组织战略，再根据组织战略分解得到相应的战略目标和指标，最终根据这些战略指标生成战略项目（即项目组合或项目群），更进一步分解出一系列具体项目。因为组织战略是靠一系列项目实现的，所以需要使用这种方法。

2）项目评估与选择的方法

在制定项目起始决策时，人们必须按照项目目标和要求去评估各个项目备选方案，并最终从中选出满意的项目方案，所以人们此时还需要使用项目评估与选择的方法。项目评估与选择的方法中有四个具体方法：一是项目成本或效益分析法，即根据项目能带来的成本或效益大小选择项目的方法；二是项目评分比较法，这是综合项目各方面因素选择项目的方法；三是数学模型法，这是用线性、非线性、整数和多目标规划等模型去选择项目的方法；四是专家法，这是使用专家经验去做出项目起始决策的方法。项目起始决策还有其他一些相关的方法，包括各种管理决策分析的方法和项目管理信息系统（project management information system，PMIS）的使用等方法。

① 戚安邦，孙贤伟. 项目管理. 2 版. 北京：高等教育出版社，2021.

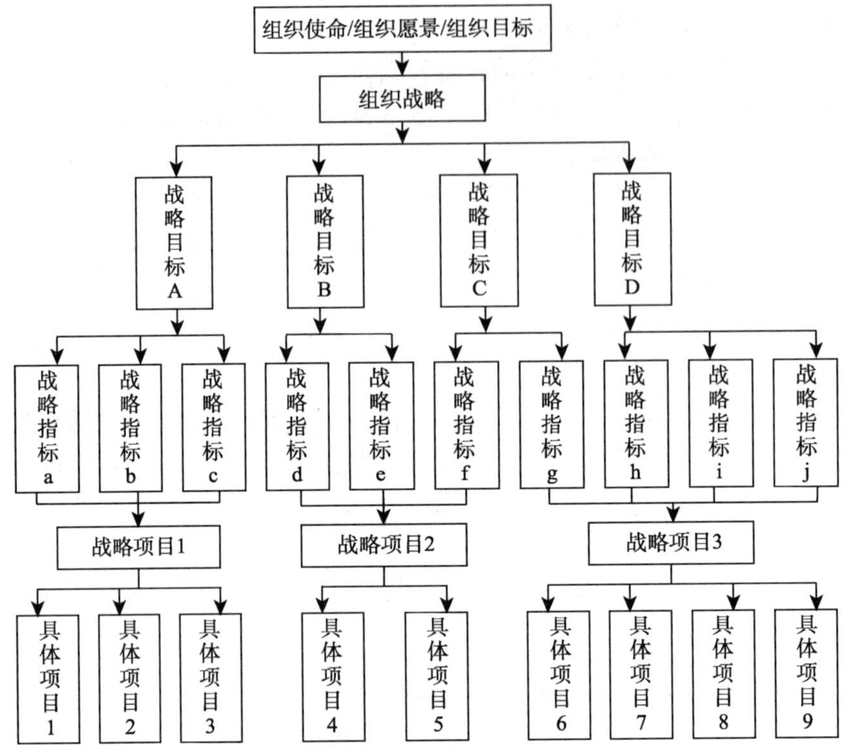

图 2-4 项目起始决策中的层次和结构化模型图

2.3 项目决策中的评估

项目决策需要有相应的信息来支持，这种项目决策支持信息的主要来源是对项目及其备选方案所做的评估。这种评估是指在项目决策过程中所开展的对项目必要性、科学性和可行性等方面的评估，以及项目备选方案的比较和优选评估。实际上，按照管理学的原理，管理者最重要的是“用正确的方法”去做“正确的事情”。其中，“正确的事情”就是靠项目评估找出来的。本书作者认为，找到“正确的事情”是首要的，所以项目评估在项目决策中具有极为重要的地位。因此本书作者把项目管理学科分成两个大分支，即项目评估学和项目管理学。本书主要讨论项目管理学，本书作者还出版了《项目评估学》①，感兴趣的读者可以去专门修习项目评估学的课程和教材。

2.3.1 项目评估的基本特性

所有的项目评估都具有如下几方面的基本特性。

1. 项目决策支持的特性

所有项目评估都是为项目决策提供信息支持的，不管是项目前评估，还是项目跟踪评估，都是为支持项目的初始决策和跟踪决策服务的。人们必须通过项目评估给出必要

① 戚安邦. 项目评估学. 北京：科学出版社，2012.

的项目及其备选方案的可行性信息，从而为项目决策提供信息支持。

2. 备选方案分析比较的特性

任何项目评估都具有项目备选方案分析比较的特性，项目评估的核心内容就是对项目各种备选方案的必要性和可行性进行比较与选优，由此比较和选出所有项目备选方案中的相对最优方案，从而为项目决策中的方案选择提供支持。

3. 假设前提条件和预测的特性

在项目评估中所使用的项目数据有两种：一是项目实际情况的描述数据，二是项目各种假设前提条件和预测数据。人们不但必须对项目后续各种情况做出必要的假设前提，还要根据已有的信息去预测项目后续实施的情况和问题。

4. 评估信息的时效性

任何信息都具有时效性，所以项目评估所给出的项目决策支持信息也具有时效性，即这些项目决策支持信息只是在一定时间内具有决策支持作用，如果不能在这个时效期内做出项目决策，那么项目评估的信息就成了“马后炮”而无用了。

5. 评估信息的主观性

由于任何项目决策所依据的信息都是不完备的，因此就需要使用决策者的知识、经验、直觉和判断去做出某些方面的项目评估的结论，那么项目评估的结果就具有一定的主观性，这种主观性只能够努力缩小却无法完全消除（因为信息不完备性是客观存在）。

另外，项目评估还有许多其他特性，如项目评估的独立性（第三方去开展项目评估）、项目评估的专业性（项目评估需要专业人员进行）、项目评估的目的性等。

2.3.2　项目全过程中的评估工作

为更进一步说明项目评估与项目决策的关系，以及项目评估在项目全过程的各阶段中的作用，图 2-5 给出了项目全过程中的项目评估工作。

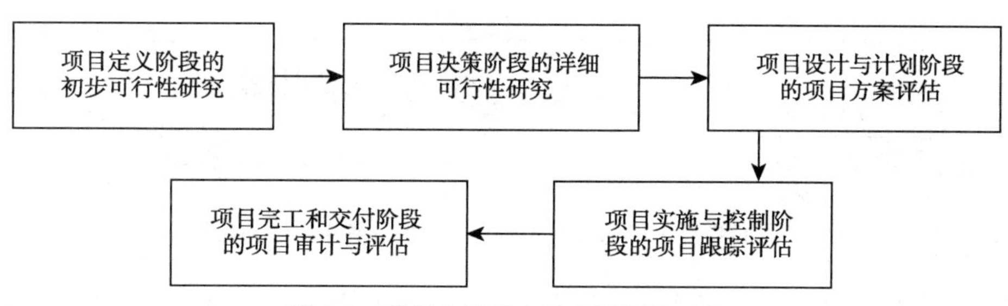

图 2-5　项目全过程中的项目评估工作

从图 2-5 中可以看出，典型项目生命周期的各个阶段中都会有项目评估工作，只是项目各阶段的评估工作内容和详细程度不同而已。

1. 项目定义阶段的初步可行性研究

在项目的定义阶段，人们只能针对项目初步设计方案去开展一种项目初步可行性研究或评估。由于此时人们对于项目的认识还处在初步设计阶段，因此只拥有相对较少的项目信息，只能对项目开展这种初步的可行性评估。

2. 项目决策阶段的详细可行性研究

这是在项目的计划与设计阶段的初期，人们根据项目的技术设计方案（扩初设计）给出的相对详细信息而做出的一种项目可行性研究或评估。通常，人们会根据这种项目详细可行性研究的结果去做出开展项目起始的决策，并随后转入项目详细设计与计划工作。

3. 项目设计与计划阶段的项目方案评估

这是人们在完成项目备选方案的详细计划和设计之后，人们针对多个项目备选方案所进行的评估和比选，所以这也被称为项目方案的论证与评估。多数情况下，人们会根据项目方案评估的结果做出决策后去开展项目的实施与控制工作。

4. 项目实施与控制阶段的项目跟踪评估

这是在项目实施的过程中，人们对照项目的目标、设计与计划去评估项目的实际实施绩效，进而找出项目实施情况和项目计划间的偏差，以便人们能够据此做出项目纠偏和变更的跟踪决策，所以这种评估被称为项目跟踪评估。

5. 项目完工和交付阶段的项目审计与评估

这是在项目完工交付时所开展的一种项目评估，包括项目实施者所开展的项目管理终结的评估和项目合同终结的评估。由于项目合同终结的评估涉及项目产品或服务买卖双方的权利与责任，因此需要多由第三方去做项目评估，故又被称为项目审计。

2.3.3 项目全生命周期中的评估工作

除了上述项目全过程中的评估以外，人们还需在项目全生命周期（包括项目开发和运营两阶段）的不同时点上开展不同的项目评估。这包括项目决策阶段的前评估、项目实施阶段的跟踪评估和项目完工后的后评估，如图 2-6 所示。

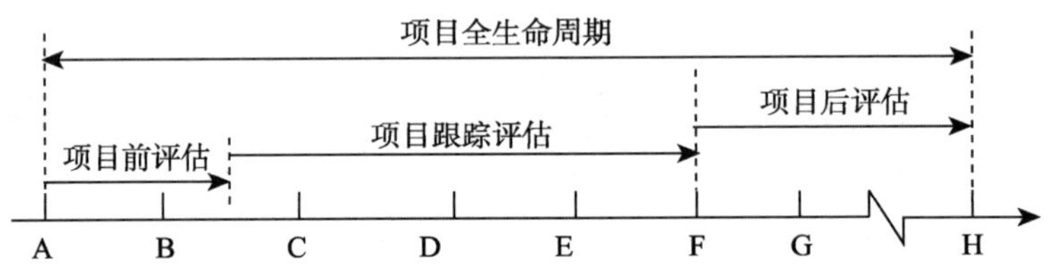

图 2-6 项目全生命周期中的项目前评估、跟踪评估和后评估

图 2-6 中给出的项目前评估、跟踪评估和后评估在内容与对象上有所不同。对这三种项目评估的对象、内容和作用分别讨论如下。

1. 项目前评估

这是在项目起始之前所开展的可行性评估工作，所以它具有事前评估的特性。在项目前评估中人们必须严格遵照国家法律，必须符合国家的各种标准与规定，同时在项目前评估中还必须坚持实事求是等原则。项目前评估的工作内容和流程如图 2-7 所示。

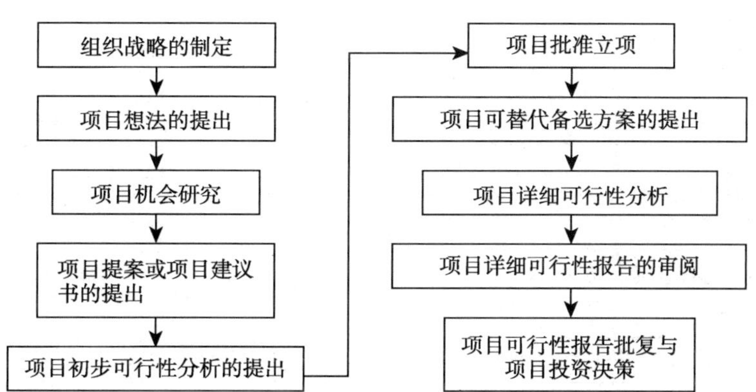

图 2-7　项目前评估的工作内容和流程示意图

2. 项目跟踪评估

这是为开展项目跟踪决策所做的项目评估，它属于项目事中评估的范畴。其评估内容包括有关项目环境与条件发展变化的影响分析和项目变更方案的评估，其最主要的评估原则是目标性和对策性等。项目跟踪评估的工作内容和流程如图 2-8 所示。

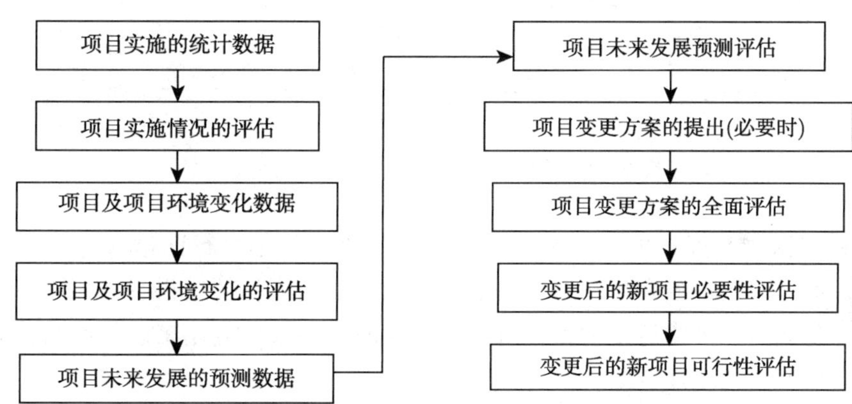

图 2-8　项目跟踪评估的工作内容和流程示意图

3. 项目后评估

这是在项目实施完成之后以及投入运行一段时间之后所开展的一种项目评估，所以它具有事后评估的特性。这种评估中包括在项目运行过程中的“可持续发展后评估”和项目全生命周期终结时的“惩前毖后”两种。项目后评估中的项目可持续发展后评估的工作内容和流程如图 2-9 所示。

4. 项目三种评估与项目决策间的关系

项目评估是为项目决策提供决策支持信息的，所以人们要做项目决策就先要开展项目评估。在项目全生命周期中项目决策和项目评估之间的关系如图 2-10 所示。

由图 2-10 可知，项目前评估是项目起始决策的前提和依据，有很多项目提案会因评估结果为“不可行”而在项目这一决策中被放弃掉。同样，项目跟踪评估是项目跟踪决

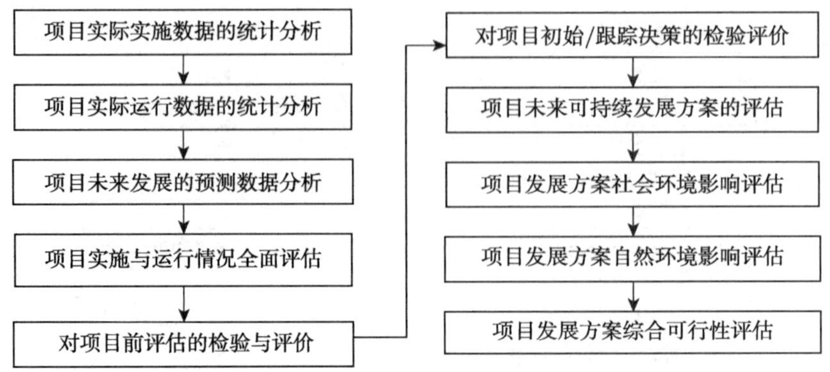

图 2-9 项目可持续发展后评估的工作内容和流程示意图①

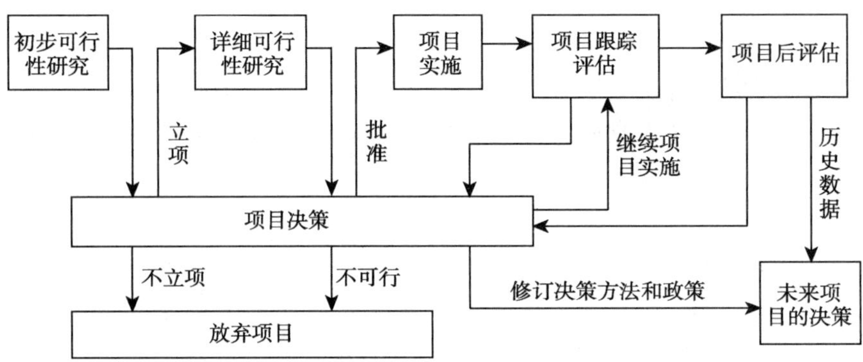

图 2-10 项目决策和项目评估之间的关系②

策的前提和依据，有很多项目在跟踪评估后会因为变得不可行而被放弃或进行项目变更。更进一步，还有很多项目在运营阶段会根据项目后评估的结果去进行项目可持续性发展的完善与提高，最终每个项目“寿终正寝”时的后评估会用来总结经验教训和修订未来项目决策方法与政策。

2.3.4 项目评估的内容

项目评估涉及三个方面的内容：一是项目自身的“人和事”的评估，二是项目微观环境的评估，三是项目宏观环境的评估。这三种项目评估之间的关系如图 2-11 所示。老子在《道德经》中说的“人法地，地法天，天法道，道法自然”，指的就是人们做任何事情都要先评估“人和事”是否可行，再评估“人和事”是否能获得微观环境（地）的支持，再看宏观环境（天）是否有利于项目的“人和事”与“地”，而要想评估好“天、地、人和事”，人们就必须去找出事情（项目及其环境）发展变化的客观规律（道）。具体如图 2-11 所示。

① 戚安邦. 项目评估学. 2 版. 北京：科学出版社，2019.

② 戚安邦. 项目论证与评估. 2 版. 北京：机械工业出版社，2009.

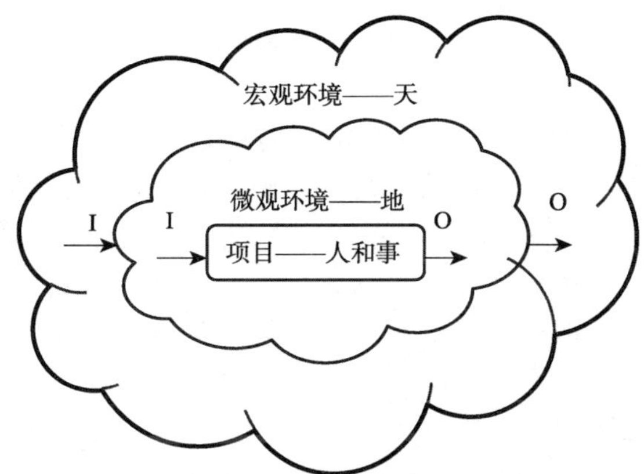

图 2-11　项目评估内容及其相互关系

由图 2-11 可知，项目评估的内容首先是对项目自身的“人和事”的评估。其次是对项目所处微观环境的评估，因为项目需要从微观环境中输入各种项目实施和运营所需的资源，并向外部环境输出项目实施和运营的产出。最后是项目宏观环境的评估，因为宏观环境和微观环境之间也存在输入和输出的关系，这是项目宏观环境影响微观环境和再进一步影响项目“人和事”的逻辑关系。所以项目评估内容必须包括以下几个方面。

1. 项目“人和事”的评估

项目“人和事”的评估也被称为项目的技术经济分析，其内容主要包括：项目的财务可行性评估、项目的国民经济可行性评估、项目的工艺技术可行性评估、项目的实施技术可行性评估、项目的技术装备可行性评估及项目的风险性评估。这方面评估的核心是根据项目既有的条件和情况，去做好项目的技术经济论证与评估。

其中，项目的财务可行性评估是从企业或组织的角度出发，以国家现行财税制度为依据所做的项目盈利可行性评估。项目的国民经济可行性评估是从国家和社会角度出发，对项目国民经济方面所做的成本与效益情况的评估。项目的工艺技术可行性评估和项目的实施技术可行性评估则是对项目实施和运行技术的科学性、可行性、先进性与经济特性的评估。项目的技术装备可行性评估是对项目工艺和实施技术所需装备进行的必要的价值工程分析与论证。

项目“人和事”的评估还必须对项目存在的各种风险情况进行评估，这主要是对项目的不确定性及其可能带来的风险损失或收益的评估。这是项目评估中最重要的组成部分，是人们为了达到“趋利避害”的目的而对项目风险事件和系统性项目风险，以及应对这些项目风险的措施和方案所进行的全面评估。

2. 项目微观环境的评估

这是指对项目实施和运营中所面临的各种环境和条件的评估，这方面评估的主要内容包括：项目实施和运行所需各种资源供应条件的评估、项目运营所面对的市场环境与条件的评估、项目对微观自然环境和社会环境的影响评估，以及微观自然环境和社会环境对项目的影响评估。其中，项目实施和运行所需的人、财、物等各种资源，项目运行的产、供、销所需的各种基础设施条件，项目运营所面临的市场和竞争情况，这些都是项目微观环境评估的主要内容。因为这些微观环境的好坏直接决定了项目的成败和是否可行。

同时，还必须开展好项目实施和运营活动对项目所处自然环境与社会环境造成的各种正面和负面影响的评估。这包括项目对于自然环境的正面和负面影响评估（对生态、大气、水、土壤等的影响），以及项目对于社会环境的正面和负面影响评估（对社会文化、风俗习惯、民族团结等方面的影响）。这方面评估的结果具有“一票否决”的权重，尤其是关于环境保护的《巴黎协定》签订以后，这方面的评估要求更加严格和全面。

3. 项目宏观环境的评估

项目宏观环境的评估包括如下七个方面的评估内容。

1）项目的宏观政治环境评估

这是对项目所处国家或地区的政治环境的现状和发展变化情况两方面的评估，包括对项目所处政治环境有利、不利及其发展变化等方面的评估。

2）项目的宏观经济环境评估

这是对项目所处国民经济形势及其发展变化的评估，包括对国家经济现状和未来发展变化，宏观财政政策、产业政策和货币政策及其发展变化的全面评估。

3）项目的宏观社会环境评估

这是关于国家的社会价值观、宗教信仰、社会风俗等对项目建设和运营带来的各种正面与负面影响，以及宏观社会环境发展变化情况的评估。

4）项目的宏观技术环境评估

这是从宏观角度对项目技术未来发展变化及其对于项目影响的评估，包括对项目实施和运营技术的宏观与长远发展变化的评估。

5）项目的宏观生态环境评估

这是对项目与其所处宏观生态环境之间相互影响的评估，包括对项目及其所处宏观生态环境相互之间可能出现的各种正面和负面影响的综合评估。

6）项目的宏观法律环境评估

这是对项目所在国家或地区的立法、司法和守法等宏观法律环境的评估，是对项目所在国家或地区的实际法律环境及其对于项目的正面和负面影响的评估。

7）项目的宏观国际环境评估

这是对项目可能涉及的国际地缘政治的影响、大国博弈的影响、国际竞争环境的影响、全球经济环境变化的影响、全球生态环境的影响，以及世界发展进步影响的评估。

4. 项目综合可行性的评估

这是根据上述几方面的项目专项评估结果去综合给出项目整体可行性评估结果的工作，即给出一个项目的综合可行性如何的工作。这是对项目“人和事”的评估、项目微观环境评估和项目宏观环境评估所做的具有汇总性与综合性的评估工作。最终人们需要借助开展项目的综合评估去综合考虑项目的整体可行性，只有那些综合起来能够实现项目收益大于项目成本的项目才是可行的项目，否则项目就是不可行的。

2.4　项目过程和项目管理过程

项目的根本属性是它的过程性，即项目是由一系列项目活动所构成的一个完整的过程，所以项目管理的根本方法是基于过程和活动的管理方法，即在项目全过程中针对项目阶段、项目工作包和项目活动去开展管理的方法。因此项目有两类过程：一类是业务过程，一类是管理过程。在一个项目全过程中既包括由一系列项目阶段构成的项目业务过程，又包括在项目和项目阶段所需开展的管理过程。项目业务过程和管理过程共同构成了项目的全过程，项目业务过程和管理过程间的关系如图 2-12 所示。

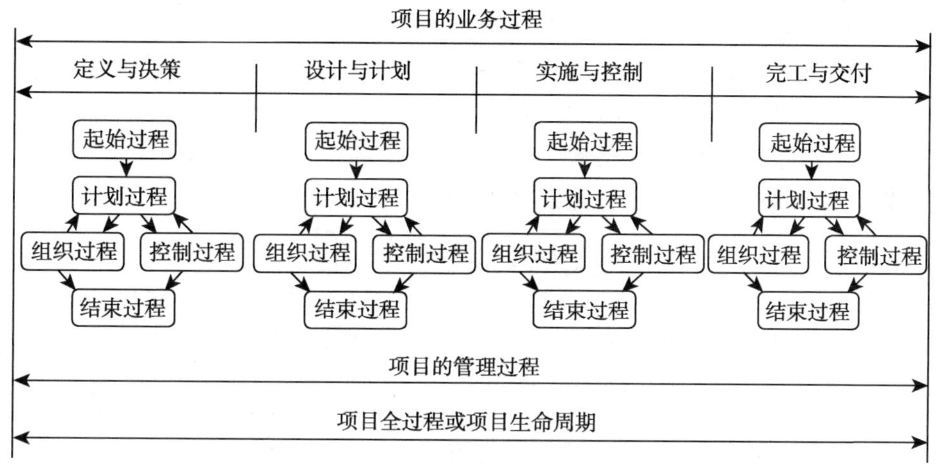

图 2-12　项目业务过程和管理过程间的关系

由图 2-12 可知，每个项目和项目阶段都需要有与之相伴的项目管理过程。整个项目和每个项目阶段的管理过程都是由起始过程、计划过程、组织过程、控制过程和结束过程这五个项目管理的子过程共同构成的。项目管理子过程又是由一系列相互关联的项目管理活动构成的。

2.4.1　项目过程和项目阶段划分

从一般项目管理的角度看，项目的全过程应该包括下述几个方面的基本概念。

1. 狭义与广义的项目全过程

项目全过程有狭义和广义之分，通常狭义的项目全过程是指项目实施阶段的全过程，而广义的项目全过程是指项目实施阶段、项目运营阶段及项目拆除阶段的全过程。狭义的项目全过程被称为项目生命周期，广义的项目全过程被称为项目全生命周期。

1）狭义的项目全过程

这包括整个项目实施和管理工作的各个阶段，以及项目各阶段中的具体工作和管理内容。人们将一个项目全过程划分成一系列前后接续的项目阶段，以便于开展对于项目的管理。例如，项目通常可划分成：①定义与决策阶段，②设计与计划阶段，③实施与控制阶段，④完工与交付阶段。其中，第一阶段的成果是项目可行性研究报告和项目起始决策，第二阶段的成果是项目设计和计划方案，第三阶段的成果是最终生成的项目产出物和结果，第四阶段的成果是项目完工验收报告和交付与合同终结文件等。

2）广义的项目全过程

广义的项目全过程也被称为项目全生命周期，它同样包含若干个不同的项目阶段。对于一般性项目的全生命周期而言，它可以分成项目建设阶段（即项目生命周期）、项目运营阶段和项目清除阶段。其中，项目建设阶段的成果就是项目所生成的产出物和功能等，而项目运营阶段则是使用项目建设阶段的产出物和功能去开展日常运营方面的工作与管理从而收回项目的投资并盈利，项目清除阶段则是在项目运营周期完毕后所开展的拆除和清理项目建设与运营中所遗留下来的产出物的工作与管理。

3）广义和狭义项目全过程相互关系模型

有关狭义的项目全过程和广义的项目全过程，或者说项目生命周期和项目全生命周期之间的相互关系可由图 2-13 给出示意。由图 2-13 可以看出，狭义的项目全过程或项目生命周期，只是广义的项目全过程或项目全生命周期中的一个“项目建设阶段”而已。由图 2-13 还可以看出，狭义的项目全过程或项目生命周期包括或可划分成四个项目阶段。

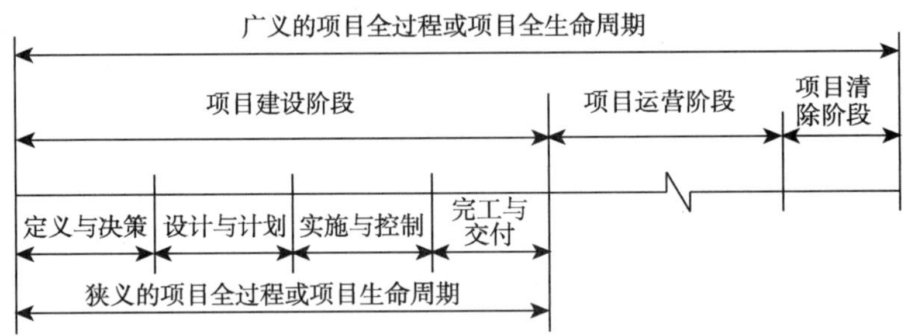

图 2-13　一般项目的广义和狭义全过程或生命周期分阶段模型

2. 项目和项目阶段的时限

不管是广义还是狭义的项目全过程及其各个阶段都有自己的时限，即它们都有自己的起点和终点。这些起点与终点，既包括项目时点性的规定和要求（即开始与结束时点的规定和要求），也包括项目时期性的规定和要求（即持续时间长度的规定和要求）。例如，任何软件开发项目和工程建设项目的生命周期都需要给出整个项目和项目阶段的起点与终点以及项目和项目阶段的时间周期。

1）狭义和广义项目阶段时限的关联性

狭义和广义的项目全过程都需要给出项目阶段的时限规定，而且广义和狭义的项目全过程中项目阶段的时限还具有关联性。这是说狭义的项目全过程中各个项目阶段的时限都属于广义项目全过程中的项目建设阶段的二级项目阶段的时限。注意，后续本书讨论的项目及其阶段的时限，主要是指狭义项目全过程中项目各阶段的时限。

2）狭义和广义项目阶段时限的关系模型

通常，广义的项目全过程中各项目阶段的时限相对比较宽泛，因为有很多项目还在项目建设阶段就已经有部分项目成果投入项目运营阶段。但是狭义的项目全过程中的项目阶段的时限比较确切，甚至在很多情况下这些项目阶段的时限是由项目合同给出具体规定的（如承发包项目）。这两种不同项目阶段的时限的关联关系如图 2-14 所示。

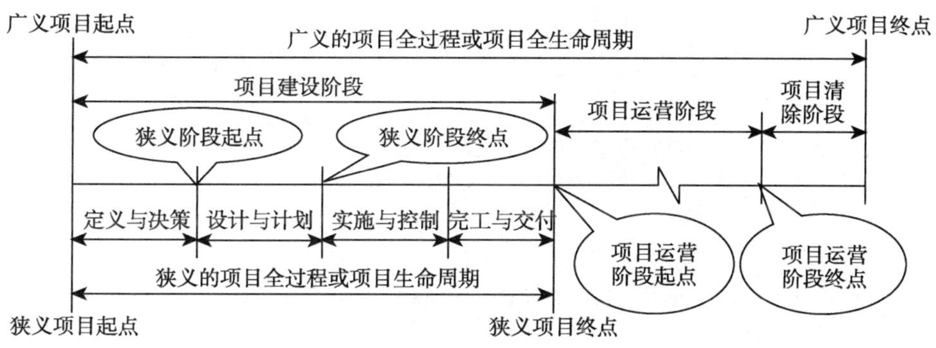

图 2-14　广义和狭义项目全过程中的项目阶段时限关系模型

由图 2-14 可以看出，广义项目全过程中的项目建设阶段的时限就是狭义项目全过程中各个项目阶段的时限。实际上在项目管理和日常运营管理的考核指标中都有时点和时期两种指标，在管理的统计和财务指标中也都有时点指标和时期指标两种。由此可见，项目阶段的时限以及它们的起点和终点都是人们开展项目管理和绩效考核的需要。

3. 项目和项目阶段的任务

不管是广义还是狭义的项目全过程中都包含项目各阶段的任务或工作，这包括项目各阶段的工作包以及这些项目工作包中所包含的具体活动。

1）狭义和广义项目阶段的任务

狭义项目全过程中有一系列的项目阶段，每个项目阶段中有多个项目工作包和一系列项目具体活动。例如，项目定义与决策阶段的工作包就包括项目建议书（或项目提案）的编制、项目的立项审批、项目可行性研究、项目初步设计和项目可行性报告评审与批准等。因此，狭义项目全过程的界定就是要定义出项目阶段的工作包和活动，这可使得项目的范围具有严格的界定。同样，广义项目全过程的每个阶段也都有自己的任务。

2）狭义和广义项目阶段任务的关系模型

狭义项目全过程中的各阶段任务、工作包和活动需要相对详细地予以界定，而广义项目全过程中的项目运营和清除阶段因项目后续会有很多发展变化而可以相对比较粗略地界定。狭义和广义项目阶段任务的关系模型如图 2-15 所示。由图 2-15 可知，在一个工厂建设项目的广义和狭义全过程中，广义项目全过程的任务相对比较简略，但是狭义项目全过程中的项目阶段的任务就界定得十分详细，所以项目管理必须使用基于过程和活动的管理方法，必须对狭义项目全过程各阶段的任务与活动做出详细的界定。

4. 项目及项目阶段的可交付成果

狭义和广义的项目全过程中还必须给定项目各阶段的可交付成果，即项目各阶段

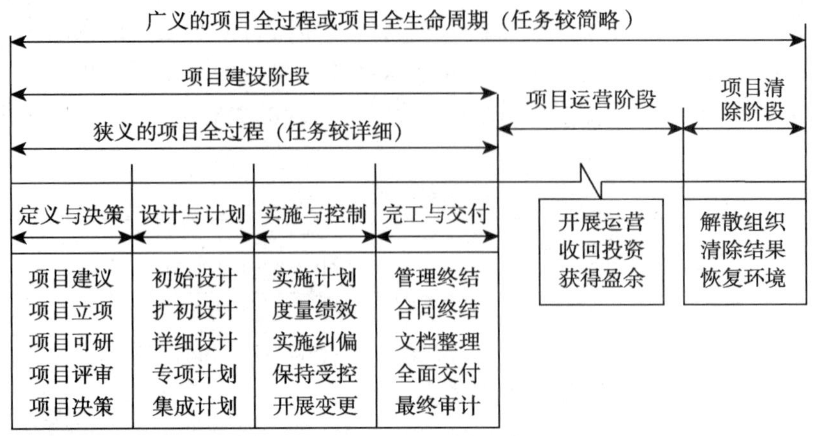

图 2-15 工厂建设项目广义和狭义全过程中的项目阶段任务关系模型

的里程碑的内涵。例如，狭义项目生命周期的定义与决策阶段的可交付成果就是做出项目起始的决策，而广义项目生命周期中项目建设阶段的成果就是建成项目产出物和功能。

1）广义和狭义项目阶段的可交付成果

通常，广义和狭义的项目全过程中所有的阶段都有可交付成果，且都应该在下一项目阶段开始之前交付，但是也有些项目阶段的可交付成果是按照并行作业或搭接作业进行的，所以项目会有一次交付、多次交付和持续交付的项目成果交付节奏。这种项目阶段的搭接作业方法可能会导致项目阶段性成果最终无法通过验收或使用的风险，或者会出现项目前序阶段的错误未能被及时发现而在项目后续阶段造成错误和损失不断扩大的情况。

2）广义和狭义项目阶段可交付成果的关系模型

图 2-16 给出了广义和狭义项目全过程中项目各阶段可交付成果的关系模型。由图 2-16 可以看出，从广义的项目全过程来看，项目建设阶段的可交付成果就是建成的项目及其所能发挥的功能，而项目运营阶段的可交付成果是通过运营项目而收回的投资和盈利，但项目清除阶段的可交付成果是拆除废弃的项目和恢复原有的环境状态。同样，狭义的项目全过程中项目各个阶段也都需要给出各自的可交付成果。由此可见，项目管理必须对于项目全过程各阶段的可交付成果做出详细的界定、管理与控制。

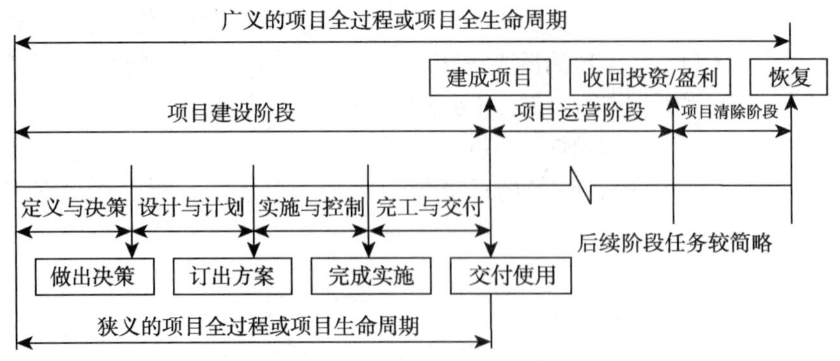

图 2-16 工厂建设项目广义和狭义全过程中项目可交付成果示意图

2.4.2　狭义的项目全过程中各阶段的内涵

狭义项目全过程有四个阶段，这些项目阶段的内容和步骤分述如下。

1. 项目定义与决策阶段

这是项目全过程的首要阶段，这一阶段的工作能够决定项目成败的 80%～90%，所以这一阶段做出的决策关乎整个项目的成败，这一阶段的工作内容如图 2-17 所示。

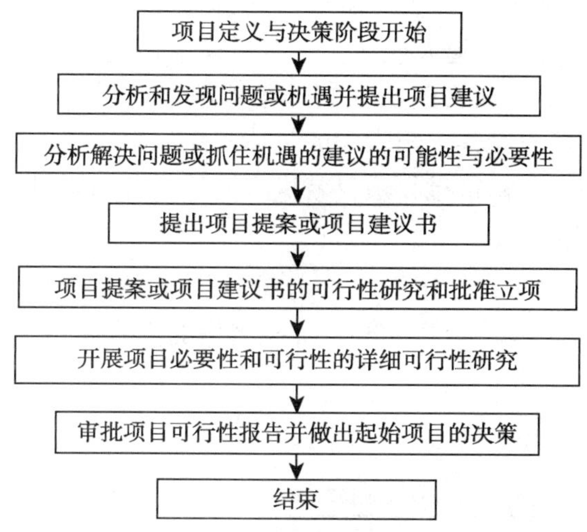

图 2-17　项目定义与决策阶段的工作内容

项目是人们将自己的想法变为现实的筹划阶段和手段，人类在社会生产和生活中会遇到各种各样的问题与机遇，因此人们首先必须分析和发现所面临的问题或机遇以及由此产生的项目需求。由图 2-17 给出的项目这一阶段的主要工作和步骤分述如下。

1）分析和发现问题或机遇并提出项目建议

人们首先要找出自己为解决什么问题或抓住哪些机遇而去开展一个项目，其中的机遇是指环境变化给组织带来的各种有利机会。这二者就是人们开展项目的基本前提和必要条件，所以项目管理将“发现问题或机遇”作为项目的起点或切入点。

2）分析解决问题或抓住机遇的建议的可能性与必要性

这是人们分析和识别解决问题或抓住机遇所必需的各种条件与资源，以及组织自身的内部条件或组织所处的外部环境，究竟是否适合开展项目的工作。通常，人们关于项目的许多设想虽然好，但由于没有实现这些项目建议的条件和资源保障而被放弃。

3）提出项目提案或项目建议书

这是人们开展的制定具体项目的提案或建议书的工作，即生成关于项目目标、产出物或可交付成果、项目范围、项目所处环境与条件以及项目所需开展的工作等方面的规定性文件，这种文件是人们开展项目初步可行性研究的前提和对象。

4）项目提案或项目建议书的可行性研究和批准立项

通常，项目提案或项目建议书必须获得审批后，项目才能获得立项，但是项目获得立项并不等于项目已经做出了“起始决策”，而只是做出了可以开展项目详细可行性研究的决策，只有经过详细的可行性研究及审批，才能最终做出项目起始的决策。

5）开展项目必要性和可行性的详细可行性研究

任何项目的最终决策都是建立在详细可行性研究基础之上的，只是不同项目的详细可行性研究所要求的研究深度、内容和复杂程度不同而已。这方面工作的主要内容为用于项目必要性的评估和用于项目决策的详细可行性研究。

6）审批项目可行性报告并做出起始项目的决策

这是由项目发起人或项目业主聘请项目管理专家或委托项目管理咨询单位完成第三方评审后，最终由项目发起人或业主（有时还需政府主管部门）做出项目可行性研究报告的审批，从而给出项目起始决策（某些项目还需报政府做最终审批）。

上述项目定义与决策阶段各个步骤中的具体工作，都属于项目决策和决策支持性工作。通常，这种报告一旦获得审批，项目就进入设计与计划阶段。

2. 项目设计与计划阶段

这是设计和安排整个项目工作从而给出项目设计与计划方案的阶段，这一阶段的工作主要是设计和计划安排性质的，这一阶段工作的内容如图 2-18 所示。

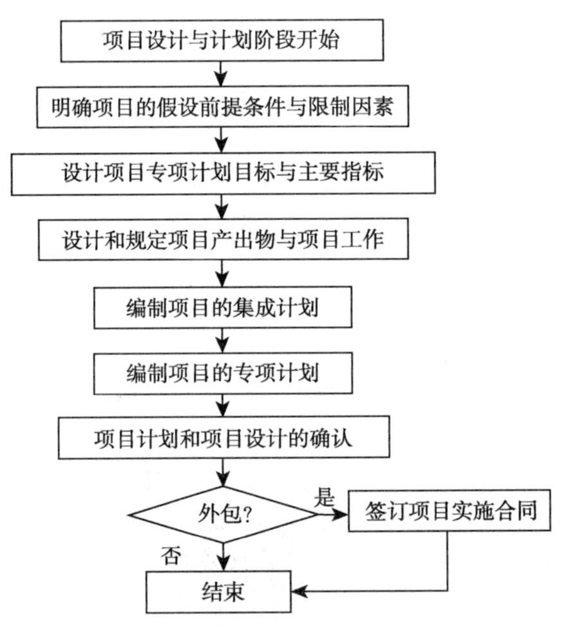

图 2-18 项目设计与计划阶段的工作内容

一旦项目详细可行性评估报告获批，项目就进入具体项目方案的设计和项目各方面工作的计划与安排阶段。由图 2-18 可知，这一阶段工作的主要内容具体分述如下。

1）明确项目的假设前提条件与限制因素

这个项目阶段的首要任务是明确项目所处的微观和宏观环境与条件，这包括项目实施现场环境与条件的调查和确认。另外，项目的假设前提条件是根据预测分期确定的，而项目限制因素是由项目所处环境造成的，所以必须对这些做出分析和确认。

2）设计项目专项计划目标与主要指标

这个项目阶段的第二项任务是设计和确定项目各专项的目标及其具体的考核指标，其中最主要的是项目功能和项目目标四要素的具体目标与指标。项目功能的目标和指标是项目方案设计的依据，项目目标四要素的目标和指标是计划项目各方面工作的依据。

3）设计和规定项目产出物与项目工作

这是依据项目功能的目标和指标，对于项目可交付物的技术设计、实施方案设计、技术要求与规定等方面的工作，这从技术、经济、数量、质量方面对项目可交付物做出了要求和规定。据此人们可进一步对项目各阶段所需开展的工作做出相应设计和规定。

4）编制项目的集成计划

这是对项目业务和管理工作的一种集成性的计划与安排，是对项目各方面目标和指标之间合理配置关系的安排与系统集成。其结果是给出一份用于指导整个项目实施、控制、协调和指挥的集成管理计划文件，项目专项管理和业务计划都是据此分解得到的。

5）编制项目的专项计划

这是对项目各专项工作的管理和业务工作的计划与安排，它们是根据项目集成管理计划分解得到的。其最终结果是得到一系列指导项目各专项管理工作的计划文件。它们的作用是指导项目专项工作的实施、管理与控制，以及提供绩效考核基线和标准。

6）项目计划和项目设计的确认

对已完成的项目设计和项目计划方案还必须借助专家和高管的经验去做出最后的确认或批准，这是依据专家经验和领导远见卓识最后做出的项目起始决策。对于某些项目的专项计划还需要由具备专门注册执业资质的专家进行必要的合规性审批。

7）签订项目实施合同

如果项目是按照承发包方法实施的，项目实施方案和计划是由承包商制订的。此时需要签订项目承发包合同，在项目合同中给出的项目设计和计划方案是最终确认的计划和方案。项目承发包的方式有多种，但都需要借助项目合同去确定项目的设计和计划。

上述项目设计与计划阶段各个步骤的具体工作，都属于项目设计和计划方面的项目管理内容与工作。项目设计和计划方案获得审批后，项目就进入了实施与控制阶段。

3. 项目实施与控制阶段

这一阶段的主要工作是生成项目产出物或可交付成果的业务和管理工作，其是依据项目集成计划和专项计划以及项目产出物的设计方案，去开展实施和控制方面的业务与管理工作，这一阶段具体的工作内容如图 2-19 所示。

由图 2-19 可知，项目实施与控制阶段的主要工作包括如下几个方面。

1）项目的任务、范围、计划、要求的确认

这一阶段的首要工作就是确认项目的任务、范围、计划和要求等，特别是按照承发包模式实施的项目，更是必须开展这些方面的确认工作，因为这会涉及项目实施合同的责任、权利和义务。通常，在项目按照承发包模式实施的时候，这种确认工作属于风险合规性审查的范畴，并且最后确认的结果是具有法律效力的。

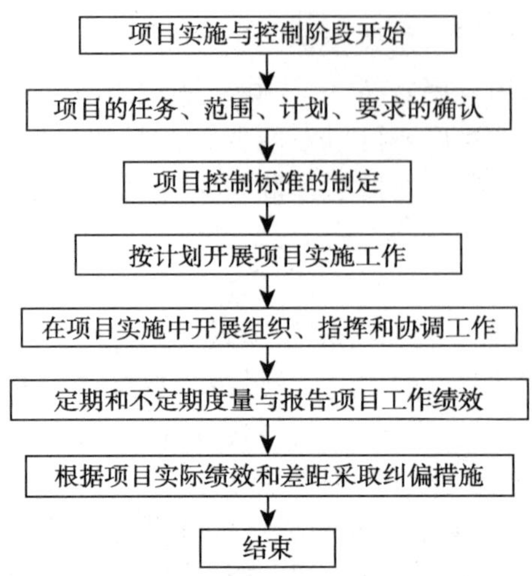

图 2-19 项目实施与控制阶段的工作内容

2）项目控制标准的制定

这是对整个项目实施与控制各种管理依据和基准的制定工作，不仅包括对项目进度控制、成本控制、质量控制等项目成功关键要素控制标准的制定，还包括对于项目专业特性的一些具体控制标准的制定。项目控制标准也被称为控制界限，它与项目计划、要求和目标之间的空间是一种预警空间，以给人们预警信号去开展管理控制工作。

3）按计划开展项目实施工作

这是项目可交付成果的生产或形成工作，这一工作在每个项目中都有不同的内容，需要开展不同的作业和活动。例如，对于建设一栋教学楼的项目与研制一项新产品的项目，它们的项目实施工作是完全不同的；即使建设同样设计的两栋楼，施工地点、施工时间和施工队伍不同，它们的实施作业与活动也会有所不同。

4）在项目实施中开展组织、指挥和协调工作

在项目可交付成果生产作业中，项目的管理者必须采取组织、指挥、调度和协调等管理工作，使整个实施作业与活动能够处于一种有序和受控的状态，并且使整个项目的实施实现资源的合理配置状态。这既涉及对项目实施任务的组织、指挥、调度和协调，又涉及对项目团队关系的协调和对项目资源的合理配置。

5）定期和不定期度量与报告项目工作绩效

这是将项目实施工作的实际结果与项目计划和控制标准进行比较对照，然后报告项目工作绩效的工作。通常这方面的工作会给出项目实施绩效与项目计划和控制标准间的偏差、造成偏差的原因及纠偏所应采取的措施等。这种报告多数是定期给出的（如周报或旬报等），但是在发现异常情况时会缩短报告期或给出不定期的报告。

6）根据项目实际绩效和差距采取纠偏措施

在这个阶段中人们更多需要开展的管理工作就是采取各种纠偏行动，即采取各种行动去纠正项目实施中出现的各种偏差，使项目实施工作保持有序和处于受控状态。这些项目纠偏措施有针对人员组织与管理的，有针对项目资源配置与管理的，有针对项目过

程和方法的。实施纠偏措施就是制止偏差扩大、消除问题与错误的具体管理行动。

上述项目实施与控制阶段各个步骤的具体工作都属于项目实施和控制性的工作。通常，只有在这个阶段结束之后，项目才能进入完工与交付阶段。

4. 项目完工与交付阶段

在项目完工与交付阶段中，人们最重要的是开展两个方面的工作，即项目管理终结和项目合同终结的工作。这一项目阶段的工作内容如图 2-20 所示。

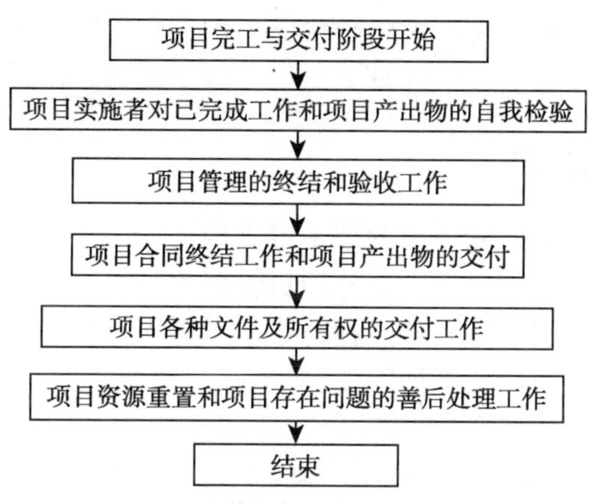

图 2-20 项目完工与交付阶段的工作内容

由图 2-20 可知，项目完工与交付阶段的主要工作内容包括如下几个方面。

1）项目实施者对已完成工作和项目产出物的自我检验

这是项目完工与交付阶段的首要任务，也是这个项目阶段的根本任务。其中包括两项工作：一是项目实施者对已完成项目工作的全面核检，这包括对于项目工作质量和数量两个方面的核检；二是项目实施者对已生成项目产出物的全面检验，这包括对于项目产出物的功能、数量和质量等各方面的全面检验。

2）项目管理的终结和验收工作

这是一项由项目实施者从其组织的角度，对项目各项工作进行完工和验收的工作。项目不管是由项目业主自行实施的，还是由项目承包商实施的，都需要从实施组织的角度对已完成的项目实施工作进行全面的检验和验收，进而完成各种项目文件的归档工作和转化为组织过程资产的工作，以及从组织角度办理好项目的终结手续。

3）项目合同终结工作和项目产出物的交付

项目的合同终结是根据项目承发包合同，由项目合同双方共同开展的一项工作。内容包括对于项目产出物的验收和转交、项目合同终结手续的办理等工作，以及对于在项目产出物的验收中所发现问题的整改工作。项目合同终结工作的主要内容是双方办理好项目合同规定的各种权利、责任和义务的终止手续。

4）项目各种文件及所有权的交付工作

这是项目产出物的所有权和相关文件的移交工作，是在项目产出物交付的基础上所开展的项目产出物所有权及项目文档的交付工作。通常，这包括项目各种所有权文件的交付和各种项目文档的交付。需要特别指出的是，对于大型工程建设项目而言，按照《中华人民共和国档案法》的规定，项目的实际施工文件还需要交付当地档案馆存档。

5）项目资源重置和项目存在问题的善后处理工作

在项目完工与交付过程中，若项目业主或用户对照项目合同发现项目工作和项目产出物存在问题或缺陷的时候，应该同时提出对于项目缺陷和不足的整改要求，并由项目实施者努力满足这类要求。另外，在此过程中还须做好项目资源的重置工作，这包括解散项目团队、重新安排团队成员的工作，以及重置项目占用的资源等工作。

上述项目完工与交付阶段各个步骤的具体工作，都属于项目验收和终结性的工作。通常，只有在这个阶段结束之后，项目才会进入广义项目全过程的日常运营阶段。

2.4.3 项目管理过程

项目管理过程是由一系列的项目管理子过程构成的，而每个项目管理子过程又是由一系列项目管理的具体活动构成的。这种项目管理的过程中有五种不同的项目管理子过程，它们分别是起始子过程、计划子过程、组织子过程、控制子过程和终结子过程。项目管理过程及其子过程之间的关系如图 2-21 所示。

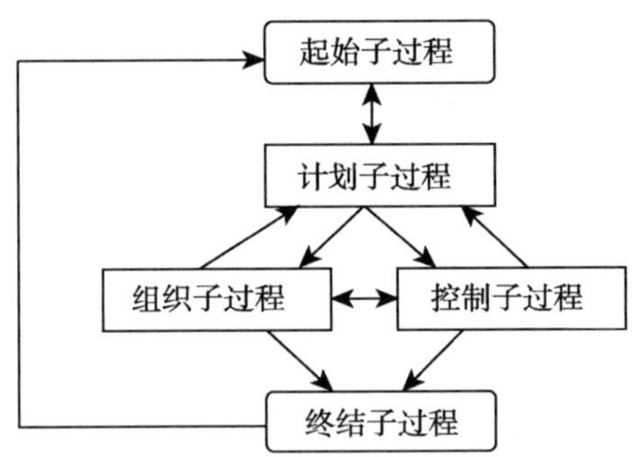

图 2-21 项目管理过程及其子过程之间的关系[①]
图中箭头代表项目管理子过程之间信息的交流过程和子过程之间的逻辑关系

图 2-21 给出了项目管理过程所包括的五种项目管理子过程，具体内容分述如下。

1. 起始子过程

在项目管理过程中，首要的管理子过程是项目或项目阶段的起始子过程。这是以一系列项目决策活动为主的项目管理子过程，其中所包含的具体管理活动有：决策项目或项目阶段是否起始、决策项目或项目阶段是否继续、定义项目及其阶段的产出物和工作包与活动等。在项目管理过程中，只有当这一子过程做出了项目或项目阶段的起始决策以后，后续的项目业务过程和项目管理子过程才能够继续开展。

2. 计划子过程

当项目管理起始子过程决定要起始或继续一个项目或项目阶段后，项目管理就进入计划子过程的阶段。此时所需开展的管理活动有：拟订和编制项目或项目阶段的目

---

① 戚安邦. 项目管理学. 2 版. 天津：南开大学出版社，2014.

标、方案、集成计划以及项目资源需求、项目时间、项目成本、项目质量、项目范围和项目风险管理等各项目专项管理计划的活动。这是由项目计划管理活动所构成的管理子过程，只有该子过程完成后才能开展后续的项目组织和控制子过程。

3. 组织子过程

这是计划子过程之后开展的管理工作，所包含的管理活动有：根据项目计划去组织和协调人力资源及其他资源的合理配置、组织和协调各项项目任务与工作、组织和激励人们去完成既定的项目工作计划等。这是由一系列项目组织管理活动所构成的管理子过程，其还为项目管理的计划和控制子过程提供各种反馈信息。

4. 控制子过程

这是在项目全过程中人们都必须开展的管理子过程，是一种努力使项目组织和实施工作处于受控状态的管理子过程。其所包含的管理活动有：制定项目控制标准、监督和度量项目实际绩效、分析项目实施绩效的偏差与问题、提出并采取纠偏措施等。同样，这一过程还担负着为项目管理的计划和组织子过程提供各种反馈信息的责任。

5. 终结子过程

这是关于项目或项目阶段终结的管理子过程，其管理活动有：确定项目或项目阶段的终结条件、完成管理终结和合同终结，以及产出物和项目文档的移交等。这是主要由项目文档化工作、验收性工作与移交性工作所构成的管理子过程，同时这也担负着为项目下一个阶段的起始子过程提供各种决策支持信息和经验教训的责任。

2.4.4 项目管理子过程间的关系

由图 2-21 可知，项目管理各子过程之间是相互关联的，它们的关系是一种前后接续和信息传递与反馈的关系。这种管理子过程之间的接续和信息传递与反馈的关系是一种双向输入与输出的关联关系。例如，项目起始子过程与计划子过程之间的这种关联关系是项目起始子过程为计划子过程提供项目决策给出的信息，同时项目计划子过程也反过来为项目起始子过程提供项目决策所需改进和变更的信息。同样，项目计划子过程、组织子过程和控制子过程之间都有这种双向的信息输入与输出的关系，它们之间这种双向信息传递和反馈关系为项目计划修订、项目组织改进与项目控制提供了支持。

最重要的是，项目前一阶段的终结子过程必须为项目下一阶段的起始子过程提供有关项目实施绩效和项目环境发展变化等方面的信息支持，以便人们能够根据这些新的信息去修订项目下一阶段的决策和管理，甚至在情况不利的时候做出终止项目或不再起始项目下一阶段的决策。正是这些项目管理子过程之间的信息传递和反馈的关系共同构成了一个项目或项目阶段的管理过程，在这种项目管理过程中子过程之间的关系分述如下。

1. 项目管理各子过程之间的信息关系

项目管理各子过程之间的信息传递和反馈的关系是一种管理决策支持信息的输入与输出的关系，即前一管理子过程的信息输出是下一个管理子过程的信息输入。这种管理子过程之间的信息传递和反馈的关系主要表现在三个方面：一是两个管理子过程之间的信息输入与输出的关系，如项目起始子过程的输出给了计划子过程各种项目决策的信息；二是两个管理子过程之间的信息反馈关系，如计划子过程与起始子过程、控制子过程和组织子过程之间都有这种信息反馈关系；三是两个不同项目阶段之间的信息传递关系，如设计与计划阶段的终结子过程同实施与控制阶段的起始子过程间的信息传递和反馈就是这种关系。这些信息传递和反馈关系如图 2-22 所示。

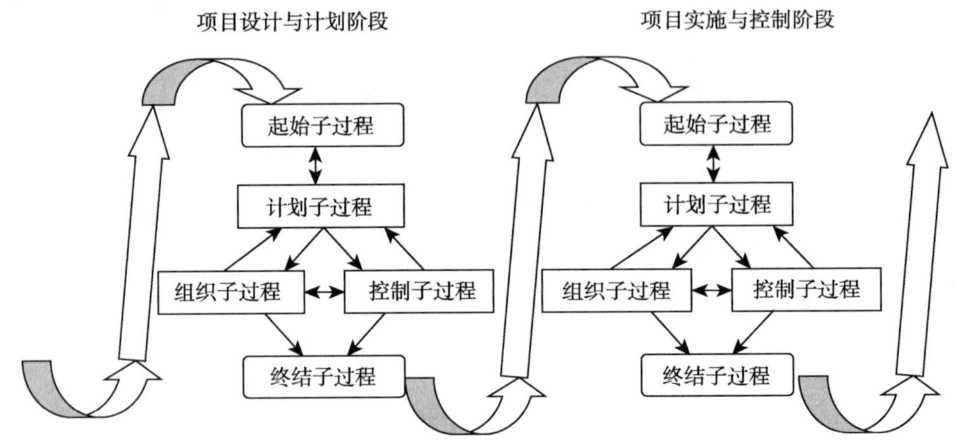

图 2-22　项目阶段和项目管理各子过程之间的信息传递关系

图中箭头代表项目信息传递和反馈的流程以及各个管理子过程之间的逻辑关系

由图 2-22 可知，各管理子过程之间的信息传递和反馈关系主要表现为各管理子过程之间的决策支持和信息反馈的关系，以及项目各阶段之间的管理信息的提供和反馈的关系。这是将项目管理划分成不同的管理子过程的根本原因所在，这样就可以使人们能更好地在项目管理过程中借助这些信息去做好项目管理的决策和控制。如图 2-22 所示，项目设计与计划阶段的终结子过程会为项目实施与控制阶段的起始子过程提供必要的项目决策信息的支持，包括由于项目环境与条件发展变化而必须终止项目的信息。

2. 项目管理各子过程之间的接续关系

整个项目管理过程中的各子过程之间在时间上并不完全是一种前后接续的关系，即并不是一定要等前一个管理子过程完结后才能开始下一个管理子过程，实际是这些管理子过程会有不同程度的并行和时间上的重叠。图 2-23 描述了一个项目管理全过程中各子过程之间在时间上的并行、交叉和重叠关系。

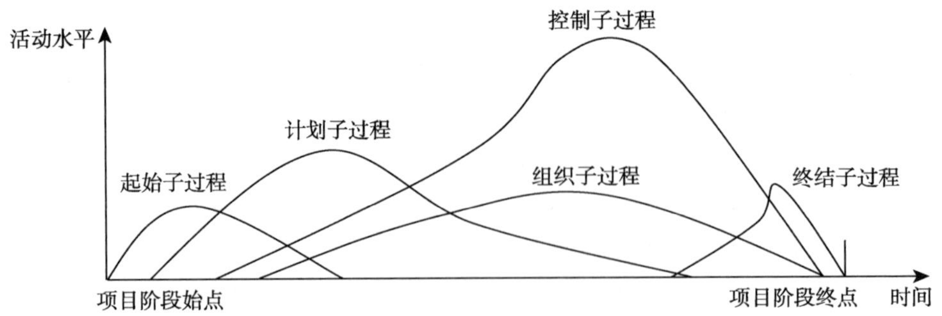

图 2-23　项目管理全过程中各子过程之间的接续关系

由图 2-23 可以看出，在项目或项目阶段的管理过程中，起始子过程是最先开始的，但在起始子过程尚未完全结束时计划子过程就已经开始了。同样，项目或项目阶段管理的组织子过程和控制子过程是在计划子过程开始后不久就已经开始了，因为项目计划工作也需要开展组织和控制方面的管理活动。实际上项目管理中的控制子过程里有很大一部分工作属于事前控制的工作，所以控制子过程与其他几个子过程具有并行和交叉的接续关系。由图 2-23 还可以看出，每个项目管理子过程都有自己的最高点，这些最高点是这些管理子过程中做出管理决策或采取计划、组织与控制行动的关键时点。

中国儒家著作《大学》一书中说道："物有本末，事有终始。知所先后，则近道矣。"这句话给出了项目管理及其子过程的实质。其中，"物有本末"是指项目的起始子过程必须做到"务本不务末"；"事有终始"是指项目起始子过程和终结子过程都十分重要，它们是项目"善始善终"的关键所在；"知所先后"是指项目计划子过程一定要合理安排好项目活动的先后和资源的合理配置；"则近道矣"是指如果人们在项目管理中能够做好前述的三个方面，那么就符合项目管理的客观规律而能够获得项目成功。

2.5　项目生命周期的管理方法与实务

项目管理学的理论认为，任何项目都有从起始到终止的过程，且每个项目都可以划分成一系列项目阶段所构成的全过程，这种项目的全过程就被称为项目生命周期。人们需要根据项目生命周期及其阶段的目标和任务去做好项目全过程的管理，这种方法就是项目生命周期的管理方法。

2.5.1　项目生命周期的定义

对于项目生命周期的定义有许多种，最主要的是项目生命周期和项目全生命周期两类。其中，项目生命周期指的就是前文讨论的狭义项目全过程，而项目全生命周期指的就是前文讨论的广义项目全过程。本书关于项目生命周期的定义如下。

1. 本书的项目生命周期定义

本书对于项目生命周期的定义是：项目的实施和管理是一个从始到终的过程，这个过程可以划分成一系列的项目阶段，由这些项目阶段所构成的项目全过程被称为项目生命周期。项目按照项目生命周期的阶段划分去开展对于项目和项目阶段的管理，这就构成了项目生命周期的管理方法。所以项目生命周期的方法既是一种对项目及项目阶段的描述方法，也是一种对于项目各个阶段进行全过程管理的方法。

关于项目生命周期的定义还有多种，其中最具代表性的是 PMI 给出的定义："项目生命周期指项目从启动到完成所经历的一系列阶段。它为项目管理提供了一个基本框架。不论项目涉及的具体工作是什么，这个基本框架都适用。"①由此可知，PMI 的项目生命周期定义是从项目管理的角度做出的，它强调的是项目全过程的基本框架。

① Project Management Institute. A Guide to the Project Management Body of Knowledge （PMBOK® Guide）. 6th ed. Newtown Square：Project Management Institute，2017.

2. 项目全生命周期的定义

有关项目全生命周期的定义最早是 RICS 给出的："项目全生命周期是包括整个项目的建造、运营和最终清理的全过程。项目建造、运营和清理阶段还可以进一步划分为更详细的阶段，这些阶段构成了一个项目的全生命周期。"[①]由此可知，项目全生命周期是按项目产出物给定的生命周期，是项目产出物"从生到死"的一种项目全生命周期。

项目全生命周期的管理方法更进一步要求人们根据具体项目建设、运营和拆除等阶段组成的全生命周期去考虑项目的功能、成本（如招投标的项目全生命周期成本最低价中标原则）和价值以及项目的整体管理。实际上项目管理的首要目标是为组织生成创造和生成价值，所以项目全生命周期的管理方法是为组织创造价值和组织提升服务的。

2.5.2 项目生命周期的管理方法

项目生命周期的管理方法实际上是国际通用的一种项目管理的方法，它是基于过程的项目管理方法。有关项目生命周期管理的模型及其内涵分述如下。

1. 项目生命周期管理的模型

项目生命周期管理方法的内涵有很多，这些项目生命周期管理的内涵都是针对项目管理的特性和要求的，图 2-24 给出了典型的项目生命周期模型。

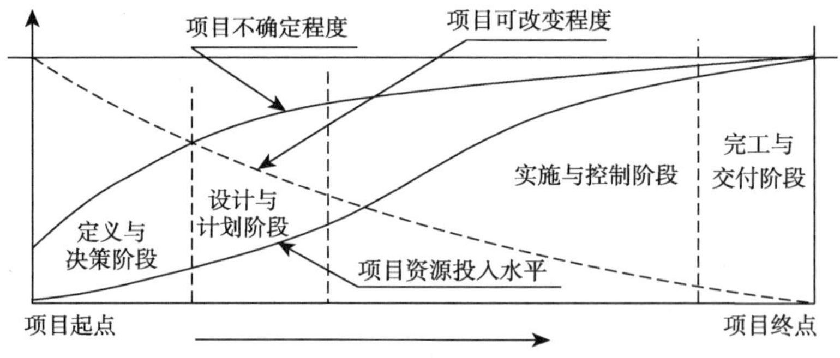

图 2-24 典型的项目生命周期模型

由图 2-24 可知，项目生命周期管理方法的内涵包括项目资源需求、项目不确定性、项目可变更性等方面的管理内容和对象。

2. 项目生命周期管理模型的内涵

项目生命周期管理方法是从整个项目全过程去考虑项目管理的工作和内容的，有关项目生命周期管理模型的内涵主要包括以下几个方面的内容。

1）项目资源需求的变化和管理

任何项目的实施与管理都会占用和消耗资源，所以项目生命周期管理方法的重要内容就是对于项目资源需求及其变化的管理。由图 2-24 可知，在项目生命周期的初期阶段，所需资源的水平相对较低；在项目的实施与控制阶段，项目所需的资源水平会相对较高；到项目完工与交付阶段的项目资源需求变得很低。在项目生命周期管理方法中首要的管

① RICS. Life Cycle Costing：A Work Example. London：Surveyors Publication，1987.

理任务就是做好项目所需资源的合理配置，否则项目实施与管理就会成为“无源之水”。

2）项目不确定性的变化和管理

项目生命周期管理方法中更重要的是对项目不确定性的管理，也就是对项目风险性的管理。由图 2-24 可知，项目初期阶段的不确定性和风险性是最高的，这是由此时人们拥有的项目信息十分有限，再加上项目后续发展的环境与条件的不断发展变化造成的。随着项目生命周期的进展，人们拥有了更多的项目信息，则项目不确定性和风险性会不断降低，到最后项目就能变成确定性的，因为此时项目信息已经完备而可“盖棺定论”了。

3）项目可改变性的变化和管理

这是为应对项目环境与条件的发展变化所开展的项目变更管理。由图 2-24 可知，在项目初期阶段人们有机会和能力去改变项目各个方面，但随着项目的进展，项目产出物、项目工作和结果的可变性就会不断降低，到项目完成时一切都“盖棺定论”而无法改变。实际上这方面的管理是借助项目计划变更实现的，项目计划是按照假设情况制订的，但这些假设前提多会与实际情况不一致，所以必须开展项目变更管理。

2.5.3　项目生命周期管理方法的实务

不同行业或专业领域有不同的项目生命周期，不同项目生命周期的描述有不同的方法，有的可用一般文字说明的方法去描述，有的要使用图示方法去描述，多数可以综合使用文字和图表等方法去描述。有关项目生命周期管理方法的实务举例说明如下。

1. 工程建设项目的生命周期管理方法

一般工程建设项目的生命周期可以划分为四个阶段，图 2-25 中给出了一般工程建设的图示描述。由图 2-25 可知，工程建设项目包括四个主要阶段，其中，项目定义与决策阶段的可交付成果是做出项目决策，项目设计与计划阶段的可交付成果是给出项目各项计划和设计方案，项目实施与控制阶段的可交付成果是项目实施而生成项目的工程实体，项目完工与交付阶段的可交付成果是项目管理与合同的全面终结。

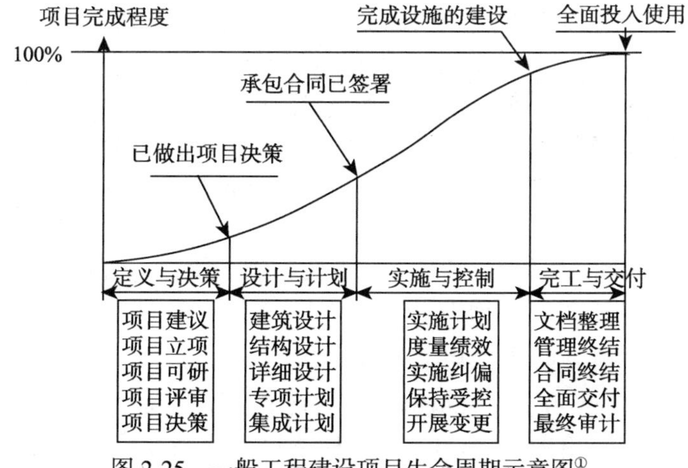

图 2-25　一般工程建设项目生命周期示意图[①]

① 戚安邦，孙贤伟. 项目成本管理. 2 版. 北京：中国电力出版社，2017.

2. 武器研发项目的生命周期管理方法

美国国防部 2003 年修订的武器研发项目生命周期如图 2-26 所示，这种项目生命周期的阶段划分和阶段里程碑的说明与描述就是一种典型的先进武器研究和开发项目生命周期管理方法。实际上这种项目生命周期模型和管理方法也可以用于指导企业的新产品研究与开发项目，所以这一项目的生命周期管理方法具有很好的借鉴性。

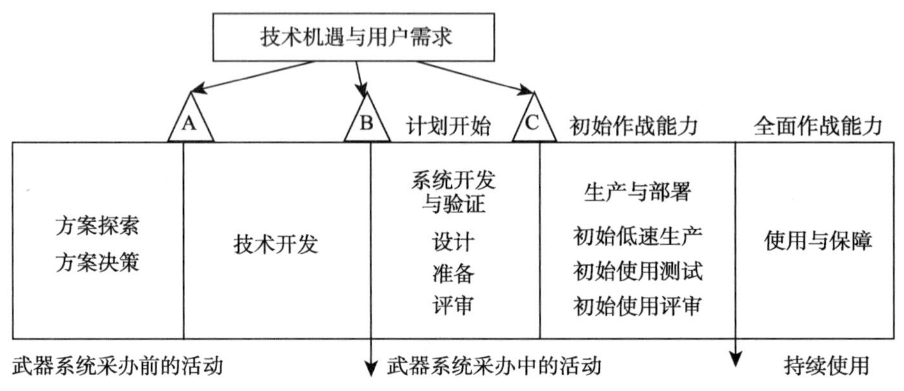

图 2-26 美国国防部武器研发项目生命周期示意图①

由图 2-26 可知，由于这种项目的复杂性和不确定性比一般工程建设项目要高很多，因此这种项目生命周期管理方法要求在每个项目阶段结果出现问题时都可使整个项目终止，或者开展必要的项目变更（图 2-26 中的 A、B、C 是三个项目变更重要节点）。所以这种方法要求只有在项目前一个阶段完成并获得了批准书后才能进入项目下一个阶段。更重要的是，由图 2-26 可知，这是一种项目全生命周期的方法，因为其“持续使用”阶段也是整个项目全生命周期中的一个阶段。

3. 化学新药开发项目的生命周期管理方法

在各种新产品的研究与开发项目中，美国食品药品管理局（Food and Drug Administration，FDA）有关化学新药（传统草药不属此例）研究与开发项目的生命周期最具代表性。图 2-27 给出了这种项目生命周期的描述。它不但包括研究、开发和审批三大过程，而且每个过程还进一步分成了若干项目阶段。在这种项目生命周期中的研究过程里的项目阶段有药物探源阶段、寻找和识别阶段、临床前试验阶段，以及递交新药研究申请阶段。在这种生命周期的新药开发过程中的项目阶段包括：注册临床试验阶段、研究阶段以及并行的药理研究阶段和毒理研究阶段。在新药后期审验过程中包括新药申请、审查、整改和最后批准研发的药品上市阶段。因为项目阶段众多，所以有统计数字表明这种研发项目的生命周期平均为 12 年。

4. 信息系统开发项目的生命周期管理方法

这类项目的生命周期管理方法的描述很具有代表性，图 2-28 给出了这种项目生命周期管理方法的图示描述。由图 2-28 可知，这种项目生命周期管理方法所包括的项目阶

① Project Management Institute. A Guide to the Project Management Body of Knowledge（PMBOK® Guide）. Newtown Square：Project Management Institute，1996.

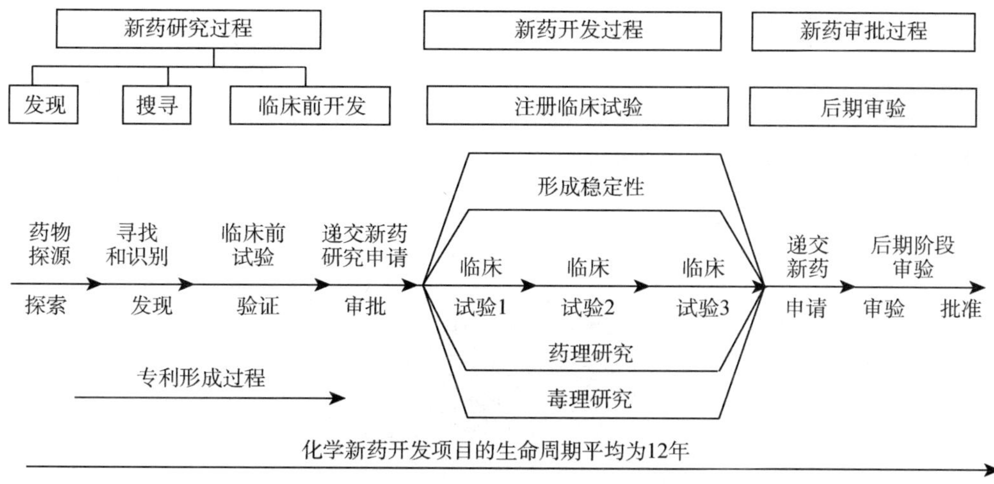

图 2-27　美国食品药品管理局化学新药研究与开发项目生命周期示意图

段有：定义项目的目标并形成项目基本要求的“概念定义”阶段、调查业主和用户的信息与信息系统“需求识别”阶段、分析和确定信息系统的目标与方案的“系统分析”阶段、开展信息系统的逻辑和物理设计并给出系统整体方案的“系统设计”阶段、实施完成信息系统程序的编制和集成的“系统实施”阶段、包括 α 测试和 β 测试等的系统程序和系统功能的“系统测试”阶段、编写系统说明书和系统用户手册及培训系统的最终用户的“用户培训”阶段，以及将新开发信息系统投入运行使用阶段的“转轨运行”阶段。

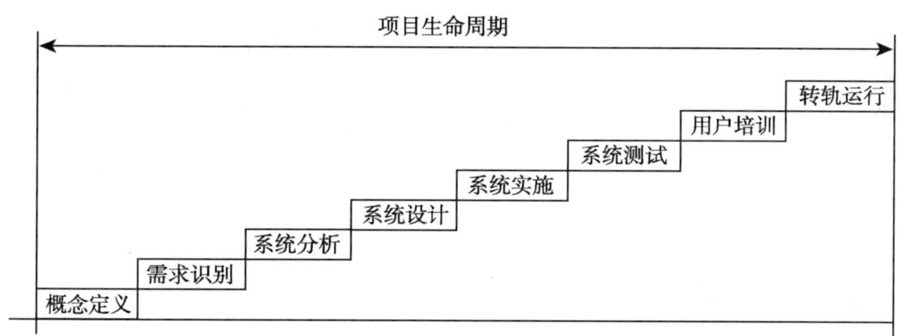

图 2-28　信息系统开发项目的生命周期示意图①

5. 创新项目的生命周期管理方法

创新项目包括产品、技术、服务、商业模式等不同方面的创新项目，图 2-29 给出了创新项目的生命周期示意。由图 2-29 可知，创新项目的生命周期管理方法包括四个主要的项目阶段：一是创新项目的“搜寻阶段”，即寻找创新项目机遇的阶段，这一阶段使

① （美）艾勒斯·M. 阿沃德. 信息系统分析与设计. 戚安邦，赵海滨，孙贤伟，等译. 天津：天津科技翻译出版公司，1989.

用漏斗形表明创新项目需要在宽范围上寻找机遇；二是创新项目的“选择阶段”，即从大量的创新项目提案中通过项目评估选择出想要实施的创新项目的阶段；三是创新项目的“实施阶段”，即努力去实现创新项目既定目标和任务的阶段；四是创新项目的“获益阶段”，即设法收回创新项目的各种投资并获得更大收益的阶段。

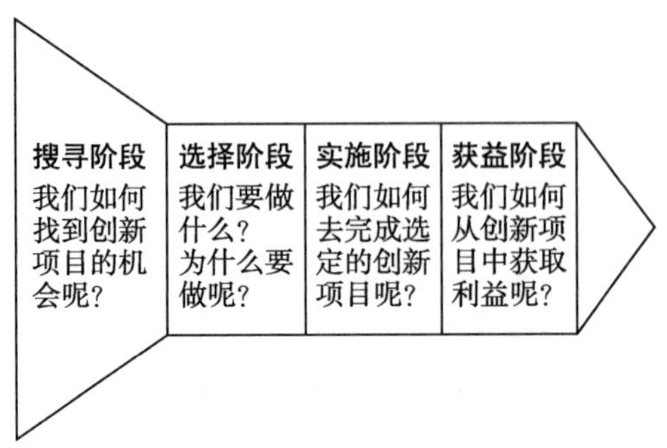

图 2-29 创新项目生命周期示意图[①]

6. 创业项目的生命周期管理方法

创业项目多数属于创新项目的商业化和创新投资回收的一类项目，所以创业项目与创新项目之间有着很强的关联关系，多数情况下创业项目都是以创新项目的成果为基础和出发点的。图 2-30 给出了创业项目的生命周期示意。由图 2-30 可知，创业项目包括五个主要的项目阶段：一是创业项目的前期阶段，在图中被称为“研发创新”阶段（此阶段的时间标注的是负值，以表示这是项目前期阶段）；二是创业项目的“创立企业”阶段，在这一阶段中人们使用此前的创新项目成果去创立全新的企业；三是创业项目的“早期成长”阶段，此时新创企业逐步站稳脚跟并开始稳定增长；四是创业项目的“快速成长”阶段，此时的新创企业进入高速增长和急剧扩张阶段；五是创业项目的“退出时期”阶段，此时新创企业增长趋势大大放缓，创业者开始寻求机会逐步退出。由此可见，创新是创业项目的基础与前序工作，而创业是创新项目获得收益的后续工作。

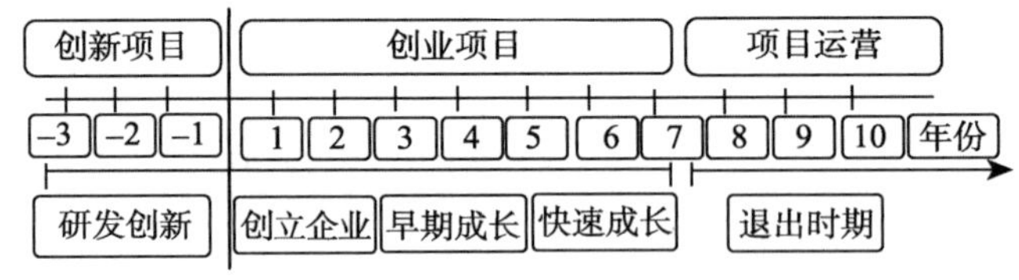

图 2-30 创业项目生命周期示意图[②]

7. 应急项目的生命周期管理方法

应对突发事件的应急项目生命周期管理的根本目标是对突发事件所造成的社会与

① 戚安邦，等. 创新项目管理. 北京：中国电力出版社，2017.

② 戚安邦，杨玉武，等. 创业项目管理. 北京：中国电力出版社，2020.

经济生活破坏予以救援、恢复与重建，所以应对突发事件的应急项目有自己的生命周期管理方法，具体如图 2-31 所示。应急项目生命周期中包括四个阶段：预防与应急准备阶段、监测与预警阶段、应急处置与救援阶段和事后恢复与重建阶段。在这个项目生命周期的前两个阶段，经济社会运行处于常态化的情况。由于突发事件的发生破坏了经济与社会常态化运行的秩序，所以在项目应急处置与救援阶段经济社会发展水平先是急剧下降（遭到破坏），然后应急处置和救援措施的作用使得经济社会发展水平快速上升。在事后恢复与重建阶段，经济社会发展水平逐步恢复到此前的状态或高于此前的水平（因为重建中有创新）。另外，应急项目中的事后恢复与重建阶段中多数时候会分解出很多重建的项目，这些重建项目各有自己的生命周期管理方法。

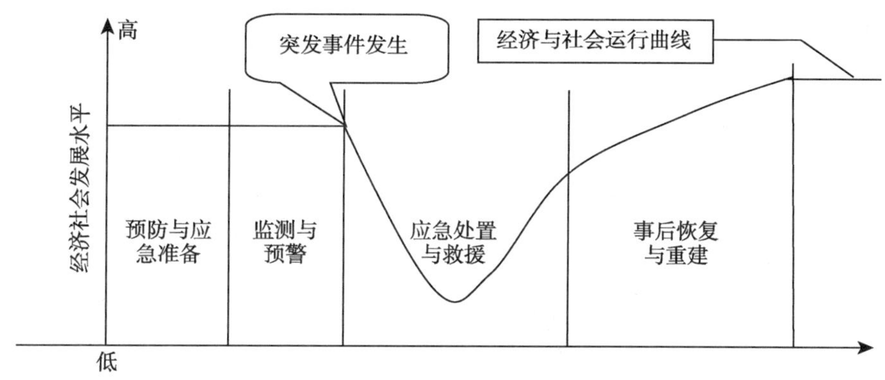

图 2-31　应急项目生命周期示意图

8. 选拔性考试的应试项目生命周期管理方法

选拔性考试（中考、高考和研究生考试等）的应试项目也有自己的生命周期管理方法，图 2-32 给出了描述和内容。很显然，这种应试项目的目标就是通过选拔性考试，所以整个项目划分为四个阶段。一是战略准备阶段，即应试战略方案制订阶段，在这个阶段需要制定出攻守兼备的应试战略（进攻战略是力争总分为高分的战略，防守战略是守住每门课最低限制分的战略）。二是知识复习阶段，即对于各门考试课程内容的知识体系的整理和掌握阶段，在这一阶段要掌握每门考试的课程的知识体系及其综合应用方面的重点（选拔性考试多数是考多个知识点的综合运用）。三是答题技巧阶段，即掌握和练习应试技巧阶段，这包括对于主观题和客观题两方面的答题技巧的学习和熟练掌握这些技巧（中国人说的“临阵磨枪不快也光”）。四是动力定型阶段，即建立应试动力定型的阶段，在这个阶段中应试者需要调整好自己的作息时间及生物钟，建立答题的动力定型，从而身心都做好应对考试的准备。这四个阶段构成的项目生命周期是开展这类项目的管理方法所在。

综上所述，不同专业领域的不同项目会有不同的项目生命周期，因为这些项目的工作内容、项目阶段划分、项目管理成果等都有所不同。因此，人们还要学习和掌握与项目所属专业领域有关的方法和技能，并进一步根据具体项目需要去设计和给出项目生命周期模型，最终使用项目生命周期管理方法去管理好不同专业领域的项目。

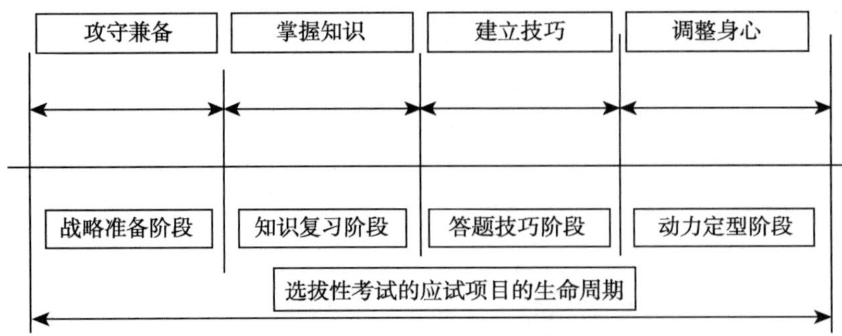

图 2-32 选拔性考试的应试项目生命周期管理方法示意图

本章思考题

1. 项目业务过程和项目管理过程有什么不同?
2. 项目管理与日常运营管理相比有哪些不同?
3. 项目管理子过程中的计划、组织与控制子过程之间有什么关系?
4. 在项目管理过程中，你认为哪种管理子过程最重要? 为什么?
5. 项目生命周期与项目全生命周期在基本概念上有哪些不同?
6. 为什么有些项目的项目生命周期与项目全生命周期是一致的?

第3章　项目范围管理

【本章导读】项目范围管理是项目管理知识体系中一个专项管理的知识领域，是项目目标四要素和项目资源三要素管理的基础与依据。本章首先将讨论项目范围管理的概念、内容、理论和方法，其次将分别讨论项目范围管理的工作和程序，最后讨论项目范围变更控制等方面的内容。本章核心内容是项目范围的计划、界定、工作分解与范围控制的原理和方法。

3.1　项目范围管理的概述

项目范围管理涉及对于项目产出物范围和项目工作范围两方面的管理。其中，项目产出物的范围是指项目最终交付成果的模样和大小，而项目工作的范围是指为生成项目产出物范围所做的项目工作的内容与多寡。所以项目范围管理的根本任务有两个，一是管理好项目产出物的范围，借此去实现项目的既定目标；二是管理好项目工作的范围，由此保障项目能够生成符合要求的项目产出物。

3.1.1　项目范围管理的内涵

项目范围管理是一个重要的项目专项管理或知识领域，所以关于项目范围管理有许多独特的概念、内涵和术语，这方面的基本概念和实际内涵分述如下。

1. 项目范围管理的概念

项目范围的英文专业术语是“project scope”，这个词可以翻译成项目范围或项目规模。由于中文的“范围”兼具“模样”（即“范”字的含义）和“大小”（即“围”字的含义）两方面的含义，中文的“规模”只有大小的意思，没有模样的含义，所以本书作者在1999年帮助国家外国专家局引进PMI的PMBOK的时候就将其翻译成“项目范围”。在项目范围管理中，人们需要计划、确定和控制项目产出物与项目工作的模样与大小两个方面，而不只是“大小”（规模）这一个方面。

1）项目范围的内涵

如前所述，项目范围涉及两方面的内容：一是项目产出物的范围，二是项目工作的范围。前者是根据项目的需求与目标确定的项目产出物的模样和大小，后者是根据生成项目产出物的需要所确定的项目工作的内容和多寡，二者共同构成了项目范围。

2）项目范围管理的内容

项目范围管理是为确保实现项目目标而开展的对于项目产出物范围和项目工作范围的管理，所以其包括两个方面：一是项目产出物范围的管理，二是项目工作范围的管理。另外，由于项目范围影响和决定着项目时间、成本、质量、资源等和风险项目专项管理，所以项目范围管理被放在本书所有项目专项管理的首位。

3）项目产出物范围和项目工作范围的集成管理

由于项目工作是为生成项目产出物服务的，所以项目工作范围和项目产出物范围需要实现集成管理。这包括对于项目产出物按照其各部件彼此间的合理配置关系开展的事物项目产出物集成管理，以及为生成项目产出物开展的业务、辅助和管理工作的集成管理，最重要的是必须实现项目产出物范围和项目工作范围二者的集成管理。

4）项目范围与项目其他专项的集成管理

因为项目范围的变化会直接影响项目成本、时间、质量、资源和风险等方面的变化，所以项目范围管理与这些项目专项管理也必须实现全面的集成管理。人们在开展项目范围管理的过程中必须从项目全面集成的角度出发，开展好项目范围管理所涉及的这类项目集成管理的工作。图 3-1 给出了项目要素之间的合理配置关系的示意。

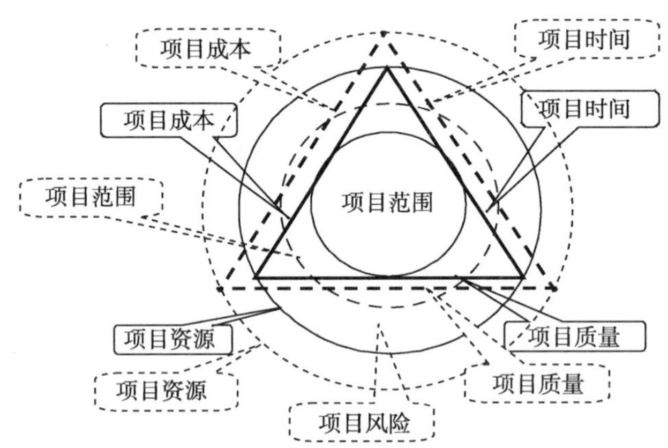

图 3-1 项目范围与项目其他要素之间的合理配置关系

由图 3-1 可知，项目范围与另外几个项目要素之间具有的合理配置关系是：项目范围是自变量，所以在图中使用内接圆给出其几何描述；项目时间、项目成本和项目质量三要素是因变量，所以在图中使用外接三角形给出其几何描述；项目资源要素是约束变量，所以在图中使用外接圆给出其几何描述。最重要的是图 3-1 中的实线图形和虚线图形之间给出的项目风险要素，因为项目范围、时间、成本、质量和资源要素都存在风险，所以这些项目要素必须按照图示的合理配置关系进行集成管理。

2. 项目范围管理的流程和内容

项目范围管理的流程和内容主要包括：项目范围管理计划的编制、项目需求的收集与确认、项目范围的界定、项目 WBS 的创建、已完成项目范围的确认和项目范围的控制。这些项目范围管理的主要内容和相互关系如图 3-2 所示。

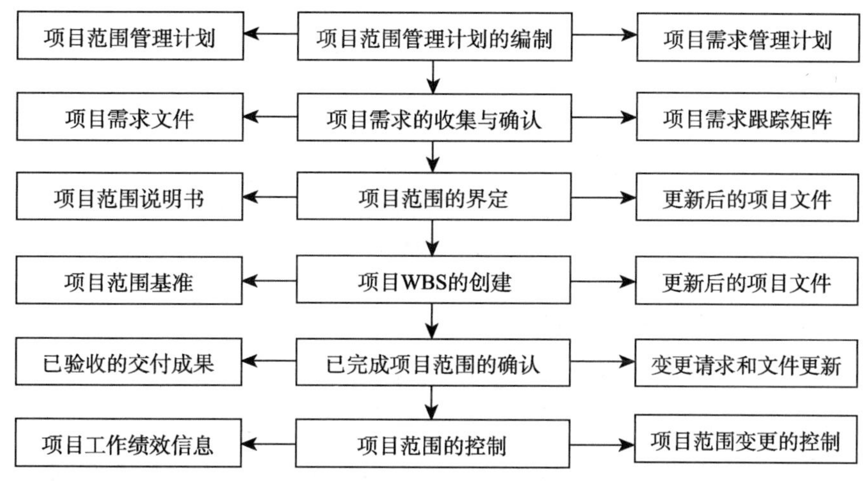

图 3-2　项目范围管理的主要内容和相互关系

由图 3-2 可知，项目范围管理的主要内容有如下六个方面。

1）项目范围管理计划的编制

这是对于人们如何去界定项目范围、如何去确认项目范围和如何去控制项目范围等管理工作的计划和安排。这种项目范围管理计划是整个项目范围管理工作的指南、规定和安排，所以编制项目范围管理计划就成了项目范围管理的首要任务。

2）项目需求的收集与确认

项目范围是根据项目业主或客户等相关方的需求确定的，所以人们需要收集和确认这些相关方对于项目的需求。这包括借助组沟通去确定、记录和管理项目相关方的要求和期望，这是为定义项目范围奠定基础的工作。项目需求多是根据项目协议、合同或其文件规定的，但有些时候是相关方通过口头或书面表述的，此时就需要做好确认的工作。

3）项目范围的界定

这是指根据项目章程、项目范围管理计划、项目集成计划，以及项目其他专项管理方面的要求，如项目预算和项目进度的硬性要求或项目资源供给的限制等，最终界定出项目产出物范围和项目工作范围的工作。通过界定项目范围，人们可根据项目需求文件中最终界定的项目需求制定出详细的项目范围说明书和更新项目文件。

4）项目 WBS 的创建

项目WBS的创建是把项目产出物和项目工作分解成较小且更易于管理的组件的工作，由此获得为项目范围基准提供的一个层次型描述。创建WBS的工作需要从项目目标层开始，向下分解得到项目产出物层，再向下一层分解得到项目工作包层。因此WBS的创建确定了项目范围的基准，即项目产出物和工作范围的明确规定。

5）已完成项目范围的确认

这是正式验收已完成的项目产出物的项目范围管理工作，这项工作需要在整个项目全过程中去开展，借此确认项目的每个已完成的可交付成果，从而提高最终项目成果获得验收的可能性。这包括由项目相关方去审查核实项目产出物，确认这些项目产出物已经圆满完成并通过正式验收，从而生成已验收的项目交付成果和项目工作绩效报告等。

6）项目范围的控制

这是指根据项目范围管理计划、项目相关方的项目范围变更请求，以及项目环境与条件的发展变化去开展项目范围变更的管理工作。在项目出现范围变更时需要开展项目范围计划的修订和采取措施去实施变更，这些都属于项目范围控制工作。项目范围控制工作须与其他项目专项控制工作进行集成，以便实现项目各方面应有的合理配置关系。

3.1.2 项目范围管理的作用

由上述讨论可知，项目范围管理的作用有下述几个方面。

1. 计划和安排好项目范围及其管理工作

这包括两个方面的计划和安排工作，一是对于项目产出物范围与项目工作范围的界定和计划安排，二是对于如何开展项目产出物范围与项目工作范围的管理工作所做的计划和安排。前者给出了项目范围说明书，后者给出了项目范围管理计划，二者为项目范围管理提供了依据、指南和方向。

2. 为项目实施提供项目产出物和工作范围的框架

项目范围管理的重要作用之一是界定项目产出物的范围和项目工作的范围，从而为人们开展项目实施工作提供项目范围的规定、要求和框架。为此，人们需要根据项目的目标，按照“充分/必要”的原则去分解和界定出项目产出物和项目工作的明确内涵与界限。此处的“充分”是指为实现项目目标所需的项目产出物和项目工作一项也不能少，而此处的“必要”是指不是为实现项目目标所需的项目产出物和项目工作一项也不能有。

3. 为有效控制项目范围提供依据和标准

项目范围管理的作用还包括为项目实施及其结果的监督和控制提供依据与控制标准，从而人们可以根据这些依据和控制标准去度量项目范围实现的实际情况。同时人们也需要根据这些依据和标准去发现实际的项目产出物与项目工作中所存在的偏差和问题，以便人们能够去纠正偏差，对项目的范围进行变更和调整，以及采取其他相应的纠偏措施或预防措施，最终实现对于项目范围的有效控制。

4. 为项目终结和项目成果的交付提供保障

项目范围管理的另一个作用是为项目、项目阶段、项目工作包所生成的成果的交付提供保障，从而获得满意的项目产出物和可交付成果。实际上多数项目在实施过程中会因为各种主观和客观情况而出现项目范围的变更，因此项目范围管理既要努力控制项目范围，又要积极进行必要的项目范围变更，从而可以达到保障项目终结和项目成果交付的目标。

另外，项目范围管理还有其他方面的一些作用，如项目范围多数时候是项目集成计划和控制中的自变量，所以其管理还具有统领和影响项目其他专项管理方面的作用。

3.2 项目范围管理计划的编制

这是人们计划和安排如何界定项目范围、确认项目范围和控制项目范围的管理工作。

由此获得的项目范围管理计划是整个项目范围管理工作的规定、安排和指南。同时，这种计划也属于项目集成计划的组成部分之一，所以制订项目范围管理计划需要仔细分析项目范围管理各方面的合理配置关系，然后依据项目章程、项目集成计划、已批准的项目专项管理计划和项目环境与条件等方面的信息进行编制。

3.2.1 项目范围管理计划的内容和依据

项目范围管理计划的编制有它自己的依据和支持信息，编制出的项目范围管理计划结果有它自己的内容和要求，这方面的依据和内容分述如下。

1. 项目范围管理计划的内容

项目范围管理计划的核心内容是关于项目产出物范围管理和项目工作范围管理的计划与安排，所以这方面的工作主要有如下两项。

1）项目产出物范围的管理计划

这是根据项目目标、项目章程、项目集成计划、已批准的项目质量管理计划等项目专项管理计划，以及项目所处环境与条件和项目组织过程资产等信息，特别是项目所属专业领域对项目产出物的技术要求和项目各相关方的具体要求，去做出项目产出物范围管理的计划和安排的工作。这种计划工作必须按照 “充分/必要”的原则去计划和安排好项目范围管理工作，必须贯彻任何项目产出物及其部件都是为实现项目目标服务的，即为实现项目目标服务的项目产出物一项也不能少（充分原则），不是为实现项目目标服务的项目产出物一项也不能多（必要原则）的原则。

2）项目工作范围的管理计划

这是根据既定项目产出物范围管理计划的结果和要求，进一步计划和安排好项目工作范围管理计划的工作。这种计划也需要依据项目目标、项目章程、项目集成管理计划和已批准的项目各专项管理计划，特别是项目产出物范围管理计划的要求去制订。这种计划工作的原则包括项目“产出物导向”和“充分/必要”两个方面，即必须贯彻所有项目工作都必须是为生成项目产出物服务的（产出物导向原则），并且为生成项目产出物所需的项目工作一项不能少（充分原则），不是为管理和生成项目产出物所需的工作一项不能多（必要原则）的根本原则。

2. 项目范围管理计划编制的依据

在制订项目产出物和项目工作范围管理计划时，最主要的依据包括如下两个方面。

1）项目已有的各种管理文件

这主要有项目目标（它给出了导向）、项目章程（它记录了项目目的、项目概述、假设条件、制约因素，以及项目既定的组织提升需求等）、项目集成计划（它给出了项目各方面之间合理配合的要求和管理办法等）、项目专项管理计划（如在项目质量管理计划中给出的项目质量管理政策、方法和标准等会影响到项目产出物范围与项目工作范围的管理规定）、项目事业环境（如组织文化、基础设施、人事管理制度、市场条件）和组织过程资产（如组织的项目范围管理政策和程序、历史信息和经验教训、各种知识库等）等，这些已有的项目管理文件是项目范围管理计划的主要依据。

2）项目范围管理计划工作中收集的新信息

这方面的新信息主要有：及时更新的项目事业环境和组织过程资产方面的信息、项目所属行业或专业领域的技术信息和管理信息、项目环境与条件发展变化及其对项目产出物范围和项目工作范围的影响的信息、项目相关方对于项目范围变更的请求信息等。其中，项目相关方对于项目范围变更的请求信息是开展项目范围计划工作十分重要的依据。

所以，在项目范围管理计划制订过程中需要仔细收集项目各种环境与条件的影响或制约的信息，充分收集、加工和利用新信息去编制好项目范围管理计划。

3.2.2 项目范围管理计划的方法和结果

项目范围管理计划工作是一项非常严密的分析、计划和决策工作，因此需要采用一系列的分析、评估和计划方法。

1. 项目范围管理计划的编制方法

项目范围管理计划的编制方法主要有两种，具体分述如下。

1）专家法

当人们首次开展不确定性很高的原始创新项目的时候，多数时间需要使用专家法去制订项目范围管理计划。这是使用专家的专门经验和信息，包括特定行业、学科和应用领域的专家的经验和信息，以及专家所掌握的历史类似项目的经验教训等方面的信息，去制订项目范围管理计划的方法。因为这种项目的范围管理计划会面临较大的信息缺口，所以需要借助专家的经验和判断去安排项目范围管理的计划。

2）会议法

采用这种方法的根本原因还是这种项目范围管理计划工作面临较大的信息缺口，所以需要采用“集思广益”的会议方法，集中大家的智慧去制订出项目范围管理计划。参加这种计划制订会议的人员包括：项目经理、项目发起人、项目范围管理的负责人、选定的项目管理团队的成员、项目相关方的组织代表、专业人士及其他必要的人员。最后根据大家最终议定的结果去制订出项目范围管理的计划。

2. 项目范围管理计划的结果

这种计划工作的最终结果是给出项目范围管理计划书和项目需求管理计划，核心内容是关于定义、管理和确认项目范围的安排，具体包括如下几个方面。

（1）如何去制定详细的项目范围说明书。这是关于如何根据项目目标和其他信息，采用何种方法去制定出详细的项目范围说明书（也被称为项目范围计划）的计划安排。

（2）如何根据详细的项目范围说明书去创建项目 WBS。这是关于如何根据详细的项目范围说明书和使用何种方法去创建项目 WBS 的计划安排。

（3）如何确定、审批和维护项目范围的基线。这是关于在项目全过程中如何开展项目范围变更管理的相关规定，包含如何确定、如何审批和实施项目范围变更的计划安排。

（4）如何正式验收已完成的项目产出物。这是关于已完成项目范围而生成的项目产出物需要使用何种方法和程序进行验收与确认的计划安排。

（5）项目需求管理计划。这是关于如何收集、分析、记录和管理项目及其产出物需求的计划安排，这种计划有时也被安排为项目范围管理计划的一个组成部分。这种计划的主要内容包括：如何计划、跟踪和报告各种项目需求的管理活动，如何计划和安排项目需求之间的合理配置关系，如何开展项目需求变更并分析其影响，如何进行项目需求的追溯、跟踪和报告，项目需求变更的审批权限安排，项目不同需求的优先序列安排的规定，项目需求的测量指标及其使用方面的规定和安排等。

需要注意的是：项目范围管理计划和项目需求管理计划都属于“项目范围管理活动或工作的计划安排”，而项目范围计划和项目需求计划则是“项目业务工作的计划安排”，其中，项目范围计划也叫项目范围说明书，项目需求计划也叫项目需求说明文件。

3.3　项目需求的收集与确认

这是根据既定的项目需求管理计划去开展的关于确定、记录和管理项目相关的要求与期望的工作，它是界定项目范围（即编制项目范围详细说明书）的前提条件和工作基础。所以在开展制定项目范围说明书、创建 WBS，以及进行项目成本、时间、质量和采购方面的管理和业务计划之前，人们首先需要做好项目需求的收集和确认方面的工作。这包括让项目相关方积极参与项目需求的探索和确认工作，仔细确定、记录和界定对于项目产出物和项目成果的需求等，以便所有的项目需求都能够被分解和融入项目产出物和项目工作范围之中，以便在项目实施过程中人们能对项目需求进行度量和确认。

3.3.1　项目需求收集与确认的依据和内容

在很多时候项目需求是根据项目协议、合同或其他强制性规范明确规定的，这些是明确说明并经过书面认定的项目需求。但有些时候项目需求是由项目相关方共同商定的，然后借助书面方式记录下来而未经确定的，这种情况需要开展项目需求收集与确认的工作。这方面工作内容有两个：一是项目需求信息收集，二是项目需求正式确认。

1. 项目需求收集和确认工作的依据

这方面工作的主要依据有如下几个方面。

1）项目章程

在项目章程中记录了用于制定项目需求的组织高层级的要求，以及项目相关方在这方面工作的责任和权力等方面的规定。

2）项目各专项的管理计划

一是项目需求管理计划（因为这是指导项目需求收集和确认工作的计划），二是项目范围管理计划，三是项目相关方参与计划。

3）各种现有项目文件

这包括项目假设日志、经验教训登记册、项目相关方登记册（其给出哪些项目相关方能够提供项目需求方面的信息）等。

4）项目的商业文件

最具权威性的依据是项目的商业文件，这包括项目的合同与协议、项目论证与评估的报告（给出为满足组织商业需要而应该达到的项目需求、期望及可选方案等）等。

5）项目的事业环境因素和组织过程资产

前者涉及组织文化、基础设施、资源、人事和管理制度，以及市场环境与条件等。后者涉及组织的项目需求管理相关政策和方法的规定以及经验教训和相关知识等。

2. 项目需求收集和确认的内容

这项工作的主要内容有如下两个方面。

1）项目需求的收集

这既要收集项目相关方明确提出的项目需求的信息，如在项目合同或协议中明确说明或记录的项目需求的信息，也要收集未在项目合同或协议中明确说明或记录的项目需求的信息，如不言自明的国家和地区的质量标准规定和合同法、价格法、招投标法等各种法律的规定。首先，项目相关方在很多时候不但难以明确表述自己的需求，而且会存在制造烟幕等为了讨价还价而采取的沟通策略。其次，项目所具有的独特性和复杂性使得某些项目相关方很难明确和正确地描述自己对项目的要求和期望。另外，项目相关方之间存在商业博弈，很多时候会出现有的项目相关方“说要的不是真想要的，想要的不见得是需要的，需要的不是都能够实现的”的困局，因此就需要项目管理者努力收集项目需要方面的各种信息，以便正确确认项目需求。

2）项目需求的确认

在收集、获得和加工处理项目需求信息之后，还必须开展项目需求的确认工作。这种确认工作多需要借助项目协议与合同的形式确定下来，以便项目相关方能够明确自己为实现项目需求各自所承担的权利、义务和责任。例如，对于采用招投标项目而言，招标书作为要约邀请而不具备法律效力，这就是一种项目需求信息发布和收集工作的文件；投标书作为具有法律效力的要约，是一种项目需求方面的确认工作文件。另外，对于国家和地区的质量标准规定与各种法律规定，人们也需要在项目需求文件中予以确定，尤其是对于国家和地方强制性的环保规定等。

3.3.2 项目需求收集和确认的方法与结果

项目需求收集和确认是人们开展项目范围管理的前提和基础，如果这方面的工作有误就会导致项目的变更或失败，所以人们必须使用科学有效的方法，包括人际关系的方法和技能，去科学正确地收集和确认项目需求并获得可靠的结果。

1. 项目需求收集和确认的方法

项目需求收集和确认的方法是一种人与人之间打交道的方法，所以最重要的方法是沟通与分析的方法，以及人际关系方面的技能和方法。

1）商业分析方法

这包括商机分析、项目需求分析，以及商业往来发生的各种需求文件的分析，如各种询价和报价、信息以及项目需求建议书等都属于这类方法的范畴。

2）数据收集方法

这包括结构化和非结构化的访谈与问卷的调查方法、头脑风暴和焦点小组（专家和相关方聚焦某问题的互动式讨论）的方法，以及标杆对照的方法等。

3）数据分析方法

这是审核和评估项目需求的方法，数据分析的对象包括组织面临问题的数据、商业计划数据、项目协议数据、市场环境数据、国家政策和法规数据、投标文件数据等。

4）系统分析方法

这包括系统交互图的方法、思维导图的方法、原型法（先造出项目产品的模型并据此征求项目需求的反馈以逐步将原型转变成明确的项目需求的方法）等。

5）人际关系技术方法

这包括利益冲突处理方法、沟通与交流的方法、行为分析方法、客户声音和用户故事方法、联合应用设计或开发方法、展示和引导的方法，以及各种激励方法等。

2. 项目需求收集和确认的结果

这方面工作的最终结果包括如下两个基本结果。

1）项目需求文件

这是描述项目各种需求及其如何满足项目相关方具体要求的文件，这种文件可分为不同的大类，如业务解决方案和技术解决方案等。项目需求的具体类别主要有：项目的业务需求、项目相关方的需求、项目的功能要求、项目的非功能性要求、项目实施的需求、项目质量需求等。由此可见，项目需求涉及项目相关方各方面的不同需求，所以必须有明确、完整、可跟踪、相互协调且各方认可的需求才能形成正式的项目需求文件。

2）项目需求跟踪矩阵

这是把项目需求与满足这种需求的可交付成果联系起来的一种独特表格文件，它能把每个项目需求与项目目标和可交付成果等联系起来，从而确保每个项目需求都具有自己的商业价值和实施工作与方法。它提供了在项目全过程中跟踪项目需求的方法，这有助于确保被批准的每项项目需求都能在项目结束时予以交付。这种矩阵中记录了每个项目需求的相关属性，典型属性有：标识、需求描述、项目目标等。表 3-1 给出了项目需求跟踪矩阵示例，其中，列有项目需求的这些属性。

表 3-1　项目需求跟踪矩阵的示例

<table>
<tr><td colspan="9">项目需求跟踪矩阵</td></tr>
<tr><td colspan="2">项目名称</td><td colspan="7"></td></tr>
<tr><td colspan="2">项目实施者</td><td colspan="7"></td></tr>
<tr><td colspan="2">项目描述</td><td colspan="7"></td></tr>
<tr><td>标识</td><td>关联标识</td><td>需求描述</td><td>业务需求、商机、目的和目标</td><td>项目目标</td><td>WBS 可交付物</td><td>产出物的设计</td><td>产出物的开发</td><td>测试方案</td></tr>
<tr><td rowspan="3">001</td><td>1.0</td><td></td><td></td><td></td><td></td><td></td><td></td><td></td></tr>
<tr><td>1.1</td><td></td><td></td><td></td><td></td><td></td><td></td><td></td></tr>
<tr><td>1.2</td><td></td><td></td><td></td><td></td><td></td><td></td><td></td></tr>
<tr><td rowspan="5">002</td><td>2.0</td><td></td><td></td><td></td><td></td><td></td><td></td><td></td></tr>
<tr><td>2.1</td><td></td><td></td><td></td><td></td><td></td><td></td><td></td></tr>
<tr><td>2.1.1</td><td></td><td></td><td></td><td></td><td></td><td></td><td></td></tr>
<tr><td>2.1.2</td><td></td><td></td><td></td><td></td><td></td><td></td><td></td></tr>
<tr><td>2.2</td><td></td><td></td><td></td><td></td><td></td><td></td><td></td></tr>
<tr><td>⋮</td><td>⋮</td><td>⋮</td><td>⋮</td><td>⋮</td><td>⋮</td><td>⋮</td><td>⋮</td><td>⋮</td></tr>
</table>

综上所述，项目范围管理中的一项十分重要的工作就是关于项目需求的收集和确认工作，只有经过项目相关方最终确认的项目需求，才能够获得人们界定项目产出物范围和项目工作范围的根本依据。

3.4 项目范围的界定

项目范围的界定是指定义和给出项目产出物范围和项目工作范围的工作，其主要作用是详细地给出项目产出物的边界和验收标准,以及详细描述项目工作范围内容与要求。

3.4.1 项目范围界定的内容和依据

由于人们收集和识别出的所有项目需求有些并未包含在项目范围之中，所以人们还需要根据项目环境与条件的变化去从项目需求文件中选取最终需要实现的项目需求，然后详细地界定出关于项目产出物和项目工作的范围。

1. 项目范围界定的内容

这方面的核心内容就是给出关于项目产出物范围和项目工作范围两方面的详细说明文件，这需要根据项目起始决策中确定的项目产出物、项目的假设条件和制约因素，以及在项目需求收集与确认工作中得到的信息和结果，来编制出详细的项目范围说明书。

1）项目产出物范围的界定

这是一个不断细化的工作。首先，在项目评估和项目起始决策过程中人们需要界定初始的项目产出物范围。其次，随着人们获得更多的项目信息，尤其是在完成了项目需求收集与确认后，还需详细地界定出项目产出物的范围。当然，在项目的后续实施过程中人们还需要分析项目风险、假设条件和制约因素的发展变化情况，去对项目产出物范围做必要的增删或更新。特别是在迭代型项目生命周期中，人们要先为整个项目确定一个高层级的愿景，然后在每一个迭代期去明确界定项目产出物的详尽范围。这一工作的结果是在项目产出物范围说明书中详细给出项目产出物的要求和说明，以及批准项目相关方变更请求的规定和做法。

2）项目工作范围的界定

这是根据项目产出物范围界定的结果，按照“充分/必要”的原则分解和界定并给出项目工作范围的一项工作。这项工作也是一个不断细化的过程，人们首先要根据界定给出的项目产出物去分解给出项目工作的范围，其次需要根据“充分/必要”的原则去删除那些不必要的项目工作和增加那些必要的项目工作，最后人们需要通过分析项目工作方法的有效性及改进结果，给出项目工作范围的最终界定。同样，随着人们获得更多的项目范围信息，项目管理就可以借助项目范围变更去更准确地界定项目的工作范围。当人们发现有项目风险和各种制约因素的发展变化时，还必须对项目工作范围界定做必要变更或更新，因为项目风险预防和应对措施以及项目纠偏措施都属于界定出的项目工作范围。

2. 项目范围界定的依据

项目范围界定的首要依据是项目章程，因为项目章程中包含对项目高层级需求的描述、项目产出物的特征及审批给出的要求和结果等。其次是项目各专项的管理计划，这包括项目范围管理计划（它给出了如何界定、确认和控制项目范围的计划安排）和项目集成计划（它给出了项目目标要素、资源要素和风险要素之间的合理配置关系），它们当中的信息都会直接影响到项目范围的界定。项目范围界定的其他依据还有项目的各种文档，这包括项目需求确认文件（它给出了人们确认后的项目需求情况）、项目假设日志（它给出了有关项目各方面的假设前提条件和制约因素）、项目风险登记册（它给出了项目风险的应对措施，而这些措施也是项目工作范围的内容）等。另外，还有项目的事业环境因素和组织过程资产等也都是项目范围界定的主要依据。

3.4.2　项目范围界定的方法和结果

项目范围界定有一系列的具体方法，不同的项目环境与条件可以选用不同的这方面的方法。其中，这方面最根本的方法就是项目 WBS 的方法，这将在 3.5 节中做专门的介绍。

1. 项目范围界定的方法

项目范围界定的方法有多种，人们需要根据具体项目去进行选用，主要方法如下。

1）专家法

对于那些项目产出物具有首创性的项目，由于人们缺乏项目需求信息和项目技术参数等方面信息，最好的方法就是借助专家经验和知识去做好项目范围界定的方法。

2）多方案比较法

这是一种对于项目范围的各个备选方案（实现既定项目目标所具有的多种可行方案）进行比较分析，从而优化和比较选定满意的项目范围备选方案的方法。

3）多标准决策分析法

这是一种借助决策矩阵来建立诸如项目需求、项目进度、项目预算、项目资源和项目风险等多种标准去界定出项目范围的方法。

4）会议法

组织项目相关方通过研讨会和座谈会来协调不同要求与不同专业知识的关键相关方的想法，最终给出项目产出物和项目工作范围达成跨共识的方法。

5）项目产出物分解法

这种方法包括使用项目产出物的分解技术（见后面的讨论），从而给出项目产出物范围界定的方法，具体包括像系统分解和价值工程等具体的分析技术与方法。

6）原型法或平台法

这是使用企业或行业中存在和使用的项目范围界定的原型（模板）或平台，通过增删具体项目的独特产出物和工作，从而界定给出项目范围的技术方法。

7）项目 WBS 方法

这是按照层次结构分解的方法，从最上层的项目目标向下分解得到项目产出物，再向下分解得到项目工作包的技术方法（具体见 3.5 节的讨论）。

2. 项目范围界定的结果

项目范围界定的主要结果是给出一份项目范围说明书，即对于项目产出物和项目工作范围的详细说明与界定。同时，项目范围界定也会给出一系列项目文件的更新。

1）项目范围说明书

这是对项目产出物范围、项目工作范围、项目假设条件和制约因素的详细描述文件，是项目相关方之间就项目范围所达成的共识。有些时候，项目范围说明书还需要明确指出哪些项目工作不属于项目的范围（排除不必要的项目工作），所以人们能用它去指导项目范围的管理工作，并以此作为评价和批准项目范围变更请求的依据。其具体内容包括项目产出物范围的描述、项目其他可交付成果的描述（如项目管理报告和文件等）、项目产出物的验收标准、项目工作范围及排除在外的项目工作内容。

2）项目文件更新

项目范围界定工作的另一个结果是一系列项目文件的更新，具体有项目假设日志（因为项目范围界定中项目假设条件或制约因素发生了变化）、项目需求文件（因为项目范围界定中项目需求发生了变化）、项目相关方登记册（因为在项目范围界定过程中所收集到的项目相关方最新信息要添加到相关方登记册中）。

3.5 项目WBS的创建

创建项目 WBS 的工作是一项使用层次分解方法去确定项目范围的工作，在这个工作中人们把项目产出物和项目工作分解成更易于管理的一种层次型结构框架。这是一种借助逐层分解得到的层次结构框架及其描述，从而分解得到的项目 WBS 和其他项目分解结构技术方法。例如，项目组织分解结构（organizational breakdown structure，OBS）、项目资源分解结构（resource breakdown structure，RBS）、项目合同工作分解结构（contract work breakdown structure，CWBS）等都需根据项目 WBS 并使用层次分解技术去分解和确定。

3.5.1 创建项目 WBS 的内容、原则和依据

创建项目 WBS 是分解得出项目目标、项目产出物、项目工作包的一种层级分解的工作和方法，该工作最终给出一份项目 WBS 文件及其详细说明的项目工作分解结构字典（work breakdown structure dictionary，WBSD）。这是制定项目范围详细说明书的一种方法，最终给出的项目 WBS 和 WBSD 就是项目范围详细说明书的核心内容。

1. 创建项目 WBS 的内容

创建项目 WBS 的工作内容主要涉及如下三个层次的分解工作。

1）项目目标或项目需求的分解

这是对于项目目标和需求所进行的分解或细化。这需要从组织开展项目的战略目标出发，去逐步细化到为实现项目目标的各种项目需求，以及项目产出物所应该具有的功能和价值等。只有完成了这种项目目标层的分解或细化，人们才能根据项目各方面的需求、功能与价值，进一步向下分解和得到项目的产出物及其部件的分解结构。例如，组织的战略目标是研发出一种先进的战斗机，那么就需要将这个目标分解得到战斗机的各

功能和需求，如战斗机的飞行、通信、载荷、导航、战斗等方面的功能，以及战斗机设计、研制、检测、试飞、项目管理等方面的项目需求。

2）项目产出物的分解

这是根据项目目标和需求进一步向下分解给出实现项目目标所需的项目产出物的分解。此时人们需要根据既定的项目目标和项目需求去分解给出项目产出物和可交付成果及其构成部件。只有完成了项目产出物和可交付成果的分解，人们才能够进一步分解得到生成这些项目产出物和可交付成果所需开展的项目工作包。例如，在上述例子中，战斗机的飞行、载荷、通信、导航、战斗等方面的功能可以进一步向下分解得到的项目产出物有发动机、机身、起降系统、通信系统、导航系统、信息系统、战斗系统等，进一步分解得到的项目需求有项目设计图纸、项目研制报告、项目检测报告、项目适航证明和项目管理成果等。所有这些产出物和成果又是分解得到项目工作包的基础和依据。

3）项目工作包的分解

创建项目 WBS 的最下一层（多数是第三层）是项目工作包的分解，这是根据生成项目产出物和可交付成果的需要分解得到的。这包括生成项目产出物和可交付成果的直接工作与活动、间接和辅助性工作与活动，以及管理性的项目工作与活动。然后，人们对这些项目工作包按照相关性和相似性进行必要的聚类和汇总，从而得到为实现项目目标所需的项目专项业务和管理工作。所以这种项目工作包的分解涉及两方面的工作：一是从项目产出物和可交付成果的角度向下分解得到项目工作包；二是将一系列相关项目工作包进行打包而形成项目专项业务和管理工作。例如，在上述例子中，项目管理工作就需要按照相关管理工作聚类和汇总给出的项目专项业务和管理工作进行，如项目范围管理、时间管理、成本管理和质量管理的工作等。

2. 创建项目 WBS 的原则

在创建项目 WBS 的过程中必须按照“充分/必要”的原则去开展，并且必须使用这一原则去开展项目范围及其变更的审核与批准。

1）“充分”的原则

这一原则要求:所有为实现项目目标所需的项目产出物和可交付成果一项也不能少。因此人们在创建项目 WBS 的过程中必须按照这一原则对项目产出物和可交付成果进行“充分性”的分解和审核。这一原则还要求：所有生成项目产出物和可交付成果的项目工作一项也不能少。人们还必须按照这一原则对项目工作包的“充分性”进行充分的分解和审核。否则，项目就会因为项目工作不充分而无法生成项目产出物和可交付成果，进而因项目产出物和可交付成果的不充分而无法实现项目目标。

2）“必要”的原则

这一原则要求：所有不是为实现项目目标所需的项目产出物和可交付成果一项也不能多。因此人们在创建项目 WBS 的过程中必须按照这一原则仔细审核和删除不必要的项目产出物和可交付成果。同时这一原则还要求：所有不是生成项目产出物和可交付成果的项目工作与活动一项也不能多。因此人们也必须按照这一原则仔细审核和删除不必要的项目工作。否则，项目就会因为不必要的项目工作与活动而产生资源的浪费，甚至会影响项目目标的实现（如浪费会造成项目成本目标受损或失败）。

创建的项目 WBS 必须符合上述两方面的原则，这是批准项目产出物范围与项目工作范围说明计划和文件的根本原则。需要特别注意，任何创建给出的项目 WBS 都必须包含全部的项目产出物和项目工作，这包括项目业务工作、管理工作和辅助性工作等。

3. 创建项目 WBS 的依据

创建项目 WBS 的主要依据包括如下六个方面。

1）项目管理计划

这是统领项目各个专项管理计划的项目全面集成管理的计划，项目范围界定和项目 WBS 创建必须依据这一计划，以便能够满足与其他项目要素合理配置的要求。

2）项目专项管理计划

这包括项目范围管理计划和项目进度、成本、质量、资源、采购、风险管理等各个项目要素的管理计划，尤其项目范围管理计划是项目 WBS 创建的根本依据。

3）项目专项业务计划

这是指项目各个管理知识领域或项目专项的业务计划或作业计划，这包括项目进度计划、项目预算、项目质量要求、项目采购计划、项目沟通计划等。

4）项目相关文件

一是项目需求文件，它详细描述了项目相关方对于项目各方面的业务需求。二是项目范围说明书，它描述了项目的产出物和可交付成果的范围。

5）事业环境因素

人们创建 WBS 所依据的事业环境因素之中最主要的是项目所在产业或行业的项目 WBS 标准或规范，这些都是创建项目 WBS 的参考资料。

6）组织过程资产

人们创建 WBS 所依据的组织过程资产之中主要是组织用于创建 WBS 的政策、程序和模板（如层次结构图等），以及组织的历史类似项目的档案和经验教训等。

3.5.2 创建项目 WBS 的方法与结果

创建项目 WBS 的最终结果是给出一种自上而下的层次结构分解和聚类的项目产出物与项目工作的描述，所以这项工作所使用的主要方法是层次分解法和层次结构表的平台法。最终创建得到的项目 WBS 可以采用层次结构图和层次结构表等给出。

1. 创建项目 WBS 的方法

创建项目 WBS 的方法主要有层次分解法、平台法等，具体分述如下。

1）创建项目 WBS 的层次分解法

这是一种结构化的层次分析法，这种方法要求人们首先根据项目目标去分解得到项目产出物和可交付成果，其次进一步根据生成项目产出物和可交付成果的需要去分解给出项目工作包。由于不同行业或专业的项目具有不同的特性和技术要求，所以不同行业或专业的项目创建项目 WBS 的分解层次的多寡会有所不同。人们需要根据项目具体情况和要求去分解与创建项目 WBS，这种创建项目 WBS 所使用的方法、过程和做法如图 3-3 所示。

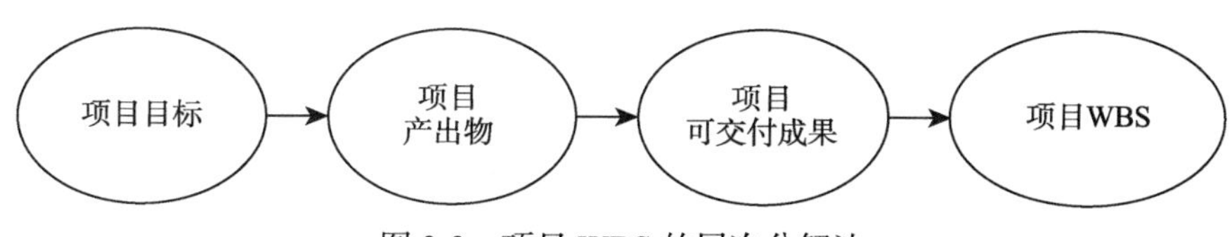

图 3-3　项目 WBS 的层次分解法

由图 3-3 可知，这种项目 WBS 的分解方法包括如下具体分解步骤和做法。

（1）根据项目目标分解得出项目产出物和可交付成果的步骤与做法。该步骤的主要内容是根据既定项目目标及其分解，界定和给出项目产出物和可交付成果，以确保所有项目产出物和可交付成果都是为实现项目目标服务的。人们需要根据项目所属专业领域的独特知识和经验去分解项目产出物和可交付成果，如建设项目可以按照工程、单项工程、单位工程等给出不同细化程度的项目产出物和可交付成果的分解。

（2）根据项目产出物分解给出项目可交付成果的步骤和做法。这一步骤的主要内容是根据项目产出物（如汽车总成）的要求分解给出项目实施过程中所生成的项目可交付成果（如汽车的发动机和车身等部件），即生成项目产出物的各组成部分，以及在生成项目产出物过程中所需的各种管理和辅助工作的可交付成果等。这一步骤也要按照“充分/必要”原则去分解得到项目产出物和可交付成果。

（3）根据项目产出物和可交付成果分解给出项目工作的步骤和做法。这一步骤的主要内容是根据项目产出物和可交付成果分解得到一个项目所需开展的各种工作，在这一步骤中人们也要使用“充分/必要”的原则和做法，即凡是为生成项目产出物和可交付成果所需的项目工作一项也不能少，凡不是为生成项目产出物和可交付成果的工作一项也不能多，只有这样给出的项目 WBS 才是正确的。

需要特别注意的是，有时一个项目并非只有一种创建项目 WBS 的方法和结果，人们可以按照从项目目标到项目阶段再到项目工作包的项目 WBS 分解结果，也可以“自左至右”按照项目阶段去分解得到项目 WBS。虽然不同项目工作分解方法得到的项目 WBS 会有所不同，但是无论哪种方法创建的项目 WBS 都必须满足“充分/必要”的原则。图 3-4 给出了工厂建设项目工作范围分解的示意。

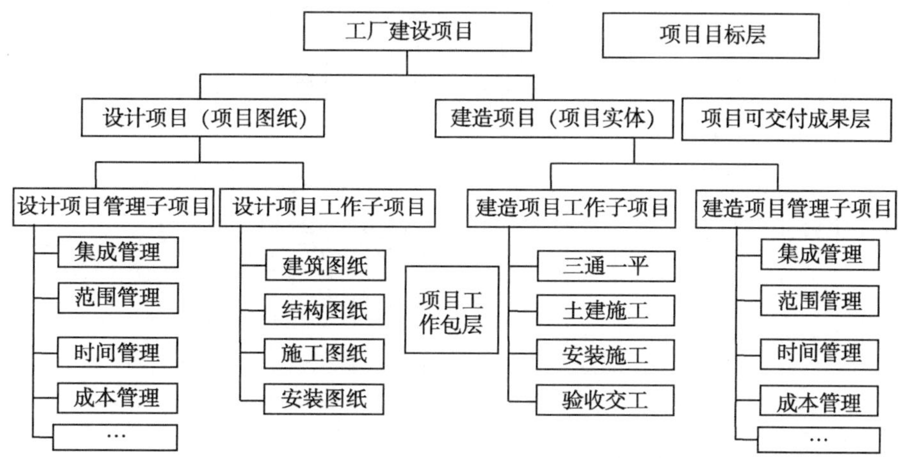

图 3-4　工厂建设项目 WBS 的层次分解法示意图

由图 3-4 可知，人们首先要自上而下分解得到工厂建设项目的产出物（项目建造所获得的项目实体）和可交付成果（项目设计所获得的项目图纸），其次向下分解一层得到设计项目管理、设计项目工作、建造项目工作、建造项目管理四个子项目，最后向下一层分解得到一系列项目实施和项目管理的项目工作包，从而创建得到整个项目的 WBS。

2）创建项目 WBS 的层次分解法拓展

创建项目 WBS 的层次分解法也可以根据具体项目的需要而有不同的拓展，不同项目 WBS 创建的拓展方法具体分述如下。

（1）自左至右创建项目 WBS 的方法。这是一种使用“项目阶段”分解去创建项目 WBS 的技术方法，图 3-5 给出了选拔性考试（中考、高考和研究生考试等）的应试项目 WBS 的示意。由图 3-5 可以看出，这种项目的目标就是要通过选拔性考试而升入满意的学校。整个项目有四个项目阶段，一是制定攻守战略阶段，二是掌握知识体系阶段，三是练习答题技巧阶段，四是建立动力定型阶段。其中的每个项目阶段都有各自的项目产出物或可交付成果（见图 3-5 中的项目产出物层），每个项目产出物或可交付成果都有自己的项目工作包（见图 3-5 中最下层的项目工作包）。本书作者在辅导南开大学 MBA 入学考试时使用这种方法，大样本验证结果证明了这种项目 WBS 具有有效性和科学性。

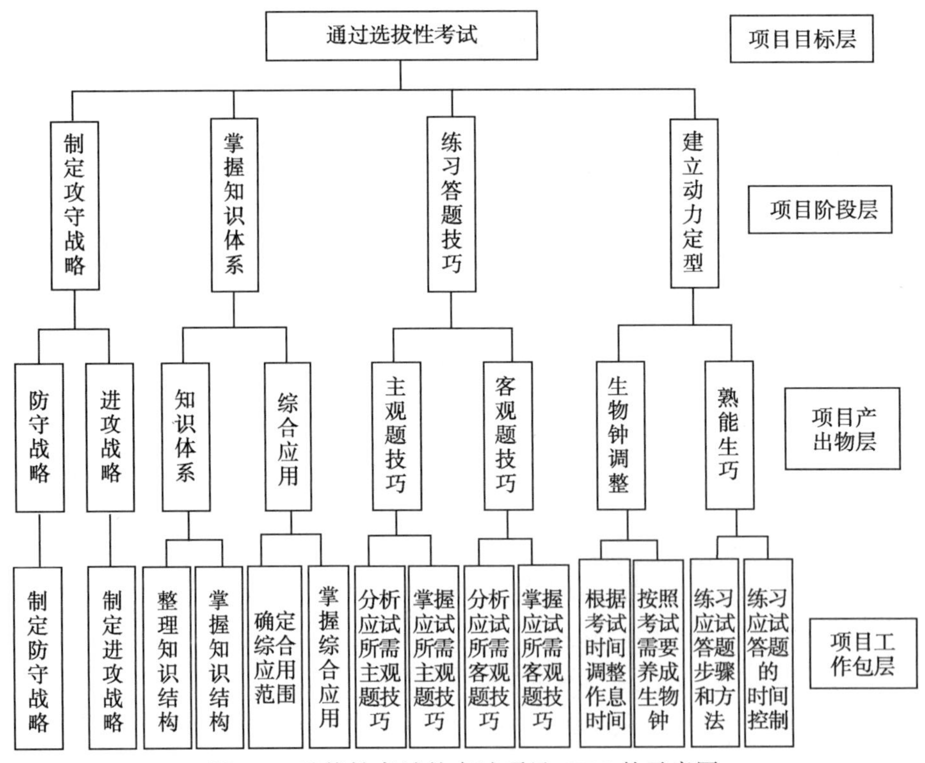

图 3-5 选拔性考试的应试项目 WBS 的示意图

（2）双向分解创建项目 WBS 的方法。这是一种“向上向下”双向构建项目 WBS

的方法，即先确定出项目中间层的项目产出物和可交付成果，然后向下分解得到下一层的项目工作包，进一步再向上汇总得出项目阶段或项目目标的项目 WBS 创建方法。图 3-6 给出的是作者当年参与并完成的南开大学 EMBA（executive master of business administration，高级管理人员工商管理硕士）申办项目 WBS 的示意图。当时，国家规定 EMBA 申办高校必须满足六项条件，所以这六项条件就成了创建该项目 WBS 的根本依据，图 3-6 中间是关于“要求条件”的层次。据此，向下分解可以确定出该项目的工作包，而向上可汇总得到项目产出物和目标。按照该项目 WBS 去开展工作，最终南开大学取得了全国首批每年 300 个名额的 EMBA 培养项目的资格。

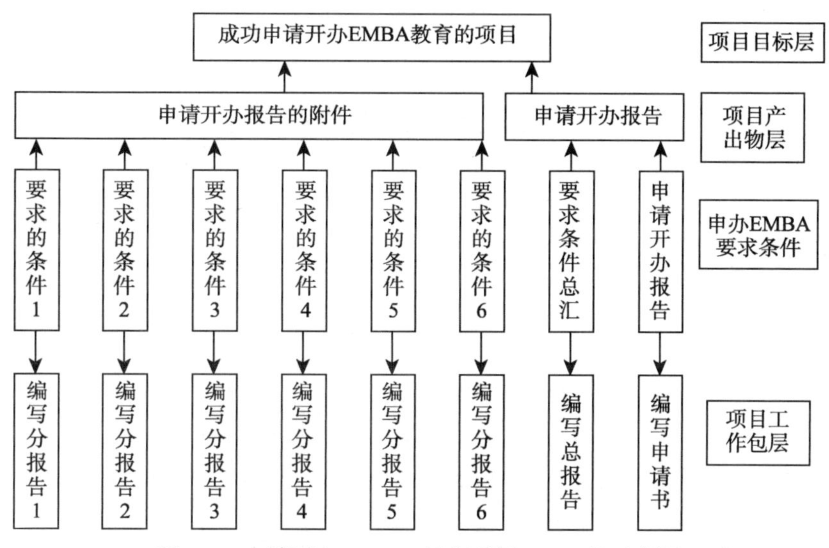

图 3-6　申请开办 EMBA 教育项目 WBS 的示意图

3）创建项目 WBS 的平台法

这种方法是使用一类项目的 WBS 原型或模板作为平台，然后根据具体项目的需要去删减这个平台上的项目组件，并补充这个平台上没有但是具体项目必要的项目组件，从而创建得到具体项目 WBS 的平台法。这种平台法实际上是借助一个包含这类项目最全面部件的项目 WBS 的平台或模板，其中包括如下具体工作步骤和工作内容。

（1）项目 WBS 模板或平台的确定。这是选择和确定所需使用的项目 WBS 模板或平台的工作，人们既可以借用项目所属专业领域或行业的标准或通用的项目 WBS 模板，也可以使用历史类似项目的 WBS 作为模板或平台，甚至可以专门设计和定制一类项目 WBS 模板或平台。通常，这种项目 WBS 模板或平台所包含的项目组件比具体项目所需的项目组件要全，以便人们根据具体项目需要去给出具体项目的 WBS。表 3-2 给出的就是一种创建项目 WBS 模板或平台，可用它去开展同类项目的工作分解。

（2）根据具体项目的要求去做项目组件的增删。在选定使用的项目 WBS 模板或平台后，人们就需要根据具体项目的情况、要求和条件等，通过增删一些项目组件去创建具体项目的 WBS。因为每个具体项目都有自己独特和具体的要求，所以人们需要使用这种模板或平台去增加和删除某些项目组件，从而获得具体项目的 WBS。表 3-2 给出的就是项目 WBS 创建的平台法的示意，在表 3-2 中给出了同类项目所应有的全部项目阶段、项目产出物和项目工作包，人们可以针对具体项目的独特性去删减或增加某些项目组件，从而最终创建得到具体项目的 WBS [注意：在表 3-2 中，凡是那些没有写入费用或价格的栏目就是具体项目需要删减掉的项目组件（表 3-2 中的 1.02.01 和 2.01.05）]。这种方法使用层次结构表的模式去给出三个不同层次的项目 WBS 的组件（即项目阶段、项目产出物、项目工作包），所以这种方法的层次结构描述得也十分清晰，并且可以借鉴组织过程资产中同类历史项目的经验教训，去创建更符合组织的内部条件和外部环境情况的项目 WBS。由表 3-2 还可知，这种平台法还可以使用代码或项目控制账户编码（control account code，CAC）进行层次性的描述。人们可借助这种代码给出项目阶段、项目产出物和项目工作包之间的层次和相关关系。

表 3-2 项目 WBS 创建的平台法

项目阶段	代码	项目产出物	项目工作包	项目工作包的描述	负责者	工作包总价/元	项目阶段总价/元	备注
项目提案阶段 01	1.01	项目提案准备	1.01.01	制定项目备选提案	小组 1	30 万	45 万	
			1.01.02	撰写项目提案报告	小组 2	10 万		
	1.02	项目提案决策	1.02.01	比较优选项目提案				
			1.02.02	做出项目提案决策	PMO	5 万		
项目计划阶段 02	2.01	项目集成计划	2.01.01	确定项目制约因素	小组 3	10 万	50 万	
			2.01.02	确定项目假设前提	小组 3	10 万		
			2.01.03	确定合理配置关系	小组 3	20 万		
			2.01.04	制订集成管理计划	小组 3	10 万		
			2.01.05	审定集成管理计划				
	2.02	项目专项管理计划	2.02.01	项目范围管理计划	小组 4	20 万	140 万	
			2.02.02	项目时间管理计划	小组 5	20 万		
			2.02.03	项目成本管理计划	小组 6	20 万		
			2.02.04	项目质量管理计划	小组 7	20 万		
			2.02.05	项目资源管理计划	小组 8	20 万		
			2.02.06	项目风险管理计划	小组 9	40 万		
⋮	⋮	⋮	⋮	⋮	⋮	⋮	⋮	⋮

注：PMO 的全称为项目管理办公室（project management office）

2. 创建项目 WBS 的结果和衍生成果

创建项目 WBS 的工作最终会给出如下几个方面的结果和衍生成果。

1）项目 WBS 的结构图或表

这是创建项目 WBS 最重要的成果，即给出层次结构图或层次结构表去描述项目 WBS 分解结果。项目 WBS 中的结果包括：项目的目标、项目产出物、项目工作包以及它们三者之间的合理配置关系。在创建的项目 WBS 中，每个项目产出物和项目工作包都有自己独特的标识（控制账户编码），它们按照层次结构形成项目 WBS 的标识系统。

2）项目 WBSD

项目 WBSD 是对于项目 WBS 中各个部分或组件，分条给出详细的文字说明，即把项目 WBS 中各组件逐个单列词条去进行说明的一种文件。另外，项目 WBSD 中还给出了项目各部件、项目集成计划、专项管理计划以及项目范围控制的要求与方法等方面的信息，所以项目 WBSD 就是项目 WBS 的详细说明书。

3）项目管理计划的更新

这是根据上述项目 WBS 和项目 WBSD 的信息，对已有的项目集成计划和项目专项管理计划所进行的必要修订或更新。这是创建项目 WBS 的重要衍生成果，是人们在创建项目 WBS 中获得的更多项目信息所带来的结果。由于项目集成计划必须集成项目范围和其他专项管理计划，所以在有了项目 WBS 及项目 WBSD 的新信息后，就必须对项目集成计划和项目各个专项管理计划进行必要的更新。

4）项目 WBS 的相关分解结构文件的更新

项目 WBS 和 WBSD 是项目其他分解结构文件的基础和依据，所以根据项目 WBS 和 WBSD 的新信息可以去更新的项目其他分解结构文件主要有如下几种。

（1）项目合同工作分解结构。项目合同工作分解结构是界定项目承包商或分包商为项目业主/用户提供项目产出物和项目工作内容的文件，是项目 WBS 的一个组成部分或是项目 WBS 的全部，是订立项目合同所使用的一种项目 WBS。

（2）项目组织分解结构。项目组织分解结构是根据项目 WBS 进一步分解得出的项目人员、项目小组、项目团队、项目实施组织以及项目相关方的组织结构安排。这种项目组织分解结构给出了项目组织中各部分的责任和任务的分配以及组织构成的描述。

（3）项目资源分解结构。项目资源分解结构也是项目 WBS 直接相关的一种分解文件，是根据项目 WBS 和 WBSD 的新信息进一步分解得出项目所需资源的分解结构文件，它说明了项目工作所需的资源情况以及项目资源整体配置情况。

（4）项目风险分解结构。项目风险分解结构也是一种根据项目 WBS 和 WBSD 信息去分解得到的结构化项目分解文件，它是根据项目 WBS 去开展项目风险识别后按既定分类原则给出的项目风险分解结构文件，它说明了项目各种风险及其之间的关系。

3.6　项目范围的确认

项目范围的确认更是项目范围管理中一项事关项目成败的重要工作。

3.6.1　项目范围确认的概念和依据

在人们借助项目范围说明书和项目范围管理计划等文件给出了项目产出物范围和项目工作范围之后，下一步就需要开展项目工作和生成项目产出物，再进一步需要由承担相应责任的项目相关方对生成的项目产出物和完成的项目工作进行相应的确认和验收，这方面的概念和依据分述如下。

1. 项目范围确认的概念

这是正式验收已完成的项目产出物和可交付成果以及项目工作的管理工作，其主要作用是使项目实施工作及其成果的验收工作客观和有效。同时，人们通过确认每个项目产出物和可交付成果以及生成它们的项目工作，来提高项目最终完工与交付的成功率，所以这是一种在整个项目全过程中定期开展的项目范围管理工作。项目范围确认是由负有责任的项目相关方进行，以确认项目产出物已经圆满完成并通过正式验收。这种项目范围的确认工作是对项目产出物和可交付成果的官方确认和正式验收，所以这种项目范围确认的结果实际上是最终项目完工与交付工作的前置部分。

2. 项目范围确认的依据

项目范围确认的主要依据是项目管理计划文件、项目相关文件、核实后的项目实施绩效和项目产出物，这些方面的内容具体分述如下。

1）项目管理计划文件

项目范围确认的首要依据是项目范围管理计划、项目需求管理计划和项目范围说明书。其中，项目范围管理计划定义了如何正式验收已经完成的产出物和成果，项目需求管理计划描述了如何确认项目需求及其实现情况，项目范围说明书给出了项目范围及其变更和所采取的纠正措施或预防措施，这些都是项目范围确认的根本依据。

2）项目相关文件

项目范围确认工作还需要依据项目已有的各种相关文件。首要的是项目质量报告，因为该报告给出了项目团队上报的全部质量保证事项、改进建议，以及在控制质量过程中发现的情况描述，所以它是确认项目范围的重要依据。其次，项目合同、项目需求跟踪矩阵、项目 WBS 和 WBSD、项目技术文件等都是项目范围确认所依据的项目文件。

3） 核实后的项目实施绩效和项目产出物

这是指项目已经完成并在质量控制过程中检查为正确的项目产出物和可交付成果的各种数据，以及项目工作绩效的考核数据。这主要包括项目产出物和项目工作符合项目 WBS 和项目范围说明书的程度、不一致的项目产出物的情况说明与所开展的项目变更等。

3. 项目范围确认与项目质量控制的不同

因为项目范围确认工作关注的是项目产出物和可交付成果的确认和验收（核心在于项目相关方是否满意），而项目质量控制工作关注的是项目产出物和可交付成果的质量指标是否达标及是否满足质量要求（核心在于质量是否符合标准或要求），所以二者是不同的。项目质量控制工作通常先于项目范围确认工作，但有时这二者同时开展。另外，项目范围确认工作并非都是在项目或项目阶段终结的时候才开展的，有些是在项目实施过程中开展的，只要项目工作生成了项目产出物部件和可交付成果，就都可开展这项工作，并由此逐步累积到最终确认整个项目产出物和工作范围。

3.6.2 项目范围确认的方法

项目范围确认有特定的方法，并且确认项目产出物和可交付成果与确认项目的工作范围也各有不同的方法。项目产出物范围的确认方法主要是项目产出物和可交付成果的检验方法，项目工作范围的确认方法主要是项目工作范围的核检清单法。

1. 项目产出物范围的确认方法

项目产出物范围确认的方法有两种，分别用于两种不同的项目具体情况。

1）项目产出物和可交付成果的检验方法

这种方法就是对有形项目产出物和可交付成果予以确认的方法，这是指对有形的项目产出物和可交付成果所开展的检验与测量和审查与确认的工作方法。其中，“检验与测量”是用来检验和判断项目产出物和可交付成果是否符合项目产出物范围说明书、项目需求管理计划和项目产出物的验收标准；“审查与确认”是项目相关方对于检验结果进行审核与最终确认的工作。

2）项目产出物范围确认的决策方法

这种方法多用于项目产出物范围确认中项目相关方对已完成项目产出物范围的确认意见不同的情况，如对于项目产出物实现过程中实际发生的项目范围变更有不同的解读和认可的情况，以及对于项目产出物和可交付成果质量规定与要求的理解出现差异的情况等。此时，人们可以使用的项目产出物范围确认方法是投票表决的方法，即由项目相关方进行项目产出物范围确认投票表决来形成项目范围确认结论的方法。

2. 项目工作范围的确认方法

这方面的最根本方法是核检清单法，这是根据预先制定的项目工作范围的核检清单，人为逐项进行核检去确认项目工作范围的方法。这种方法适用于无形项目产出物（如服务类项目）的范围确认，表 3-3 是这类项目工作范围确认的核检清单示意。由表 3-3 可知，项目工作范围确认的内容涉及四个方面：一是对项目工作是否得以开展的核检，二是对于项目工作方法是否正确的核检，三是对于项目工作质量的核检，四是对于项目工作发生时间的核检。表 3-3 给出的项目工作范围核检清单中，在需要核检的四个栏目中打“√”号的代表实际项目工作符合计划和要求而获得确认，而打“×”号的代表实际项目工作没有达到计划和要求而需要进行返工、改进或变更。

实践证明，上述对于项目产出物范围和项目工作范围确认的方法是行之有效的，虽然项目范围的确认还有一些其他方法，但主要使用的就是上文给出的这些方法。

3.6.3 项目范围确认的结果

项目范围确认的主要结果有四项，具体分述如下。

1. 项目产出物范围的确认结果

这是指获得验收的项目产出物和可交付成果，即在检验和审核中通过的那些符合验收标准的项目产出物和可交付成果，并且是由项目业主、客户或发起人正式签字批准确认已经验收的项目产出物和可交付成果。这一项目范围确认结果必须由项目相关方出具正式确认项目产出物范围的文件。

2. 项目工作范围的确认结果

这是指对于项目工作及其绩效的确认结果，包括对于项目每个工作包或项目工作是否按时、按质、按预算和按既定方法完成的确认。这种项目工作范围确认的结果也需要由项目相关方签署确认的文件，包括表 3-3 给出的载有核检结果的核检清单。另外，还应该有相应的项目工作绩效信息确认，包括哪些项目工作已经被验收、哪些未通过验收及其原因等。这些信息形成项目工作范围确认的结果，并传递给相应的项目相关方。

表 3-3 项目工作范围确认的核检清单示意

项目阶段	代码	项目产出物	项目工作包	项目工作包描述	代码	项目活动描述	工作核检	方法核检	质量核检	时间核检
项目提案阶段 01	1.01	项目提案准备	1.01.01	制定项目备选提案	1.01.01.01	调研工作	√	√	√	√
					1.01.01.02	制订方案	√	×	√	√
			1.01.02	撰写项目提案报告	1.01.02.01	撰写初稿	√	√	×	√
					1.01.02.02	报告审定	√	√	√	√
	1.02	项目提案决策	1.02.01	比较优选项目提案	1.02.01.01	提案比较	√	√	√	×
					1.02.01.02	提案优化	√	√	√	√
			1.02.02	做出项目提案决策	1.02.02.01	制定决策	√	√	√	√
					1.02.02.02	发布决策	√	√	×	√
项目计划阶段 02 ⋮	2.01	项目集成管理计划	2.01.01	确定项目制约因素	2.01.01.01	时间制约	√	×	√	√
					2.01.01.02	成本制约	√	√	√	√
					2.01.01.03	质量制约	√	√	√	√
					2.01.01.04	风险制约	√	√	×	√
					2.01.01.05	资源制约	√	√	√	√
			2.01.02	确定项目假设前提	2.01.02.01	条件前提	√	√	√	×
					2.01.02.02	环境前提	√	√	√	√
			2.01.03	确定各方面合理配置关系	2.01.03.01	目标要素	√	×	√	√
					2.01.03.02	资源要素	√	√	√	√
					2.01.03.03	风险要素	√	√	×	√
			2.01.04	制订集成管理计划	2.01.04.01	制订计划	√	√	√	√
					2.01.04.02	发布计划	×	×	×	×
	⋮	⋮	⋮	⋮	⋮	⋮	⋮	⋮	⋮	⋮

3. 项目范围变更的请求和确认

在项目产出物范围和项目工作范围的确认过程中会有一定比例的特殊情况，即因未满足项目产出物和项目工作的规定或要求而无法获得确认。此时需要通过开展项目范围变更去达到项目的要求和规定，所以项目范围确认的第三个结果就是项目相关方提出的项目范围变更请求及确认。这种变更请求可以由项目某相关方提出（项目业主、客户、项目实施者等），然后须经过项目相关方批准和确认，并按项目变更集成控制去开展。

4. 项目相关文件的更新

在项目范围确认过程中已获得确认和未获得确认的结果都需要做好项目相关文件的更新。一是对于项目需求文件的更新，这包括记录实际的项目范围确认结果和需要更新的项目需求文件内容；二是项目需求跟踪矩阵的更新，这包括矩阵中所包含的验收方法及其使用结果；三是经验教训登记册的更新，这包括项目所遇到的挑战、原本应如何避免挑战，以及正确的做法是什么等。

3.7　项目范围的控制

这是监测项目产出物和项目工作范围的实施状态，努力控制其中的变更，从而使项目产出物和项目工作范围处于受控状态的管理工作。其主要作用是在项目全过程中保持对项目范围业务和管理计划的全面控制和最终实现，以及通过项目范围控制去确保所有获准的项目范围变更请求及纠偏措施都按照项目变更集成控制进行管理。另外，当项目环境与条件的变化导致实际项目范围变更已发生时，人们也要通过项目范围控制来管理这些客观出现的变更。如果项目范围控制不当会造成项目范围的扩大，这被称为项目范围蔓延，这也是项目范围控制中的重要工作内容之一。

3.7.1　项目范围控制的内容和依据

不管是客观所迫（项目环境与条件的发展变化）还是主观请求（项目相关方提出要求）所导致的项目范围变更都会使项目时间、成本、质量、资源和风险等各方面发生相应改变，所以人们在开展项目范围控制时就必须充分考虑项目范围变化对项目各方面合理配置关系的影响，必须按照集成管理的思想去开展好项目范围控制工作。

1. 项目范围控制的内容

这方面的内容主要有两个：一是按照既定项目范围去实施项目而不能产生项目范围蔓延，二是按照价值最大化的原则去开展项目范围的变更从而提升项目的价值。其中，对项目范围变更的控制工作又可分成三项：一是对由客观情况影响造成的项目范围变动所进行的控制，二是对项目相关方主观提出的项目范围变更请求进行的控制，三是对项目范围变更所导致的项目各方面之间合理配置关系的控制（即项目各专项的集成控制）。项目范围控制的主要工作包括：分析和确定影响项目范围变动的因素与情况，管理和控制可能引起项目范围变更的因素与条件（事前控制）；分析和确认项目相关方提出的项目范围变更请求的合理性和可行性，分析和确认项目范围变动是否会产生风险，并对这种风险进行“趋利避害”的控制工作（事中控制）。

2. 项目范围控制的主要依据

项目范围控制的主要依据包括项目范围管理文件与项目相关信息两个方面。

1）项目范围管理文件方面的依据

这主要有项目范围管理计划、项目范围详细说明书、项目 WBS 及 WBSD 和项目集成计划等。它们给出了项目范围控制的基线和要求，当项目实施实际范围超出基线时，就表明发生了项目范围变动而必须开展项目范围控制。

2）项目相关信息方面的依据

这主要有项目所处环境与条件等方面的信息、项目范围变更请求、变更请求的审批信息、项目范围实施绩效信息等。其中，最主要的是项目范围受客观影响和主观请求而变更方面的信息，人们需要根据这些信息去开展项目范围控制。

3.7.2 项目范围控制的方法和成果

人们可以使用的项目范围控制的方法和由此获得的项目范围控制的成果分述如下。

1. 项目范围控制的方法

项目范围控制有很多种方法，但主要的方法有如下几种。

1）项目范围控制系统的方法

这种方法是建设一套系统，该系统包括项目范围变更控制的程序和方法、项目范围控制的责任划分和授权、项目范围变更的文档化管理、项目范围变更请求的审批等。这些都应在项目范围管理计划中明确给出规定，这是整个项目控制系统的一部分。另外，当项目按照承发包合同进行时，项目的范围控制必须按项目合同的规定去进行。

2）项目范围合理配置管理的方法

这种方法是整个项目集成管理系统的一个组成部分，是一种按照项目各专项管理之间的合理配置关系去开展项目范围控制的方法，所以这是一种项目范围集成管理的方法。借助这种项目范围集成管理方法，人们就能构建好项目范围与项目其他专项管理之间的合理配置关系，从而实现项目范围变更和项目其他方面的集成控制。

3）项目范围偏差分析的方法

这是通过分析项目范围是否已经发生变动（范围蔓延）以及变动大小及其所造成的影响大小，以便人们能够决定应该采取哪些纠偏措施和补救措施的方法。在项目范围控制中，最重要的工作就是识别、分析和度量已发生的项目范围变动及其原因，然后找出偏差和问题并采取纠偏措施和补救措施。这种方法是项目范围控制的重要方法。

4）更新项目范围计划的方法

当项目范围已经发生变更时，人们必须对原有项目范围管理计划和业务计划等文件进行必要的更新。同时，由于项目范围发生变化会导致项目各专项计划也需要进行变更，如项目时间、成本和质量等均需要变更，因此这种项目范围及其影响各专项管理和业务计划更新的方法包括：追加计划法（打补丁）、全面更新法和重新计划法等。

2. 项目范围控制的主要成果

项目范围控制的成果具体分述如下。

1）项目范围管理的成果

项目范围管理的成果有三个：一是按既定项目范围计划实施而得到的项目范围实施结果，二是按项目范围变更方案实施所得到的项目变更结果，三是人们采取的各种纠偏措施和补救措施所获得的成果。

2）项目范围控制所生成的文件

在项目范围控制中所生成的各种文件也是项目范围控制的成果之一，这方面的成果主要有：项目范围变更批准书及其辅助文件，更新的项目工作分解结构及其字典，更新的项目范围管理计划，更新的项目集成计划，更新的项目成本、时间和质量专项计划等。

3）项目范围控制中得到的经验与教训

在项目范围变更控制中，人们会得到某些经验与教训。这些经验与教训都应该形成组织过程资产，从而成为项目范围管理的一种成果。这方面的成果主要包括：项目事业环境和组织过程资产的更新文件，以及人们总结给出的各种经验教训报告等。

3.7.3　项目范围变更的集成管理

任何项目范围的变更都会使得项目时间、成本、质量、资源和风险等各项目专项发生相应改变，因此人们在对项目范围的控制中必须集成管理项目各专项管理的相应改变。这就是项目范围变更的集成管理，由此实现项目各专项管理新的合理配置关系。

1. 项目范围变更的集成计划方法

项目范围变更的集成计划方法主要有如下几种。

1）项目范围变更中项目目标四要素的集成计划方法

在项目范围出现变更时，人们必须对项目四个目标要素的计划进行再次集成，因为项目范围变更破坏了原有的项目目标四要素之间的合理配置关系。因此在项目范围变更管理中必须使用项目目标四要素计划再次集成的方法，同时要分别修订项目集成计划和项目目标四要素的专项计划的方法。

2）项目范围变更中资源三要素的集成计划方法

在项目范围变更时，人们还必须根据项目新的产出物和工作范围对项目所需资源三要素的计划进行再次集成。这种集成计划方法包括：在项目范围变更时对由此导致的项目所需各方面资源再次进行集成，同时修订项目三种资源要素的专项计划。这一方法能够做好项目范围变更与项目所需资源的全面集成计划。

3）项目范围变更中的全要素集成计划方法

在项目范围变更时，人们还必须对项目目标四要素、资源三要素和风险要素进行再次的全要素集成计划，这是项目范围变更集成计划的第三个方法，包括：项目范围变更时对于项目目标四要素、资源三要素和风险要素的全要素集成计划的方法，以及全面修订项目集成计划、项目专项计划和项目风险管理计划的方法。

2. 项目范围变更的集成控制方法

项目范围变更的集成控制方法也有很多种，主要有如下几种。

1）项目范围变更中目标四要素的集成控制方法

在项目范围出现变更时，人们必须对项目目标四要素的计划进行再次的集成，而且还必须同步开展对于项目目标四要素相关变动的集成控制。这方面的方法是项目目标四要素的集成控制方法，即在项目范围变更时对于项目范围、时间、成本和质量四目标要素的全面集成和整体控制的方法，以便借此维持项目目标四要素间的合理配置关系。

2）项目范围变更中资源三要素的集成控制方法

在项目范围出现变更时，人们还必须同步开展对项目所需各种资源的全面集成控制，其主要做法包括：项目范围变更中对于项目所需三种资源进行集成控制的方法，以及按照项目范围变更的需要去开展项目三种资源要素的整体性控制的方法。由此人们才能够对变更后的项目所需资源进行全面而集成的控制。

3）项目范围变更中全要素的集成控制方法

在项目范围出现变更时，人们还必须对项目目标四要素、项目资源三要素和项目风险要素同步进行项目全要素的集成控制，其主要做法包括：在项目范围变更时对项目目标四要素、项目资源三要素和项目风险要素进行同步的全要素集成控制，以及对项目目标要素、资源要素和风险要素的整体变更进行控制。

3.7.4 项目范围管理中的裁剪

项目范围的计划、管理、确认和交付都是由项目相关方共同驱动的，不同的项目相关方有不同的要求和期望，所有项目相关方要对项目范围及其管理达成一致就需要有某种程度的妥协或裁剪。同时，为适应具体项目的独特性、特殊目标、环境的复杂性，人们也必须对有关项目范围管理方法和过程做出必要的裁剪。项目的商业环境、团队规模、不确定性程度和复杂性等都是人们如何裁剪项目范围管理方法和过程的考虑因素。使用“恰好”的项目范围管理过程、方法、模板和工具，项目才能够更好地实现预期的价值和成果，所以裁剪是实现项目价值最大化、项目范围管理最佳化以及提高项目范围实施与交付绩效的重要方面。

1. 项目范围的裁剪

项目范围的裁剪实际上就是项目范围的变更，即经过深思熟虑以后多以项目范围做出的必要裁剪或调整。项目范围的裁剪通常会有如下两种情况。

1）预测型项目生命周期的项目范围裁剪

在预测型项目生命周期中，项目团队会积极管理项目产出物和项目工作范围的变更。项目经理应与项目范围变更控制者和项目范围变更的请求者积极合作，通过项目范围变更控制去指导项目范围变更请求及其批准工作。对于已批准的项目范围变更及其关联影响的项目变化都会被集成到相应的项目管理和业务计划文件与相应的项目文档之中。

2）适应型项目生命周期的项目范围裁剪

在适应型项目生命周期中，项目团队可以提前预期到项目产出物和项目工作范围会有所演变和裁剪，并且可以提前将这种项目范围管理中的裁剪工作列入项目待办事项列表中。对于由此造成的项目范围变化及其对各方面的影响，项目经理会与项目相关方进行合作，管理好项目范围的裁剪工作，以便达到项目产出物和工作“恰如其分”的结果。

2. 项目范围管理的裁剪

项目范围管理的裁剪是对于项目范围管理过程和方法所进行的必要裁剪或调整。项目范围管理的过程和方法的裁剪通常会有如下两种情况。

1）项目范围管理过程的裁剪

对于预测型项目生命周期，最重要的就是对项目范围管理过程中不必要或不科学的步骤或内容的裁剪，如对于多数“短期项目”，在项目范围管理的过程中就可以裁减掉项目范围确认的内容或工作，并直接将所有的项目范围确认工作归并到项目完工与交付阶段去完成。对于适应型项目生命周期，裁剪的核心是在项目范围管理过程中会发现有很多步骤和内容都因不“符合”具体情况而必须进行裁剪或调整，如迭代型项目生命周期的项目范围管理过程中的某些步骤和内容就会在迭代中被裁剪或调整。

2）项目范围管理方法的裁剪

项目通常都具有独特性，这就要求项目团队必须根据项目的独特性，使用裁剪或调整的方法去找到最适合具体项目的管理方法。项目团队不能拘泥于组织现有的项目范围管理的方法，而必须根据每个具体项目的具体情况去对组织现有的项目范围管理的方法进行裁剪。对项目范围管理方法进行裁剪还可以帮助项目团队改善项目成本和进度，并提高项目产出物和可交付成果的价值，进而可获得比原始计划更好的项目结果。不管是预测型还是适应型项目生命周期都是一个持续的过程，在这个持续的过程中项目团队会收集到更多的项目范围信息，从而对项目范围管理方法进行裁剪和调整。

本章思考题

1. 项目范围管理有哪些主要的工作?
2. 项目范围管理有哪些主要的作用?
3. 项目范围与项目成本、项目时间和项目质量有什么关系?
4. 项目范围确认的主要作用是什么?
5. 为什么项目范围管理方法和过程需要进行裁剪?
6. 你认为项目范围管理的各项内容中哪个最重要?

第4章　项目时间管理

【本章导读】中国人说“寸金难买寸光阴”，这说明时间是人类最缺乏的资源。因此项目时间管理是项目管理中的重要组成部分，如何按时完成项目的既定任务是项目时间管理的核心所在。本章将主要讨论有关项目时间管理的概念、原理、内容和方法，以及项目时间管理计划编制、项目活动的分解和界定、项目活动的排序、项目活动所需资源的估算、项目活动工期的估算、项目进度计划制订和项目进度计划控制。

4.1　项目时间管理的概述

项目时间管理也被称为项目工期管理和项目进度管理，其中，项目工期管理是以项目工作的时期性指标开展的项目时间管理工作，而项目进度管理是以项目工作的时点性指标做的项目时间管理工作。从时间管理角度上说，企业管理、行政管理、项目管理等各方面管理的财务、统计、绩效考核等都是按照时点和时期两类指标管理的。

4.1.1　项目时间管理的定义、内涵和最新发展

许多学者对于项目时间管理的定义和内涵各不相同，有人强调项目时期管理而将其称为项目工期管理，有人则强调项目时点管理而将其称为项目进度管理，如在PMI的《PMBOK® 指南》第一版中将其称为“项目进度管理”，后来的版本将此称为“项目时间管理”，到2017年的第六版又将此称为“项目进度管理”。但是PMI对于项目进度管理的最新定义是“项目进度管理包括为保证项目按时完成所需的各个管理过程”[①]。这显然包括按照时点和时期两方面所进行的管理，所以正确的项目时间管理是对项目时期和时点两方面的管理，为此本书对项目时间管理的定义如下。

1. 项目时间管理的定义

项目时间管理是指由一系列项目时期性与时点性管理的具体工作共同构成的一个项目专项管理工作或领域。项目时间管理是在确保项目在既定项目质量和预算的前提下，为能够按时完成项目工作而开展的一系列项目管理活动和过程。项目时间管理是在项目管理中所开展的以项目时间为对象的一种专项管理。

---

① Project Management Institute. A Guide to the Project Management Body of Knowledge (PMBOK® Guide) . 6th ed. Newtown Square: Project Management Institute , 2017.

2. 项目时间管理的内涵

项目时间管理包括对项目的时点性指标和时期性指标或任务两方面的管理，因为只有兼顾这两个方面的管理才能够共同构成项目时间管理的全部内涵。项目时间管理的内容主要包括：项目时间管理计划制订、项目活动的分解界定、项目活动的排序、项目活动所需资源的估算、项目活动工期的估算、项目进度计划制订和项目进度计划控制。项目时间管理还必须与项目其他专项管理进行合理配置和全面集成管理。

3. 项目时间管理的最新发展

项目现有的外部环境瞬息万变且竞争激烈，导致了项目具有很高的不确定性和风险性，所以难以制定出完全正确的项目时间管理和进度计划安排，这给项目时间管理带来了很多新的问题和困难。为应对这种变化的环境，人们需要根据项目的具体情况使用迭代型项目进度计划、滚动型计划或按需进度计划等新方法，同时应该在项目全过程中灵活变更项目进度计划去实现有效的项目进度控制。

4.1.2　项目时间管理的内容和工作

对于项目时间管理所应该包含的内容也是各有说法，根据国际上最新的项目管理理论和知识的研究成果，本书对项目时间管理的内容和工作定义如下。

1. 项目时间管理的内容

项目时间管理的内容主要包括项目时间管理计划编制、项目活动的分解和界定、项目活动的排序、项目活动所需资源的估算、项目活动工期的估算、项目进度计划制订和项目进度计划控制七个方面。项目时间管理的全部内容如图 4-1 所示。

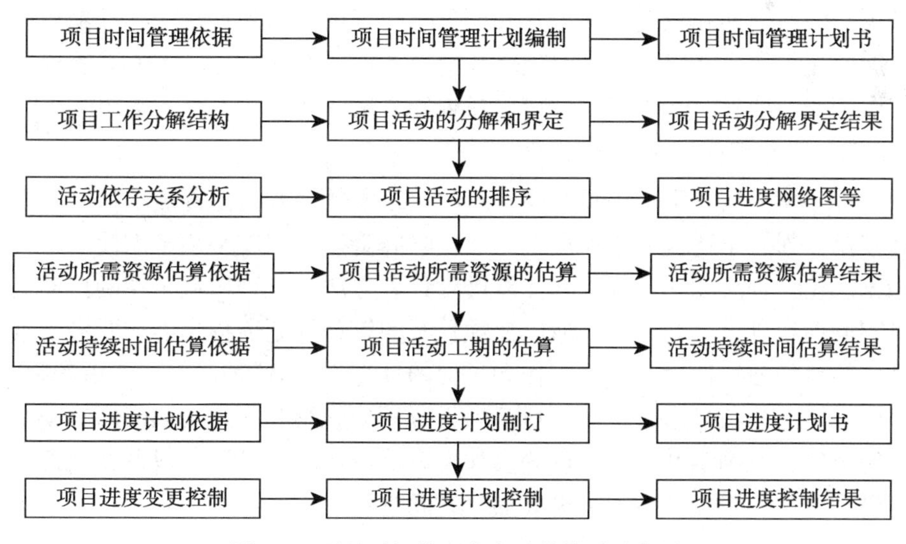

图 4-1　项目时间管理内容及其关系示意图

2. 项目时间管理的工作

图 4-1 给出了项目时间管理的工作及其相互关系的示意，由图 4-1 可知，项目时间

管理各项工作之间是相互影响和相互关联的一个整体。从理论上说，这些项目时间管理工作是按照图 4-1 中给出的顺序分步开展的，但实际上它们有时是相互交叉和垂叠开展的，甚至有时候是并行进行的。需要注意的是，项目时间管理必须同项目范围、质量、成本、资源和风险等开展全面集成管理，以便它们之间能够按照合理配置关系进行科学管理，从而最终实现项目时间管理科学和高效的目标。

4.2 项目时间管理计划编制

这是制定和生成开展项目时间管理工作的指南、计划和方案的管理工作。

4.2.1 项目时间管理计划的作用

项目时间管理计划的根本作用是为项目时间管理提供大政方针和具体计划安排，即为如何在项目过程中管理好项目时间提供政策、指南、方法、程序和计划文件等。项目时间管理计划的主要作用有如下两个方面。

1. 确定项目时间管理的大政方针

这一计划的首要作用是确定和安排项目时间管理的政策和要求，这包括究竟按照哪种项目生命周期去安排项目时间管理，以及究竟规定或要求使用何种方法和程序去开展具体项目的时间管理。例如，对于小型项目而言，项目时间管理的多项工作可以归并为一项并由一个人在较短时间内去完成，但是对于大型项目而言，就需要首先确定项目生命周期和项目时间管理的政策和方法。其中，对确定性高的大型项目可以使用预测型项目生命周期和关键路径法去开展项目时间管理，但是对不确定性高的大型项目就需要使用适应型项目生命周期和敏捷方法去开展项目时间管理。因为现在的大型项目所处环境与条件发展变化很快，所以，为应对项目环境与条件的发展变化，人们必须根据项目具体情况选用和裁剪项目时间管理的政策、过程和方法。

2. 确定项目时间管理的计划安排

这种计划还需要按既定的项目时间管理的大政方针，制定出开展项目时间管理的具体计划和安排，如对于适应型生命周期的项目时间管理计划就必须考虑使用迭代型项目进度计划方法（一种滚动式计划）和按需进度计划方法（一种精益生产的拉动式进度计划）等不同的项目进度计划方法，所以在项目时间管理计划安排方面需要借助裁剪去考虑每个具体项目的独特性时间管理工作和过程的计划安排。这种裁剪应考虑的因素包括：哪种项目生命周期方法最适合具体项目，项目资源的获得和配置会如何影响项目时间管理，项目复杂性、不确定性、创新性等会如何影响项目时间管理，以及如何选用高效的项目时间管理方法、工具和技术去做好项目时间管理工作。

4.2.2 项目时间管理计划编制的依据

要想编制出适合具体项目的时间管理计划，就必须依据正确和足够的相关信息，这方面的依据和信息主要有如下几个方面。

1. 项目章程

项目章程中规定了项目管理的大政方针，它记录了关于项目目的、项目高层级需求、高层级项目描述、项目边界定义、主要可交付成果、整体项目风险、项目相关方职责、总体项目里程碑进度计划等方面的信息，所以这是制订项目时间管理计划的依据。

2. 项目的商业文件

首先是项目商业论证文件，它给出了启动项目的理由和衡量项目成功的目标与指标。其次是项目需求评估报告，它给出了项目的业务目的和目标以及项目要解决问题或抓住机会的方案。最后是项目合同或协议文件，它给出了合同双方的责任和权利的规定。

3. 项目的管理计划

这涉及项目集成管理计划，项目范围、成本、质量、三种资源和风险的管理计划，以及项目效益管理计划等。这些项目管理计划是描述如何开展、监督和控制项目各方面管理的工作安排，它是人们创造项目价值的行动、行为、产品、服务或成果的计划安排。

4. 项目开发方法和生命周期

项目究竟选用预测型还是适应型的开发方法和生命周期，在很大程度上决定了项目时间管理的计划安排、项目进度的计划方法和编制工具的选用、项目活动所需工期的估算方法，以及用于项目进度控制的过程和技术。

5. 项目的事业环境因素

制订项目时间管理计划过程中所需考虑的事业环境因素主要包括：项目实施组织文化和结构因素，项目团队的能力情况，项目所需资源的供应条件，项目时间管理的软件和硬件情况，裁剪项目实施组织已有标准、程序和方法，以及商业数据库和数据等。

6. 项目的组织过程资产

能够影响项目时间管理计划制订的组织过程资产主要包括：历史类似项目的信息和经验教训知识，组织制订项目时间管理计划和开展项目时间管理的相关政策、程序和指南，以及组织制订项目时间管理计划所涉及的各种模板、表格、报告和工具等。

4.2.3　项目时间管理计划编制的方法

项目时间管理计划的制订方法的选取在很大程度上取决于项目的事业环境因素和组织过程资产，同时项目所属行业和专业要求对这方面方法的选择也有很大影响。最为重要的是项目开发方法和生命周期的影响，因为预测型和适应型项目生命周期的时间管理内容和程序等都有所不同，所以它们所选用的时间管理计划方法就不同。

1. 备选方案分析法

在项目时间管理计划编制方法中备选方案分析法是首选方法，备选方案分析法的步骤包括：首先，确定可供采用的项目时间管理计划方案；其次，优化和必选这些项目管理计划备选方案并确定出项目所选用的项目时间管理计划正式方案。这种正式方案的内容包括：项目时间管理的内容、程序、方法、步骤、时间，以及审查和更新项目季度计划的周期和频率等。

2. 相关方会议法

由于项目时间管理计划涉及项目诸多相关方的利益和要求，所以项目时间管理计划的制订也多采用举行会议商定计划的方法。特别是对于采用适应型开发方法和生命周期的项目，更需要召集项目相关方参会讨论项目时间管理中所涉及的项目进度的编制、管理和控制问题、项目时间管理的方法问题、项目进度计划的发布和迭代周期、项目进度计划的变更和维护等一系列问题，最终形成适合于具体项目的时间管理计划和安排。

3. 专家经验法

这是通过运用相关专业经验和技能，或运用在历史类似项目中开展项目时间管理的个人或小组的意见和建议，进而制订出具体项目时间管理计划的方法。这种方法的关键在于相关专家的选择及专家经验的正确使用。其中，相关专家的选择最忌讳的是选用了有知识但是没有经验的“专家”，而专家经验的正确使用最好通过“头脑风暴”或“德尔菲法”等汇集专家经验的方法，而非听信某个专家的个人偏见。

4.2.4 项目时间管理计划编制的结果

这一工作的结果就是给出一份项目时间管理计划书，这种计划书根据项目需要可以是正式或非正式的，也可以是非常详细或高度概括的，其主要内容包括下述几个方面。

1. 项目时间管理的政策和规定

项目时间管理计划书的首要内容是对于项目时间管理的政策、准则、规定和具体活动与要求的确定，以及开展项目时间管理所需使用的各种控制临界值的确定等。

2. 项目进度计划的模型和方法

项目时间管理的核心在于整个项目能够按照项目进度计划及时地进行和完成，所以项目时间管理计划中必须给出制订项目进度计划的模型、方法和工具。最重要的是根据不同的项目开发方法和生命周期去选用不同的项目进度计划的模型、方法和工具。

3. 项目进度计划的发布和迭代

使用适应型项目开发方法和生命周期时，在项目时间管理计划中应给出项目进度计划发布的具体时间、阶段和迭代次数等。据此项目团队可以及时地开展项目进度计划的安排和实施，合理并及时做好项目进度计划的变更和维护工作。

4. 项目进度计划的控制临界值

在项目时间管理计划中还应给出项目进度计划控制所需的规定偏差临界值，以用于监督项目进度计划实施的绩效，以及及时采取各种纠偏和补救措施。所以这种临界值就是在需要采取纠偏措施前所允许出现的偏离基准的最大差异值。

5. 项目时间管理绩效测量规则和报告

在项目时间管理计划中应给出项目绩效测量的挣值管理规则或其他的项目绩效测量规则，如项目进度偏差（schedule variance，SV）和进度绩效指数（schedule performance index，SPI）的要求等。另外，在项目时间管理计划中还需要规定出各种项目进度报告的格式和报告频率等。

综上所述，项目时间管理的首要任务是项目时间管理计划的制订，这是开展项目时间管理，尤其是项目进度管理的总体规定、计划和安排。

4.3　项目活动的分解和界定

这一工作的主要作用是将项目工作包进一步分解为一系列的项目具体活动，以其作为开展项目进度估算、规划、执行、监督和控制的基础。所以这项工作包括对项目活动的识别、分解、界定的确认等内容，以便确定出为实现项目目标和生成项目可交付成果所需开展的全部项目活动。

4.3.1　项目活动分解和界定的概念

对于项目活动分解和界定的概念具体讨论如下。

1. 项目活动分解的概念

项目活动分解是指依据项目目标而对项目所需开展的具体活动进行的分析和拆解，由此给出项目所需开展的各项具体项目活动。此处的项目活动是指生成一个完整而具体的项目可交付成果的全部步骤或工序所构成的过程。项目活动所生成的可交付成果，既可以是有形的产品，也可以是无形的服务或某项管理工作结果。在项目活动分解中最重要的概念是项目工作包、项目活动和项目活动步骤（或叫工序），它们三者之间的关系由图 4-2 给出了示意。由图 4-2 可知：一个项目工作包可以分解出一系列的项目活动，每个项目活动会生成一个具体的项目可交付成果；进一步，每个项目活动可分解出一系列的项目活动步骤，每个步骤生成项目可交付成果的某个方面或部件。反过来说，一系列相关的项目活动可以打包成一个项目工作包，一系列相关的项目工作包构成了一个项目阶段，而一系列的项目阶段构成了项目的全过程。

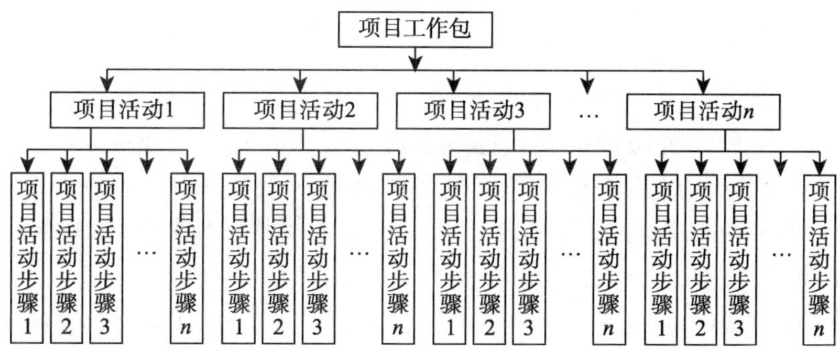

图 4-2　项目工作包、项目活动和项目活动步骤关系示意图

2. 项目活动界定的概念

通常，项目活动界定是以项目 WBS 为基础再进一步向下做更低一层的分解，由此分解给出的项目活动还必须按照“充分/必要”的原则做好全面的界定工作。这是一种项目活动的确认工作，这种“确认”是由非项目活动分解者做出的，如在项目承发包情况的时候，这种项目活动的界定需要由项目业主或发起人去完成。因此，在建设项目的招

投标过程中，首先由项目业主给出项目的工程量清单；其次，项目承包商根据工程量清单进行投标报价，在这种投标报价中承包商可以提出对工程量清单的补充或改进意见；最后，经业主确认后的中标书的工程量清单就是在建设项目界定的项目活动清单，并且是具有法律效力的界定后的项目活动清单。

4.3.2　项目活动分解和界定的依据

项目活动分解和界定的依据如下。

1. 项目 WBS 和项目 WBSD

项目活动分解和界定的最主要依据是在项目范围管理中分解与确认的项目 WBS 和 WBSD，因为所有的项目活动都是通过对项目工作包的进一步分解而得到的结果，实际上项目活动分解和界定就是根据项目产出物和成果对项目 WBS 中所包含的项目工作包所做的进一步详细分解和界定,这种详细分解和界定的最终结果是给出项目的活动清单。

2. 详细的项目范围说明书

项目活动分解和界定的另一个主要依据是详细的项目范围说明书（或叫项目范围计划书），因为它给出了项目目标、项目可交付成果和项目工作包的详细说明。如果人们没有这些信息作依据，就会在项目活动分解中漏掉机会或者额外增加某些与实现项目目标无关的项目活动，从而给项目时间管理造成损失或麻烦。

3. 项目的约束条件和因素

这是指人们已经确认的项目所要面临的各种约束条件和因素，包括项目组织内部和外部两方面的约束条件和因素。这些约束条件和因素必须作为项目活动分解和界定的依据，因为这些约束条件和因素是真实的项目时间管理的前提条件。项目约束条件和因素是一种具有确定性的项目约束情况，而不是具有不确定性的项目约束条件（即假设前提条件）。

4. 项目的假设前提条件

这是指在开展项目活动分解和界定时，人们对于存在不确定性的情况所做出的人为的假设情况。这种人为假设的项目前提条件也是项目活动分解和界定的依据，人们需要根据分析、判断和经验去给出项目的各方面假设前提条件。在项目时间管理中一旦人们发现项目实际情况与假设前提条件不同就必须开展风险应对工作。

5. 项目事业环境因素和组织过程资产

项目的事业环境因素和组织过程资产也是项目活动分解和界定的依据,特别是项目所处内部和外部环境因素以及项目实施组织的结构、文化与知识等都属于此列。这包括项目组织在项目时间管理方面的政策、程序、指南和信息，各种历史类似项目的信息和经验教训，历史类似项目的标准活动清单或项目活动清单的模板等。

4.3.3　项目活动分解和界定的方法

项目活动分解和界定的方法有很多种，不同的项目所需的方法是不同的。对于不确定性较高的项目，人们可以采用头脑风暴法或专家法等去分解界定项目活动。对于确定性较高的项目，可使用层次化和结构化分解与界定的方法。

1. 结构化项目活动分解与界定的方法

这是借助项目 WBS 对每个项目工作包进一步向下分解和界定并给出其中的项目具体活动的方法。这种方法有利于人们全面完整地分解和界定出项目所有的具体活动，从而使整个项目活动分解具有一致性。有关项目阶段、项目工作包与项目活动的逐层分解示意如图 4-3 所示。

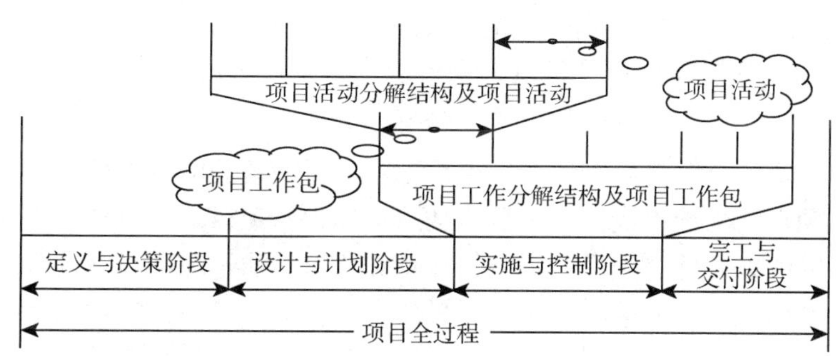

图 4-3　项目阶段、项目工作包与项目活动分解示意图

由图 4-3 可知，项目的逐层分解和界定的过程中包括项目阶段的分解和界定、项目工作包的分解和界定与项目活动的分解和界定三个层次。人们需要先将项目分解和界定成一系列的项目阶段，然后将项目阶段分解和界定成一系列的项目工作包，最后将项目工作包进一步分解和界定成一系列的具体项目活动。图 4-4 给出了一个使用项目工作分

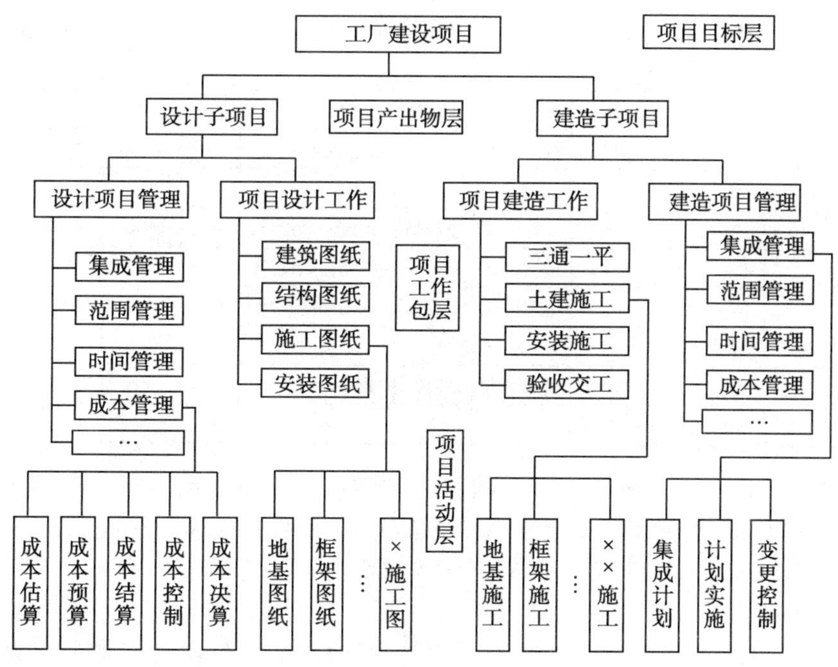

图 4-4　项目活动分解法的层次结构示意图

解结构进行项目活动分解和界定的示例，其中的项目工作分解结构内容就是图 3-4 中项目工作分解结构给出的项目范围。由图 4-4 可知，整个工厂建设项目的层次分解结构包括四个层次，首先分解得到的是项目目标层，然后根据项目目标去分解和界定出项目产出物层，进一步分解得到项目工作包层，最下一层是分解得到的项目活动层。其中，项目目标层是根据项目需求和商业文件分解得到的，项目产出物层是根据项目目标分解和界定得到的，而项目工作包层是根据项目产出物分解和界定得到的，最终的项目活动层是根据项目工作包中所包含的项目可交付成果分解和界定得到的。由此可知，项目活动的分解和界定是经过一系列层次结构的分解和界定而给出的结果。

2. 平台化项目活动分解与界定的方法

平台化项目活动分解与界定的方法也被称为项目活动分解的原型法或模板法，它是使用历史类似项目活动清单或标准项目活动清单作为新项目活动分解与界定的平台，然后根据新项目的约束条件、假设前提条件和特殊要求，通过在项目活动分解与界定平台上增减项目活动的方法去分解和界定出项目的全部活动。这种方法简便易行且具有较高的结构化水平，但这种方法会因使用的项目活动分解平台本身存在的缺陷而造成项目活动分解和界定结果出错。因此，在使用这种方法时一定要特别注意项目活动分解与界定平台或原型的选用，表 4-1 给出了这种方法的一个示例。

表 4-1　某特定建设项目活动分解与界定平台

项目阶段	工作包代码	工作包名称	活动代码	活动名称	责任人	活动描述	单位	单价/万元	数量	成本/万元	总成本/万元
定义与决策	101	定义工作									11 000
1			101.1	提出提案	工程师	编写项目的提案	小时	300	10	3 000	
			101.2	可行分析	经济师	可行性分析研究	小时	400	20	8 000	
	102	决策工作									10 000
			102.1	评估报告	咨询师	评价分析报告	小时	600	0	0	
			102.2	做出决策	经理	制定项目的决策	小时	1 000	10	10 000	
设计与计划	201	设计工作									86 000
2			201.1	建筑设计	建筑师	建筑图纸设计	小时	600	40	24 000	
			201.2	结构设计	结构师	结构图纸设计	小时	500	60	30 000	
			201.3	施工设计	工程师	施工图纸设计	小时	400	80	32 000	
	202	计划工作									
			202.1	集成计划	经理	集成计划编制	小时	600	40	24 000	
⋮	⋮	⋮	⋮	⋮	⋮	⋮	⋮	⋮	⋮	⋮	⋮

由表 4-1 可以看出，表中所有的项目活动构成了项目活动分解与界定平台，然后人们在这个项目活动分解与界定平台中根据具体项目的要求和情况去删减和增加某些项目活动而得到一个具体项目活动分解与界定的结果。例如，表 4-1 中所有没有标注“成本”的项目活动就是被删减的平台或原型中的活动（如标号 102.1 的活动成本为 0 就表示新项目中没有该项活动），所有标有成本的项目活动就是分解界定出的具体项目活动。

3. 其他的项目活动分解与界定的方法

除了上述两种方法以外，项目活动分解与界定还有一些其他的方法。其中，人们使用最多的就是专家法，即通过具有丰富经验的专家进行项目活动分解和界定的方法。其次是会议法，即项目团队和项目相关方通过开会“集思广益”去分解和界定项目活动。这些方法多在独特性高或缺乏历史类似项目经验和原型的情况下使用。另外，因为人们在不同项目时期所拥有的项目信息完备程度不同，所以在不同的项目阶段人们所使用的项目活动分解方法也不同。在项目前期，因项目信息不完备，所以项目活动分解以专家法为主。在项目计划阶段，人们有了更多信息，所以会使用结构化的项目活动分解方法。最重要的是人们使用不同的项目开发方法和生命周期会有不同的项目活动分解与界定的方法，对适应型项目生命周期的情况更多需要使用迭代式的项目活动分解与界定的技术和方法。这种方法会详细分解和界定项目近期活动，而远期活动只做粗略的分解和界定。

4.3.4　项目活动分解和界定的结果

项目活动分解和界定的结果是给出一系列文件和信息，这方面的主要文件和信息如下。

1. 项目活动清单

这是一份开列出项目全部活动的列表文件，它不但需要开列出项目必须包含的全部活动，有时还需要开列出不属于项目的活动并说明排除它们的具体理由。另外，项目活动清单中还应包括对于具体项目活动范围的描述，以便人们能清楚项目活动的“模样和大小”。项目活动清单要给出项目活动属性或特性的说明和描述，如项目活动的名称、项目活动的责任人、具体项目活动的先行和后续关系、项目活动的控制代码、项目活动的资源需求、项目活动的日历时间等。

2. 项目活动清单的支持细节

这是用于说明项目活动清单中具体活动细节的文件，它既包括对于项目假设前提条件和项目约束条件的说明，也包括对于项目活动清单的各种细节的解释与说明等。人们在项目时间管理过程中需要使用这些细节去作为项目决策的支持信息。这种细节中还包括开展项目活动的细节描述，如项目活动间的逻辑关系、项目活动提前与滞后量、项目活动的强制性日期、项目活动的约束条件和假设前提条件等。

3. 项目管理计划和文件的更新

每完成一次项目活动的分解和界定，都需要对项目管理计划和文件做更新。因为在人们逐渐细化项目活动的分解和界定后，会发现原有的项目管理计划和项目管理文件需要做出必要的变更或修订。同时，随着项目活动分解与界定的逐步细化，也会有项目相关方提出对于项目计划、基准和文件的变更请求，所以人们就必须对项目管理计划和项目文件进行必要的更新，这种更新也是项目活动分解与界定的结果之一。

4. 其他项目活动分解和界定的结果

除上述这些结果外，还有一些其他的项目活动分解和界定的结果。其中，更新的项目里程碑清单就是其他结果之一。这种项目里程碑清单给出了项目里程碑及其属性（如是合同要求的强制性，还是有选择性）。另一个是更新后的项目 WBS 和 WBSD

及其相关文件，这是人们根据在新项目活动分解与界定过程中发现的错误和遗漏而对此前的项目 WBS 和 WBSD 及其相关文件进行的修订，否则会造成这方面文件的脱节或矛盾。

4.4 项目活动的排序

项目活动排序是指人们根据项目各项活动之间的相互关联与相互依赖的关系，合理安排与确定项目各项活动的先后顺序的项目时间管理工作。其主要作用是使项目活动能够按照正确的逻辑顺序去开展，以便在既定的项目环境与条件下获得最高的工作效率。同时，为了制订项目进度计划也必须科学合理地安排好项目活动的顺序，并据此确定项目活动网络图。因此，在分解和界定出项目活动后就必须开展好项目活动排序工作。

4.4.1 项目活动排序的依据

项目活动排序工作所需的依据主要包括如下几个方面。

1. 项目管理计划和业务计划

所有的项目管理计划文件都是项目活动排序的重要依据，因为这些计划文件中给出了项目范围管理、时间管理、质量管理、成本管理和资源管理的计划安排。例如，项目范围管理计划中给出的项目产出物范围和项目工作范围，以及项目产出物的专业技术要求和管理要求都是项目活动顺序安排的出发点与依据。

2. 项目管理和业务文件

项目管理和业务文件同样是项目活动排序的主要依据，其中，项目活动清单开列出了项目所需开展的全部具体活动，项目活动清单的细节文件说明了项目活动清单的各种细节和分解与界定的依据等，这些都是在项目活动排序中使用的重要依据。另外，项目风险清单中给出了项目可能出现的风险事件和系统性风险情况，而项目里程碑清单列出了既定和特定里程碑的实现日期，这些都是影响活动排序的因素和依据。

3. 项目活动的约束条件和因素

这是指项目活动所面临的各种所需资源方面的约束条件和项目内外部环境方面的约束条件等，所以这包括项目所需人力、物力和财力资源在获得和供应方面的约束条件，以及项目所处的宏观和微观环境中经济、法律和社会等方面对于项目造成的各种限制与约束等。特别是关于项目活动之间的依存关系，以及对项目活动之间的提前量和滞后量的需求与约束也都是影响活动排序的因素和依据。

4. 项目活动的假设前提条件

这是对项目活动所涉及的各种不确定性情况所做的人为假设的各种前提条件，这方面的前提条件同样是影响项目活动排序的重要因素和依据，因为人们对项目不确定性情况所做的假设不同，就会有完全不同的项目活动及其顺序安排。最重要的是一旦人们发现所做的这种项目活动假设前提条件与项目实际情况不符时，人们就必须修订项目的管理和业务计划，并重新进行项目活动的排序。

5. 其他方面的依据

另外，还有一些开展项目活动排序工作的依据，这主要包括政府的相关规定和行业的既定标准、项目实施组织的工作授权情况（影响到谁有项目活动排序决策权）、具体项目所涉及的项目组合或项目群之间的依赖关系（独立还是紧密关联），以及组织选用的项目活动排序的方法和模板（顺序图还是箭线图或甘特图方法）等。

4.4.2 项目活动排序的方法

项目活动排序就是根据项目活动间的各种依存关系以及各种其他依据和限制，通过优化编制出项目活动顺序的一种项目时间管理工作，这种管理工作的主要方法分述如下。

1. 项目活动之间依存关系分析方法

项目活动排序的首要方法是分析和给出项目各活动间相互依存关系，以便借此做出项目活动的排序。任何项目活动的排序都需要首先使用这种方法去分析和给出项目各项活动之间存在的必然、人为和外部依存关系，然后才能正确做好项目活动的排序，所以这种方法涉及三种项目活动之间具体依存关系的分析。

1）项目活动之间必然依存关系的分析

这是指找出项目活动之间客观存在并且不可违背的优先序列关系的分析工作。由于这种必然依存关系是由项目技术与环境条件以及客观规律的限制造成的，因此项目活动之间的这种关系也被称为“硬逻辑关系”或“强制性依赖关系”。这表明，人们必须要根据这种项目活动之间的必然依存关系去做好项目活动的排序工作。

2）项目活动之间人为依存关系的分析

这是指由项目管理人员去人为优化和安排的项目活动之间的一种依存关系，这种依存关系带有鲜明的人为性和主观性，所以它们也被称为项目活动顺序关系中的“软逻辑关系”或“选择性依赖关系”。因为这种关系是人们在众多可选的依赖关系中优选出来的，所以是人们根据自己的主观意志在项目活动排序中做出安排的一种项目活动之间的关系。

3）项目活动之间外部依存关系的分析

这是指在项目活动排序中涉及外部环境支持和其他项目相关方的要求的一种项目活动依存关系。因为具有外部依存关系的项目活动需要依赖外部环境或其他项目相关方提供或予以完成，所以在项目活动排序中人们必须做好这种依赖关系的分析，并确定给出项目活动的各种外部依存关系。相对于“内部依赖关系”可以自行决定和安排的情况而言，这种关系不是项目团队能够控制的，所以这种依赖关系的分析十分重要。

2. 提前量和滞后量分析法

此处的“提前量”是相对于紧前活动而言，它的紧后活动可提前的时间量。例如，在新办公大楼建设项目中，项目绿化活动可以在工程建设全面完工前 2 周开始，这就是有 2 周提前量的一种项目活动间的“结束/开始”的关系。“滞后量”是相对于紧前活动而言，它的紧后活动需要推迟的时间量。例如，对于一个新产品开发项目，项目团队可以在新产品图纸设计活动开始 15 天后去开始新产品的试制工作，这就是带 15 天滞后量的一种项目活动间的“开始/开始”的关系。图 4-5 给出了这种提前量和滞后量的示意图，由图 4-5 可知，这种提前量和滞后量实际上就是一种项目活动之间的人为依存关系的安排，所以这种分析法是分析和明确项目活动依赖关系中需要加入多少提前量或滞后量的方法，借此能准确地分析、确定和描述项目活动之间的提前和滞后的逻辑关系。

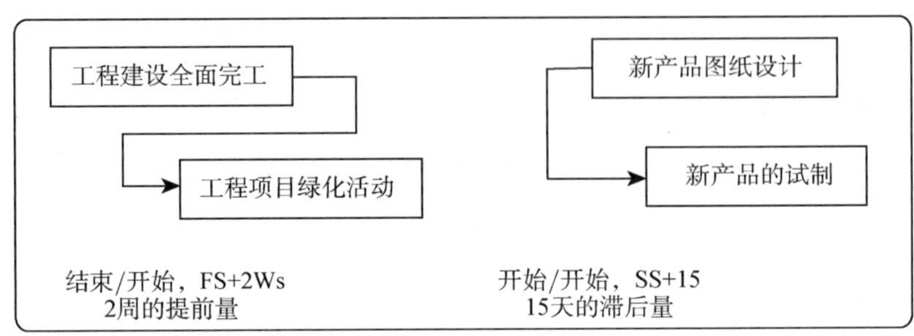

图 4-5 项目活动之间的提前量和滞后量示意图

3. 顺序图法

顺序图法（precedence diagramming method，PDM）也称节点图法或网络图法，这是一种通过编制项目网络图给出项目活动顺序安排的方法。这种方法使用节点表示项目活动，每项项目活动只能使用一个方框或圆框表示，而且必须使用项目活动编号给每个节点一个唯一的项目活动账号。同时，这种方法使用节点之间的箭线表示项目活动之间的相互顺序关系，主要有四种项目活动的顺序关系：一是“结束/开始”（FS）的关系，即前面的项目活动必须结束后，后面的项目活动才能开始；二是“结束/结束”（FF）的关系，即一个项目活动结束以后，必须等另一个项目活动结束了才能够开展后续的项目活动；三是“开始/开始”（SS）的关系，即一个项目活动必须在另一个项目活动开始以后才能开始；四是“开始/结束”（SF）的关系，即一个项目活动必须在另一个项目活动结束之前开始。这种方法中最常用的逻辑关系是“结束/开始”关系，这种方法规定在某项活动前面的项目活动被叫作“紧前活动”，在其后面的项目活动被称作“紧后活动”。图 4-6 给出了用这种方法编制的一个项目活动排序的示意，这是在项目时间管理中最常用的项目活动排序方法。

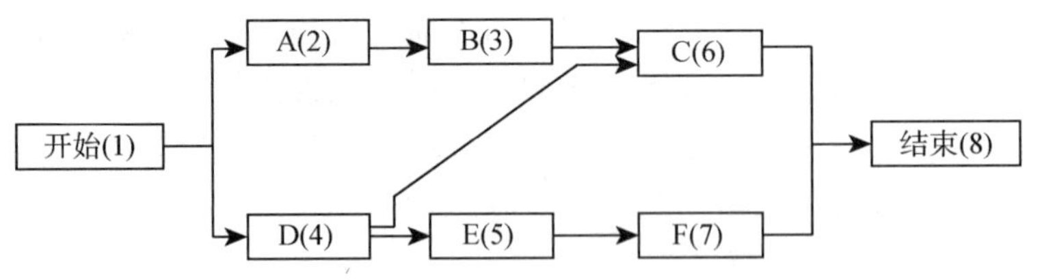

图 4-6 使用顺序图法编制的项目网络图

4. 箭线图法

这也是一种安排和描述项目活动顺序的网络图方法，这种方法使用箭线代表项目活动，使用节点代表项目活动之间的相互关系。由于箭线图中的箭线代表项目活动，项目活动的描述或命名都写在箭线上方。描述一个项目活动的箭线只能有一个箭头，箭线的箭尾代表活动的开始，而箭线的箭头代表活动的结束。代表项目活动的箭线由节点（圆框或方框）连接起来，这些节点表示项目活动的具体事件（开始或结束事件），所以在箭线图中需要给每个节点确定一个唯一的代号，以便人们能够使用它去进行项目时点和时期的分析和计算。图 4-7 是用箭线图法绘制的项目网络图，由图 4-7 可以看出，这种箭线图法比顺序图法要复杂，所以这种方法使用得较少。另外，箭线图法需要借用“虚活动”来描述项目活动的某种逻辑关系。例如，在图 4-7 给出的项目网络图中项目活动 A 和项目活动 B 之间的圆圈代表二者的连接关系，节点 2 代表项目活动 A 的结束和项目活动 B 的开始。所以这种方法规定在某项活动前面的为“紧前事件”，在某项活动后面的被称作“紧后事件”。例如，对于图 4-7 中的项目活动 A 而言，它的紧前事件由节点 1 表示，而它的紧后事件则由节点 2 表示。所以箭线图法有两个基本工具用来描述项目活动之间的关系：其一，每一个事件（节点）必须有唯一的事件号，即一个箭线图中不能重复出现某个事件号；其二，项目的每项活动必须由唯一的紧前事件和紧后事件的组合来描述，因为只有这样该项目活动与其他项目活动的关系才能被描述清楚。

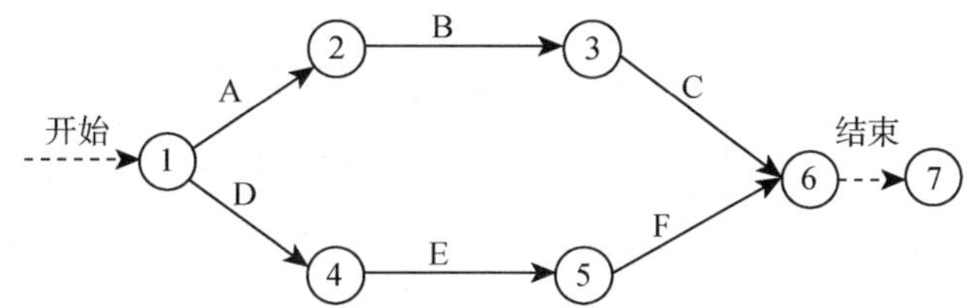

图 4-7　用箭线图法绘制的项目网络图

箭线图法还规定了一种特殊的虚活动，它在箭线图中用一个虚线的箭线来表示，这种虚活动并不消耗时间，只是描述了项目实活动之间一种特殊的先后顺序关系，以满足每个项目活动必须用唯一的紧前事件和紧后事件的组合来描述与其他项目活动关系的要求。例如，对于图 4-8 中给出的项目活动 D 和项目活动 C 之间存在的相互依存关系（只有项目活动 D 结束以后，项目活动 C 才能开始），使用箭线图法描述它就需要插入一项虚活动，这就可以使项目活动 D 和项目活动 C 与其他项目活动的关系由唯一紧前事件和紧后事件来描述。图 4-8 就是增加二者之间的虚活动以后的项目活动箭线图。

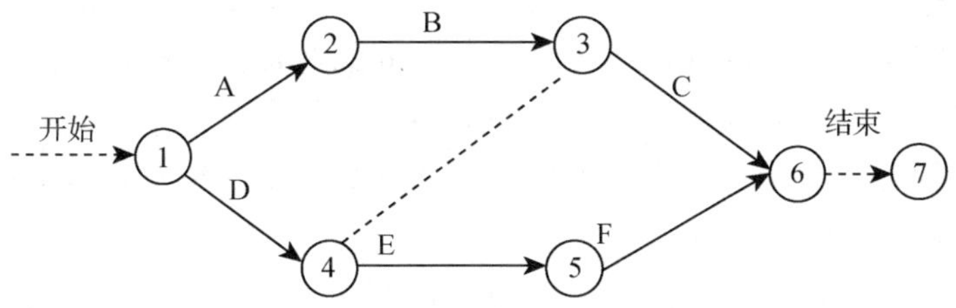

图 4-8　增加虚活动以后的箭线图

4.4.3 项目活动排序的结果

项目活动排序的结果包括一系列项目活动排序的文件和项目此前各方面计划与文件的更新，具体讨论如下。

1. 项目进度网络图

这是描述项目活动之间逻辑关系（即依存关系）的图，是项目活动排序的最主要的结果。这种图中包括了项目所有具体活动，并且每个项目活动带有编号、命名和逻辑说明符号。有些人还在项目进度网络图中添加各种有关项目进度和资源方面的信息，如项目活动的浮动时间、提前量和滞后量的要求等。项目进度网络图都应附有简要的文字说明，以说明项目活动排序所用的方法以及异常项目活动序列。图 4-9 就是项目进度网络图的一个示例，其中的项目活动“E”被称为“路径汇聚”，因为它拥有多个紧前活动，而项目活动“H”被称为“路径分支”，因为它拥有多个紧后活动。由图 4-9 可知，项目进度网络图必须明确地回答三方面的问题：一是在一个项目活动开始之前有哪些项目活动必须已经完成；二是哪些项目活动可以与该项目活动同时开始；三是哪些项目活动只有在该项目活动完成之后才能开始。圆满回答了这三个问题后，项目进度网络图就给出了项目活动的关系和顺序的描述。

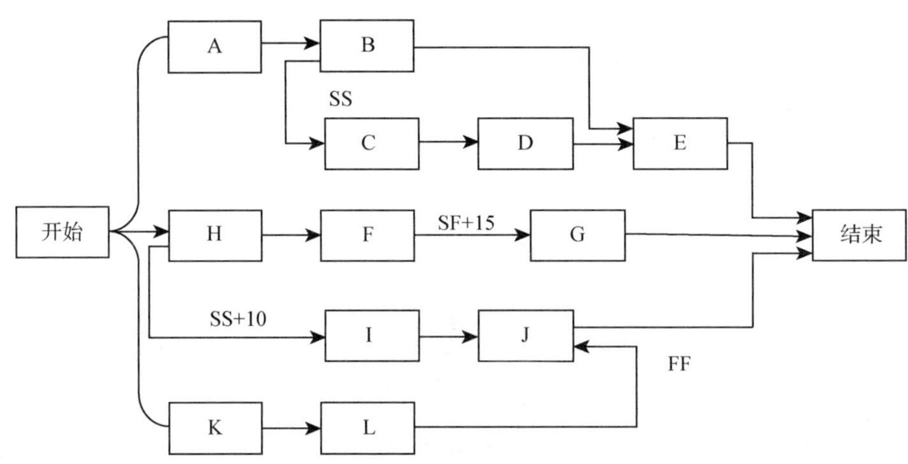

图 4-9 项目进度网络图的示例

2. 更新的项目活动清单

在项目活动排序过程中，人们会发现先前分解和界定给出的项目活动清单文件中存在的某些问题和遗漏，所以人们就必须对这个文件进行更新。更新后的项目活动清单及其细节说明文件将进一步说明和描述项目活动之间的逻辑关系或依存关系，以及项目活动的提前量与滞后量等时间安排。另外，在项目活动排序过程中如果还有获批的项目变更请求，人们也要将这种项目变更加入更新后的项目活动清单及其细节说明文件中。

3. 其他方面的更新结果

人们还会对项目前期所给出的各种项目计划和文件的问题与疏漏进行必要的修订，这些也都属于项目活动排序工作的结果之一。其中，最主要的是项目集成计划、项目范围管理计划和项目范围说明书的更新，因为在项目活动排序过程中，人们会发现此前确定的项目范围、项目 WBS 及项目集成计划中存在某些问题和遗漏而需要做进一步的更新或修订。另外，原有的项目专项管理计划和项目管理文件也需要更新，以适应项目所处环境与条件的发展变化，这些也是项目活动排序工作的结果。

4.5 项目活动所需资源的估算

因为开展任何项目活动都需要占用或消耗资源，所以在项目活动工期估算和项目进度计划安排之前，人们必须首先进行项目活动所需资源的估算。这种项目活动所需资源的估算是为了满足项目活动工期的估算和项目进度计划安排的需要，人们根据项目活动分解和排序所获得的信息对项目具体活动所需占用和消耗的资源做出的估计和测算。这包括对项目活动所需资源的种类、数量、质量、投入时间所做的估算，因为项目活动工期长短取决于项目活动所需资源的估算,所以这是项目活动工期估算的基础和前提条件。

4.5.1 项目活动所需资源估算的依据

这方面的依据涉及项目的范围、时间、质量等各个方面的管理计划与要求，各方面的项目文件和各种相关支持细节与信息资料，主要包括如下几个方面的文件和信息。

1. 项目活动清单及其细节

这是项目活动所需资源估算的首要依据，因为正是人们开展项目活动才需要各种资源。项目活动清单给出全部的项目活动，而项目活动清单的相关支持细节给出了每个项目活动的属性和客观要求，所以它们都是项目活动所需资源估算的基本依据之一。

2. 项目管理和专业计划与文件

这是项目活动所需资源估算的重要依据，因为项目各专项管理计划和业务计划以及项目的各种相关文件都是计划和安排项目活动的基础与制约。例如，项目时间管理计划中所给出的项目时间管理的大政方针就是项目活动所需资源估算的重要依据。

3. 项目资源管理方面的信息

这主要是指项目实施组织的资源管理政策、租赁与采购的规定、资源占用和消耗的管理办法以及历史类似项目活动的资源需求信息等。其中，历史类似项目活动的资源需求信息是指可供人们借鉴的历史同类项目活动所需资源估算的结果、经验与教训等。

4. 项目所需资源的供给情况

因为项目活动所需资源通过供给来获得,所以在进行项目活动所需资源估算时必须充分了解项目活动所需资源在种类、数量、特性和质量等方面的供给情况，如供应来源、资源价格、供给服务情况、供给时间等情况。

5. 其他方面的相关信息

除了上述这些主要依据之外，在开展项目活动所需资源估算时，人们还需要考虑项目实施组织的企业文化、组织结构、项目实施、组织获得资源的方式，以及组织开展项目时间管理的有关方针政策，这些也是进行项目活动所需资源估算所必需的依据。

4.5.2 项目活动所需资源估算的方法

项目活动所需资源的估算有许多种方法，其中最主要的有如下几种。

1. 专家法

这是指由项目的相关专家根据自己的经验和判断去估算项目活动所需资源的方法。这种方法有两种具体的形式：一是专家座谈法，二是德尔菲法。前者是通过召开专家小组座谈会的方式估算出项目活动所需资源的方法，后者是通过组织专家独立进行项目问卷活动给出项目活动所需资源估算的方法。

2. 定额法

这是指使用行业或企业制定的标准或定额去估算项目活动资源的方法，这种方法通过套用某种标准或额度做出项目活动所需消耗和占用的资源的估算，但是由于标准和定额并没有考虑或较少考虑项目的具体情况，所以近年来人们在使用行业或企业的标准定额法去估算项目活动所需资源的时候会补充项目特性情况的特殊需要。

3. 测量法

这是指使用统一的测量和计算规则去估算项目活动所需资源的方法，这种方法使用由国家、地方、行业或企业制定的统一使用的测量和计算规则去估算出项目活动所需资源（如我国的建设工程工程量清单的测量方法）。这种方法是项目业主和承包商在估算项目活动所需资源中通用的方法，由此编制的项目活动所需资源能够为双方所接受。

4. 统计法

这是指使用历史类似项目的统计数据资料作为依据，分析和估算出项目活动所需资源的方法。通常项目活动所需资源估算中会用到的指标有实物量指标、劳动量指标和价值量指标，分别用于表明项目活动所需物力资源、人力资源、财力资源的数量。这种方法比较准确和切实可行，但是需要有详细的历史数据且数据要与新项目活动有可比性。

4.5.3 项目活动所需资源估算的结果

项目活动所需资源估算工作的主要结果包括以下几个方面的文件。

1. 项目活动所需资源的估算及其细节说明

项目活动所需资源估算的结果中最主要的就是估算给出的项目活动所需资源的种类、数量、需用时间等信息构成的估算文件。第二项主要结果是项目活动所需资源的细节说明文件，这是对于项目活动所需资源的估算的依据、估算的精度、估算所用方法等方面的说明，这些是后续项目活动工期估算和进度计划与控制的依据。

2. 更新后的项目活动清单及其细节说明

人们在估算项目活动所需资源过程中会发现因为资源供给条件的限制或其他各种制约原因而不得不对项目活动清单及其细节说明进行必要的变更。另外，当在项目活动所需资源估算过程中出现获批的项目活动变更请求时，人们也需要重新去估算由此带来的项目活动所需资源在种类、数量和质量等方面的变化。

3. 项目活动所需资源的供给时间和技术要求

这是按照项目活动所需资源的种类、质量、数量、供给时间及技术要求等所给出的说明文件，是将项目活动所需资源的信息按一定层次、结构和时间安排而给出的项目活动所需资源的文件。其中，项目活动所需资源的供给时间必须按日历时间给出，技术要求必须给出明确的规定与要求，以便为后续项目时间管理工作提供依据。

4.6　项目活动工期的估算

这是对既定项目活动所需时间长度的估计、分析与计算，这包括对所有项目活动工期的估算，即包括对项目业务活动、项目管理活动及项目辅助活动的工期估算。这种估算通常要考虑项目活动的作业时间、项目活动所必要的休息时间、项目客观条件可能延误的时间（如在浇筑混凝土活动中应该考虑浇筑时间、养生时间和因下雨或公休而不工作的时间等）、为完成项目活动所投入的资源情况以及项目活动时间的各种提前要求和滞后要求等。项目活动工期估算必须以项目活动所需资源估算结果为基础和依据，通过分析和估计而给出每个项目活动的工作时间长短，然后人们才可据此去开展项目进度计划工作。对于项目活动工期的估算还必须综合考虑与项目活动工期估算有关的各项数据和假设前提条件等，因为这些都是项目活动工期估算需要用的信息。

4.6.1　项目活动工期估算的依据

项目活动工期估算中使用的主要依据有如下几个方面。

1. 项目活动清单及其细节说明

这是在项目活动分解阶段得到的项目所需开展的活动及其细节说明文件，它不但列出项目所需开展的全部活动，而且给出这些活动相互之间的关系说明。项目活动工期估算就是要对这个清单中的每个项目活动的工期做出估算。

2. 项目计划和项目文件

这包括项目集成计划和项目各个专项管理计划，尤其是项目时间管理计划，也包括项目各个专项的业务计划，尤其是项目范围计划和项目资源供应计划。较重要的项目文件依据包括经验教训登记册、里程碑清单、风险登记册和项目团队登记册。

3. 项目活动的约束条件和假设前提条件

这二者都是人们在项目活动工期估算时必须考虑的依据和信息，其中，项目活动的约束条件是指项目活动面临的各种内外部的限制情况和条件，而项目活动的假设前提条件则是指人为假定的项目活动未来的情况和条件。

4. 项目活动所需资源及其供给情况

项目活动工期直接受项目活动可用资源数量和质量的制约，所以项目活动所需资源及其细节说明文件也是项目活动工期估算的主要依据之一。任何项目活动工期的估算都必须考虑所需资源的供给情况，如资源可用性、资源类型、资源性质和资源结构等。

5. 其他方面的相关依据和信息

在项目活动工期估算的过程中，人们还必须参考有关项目活动所处事业环境因素和组织过程资产等方面的信息，如项目活动工期估算的数据库、历史类似项目活动的生产率测量指标、项目活动工期估算的政策和规定，以及组织相关知识和经验等。

4.6.2 项目活动工期估算的方法

要正确估算项目活动工期，人们还必须根据项目活动的特性去选用正确的项目活动工期估算的方法。由于项目活动工期估算的依据和信息完备情况不同，项目活动工期估算需要用不同精度的具体方法。项目活动工期估算的主要方法包括如下几种。

1. 专家法

这是由项目时间管理方面的专家运用他们的经验和专长对项目活动工期估算的方法。由于项目活动工期受许多因素的影响，所以人们需要依赖专家的丰富经验，因此专家法在很多情况下是项目活动工期估算的主要方法之一。

2. 类比法

这是以类似的历史项目活动实际工期为基础，通过类比去估算出新项目活动工期的一种方法。当一个新项目活动工期方面的信息有限时，多数情况可以使用这种方法。这种方法的结果比较粗略，所以一般仅用于最初的项目活动工期估算。

3. 定量测量法

这是使用定量测量去估算项目活动工期的方法，即根据不同行业或专业的测量标准或规定劳动生产率（劳动工时定额和机械工时定额等）去估算项目活动工期的方法。这种项目活动工期估算方法的精度较高，但是其所需的劳动生产率等数据较难获得。

4. 会议法

通过项目团队召开会议来估算项目活动工期，如采用敏捷方法时刻举行迭代计划会议，以讨论和确定项目活动的工期，这种会议通常在迭代的第一天举行。同时，还需要决定项目团队在下一个迭代中会致力于解决哪个未完成的项目活动的工期估算。

5. 详细估算法

这种方法需首先将项目活动中的工作进一步细化成一系列的步骤，其次估算这些项目活动中各个步骤的工期，最后汇总得到项目活动的工期。这种方法也被称作“自下而上”的工期估算方法。

6. 三点估算法

这是对不确定性项目活动工期估算的方法，这种方法是先分析给出项目活动的乐观时间 t_o、最可能时间 t_m 和悲观时间 t_p，然后根据这三种时间所对应的发生概率，通过计算期望值的方法给出项目活动的工期估算。这方面最典型的项目计划评审方法（program evaluation and review technique，PERT）估算项目活动工期的期望值公式为

$$t_e = \frac{t_o + 4t_m + t_p}{6} \tag{4-1}$$

例如，某项目活动的乐观时间为 1 周、最可能时间为 5 周、悲观时间为 15 周，按照

PERT，这项活动的工期期望值为

$$t_e = \frac{1+4\times5+15}{6} = 6(\text{周}) \tag{4-2}$$

7. 模拟仿真法

这是使用一定的假设前提条件和仿真数据，运用计算机或人工模拟仿真进行项目活动工期估算的方法。这种方法主要用于不确定性项目活动工期的估算，它既可以用来给出每个项目活动工期的估算，也可以用来确定和给出整个项目活动工期的估算。

8. 分析评估法

这包括两种方法，一是备选方案评估法，用于评估不同资源配置或技能水平、装备情况，进而确定完成项目活动的最佳方案及其工期估算；二是储备分析法，这种方法首先要确定为应对项目风险所应有的项目进度储备，这是包含在项目进度基准中专门为应对项目风险所需的一段时间，加上这种项目进度储备可估算出这种项目活动的工期。

4.6.3　项目活动工期估算的结果

项目活动工期估算的结果包括如下几个方面的内容。

1. 估算出的项目活动工期

项目活动工期估算的结果主要是对于具体项目活动所需时间及其可能性的估算，所以项目活动工期估算的结果不但包括对于具体项目活动工期的估算，而且包括对于项目活动工期可能变化范围的估计。例如，一个项目活动的工期估算为 4 周±2 天，那么项目活动工期总天数为 18～22 天（因为每周只有 5 个工作日）。

2. 项目活动工期估算的支持细节

这是有关项目活动工期估算的依据与支持细节的说明文件。其中，项目活动工期估算的依据包括项目活动工期估算中所使用的各种约束条件、假设前提条件、参照的各种项目历史信息，以及项目活动清单与项目活动所需资源需求数量和质量等方面的资料与文件。

3. 更新后的项目活动清单及其细节

在项目活动工期估算中，如果人们发现已有项目活动清单存在某些问题和遗漏，就必须对项目活动清单及其细节说明进行必要的修订和更新，这些更新后的项目活动清单及其细节说明是项目活动工期估算结果的一部分。

4. 更新后的项目计划和项目文件

在项目活动工期估算中，人们会发现已有的项目集成计划、项目范围管理计划、项目 WBS 等存在的问题和遗漏，包括项目假设前提条件和项目风险登记册等项目文件以及组织过程资产等都存在不足而需要进行修订和更新，这些都是项目活动工期估算的结果。

4.7　项目进度计划制订

项目进度计划制订是计划和安排项目各项活动和整个项目的起始与结束时间的管理工作，这是一项需要反复推敲的项目时间计划安排工作。这方面的工作内容包括：

确认项目所需资源配置方案，给出项目活动的起止时间，制订出具体的项目活动实施方案与措施，最终经过批准而成为正式的项目进度计划。在这种计划制订中，人们必须考虑项目目标四要素、资源三要素和风险要素的合理配置与集成安排。在编制项目进度计划中要全面审查和修正项目活动工期估算、所需资源估算和项目进度储备，以便能够用最新和最正确的信息去制订出最符合实际的项目进度计划。

4.7.1 项目进度计划制订的依据

项目进度计划制订的依据包括在此前所开展的项目时间管理工作中所生成的各种相关文件，以及项目其他计划管理工作中生成的文件等，其中主要的依据如下。

1. 项目活动及其相关估算文件

这方面的依据主要包括四个方面：一是项目活动清单及其细节说明文件；二是项目排序得到的项目网络图；三是项目活动所需资源估算及供应情况；四是项目活动工期估算文件。这些都是项目进度计划制订的关键依据。

2. 项目管理和业务计划

其中的项目管理计划主要是项目进度管理计划和项目范围管理计划。前者规定了用于制订进度计划的进度计划编制方法和工具，以及推算进度计划的方法。后者给出了项目范围管理计划和范围说明书以及 WBS 等的详细信息，供制订项目进度计划使用。项目业务计划主要是项目进度计划和项目范围计划（项目范围说明书）。

3. 项目管理和业务文件

一是项目合同和协议，项目进度计划必须按照履行的合同承诺去编制。二是项目的假设日志，它记录的假设条件和制约因素会影响项目进度计划。三是项目进度网络图，它给出了用于推算项目进度计划的紧前和紧后活动的逻辑关系。四是项目风险登记册，它给出了已识别项目风险的详细信息及特征。

4. 其他方面的相关信息

其他方面的信息包括：政府或行业标准，这包括政府发布的法定节假日等规定和行业关于设备与用工等方面的标准；组织的项目进度计划方法论，这包括组织制订和维护进度计划所应遵循的政策和过程等方面的规定等。

4.7.2 项目进度计划制订的方法

项目进度计划的制订需要反复地进行综合平衡，因为这一项目专项计划会影响到项目集成计划和其他项目专项计划。项目进度计划编制所用方法主要有如下几种。

1. 关键路径法

这是项目进度计划制订的主要方法，在使用这种方法时人们必须考虑各项项目活动的资源约束条件以及各种不确定因素的影响。这种方法的核心在于找出按照项目活动依存关系所构成的各条项目活动路径，并且从中找到最长的那条路径作为关键路径，然后给出关键路径和非关键路径的项目活动进度安排。这种方法是针对关键路径，使用顺推与逆推法计算出所有该路径上项目活动的最早开始、最早结束、最迟开始和最迟结束日期，有关该方法基本参数的计算方法如下。

1）确定整个项目最早和最迟的开始时间与结束时间

这是为确定所有项目活动进度计划的基准而首先确定出整个项目的开始时间和结束时间。整个项目的最早和最迟的开始时间与结束时间是项目进度计划的关键，它规定了项目所需工期的时间，承发包项目需要在项目合同或说明书中对此予以明确规定。

2）确定各项目活动最早和最迟的开始时间与结束时间

进一步人们需要确定出各个项目活动最早和最迟的开始时间与结束时间。其中，项目活动的最早开始时间是根据项目的最早开始时间及全部紧前活动时间计算得来的，而项目活动的最早结束时间是根据该项目活动的最早开始时间加上其工期估计得来的。项目活动的最迟结束时间是用项目最迟结束时间减去该项目活动所有紧后活动时间计算得来的，项目活动的最迟开始时间是用其最迟结束时间减去该项目活动工期计算得来的。

3）分析给出项目的关键路径

这一工作的根本目的是从所有路径中找出时间最长的关键路径，因为只有计划和控制住项目的关键路径才能计划和控制好整个项目的时间。关键路径法的核心有两个：一是确定出项目关键路径，这可以通过计算每个路径上项目各项活动最早与最迟的开始时间和结束时间去找出关键路径上的项目工期；二是通过对资源的合理配置去优化和缩短项目的关键路径，这种项目关键路径的优化方法如图 4-10～图 4-12 所示。

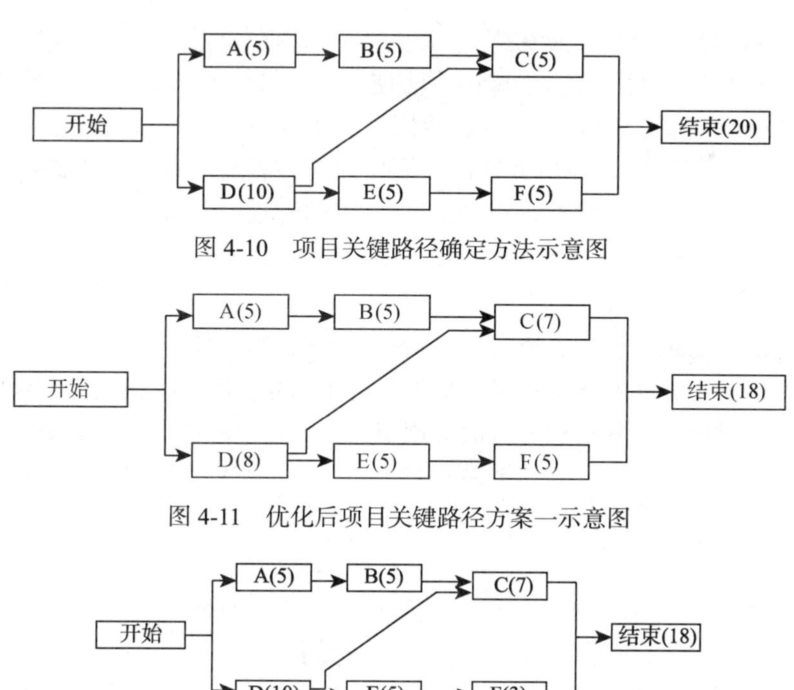

图 4-10　项目关键路径确定方法示意图

图 4-11　优化后项目关键路径方案一示意图

图 4-12　优化后项目关键路径方案二示意图

由图 4-10 的示意可以看出，图中以节点表示的项目活动有 A、B、C、D、E、F 六项，并且用箭线表示这些项目活动之间的关系，图中括号里的数字是每个项目活动所需的时间估算（为简化只给出了项目活动的最可能时间）。图 4-10 中有三条路径，一是 A—B—C，二是 D—C，三是 D—E—F，其中，D—E—F 路径时间最长为 20 天，另外两条路径只有 15 天，所以 D—E—F 是项目的关键路径，人们就可以针对这一路径去开展资源调配，以努力设法缩短这一关键路径，图 4-11 给出的就是经过资源重新配置后的三条路径。

由图 4-11 可看出，由于项目管理者将项目活动 C 中配置的资源向项目活动 D 中做必要的重新配置（假定二者所需资源相同），则项目活动 C 的工期延长至 7 天，而项目活动 D 的工期缩短为 8 天，这样项目关键路径 D—E—F 的工期就缩短为 18 天，从而节省两天。同时，项目的非关键路径 A—B—C 工期延长至 17 天，这使得项目这两条路径的工期也相对平衡了。如果人们无法采取该方案，图 4-12 给出了另一个关键路径优化方案。

由图 4-12 可看出，项目管理者也可将项目活动 C 中所用资源向项目活动 F 中做必要的配置（假设二者所用资源相同），这样项目活动 C 的工期延长至 7 天，而项目活动 F 的工期缩短为 3 天，项目关键路径的工期就缩短为 18 天，而项目的两个非关键路径工期都变成了 17 天。这也可以节省两天的工期，并且项目各条路径的平衡性更好。

综上所述，整个项目的进度计划安排主要是对于项目关键路径各项活动的计划和安排，因为项目关键路径就是项目各项活动累计工期最长的路径。

2. 情境分析法

这是根据给定的一些假设前提条件与参数，运用对于各种不同情境的分析结果，最终制订出项目进度计划的方法。这种方法使用“假如某种情境发生应该如何做呢？”之类的问题作为情境分析的对象，然后使用项目进度网络的计算方法求出不同情境的项目进度安排。一般使用这种情境分析法需要评估在各种约束条件下的项目进度的可能结果，以便安排项目工期中的“进度储备”中的管理储备和应急措施。在这种方法中经常会使用计算机模拟仿真等技术方法，如蒙特卡洛模拟等。

3. 资源平衡法

当项目活动的实施存在资源约束和限制时，人们就需要使用资源平衡法去编制项目进度计划。这种方法的基本指导思想是将稀缺资源优先分配给关键路径的项目活动上，由此制订出的项目进度计划的总工期常常比使用关键路径法制订的项目进度计划的总工期要长一些，但用这种方法计划的结果大多更为经济和实用。这种方法也被叫作资源水平法，在许多情况下这种方法可与关键路径法配套使用。

4. 关键链法

这是一种按照项目活动所需资源在关键链（环节）上存在的限制和制约去制订项目进度计划的方法，它首先要找出在项目进度计划网络图中的关键链条，即具有资源约束和资源争夺等问题的项目活动。其次，进一步考虑项目活动所需资源的可得性和资源驱动的项目关键链条、项目活动之间的依存关系、资源限制因素而给出项目进度计划。这种项目关键链法承认项目关键路径是一种变动的关键所在，所以需要对它进行关键性的管理。关键链法的关键在于必须找出关键链条并为其增加必要的“缓冲”，然后将管理重点从项目进度计划的浮动时间转到项目的“缓冲安排”和资源配置方面，从而保证项目关键路径的计划工期能够按时完成。

5. 进度压缩方法

项目进度压缩方法是用于缩短项目工期而又不损害项目范围和项目进度限制等项目目标的一种项目进度计划方法。这种方法主要有两种具体技术：一是赶工，这是一种通过项目工期和成本的协调实现以较小项目成本获得较大项目工期压缩的方法；二是快速跟进或搭接作业法，这是一种用项目活动平行作业代替项目活动接续作业，从而压缩项目工期的方法。这两种方法有可能会带来返工或成本增加等风险，图 4-13 给出了这两种项目进度压缩技术，以及这些技术可能带来的风险和成本等方面的变化。由图 4-13 可以看出，该项目的正常工期是 15 天，所需资源是项目实施者甲、乙和丙。为了压缩项目进度，人们采用搭接作业的方法，结果使得项目工期缩短为 11 天，此时的项目实施者甲、乙、丙不变，但是由于项目实施环境和条件等方面的限制，这种搭接作业会带来某种风险，所以这个方案的风险性会导致项目工期出现某种不确定性。同样，人们也可以使用赶工的方法，这样项目工期会缩短至 10 天，但是这样就需要增加人力资源成本，项目实施者就变成了甲、乙、丙、丁、戊、戌，由于增加了项目实施者

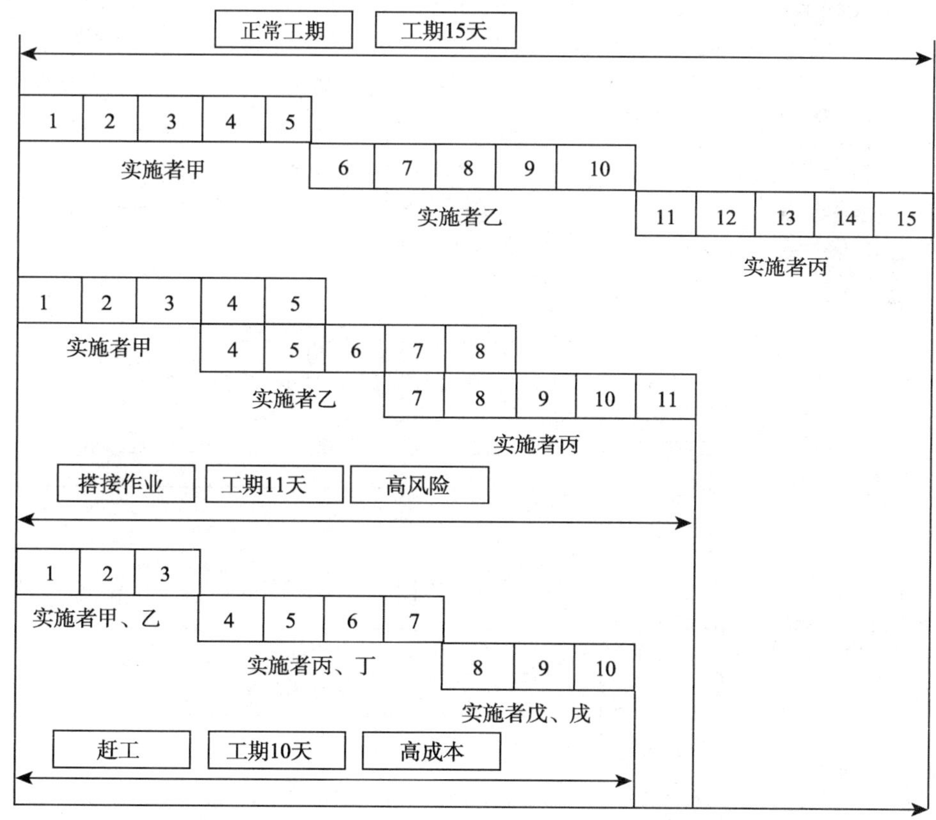

图 4-13　项目进度压缩技术及其效果的示意图

就需要支付更多的项目成本，所以这样做的结果是项目工期得以缩短，而项目成本会有一定程度的提升。

6. 敏捷方法

这是一种针对项目环境与条件变化而敏捷做出应对变化的项目进度计划方法，这种方法需要项目每过一段时间就发布一次新的迭代计划版本。这种迭代项目进度计划的敏捷发布是基于项目路线图和项目产出物的发展愿景所提供的高度概括的项目进度的时间安排发布。同时，这种计划发布还确定和发布了迭代版本或冲刺次数，使项目产品负责人和项目团队能够决定需要开展的项目工作与活动内容，并基于项目业务目标、活动依赖关系和制约因素等去确定生成项目产出物所需时间和进度安排。图 4-14 给出了项目产出物愿景、产出物路线图、计划版本发布和计划迭代的关系示意。由图 4-14 可知，项目产出物愿景是制定项目产出物路线图的依据和驱动因素，项目产出物路线图是制定和发布项目进度版本的依据和驱动因素。在每个新版项目计划发布以后，人们需要在该项目进度计划期内开展项目同一版本计划的迭代工作，这种迭代的次数取决于项目产出物开发的难易而从 1～n。在每一次的迭代计划中，人们开展某些项目产出物功能的开发。由于这种项目产出物的功能是项目用户描述的具体要求，所以这种项目产出物的功能也被称为“用户故事”。依据描述项目用户要求的“用户故事”信息，去估计和确定出项目产出物功能开发活动的优先序列。最终为实现用户故事而确定出了需要开展的项目活动和项目活动工期，从而给出项目进度计划的最下一层的细节。需要特别说明的是，这种

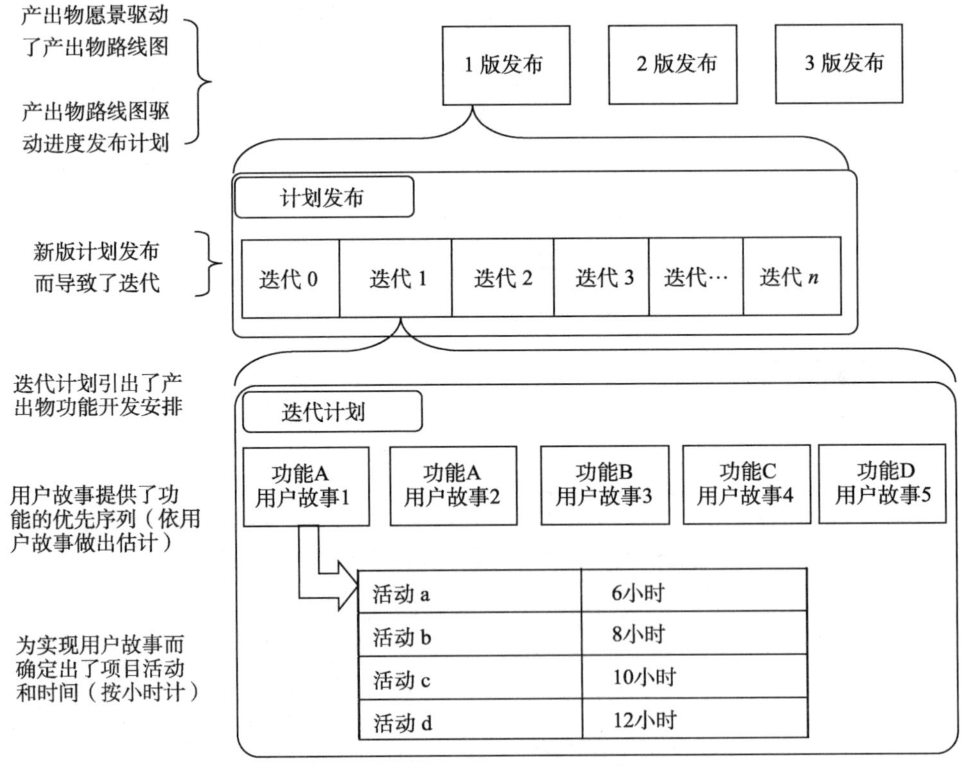

图 4-14 项目产出物愿景、产出物路线图、计划版本发布和计划迭代的关系示意图

敏捷方法是针对项目及其活动的不确定性而导致不能使用预测型项目生命周期，而只能使用适应型项目生命周期的项目采用的项目进度计划方法。

7. 其他辅助技术和方法

一是控制代码的结构性方法，即每个项目活动必须有自己的控制代码，整个项目活动按照一定的结构进行编码，从而使项目阶段、项目工作包、项目活动、活动责任人等都能按编码锁定。二是应用日历技术（也叫时点技术），这包括项目工作进度的日历时间和项目活动所需资源配置的日历时间等，其中，项目工作进度的日历时间中给出了有关项目工作时间、休假日、每日班次等信息，而项目活动所需资源配置的日历时间中给出了哪天项目所需的人员能够到位以及哪天项目所需物资能够到货等。

4.7.3　项目进度计划制订的结果

项目进度计划制订的结果是给出一系列的项目进度计划文件及其支持细节，以及各种相关项目计划和文件的更新。

1. 项目进度计划书

项目进度计划书包括项目整体进度安排，每项项目活动的计划开始时间与结束时间，以及各个相互关联的项目活动的计划日期、持续时间、里程碑和所需资源等信息。如果项目及其活动的不确定性较低，所有经过批准的项目进度计划文件就是项目进度计划控制的基准，这种项目进度计划控制基准是项目绩效度量的依据，只有通过正式的变更控制程序才能进行变更。项目进度计划书可以使用文字描述形式给出，也可以使用图表的形式给出，通常可用项目进度计划网络图、甘特图及项目里程碑图表等。表4-2 就是用一种里程碑表的形式给出的某项目进度计划书的示例。

表 4-2　项目进度计划里程碑文件

事件（里程碑）	1月	2月	3月	4月	5月	6月	7月	8月
分包合同签订			△▼					
规格书完成			△	▼				
设计审核					△			
子系统测试						△		
第一单元提交							△	
全部项目完成								△

注：表中“△”代表起始时点，“▼”代表终止时点

2. 项目进度计划书的支持细节

这是指有关项目进度计划书的细节说明文件，内容包括所有已识别的项目假设前提条件和约束条件的说明、具体项目进度计划的实施措施说明等。通常还应该包括项目的资源需求、项目进度计划的备选方案、项目进度计划的应急时间储备等。另外，还应该包括项目日历，日历中规定了可以开展项目活动的可用工作日和工作班次。更重要的是项目的各种变更请求，因为这种变更修改了项目范围计划、项目进度计划、项目成本预算、项目资源计划等之后，都可能会使项目进度计划造成变动，所以这些也属于项目进度计划书的支持细节的内容。

3. 更新后的项目活动所需资源要求

在项目进度计划编制中可能会出现对于项目活动所需资源要求的各种调整和改动，因此在项目进度计划制订中需要对项目的资源要求进行必要的调整和改动，然后整理并编制成一份更新后的项目活动所需资源要求文件。这一文件将替代原有的项目活动所需资源要求文件，并在项目进度计划管理、项目集成管理和项目活动所需资源管理中使用。

4. 项目计划和项目文件的更新结果

项目计划文件的更新结果主要包括在项目范围、时间、成本、质量、资源和风险管理计划和业务计划方面的更新，特别是对于项目集成计划的更新，因为在项目进度计划编制中会发现原有的这些项目计划文件中存在某些问题和疏漏而必须进行更新。项目文件方面的更新最主要的是项目 WBS、项目活动清单及其细节说明文件的更新，项目日历的更新（包括班次安排、节假日、周末以及无工作班次的时间变更等），项目假设前提条件、项目活动资源需求、项目活动工期估算和项目风险识别与度量文件等方面的更新。

4.8 项目进度计划控制

项目一旦开始实施就必须去严格地控制项目进度情况，这是为确保项目能够按项目进度计划进行和完成的项目进度计划的管理与控制。这种控制是对项目进度计划的实施及其变更所进行的控制，主要包括对项目进度计划影响因素的分析和识别、对可能影响项目进度计划实施的各种事前控制、对项目进度计划完成情况的绩效度量、对项目实施工期中出现的偏差采取纠偏措施的事中控制，以及对于项目进度计划变更的管理控制等工作。在这种控制中，人们必须经常地将项目实施实际情况与项目计划进度做比较并找出二者的差距，当发现这种差距超过项目进度控制界限时就必须采取纠偏措施。

4.8.1 项目进度计划控制的依据

项目进度计划控制的主要依据包括如下几个方面。

1. 项目进度管理计划书

项目进度管理计划书给出如何开展项目进度管理和变更等方面的措施和管理办法，甚至包括项目活动所需资源配置方面的政策以及项目进度各方面的风险应对措施等。

2. 项目进度计划及其支持细节文件

项目进度计划及其支持细节文件是项目进度计划控制主要的依据，因为这些文件提供了制定项目进度度量基准、考核项目实施绩效及报告项目进度计划执行情况的信息。

3. 项目进度计划实施情况报告

这一报告提供了项目进度计划实施实际情况的信息，人们通过比较项目进度计划和项目进度计划实施情况报告就可以发现项目进度计划实施的问题，以便纠偏。

4. 获准的项目进度变更请求

这种请求包括延长或缩短项目工期或时点安排等方面的要求，甚至包括增加或减少项目活动的请求，无论哪种获准的变更请求都是项目进度计划控制的依据。

4.8.2　项目进度计划控制的方法

项目进度计划控制的方法有很多种，人们可以使用这些方法控制项目进度及其各个影响要素，从而得到想要的项目进度计划控制结果。但是这方面最关键的方法是对于项目进度不确定性因素的控制方法，因为确定的项目进度是不需要控制的（控制与不控制它们的结果都是确定的）。项目进度计划控制的方法最常用的有如下几种。

1. 项目进度计划变更控制系统的方法

这是针对项目进度计划变更控制的首要方法，是按照既定程序对项目进度计划变更的审批、实施及其结果进行全面控制的方法。它包括项目进度变更申请程序、批准程序、权限安排、变更实施程序和责任分配、项目进度变更的整体控制等程序和方法。

2. 项目进度计划实施情况的度量方法

这是一种测定和评估项目进度计划实际的实现情况，即确定项目进度计划完成程度和存在的偏差大小的度量方法。其主要包括：定期收集项目进度数据、将实际情况与进度计划进行比较、给出二者间的偏差并采取纠偏措施等。

3. 关键路径法和资源平衡法

关键路径法和资源平衡法在 4.7.2 节中已做了讨论，当这些方法用到项目进度控制中时，先要检查关键路径上的进展情况，若关键路径上出现偏差要优先做控制，在这种控制中多数需要使用资源优化技术去努力使项目进度处于受控状态。

4. 浮动时间法和进度压缩法

浮动时间法是指利用和调整项目活动的提前量与滞后量，设法使项目进度出现滞后的项目活动赶上进度计划。采用进度压缩法可以使进度落后的项目活动赶上既定的进度计划，这种方法可以对剩余项目活动使用快速跟进或赶工等方法。

5. 追加进度计划法

这种方法用于预测型项目生命周期的进度控制，人们根据进度计划出现的问题使用追加进度计划去控制项目进度。这种方法就是给项目的原有项目进度计划“打补丁”的方法，所以首先要找出项目实施进度的“窟窿”，然后制订和实施追加计划“打好补丁”。

6. 项目偏差分析方法

这包括对项目进度的绝对偏差、相对偏差及偏差成因分析的方法，这些方法是监控实际和预计的项目进度情况，从而给出项目进度偏差信息及纠正项目进度偏差的方法与方案，是最终保障项目进度计划得以顺利实现的方法。

7. 项目进度敏捷控制方法

采用敏捷方法去控制项目进度的工作内容包括：比较实际和计划来判断项目进度的当前状态，审查找出和实施必要的纠偏措施，对项目进度计划的未完项重新进行优先级排序；确定后续的迭代时间，整体控制好项目进度的变更情况。

4.8.3 项目进度计划控制的结果

项目进度计划控制的结果主要包括如下几个方面。

1. 项目进度处于受控状态

项目进度计划控制的首要结果是项目的进度始终处于受控状态，即便是项目进度的实际情况与计划出现偏差，积极采取纠偏措施而使项目进度实际情况重新回到计划的轨道也属于这种“受控状态”。这是项目进度计划控制所追求的根本结果。

2. 项目管理和业务计划的更新

这首先包括对于项目时间管理计划和项目进度计划的更新，其次是对于项目范围、成本、质量、资源和风险管理计划与业务计划的更新，因为在项目实施的过程中会有客观环境和人为请求导致的变更，所以需要对项目管理和业务计划进行必要的更新。

3. 项目相关文件的全面更新

因为在项目实施的过程中会有客观环境和人为请求导致的变更，所以人们还需要对项目管理和业务文件进行必要的更新。需要更新的项目文件主要包括：项目假设条件和限制因素、项目资源需求文件、项目风险登记册与经验教训登记册等。

4. 项目工作绩效的实际与预测信息

项目工作绩效的实际与预测信息包括：与项目进度计划相比较的项目进度计划执行情况，计算项目活动开始和完成日期的偏差以及持续时间的偏差，指根据已有的项目进度信息去对项目进度未来的情况进行的估算或预计。

5. 项目计划变更的请求与批准

通过分析项目进度偏差，审查项目进展报告、项目工作绩效测量的结果，以及项目范围或项目进度需要进行调整的情况，人们就能去对项目进度计划提出变更的请求，同时对项目范围、成本、资源计划以及项目（集成）管理计划等提出和批准相应的变更请求。

6. 控制中所采取的纠偏措施

这里的纠偏措施是指为纠正项目进度计划实施所出现的偏差而采取的具体行动，在项目进度计划控制中人们需要采取各种纠偏措施去保证项目进度计划的实施和项目活动的按时完成，所以这也是项目进度计划控制工作的重要结果之一。

7. 控制中学到的经验和教训

在项目进度计划控制中所获得的各种经验和教训也是项目进度计划控制工作的结果之一。这包括项目进度计划变更及其原因分析结果、项目进度控制所采取的纠偏措施中的经验教训、项目进度计划失控而造成的各种损失带来的经验和教训等。

8. 项目控制工作和方法的改进

开展项目进度计划控制的根本目的是努力改善项目进度计划实施的结果，以便在不断改进和提高的基础上使得项目实施工作能够按照进度计划（最初和更新后的计划）去完成，或提前完成项目进度计划规定的各项任务。

9. 项目计划和文件的更新

这包括项目集成计划的修订、项目范围管理计划的修订、项目工作分解和活动清单的更新，以及项目的事业环境因素和组织过程资产的更新与修订等。在项目实施中所学到的经验和教训都应用来更新组织过程资产等。

本章思考题

1. 你是如何理解项目时间管理的?
2. 项目时点管理和时期管理有何区别?
3. 项目时间管理计划有哪些主要作用?
4. 项目进度计划有哪些主要作用?
5. 项目进度计划控制有哪些具体的技术和方法?
6. 项目进度计划变更控制与项目变更集成控制是何关系?

第 5 章　项目成本管理

【本章导读】项目成本管理是整个项目管理的重要内容和知识领域，因为项目成本管理的主要目的是实现项目价值最大化和项目价值分配合理化。其关键是如何做好项目成本确定和项目成本控制方面的工作。本章将讨论基于活动的项目成本估算与预算的成本确定方法、基于活动的项目成本控制的方法，以及项目成本集成管理的方法（项目挣值管理方法是一种项目成本和时间集成管理的方法）。

5.1　项目成本管理的概述

项目成本管理是在确保实现既定项目功能的前提下，努力实现项目成本的最小化和项目价值的最大化的管理工作。实际上，人们开展任何项目的根本目的都是以最小成本去获得最大价值，所以项目成本管理是对项目成本和价值两方面的集成管理。

5.1.1　项目成本的内涵

英文“project cost”有“项目成本”和“项目价值”两方面的意思，因为英文的“cost”具有“成本”和“价值”两方面的含义，所以本书对项目成本的定义如下。

1. 项目成本的定义

狭义的项目成本是指在为实现项目目标的全过程中所开展的各种项目活动占用和消耗资源而形成的项目费用，即生成项目产出物的“本金”。广义的项目成本还包含项目建设中所涉及的税金、项目投资者的收益与项目实施者的利润等内容，即项目产出物的“价格或价值”。因此，我国将承包商的建设项目成本称为“项目造价”，因为这种项目成本中包含国家收取的税金和承包商利润等方面的“新增价值”部分。

项目成本的内涵会因不同国家的会计制度的不同而不同，如我国规定的建设项目造价的内涵与西方国家和有些国际惯例规定的项目成本内涵就有所不同。很显然，从经济观点出发，在满足项目范围、时间和质量等指标要求的前提下，项目成本越小而项目价值越大才是项目成本管理的目标所在，所以项目成本管理包括实现项目价值最大化和项目成本最小化两方面的管理工作。

2. 项目价值的内涵

从项目价值角度上讲，项目价值是指人们花钱所买到的项目“功能”，项目功能与项目成本相比就得出了项目“价值”，见式（5-1）给出的相应描述。

$$V=\frac{F}{C}\quad 或\quad 价值=\frac{功能}{成本} \tag{5-1}$$

由式（5-1）可看出，项目成本 C 是项目价值 V 的构成要素之一。项目成本 C 是为了获得或实现项目价值 V 所做的项目投入，所以项目成本是为了实现项目价值所做出的一种垫付，是为获得项目功能从而实现项目价值而付出的项目投资。因此项目成本管理必须以这种项目价值的内涵为出发点和导向去开展好管理工作。

5.1.2　项目成本管理的定义和内涵

项目成本管理的根本目标是以较小的成本去实现较大的价值，所以项目成本管理的定义和内涵有广义与狭义之分，具体分述如下。

1. 项目成本管理的定义

狭义的项目成本管理是指为保障项目实际发生的费用不超过项目成本预算而开展的项目成本管理活动。广义的项目成本管理是指为实现项目价值最大化所开展的项目成本管理活动和工作。所以，狭义的项目成本管理只是广义的项目成本管理的一个组成部分，广义的项目成本管理涉及项目成本、项目功能和项目价值三个方面的管理工作。最新的项目成本管理理论是以项目价值管理为导向的，以项目价值最大化为目标的，这使得项目成本管理的作用变得更为重要。广义的项目成本管理首先考虑项目价值的增加，这既可以通过提升项目功能去实现，也可以通过节约项目所需资源去实现。广义的项目成本管理的重心在于项目新增价值的管理，如果增加项目成本或投入（C），从而能使项目功能和价值（F 和 V）大大增加，这也属于广义的项目成本管理范畴。这种广义的项目成本管理也被称为项目全生命周期成本管理的方法，借助项目全生命周期的成本核算和项目价值工程等技术去降低项目建设和运营成本，缩短项目建设和运营时间，提升项目功能、质量和绩效等都属于这类方法。

2. 广义项目成本管理的内涵

广义项目成本管理的内涵主要表现在两个方面：第一，其是指对于项目建设和运营的全面成本管理；第二，其包括项目价值、功能和成本三方面的管理。因此，人们需要在确保实现项目目标和功能的前提下，通过控制项目产出物与项目建设和运营活动的规模、内容及方法去对项目成本、功能与价值进行有效的管理。广义项目成本管理的内涵包括的三个方面和途径可由式（5-2）给出相关描述。

$$V\uparrow=\frac{{}^{3}\uparrow\overset{\rightarrow_{2}}{F}\uparrow^{1}}{{}^{3}\uparrow\overset{\rightarrow_{1}}{C}\downarrow^{2}} \tag{5-2}$$

由式（5-2）可看出，项目成本C保持不变而提升项目功能F（式中标有角标1的情况），或项目功能F不变而降低项目成本C（式中标有角标2的情况），以及在项目成本C上升的同时大大提升项目功能（式中标有角标3的情况），都会使得项目价值V获得相应的提升而创造新增价值。因此，广义项目成本管理是使用价值工程的方法为实现项目价值最大化服务的，项目价值最大化是广义项目成本管理的内涵所在。另外，广义的项目成本管理不但要管理开展项目活动所需资源的成本，同时还应考虑项目投入运营的成本、维护成本和支持成本，以及项目相关方的相关项目成本（如环境成本）。

5.1.3 项目成本管理的内容

项目成本管理的核心内容是项目成本和价值的确定与控制，即科学确定项目成本和合理控制项目成本两个方面。项目成本管理包括为实现项目成本最小化和项目价值最大化而开展的两方面管理工作，以及项目目标四要素、资源三要素和风险要素的集成管理工作。这就需要人们分析和确定项目产出物的成本、功能和价值的关系及其变化，以及项目成本管理与项目其他专项管理之间的合理配置关系。项目成本管理的具体工作内容请见图 5-1 给出的示意。

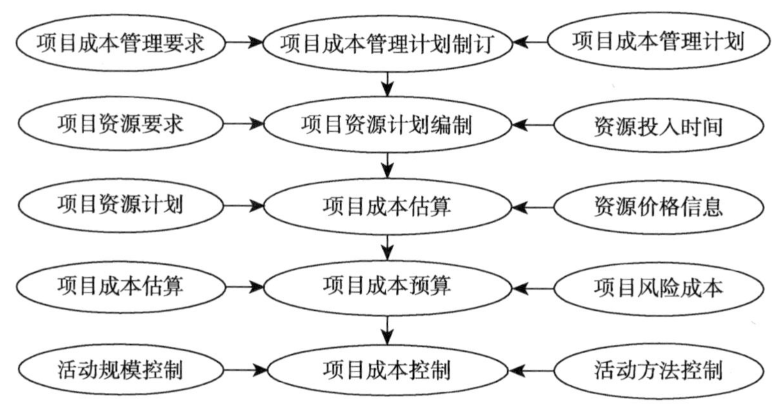

图 5-1 项目成本管理具体工作内容示意图

由图 5-1 可知，项目成本管理的具体内容包括下述几个方面。

1. 项目成本管理计划制订

这给出了项目如何去开展成本估算、预算、管理、监督和控制的政策、过程和方法，该计划的主要作用是在整个项目期间为如何管理项目成本提供指南和方向。由于每个项目都是独特的，所以项目成本管理计划必须根据项目的独特性以及组织的具体情况，如组织独特的成本管理知识、方法、政策、程序、审计和指南去制订。

2. 项目资源计划编制

项目成本是由为创造项目价值而开展项目活动所占用和消耗资源而形成的，所以在项目成本管理中还需要制订项目资源计划。这是指根据项目活动清单中各项项目活动确定出的项目消耗和占用资源的需求数量、质量、种类与投入时间等方面的计划管理工作。其中，最主要的任务是确定项目所需各种资源的数量和质量，为项目成本估算和预算提供依据。

3. 项目成本估算

这是指根据项目资源计划以及各种项目资源的市场价格信息（包括资源价格预测

信息）估计项目各项活动的成本与整个项目全部成本的管理工作。项目成本估算可以随着项目信息的增加而不断地精确（如工程项目就有成本初步估算、设计概算和详细估算等），所以项目成本估算的任务是确定项目活动所需成本的估算数额。

4. 项目成本预算

这是根据项目成本估算和项目风险情况去制定项目成本控制基线的管理工作，这项工作的内容包括：根据项目成本估算和项目风险确定出项目各项活动的预算，以及整个项目应有的总预算两方面。按照国家规定，我国的项目成本预算应该包括项目收入和支出两方面的预算，以作为科学地开展项目收入和支出的控制基线。

5. 项目成本控制

这是在项目实施过程中依据项目成本预算将项目成本控制在预算范围之内的管理工作。具体内容包括：度量项目实际发生成本的情况、比较分析项目实际成本与项目预算之间的差异、根据差异和问题采取项目成本控制的措施、根据项目客观变化和主观请求去做好项目成本变更管理，以及修订项目预算以实现对项目成本的有效控制等。

5.1.4　项目成本管理方法的新发展

这是指 20 世纪 80 年代以后发展起来的项目成本管理的思想、理论和方法，这方面的最新发展和主要方法有四个方面：一是项目全生命周期成本管理的理论与方法，二是项目全过程成本管理的理论与方法，三是项目全面成本管理的理论与方法，四是项目成本和价值集成管理的理论与方法。具体讨论如下。

1. 项目全生命周期成本管理的理论与方法

项目全生命周期成本（life cycle cost，LCC）管理理论是由英美的一些学者和实际工作者于 20 世纪 70 年代末提出的。这是一种全面考虑项目建设期、运营期和清除期的项目全生命周期的全部成本管理的理论与方法，这种方法现在已经成为一种项目投资决策工具和项目成本控制的主要技术方法。

2. 项目全过程成本管理的理论与方法

这方面的理论与方法是 20 世纪 80 年代中期由中国的学者（包括本书作者）和实际工作者提出的[①]，这是一种从整个项目全过程中的所有项目活动的角度去分析、确定和管理项目成本的思想与方法；这也是通过大量工程项目成本管理的研究和实践总结出来的项目全过程成本管理的原理和方法，这种新的理论和方法可以更好地管理项目全过程的成本。

3. 项目全面成本管理的理论与方法

这方面的理论与方法是 20 世纪 90 年代末出现的，根据 AACE-I 的说法[②]，这是他们借用安永公司全面成本管理的思想提出来的一套新的项目成本管理的方法，其目的是实现对项目成本的全面管理。AACE-I 对比的定义为：项目全面成本管理是通过有效地

① 戚安邦，孙贤伟. 建设项目全过程造价管理理论与方法. 天津：天津人民出版社，2004.

② Westney R E. Total cost management：AACE-I vision for growth. Cost Engineering，1992，34（10）：93-98.

使用专业知识和专门技术去计划与控制项目资源、成本、盈利及风险的成本管理方法，这种方法是21世纪项目成本管理中最有效的方法[①]。

4. 项目成本和价值集成管理的理论与方法

这方面的理论与方法是21世纪初才提出的，是以本书作者为首的中国学者提出的。这方面的研究始于20世纪90年代末，当时本书作者的博士论文研究的就是项目成本、时间、质量和范围集成管理理论与方法，在随后数十年中提出了项目全面集成管理的理论与方法（该成果获得了IPMA2009年研究大奖）[②]，在此基础上本书作者研究提出了项目成本和价值集成管理的理论与方法[③]。

5.1.5 项目成本管理方法论

除了上述项目成本管理的新理论和新方法外，本书作者自20世纪90年代开始研究并提出了一套项目成本管理的方法论，这套方法论在实践中不断完善至今。这种项目成本管理方法论的模型如图5-2所示，具体内容讨论如下。

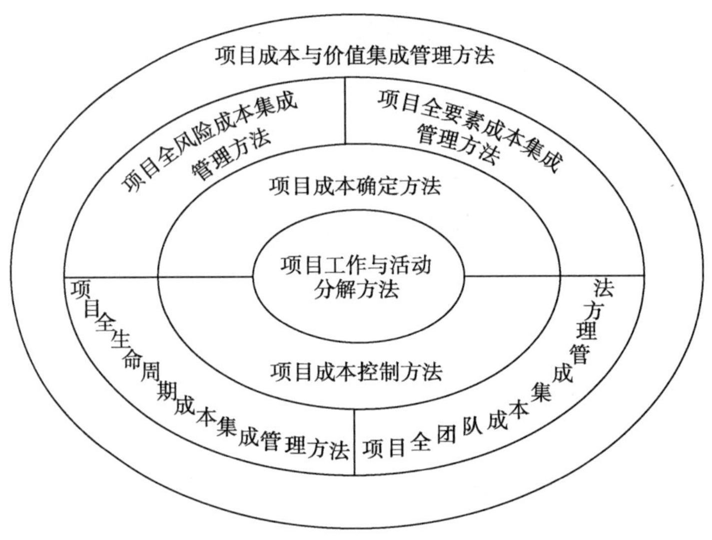

图5-2 现代项目成本管理方法论的集成模型示意图[③]

1. 项目工作与活动分解方法是核心

由图5-2可知，项目工作与活动分解方法是项目成本管理方法论的基础，因为项目成本管理要使用“基于活动的成本核算方法”（activity-based costing，ABC）去确定项目成本，要使用“基于活动的管理方法”（activity-based management，ABM）去控制项目的成本。由于项目成本的确定和控制都必须依赖这种项目工作与活动分解方法，因此这种方法就成了这一方法论模型的核心部分。

① 戚安邦. 工程项目全面造价管理. 天津：南开大学出版社，2000.

② 戚安邦. 项目全面集成管理原理与方法. 天津：南开大学出版社，2015.

③ 中国建设工程造价管理协会. 建设工程造价管理理论与实务（六）. 6版. 北京：中国计划出版社，2018.

2. 项目成本确定与控制的方法是主导

在图 5-2 的模型中间是项目成本确定和控制的两种方法，这是整个方法论中的主导内容，并且它们和项目工作与活动分解方法构成了现代项目成本管理方法体系的基础。这两类方法中所用的基于活动的成本核算和成本管理的方法，与国内财务会计专业所说的日常运营的“作业成本法”不同。关于这两种基于项目活动的成本管理方法后面会详细讨论。

3. 项目成本集成管理的方法是关键

图 5-2 中的项目全要素成本集成管理方法、项目全风险成本集成管理方法、项目全团队成本集成管理方法及项目全生命周期成本集成管理方法是这一方法论的组成部分，具体内容和做法分述如下。

1）项目全要素成本集成管理方法

这是在美国国防部的项目“成本/工期控制系统规范”或“项目挣值管理方法”的两要素集成的原理上发展而来的，是一种将项目成本要素与项目其他要素集成管理的方法。其核心是借用这种方法去实现对于项目成本更为有效的管理，因为项目成本管理必须考虑项目各种要素对于项目成本管理的影响。但项目挣值管理方法只是集成了项目成本和时间两个要素，所以本书作者研究和开发出了项目全要素成本集成管理的原理与方法。

2）项目全风险成本集成管理方法

这是集成管理项目确定性成本、风险性成本和完全不确定性成本的方法。图 5-3 给出了五种不确定性项目成本的概率分布情况，其中各具体项目活动成本的不确定性程度不同。代号为（1）的项目活动成本不确定性高（分布宽且发生概率低），可能成本等于零，也可能花很多钱；代号为（5）的项目活动成本发生概率低且分布宽，肯定会花很多钱但不知道确切要花多少；代号为（2）和（4）的项目活动成本发生概率高且分布窄，这种项目活动成本不确定性较低；而代号为（3）的项目活动成本发生概率很高且分布很窄，这就是实际中认定的确定性项目活动成本，因为实际中没有完全确定的项目活动成本。

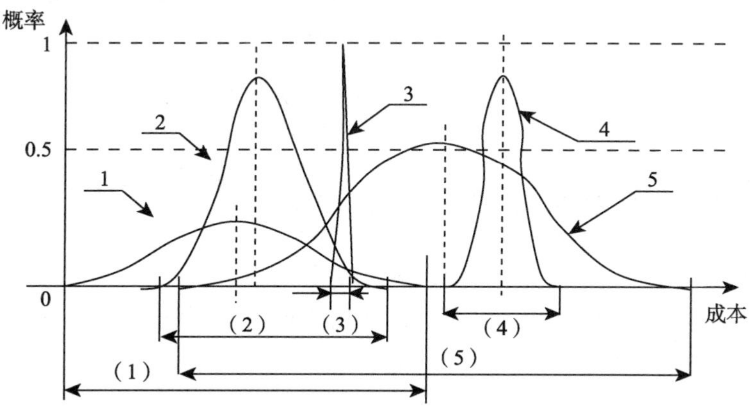

图 5-3　项目风险性成本分布示意图[①]

① 戚安邦，孙贤伟. 项目成本管理. 2 版. 北京：中国电力出版社，2017.

3）项目全团队成本集成管理方法

这是由项目全体相关方一起参与和共同做好项目成本管理的方法。由于项目各相关方有不同的利益，因此大家必须“求同存异”并形成合作伙伴式关系，进而通过项目全团队成本集成管理方法去实现项目价值最大化和项目价值分配合理化的这种项目成本管理的最高目标。项目相关方之间有两种关系：一是由法律协调的项目合同关系；二是由伦理道德协调的项目合作伙伴关系，这种项目合作伙伴关系多是借助项目促进人去实现的。这种促进人是一种利益独立于项目相关方且德高望重的项目专业人士，他可以作为中介去实现利益对立的项目相关方之间的沟通和协调，从而促进和提升项目成本与价值的全面管理效果，并由项目全团队去分享新增价值。项目全团队成员之间的合作关系需要共同签署项目合作伙伴协议来保障，内容包括平等合作关系和沟通规定与方法等。

4）项目全生命周期成本集成管理方法

项目生命周期理论是 RICS 最先提出的①，按照 RICS 的说法，项目全生命周期包括整个项目建造、项目运营及项目清除阶段，这些项目阶段的成本共同构成了一个项目的全生命周期的成本，其描述的公式如下。

$$\mathrm{LCC}=\min\{C_1+C_2+C_3\} \tag{5-3}$$

其中，C_1为项目的建造成本；C_2为项目的运营维护成本；C_3为项目的清除成本。

这种项目成本管理的原理和方法适合于各种不同行业和专业项目的成本管理，但是不同行业和专业领域的项目有其自己独特的项目全生命周期成本管理的方法。

4. 项目成本与价值集成管理方法是根本

图 5-2 中的项目成本与价值集成管理方法处于整个模型的最外圈，这表明该方法是整个项目成本管理方法论的集大成者。这种方法认为，项目成本管理的核心在于两个方面：一是努力节约项目的花费，二是努力提高项目的价值。但是这二者必须按照合理的配置关系去做好集成管理。换句话说，这种方法不仅要求开展“增产节约”和“开源节流”，还要求在较小增加项目成本的情况下能大大增加项目价值，从而实现项目成本与价值的全面集成管理。这是与其他项目成本管理原理与方法的根本区别，是管理好项目成本和价值的关键。

5.2 项目成本管理计划

这种计划是安排和确定如何开展项目成本估算、预算、管理、监督和控制工作的计划，其主要作用是在整个项目期间为如何管理项目成本提供政策、方针、指南、方法和方向。这种计划是项目管理计划整体的一个组成部分，必须与其他项目专项管理计划实现合理的配置关系，并根据项目集成计划的要求去做好这方面的计划安排。

---

① RICS. Life Cycle Costing：A Work Example. London：Surveyors Publication，1987.

5.2.1　项目成本管理计划制订的依据

项目成本管理计划是对于项目成本管理工作和过程进行的计划安排，其需要确保项目成本管理计划的有效性以及它与项目各专项管理计划之间的协调性，所以项目成本管理计划制订的主要依据包括下述方面。

1. 项目章程

项目章程规定了预先批准的项目财务资源和项目各个相关方的财务责权利安排，还给出了项目的目标和项目管理的大政方针，所以可据此确定出项目成本管理的计划安排。项目章程规定的项目及其变更审批程序也对项目成本管理工作有影响。

2. 项目各专项管理计划

项目成本管理计划所依据的项目管理计划的组件包括项目范围、质量、时间、资源和风险等方面的管理计划和项目专业计划。其中，项目范围、质量、时间、资源、风险管理计划都会影响项目成本管理计划的编制。

3. 项目外部环境情况

能够影响项目成本管理计划的外部环境因素包括：项目所需各种资源的市场条件、项目成本相关的商业信息、项目所需资源成本费率及相关信息、国家或地区的财政政策和货币政策、项目所在地区的劳动生产率等信息。

4. 项目内部条件情况

这包括项目实施组织的文化和组织结构等方面的信息，项目实施组织的财务控制程序和方法，组织现有的正式和非正式的项目成本估算与预算的有关政策、程序、方法及指南等，组织的财务数据库，经验教训知识库包含的信息。

5.2.2　项目成本管理计划制订的方法

项目成本管理计划制订的方法会因不同的组织而有所不同，可供选用的项目成本管理计划的方法主要有如下几种。

1. 模板法

多数项目承包商企业都有自己的项目成本管理计划的模板，所以它们使用最多的项目成本管理计划制订方法就是模板法。人们可以使用组织既有的项目成本管理计划模板，也可以使用此前完成的类似历史项目的成本管理计划作为模板，或借助他人的项目成本管理计划模板去制订新项目成本管理计划，但是这些模板必须符合国家的既定的财税政策和法规。

2. 专家法

对于从未开展过项目的组织而言，在制订项目成本管理计划的时候就需要用专家法，即借助具备专家经验或接受过相关培训的个人或小组的意见，去制订独特性很高的项目的成本管理计划。这种方法的关键在于限定专家或专家组，多数时候既要有技术专家、经济专家（微观和宏观经济政策分析），又要有财务专家和项目管理专家。

3. 会议法

项目团队或项目发起人可以借助举行项目成本管理计划编制会议的方法来制订

这种计划，这是一种借助会议去“集思广益”的项目成本管理计划制订方法。参会者可能包括：组织高管、项目经理、项目发起人、选定的项目团队成员、选定的项目相关方、项目成本和财务负责人，以及其他必要的项目管理人员。

4. 备选方案分析法

项目成本管理计划的制订还可以使用备选方案分析法，这种方法涉及对于多种项目成本管理工作的备选方案的分析和必选方法，主要包括：筹资的战略分析审查方法和比选方法（如自筹资金、股权投资、借贷投资等备选方案），项目资源的获取方案的分析方法和比选方法（如自制、采购、租用或租赁）等。

5.2.3 项目成本管理计划制订的结果

这一工作的结果就是给出一份项目成本管理计划书，所有项目成本管理的工作、过程、方法、工具与技术都应该包括在项目成本管理计划中，项目成本管理计划中的主要内容包括如下几个方面。

1. 项目成本管理的大政方针

这种计划中的首要内容是对于项目成本管理大政方针的规定和安排，如对于项目成本管理规则的安排（是使用项目全生命周期成本管理方法还是使用项目全过程管理方法）、项目筹资方面的大政方针（如自筹资金、股权投资、借贷投资等备选方案）以及项目资源获得方面的大政方针（如自制、采购、租用或租赁）等。

2. 项目成本管理的政策规定

这种计划中的第二项内容是对于项目成本管理具体政策的规定和安排，如对于项目成本估算的政策规定（是基于活动的估算还是基于定额的估算）、项目成本预算的政策规定（如财务会计和管理会计的合理使用条件规定）以及项目成本控制方面的政策规定（如应急储备和管理储备的使用政策）等。

3. 项目成本管理的细节安排

这种计划中的第三项内容是对于项目成本管理细节的安排，如对于项目成本的计量单位的规定（如选用人时数、人天数或人周数）、项目成本估算和预算的精确度（保留几位小数点）与准确度的规定（如±10%）、项目控制账号的规定、项目成本和绩效报告的规定（如报告格式和编制频率）、其他细节的规定等。

5.3 项目资源计划

项目资源计划是开展项目成本估算和预算的基础，由此生成的项目资源计划书是人们开展项目成本估算、成本预算和成本控制的基础与依据。

5.3.1 项目资源计划的概念

项目资源计划是根据项目资源需求、项目风险情况及其他一些项目信息，通过计划和安排的方法得出项目各项活动所需资源的计划安排结果。其实质是根据项目活动工期估算中的分析、假定和确定的项目资源需求，以及在项目风险识别中找出项目的风险情况，进而分析和确定出项目资源的计划与安排。任何项目都需要在项目成本估算和预算之前先确定其项目资源计划，不同国家的项目资源计划的名称会有所不同，有的国家称其为项目资源投入计划，有的国家称其为项目工料清单等。

1. 项目资源计划的分类

项目资源计划可以根据项目实施者的不同主要分为两种：一是自我开发项目的资源计划，二是承发包项目的资源计划。因为在自我开发项目中项目业主和实施者是同一个组织，所以不存在任何的资金跨组织支付和管理，因此这种项目资源计划具有自主性。但是在承发包项目资源计划中，由于有严格的项目合同义务，所以这种项目资源计划具有合同性。通常，前者相对比较粗略，后者相对比较详细。

2. 项目资源计划的主要工作

这方面的工作内容主要包括四方面：一是项目资源需求的数量和质量分析，二是项目资源需求与供给的风险分析，三是项目所需资源的风险储备确定，四是项目资源计划书的编制。其中，项目资源需求的分析是对在项目工期估算中所制定的项目资源需求的科学合理性的深入分析研究，而风险分析是为了计划安排应对风险所需要的资源储备。这种计划有时需要制订多种备选方案，然后比较这些方案的优劣而制订出计划。

3. 项目资源计划的构成内容

项目资源计划的内容是计划给出的项目所需资源的种类、数量、质量和投入时间。其中，项目所需资源的种类是指项目各项活动所需的人力资源、物力资源、设备资源、信息资源、财力资源等资源的种类，项目所需资源的数量是指项目各项活动所需的不同种类资源的数量要求，项目所需资源的质量是指项目各项活动所需各类项目资源的品质要求，而项目所需资源的投入时间是指何时项目资源会投入使用。

4. 项目资源计划的主要依据

项目资源计划的主要依据有两个：一是在项目工期估算中所生成的项目资源需求的信息，这属于项目资源需求情况的预测方面的信息；二是项目资源需求与供给方面的风险信息，这是从项目风险评估工作中得到的信息，是确定项目资源计划裕量或储备的依据。所以人们必须获得这两方面的信息之后才能制订出合格的项目资源计划。

5.3.2　项目资源计划的影响因素

这是指在制订项目资源计划中人们需要考虑的那些相关影响因素，以便借此制订出科学可靠的项目资源计划。通常，项目资源计划的主要影响因素如下。

1. 项目资源的需求情况

这是在项目全过程中人们开展各种项目活动所需占用和消耗的各种资源的数量、质量和投入时间等需求情况，这既是项目资源计划的依据，也是影响项目资源计划的主要因素。通常，如果项目活动和项目进度计划比较详细，则项目资源需求的计划安排就会比较准确，所以项目资源的需求情况是影响项目资源计划制订的首要因素。

2. 项目资源的供给情况

这包括两方面：一是项目所需资源的供给能力（自给和外供），二是项目所需资源的获得时间。前者是指项目能否获得所需的各种资源，后者是指项目能否在其需要的时间获得其所需的资源，这两方面的情况都是直接影响项目资源计划制订的主要因素，因为项目所需资源供给情况的好坏决定了项目获取资源的风险情况。

3. 项目活动的发展变化情况

如果项目活动出现发展变化，就会直接造成项目所需资源的变动，所以这也是影响项目资源计划的主要因素。因为只有开展项目活动才会占用和消耗资源，所以当项目活动内容或规模发生变化时，项目活动所需资源就必然会发生变化。另外，项目活动进度发生变化时，项目资源需求计划也会发生变化，所以这也是项目资源计划的影响因素。

4. 项目资源的市场变化情况

这包括项目所需资源的市场价格变化、市场供给能力变化、供应商或承发包的变化等各种情况。这些市场变化情况会影响项目所需资源的供给数量、价格和供给时间，所以这也是影响项目资源计划的主要因素，如项目所需进口资源的供应商、运输商、保险商及通关缴税等情况的发展变化，都会直接影响项目资源的计划与安排。

5.3.3 项目资源计划制订的依据

项目资源计划制订的依据主要有三个，具体讨论如下。

1. 项目所需资源数量和质量方面的依据

这主要包括项目范围计划文件、项目集成计划文件、项目时间计划文件、项目资源需求及其细节文件、项目活动及其所需资源的假设前提条件与约束条件等。这些都是人们在编制项目资源计划的过程中决定项目资源计划的数量和质量方面的依据。

2. 项目所需资源的投入时间方面的依据

这主要包括项目进度计划、项目时间管理计划、项目各项活动所需资源的投入时间信息、项目活动及其所需资源投入时间和占用时间发展变化的预测等。这些都是编制项目资源计划中决定项目所需资源投入时间及其发展变化方面的依据。

3. 项目所需资源供给和市场方面的依据

这主要包括各项目活动所需资源的市场供应情况、供应商或承包商的信息、相应的国家宏观与微观政策情况、已识别项目风险相关信息、项目所处环境与条件等方面的信息。这些也都是决定项目所需资源发展变化及其应对措施的依据。

5.3.4 项目资源计划的方法

项目资源计划的主要方法有三种，其具体做法分述如下。

1. 企业定额法

这是根据企业（主要指承包商）在众多项目实施过程中得到并确定的项目资源消耗或占用的定额（包括劳动定额和材料消耗定额等）去编制项目资源计划的方法。人们也可以借助同类企业的项目所需占用和消耗资源的统计资料的平均水平去制定这种定额，通常根据这种企业“标准定额”去编制项目资源计划是相对科学和可靠的。

2. 工料测量法

这种方法最早在英国和众多英联邦成员国的工程项目中获得广泛的应用，我国在 2003 年根据这种方法提出了自己的《建设工程工程量清单计价规范》(GB 50500—2003)，后来发展到 GB 50500—2013，最新的《建设工程工程量清单计价标准》仍在制定中，只是已经确定将这一国家强制性标准改为国家推荐性标准。有关这种方法的具体做法可用表 5-1 给出示意，需要注意的是表 5-1 给出的方法中包括了管理活动的资源需求。

表 5-1　项目资源计划的工料测量法示意表

项目阶段	工作包代码	工作包名称	活动代码	活动名称	责任人	活动描述	所需资源	单位	数量
定义与决策	101	定义工作							
1			101.1	提出提案	工程师	编写项目的提案	人工	小时	10
							纸张	千克	2
			101.2	可行分析	经济师	可行性分析研究	人工	小时	20
							纸张	千克	2
							计算机	台	3
			101.3	可行审批		…	…	…	…
…	…	…	…	…	…	…	…	…	…
全部项目	…	…	…	…	…	…	…	…	…

3. 统计资料法

这是使用市场上存在的商业数据库或具有统计意义的数据资料，采用统计分析的方法确定项目活动所需资源计划安排的方法。这种方法以具有统计意义的各种项目所需资源消耗量或占用量的平均水平和先进水平为依据，去制定具体项目的资源计划安排。这种方法需要项目成本管理咨询公司提供统计资料，主要是在欧美的市场型国家使用。

5.3.5　项目资源计划的结果

项目资源计划的结果主要包括如下两个方面。

1. 项目资源计划书

这是对完成项目活动所需资源的计划安排文件，是对项目活动所需资源种类、资源数量、资源的使用方式（是消耗性还是占用性资源）以及投入时间的计划安排，这包括对项目所需人力资源、物料资源、设备和其他资源的计划与安排。项目资源计划书中的主要指标是资源的实物量（工时或工日）和劳动量指标（吨、千克、米等），同时为了便于项目资源的投入也需要使用其他的一些指标对项目资源计划进行必要的描述。

2. 相关支持细节文件

这是对于项目资源计划文件细节的说明文件，是项目资源计划书的附件。其主要内容包括：项目资源计划的依据与细节说明、项目资源计划的制订方法与细节说明、项目资源计划的各种假设前提条件的细节说明、各种假定项目所需资源水平的细节说明、项目资源定额或标准方面的细节说明、项目资源计划可能的变动范围的细节说明等。

5.4 项目成本估算

项目成本估算是通过分析和估计去确定项目成本的工作，相关概念分述如下。

5.4.1 项目成本估算的概念

项目成本估算是指根据项目资源计划和各种项目所需资源的市场价格及其发展变化信息（如价格指数），通过估算和预计得到项目各种活动成本与项目总成本的工作。按照承发包合同实施的项目需要仔细地区分项目业主的成本估算和项目承包商的成本估算，因为二者所涵盖的项目范畴和内容是不同的。另外，多数小项目的成本估算会和项目成本预算合并进行，从而使这两个项目成本管理的内容合二为一。

1. 项目成本估算精度的分类

根据估算精度可划分出多种项目成本估算工作，项目成本估算的精度取决于项目成本估算中所拥有的信息完备程度，如建设项目的成本估算可分为成本初步估算、设计概算和详细估算。在建设项目成本初步估算阶段，项目许多细节尚未确定而导致人们只能粗略地估计项目成本。在建设项目设计概算阶段，项目扩初设计完成而使人们用较为详细的信息去估算项目成本。到了建设项目详细估算时，项目施工图设计已完成而使得人们可以根据详细设计去更为精确地估算项目成本。由此可知，项目成本估算是一个逐步细化的工作，在项目不同阶段会有不同精度的成本估算结果。

2. 项目成本估算的主要工作

这包括：获得项目所需资源的市场价格和价格信息、制定和划分好项目成本估算的具体科目、估计和确定项目所需资源的成本数额等。例如，建设项目成本估算先要获得项目所需资源的市场价格和价格信息，然后将项目每项活动所需资源划分成占用资源与消耗资源两个一级科目，进一步将项目成本按照人工费、设备费、物料费、管理费、咨询费等划分成多个二级科目，更进一步细分还可划分出三级科目，最终确定出各级科目估算结果。另外，项目成本估算有时还需按不同的项目实施和采购方案去分别做出不同方案的项目成本估算的工作，然后去选择最优的项目实施和采购方案。

3. 项目成本估算的结果

项目成本估算的结果是得到一份项目成本估算书，这是日后人们开展项目成本预算的依据。对于承发包项目而言，项目业主和项目承包商的项目成本估算书因其所涵盖的项目工作内容和范围的不同而会有所不同。通常，项目承包商的项目成本估算书内容包括项目单项活动成本估算和整个项目成本估算，项目业主的成本估算还需要加上各种规费、承包商利润及国家税金等。另外，按照项目承发包合同的不同（如综合单价法、固定总价法和成本加成法等）去编制项目成本估算书。

5.4.2　项目成本估算的影响因素

项目成本估算的精度和可靠性受到很多因素的影响，这方面的主要因素如下。

1. 项目阶段划分的影响因素

不同的项目阶段划分会直接影响项目成本估算的结果，按照项目不同阶段可以将项目成本分成如下几个部分。

1）项目定义与决策阶段的成本

项目定义与决策阶段是项目的首要阶段（国内称为项目前期阶段），这一阶段的项目成本确定情况会直接影响项目的成败。科学定义和决策项目就需要开展各种调查研究、收集信息和经济与技术可行性研究的工作，以便能做出正确的项目决策。这些项目定义与决策工作都需要占用或耗用资源，从而形成该阶段的成本，即项目定义与决策工作的成本。如果项目定义与决策工作的成本估算不足，就会造成项目的“先天不足”（即项目前期研究深度不够），从而导致项目的损失。

2）项目设计与计划阶段的成本

在人们做出项目决策之后，项目就进入设计与计划阶段，每个项目都必须开展项目设计与计划阶段的工作。例如，建设项目需要开展项目初步设计、技术设计和施工图设计的工作，同时还需要开展项目集成计划和项目专项计划的工作。这些项目设计与计划工作同样也会发生项目成本，这方面项目成本估算的精度也直接影响项目的成败和绩效，因为若这个阶段的成本估算不足就会因项目设计深度不足而造成损失。

3）项目采购与获得阶段的成本

这包括为获得项目所需资源而开展的询价、选择供应商、承发包和招投标、签订采购合同等工作所形成的成本，也是项目总成本的重要组成部分。例如，项目所需进口设备的采购中询价、供应商选择、合同谈判、合同履约、设备运输、运输保险、通关缴税、国内运输等工作都会发生项目采购与获得的成本。这方面的成本估算容易出现漏项（如漏掉运费），所以这方面的项目成本估算须按照完全成本去进行。

4）项目实施与作业阶段的成本

这是为生成项目产出物所占用和消耗的资源形成的作业成本，这种项目成本的主要科目包括：项目人工成本（工资、津贴、奖金等）、项目设备费用（使用设备、仪器和工具等的费用）、项目物料成本（各种原材料的成本）、项目顾问费用（专家技术人员、咨询师或专业顾问的成本）、项目其他费用和项目不可预见费用等。由于项目实施与作业的工作成本是项目总成本的主要部分，因此它是项目成本管理的主要对象。

5）项目完工与交付阶段的成本

在项目实施完成以后，人们还需要开展项目管理终结和项目合同终结等一系列的项目完工与交付方面的工作，这些工作也需要占用和消耗资源，从而形成项目实施与作业用于交付工作的成本。其中，项目管理终结的成本是开展项目完工与验收的准备工作所需的项目成本，项目合同终结的成本是在项目业主和项目实施者验收与交付项目成果以及办理项目合同终结手续等方面所发生的项目成本。

2. 项目成本估算的主要影响因素

影响项目成本估算的因素也有许多，而且不同专业应用领域中的项目成本估算的影响因素也不同，但是主要的影响因素有如下几个方面。

1）项目所需资源的数量和价格

这是两个主要影响因素，即项目活动消耗与占用资源的数量因素、项目活动消耗与占用资源的价格因素。所以在项目成本估算中人们必须考虑这两个要素的影响，以便科学地估算出项目活动成本和项目总成本。其中，前者是第一位的，后者是第二位的，因为项目所需消耗与占用资源的数量是内部因素，而项目所需消耗与占用资源的价格是市场决定的外部因素。

2）项目所需资源的投入时间

项目所需消耗或占用的资源都是在既定时点或时期中发生的，所以项目成本估算受项目所需资源投入时间的直接影响。由于项目成本或投资都具有时间价值，因此等额价值量的资源在不同时间被消耗或占用会造成一定的价值差额。项目消耗或占用的资源均会形成对于货币资金的占用，而占用货币资金的时间价值会表现为一定的基准利润率或利息率，所以项目所需资源的投入时间也是项目成本的重要影响因素。

3）项目所需资源的质量要求

项目所需资源的质量要求也是影响项目成本的主要因素。这种质量要求包括两方面：一是项目所需占用或消耗资源质量的等级（一等品或二等品）的要求，二是项目所需占用或消耗资源在既定等级下的具体质量指标的要求。这两方面的要求都会对项目活动成本和项目总成本造成影响，因为项目所需资源的质量要求越高，项目成本就会越高。

综上所述，在项目成本估算中必须考虑项目所需占用或消耗资源的数量和价格、投入时间和质量要求，只有全面考虑这些因素的影响才能正确估算项目成本。

5.4.3 项目成本估算的依据

项目成本估算的依据有很多，图 5-4 给出了不同项目成本估算精度所需的主要依据。

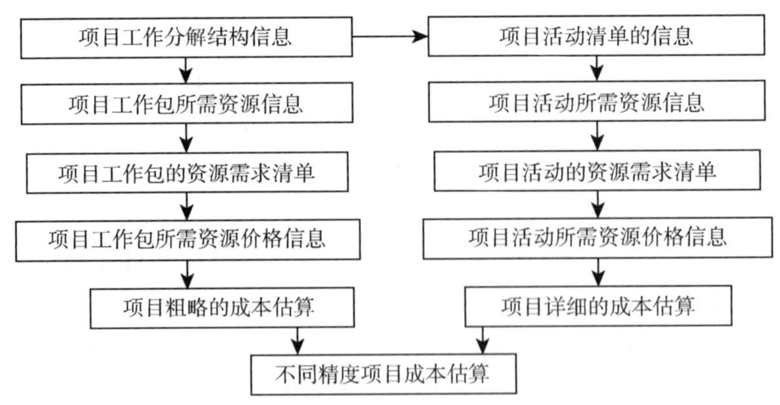

图 5-4 项目成本估算及其依据示意图

由图 5-4 可知，项目成本估算可以是按照项目工作包开展的相对粗略的项目成本估算，也可以是基于活动的相对详细的项目成本估算，具体内容分述如下。

1. 项目工作包和项目活动的信息

这是两类不同精度的项目成本估算的依据，按照项目 WBS 给出的项目工作包信息是项目成本初步估算的依据,按照项目活动清单给出的信息是项目成本详细估算的依据。

2. 项目工作包和项目活动所需资源的信息

这也是两类不同精度的项目成本估算的依据，项目工作包所需资源的信息是项目成本初步估算所需的依据，项目活动所需资源的信息是项目成本详细估算所需的依据。

3. 项目工作包和项目活动所需资源的价格信息

这同样是两类不同精度的项目成本估算的依据，其中，项目工作包所需资源的价格信息用于项目成本初步估算，项目活动所需资源的价格信息用于项目成本详细估算。

4. 项目专项管理计划信息

这包括项目成本管理计划（它描述了估算方法以及成本估算需要达到的准确度和精确度）、项目质量管理计划、项目范围管理计划和项目集成计划等方面的信息。

5. 项目文件方面的信息

这包括经验教训登记册（尤其是早期与制定项目成本估算有关的经验教训）、项目进度计划、项目资源需求文件、项目风险登记册等方面的信息。

6. 项目环境与条件的信息

影响项目成本估算的事业环境因素包括：资源市场条件、公开发布的相关商业信息（资源成本费率等信息）、汇率和通货膨胀率的信息、组织成本估算政策和模板等。

5.4.4　项目成本估算的方法

项目成本估算的方法主要有类比估算法、参数估计法、工料清单法、标准定额法、统计资料法、三点估算法等。

1. 类比估算法

这种方法的估算结果比较粗略，用在项目成本估算精确度要求不高的情况。这是通过比照已完成的历史类似项目的实际成本去估算出新项目成本的方法。类比估算法比其他方法简便易行、费用低，但精度也低，有统计资料显示其误差一般在±30%。有两种情况可用作类比对象：一是以前完成过的类似项目，二是同等项目成本估算精度的项目。由于项目的独特性和一次性，多数项目不具备可比性，很难找到类比的对象，但这种方法是一种基于实际经验和历史数据进行估算的方法，所以有较高可信度。

2. 参数估计法

这种方法的估算结果也比较粗略，这是利用项目特性参数通过建立相应的数学模型来估算项目成本的方法。例如，工业投资项目可以使用项目生产能力作参数，而民用住宅项目可以使用每平方米的单价等作参数去估算项目的成本。此法需要使用项目成本参数估算公式，其关键在于参数的确定。这种方法不考虑项目成本的细节，只是针对不同项目的成本参数进行估算。有统计资料显示，这种项目成本估算方法的误差在±20%。由于此法的参数和公式多是经过校验的，因此此法的可信度也比较高。

上述两种项目成本估算方法都属于自上而下的项目成本估算方法。

3. 工料清单法

这种方法是先给出项目活动的工料清单，然后用这种工料清单进行项目活动的成本估算，最后向上滚动加总得到项目总成本的估算。这种方法的估算耗时耗力，但估算精确度很高，其误差可以达到±10%，甚至可高达±5%。这种方法的示意可见表 5-2，由表可知这种方法综合考虑了项目时间和成本两个要素。我国和英联邦成员国都是使用这种项目成本估算方法（我国 GB 50500—2013 就是这种方法的规范）。

表 5-2 项目成本估算的工料清单法示意表

项目阶段	工作包代码	工作包名称	活动代码	活动名称	责任人	活动描述	单位	单价/万元	数量	成本/万元	总成本/万元
定义与决策	101	定义工作									11 000
1			101.1	提出提案	工程师	编写项目的提案	小时	300	10	3 000	
			101.2	可行分析	经济师	可行性分析研究	小时	400	20	8 000	
	102	决策工作									10 000
			102.1	评估报告	咨询师	评价分析报告	小时	600	0	0	
			102.2	做出决策	经理	制定项目的决策	小时	1 000	10	10 000	
设计与计划	201	设计工作									86 000
2			201.1	建筑设计	建筑师	建筑图纸设计	小时	600	40	24 000	
			201.2	结构设计	结构师	结构图纸设计	小时	500	60	30 000	
			201.3	施工设计	工程师	施工图纸设计	小时	400	80	32 000	
	202	计划工作									
			202.1	集成计划	经理	集成计划编制	小时	600	40	24 000	
…	…	…	…	…	…	…	…	…	…	…	…
完工与交付	401	管理终结									16 000
4			401.1	整理文件	管理者	编写总结文件	小时	500	20	10 000	
			401.2	评估确认	经理	评估工作并确认	小时	600	10	6 000	
	402	合同终结									18 000
			402.1	合同验收	工程师	组织完工验收	小时	400	30	12 000	
			402.2	合同终止	经理	办理合同终结	小时	600	10	6 000	
全部项目	总成本的估算为 1 456 700 万元										

4. 标准定额法

这是指使用企业或行业的“标准定额”去估算项目成本的方法，这种项目成本估算方法也是比较精确的。这种方法使用企业或行业积累和不断更新的项目“标准定额”（包括工时定额、材料定额、费用定额等）去估算项目的详细成本，所以这种项目活动成本管理方法最大的特点是符合企业或行业的实际情况。特别需要指出的是，国际公认的项目承发包准则认定任何低于成本价的投标都是违法的，而这种成本估算方法正是依据企业或行业的“标准定额”去估算成本，由此证明项目投标报价不低于项目成本。

5. 统计资料法

这种方法包括两类：一是使用企业的历史类似项目统计资料进行项目成本估算的方法，二是使用市场上咨询机构提供的商业数据库的统计资料进行项目成本估算的方法。这两种方法都必须给出具有统计意义的项目所需资源的平均水平和先进水平，以及项目所需资源的价格信息等数据，这样人们就可以使用这些数据去做出项目成本的估算。实际上后一种方法就是使用项目管理咨询公司进行咨询的项目成本估算方法，由于这类方法更接近实际情况，所以也是国际上通行的项目成本估算方法。

上述这三种项目成本估算方法都属于自下而上的项目成本估算方法。

6. 三点估算法

这种方法主要用于估算不确定性与风险性项目成本，需要使用三种估算值：一是最可能成本（c_M），二是最乐观成本（c_O），三是最悲观成本（c_P）。然后根据这三种估算值的假定分布情况计算得到预期成本（c_E）。常用的两种计算公式为：三角分布，$c_E = (c_O + c_M + c_P) / 3$；贝塔分布，$c_E = (c_O + 4c_M + c_P) / 6$。由此可见，这种三点估算法充分考虑了项目风险造成的最乐观、最悲观和最可能情况下的项目成本。这种方法是一种统计和概率估算的项目成本估算方法。

5.4.5 项目成本估算的结果

项目成本估算的结果主要包括如下几个方面。

1. 项目成本估算书

这是项目成本估算所生成的文件，项目成本估算书中包括对完成项目可能需要的成本、应对已识别风险的应急储备，以及应对计划外工作的管理储备的量化估算。项目成本估算书应覆盖项目所需全部资源，包括人工、材料、设备、服务、设施、信息、融资成本（利息等）、通货膨胀补贴、汇率或成本应急储备等。

2. 项目成本估算的依据与细节

这主要包括：项目成本估算所依据的文件、项目成本估算所使用的方法、项目成本估算的全部假设条件的文件和已知制约因素的文件、已识别的在估算成本时应考虑的风险的文件、项目成本估算精度的说明，以及项目成本估算的置信水平或区间的说明等。

3. 项目计划和项目文件的更新

由于在项目成本估算中会发现受投资限制而不得不对项目进行变更的情况，所以现有的众多项目专项管理计划和业务计划可能都需要进行某种程度的更新。最为重要的是在项目成本估算过程中需要更新某些项目文件，这包括项目假设日志、项目经验教训登记册、风险登记册等。

5.5 项目成本预算

项目成本估算完成以后，人们就可以在此基础上开展项目成本预算。项目成本预算就是一种制定项目成本控制基准的项目成本管理工作。

5.5.1 项目成本预算的概念

任何项目都需要有成本预算，而且项目业主和项目承包商也都有自己的项目成本预算，这是他们各自开展项目成本管理和控制的基础与出发点。项目成本预算的制定是一个汇总所有项目活动或工作包成本的项目总预算的工作，这种项目总预算经批准后会成为项目成本控制基准。项目成本预算需包括经批准可用于项目实施的全部资金，以及应对项目风险的项目应急储备和项目管理储备。有关的概念分述如下。

1. 项目成本预算以项目成本估算为基础

项目成本预算是在项目成本估算工作给出的项目成本估算文件和相关信息的基础上，通过增加一定的项目成本"计划裕量"而形成的。通常，不管是项目业主还是承包商都需要根据项目风险情况增加项目成本的"计划裕量"，从而形成项目成本预算，这种计划裕量也被称为项目成本的应急储备（或项目不可预见费）和管理储备。

2. 项目成本预算是项目成本控制的基线

项目成本预算包括项目成本总预算，项目各阶段、项目各工作包和项目具体活动的成本预算。项目成本预算中既包括项目所需资源的成本，也包括项目风险管理的成本储备，所以项目成本预算是项目成本控制的基线。因此项目成本预算包括三大部分：确定性项目成本预算、风险性项目成本预算和完全不确定性项目成本预算。

3. 项目成本预算的工作步骤和内容

项目成本预算工作的具体步骤和内容包括：首先，由项目承包商（实施者）根据项目成本估算等信息编制出承包商的项目成本预算；其次，由项目承包商据此提出项目的合同报价，进而由项目业主与承包商共同确定项目合同造价；最后，项目业主安排好自己的风险成本后获得项目业主的成本预算，这些项目成本预算的关系如图 5-5 所示。

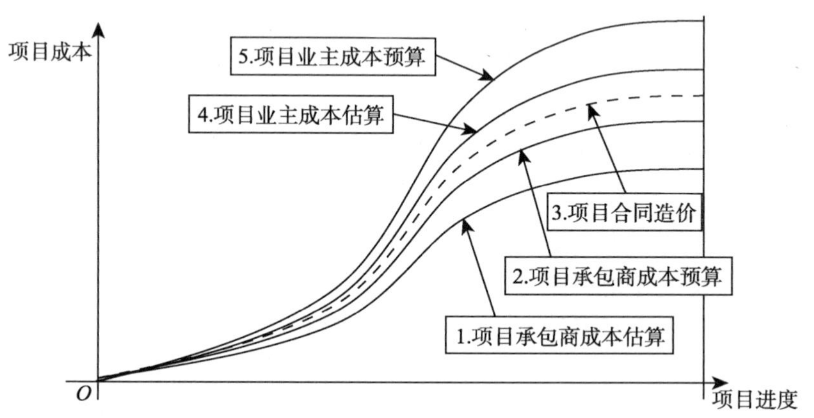

图 5-5 项目业主和承包商成本预算的关系示意图

4. 项目成本预算具体内容的说明

如图 5-5 所示，项目承包商的成本预算是按基于活动的项目成本核算方法确定的，项目承包商将项目成本预算加上利润和税金等提出项目合同造价，然后项目承包商和业主协商确定出项目合同造价，再进一步由项目业主根据项目合同造价确定出自己的项目成本估算，最后项目业主在其成本估算的基础上增加项目风险管理储备费用而确定自己的项目成本预算。实际上项目业主还需要制定项目收入预算，以便他们能够清楚地知道所能获得的项目收益或项目盈利。

5.5.2　项目成本预算的依据

项目成本预算编制的主要依据有如下几个。

1. 项目成本估算文件

这是项目成本预算最主要的依据。其中，项目承包商的成本预算是根据其项目成本估算结果制定的，而项目业主的成本预算是根据项目合同造价和项目风险成本估算制定的。需要指出的是：确定项目合同造价的过程是由项目承包商在投标书中提出投标报价，然后项目业主从诸多承包商的报价中选定最合理的报价，最后经过双方协商谈判确定出项目合同造价，所以这是一种双方合意表达的项目合同造价。

2. 项目 WBS 和进度计划文件

这两项都是项目成本预算的重要依据，因为项目成本预算都是按照基本活动的成本核算方法确定的。同时，项目进度计划文件中有关项目各活动的起始与终结时间规定也是关于项目成本预算投入时间确定方面的依据。项目活动清单和项目进度计划通常是由项目业主与项目承包商二者共同商定的（或通过招投标程序确定）。

3. 项目文件及其相关信息

这方面的项目文件包括：项目风险登记册（用于确定项目风险应对成本），项目的商业论证（其中给出了项目财务成功的因素），项目合同或协议（协议中有项目或成本预算所需信息），项目环境与条件的发展变化情况，组织现有的正式和非正式的与成本预算有关的政策、程序和指南，项目成本预算的工具和方法等。

4. 其他项目计划文件和相关的信息

在编制项目成本预算时还应考虑项目集成计划、项目各专项管理计划和项目专项业务计划等文件。另外，项目其他方面的信息也是项目成本预算的依据，这包括项目实施组织所获得的项目相关信息、社会化商业数据库信息及各种社会化统计资料等。项目团队的相关知识、技能和经验也都是这方面的信息。

5.5.3　项目成本预算的步骤

项目成本预算的主要工作是给出项目在何时需要花费多少成本的计划和安排，这种项目的预算结果可用二维坐标的“时点指标”的描述方法给出。对于项目承包商而言，这种项目成本预算的几何描述多数时间呈“S”曲线，具体由图5-6 给出示意。

由图 5-6 可以看出，项目承包商成本预算曲线中包括两个维度：一是项目成本预算额，二是项目成本预算的投入时间。需特别注意的是，项目承包商的项目成本估算、项

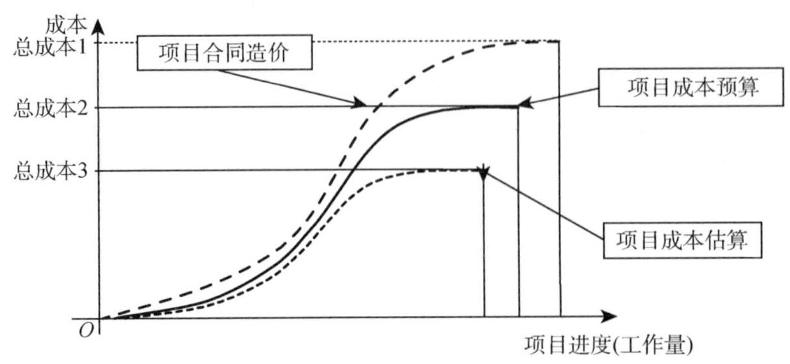

图 5-6 项目承包商的成本预算“S”曲线示意图

目成本预算和项目合同造价之间的关系为：项目承包商的成本预算高于其项目成本估算，因为预算中增加了项目风险性成本；而项目合同造价高于其项目成本预算，因为项目合同造价中增加了承包商利润和国家税金等。同样，项目业主的成本预算也必须在项目合同造价的基础上留有足够的项目风险的管理储备，因为如果这种项目业主的管理储备不足，最终会使项目全过程中出现风险的时候没有足够的资源去进行风险应对，从而给项目业主造成更多不必要的损失（如烂尾工程等）。为此，在项目业主和承包商的项目成本预算中必须很好地完成如下工作或步骤。

1. 确定项目具体活动的成本预算

人们先要根据项目所需开展的活动和具体活动所需的资源情况，以及项目活动的风险性情况，分析和确定出项目活动的成本估算及项目活动的成本预算。

2. 确定项目具体活动成本预算的投入时间

人们需要根据项目进度计划和项目活动开展的时点与时期，进一步确定出项目具体活动的成本预算投入时间，为累计获得项目成本总预算及其“S”曲线奠定基础。

3. 确定项目预算中的应急储备和管理储备

人们要根据项目活动风险信息确定应急储备和管理储备，以作为应对项目活动风险的成本部分，应对项目活动风险的成本也是项目总预算的依据和组成部分。

4. 确定出项目各种成本的总预算

当人们确定出项目各项活动的成本和应对项目活动风险的成本之后，就可以汇总而确定出承包商的项目总成本预算，进而确定出项目合同造价和项目业主总预算的结果。

5. 确定给出项目成本总预算的“S”曲线

根据汇总得到的项目总预算数据，采用项目成本和项目进度的二维坐标图描点连线方法可给出项目总预算的“S”曲线（图 5-5 和图 5-6）。

5.5.4 项目成本预算的方法

由于影响项目成本预算的因素很多，所以项目成本预算的方法也有很多种。在项目成本管理中主要的项目成本预算方法包括如下几种。

1. 交叉检验的项目成本预算方法

这种方法是使用财务会计和管理会计两类方法去计划和确定项目成本预算的方法，多数承包商的项目预算会使用这两类方法。这种方法借助财务会计和管理会计两方面的交叉检验去获得最终的项目成本预算。其中，财务会计是为了遵守国家财税制度服务的，而管理会计是为了满足企业管理决策服务的，二者交叉检验可以满足合法和营利两方面的要求。表 5-3 给出了这种方法的示意，是一份项目承包商编制的预算表的案例情况。表 5-3 中“销售成本”栏是人们按照管理会计成本核算确定的项目成本预算，而“记账成本”栏是按照财务会计成本核算确定的项目成本预算，二者之间的“差异”给出了这两类项目成本预算方法共同交叉检验所获得的差异值（为正则好，为负会出现亏损）。表 5-3 中的项目成本预算有三级科目，其中，一级科目有两项（标号 1 和 2）。“人工费”属于项目占用资源成本范畴（资源占用时间长短决定成本高低）；“非人工费”属于项目消耗资源成本范畴（资源的全部价值都转入了项目）。一级科目下还有两级科目，二级科目标号是 1.01, 1.02, 1.03, …，三级科目标号是 1.01.01, 1.01.02, 1.01.03, …。

表 5-3 某公司某石油管道项目承包商预算书

项目业主：某石油天然气公司　　　　合同造价：3 369 880 元

标号	成本科目与子科目	科目描述	单位	数量	销售成本 *A*	记账成本 *B*	差异 *C*=*A*−*B*
1	非人工费（注：这是项目消耗资源成本科目）				3 055 189	3 049 358	5 831
1.01	HNWE 硬件成本				314 426	316 053	−1 627
1.01.01	TPS 系统						—
1.01.02	SMS				314 426	316 053	−1627
1.01.03	现场度量机构						—
1.02	HNWE 软件成本				89 839	89 839	—
1.02.01	厂区范围软件				89 839	89 839	—
1.03	计算机设备				123 063	123 063	—
1.03.01	计算机				46 781	46 781	—
1.03.02	外围设备				7 488	7 488	—
1.03.03	软件						—
1.03.04	网络				68 794	68 794	—
1.04	外部采购一（标准件）						—
1.04.01	省略	省略			省略	省略	—
1.05	外部采购二（非标准件）						
1.05.01	省略	省略			省略	省略	—
1.06	外部采购三（物流服务）				5 000	5 000	—
1.06.01	运输费				2 500	2 500	—
1.06.02	包装费				2 500	2 500	—
1.06.03	通关费						—
1.07	设备控制板（控制板部分）				1 124 689	1 126 532	−1 843
1.07.01	电控面板和 MCC						—
1.07.02	其他				1 124 689	1 126 532	−1 843
1.08	分包一（安装）						—

续表

标号	成本科目与子科目	科目描述	单位	数量	销售成本 A	记账成本 B	差异 $C=A-B$
1.08.01	省略	省略			省略	省略	—
1.09	分包二（软件工程）				1 306 851	1 304 488	2 363
1.09.01	测试与服务						—
1.09.02	低成本工程				1 306 851	1 304 488	2 363
1.10	分包三（与客户相关的成本）				17 740	20 748	−3 008
1.10.01	客户海外培训				17 740	17 740	—
1.10.02	客户国内培训					2 728	−2 728
1.10.03	客户培训与学习						—
1.10.04	客户会议					280	−280
1.11	现场服务和出差（HNWE 公司人员）					21 900	−21 900
1.11.01	工程师海外培训					21 900	−21 900
1.11.02	工程师中国培训						—
1.12	担保成本				8 820	8 848	−28
1.12.01	Hi-Spec 软件担保						—
1.12.02	厂区范围软件担保				3 260	3 260	—
1.12.03	SMS 担保				5 560	5 588	−28
1.13	财务费用				14 204	2 049	12 155
1.13. 01	银行保函费用				1 944	2 049	−105
1.13. 02	机会成本				12 260		12 260
1.14	咨询费用				50 548	50 548	—
1.14.01	投标费				50 548	50 548	—
1.14.02	咨询劳务费						—
2	人工费（注：这是项目占用资源成本科目）				28 120	45 751	−17 631
2.01	项目管理				16 970	37 183	−20 213
2.01.01	项目准备						
2.01.02	项目计划				10 632	17 241	−6 609
2.01.03	项目控制				4 617	15 650	−11 033
2.01.04	项目会议					960	−960
2.01.05	项目合同管理				1 721	3 331	−1 610
2.02	项目设计				10 800	3 609	7 191
2.02.01	项目功能指标设计						—
2.02.02	项目软硬件设计				10 800	3 609	7 191
2.03	项目安装和现场管理						—
2.03.01	项目现场监理				350	3 360	−3 010
2.03.02	项目阶段/FAT 管理					1 400	−1 400

续表

标号	成本科目与子科目	科目描述	单位	数量	销售成本 A	记账成本 B	差异 $C=A-B$
2.03.03	项目现场接收测试				350	1 960	−1 610
2.04	项目实施服务					1 600	−1 600
2.04.01	项目现场实施监理						—
2.04.02	项目实施培训					1 600	−1 600
项目总成本					3 083 309	3 095 110	−11 801
项目毛利					286 571	272 770	13 801
项目毛利率					8.50%	8.15%	0.35%

2. 项目成本预算的甘特图法

这种方法利用甘特图中包含的各项项目活动信息进行项目活动的预算，最终汇总给出项目总预算。图5-7 给出了这种方法的示意，由图 5-7 中可知，这种方法首先利用甘特图给出的项目进度计划，在甘特图最下方一栏中给出项目活动的成本预算及其累计值，从而编制出一个十分直观的项目成本预算计划书。这种方法将甘特图的项目进度和项目成本预算信息结合起来，所以是一种项目成本和进度的集成方法。

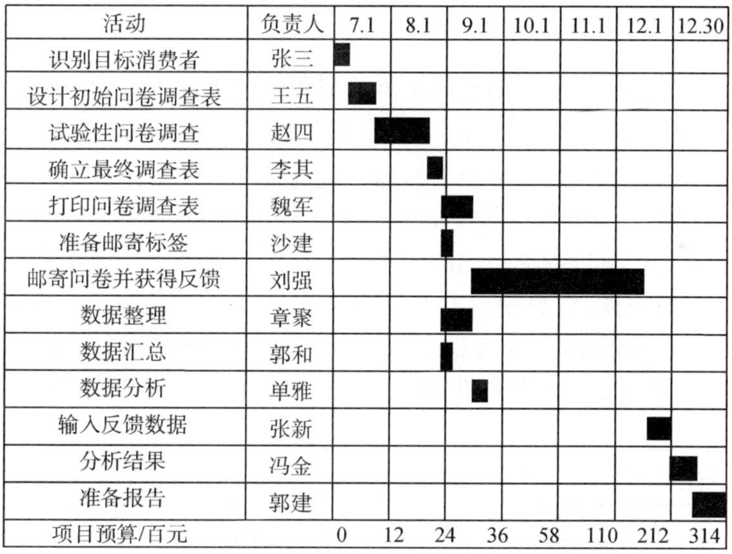

活动	负责人	7.1	8.1	9.1	10.1	11.1	12.1	12.30
识别目标消费者	张三							
设计初始问卷调查表	王五							
试验性问卷调查	赵四							
确立最终调查表	李其							
打印问卷调查表	魏军							
准备邮寄标签	沙建							
邮寄问卷并获得反馈	刘强							
数据整理	章聚							
数据汇总	郭和							
数据分析	单雅							
输入反馈数据	张新							
分析结果	冯金							
准备报告	郭建							
项目预算/百元		0	12	24	36	58	110	212	314

图 5-7　带项目成本预算的消费者市场研究项目的甘特图

3. 项目成本预算的专家法

当项目十分独特时，由于缺乏资料和信息，就只能借用专家经验去做出项目成本的预算，此时就需要使用项目成本预算的专家法。例如，中国的注册造价工程师和英国的皇家特许测量师等就属于这方面的专家。他们有历史类似项目的经验和教训，同时还有相关行业或应用领域的专门知识和信息、项目预算涉及的财务会计和管理会计方法、法律法规和会计原则等方面的知识，甚至还有关于项目融资等方面的渠道和经验。人们只能借助这些专家经验去编制独特性高和不确定性高的项目预算。

4. 项目应急储备和管理储备的预算方法

项目成本预算中的应急储备是指项目相关方（主要是承包商）为应对其“已知”所需承担的项目风险的项目成本预算部分，而项目成本预算中的管理储备是指项目相关方（主要是项目业主）为应对其“未知”所需承担的项目风险的项目成本预算部分，二者都是项目成本预算的组成部分。其中，管理储备的独特之处是，它是用来应对项目相关方“未知”的项目风险的储备。

5. 项目成本预算的资金平衡法

这是当项目所需资金出现限制和制约的时候所使用的一种项目成本预算的方法，这种方法需要根据对项目资金的各种限制情况和因素去平衡项目资金的需求和支出预算。如果人们一旦发现项目资金需求与项目计划支出之间存在制约，就需要调整项目的范围或进度计划，以平衡项目资金预算和支出的水平。其中，当项目资金供应有限时，人们只有消减项目范围去获得项目预算的平衡；当项目资金供应在时间上存在制约的时候，人们可以平衡项目进度计划，从而合理安排项目预算的时间平衡。这种项目成本预算方法涉及项目范围和项目进度两方面与项目资金供应之间的平衡问题，所以就被叫作项目成本预算的资金平衡法。

5.5.5　项目成本预算的结果

上述这些项目成本预算工作的主要结果一般包括如下几个方面。

1. 项目成本预算书

这是项目成本预算工作的主要结果，通常经过批准的项目预算也被称作“项目成本基准”。项目成本预算是按时间段分配的，一般情况下不包括项目管理储备。项目成本预算书的具体内容包括：项目各项活动的成本预算，汇总项目活动成本预算及其应急储备后得到项目工作包的预算，汇总项目工作包的预算及其应急储备后得到项目阶段的成本预算或基准，汇总各个项目阶段的成本再加上其应急储备和整个项目的管理储备而得到的项目总预算，项目预算各个组件的关系示意图 5-8。由图 5-8 可知，人们在项目阶

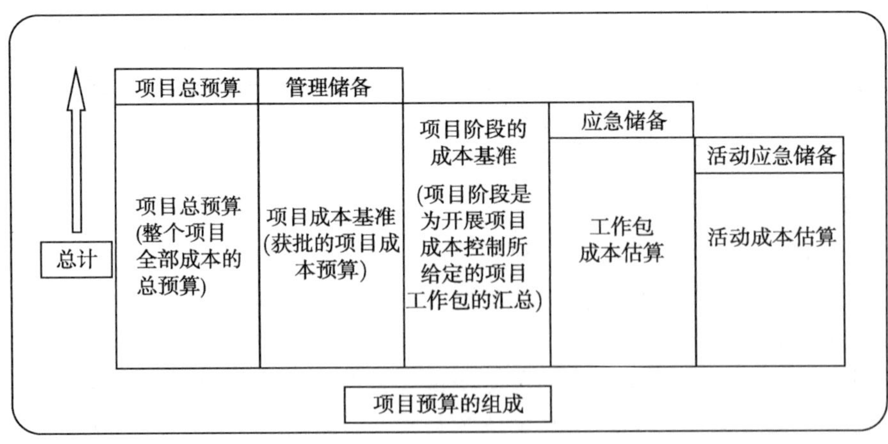

图 5-8　项目预算的组成示意图

段的成本基准之上再加上管理储备而得到项目总预算，当出现有必要动用管理储备的项目变更时，需在获得项目变更的批准后，把适量的项目管理储备移入项目阶段的成本基准中，从而更新原有的项目阶段的成本基准。

2. 相关的支持细节

这是项目成本预算各种支持细节的说明文件，包括项目承包商和项目业主的成本预算的各方面假设前提和约束条件的解释与说明，以及预算依据和理由的细节说明等。例如，关于项目成本预算编制过程中所依据的项目计划信息的支持细节说明、项目成本预算方法的支持细节说明、项目成本预算使用原则方面的细节说明等。

3. 项目成本结算的计划安排

这是指项目承包商和业主之间的项目合同造价的支付与结算的计划安排，是根据项目合同中给出的造价结算办法编制的。通常，项目业主首先应该支付给承包商一定的项目预付款，以便项目承包商可以使用这笔资金去购买开始工作所需的资源，这些预付款在约定的项目成本结算中扣回。然后每个项目阶段或每个项目节点都应该按照项目成本预算去开展项目成本结算工作，而这种项目成本结算工作如图 5-9 所示。

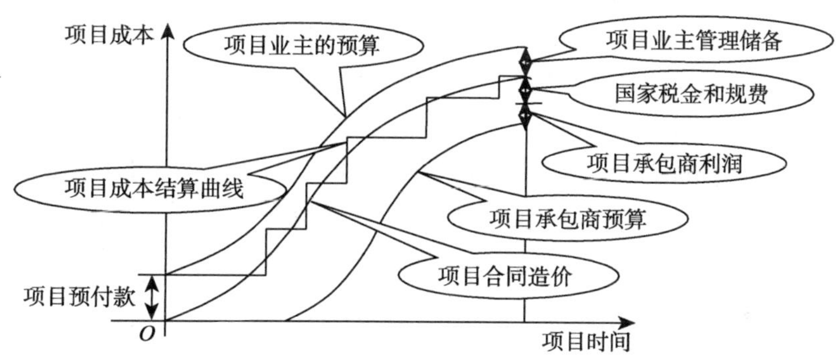

图 5-9 项目业主和承包商成本结算曲线示意图

由图 5-9 可以看出，项目业主与承包商之间的项目成本结算是一条折线，因为不能每时每刻都做项目成本结算，而只能在一个项目阶段或节点上结算一次。

4. 项目资金需求

项目成本预算工作的另一个主要结果是生成一份项目资金需求方面的文件，项目承包商与项目业主都需要有自己的项目资金需求文件。这种文件中规定了项目资金的总需求和阶段性的资金需求。项目资金需求通常是以增量的方式逐步投入的，就如图 5-9 中所示的项目成本结算的阶梯状分布情况。另外，在项目资金需求文件中，还需要说明项目资金需求的来源和性质。

5. 项目文件的更新

在项目成本预算过程中，人们会发现以前的项目成本估算、项目进度、项目范围及项目集成计划等都存在一些问题而需要更新或修订，这就会产生更新后的项目成本估算书、项目成本管理计划、项目进度计划或项目集成计划，以及其他项目文件计划等，这些也是项目成本预算的结果之一。另外就是对于项目风险登记册的变更，以记录在项目预算过程中识别的新风险，并通过风险管理去对它们进行管理。

5.6 项目成本控制

项目成本控制就是监督项目成本状态、确保项目实施的成本效益和绩效、更新项目成本基准和开展项目成本基准变更管理的工作。其主要作用是在整个项目期间保持对项目成本预算的控制。有关项目成本控制的知识包括如下几个方面。

5.6.1 项目成本控制的概念和工作

任何项目成本都必须进行控制，否则就无法按项目成本预算去完成项目的实施。项目成本控制是一项努力用最少项目成本去实现最大项目价值的管理工作。

1. 项目成本控制的概念

项目成本控制是在项目实施过程中通过开展项目成本的监控和纠偏活动，项目实际成本会处于受控状态，最终实现将项目成本控制在项目预算范围内的项目管理工作。因为随着项目的实施，项目实际发生的成本会发展变化，所以人们需要监督和控制项目的实际花费并修正项目成本的预算。项目成本控制涉及对各种可能引起项目成本变化的影响因素所进行的事前控制，在项目实施过程中对项目成本发展变化所进行的事中控制，以及在项目实际成本发生以后所进行的纠偏活动等事后控制三方面的工作。为实现对于项目成本的全面控制，人们需要对任何项目目标要素或资源要素以及风险要素可能会导致项目成本变化的方面都进行控制，所以这涉及对于项目各方面的变化和变更的有效控制，只有这样才能实现项目成本控制的目标。

2. 项目成本控制的具体工作

项目成本控制的具体工作包括：监视项目各方面的发展变化，特别是项目实际成本的发展变化；找出项目实际成本与项目预算之间的偏差；积极采取各种纠偏措施去努力控制项目实际成本不超过预算；当项目纠偏措施无效时就需要开展项目预算或成本基准的变更。在此过程中要确保项目实际发生成本及其变更都能够有据可查，防止不正当或未授权的项目成本变更和不合理的项目费用被列入项目实际成本中，且还要做好项目风险控制和项目成本应急储备与管理储备的管理。项目成本控制还需要从项目集成管理的角度出发，努力控制项目范围、质量、进度、资源和风险要素对项目实际成本的影响。同时，项目成本控制也必须很好地配合项目范围、质量、进度、资源和风险方面的管理要求，借助积极变更项目预算去促使整个项目实现全面的成功。

5.6.2 项目成本控制的依据

项目成本控制工作的主要依据有如下几个方面。

1. 项目成本管理计划和项目预算文件

项目成本控制首要的依据就是项目成本管理计划和项目预算文件（或叫项目成本基

准文件)。其中，项目成本管理计划描述人们需要在项目全过程中如何去管理和控制项目的成本，而项目预算文件或项目成本基准文件给出了项目成本控制的基准。

2. 项目实际成本的报告

这是指在项目成本控制中所生成的项目实际成本的数据及其评价报告，也被称为项目成本管理绩效报告。在这种报告中会给出项目成本预算、控制基准、项目成本的偏差等。项目实际成本的数据必须准确、及时和适用，且这种报告有相对较短的报告期。

3. 项目各方面的变更请求

项目各方面的变更请求是项目相关方提出的，或者是由项目环境与条件发展变化的客观原因导致的。任何项目成本变更的请求都必须做好项目变更集成控制，以防止出现项目实际成本超过预算的情况，甚至造成各种不必要的项目合同纠纷。

4. 项目资金需求计划和其他文件

项目资金需求计划也是控制项目成本的重要依据，项目经验教训登记册也属于项目成本控制的依据。另外，组织现有的正式和非正式的与成本控制相关的政策、程序及指南，项目成本控制的方法和工具以及项目预算监督和报告方法等都属于依据之列。

5.6.3 项目成本控制的理论

项目成本控制的基本理论有四个方面：一是项目不确定性成本的控制理论，二是基于活动的项目成本控制理论，三是项目资源合理配置的理论，四是项目价值和成本集成管理的理论。

1. 项目不确定性成本的控制理论

项目成本有三种不同类别：一是确定性成本，人们知道它确定会发生且知道其具体数额；二是风险性成本，人们只知道它可能发生以及发生概率的大小与分布情况；三是完全不确定性成本，人们既不知道它是否会发生，也不知道它发生的概率和分布情况。其中，后两种是项目成本中的不确定性成本，是项目成本控制的根本对象。项目不确定性成本发展变化的成因有三个方面，具体分别讨论如下。

1）项目活动本身的不确定性

这是指在项目实施过程中有些项目活动可能发生也可能不发生，如下雨时人们在室外施工就要停工并组织排水，如果不下雨就不需要停工和排水。由于是否下雨是不确定的，所以停工和排水的活动就是不确定性的。这种项目活动的不确定性会直接转化成项目成本的不确定性，这是造成项目成本不确定性的主要原因，这种不确定性成本的控制主要是靠项目应急储备的合理使用。

2）项目活动规模的不确定性

这是指在项目实施过程中有些项目活动的规模大小具有不确定性，由此会造成项目所消耗与占用资源和项目成本的不确定性。例如，在建设项目地基挖掘过程中，如果实际地质情况与勘探资料不一致，则地基挖掘工作量就会发生变化，从而消耗与占用资源的数量也会发生变化。这种项目活动规模的不确定性也会直接转化为项目成本的不确定性，所以它也是项目成本控制的对象。

3）项目活动耗资和占用资源价格的不确定性

这是指在项目实施过程中有些项目活动所消耗和占用资源的价格会发生异常波动与变化，这不是通货膨胀和可预测的价格变化或波动。例如，进口设备由于汇率短期内大幅变化所形成的价格波动就属于此类。多数项目活动所需资源的市场价格具有不确定性，从而导致项目成本的不确定性，所以它也是项目成本控制的主要对象之一。

项目的不确定性成本会随着项目的实施，从最初的不确定性很高逐步地转变为不确定性不断下降的情况，最终实际发生的才是确定性的项目成本。这就需要在项目成本控制中首先识别项目各种不确定性及其带来的不确定性项目成本，然后通过开展项目不确定性活动及其规模和资源价格的变动控制，去实现控制好项目成本的目标。所以计划安排好项目的应急储备和管理储备的根本作用就是借此去应对和控制项目的各种风险事件或系统性风险所导致的项目不确定性成本。

2. 基于活动的项目成本控制理论

这种理论认为任何项目成本都是由人们占用和消耗资源导致的，而任何资源的占用和消耗都是由开展项目活动造成的，所以努力消减无效项目活动和积极改进低效项目活动的方法是项目成本控制的根本出路。这种理论认为，项目成本管理的直接对象并不是项目成本本身，而是项目活动的规模和方法。这种理论源于安永公司在 20 世纪 90 年代提出的“全面成本管理”的理论，但这套理论主要是针对日常运营成本管理的（国内称其为“作业成本法”）。安永公司的这套理论涉及三个方面：一是经营过程再造，借此消除组织经营工作中不必要的活动；二是基于活动的成本核算，借此去掉按照比例或固定成本摊销等方法导致的成本刚性和浪费；三是持续改进组织活动和方法，借此提高组织活动的绩效和价值。随后，美国造价工程师协会（American Association of Cost Engineers，AACE）和诸多学者（包括本书作者）将该理论应用到项目成本管理与控制的领域，并研究给出一系列相应的项目成本控制的理论和方法[①]。

3. 项目资源合理配置的理论

这一理论的核心在于管理者必须通过合理配置项目所需的各种资源，才能够真正控制好项目的预算。这种项目资源合理配置的理论的核心是去掉那些“停工待料”或“有料待工”的资源配置不当形成的成本，按照“准时制”去实现合理地配置项目资源而节省项目资金占用的时间价值。这种理论要求借助“第三方物流服务”等措施去努力消除各种项目所需资源的物流成本。这种理论还要求按照合理批量进行采购和使用，从而防止像“超时仓储费”和“二次搬运费”等方面的资源配置不合理所形成的项目成本。总之，这种理论要求人们对于项目所需资源的计划、采供、物流、使用等一系列环节所组成的全过程去开展“按时”“按量”“按质”“按需”等各个方面的合理配置，从而充分发挥项目所需资源的最大价值，最终实现项目成本的科学与合理控制。

4. 项目价值和成本集成管理的理论

这一理论的核心在于项目管理者必须同时控制项目成本和价值两个方面，并且必须

---

① 戚安邦. 工程项目全面造价管理. 天津：南开大学出版社，2000.

在实现项目价值最大化的前提下去开展项目成本的控制。这种理论要求人们努力实现项目成本与价值的合理配置关系，积极开展项目成本与项目价值的集成控制。这种项目成本控制理论的核心是追求项目价值的最大化，这种理论认为只要是能够创造更大的项目新增价值，即便需要增加一些项目成本预算，只要项目新增价值大于项目新增成本就都是合理的。同时，这种项目成本控制理论还要求项目各专项管理的集成控制，从而借助集成控制所形成的项目各方面的合理配置关系去获得更大的项目新增价值。例如，若工程建设项目新增加五十万元的项目预算可以使项目运营成本每年减少三十万元，运行十年而减少三百万元的话，那么增加五十万元的项目预算就符合项目价值最大化要求的项目成本控制行为。

5.6.4　项目成本控制的方法

项目成本控制的方法有两类：一类是分析和预测项目成本及其发展变化的方法，另一类是控制项目成本及其发展变化的方法。项目成本控制的方法具体讨论如下。

1. 项目变更控制系统的方法

这是通过建立和使用项目变更控制系统对项目成本进行有效控制的方法，这包括从提出项目变更请求到变更请求获得批准，一直到最终修订项目成本预算的全过程控制所构成的系统。项目变更实际上就是对于项目计划的修订，当最初的项目计划存在不足或问题时就必须进行变更。由于项目信息不完备性会导致存在信息缺口（因项目计划之时项目尚未开始而只有预测信息和假设的情况），从而项目的计划必然会不周，所以项目变更是难以避免的（所以会有“计划赶不上变化”的说法）。因此人们只能努力去积极控制和优化项目的成本变更，即通过建立严格的项目变更控制系统对各种项目成本变更进行有效评估和优化，从而使项目成本变更为实现项目成本最小化和项目价值最大化服务。

2. 项目成本实际情况度量的方法

PMI 在项目成本管理中引入的挣值管理方法就是这种项目成本和项目时间偏差的集成度量方法。这种方法是通过引进一个中间变量即“挣值”，去帮助人们分析项目的成本和项目时间多造成的变化。但是，这种方法只集成了项目成本和项目时间两个要素，实际上项目成本还会受项目范围、质量、资源和风险等要素的影响，所以本书作者经过数年的研究提出了一套运用综合指数分析去开展项目全要素绩效度量的方法，这种方法能够集成考核项目各方面的绩效及其导致的项目绩效差异，从而更好地对项目成本及其影响因素进行集成控制（具体可见后续讨论或作者出版的相关专著①）。

3. 项目成本的预测法和储备分析法

项目成本的预测法是指根据已知项目信息和知识，对项目将来的成本状况做出估算与预测，人们可以根据项目实施的绩效信息去预测项目成本在项目完工时的情况。PMI 的挣值管理方法中就包括项目成本的预测指标和方法。储备分析法用来监控项目成本中

---

① 戚安邦. 项目全面集成管理原理与方法. 天津：南开大学出版社，2015.

应急储备和管理储备的使用情况，以便判断是否需要动用这些储备或是否需要新增加储备。实际上随着项目工作的进展，项目成本应急储备和管理储备可能已用于应对项目风险，所以需要分析是否需要增加项目的成本储备。反之，如果已识别的项目风险没有发生，就要从项目预算中扣除未使用的应急储备。同时，人们进一步开展项目风险分析就可能会发现需要为项目预算申请额外的储备。另外，如果人们抓住机会节约了成本，这些成本可增加到应急储备中，或作盈利而从项目预算中剥离。

5.6.5 项目成本控制的结果

项目成本控制的直接结果是项目成本的节约和项目经济效益的提高。项目成本控制的间接结果是生成了一系列项目成本控制文件。这些文件主要有如下几种。

1. 项目成本估算和预算文件的更新

这是对项目原有成本估算文件和项目原有成本预算文件的修订与更新的结果，这种更新可以用于下一步的项目成本控制，另外将来也可以作为项目历史数据和信息使用。

2. 项目活动组织和技术方法改进文件

这是有关项目活动组织和技术方法改进与完善方面的文件，它包括项目活动组织和技术方法改进的信息及项目活动组织与技术方法改进带来的项目成本降低的信息。

3. 项目管理和业务计划的更新

这方面主要的更新包括：项目成本管理计划的更新，如根据相关方的反馈意见及环境变化情况对其进行更新；项目范围、时间、质量和资源等计划方面的更新等。

4. 项目成本的预测文件

这是指在项目实施中根据项目成本实际情况和未来发展趋势对项目成本做出的必要预测与计划安排，主要包括预测项目完工时的项目成本和预算等。

5. 项目工作绩效的报告

该报告的内容包括：有关项目实施情况的信息；对照项目成本基准发现的偏差；在项目范围、进度或预算出现变更后，需要对项目工作绩效测量基准做出的变更等。

6. 应吸取的经验与教训

这是有关在项目成本控制中发生的各种失误或错误所应该吸取的各种经验与教训的汇总文件，可用于后续项目成本的控制和项目工作的控制。

5.7 项目挣值管理方法

项目成本控制的关键在于及时发现项目成本预算的偏差状况，以及尽早地预测与发现项目结束时的预算差异和问题，以便人们能够在情况没有变坏之前就采取纠偏措施。项目挣值管理方法就是实现这些目标的重要项目成本控制方法，其运用统计学原理通过引进一个综合指数的中间变量，即项目“挣值”来帮助人们分析项目成本的实际变动情况，并给出项目成本与时间差异所导致的项目成本变化信息，从而指导人们做出项目成本预测和决策。这最初是美国国防部经过多年研究和实践以后提出的一套项目成本/进度控制系统规范（cost/schedule control systems criteria，C/SCSC），这套方法经 PMI 向民用开放后更名为挣值管理方法[①]。

5.7.1　项目挣值管理的原理

项目挣值管理的基本原理是统计综合指数编制和分析的原理，具体分述如下。

1. 项目挣值的基本原理

项目挣值（EV）的定义：它是表示已完成项目作业量的计划价值的一个中间变量，是使用预算成本表示的给定时间内已完成实际作业量的变量，其计算公式如下。

$$\text{EV}=\text{实际已完成作业量（WP）}\times\text{已完成作业量的预算成本（BC）} \tag{5-4}$$

从式（5-4）中可以看出，EV 实际上就是统计学中综合指数分析的一个中间变量，是一个由项目成本的计划指标（BC）和一个项目工作量的实际指标（WP）所构成的综合指数分析的中间变量，它可用来分析项目成本和进度的实际与计划之间的差异。

2. 项目挣值管理方法的基本原理

EV 这一统计学中综合指数分析的中间变量的相关统计学分析和数学推导证明如下。

假定变量 F 是由数量变量 P 和质量变量 Q 按相除关系构成的，则有

$$F=\frac{P}{Q} \tag{5-5}$$

若以 Q_0 和 P_0 表示两个变量计划值，Q_1 和 P_1 表示两个变量实际值，则 F 有计划值 F_0 和实际值 F_1，它们的内涵如式（5-6）所示：

$$F_0=P_0\times Q_0\text{，}\ F_1=P_1\times Q_1 \tag{5-6}$$

若将 F 的计划值 F_1 与实际值 F_0 相比，就可编制和得到一个综合指数 E，即

$$E=\frac{F_1}{F_0}=\frac{P_1Q_1}{P_0Q_0} \tag{5-7}$$

然后引入中间变量 P_0Q_1 可得到的综合指数 E_q 如式（5-8）所示：

$$E_q=\frac{P_1\times Q_1}{P_0\times Q_1}\times\frac{P_0\times Q_1}{P_0\times Q_0} \tag{5-8}$$

式（5-8）中的两部分乘式的具体说明如下。

1）式（5-8）中的 $\frac{P_1\times Q_1}{P_0\times Q_1}$ 给出的相对数的指标

这表示在将数量指标 Q 固定在实际水平 Q_1 的情况下，由于质量指标 P 从 P_0 变化到 P_1 而造成的 F 相对变化程度。

2）将式（5-8）中前半部分的子项和母项相减，即有 $(P_1\times Q_1)-(P_0\times Q_1)$ 而得到的绝对数指标

人们可以用 $(P_1\times Q_1)-(P_0\times Q_1)$ 给出将数量指标固定在 Q_1 的情况下，由质量指标从 P_0

① Fox J R. Roots of Eamed Value System，The Measurable News. USA：Performance Management Association，1996.

变化到P_1所造成的 F 绝对量变化。

3）式（5-8）中的$\frac{P_0 \times Q_1}{P_0 \times Q_0}$给出的相对数的指标

这表示在将质量指标固定在P_0水平的情况下，由数量指标从 Q_0 变化到Q_1所造成的 F 相对量的变化。

4）将式（5-8）中的后半部分的子项和母项相减，即有$\left(P_0 \times Q_1\right)-\left(P_0 \times Q_0\right)$而得到的绝对数指标

人们可以用$\left(P_0 \times Q_1\right)-\left(P_0 \times Q_0\right)$给出将质量指标固定在$P_0$的情况下，由数量指标从 Q_0 变化到Q_1所造成的 F 绝对量变化。

由式（5-4）可知，EV 就是一个 $P_0 \times Q_1$ 的中间变量，其中，P_0为项目已完成作业量的预算成本（BC），Q_1 为实际已完成作业量（WP）。在引入 EV 这一变量以后，人们就可以分别对由项目作业量和成本的变动所造成的项目成本的相对差异与绝对差异进行分析。使用这种方法时人们先要将项目成本固定在计划水平 P_0，以便分析和比较项目作业量从计划水平 Q_0 变化到实际水平 Q_1 所造成的结果。进一步，人们要将项目作业量固定在实际水平 Q_1，分析和比较项目成本从计划水平 P_0变化到实际水平 P_1所造成的结果。这样就可找出项目在成本和时间管理方面的差异和问题。

5.7.2 项目挣值管理方法的变量

项目挣值管理方法的三个变量是这种方法的基本变量，这三个变量的内涵分述如下。

1. 项目计划价值

项目计划价值（planed value，PV）是用项目计划的成本（预算成本）乘以项目计划工作量（工时或工日数）而得到。

2. 项目挣值

项目挣值（EV）是用项目计划的成本（预算成本）乘以项目实际完成的工作量（工时或工日数）而得到的一个综合指数的中间变量。

3. 项目实际成本

项目实际成本（actual cost，AC）是用项目实际发生的成本乘以项目实际已完成工作量（工时或工日数）所得到的变量。

上述这些综合指数分析的变量是项目挣值管理方法中根据不同项目成本与项目作业量指标相乘所获得的，它们分别反映了项目成本和时间的计划与实际水平。

5.7.3 项目挣值管理方法的差异分析

根据上述项目挣值管理方法中的三个变量，可计算出如下五个差异分析指标。

1. 项目成本/进度绝对差异的计算公式

$$\mathrm{CSV} = \mathrm{PV} - \mathrm{AC} = (P_0 \times Q_0) - (P_1 \times Q_1) \tag{5-9}$$

项目成本/进度绝对差异（CSV）反映了项目 PV 与 AC 间的绝对差异，这是综合考

虑 P 从 P_0 变化到 P_1 和 Q 从 Q_0 变化到 Q_1 的水平上，即从 PV 到 AC 的两要素综合变动所造成的绝对差异。该指标的值应为正值，如果为负值则表明项目成本绩效出现了差异和问题。

2. 项目成本绝对差异的计算公式

$$CV = EV - AC = (P_0 \times Q_1) - (P_1 \times Q_1) \tag{5-10}$$

项目成本绝对差异（CV）反映了项目 EV 与 AC 之间的绝对差异。它是将 Q 固定在 Q_1 水平上而剔除了 Q 因素变化的影响，从而独立反映 P 从 P_0 变化到 P_1（即从 EV 到 AC）对项目成本变动的影响。其值为正则好，负值表明项目成本绩效出现了差异或问题。

3. 项目进度绝对差异的计算公式

$$SV = EV - PV = (P_0 \times Q_1) - (P_0 \times Q_0) \tag{5-11}$$

项目进度绝对差异（SV）反映了项目 EV 与 PV 之间的绝对差异，它是将 P 固定在 P_0 水平上而剔除了 P 因素变化的影响，从而独立反映 Q 从 Q_0 变化到 Q_1（即从 PV 到 EV）对项目成本变动的影响。其值为正则好，负值表明项目成本绩效出现了差异或问题。

4. 项目成本绩效指数的计算公式

$$CPI = EV \div AC = (P_0 \times Q_1) \div (P_1 \times Q_1) \tag{5-12}$$

项目成本绩效指数（CPI）反映了项目 EV 和 AC 二者之间的相对差异值，这一指标将 Q 固定在 Q_1 水平上而剔除了 Q 因素变化的影响，从而独立反映 P 从 P_0 变化到 P_1（即从 EV 到 AC）造成的相对差异。该指标的值大于 1 则好，反之则表明项目成本绩效出现了问题。

5. 项目计划完工指数的计算公式

$$SCI = EV \div PV = (P_0 \times Q_1) \div (P_0 \times Q_0) \tag{5-13}$$

项目计划完工指数（SCI）反映了项目 EV 与 PV 之间的相对差异值，这一指标将 P 固定在 P_0 水平上而剔除了 P 因素变化的影响，从而独立反映从 Q_0 变化到 Q_1（即从 PV 到 EV）造成的相对差异。该指标的值大于 1 则好，反之则表明项目成本绩效出现了问题。

图 5-10 给出了项目挣值管理方法的这些指标的图示，由图 5-10 可以看出上述各个

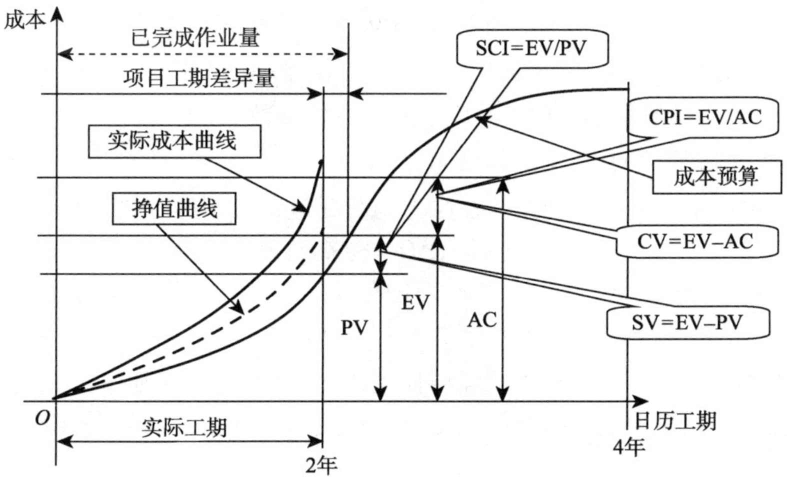

图 5-10　项目挣值管理方法各指标的示意图

指标的几何描述，借此人们能够找出项目时间管理问题和项目成本控制问题各自所造成的项目成本绩效的差异。

5.7.4 项目挣值管理方法的预测分析

项目挣值管理方法还可用于预测未来项目成本的发展变化趋势，从而为项目成本控制和资金筹措等指明方向。图 5-11 给出了这种预测方法的示意。

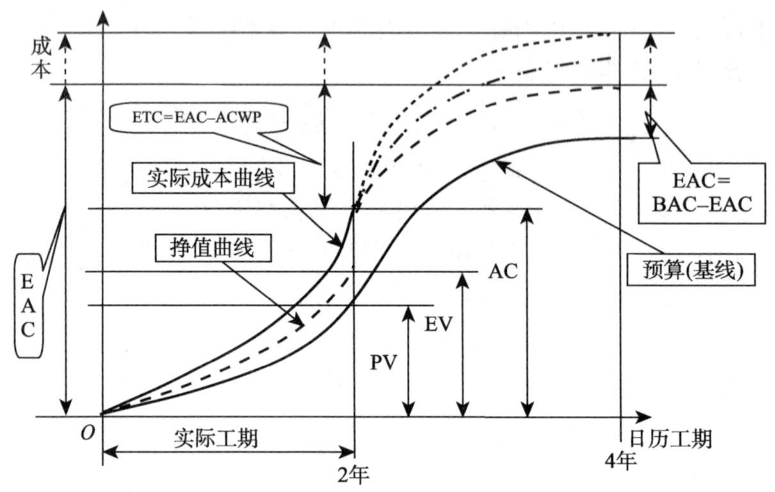

图 5-11 项目成本预测分析示意图

ETC 表示现在到完工时的成本估算；ACWP=AC，表示项目到现在的实际成本

由图 5-11 可以看出，假设当项目进行到一半的时候，人们需要预测项目完工时的成本，可以有三种不同的预测方法，这些方法和相关公式分述如下。

1. 第一种情况的项目完工成本预测

这是假定项目未完工部分会按当前实际情况（斜率）进展的预测方法，其公式为

$$EAC = [AC + (BAC - EV)] \div CPI \tag{5-14}$$

其中，EAC 为到项目完工时的总预算；AC 为项目实际发生成本；BAC 为项目完工时的成本总预算；EV 为项目挣值；CPI 为项目成本绩效指数。

2. 第二种情况的项目完工成本预测

这是假定项目未完工部分会按项目原计划情况进行的预测方法，其公式如下：

$$EAC = AC + BAC - EV \tag{5-15}$$

其中，EV 为项目挣值；AC 为项目实际发生成本；BAC 为项目完工时的成本总预算。

3. 第三种情况的项目完工成本预测

如果 BAC 已明显不再可行，则需要使用 ETC 对 EAC 进行预测，这是根据当前掌握的绩效信息和其他知识全面重估剩余工作成本的预测方法，其公式如下：

$$EAC = AC + ETC \tag{5-16}$$

其中，ETC 为全面重新估算项目剩余工作的成本；AC 为项目实际发生成本。

这些方法都是在评估完项目实施的成本与时间绩效的基础上，去预测项目成本的发展变化趋势和项目成本的最终结果。这种预测需要有一定的数据积累，一般只有在项目已经完成作业量超过项目总工作量的 15%时，这种预测的结果才有实际作用与意义。

5.8　项目挣值管理方法的拓展

综上所述，项目挣值管理方法是一种十分有效的项目成本控制和预测的方法，但是这种项目挣值管理方法存在的最大问题是它只考虑了项目时间和成本管理两个要素，实际上项目范围、质量、资源、价格和风险等项目要素都会影响项目成本的绩效和控制结果，所以项目挣值管理方法并不能全面反映项目成本绩效的实际情况。造成这一问题的关键原因是项目挣值管理方法使用几何描述的方法，在一个平面坐标系的图示方法只有两个维度，所以项目挣值管理方法只能实现项目成本与时间两要素的集成问题。实际上，根据作者上文对于项目挣值管理方法的综合指数分析原理的解释可知，如果人们使用统计学的综合指数分析，完全可以更加全面地做好项目成本绩效的度量和控制及其影响要素的全面集成管理与分析。

5.8.1　项目挣值管理方法拓展的原理

图 5-12 描述了项目挣值管理方法将所有的项目成本差异看成由两个因素造成的，即由项目时间变化所造成的差异（*D* by *T*）和项目成本变化所造成的差异（*D* by *C*）。但是实际上项目成本绩效的影响因素还包括：项目范围变化导致的差异（*D* by *S*）、项目资源价格变化造成的差异（*D* by *P*）、项目质量变化造成的差异（*D* by *Q*），以及由项目成本管理不善所造成的狭义项目成本差异（*D* by *C′*）。所以现有项目挣值管理方法忽略了项目其他因素对于项目成本绩效的影响，这是项目挣值管理方法最大的问题。

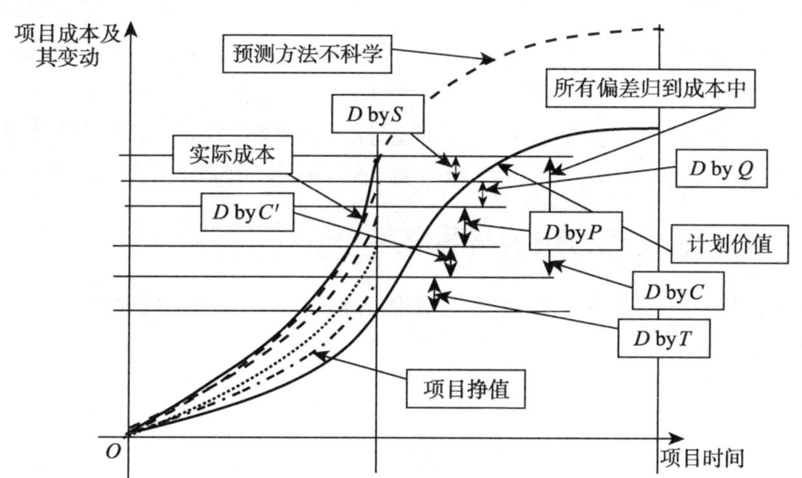

图 5-12　项目挣值管理方法的集成管理问题

这种项目挣值管理方法拓展的方法被称为五要素项目成本绩效评估方法，这种方法与项目挣值管理方法的根本区别可见图 5-13 给出的示意。

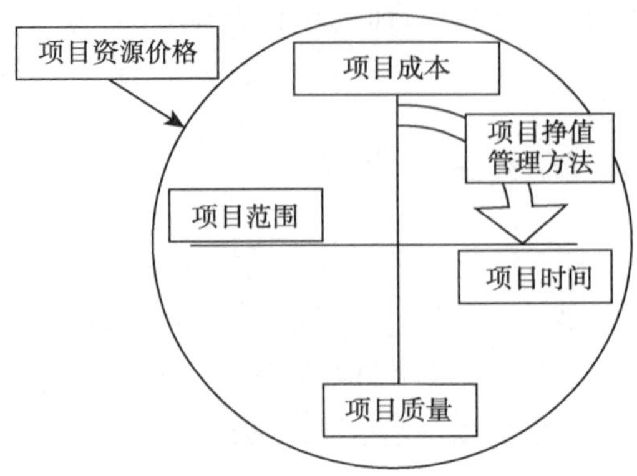

图 5-13　项目挣值管理方法全面拓展模型示意图

由图 5-13 可知，项目成本绩效实际是项目范围、时间、成本、质量和资源价格五个要素共同影响的结果。因此对于项目成本绩效的考核不能只考虑项目时间和成本两个要素的影响，图 5-13 给出的五个项目要素都对项目成本绩效有影响。按照统计学的综合指数分析法，这五个要素可以编制成由式（5-17）给出的一个综合指数，使用该综合指数可以分析和获得由图 5-12 所给出的项目各种要素所造成的项目成本绩效的绝对差异与相对差异的分析结果（图 5-12 中的 D by T、D by S、D by P、D by Q、D by C'）。

$$E=\frac{F_1}{F_0}=\frac{S_1\times T_1\times P_1\times Q_1\times C_1}{S_0\times T_0\times P_0\times Q_0\times C_0} \tag{5-17}$$

其中，F_1为项目成本绩效的实际水平；F_0为项目成本绩效的计划水平；S_1为项目范围的实际水平；S_0为项目范围的计划水平；T_1为项目时间的实际水平；T_0为项目时间的计划水平；P_1为项目资源价格的实际水平；P_0为项目资源价格的计划水平；Q_1为项目质量的实际水平；Q_0为项目质量的计划水平；C_1为项目成本的实际水平；C_0为项目成本的计划水平。

根据上述综合指数 E 可知，其中的任何一个项目要素的发展变化都会影响到项目成本绩效的发展变化，所以项目成本绩效的分析与控制必须使用这种全面拓展的五要素项目成本绩效评估方法，因为只有这样才能够找到造成项目成本发展变化的实际影响因素，从而科学而有针对性地开展项目成本的绩效度量和控制。

5.8.2　项目挣值管理方法的拓展应用

这是指对于上述五要素项目成本绩效评估方法的应用，因为按照综合指数法的规定，式（5-17）可以进一步分解和展开如下。

$$\begin{aligned}E&=\frac{F_1}{F_0}=\frac{S_1\times T_1\times P_1\times Q_1\times C_1}{S_0\times T_0\times P_0\times Q_0\times C_0}\\&=\frac{S_1\times \cancel{T_0\times P_0\times Q_0}\times C_0}{S_0\times T_0\times P_0\times Q_0\times C_0}\times\frac{\cancel{S_1}\times T_1\times \cancel{P_0\times Q_0}\times C_0}{\cancel{S_1}\times T_0\times \cancel{P_0\times Q_0}\times C_0}\end{aligned}$$

$$\times\frac{S_1\times T_1\times P_1\times Q_0\times C_0}{S_1\times T_1\times P_0\times Q_0\times C_0}\times\frac{S_1\times T_1\times P_1\times Q_1\times C_0}{S_1\times T_1\times P_1\times Q_0\times C_0}$$
$$\times\frac{S_1\times T_1\times P_1\times Q_1\times C_1}{S_1\times T_1\times P_1\times Q_1\times C_0} \tag{5-18}$$

其中，由斜杠表示的可以约掉的子项和母项都是插入的中间变量，当全部中间变量约掉后就剩下式（5-17）中给出的子项和母项。这种综合指数分解给出的式（5-18）的五部分（五个独立的部分）即可用于分析项目成本绩效的五个影响要素对于项目成本绩效发展变化的绝对和相对差异及数值。

1. 项目绩效整体差异的分析

根据式（5-17）给出的项目成本整体绩效分析的综合指数，人们可分析给出项目成本整体绩效的相对差异和绝对差异，具体见式（5-19）和式（5-20）及其后续说明。

$$\frac{S_1\times T_1\times P_1\times Q_1\times C_1}{S_0\times T_0\times P_0\times Q_0\times C_0} \tag{5-19}$$

$$S_1\times T_1\times P_1\times Q_1\times C_1-S_0\times T_0\times P_0\times Q_0\times C_0 \tag{5-20}$$

其中，式（5-19）给出的是项目成本整体绩效的相对差异分析结果，式（5-20）给出的是项目成本整体绩效的绝对差异分析结果。人们在知道了这两方面的差异之后，就可以有针对性地开展项目成本整体绩效的管理和控制工作。

2. 项目范围变化对于项目成本影响的分析

根据式（5-21）和式（5-22）给出的项目范围要素所造成的项目成本绩效的相对差异和绝对差异，人们就可以借助项目范围控制去实现对于项目成本整体绩效的控制。

$$\frac{S_1\times T_0\times P_0\times Q_0\times C_0}{S_0\times T_0\times P_0\times Q_0\times C_0} \tag{5-21}$$

$$S_1\times T_0\times P_0\times Q_0\times C_0-S_0\times T_0\times P_0\times Q_0\times C_0 \tag{5-22}$$

其中，式（5-21）给出的是项目范围要素变动对项目成本绩效造成的相对差异的分析方法和结果，式（5-22）给出的是项目范围要素变动对项目成本绩效造成的绝对差异的分析方法和结果。借助这两方面的综合指数分析结果，人们就可以有针对性地开展项目范围的管理和控制，从而实现对项目成本绩效的提升。

3. 项目时间变化对于项目成本影响的分析

根据式（5-23）和式（5-24）给出的项目时间要素所造成的项目成本绩效的相对差异和绝对差异，人们就可以借助项目时间控制去实现对于项目成本整体绩效的控制。

$$\frac{S_1\times T_1\times P_0\times Q_0\times C_0}{S_1\times T_0\times P_0\times Q_0\times C_0} \tag{5-23}$$

$$S_1\times T_1\times P_0\times Q_0\times C_0-S_1\times T_0\times P_0\times Q_0\times C_0 \tag{5-24}$$

其中，式（5-23）给出的是项目时间要素变动对项目成本绩效造成的相对差异的分析方法和结果，式（5-24）给出的是项目时间要素变动对项目成本绩效造成的绝对差异分析方法和结果。借助这两方面的综合指数分析结果，人们就可以有针对性地开展项目时间的管理和控制，从而实现对项目成本绩效的提升。

4. 项目资源价格变化对于项目成本影响的分析

根据式（5-25）和式（5-26）给出的项目资源价格要素所造成的项目成本绩效的相对差异和绝对差异，人们就可借助项目采购控制去实现对项目成本整体绩效的控制。

$$\frac{S_1 \times T_1 \times P_1 \times Q_0 \times C_0}{S_1 \times T_1 \times P_0 \times Q_0 \times C_0} \tag{5-25}$$

$$S_1 \times T_1 \times P_1 \times Q_0 \times C_0 - S_1 \times T_1 \times P_0 \times Q_0 \times C_0 \tag{5-26}$$

其中，式（5-25）给出的是项目资源价格要素变动对项目成本绩效造成的相对差异的分析方法和结果，式（5-26）给出的是项目资源价格要素变动对项目成本绩效造成的绝对差异的分析方法和结果。借助这两方面的综合指数分析结果，人们就可以有针对性地开展项目资源价格的管理和控制，从而实现对项目成本绩效的提升。

5. 项目质量变化对于项目成本影响的分析

根据式（5-27）和式（5-28）给出的项目质量要素所造成的项目成本绩效的相对差异和绝对差异，人们就可借助项目质量控制去实现对于项目成本整体绩效的控制。

$$\frac{S_1 \times T_1 \times P_1 \times Q_1 \times C_0}{S_1 \times T_1 \times P_1 \times Q_0 \times C_0} \tag{5-27}$$

$$S_1 \times T_1 \times P_1 \times Q_1 \times C_0 - S_1 \times T_1 \times P_1 \times Q_0 \times C_0 \tag{5-28}$$

其中，式（5-27）给出的是项目质量要素变动对项目成本绩效造成的相对差异的分析方法和结果，式（5-28）给出的是项目质量要素变动对项目成本绩效造成的绝对差异的分析方法和结果。借助这两方面的综合指数分析结果，人们就可以有针对性地开展项目质量要素的管理和控制，从而实现对项目成本绩效的提升。

6. 项目成本变化对于项目成本影响的分析

根据式（5-29）和式（5-30）给出的项目成本管理不善所造成的项目成本整体绩效的相对差异和绝对差异，人们就可借助改善项目成本管理去提高项目成本的整体绩效。

$$\frac{S_1 \times T_1 \times P_1 \times Q_1 \times C_1}{S_1 \times T_1 \times P_1 \times Q_1 \times C_0} \tag{5-29}$$

$$S_1 \times T_1 \times P_1 \times Q_1 \times C_1 - S_1 \times T_1 \times P_1 \times Q_1 \times C_0 \tag{5-30}$$

其中，式（5-29）给出的是项目成本管理不善对项目成本整体绩效造成的相对差异的分析方法和结果，式（5-30）给出的是项目成本管理不善对项目成本整体绩效造成的绝对差异的分析方法和结果。借助这两方面的综合指数分析结果，人们就可以有针对性地去开展项目成本管理的改进，从而实现对项目成本绩效的提升。

综上所述，虽然项目挣值管理方法具有较大局限性，因为项目挣值管理方法只是考虑了项目两个目标要素的集成管理，但借用其中的综合指数分析原理人们可以开展项目目标四要素和项目资源的价格要素影响项目成本绩效的相对差异和绝对差异分析。这是本书作者经过多年的研究而提出并推广的关于项目挣值管理方法的全面拓展的一种新方法。

本章思考题

1. 项目成本管理与项目造价管理有哪些区别?
2. 项目成本的估算和预算有什么区别与联系?
3. 项目成本管理绩效与项目其他要素有什么关系?
4. 项目挣值这一综合指数中间变量的统计学特性是什么?
5. 项目挣值管理方法对于项目成本与项目工期的集成管理有什么作用?
6. 项目挣值管理方法的拓展为何能够更好地提升项目成本的整体绩效?

第6章 项目质量管理

【本章导读】本章将重点讨论项目质量及其管理的概念、内容、方法与结果。这包括项目质量管理计划的编制、项目质量保障系统建设和项目质量控制等方面的概念、内容、方法与结果。

6.1 项目质量管理的概述

项目质量管理是指为确保项目可交付物的质量和项目工作质量而开展的各种项目管理活动，这包括把组织的质量政策应用于计划、管理和控制项目产出物质量和项目工作质量，以满足项目相关方质量目标和要求的管理工作。由此可见，项目质量管理的根本目的是确保最终交付的项目产出物能够符合项目相关方的质量要求。由于项目产出物的质量是由项目工作质量形成的，所以项目质量管理的内容必须包括两个方面：一是项目工作质量的管理，二是项目产出物的质量管理。这方面相关的概念具体讨论如下。

6.1.1 质量的概念、功能特性的分类

在日常生活中，人们每天都要消费各种各样的产品和服务，这些产品和服务的质量及质量问题是管理中经常遇到和需要解决的问题，所以有必要先讨论这方面的基本概念。

1. 质量的基本概念

质量的基本概念涉及质量的定义和特性等方面。著名的质量管理专家朱兰和ISO对于质量的定义具有权威性，这两种定义的具体描述与含义如下。

1）朱兰关于质量的定义

朱兰博士认为：质量就是产品的适用性，即产品在使用时能够满足用户需要的程度[①]。这从两方面对质量做出了界定：一方面，质量是产品的适用性，即只要产品适用就是有质量的产品；另一方面，质量是产品满足用户使用需要的程度，即产品质量高低取决于其在多大程度上满足了用户的使用要求，这方面满足程度高的产品就是高质量产品。

---

① 朱兰，等. 质量控制手册. 上海：上海科学技术文献出版社，1987.

2）ISO 关于质量的定义

ISO 在其《质量管理和质量保证——术语》[①]中对质量的定义是："质量是反映实体（产品、过程或活动等）满足明确和隐含的需要的能力和特性总和。" 由此可知，质量包括两方面的含义：首先，承载质量的属性是实体，而实体包括产品（能提供某种功能的商品或服务）、过程（能创造某种功能的一系列步骤）和活动（形成产品或服务所开展的工作）；其次，质量是指实体能够满足用户需求的能力和特性的总和，质量高低取决于实体的各种能力特性总和能否满足用户的需求。

3）本书对质量的定义

虽然上述两种质量的定义都十分明确，但是本书关于质量的定义可以更为深入地解释质量的内涵，即质量有狭义质量和广义质量之分，二者都是式（6-1）中的一部分。

$$V=\frac{F}{C} \tag{6-1}$$

从广义质量的角度出发，式（6-1）中 V 是质量，C 为获得质量而花费的成本，F 描述质量特性的功能，所以广义质量指的就是人们花费一定成本而获得的各种功能的价值大小。从狭义质量的角度出发，式（6-1）中的 F 是关于质量的定义，这与上述 ISO 所给的质量定义是相同的。同时，式（6-1）中广义质量的概念就是人们要管理好成本和功能两方面去最终实现价值的最大化，这是真正的质量。本书采用这种质量的定义，以便更符合企业管理中以追求利润为第一要务的实际需要。当然，本书并不排斥狭义质量的概念，因为它是广义质量概念的一个有机组成部分。

4）广义质量中的功能特性概念

式（6-1）中的 F 为产品或服务能够满足用户需求的功能特性，这种功能特性又分为明确说明的功能特性和隐含的功能特性。前者是指在交易合同中明确标明的功能特性要求；后者是国家法律的明确规定和人们约定俗成的特性要求，这些无须在交易合同中进一步说明，所以也被称为隐含的功能特性。

5）广义质量定义中有关实体的概念

按照 ISO 的规定，对于不同实体（产品、过程或活动等）而言，质量的实质内容是不同的。对产品而言，其质量是指实物产品满足用户使用要求的各种功能特性，包括实物产品的内在、外在、寿命、可靠性、安全性、经济性、环保性等方面的功能特性。对服务而言，服务质量是指提供服务的过程中能够满足客户要求或期望的程度，包括用户对服务或劳务的要求与实际体验之间的匹配程度。

产品或服务的质量都是由生成这些产品或服务的工作质量决定的，因此在质量管理中人们还需要对工作质量进行管理，以便最终实现有形产品或无形服务的质量要求。由此可知，人们的项目工作质量决定了项目产出物的质量，因此在项目质量管理中首先需要对项目工作质量进行管理，以便最终实现对项目有形产出物质量的管理。

2. 质量定义中功能特性的分类

狭义的质量表现为产品或服务的功能特性，这是产品或服务能够满足人们明确或

① ISO. 质量管理和质量保证——术语. 1994.

隐含需求的能力和特征的总和。这可分为内在的质量特性、外在的质量特性、经济的质量特性、商业的质量特性和环保的质量特性等，这些功能特性的具体内涵如下。

1）内在的质量特性

这主要是指产品或服务的功能、性能、强度、精度等方面的质量特性，这些质量特性主要是在产品或服务的持续使用中体现出来的特性。

2）外在的质量特性

这主要是指产品或服务的外观、包装、装潢、色泽、味道等方面的特性，这些质量特性都是产品或服务外在表现方面的属性和特性。

3）经济的质量特性

这主要是指产品或服务的寿命、成本、价格、运营和维护费用等方面的特性，这些特性是与产品或服务的购买和使用成本直接有关的特性。

4）商业的质量特性

这主要是指产品或服务的保质期、保修期、售后服务水平等方面的特性，这些特性是与产品或服务提供企业承诺的各种商业责任有关的特性。

5）环保的质量特性

这主要是指产品或服务对于环境保护的贡献或对于环境造成的污染等方面的特性，这些特性是与产品或服务对环境的影响有关的特性。

6.1.2 质量管理的基本概念

为确保企业或组织的产品或服务的质量，人们必须开展质量管理以保障和提高其产品或服务的质量，有关质量管理的概念分述如下。

1. 质量管理的定义

对于质量管理的定义也有许多，其中谷津进和 ISO 对于质量管理的定义，从不同角度给出了质量管理的诠释，二者的具体描述与含义如下。

1）谷津进的定义

谷津进认为："质量管理就是向消费者或顾客提供高质量产品与服务的一项活动。借此使得产品和服务满足需求、价格便宜和供应及时。"①该定义给出了质量管理的目的、目标和作用，即质量管理是使产品与服务达到满足需求、价格便宜和供应及时的程度。

2）ISO 的定义

ISO 认为："质量管理是确定质量方针、目标和职责，并在质量体系中通过诸如质量策划、质量控制和质量改进等质量得以实现的全部管理活动。"②这给出了质量管理的内容和方法，包括从企业质量方针制定到用户质量体验全过程中的各种管理活动。

3）本书对质量管理的定义

质量管理是贯穿在企业生产和服务的各阶段与各项工作中，由企业全体人员开展的

---

① 谷津进. 质量管理实践. 陈立权，译. 北京：商务印书馆国际有限公司，1998.

② ISO. 质量管理和质量保证——术语. 1994.

专门针对质量保障、质量控制和质量提高的管理活动。质量管理既涉及对产品和服务功能特性的管理，也涉及对制造产品或提供服务的工作质量管理。

2. 质量管理的术语和内涵

质量管理工作中使用的许多独特术语具有非常深刻的内涵，ISO 在有关质量管理的定义和标准中给出了相关术语的基本内涵与解释，这些基本术语的内涵和解释如下。

1）质量方针

这是由组织中最高管理者正式发布的组织在质量方面的宗旨和方向，是一个组织追求质量的宗旨和方向，是组织质量管理的大政方针。它反映了组织最高管理者的质量意识和决心，它的制定和贯彻实行情况会直接影响到一个组织的质量管理工作。

2）质量体系

这也被称为质量保障体系，是由组织实施质量管理所需的组织结构、程序、过程和资源构成的一个体系。一个组织必须建立自己的科学有效的质量体系，这样才能够全面地开展质量管理活动，因为质量体系是质量管理的基础，是质量管理工作的组织保障体系。

3）质量策划

这是分析、设计和确定质量目标与要求，以及确定采用质量体系要素的目标和要求的活动。这是质量管理中的计划性工作，它确定出质量和质量管理的目标、措施和具体要求。所有质量管理和控制工作都是根据这一工作给出的具体方案开展的。

4）质量控制

这是为达到质量计划要求所采取的具体步骤、技术与活动，人们通过开展质量控制去正确满足客户的要求。质量控制的具体步骤、技术与活动内容包括确定控制对象、规定控制标准、制定控制方法、选用检验技术、处理质量事故（失控）等。

5）质量保障

这是为了保证产品或服务能满足要求所开展的保障性质量管理活动，是一系列项目质量管理活动的计划安排和事前质量管理工作。为确保产品或服务的质量，需要配备必要的资源去保障质量管理活动，这些都属于质量保障的范畴。

6）质量改进

这是为提高产品或服务质量所采取的各种措施，质量改进的过程是一组彼此相关的持续改进与完善的组织活动，包括对产品与服务质量、生产过程、作业方法以及组织管理活动全面而持续的改进和完善。

6.1.3　项目质量的概念

项目质量在很大程度上不同于日常运营的产品质量或服务质量，因为项目具有一次性、独特性与创新性等特性。项目质量的特性主要包括如下方面。

1. 项目质量的双重性

这是指项目质量包括项目产出物的质量和项目工作质量两个方面。其中，项目产出物的质量具有有形性、可测量性、可评估性等特性；项目工作质量具有无形性、可持续改进性、不易定量评估等特性。例如，建设项目最终形成的建筑物质量就属于项目产出物质量的范畴，而项目实施和管理的工作好坏则属于项目工作质量的范畴。

2. 项目质量的过程性

这是指项目质量是由项目全过程的工作与活动逐步形成的，并且项目质量会在项目全过程中不断完善。有些项目质量的要求和计划在项目起始阶段难以明确和完全确定下来，因此只能在项目过程中通过不断明确和修订而形成。即便是人们开始对于项目质量有明确的规定和计划，最终项目质量的形成也是通过整个项目实施过程实现的。

3. 项目质量的独特性

项目具有一次性和独特性的特性，这就使得项目质量也具有了独特性。最重要的独特之处在于日常运营的产品或服务的质量允许一定的“废品率”，但是项目质量必须是一次性成功的，否则项目质量只能是失败，因为在项目全过程结束后人们是没有机会改进和提升质量的。

4. 项目质量的成本性

项目质量管理必须开展纠偏和质量保障，这样可以降低项目质量成本。项目质量管理包括检测和纠正缺陷，若等到客户发现项目质量缺陷，就会导致质保金的损失、商誉受损和返工成本。所以应将项目质量融入项目规划与设计中，然后通过质量保证、检查并纠正确保项目质量成本最低。

5. 项目质量的预防性

由于项目质量是事前和事中确定的，因此项目质量具有预防性的特性。项目管理者最好是通过项目质量保障和实施去实现项目质量，而不是在项目质量问题出现后再去纠正。

6. 项目质量的参与性

项目质量管理力求缩小项目相关方要求和项目实际质量之间的差异，以确保交付能够满足项目相关方的要求，所以项目质量的实现需要项目相关方的积极参与，这既包括借助这种参与去了解、评估、定义和管理项目相关方的要求，也包括最终由项目相关方出具需求得以满足的确认。

6.1.4 项目质量管理的理念

项目质量管理是为了保障项目产出物能够满足项目业主/用户及项目其他相关方的要求所开展的对于项目产出物质量和项目工作质量的全面管理工作。

1. 项目全面质量管理的理念

项目质量管理需要使用全面质量管理（total quality management，TQM）的思想，按照 ISO 的说法，这是一个组织以质量为中心，以全员参与为基础，目的在于通过让客户满意和本组织所有成员及社会受益而取得长期成功的一种质量管理模式。所以这方面的核心思想就是项目质量管理的全员性、全过程性和全要素性的集成管理。项目全面质量管理特别强调对于项目工作质量的管理，因为项目产出物的质量是由项目的工作质量形成和保障的。

2. 客户满意是项目质量管理的根本

项目质量管理独特的理念是使项目相关方满意是项目质量管理的根本目的，所以努力满足或超过项目相关方的质量要求是项目质量管理的根本所在。项目相关方的质量要求包括他们明确说明的要求（这是在项目合同等文件中规定的）、未说明的要求（这是需要与项目相关方深入沟通才能了解的），以及隐含的法律法规和要求（这是国家标准或法律法规要求的）。

3. 项目工作质量是实现项目质量的保障

项目产出物质量是由项目工作质量形成的，而不是通过质量检验得到的，所以项目工作质量是实现项目质量的保障。项目产出物质量检验的目的是找出项目产出物的质量问题，而不是去提高和改进项目产出物的质量。人们必须通过提高和改进项目的工作质量去避免项目产出物出现质量问题，从而提高和改进项目产出物的质量。这就需要项目团队具有项目工作质量的保障体系和核检办法，以便尽早发现项目工作质量的问题和纰漏，及早采取预防和纠偏措施而确保项目产出物质量。

4. 项目质量决策与项目质量实现

项目质量决策指在项目质量管理中做出的有关项目质量目标、具体指标和质量活动的决定，以及在项目实施中做出的项目质量变更的决策。项目质量实现是指在项目实施过程中所开展的为达到项目质量目标与指标的各方面工作。在项目质量决策中必须给出对于项目质量的等级与好坏的规定，其中，项目质量等级是“品”（一等品或二等品）的概念，而项目质量好坏是“质”（品质高低）的概念，项目质量实现涉及这两方面的实现。

5. 项目质量管理必须进行裁剪

每个项目的质量要求都是独特的，每个项目质量的形成都有独特的过程，所以人们需要根据项目的独特性去裁剪项目质量管理的过程、内容和方法。这种裁剪涉及的内容包括：组织项目质量政策、程序、工具、技术和模板的裁剪，国家或行业标准与法规要求的裁剪，项目相关方独特的项目质量要求方面的裁剪等。例如，敏捷型生命周期要求项目质量及其检验和保障的步骤需要频繁且贯穿整个项目过程，借此寻找项目质量问题的根本原因，实施新的质量改进方法。

6.1.5　项目质量管理工作内容

项目质量管理工作涉及众多的内容，主要有项目质量管理计划、项目质量保障和项目质量控制三个方面的工作，具体可以由图 6-1 给出示意。

由图 6-1 可以看出，项目质量管理的工作涉及从项目质量管理计划到项目质量控制的一系列工作，这些项目管理工作的具体内容讨论如下。

1. 项目质量管理计划

这是识别项目工作和项目可交付物的质量要求与标准，并计划和安排如何开展项目质量管理工作，从而最终如何去实现项目质量要求和（或）标准的一项计划性工作。

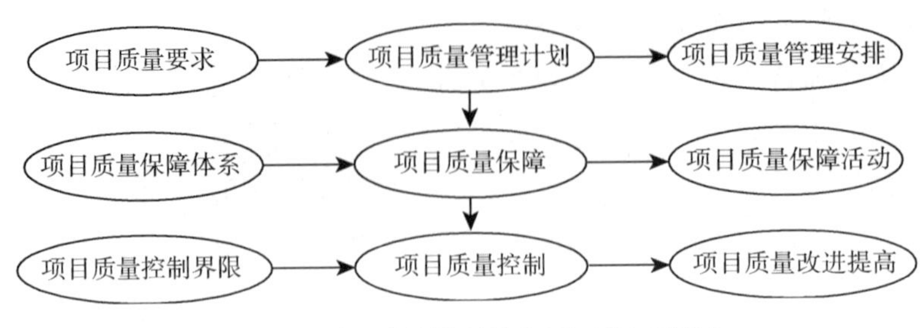

图 6-1 项目质量管理的主要工作示意图

2. 项目质量保障

这是涉及案例项目质量体系和开展战略保障工作从而保障项目质量的一项工作，是一种“事前管理”性质的项目质量管理工作。

3. 项目质量控制

这是为确保项目能够生成完整、正确，且满足客户要求的质量所开展的监督和控制质量管理活动，是一种“事中管理”性质的项目质量的管理工作。

6.2 项目质量管理计划

这涉及确定项目质量标准与决定如何实现这些项目质量标准的计划和安排，这是有关项目质量管理工作的计划和安排，是项目质量管理工作中的首要工作内容。

6.2.1 项目质量管理计划的概念

项目质量管理计划包含项目产出物质量管理计划和项目工作质量管理计划两方面的内容，同时还包括项目质量测量指标的规定，即项目产出物质量测量指标和项目工作质量测量指标两方面的规定。有关项目质量管理计划的定义和概念分述如下。

1. 项目质量管理计划的定义

项目质量管理计划是涉及项目质量策划、项目质量保障、项目质量监控与项目质量变更等一系列项目质量管理活动的计划与安排。这种计划的首要工作就是项目质量管理计划的制订，其次是项目质量管理计划的合理变更。在项目质量管理计划过程中要全面识别项目产出物的质量要求和项目工作质量的要求。同时，要去计划和安排如何建立与开展项目质量保障体系及其相关工作，以及如何借助项目质量体系去实现项目质量的保障。另外，在项目质量管理计划中有项目质量测试、监控与评估的方法和工作，以控制和确认项目质量达到了规定的项目质量要求。

2. 项目质量管理计划的内涵

项目质量管理计划的具体内涵包括三个方面：一是项目产出物质量管理计划，二是项目工作质量管理计划，三是项目质量测量指标。

1）项目产出物质量管理计划

项目产出物质量管理计划是确保项目产出物产品或服务达到质量要求的计划和安

排，这包括项目产出物产品或服务应该达到的质量要求和指标，即它们的相应质量等级和在既定质量等级中的质量高低水平。

2）项目工作质量管理计划

项目工作质量管理计划是对于人们如何做好项目质量管理各项工作的计划和安排，即为确保项目产出物的质量而对项目工作质量所做的计划、安排与要求。这包括项目工作质量管理所需开展的工作与活动等。

3）项目质量测量指标

项目质量测量指标涉及确认项目产出物和项目工作所要达到的项目质量计划的具体指标及其数值的要求。这包括对于项目产出物质量的测量指标的规定和要求，以及对于项目工作质量的测量指标的规定和要求。

6.2.2　项目质量管理计划的依据

人们在确定项目质量管理计划过程中必须依据与此相关的各种信息与文件，这方面的相应依据主要包括如下几个方面。

1. 项目章程

因为项目章程中包含对于项目产出物和项目工作各方面特征的高层级描述，还包括能够影响项目质量管理的项目变更审批要求、可测量的项目目标和成功标准等，所以项目章程是首要的项目质量管理计划的依据。

2. 项目专项管理计划

这包括项目需求管理计划（提供了质量管理工作和质量测量指标等信息）、项目风险管理计划（提供了项目风险影响项目质量的信息）、相关方参与计划（提供了相关方质量需求和期望），以及项目范围、时间、成本、资源等方面的管理计划。

3. 相关的项目文件

这包括项目需求文件（记录项目和产品为满足相关方的期望应达到的要求）、项目假设日志（与质量要求和标准合规性有关的所有假设条件和制约因素）、需求跟踪矩阵（提供了核实质量需求所需的测试）、风险登记册和相关方登记册等。

4. 项目所处的环境与条件

这主要是指国家、地区和项目所处具体环境是否允许人们去达到项目相关方的质量要求与期望。当项目所处环境和条件不利的时候，就需要降低项目相关方的质量要求和期望，从而制订出符合实际的项目质量管理计划。

5. 国家或地方的各种标准与法规

项目质量管理计划还有一个重要的依据是国家或地方发布的各种质量标准和规定，因为这是项目必须达到的质量要求的法律规定。所有与项目质量相关的国家、地方、行业的标准、规范、政策和政府规定等，都是人们制订项目质量管理计划的依据。

6. 项目实施组织条件与过程资产

这首先是项目实施组织的质量保障和实现能力，包括项目实施组织的技术能力和管理能力；其次是项目实施组织的质量管理政策、程序、大政方针和指导思想。另外，还有项目实施组织的质量模板、核查表、跟踪矩阵及经验教训知识库等。

6.2.3　项目质量管理计划的方法

人们在项目质量管理计划编制过程中会根据项目的不同而选择不同的编制方法。有关项目产出物质量和项目工作质量管理计划的编制方法分述如下。

1. 项目产出物的经济质量法

这种方法要求在制订项目产出物质量管理计划时必须考虑项目产出物质量的成本。项目产出物的质量成本包括项目产出物质量保障成本和项目产出物质量失败成本两个方面，项目产出物质量保障成本是开展项目产出物质量实现和保障工作的成本，项目产出物质量失败成本是在项目产出物质量出现问题或缺陷后，人们开展项目产出物质量恢复或放弃工作所造成的成本。这两种质量成本之间的关系和经济质量法的原理如图 6-2 所示。

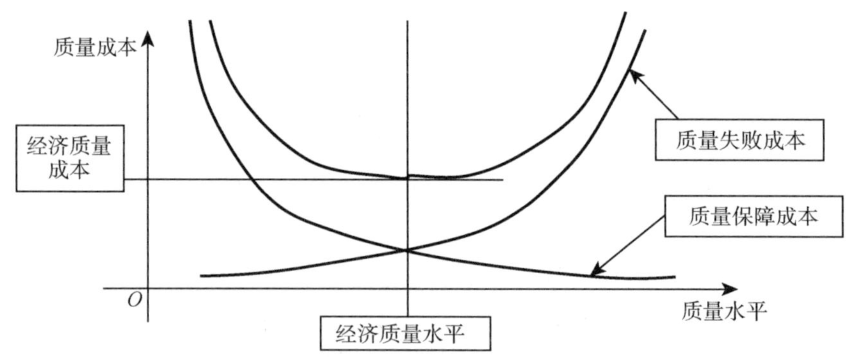

图 6-2　两种项目质量成本和经济质量法的示意图

由图 6-2 可知，如果项目产出物质量保障成本提高，则项目产出物质量失败成本就会降低；如果项目产出物质量保障成本降低，则项目产出物质量失败成本就会升高。所以，项目产出物经济质量就是二者之和最小时的质量水平，因为此时项目产出物质量总体成本最低而总体收益最高。因此经济质量法是一种合理安排项目产出物质量保障成本和质量失败成本，从而使项目产出物质量总成本实现最低化的项目产出物质量管理计划的方法。

2. 项目产出物的质量标杆法

这是一种利用参照物质量作为标杆，通过对照比较这种质量标杆去制订出项目产出物质量管理计划的方法。例如，在住宅销售中使用的样板房、在服装出口中的封存样品、组织评定的劳动模范等都属于项目产出物质量标杆。通常，这种方法的主要做法是以标杆项目的产出物质量情况、质量方针、质量标准与规范、质量管理计划、质量核检清单、质量工作说明文件、质量改进记录和原始质量凭证等文件为参考蓝本，结合新项目特点制订出新项目产出物质量管理计划及其相关文件。使用这种方法时必须注意标杆项目产出物的质量管理计划在实际中所发生的各种问题及教训，并且在制订新项目产出物质量管理计划时要考虑采取相应的适当防范和应对措施以确保新项目产出物质量。

3. 项目产出物质量实验设计法

这也是制订项目产出物质量管理计划的一种方法，它适用于那些首创性、开放性和独特性高的项目产出物质量管理计划的编制。因为这种方法没有现成的标准、标杆和依据可以参照，所以人们只能采用实验设计的方法去识别和确定项目产出物质量及质量管理工作，然后据此去编制项目产出物质量管理计划。例如，在一些新产品的研发项目中人们可以首先通过各种实验活动获得新产品的研究小样实验结果，进而去扩大实验范围（最初的小试，然后中试，最终的工业实验等），以便最终设计出项目产出物质量指标和管理计划。

4. 专家法、会议法和调研法

对于某些探索性项目、复杂性项目或高不确定性项目，人们可以使用专家法、会议法或调研法等方法去编制项目产出物的质量管理计划。其中，专家法是充分利用相关专家的经验，去确定项目产出物质量管理计划和安排的合理性和可行性的方法。会议法也可以称为头脑风暴法，即通过头脑风暴可以向团队成员或专家收集意见和信息，据此制订最适合新项目的质量管理计划。调研法则是指人们借助访谈、问卷、现场观察等方法去调查了解项目产出物质量管理计划编制所需的各方面信息，包括项目相关方的项目产出物质量要求等方面的信息，然后据此编制项目产出物质量管理计划的方法。

5. 项目工作质量的核检表法

这种方法是制订项目工作质量管理计划的主要方法，其需要首先设计出项目质量管理工作的内容、工作的流程和工作的方法，然后将它们转化成一系列的核检清单去作为项目工作质量管理计划使用。其次，人们可以使用这些项目工作质量管理的核检清单去分析、记录和确认人们实际开展的项目质量管理工作的内容、流程和方法，这样就可按照项目工作质量管理计划实现对项目工作质量的有效管理。例如，很多学校规定使用签到表作为学生听课质量管理的计划安排和工作核检清单。实际上，许多项目的活动清单、采购清单、装箱单等都属于这种核检表法的范畴。

6. 项目工作质量的流程图法

人们也可以利用项目工作流程图去开展项目工作质量管理的计划工作，这种方法使用项目产出物质量形成的工作流程图，通过对项目流程中各项工作的质量计划与安排去编制出项目工作质量管理计划。这种方法需要使用项目系统流程图、项目实施过程流程图和项目工作流程图等，其中，项目工作流程图是用于编制项目工作质量管理计划的核心所在。使用这种方法编制的项目工作质量管理计划不但可以帮助人们分解和安排项目质量管理工作的责任，而且可以使人们找出项目工作质量方面的问题原因和解决方法。

7. 项目工作质量的实验设计法

这是借助实验设计法的原理，去制订项目工作质量管理的计划的方法。当项目的工作质量管理没有任何标准、标杆和依据可以参照时，人们就需要采用实验方法识别出项目工作质量及其影响因素，从而制定出为确保项目产出物质量所需开展的项目工作质量，然后据此去编制出项目工作质量管理计划。例如，人们在科研项目中开展各种实验活动去设计项目产出物质量的指标与管理计划的同时，也可以分析、识别和确定人们所需开展的项目工作及其质量，从而形成项目工作质量管理计划，所以这是一种项目产出物质量和项目工作质量管理计划共生的方法。

8. 项目工作质量的管理图表法

项目工作质量管理计划方法中还包括管理图表法，这是使用各种项目工作质量管理方面的图表去编制项目工作质量管理计划的方法。人们可以利用的项目工作质量管理图表有各种项目工作核检清单、项目系统流程图、项目实施过程流程图、项目工作质量影响因素分析的帕累托图和鱼骨图等，这些都属于项目工作质量管理计划编制的图表之列。这些项目工作质量管理计划的图表有助于人们制订和实施项目工作质量管理计划，更有助于人们找出项目工作质量的问题原因与解决方法，所以项目工作质量的管理图表法是一种编制项目工作质量管理计划的有效方法。

9. 项目工作质量的保障体系法

这种方法给出了项目工作质量保障体系的组织结构、项目工作质量保障体系的责任划分、项目工作质量保障体系的工作程序、项目工作质量保障体系的合格资源配置，以及项目工作质量保障体系所需的措施与方法等。这种方法编制的项目工作质量管理计划中不但包括项目质量保障体系及其工作的具体描述和质量保障方法的具体说明，而且包括项目工作质量管理计划的执行方法和相关规定等内容。

10. 项目产出物和工作质量变更的管理方法

这也是项目质量管理计划的方法之一，因为项目产出物质量和项目工作质量多可能出现变更，所以对于这些方面的变更的管理安排就是项目质量管理计划的主要内容。这是人们预先针对可能出现的各种项目产出物质量和项目工作质量的变更情况，设计给出应对这些项目产出物和工作质量变更的管理计划方案与安排的方法。这种计划和安排只有在项目产出物和项目工作质量发生变更时使用，但是由于实际上项目质量的变更是经常发生的，所以在项目质量管理计划中必须包括对于项目质量变更的管理计划和安排，这也是项目产出物质量和工作质量变更的集成管理计划和安排。

6.2.4 项目质量管理计划的结果

项目质量管理计划工作的结果是生成一系列项目质量管理计划文件，主要包括如下几方面的文件。

1. 项目质量管理计划书

它描述了实施项目质量管理的政策、程序和指南，以及实现项目质量目标的方针和方法。这一计划书的内容主要包括：项目质量保障体系的组织结构、责任划分、工作程序，项目质量管理的过程、方法，质量变更的程序，以及实现项目质量目标所需的资源和控制措施与方法等。这一计划书还给出了项目质量目标的规定、项目质量管理的角色与职责安排、项目质量控制和管理的具体活动与方法、项目产出物和项目工作质量的标准与规范等。这一计划书是项目质量管理的具有核心性和指导性的文件。

2. 项目质量测量指标

其专门用于描述项目工作和项目产出物的特性，以便人们在项目质量实现过程中能够使用这些测量指标去验证项目管理和控制过程是否达到了既定质量目标。项目质量测量指标可以使用按时完成项目任务的百分比指标，也可以使用项目挣值管理方法中的 CPI 指标表示的项目成本绩效，还可以使用项目工作或产出物的失败比率或发现的缺陷数量等。最重要的项目质量测量指标是项目顾客或用户的满意度分数。

3. 项目专项管理计划和文件的更新

在项目质量管理计划编制中会出现已有的各种项目专项管理计划和项目文件需要进行变更的情况，需要变更的项目专项管理计划主要有：项目风险管理计划，因为在制订项目质量管理计划中可能会发现需要添加新的项目风险工作；项目范围管理计划，因为增加特定的项目质量管理活动会导致项目范围管理计划需要变更。需要变更的项目文件主要有：项目经验教训登记册，因为在项目质量管理计划过程中经验教训需更新到经验教训登记册中；项目风险登记册，因为新识别出的项目风险需要记录在其中；项目相关方登记册，如果收集到有关现有或新相关方的信息就需要记录到项目相关方登记册中。

6.3　项目质量保障

项目质量保障是一种事前的和预防的项目质量管理工作，它与项目质量控制的概念不同，因为项目质量控制是事中的项目质量管理工作。例如，ISO颁布和推行的ISO 9000系列标准就将项目质量保障与项目质量控制划分为不同的项目质量管理工作。

6.3.1　项目质量保障的内容

项目质量保障是在执行项目质量管理计划过程中所开展的一系列的项目质量评估、质量核查、质量保障与质量改进等方面的工作。这是为确保实现项目产出物和项目工作的质量要求而开展的系统性和贯穿项目全过程的项目质量管理工作。项目质量保障体系是由项目相关方共同构成的一个保障项目质量的体系。这方面工作的主要内容有如下几方面。

1. 清晰明确的项目产出物和项目工作质量的要求

项目质量保障工作的首要任务是提出清晰而明确的项目产出物和项目工作质量要求。这些项目产出物和项目工作的质量要求既包括对项目产出物验收的质量要求，也包括对项目核查的质量要求。

2. 科学可行的项目产出物和工作质量标准

这是根据历史类似项目的经验和各种国家、地区、行业的质量标准设计的一套适合于具体项目产出物和工作质量的标准。由于项目中有许多工作或活动具有一次性和独特性，因此这类工作需要专门编制出科学而可行的项目产出物与工作质量标准。

3. 建设与完善项目质量（保障）体系

项目质量（保障）体系是实施和管理项目产出物与工作质量保障工作所需的组织结构、工作程序、质量管理过程和质量管理各种资源等构成的一个整体。因此必须组织和建立有效的项目质量（保障）体系，这种体系是项目质量管理工作的基础和组成部分。

4. 配备合格和必要的项目质量管理资源

项目质量保障的另一项工作就是为项目质量体系配备合格与充足的资源，如果没有合格的项目质量保障方面的资源，人们就无法开展好项目质量保障的活动，所以配备合格和必要的项目质量管理资源也是项目质量保障必须开展的工作内容。

5. 有计划地开展项目质量改进活动

这包括针对项目实际质量而开展的审核、评价和改进项目质量等方面的工作。其中，持续的项目质量改进是为实现价值最大化而由项目组织所采取的提高项目效益和效率的措施，这包括对项目工作方法和项目产出物的持续改进两方面的活动。

6. 积极主动地进行项目质量变更

通过这种工作去提高项目产出物与工作的质量，从而更好地为满足项目业主/用户的项目质量要求服务。通常，项目任何方面的变更都会对项目产出物和工作质量的形成造成影响，所以需要通过积极的项目质量变更去满足项目相关方的质量要求。

6.3.2 项目质量保障的依据

项目质量保障工作的依据主要包括如下几个方面。

1. 项目质量管理计划文件

这是关于项目质量管理工作的全面计划和安排,其中包含项目质量保障工作的目标、任务和要求的说明文件，所以它是项目质量保障工作最根本的依据。

1）项目产出物质量衡量标准

项目产出物质量衡量标准为项目质量保障提供了项目产出物质量的度量指标，是进行项目产出物质量评估和验收的基础，所以这也是项目质量保障的重要依据之一。

2）项目工作质量控制计划

项目工作质量控制计划给出了项目工作质量核检清单等一系列项目工作质量方面的文件和信息，这是开展项目工作质量评估和验收的基础与项目质量保障的重要依据。

2. 项目产出物和工作质量的绩效度量结果

这也是项目质量保障工作的依据之一,因为项目产出物与工作质量的绩效情况就是人们开展项目质量保障工作的实际情况的反映。这方面内容包括如下几点。

1）获准的各种项目变更请求

由于项目各专项之间需要合理配置,因此任何项目要素的变更都会影响到项目质量保障工作，所以获准的各种项目变更请求都是项目质量保障工作的依据。

2）项目工作质量核检后的清单

这是用过后的项目工作质量核检清单,是项目工作质量管理计划的实际执行情况的反映，也是在项目质量计划编制过程中生成的项目质量保障工作的依据之一。

3. 各种项目质量保障措施

项目质量保障工作中包含各种所要采取的项目质量保障措施及其结果，这包括以下方面。

1）项目质量保障工作的说明

这是对于项目质量保障所涉及的各项具体工作的描述，是项目质量管理计划的核心内容之一，所以它同样也是项目质量保障工作的具体依据之一。

2）项目质量保障的各种措施

这是当项目实际质量与计划质量之间出现偏差时，人们所需及时采取的纠正和补救的措施，这些也都是项目质量保障工作中需要考虑的重要依据。

6.3.3　项目质量保障的方法

从某种意义上讲，项目质量保障工作属于事前的项目质量控制，所以多数使用具有预防性和事前改进性的方法，主要的方法有如下几种。

1. 项目质量保障的计划方法

由于项目质量保障工作是一种运用事前控制的思想开展的项目质量管理工作，所以这一工作中的最主要的计划工具和方法就是项目质量问题预防和纠偏措施的计划方法。在项目质量保障中人们只有预先认识到项目质量可能出现的问题，并制定出相应的预防和应对措施与计划安排，才能够保障项目质量不出现问题。

2. 项目质量审计的方法

这是项目质量保障的一种结构化方法，这一方法的目的是找出可改进的项目产出物和工作质量的问题，从而开展项目质量的改善与提高工作。这种审计可以定期或不定期地随机抽查，可以由项目组织内部人员或第三方质量监理组织及专业机构核查。人们可以根据这种审计结果去开展项目质量的持续改进和提高工作。

3. 项目工作质量的保障方法

这是一种基于活动的项目质量保障方法，即针对项目工作的方法、步骤和内容，从组织、管理和技术等各个角度去开展项目工作质量保障的方法。其中，需要使用项目工作过程分析对项目工作中可能遇到的问题、约束条件、方法不当和无价值活动等方面的问题进行全面的分析研究与检查核实，然后努力去消减各种不必要的项目活动和解决不当的项目工作方法，最终实现项目质量保障的结果。

4. 项目产出物质量改进的方法

这是用于改进和提高项目产出物的质量，从而为项目相关方带来更多利益的方法。这种方法是由项目相关方提出项目产出物质量改进建议，然后落实这些建议去保障和提高项目产出物质量的方法。这种方法的步骤包括：首先，分析项目产出物质量问题及发生问题的原因；其次，提出项目产出物质量改进的建议、目标、方法、步骤和所需资源；最后，确认项目产出物质量改进成果等。

6.3.4 项目质量保障的结果

这一工作的主要结果是项目质量获得了提高和改进，这既涉及项目工作质量的提高带来的项目工作效率和效果的提高，也涉及项目产出物质量的提高所带来的项目相关方利益的扩大和各种项目变更与项目集成管理的改善等结果。具体包括如下几个方面。

1. 保障质量的项目变更全面优化

在项目质量实现过程中，项目相关方会提出某些项目质量变更请求，人们需要根据项目质量变更请求和变更方案进行项目计划的全面优化，从而使得项目质量得到提高，最终会使得项目各相关方的利益都得以扩大，这是项目质量保障工作的结果之一。

2. 成功的各种项目质量改进措施

在项目质量实现过程中，人们会发现项目质量实现过程和方法中存在某些问题或不足，然后人们就可以采取各种项目质量的改进措施，从而提高项目产出物和项目工作的质量，进而扩大项目相关方的利益，这也是项目质量保障工作的结果之一。

3. 获得的各种项目质量保障信息

人们在项目质量保障工作中会发现原有项目质量标准、项目相关信息、项目集成计划、项目各个专项计划、项目实施方案等存在的问题和不足，然后人们可以根据这些信息对项目文件和资料进行更新，这也是项目质量保障工作的结果之一。

6.4 项目质量控制

这是针对项目质量所开展的事中控制工作，是在项目实施过程中对项目产出物质量和项目工作质量的全面控制工作。这一工作的主要作用是核实项目产出物和工作是否已经达到项目相关方的质量要求，并且同时提供最终验收和终结项目合同以及国家或地方的标准、要求、法规和规范等。

6.4.1 项目质量控制的内涵

项目质量控制包括对于项目产出物质量和项目工作质量的实施情况的监督与控制，这两方面的监督与控制各有自己的技术与方法，而且它们各自需要使用不同的依据和方法。

1. 项目产出物质量控制的内涵

项目产出物质量控制的主要内容包括：项目产出物质量控制标准的制定、项目产出物质量实施情况的监督和绩效度量、项目产出物质量监督结果与项目产出物质量计划或标准的对比分析、项目产出物质量差异与问题的确认、项目产出物质量问题的根本原因分析、项目产出物质量的纠偏措施，以及项目产出物质量偏差与问题的消除等一系列的控制活动。这些活动构成了贯穿项目全过程的项目产出物质量控制工作。项目产出物质量控制与项目产出物质量保障最大的区别在于，后者是一种从项目质量管理组织、程序、方法和资源等方面为项目质量保驾护航的工作，而前者是直接对项目产出物质量进行把关和纠偏的一种具有过程性、纠偏性和把关性的项目质量管理工作。当然，二者的目标是一致的，都是确保项目产出物质量能够达到项目相关方的要求。

1）项目产出物质量的实现工作和项目产出物质量的检验工作

项目产出物质量的实现工作属于项目产出物质量形成的工作，项目产出物质量的检验工作属于项目产出物质量控制中的验证工作。二者共同构成项目产出物质量控制工作的整体，二者共同实现了人们对于项目产出物质量的有效控制。

2）项目产出物质量问题的特殊原因和系统原因

项目产出物质量问题的特殊原因是指随机性质量问题原因，它造成的项目产出物质量问题较难控制，而项目产出物质量问题的系统原因是有规律性的问题原因，人们可以根据其规律性和趋势去采取预防性项目产出物质量控制措施。

3）项目产出物质量容忍区间和质量控制界限

项目产出物质量控制界限是预警用的，项目产出物质量控制界限与计划指标之间的区间被称为容忍区间或预警区间。当项目产出物质量的实际测量指标超过控制界限但尚未超过计划指标时，项目产出物质量出现预警信号而需要采取纠偏措施。

4）项目产出物质量的抽样样本和总体

在项目产出物质量控制过程中人们会使用抽样检验的方法，通过检验样本所具有的各种质量属性去推断项目产出物总体质量情况。这种方法的可信度是有限的，因为抽样检验的项目产出物样本质量并不完全等于项目产出物总体质量情况。

2. 项目工作质量控制的内涵

项目工作质量控制的主要内容包括：项目工作质量控制标准或界限的制定、项目工作质量核检清单的制定、项目工作质量情况的监督和度量、项目工作质量监督度量结果与项目工作质量标准的比较、项目工作质量问题的确认、项目工作质量问题的原因分析、项目工作质量的纠偏措施，以及项目工作质量问题的消除等一系列活动。这类项目工作质量管理活动也是一项贯穿项目全过程的项目质量管理工作。项目工作质量控制与项目工作质量保障的最大区别在于，后者是一种从项目工作质量保障的组织、程序、方法和资源等方面为项目工作质量保驾护航的工作，而前者是直接对项目工作质量进行把关和纠偏的工作。项目工作质量控制是为项目产出物质量控制服务的，是为确保项目产出物质量能够达到项目相关方要求服务的。这方面的相关概念分述如下。

1）项目产出物质量控制和项目工作质量控制

项目产出物质量控制的目的是获得项目相关方要求的具有相应功能的项目产出物，而项目工作质量控制的目的是借此去实现项目产出物质量的控制和保障，所以这两方面的工作是相辅相成的。

2）有了好的项目工作质量才会有好的项目产出物质量

出现项目产出物质量问题的根本原因是项目工作质量出现了问题，所以在项目质量管理中最重要的概念是：只有有了好的项目工作质量才会有好的项目产出物质量。因此，人们要想获得好的项目产出物质量，就必须从项目工作质量控制上努力。

3）项目工作质量的抽样样本质量和总体质量

在项目工作质量控制过程中人们也会使用统计抽样检验的方法，此时人们使用一定数量的项目工作样本的质量属性去推断整体项目工作质量的情况。由于人们在抽样检验的过程中会出现各种误差，在使用这种方法时必须严格区分样本和总体的不同。

6.4.2 项目质量控制的依据

项目产出物和项目工作质量控制的依据有很多，其中的主要依据有如下几种。

1. 项目质量管理计划

这一计划中包含了关于项目产出物和项目工作质量管理的计划安排，它同时给出了项目产出物质量和项目工作质量的计划与要求,以及这两方面的管理工作的计划与安排,这包括对于项目产出物质量和项目工作质量所开展的控制工作的计划与安排。

2. 项目质量控制界限

这是通过分析和设计而生成的项目产出物与项目工作的质量控制界限。这种项目质量控制界限不同于项目质量的目标和计划指标,它与项目质量目标和计划指标之间的空间就构成了项目产出物质量与项目工作质量控制所需的预警区间。

3. 项目工作质量核检清单

这种项目工作质量核检清单是开展项目工作质量控制的重要依据、主要方法与工具。人们需要根据这种项目工作质量核检清单中所开列的内容，去严格核查和检验项目质量实现过程中的工作内容与工作质量的实际情况。

4. 项目实施组织的质量管理政策和绩效

项目实施组织有关项目质量管理的政策和绩效要求，以及项目相关方对于项目产出物和工作质量控制的要求与规定等信息也都属于这方面的依据。这包括项目实施的行为规范，项目工作质量绩效规定，项目质量的审计、评估和分析等。

5. 项目质量控制的其他相关信息

这是指在项目质量控制过程中所生成的各种有关信息，这类信息也是开展项目质量控制工作的重要依据，因为这类信息可使人们在项目质量控制中分析和发现问题并采取纠偏措施，最终使项目质量保持在一种受控状态，从而达到人们想要的项目质量结果。

6.4.3 项目质量控制的方法

项目质量控制的方法包括项目产出物质量控制和项目工作质量控制两方面的方法，这两方面的项目质量控制方法主要有如下几种。

1. 控制图法

这是用于开展项目产出物和项目工作两方面质量控制的一种方法，在控制图中会给出关于项目质量控制的界限、项目质量的实际结果及其过程的图示描述，以及项目质量结果是否处于受控状态。这种控制图法中所给出的项目质量的上/下控制界限是人们根据项目质量要求或计划指标而设定的，它们与项目质量要求和目标或指标之间留出了项目质量控制所需的预警区间。若项目质量实际结果落入这种预警区间内，人们就可以去采取项目质量控制的纠偏措施。图 6-3 给出了这种方法的示意，项目质量的控制界限包括两个：一是人为设定的项目控制界限的上下限，二是项目质量控制进程中出现的系统误差的统计标准。若在项目质量检验中有连续七个点的结果朝同一方向变化的走势，或者连续七个点的结果出现在控制中线的同一侧，就说明项目质量出现了系统性问题而必须采取必要的项目质量控制纠偏措施的统计性控制界限，所以这种控制图法是建立在统计质量管理原理和方法的基础之上的，它需要利用项目质量实际的实施结果的统计数据作为判定项目质量是否已经出现问题的依据与基础（七个点的要求是美国的统计质量控制方法的经验公式要求）。

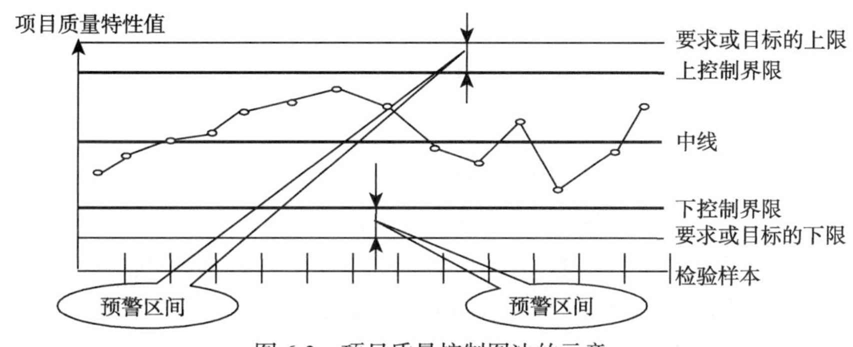

图 6-3　项目质量控制图法的示意

2. 因果图法

因果图法又称鱼刺图法，是项目质量问题原因分析的图表分析方法，它能直观反映项目质量问题与原因之间的关系，但现实中的项目质量问题因果之间多不是简单的直接对应关系，而且一个项目质量问题的结果可能是由多个项目质量控制方面的原因共同或累积造成的，所以项目质量控制人员需要使用因果图去找出导致项目产出物或工作质量出现问题的各个原因，进而有针对性地采取项目质量控制的纠偏措施。这一方法的示意由图 6-4 给出，这是一种因素分析的图表方法。

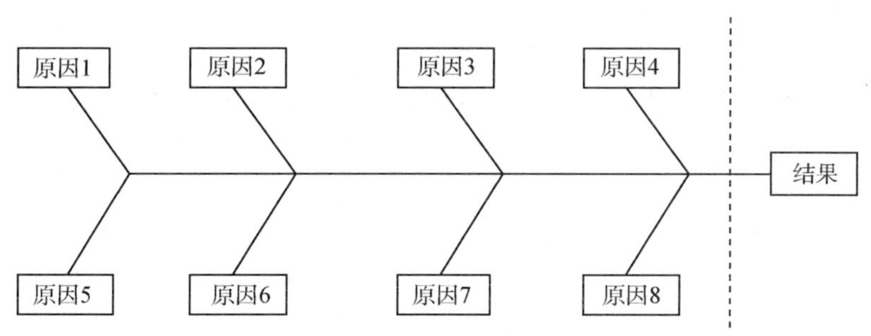

图 6-4　项目质量控制因果图

3. 流程图法

项目质量控制使用的流程图法是另一种非常有用和经常使用的项目质量控制图表分

析方法，因为项目质量控制的重要内容是对项目全过程的工作质量进行控制。这种方法可用于对项目全过程中各环节的项目工作质量问题及其结果和原因进行分析，也可用于对这些项目质量问题发展与形成过程进行控制，图 6-5 给出了这种方法的示意。

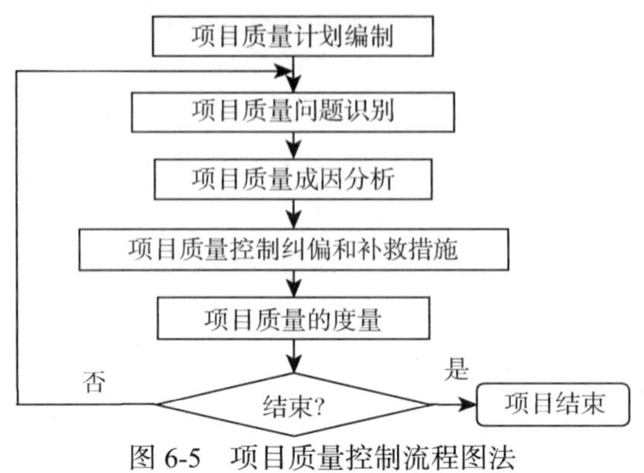

图 6-5 项目质量控制流程图法

4. 趋势分析法

这种方法用来分析和预测项目产出物和项目工作质量的未来发展趋势与结果。这种项目质量控制方法所开展的预测分析和趋势分析都是基于历史类似项目的数据或本项目前期实际项目质量控制结果数据做出的预测和趋势分析。这种项目质量控制方法的基本原理是统计质量管理的原理，这包括统计回归分析、统计相关分析、统计趋势外推分析等统计分析和趋势预测的原理与方法等。

5. 项目产出物质量的检验法

这是指通过测量、检查和测试等手段去分析项目产出物实际质量是否与质量要求一致的一种项目质量控制方法。这种方法又可分为自检（自我检验的方法）、互检（团队成员相互检验的方法）和专检（专门质量检验人员检验的方法）等不同的项目产出物质量检验方法。这方面的方法要求每次检验都要有严格的检验结果记录，由授权人员进行检验结果的评定并做出是否最终接受的决定。因为项目是一次性工作，所以必须严格使用这种方法去做好项目产出物质量的控制，以免造成项目产出物报废的严重后果。

6. 项目产出物测试/评估法

这是一种有组织的、结构化和程序化的项目产出物质量调查的方法，其目的是向项目相关方提供被测的项目产出物质量是否满足他们的要求。这种方法的关键在于找出项目产出物中存在的错误、缺陷、漏洞或其他不合规的问题，以便确定需要采取的项目产出物质量的控制措施。这种方法可用于整个项目全过程，其中，早期测试/评估有助于识别项目产出物质量不合格的问题，帮助减少修复不合格项目产出物组件的成本。不同应用领域需要不同测试和评估，如软件测试可能包括单元测试、集成测试、黑盒测试、白盒测试、接口测试、回归测试、α测试和β测试等。

7. 项目工作质量核检法和审计法

这是指通过核查和审计的手段去保证项目工作质量符合要求的方法。对于方法也可分为自己核检（自我检验的方法）和他人核检（其他人核检的方法）。这种方法要求每次都必须有严格的核检和审计结果记录，同样需要由授权人员进行核检或审计结果评定和最终做出是否接受项目工作质量的决定。这种方法使用列有项目工作质量核检和审计科目的核检清单，通过对照这种核检清单去检查和审计项目工作质量情况。

8. 纠偏措施和补救措施的方法

不管人们如何谨慎小心，项目产出物或项目工作的质量总会出现失控的情况，此时就需要采取必要的项目质量控制的纠偏措施或补救措施。这种纠偏措施和补救措施的方法是一种项目质量控制中的常用控制方法，虽然这是一种“亡羊补牢”的方法，但它也是一种十分必要和有效的项目产出物与工作质量控制方法。这种方法包括项目产出物或工作质量的补救措施和纠偏措施、项目产出物或工作质量计划的变更措施，以及项目返工和降低项目产出物或工作质量等级的一系列相应方法。

6.4.4 项目质量控制的结果

项目质量控制最根本的结果是项目产出物质量和项目工作质量全面有效控制，以及由此得到的项目产出物和工作质量的实际结果，这种结果的内容包括如下两个方面。

1. 项目产出物质量控制的结果

这是在项目质量控制活动结束后所形成的对项目产出物质量控制的满意度的结果，这一结果最终表现为下述项目相关方对项目质量的接受情况。

1）对项目产出物质量的认可

对项目产出物质量的认可有两层含义：一是指项目相关方对于项目产出物质量结果高于他们的质量要求所做出的全盘接受和认可；二是指项目业主或其他相关方用户对已完成项目产出物质量结果达到他们的质量要求所做出的接受和认可。

2）对项目产出物质量修复的认可

这是在发现项目产出物质量存在问题后，人们对于项目产出物质量开展必要的修复工作，最终项目相关方对于项目产出物质量修复结果的接受和认可。这种项目产出物质量修复工作的结果能够被接受也是项目质量控制的最终结果。

3）调整或降低项目产出物质量要求

当项目质量控制中存在问题但人们无法采取修复措施去达到项目产出物质量要求的时候，人们就只能去调整和降低对于项目产出物质量的要求。在这种情况下，通常需要给予项目相关方一定的项目质量损失的补偿。

2. 项目工作质量控制的结果

项目工作质量控制的各种结果主要表现为项目控制方面的文件，项目工作质量控制方面的主要结果包括如下几个方面。

1）项目工作核检结束的清单

这是项目工作质量控制工作的主要结果，当人们使用项目工作质量核检清单开展项目工作质量控制时，所有已经完成核检的项目工作质量清单记录了项目工作质量控制的过程和结果，这可以为日后项目产出物质量控制或项目工作质量控制提供依据与信息。

2）项目质量管理经验与教训文档

在项目工作质量控制工作结束后人们需要及时将项目质量管理经验与教训整理并形成项目工作质量控制的结果文档，用以指导以后类似项目工作质量控制，这也是项目工作质量控制结果中一项十分重要的内容。

3）项目工作质量的改进与提高

这方面最重要的成果是对于项目后续工作质量的改进和提高，包括对于项目工作内容和项目工作方法等方面的改进和提高。对于这种工作的结果需要人们及时将它们整理并形成项目工作质量控制的结果文档，以及工作过程的优化和提高等方面的结果文档。

本章思考题

1. 项目质量保障与项目质量控制有什么区别？
2. 项目质量管理与项目集成管理有什么关联？
3. 项目产出物质量管理有哪些主要的工作内容？
4. 项目工作质量管理中有哪些最主要的控制方法？
5. 从统计质量管理角度说明项目质量控制图法的作用？
6. 从统计质量管理角度说明核检表法对项目质量控制的作用？

第 7 章　项目管理沟通与信息资源管理

【本章导读】开展项目管理沟通和信息资源管理的根本目的是获得项目管理决策所需的信息资源，从而弥补项目信息缺口并借此去做好项目风险管理。所以本章重点讨论五个方面的内容：一是管理沟通与信息资源管理概述，二是项目管理沟通的方法与技巧，三是项目管理沟通的管理计划编制，四是项目管理沟通的管理工作，五是项目管理沟通的监控。本章将从管理沟通入手，进而深入地讨论项目管理沟通和信息资源管理的内容。

7.1　管理沟通与信息资源管理概述

项目管理沟通与信息资源管理的对象是项目全过程中的各种沟通活动、沟通效果和由此获得的信息资源。项目管理沟通与信息资源管理的基础知识是一般性管理沟通的概念、原理和特性，所以本节首先讨论一般性管理沟通中最重要的概念、原则和特性，这些方面的主要内容包括如下几个方面。

7.1.1　管理沟通的概念

管理沟通是管理者每天都要做的事情，但管理沟通方法与技巧是需要通过努力学习和锻炼才能成熟的。一个成功的管理者主要的任务之一就是充分发挥自己的管理沟通能力去获得足够的信息，进而做出正确的管理决策，然后借助奖惩和激励去驱使人们合理有效地工作，最终成功实现组织生存与发展的目标。有关管理沟通的概念分述如下。

1. 管理沟通的目的是实现相互理解和交流

无论人们通过什么沟通渠道、方式和媒体去进行管理沟通，根本目的都是使管理沟通的双方能够相互获得理解和交流。管理沟通的双方能真正理解对方传递的信息和数据，能相互理解各自表达的思想和感情，能理解字里行间和话里话外的真实意思是开展管理沟通的关键所在。

2. 管理沟通的具体内容包括信息、思想和感情

管理沟通中沟通双方相互交换的内容有三个：一是数据或信息，二是思想或观点，三是感情或情感。其中，数据是对于已发生事物的客观描述，信息是为管理决策提供支持作用的“已加工的数据”，想法或观点是人们对于特定事物的主观思想或主意，感情或情感是人们心中对某人或某事的主观好恶。

3. 管理沟通的主要方式是双方相互提出和回应

管理沟通的主要方式是一方向对方提出问题和要求，而另一方按照某种角色去做出某种回应或答复。管理沟通的双方总是希望对方相信自己提出的东西，并且能够回答自己提出的要求。所以，管理沟通就是双方相互关注、倾听和理解对方的问题与要求，然后做出回应或反问及提议的过程。

4. 管理沟通是信息和思想交换的过程

管理沟通的过程是双方相互交换信息和思想的过程，信息交换会弥补信息缺口而使人们的管理决策更加科学合理，而思想交流会使沟通双方更加相互理解与认同。所以，管理沟通中离不开沟通双方之间的信息交换和思想交流，甚至在很多情况下管理沟通中的信息交换和思想交流是相互依存的。

5. 管理沟通是管理者的一种有意识的行为

管理沟通应该是管理者为实现自己的既定目标而进行的一种有意识的行为，所以在许多情况下管理沟通的内容和效果会受到管理者主观意志的支配。管理沟通的效果会受沟通双方主观意愿和情绪以及沟通所使用的方法的影响。同时，人们在管理沟通中无意识或下意识的行为会破坏管理沟通的效果，甚至某些无意识或下意识的沟通行为会导致沟通失败。

7.1.2　管理沟通的过程

管理沟通过程是由多个管理沟通活动组成的，按照香农的信息论中所给出的沟通过程模型，这包括信息发送、传递、接收、反馈和干扰等过程，如图7-1 所示。由图7-1 可知，管理沟通双方需要使用一定的信息传递渠道，并按照一定的沟通过程去实现信息交换与思想交流。在这一过程中传递的信息和思想，既有用语言、文字直接表达的，也有包含在字里行间和言外之意的隐喻与暗示。因此，管理者必须充分使用反馈、消除干扰等沟通手段，否则会造成管理沟通不畅甚至沟通障碍和问题。一个管理者必须熟悉管理沟通的过程，并能充分运用这一过程去分析和发现管理沟通中出现的各种问题，从而使管理沟通畅通和充分。特别需要指出的是，管理沟通具有很大的艺术性，管理者必须要因时、因人、因地和因事去按照“权变”的艺术方法做好管理沟通，这样才能获得更多的信息。按照哈佛商学院的统计，管理者有 93%以上的时间都在做管理沟通的工作（剩下的时间是“做决策”和“用干部”）。图 7-1 给出了管理沟通涉及的过程，这些管理沟通的过程及其主要步骤分述如下。

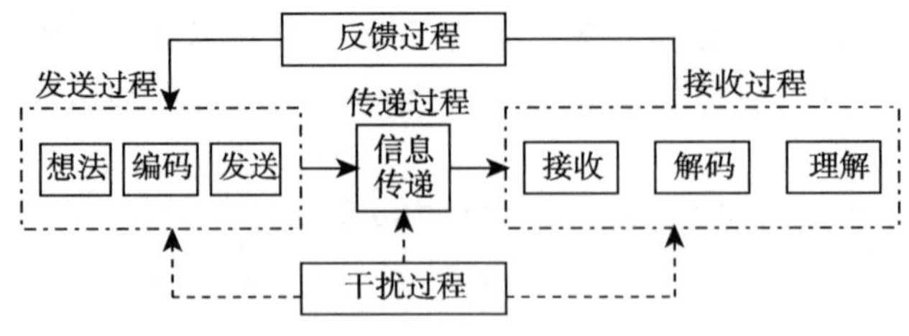

图 7-1　香农的信息沟通过程[①]

① 傅祖芸. 信息论：基础理论与应用. 3 版. 北京：电子工业出版社，2013.

1. 管理沟通的发送过程

管理沟通的发送过程包括：确定想法、进行编码和发送信息三项具体的沟通步骤或活动，三者的具体内容分述如下。

1）确定想法

在管理沟通过程中，信息发送者首先要确定自己所要沟通的想法，即自己在管理沟通过程中要努力使对方接受和理解的东西以及自己所要达到的目的。这就要求管理者必须"想好了再说"，不能下意识或无意识地去说，这是管理沟通的关键所在。

2）进行编码

编码是由信息发送者根据接收者的个性、知识和理解能力等，将想要发送的信息使用信息接收者能理解的语言进行编码处理。所以，管理者需要掌握多种编码，这包括母语、外语、工程语言等编码，以供在不同情况下与不同人沟通时使用。

3）发送信息

这是信息发送者选定适合的信息发送渠道和方式，将编好的代码发送给信息接收者的活动或步骤。在这个步骤中要努力避免发送渠道和过程中出现的干扰与噪声破坏信息发送。所以，人们要选好渠道和方式去发送信息，否则会有信息失真或误解。

2. 管理沟通的传递过程

在管理沟通中，信息传递过程的主要工作是选择发送信息的渠道和途径，然后使用该渠道或途径将信息发送给信息接收者，有如下两个步骤和内容。

1）选择传递渠道和方式

这包括选择合适的信息传递渠道和信息传递方式两个方面，选择信息传递渠道和方式的要求是既能够实现信息的传递成功，又能够不出现信息失真。例如，人们有当面说可能羞于出口、打电话会被插话或打断、打录音电话则无法插话且可多人听电话内容等问题需要通过选择信息传递渠道和方式去解决。

2）开展信息的传递

在选定信息传递渠道和方式以后，人们就可按照信息传递渠道的要求将已编码好的信息传送给信息接收者。其中，电子型信息的传递渠道多数是各种信息网络，书面型信息的传递渠道是书信邮件，思想型信息的传递渠道多数是靠当事人面谈。

3. 管理沟通的接收过程

在管理沟通中，信息的接收过程包括接收代码、进行解码和全面理解三项活动，这些活动的具体说明如下。

1）接收代码

当信息接收者接收对方发送来的信息时，他们需要全面接收发送来的所有信息编码，以便能用足够的信息编码去进行下一步的信息解码工作，如在面对面的沟通中要仔细倾听，最好不要打断对方，这就是管理者"沉默是金"的体现。

2）进行解码

这是指信息接收者将已接收到的信息编码进行转化和翻译的过程，即信息接收者将接收到的编码加工处理成可理解的信息的步骤或活动。解码中最可能出现的问题是"误解”，这多是由数据或信息冗余度不足造成的，所以接收足够的编码是正确解码的前提。

3）全面理解

这是指信息接收者通过解码和汇总而全面理解信息发送者所发送的信息、思想和要求的过程，这在很大程度上取决于信息接收者的理解能力。这需要管理者结合沟通中的一系列因素，去全面理解信息发送者的真实意图和意思。

4. 管理沟通的反馈过程

此处的反馈是指信息接收者根据信息发送者的要求或自己的意愿，向信息发送者提出反问、要求或询问，从而得到对方回答或回应的行为。通常，这种反馈有主动和被动两种，前者是指主动采取行动去获得对方的反馈信息（包括察言观色），然后调整自己的沟通时机、方法和内容（这就是中国人“放风试探”类沟通的作用）；后者则是在不明白对方何意的情况下提出的询问类反馈。具体的反馈过程由如下步骤构成。

1）发现疑问

管理沟通中的信息反馈过程源于信息接收者对所接收信息的疑问，这种疑问多数是由管理沟通过程中某个环节出现问题而造成的。当信息接收者有疑问时就会要求进行反馈过程，但主动的反馈是人们通过试探去获得信息。

2）提出疑问

这是指信息接收者根据自己的疑问向信息发送者进行提问的过程，这是信息反馈过程中的实质性步骤或活动。在主动反馈中人们不是直接提出疑问，而是采用各种方式使对方提供信息去解除自己的疑问或使对方理解自己在反馈中发送的信息。

3）获得回应

这是指由信息发送者对信息接收者的疑问进行解释或回应的步骤，若没有这个步骤，则管理沟通中的信息反馈就无法实现。此时，人们获得的回应就是他们想要的答案或结果。

5. 管理沟通的干扰过程

任何管理沟通中都可能存在某种干扰，这些干扰或是人为造成的，或是客观环境造成的。管理沟通的干扰方面的具体活动有如下两个方面。

1）制造噪声和干扰

当管理沟通的一方希望破坏某个管理沟通过程或改变沟通效果时，往往会使用各种手段去制造噪声和干扰，从而实现有利于自己的沟通效果。例如，通过拍照或端茶倒水等行为干扰谈判，以在谈判中获得喘息机会或好处等。

2）消除噪声和干扰

如果人们想要保证管理沟通的连续性和有效性，就必须开展消除噪声和干扰的工作，其具体做法可根据管理沟通的时间、地点、对象和沟通内容等去选择。例如，开会或面谈期间要求人们关闭手机以防干扰和噪声。

综上所述，在图 7-1 给出的管理沟通各个过程中，编码、发送、解码、理解、反馈、干扰等管理沟通的具体活动和步骤都是管理沟通取得效果的关键所在。

7.1.3　管理沟通的原则

在管理沟通中必须贯彻一些基本的原则，以保证管理沟通能够实现科学和有效性，同时能够确保管理沟通的时效性。开展管理沟通的原则最主要的有如下方面。

1. 准确性原则

这包括两个方面：一是在管理沟通中所传递的信息必须是准确的，二是管理沟通中所使用的编码和信息传递渠道与方式必须能使信息接收者准确地理解和获得信息。因为管理沟通的真正目的是使双方能相互理解，所以信息发送者有责任将信息、想法和感情等进行科学而适当的编码，并使对方能够以合理的渠道和方式进行信息的接收。同时，信息接收者要能够做好接收和解码工作并准确和及时地理解所获信息。

2. 完整性原则

这包括两个方面：一是发送与接收的信息必须具有完整性，二是管理沟通过程必须具有完整性。信息的完整性是指在管理沟通过程中人们所传递的信息应该是编码充分和信息相对完备的，信息发送者应努力做到不留下或不造成信息缺口，否则会出现沟通障碍。同时，信息的接收者需要努力理解对方发送的编码和信息，以保证管理沟通中不出现“误解”，从而确保信息完整性。

3. 及时性原则

管理沟通还必须实现管理沟通的及时性，因为任何信息都有自己的时效性，信息一旦过了时效期就会失去指导决策的作用，所以管理沟通的及时性原则更是十分重要，如项目的计划信息如果不能够在项目开始之前及时地生成和传递到项目管理者手上，等时过境迁才生成这种计划信息就没有任何用处。在实际中，常常会因各种原因而出现信息滞后或信息过了时效期的问题，结果就错过了各种时机或给项目造成严重损失。

4. 强制性原则

在管理沟通中为保证管理沟通的及时有效和准确完整，人们就必须在管理沟通中遵循强制性的行为原则，因为如果没有必要的强制性，就会使管理沟通成为无意义的“聊天”而失效，如在管理者做出决策后发布信息时所开展的管理沟通就具有很高的强制性，像军队的“下达命令”就是具有完全强制性的。这种原则既可以使人们通过管理沟通及时获得必要的信息，又可以使人们在获得信息后做出正确的决策和行动。

5. 充分运用非正式组织沟通的原则

这是指管理者在不便使用正式（或官方）的组织沟通渠道时，要努力使用非正式组织（或非官方）的沟通渠道去开展管理沟通的原则。非正式组织沟通渠道是指组织中所存在的，可以补充正式组织沟通渠道不足的各种非正式组织的信息沟通渠道。有些信息并不适宜通过正式组织的沟通渠道来传递，而需通过非正式组织沟通渠道去传递，如在很多时候需要通过“放风”去试探反应时就需要使用非正式组织沟通的方式。

7.1.4 管理沟通效果的影响因素

管理沟通的效果受许多因素的影响，管理者必须努力消除这些因素以保证信息沟通的通畅和有效。影响一个组织的管理沟通效果的因素有以下方面。

1. 信息发送者

管理沟通始于信息发送者，其信息发送质量直接影响管理沟通效果，所以信息发送者是最大的影响因素。如果信息发送者在沟通能力和技巧方面存在问题或不能按上述信息沟通原则去传递信息，就会破坏管理沟通质量。

2. 信息接收者

管理沟通终于信息接收者，其信息接收能力水平也是影响沟通效果的重要因素。如果他的接收能力和理解能力不足，他就不能有效接收对方发送的代码或不能够正确地理解对方发送的编码，所以信息接收者也是管理沟通的影响因素。

3. 沟通的环境

因为所有管理沟通都是发生在具体的环境之中的，所以影响管理沟通效果的第三个因素是沟通的环境。这包括管理沟通所处的组织环境和技术环境，如特定的组织文化环境和技术手段等。如果这些方面存在问题就会直接影响管理沟通的效果。

4. 信息资源情况

在管理沟通中传递和交流的是信息与思想，如果信息资源本身存在缺陷肯定会破坏信息沟通效果。信息科学的原理认为：如果沟通中输入的是垃圾，则输出的还是垃圾。所以在管理沟通中，信息资源的质量也是重要影响因素。

5. 沟通方式与渠道

管理沟通的方式与渠道同样是影响沟通效果的重要因素。通常采取的管理沟通方式主要有口头、书面和非语言沟通以及其他形式的沟通。有效的管理沟通必须根据需要先选择合适的沟通方式，再根据沟通方式去选择相应的沟通渠道。

6. 反馈与回应

管理沟通双方为了相互理解就需要建立相应的反馈或回应机制，这包括在沟通过程的各阶段都给信息接收者留出反馈或回应的时机，根据反馈和回应的情况去改变或调整信息的编码或传递方式，从而形成一种双方互动使管理沟通更有效的模式。

7. 编码的歧义

人们在管理沟通中使用的编码不当会出现多义或歧义的问题，这取决于在管理沟通中使用的编码系统。通常，使用工程语言的编码是具有单义性的，而使用自然语言的编码会具有多义性。编码的歧义会使人们对管理沟通中的信息和思想的理解产生困难与偏差。

8. 管理沟通的管理

管理沟通本身也需要有管理，管理沟通的管理好坏会直接影响管理沟通的效果，所以管理沟通的管理也是重要的影响因素。如果在管理沟通中没有管理，人们就不会遵守应有的管理沟通准则，那么管理沟通的效果就会受到严重的影响，甚至会造成重大误解。

综上所述，管理沟通是一项很重要的管理工作。管理者在沟通中必须认真考虑和分析上述沟通的过程、原则和影响沟通效果的因素，这样才能做好管理沟通的工作。

7.1.5　项目管理沟通的概念

项目管理沟通是管理沟通中的一个重要组成部分。由于项目本身的一次性、独特性和风险性等一系列特性，项目管理沟通要比日常运营的管理沟通更加复杂和困难，所以项目管理沟通有自己的定义和特性，具体分述如下。

1. 项目管理沟通的定义

项目管理沟通是指在项目全过程管理中人们为了获得和发送信息而开展的一种独特的活动或工作，其根本目的是传递或获得项目决策及其实施所需的各种信息。由于项目具有信息不完备性（即存在信息缺口）和风险性等特性，所以项目管理沟通在项目管理工作中占据重要地位。

2. 项目管理沟通的及时性

因为项目决策需要有时效性的项目信息作为支持，所以项目管理沟通必须具有及时有效的特性，即项目管理沟通需要根据项目决策的需要而及时开展，否则项目管理沟通所获信息就会成为“马后炮”而失去对决策提供支持的作用。

3. 项目管理沟通的工程性

因为在项目管理沟通中需要使用具有准确含义的工程语言进行编码，所以项目管理沟通应尽可能避免使用模糊的自然语言（母语或外语），需要更多地使用图纸、报表、流程图等具有工程性的编码和语言去开展。

4. 项目管理沟通的命令性

因为项目决策及其实施缺少足够的时间去开展说服与解释工作，所以项目管理沟通具有更多的强制性和命令性（尤其是在作战性项目中）。特别是项目的“自上而下”沟通，更需要根据已经做出的项目决策按照强制性和命令性的方法去进行。

5. 项目管理沟通的跨组织特性

因为项目管理沟通需要在一系列的项目相关方之间开展，所以项目管理沟通具有跨越多个组织的特性。这种特性在跨国项目中体现得更为明显，图 7-2 给出了这方面的示意。

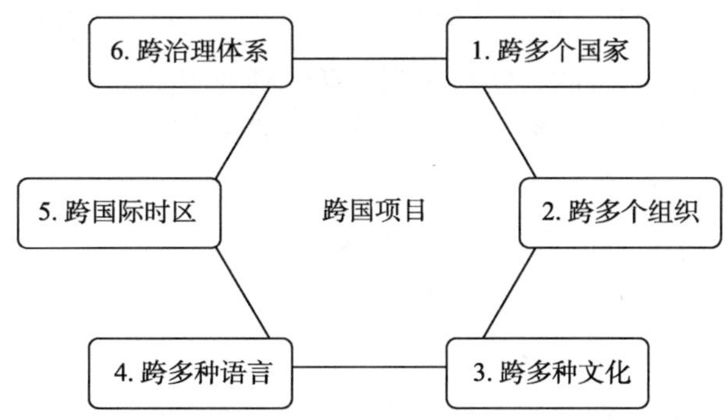

图 7-2　跨国项目管理沟通的跨组织特性示意图

由图 7-2 可知，由于跨国项目首先要跨越国家（东道国和投资国）和跨越多个组织，所以会出现跨多种文化、跨多种语言及跨国际时区等问题，特别是跨治理体系的问题，这包括跨越社会体制、经济机制、财税制度和法律体系等一系列项目管理沟通的障碍与问题。

6. 项目管理沟通的通达性

因为项目是由项目团队去实施和管理的，同时项目相关方各有自己的项目团队，所以项目管理沟通具有“上情下达和下情上传”（上下级间的）、“左情右达和右情左达”（团队成员间的），以及“内情外达和外情内达”（相关方间的），这就是项目管理沟通的通达性。

综上所述，项目管理沟通具有自己的定义和特性，在项目管理沟通及其管理中管理者必须认真考虑项目管理沟通的这些特性，这样才能做好项目管理沟通及其管理方面的工作。

7.1.6 项目管理沟通的原则

开展项目管理沟通的原则最主要的有如下两个方面。

1. 项目管理沟通的基本原则

项目管理沟通的基本原则包括：一是准确性原则，通过项目管理沟通去实现信息的准确性；二是完整性原则，通过项目管理沟通去实现项目信息的完整性；三是及时性原则，通过项目管理沟通去实现项目信息的时效性；四是强制性原则，即通过项目管理沟通去实现项目管理沟通工作的强制性；五是非正式组织沟通的原则，即借助项目管理沟通去积极使用非正式组织沟通渠道开展项目管理沟通。

2. 项目管理沟通的独特原则

这包括的主要方面为：一是非周期性原则，即在项目管理沟通中既有按照固定的时间周期或频率开展的项目管理沟通，又有按项目决策的需要开展的具有非周期性的沟通活动，当项目出现异常情况时就需要缩短项目管理沟通的间隔期，甚至采取不定期的项目管理沟通；二是项目管理沟通的立体原则，即项目管理沟通必须努力实现项目管理所需的“上下沟通”、“左右沟通”和“内外沟通”的全面沟通；三是项目管理沟通的例外原则，即贯彻“具体事情具体对待”的原则，以便能够有针对性地解决项目的独特信息需求。

7.1.7 项目信息资源的概念和特性

项目管理沟通最根本的目的是获得项目决策所需的信息资源，按照信息社会和知识经济的理论，当今社会最为重要的资源不是物质资源和财务资源，而是信息资源。

1. 项目信息资源的概念

当今社会有两种说法，“信息就是金钱”和“信息就是权力”，这说明谁掌握信息资源，谁就能够做出事物正确的决策而取得成功。此处的“事物”指的就是项目，由此可见项目的信息资源是决定项目成败的关键资源。项目信息资源的概念涉及四个方面的内容：一是项目数据的概念，即项目信息是通过对项目及其环境和条件的客观描述数据而产生的；二是项目信息的定义，即项目信息是经过加工处理后的项目数据；三是项目信息对项目决策提供支持的概念，即只有对项目决策提供支持的已加工数据才是项目信息资源；四是项目信息不完备性的概念，即由于项目信息的滞后性和人们认识能力的局限性，项目信息总会出现不完备的情况，由此导致了项目的不确定性和项目的风险性。由此可知，要想实现对于项目的成功管理，就必须具备相对完备的项目信息资源，而要想获得足够的信息资源就必须去开展好项目管理沟通及其管理和项目信息资源的管理。实际上现代管理中强调"以人为本"的根源是因为"人力资源"是唯一能将事物的数据加工处理成"信息资源"的最根本资源。

2. 项目信息资源的特性

项目信息资源也具有自己的特性，项目信息资源的主要特性有如下几个方面。

1）信息资源的决策支持性

任何项目决策必须以信息资源作为决策的支持，人们要想做出正确的项目决策，首先就必须获得足够的相关信息资源。不管是"战争"项目还是"商争"项目，"情报"或"信息"是决胜的根本要素，所以《孙子兵法》在"用间篇"中认定："故明君贤将所以动而胜人，成功出于众者，先知也。先知者，不可取于鬼神，不可象于事，不可验于度，必取于人，知敌之情者也。"这说明"情报"或"信息"是"战争"或"商争"项目胜利的关键所在。

2）信息资源的不完备性

任何事物的信息资源都有一定的不完备性，因为任何信息都有一定的滞后性（或叫时延性）。这是由于只有事物发生后才会有对其描述的数据，而这些数据加工后才会有信息，这种加工需要时间而导致信息的滞后，这种信息的滞后性是造成项目信息不完备的主因。另外，由于人们认识能力的局限性，没有人具有能够全面认识项目各方面尚未发生事物及其数据的能力。而且，项目及其环境与条件的不断发展变化，也是导致项目信息相对完备性的原因。

3）信息资源的时效性

这是指任何项目信息资源都有既定的时效期，过了时效期信息就失去了决策支持的作用。这种时效性与项目信息资源的决策支持的特性有关，即过了项目决策时间，项目信息资源就会"失效"。虽然过了时效期的项目信息资源还可以作为组织过程资产使用，但是它们已不属于项目所需信息资源的范畴。中国人说的"机不可失，时不再来"，在很大程度上就是指人们需"当断不断"，否则手中所掌握的信息资源就没用了。如果人们继续使用过时的信息资源，就会出现"当断不断，反受其乱"的决策错误和后果。

项目管理沟通的根本目的是获得项目管理和决策所需的信息资源，所以项目管理沟通中最重要的内容就是确保项目信息资源的这些最基本的特性。

7.2　项目管理沟通的方法与技巧

项目管理沟通的根本目标是保证项目信息能适时生成、收集、处理、储存和使用，从而为项目决策提供支持并能保证项目团队成员之间能够实现有效的沟通。这就要求人们必须学会使用项目管理沟通所需的方法和技巧，以便借助这种沟通去获得有效信息并做出正确的项目决策。

7.2.1 项目管理沟通的方法

在项目管理沟通中普遍使用的沟通方法主要有口头沟通方法、书面沟通方法、非语言沟通方法和电子媒介沟通方法等，这些沟通方法都具有自己的独特性，具体讨论如下。

1. 口头沟通方法

这可以是面对面进行的，也可以是通过电话或会议进行的沟通。这是一种相对准确和便捷地传递信息、思想与感情的方法，因为在面对面的口头沟通时可以“察言观色”，以印证和发现对方所说的内涵，所以在口头沟通中应该坦率和明确，不要过多地使用专业术语以防止误导或误解。当采用会议形式进行口头沟通时要谨防受众中的某些人因某些表达方法或话语而受到伤害。口头沟通方法在多数情况会有实时的信息与反馈，人们可以通过“察言观色”去确定沟通的效果和验证信息的真伪（包括使用“微表情”分析技术等）。所以，情况允许下，单独面谈则更是一种十分有效的口头沟通方法。按哈佛商学院的统计，口头沟通使用比例在管理沟通中为30%以上。

2. 书面沟通方法

这是指运用书面文件和信函方式去传递信息与沟通的方法，包括使用项目报告、报表、备忘录和信函等沟通方法。在不方便或无法采用口头沟通方法时，人们多会选用书面沟通方法。书面沟通方法要求有较高的沟通技巧，这包括：书面沟通中使用的语言和文件必须语义准确、格式正确、内容清楚、叙述简洁，书面文件不能过于冗长等。项目管理沟通中的书面沟通方法主要用在项目决策、计划和报告中，因为书面沟通方法更为正式一些，所以即使人们使用了口头沟通方法，往往还需要再使用书面形式进行记录和保存（以便有据可查）。当涉及项目合同和法律责任的时候必须使用书面沟通，所以书面沟通方法多用来进行通知、确认和记录项目所需信息。按照哈佛商学院的统计，书面沟通在管理沟通中的使用比例为17%以上。

3. 非语言沟通方法

在项目管理沟通中使用最多的是非语言沟通方法，按照哈佛商学院的统计，这种沟通方法在管理沟通中占超过 57%的比例。这包括项目管理沟通中使用的各种手势、身体语言、面部表情等，人们在口头沟通中使用的身体语言和语调等是最重要的非语言沟通方法。在项目工作中有许多特殊情况只能使用非语言沟通方法，这使得非语言沟通方法使用得更多。另外，非语言沟通方法还包括“眉目传情”“会心一笑”“热情拥抱”“亲吻”等表达感情的方法。甚至人们的喜怒哀乐、穿着打扮和各种姿势都属于这类方法，所以人们可根据非语言信息去验证人们口头沟通表述内容的真实性。相关的身体语言方法和语气语调方法的具体说明如下。

1）身体语言方法

身体语言包括人们的手势、面部表情和其他各种能够表示含义的身体动作。人们的各种手部动作、面部表情及其他姿态都能够传达诸如不快、恐惧、腼腆、傲慢、愉快、愤怒等感情、态度和观点等方面的信息。人们在进行口头沟通过程中会配合大量的身体语言，这些身体语言不但有某种独立的含义，而且多数是口头沟通的验证信息。

2）语气语调方法

这是指信息发送者在传递信息过程中使用各种语气和腔调去传递信息的方法，这包括对某些方面、某些词汇或短语的强调或弱化等传递信息与表达思想的方法。通常，用轻柔平稳的语调提出的疑问多表示提问者真的不明白，而用刺耳尖厉的语调提出的疑问多数是一种反击或挑衅。

需要注意的是，在口头沟通中会包含大量的身体语言和语气语调。这需要项目管理沟通人员予以重视，因为非言语沟通对沟通思想和交流信息具有很大的影响。

4. 电子媒介沟通方法

在当今电子信息和网络时代，人们在项目管理沟通中越来越多地依赖和使用各种各样的电子媒介（多媒体等）传递信息与思想。除了常见的短信、微信、脸书、推特和电子邮件外，还有许多种借助信息网络的电子媒介沟通方法。由于这种方法的便利性，人们在项目管理中必须更多地依赖电子媒介沟通的方法。由于使用电子媒介沟通方法可同时将一份信息传递给多位项目团队成员或项目相关方，因此能够实现更为开放和有效的多向项目管理沟通。特别需要指出的是，在电子媒介沟通方法中人们还会使用一种独特的“网络”语言，其中包含很多简化、省略和会意的表现手法与成分。例如，电子媒介沟通中使用“4U”代表“为你或给你”，使用“555”表示忧愁和哭泣等。

7.2.2　项目管理沟通的技巧

项目管理沟通的核心目的是形成人们之间的相互理解和信息传递，这就要求人们掌握必要的沟通技巧。这既包括项目管理沟通中信息发送和信息接收的技巧，也包括信息发送渠道和方式使用方面的技巧，人们需要具有听、说、读、写四个方面的技巧。在沟通渠道和方式选择方面的技巧也很多，如是选用口头沟通还是书面沟通，口头沟通中是选择当面交谈还是打电话或电话留言等都属于这方面的技巧。其中，有关“听”和“说”的沟通技巧是最为重要的（因为“读”和“写”是可以反复斟酌和推敲的），相关问题和技巧如下。

1. 聆听中的主要问题

聆听是项目管理沟通技巧中的重要技巧之一，但在项目管理沟通中有许多人常会存在各种各样聆听方面的问题，最主要的问题有如下几种。

1）被动地听

聆听者发自内心地想听清和听全对方的说话，但由于自己在信息接收速度和反应效率等方面跟不上对方的讲话速度，结果听了半天也还是毫无头绪，他们缺乏技巧而导致听到的各种信息处于一种无序状态而无法形成有完整含义的信息。这种“听而不闻”的被动聆听会漏掉许多重要信息，所以是主要的聆听中的问题。

2）注意力转移

聆听者在聆听的过程中注意力分散或转移而导致出现沟通问题，这也是项目管理沟通中经常发生的问题。人们在聆听过程中出现“不注意”情况的根本原因是人们的“注意”被转移到了其他方面，所以在项目管理沟通中必须设法消除转移人们注意力的情况和根源，以保障项目管理沟通的效果。

3）偏见和固执

在口头沟通中若发言者开始讲话之前，聆听者就已经有了自己的偏见，而且聆听者在听的过程中坚持自己的这种偏见，那么他们只能够听到他们“想听”的信息和观点，而根本听不进他们“不想听”的信息和观点。这是一种有选择性聆听的沟通问题，这种偏见和固执是项目管理沟通中常出现的问题之一。

4）过早下结论

聆听者在讲话者还没讲完之前，即在讲话者还没有提供足够信息的时候，他们就得出自己的结论。这会使得聆听者无法静下心来听完事情的全貌和所有的信息，结果往往会出现曲解或误解对方的真实意思的问题。这会严重干扰项目管理沟通的有效性，从而导致出现项目管理沟通方面的障碍或问题。

2. 聆听中的技巧

相关研究表明，善于聆听者表现出一些共同的技巧和行为。这些对提高项目管理沟通效果很有效，其中的主要技巧包括如下方面。

1）使用目光接触和对视

大多数人认为自己在开始说话时对方不看着自己是一种漠视，甚至是鄙视或不感兴趣的表现，但是如果聆听者一直盯住发言者也会让被盯住的发言者“不明就里”而造成沟通障碍，所以在口头沟通中目光接触是一种重要的技巧，人们需要使用目光接触去传递信息和判断对方的理解情况。

2）展现赞许性的表示

善于聆听者会对听到的信息给出回馈，如使用那些表示感兴趣、理解和收到信息等的表情与身体语言。这些多是通过非言语信号表示的，如赞许性的点头、恰当的面部表情及积极的目光接触等。这些行为可以向说话的人表明你在聆听，而且已经明白了对方的真实含义，并且乐意进一步听下去而使得沟通得以顺利进行。

3）避免分心的举动或手势

表现出对于发言者的讲话不感兴趣的做法，多数是做出各种表明这种思想或情感的举动与手势。例如，不断地看表、随心翻阅书籍或文件、拿笔乱写乱画等都属于这类举动。因为这会使发言者感受到你对其发言的厌烦或不感兴趣，所以会给项目管理沟通造成不必要的危害。这方面的技巧需要严格控制这些行为，防止项目管理沟通出现问题。

4）适时合理地提问

一个好的聆听者会实时地分析自己所听到的信息和交流的内容，并适时而合理地向发言者提出问题。这一行为不但可以向发言者提供信息反馈，而且能够帮助聆听者更好地理解对方发言的内容和思想，但是在很多时候人们提问的时机不当，结果造成感情伤害或者思想冲突，所以适时合理地提问也是项目管理沟通的重要技巧。

5）正确而有效地复述

这是指聆听者根据自己的理解，使用自己的语言去重述对方所说的内容。善于聆听者常常会正确而有效地复述对方刚刚所说过的话，这有两个用处：其一，复述对方所说的内容可以检验自己对讲话理解的准确性；其二，通过这种复述去核查项目管理沟通的实际效果并且给对方一个再次解释的机会（当聆听者理解有误的时候）。

6）避免随便打断对方

在做出打断对方讲话的反应之前，聆听者要尽量先让对方把话讲完，至少使对方讲完发言的一个完整部分。在对方讲话时不要去猜测他的想法，更不要随便打断他的讲话，等他说完你就会知道他的完整想法。这样有助于口头沟通的畅通和有效，并且会避免在管理沟通中发生不必要的冲突（因为贸然打断对方讲话是一种无礼行为）。

7）尽量做到“沉默是金”

大多数人乐于畅谈自己的想法而不愿意聆听他人说话，尤其是不能在别人说话的时候保持沉默。然而，一个好的管理沟通者必须知道在口头沟通中“多听少说”是获得信息的硬道理，这样可以使口头沟通进行得更为有效（没有废话和误解）。最重要的是，按照信息科学理论，接受的代码越多则解码越容易，这是正确理解对方意图的关键。

3. 表述技巧中的问题

在项目管理沟通中说话一方的表述技巧也是重要的技巧之一，但许多项目管理人员和专业技术人员在沟通中缺乏表述的技巧，主要的问题有如下方面。

1）表述逻辑混乱

有人很想清楚地表述自己的想法和观点，但他们在表述中使用的逻辑混乱不清，既有单义的形式逻辑或数理逻辑，又有多义的艺术逻辑和辩证逻辑，且不断混用，结果造成对方没有办法找出表述者的逻辑模式和方法，所以就十分难以理解他给出的思想和信息。这种表述障碍会造成很多管理沟通问题，所以逻辑是沟通中十分重要的技巧。

2）使用错误编码

在项目管理沟通中，人们所说的内容并没有按照信息接收者能够理解的编码进行处理，而是按照“想说什么就说什么”和“想怎么说就怎么说”去进行，结果导致项目管理沟通不畅或根本无法实现既定目标。这是一个项目管理沟通中经常出现的问题或误区，所以项目管理者在“说”的过程中必须按照对方能够理解的代码去进行合理信息编码。

3）缺乏良性互动

在信息发送者的讲话中必须注意信息接收者是否能够接收和理解自己所说的内容，不能只顾自己“高兴”而一路“讲”下去。如果很少给信息接收者提问和反馈信息的机会，甚至有意压制对方提供信息反馈或申诉的机会，从而造成项目管理沟通过程的一种强制的单向沟通，结果会使项目管理沟通过程出现“自说自话”的问题。

4）语言不生动或不当

如果信息发送者在表述中只有平铺直叙、声音单调，缺乏抑扬顿挫等生动的表述，就会导致项目管理沟通出现问题。如果很少使用对视等沟通技巧，缺乏调动聆听者积极性的做法，则会造成聆听者不知何为重点、不知信息发送者的主要信息和思想观点之所在，最终会形成一种“听而不闻”的项目管理沟通结果。

4. 项目管理沟通所需的表述技巧

项目管理沟通中所需的表述技巧有很多种，表述者可以使用这些技巧充分地与对方实现沟通。这些技巧对于提高项目管理沟通的效果十分有效，其中最主要的技巧包括如下几种。

1）预先准备思路和提纲

表述者在做任何表述之前都需要预先准备好思路和提纲，这是确定表述顺序和逻辑以及做好沟通准备的工作。这需要一个整理思路（打腹稿）的过程和一个准备发言提纲的过程，人们需要根据项目管理沟通的实际需要去做好这两个方面的准备。

2）及时调整和修订编码

善于表述者会根据项目管理沟通过程中对方反馈的信息去调整和修订自己的编码，从而使聆听者能够全面获得和理解自己所说的信息与想法。表述者还要使用各种辅助手段去提高编码的有效性，如积极的目光接触、恰当的面部表情，以及必要的提问等。

3）及时合理地征询意见

有经验的表述者会根据听众的表情和动作去了解听众对于自己所讲述内容的理解情况，并在适当的时机及时合理地向听众提问和征询意见。这可以获得听众提供的反馈信息，并能够帮助表述者更好地组织自己的讲述内容和及时地调整自己的编码。

4）避免过度表现自己

在表述的过程中，有些人会自然而然地表现出一种自我表现的意识和行为，这经常会使他们整个的表述偏离原有的主题和应有内容。在项目管理沟通中必须努力克服这种自我表现的意识和行为，这样才能够保证和提高管理沟通的效果。

5）尽量言简意赅

有人在表述过程中会不顾听众的感受而“滔滔不绝”和“畅所欲言”，这是表述方面的一个十分严重的问题。实际上“多说无益”，多出来的东西作为冗杂的信息会不利于人们对所说内容的理解，所以在管理沟通过程中，表述者最重要的技巧是言简意赅。

7.2.3 项目管理沟通的主要障碍

项目管理沟通的根本目的在于准确无误地发送和接收全部信息与想法，但在实际的项目管理沟通过程中会有许多障碍影响项目管理沟通的效果，这方面的主要障碍有如下几个。

1. 项目管理沟通时机不当

在项目管理沟通中，沟通的时机对沟通的有效性来说十分重要，“话不投机半句多”说的就是这个道理，所以在进行项目管理沟通之前必须计划好开展沟通的时间和机会，如果沟通时机选择不当就会直接影响沟通的效果，甚至造成严重的不利后果。

2. 信息或想法不完备

在很多情况下，项目管理沟通的双方信息资源不足或尚未形成正式想法而贸然开展沟通就会导致出现沟通障碍而影响项目管理沟通效果。信息不完备是项目管理沟通中一个主要障碍，所以人们在项目管理沟通之前必须做好信息收集和信息处理，以克服信息不完备的障碍。

3. 环境影响和噪声干扰

环境影响指的是所选择的项目管理沟通环境不当，这就会影响沟通的效果。噪声干扰是指在信息传递过程中出现各种噪声而导致沟通出现问题的情况。这会对项目管理沟通的效果造成影响，甚至会造成沟通误解或失效的恶劣后果。

4. 各种虚饰和欺诈

虚饰是指在项目管理沟通中故意夸大或缩小事实或数据，使沟通结果对接收者更为有利的做法。欺诈是指在管理沟通中编造信息，从而使项目管理沟通为其实现欺诈服务。虚饰和欺诈都会使项目管理沟通出现严重问题和后果，是项目管理沟通中最重要的障碍。

5. 语言与词汇的问题

具有不同背景和出身的人（包括不同的民族、年龄、教育背景等）会使用不同的语言与词汇（编码），而且不同背景和出身的人对于同样的语言与词汇会有不同的理解。项目组织中的各种人员对各方面的术语和词汇的理解会有很大不同，这些都会成为项目管理沟通中的障碍。

6. 非语言信号的问题

多数时间人们的非语言信号是与语言沟通相伴的，当语言沟通和非语言信号协调一致时会使管理沟通效果加强，反之就会造成项目管理沟通障碍。任何相互冲突的语言和非语言信号的汇聚都会形成严重的沟通障碍，甚至导致项目管理沟通中断或失败。

7.2.4　项目管理沟通障碍的克服方法

对于上述这些项目管理沟通障碍，项目管理者需要努力去克服。克服这些沟通障碍的方法有很多，对项目管理者而言最有效的是如下几种方法。

1. 合理选择沟通方式和环境

这是克服项目管理沟通障碍非常有用的措施之一。人们需要在如下几个方面做出合理的选择：是采用召开团队会议的方式还是采用直接下达文件的方式沟通，是个别谈话还是电话沟通，是在办公室还是在家或在饭店中进行沟通。项目管理者只有合理地选择沟通的方式和环境，才会有效地克服沟通的障碍。

2. 正确安排沟通的次序和时间

这是在项目管理沟通中需要按照某种逻辑合理地安排沟通的顺序和时间，以便克服相关的沟通障碍。例如，在管理咨询项目调研时，通常是先与对方领导沟通，再与对方下级沟通；与对方领导的沟通最好安排在下午，因为上午领导需处理很多事务。项目管理沟通的双方应该通过洽商合理地安排沟通时间和次序，以克服沟通的障碍。

3. 适时营造沟通的氛围

在项目管理沟通中更需要营造出保障沟通顺利进行的氛围，以克服各种心理上的沟通障碍。例如，找人到办公室做当面沟通时，首先要说明沟通目的、意图和为什么选择对方进行沟通等，以消除对方的疑惑和建立相互信任。实际上在沟通中先告诉对方开展沟通的目的、意图、角色和信息等，是营造沟通氛围和克服沟通障碍的有效方法。

4. 不能做超权限的沟通

项目管理沟通多是有组织层级的，在这种沟通中不允许沟通双方做超权限的沟通和承诺。例如，不允许在沟通中泄露公司经营机密或团队成员的隐私，不允许在沟通中对他人进行不当评价，不允许在沟通中为个人谋求好处等。因为这些都是超权限的沟通，这不但会造成项目管理沟通障碍，还会造成纠纷或违法违规的问题。

5. 充分运用信息反馈

有很多项目管理沟通问题是由信息反馈不足而造成误解所致，人们在沟通过程中若能正确地使用信息反馈措施或方法，就会有效地减少这种误解和障碍。信息反馈可以是语言性的，也可以是非语言性的；可以是直截了当的，也可以是间接进行的。信息反馈不仅包括提出问题和回应提问，还包括主动重述和对信息进行概括等各种措施。

6. 积极驾驭语言与词汇

在项目管理沟通中使用的语言和词汇不当就会形成沟通障碍，因此积极驾驭语言与使用正确的词汇也是克服沟通障碍的方法之一。例如，项目经理在沟通中要使用团队成员能够理解的编码和适当地选择措辞，否则沟通就难以被理解。有效的沟通不仅需要信息的发送与接收，还需要对于信息的充分理解，这就需要很好地驾驭语言和词汇。

7. 积极地使用非语言信号

信息科学认为，非语言信号在沟通中的作用十分重要，所以在项目管理沟通中人们要注意双方使用的各种非语言信号，如果人们不能积极和正确地使用非语言信号，就会造成对于语言信号理解偏颇的沟通障碍，所以在项目管理沟通中人们要积极使用非语言信号，并且要确保非语言信号和语言信号相匹配，以起到强化沟通效果的作用。

7.3 项目管理沟通的管理计划编制

这是制订科学合理的项目管理沟通的管理计划的工作。该计划涉及项目全过程的沟通工作、沟通方法、沟通渠道等各方面的管理计划与安排。这种管理计划给出了项目所需信息的收集、生成、发布、储存、检索、管理、追踪和处置的政策、计划与安排。这种管理计划编制是基于每个项目相关方的信息需求、可用组织资产，以及他们对具体项目的信息需求，为项目管理沟通活动制定出恰当的方法和计划的工作。这种管理计划的主要工作包括如下几个方面。

7.3.1 项目管理沟通的管理计划编制的准备工作

在编制这种计划之前，人们首先要完成收集各项目相关方的信息需求和他们在项目信息加工、处理、传递和使用等方面的需要的工作。具体工作内容和要求分述如下。

1. 收集与这种管理计划有关的各种信息

项目管理对各种信息的需求主要包括：项目相关方的各种信息需求，项目管理与决策的各种信息需求，这些信息需求的类型、格式、作用和要求，项目管理沟通中所需的技术、方法和条件，项目管理沟通的时间、频度和地点的要求等。

1）项目管理沟通的需求的信息收集

这是通过对项目各相关方的信息需求进行调查和分析的工作，主要包括三个方面：一是项目实施组织和项目团队内部“上情下达”和“下情上传”的信息需求；二是项目相关方之间的“外情内达”和“内情外达”的信息需求；三是项目团队各个专业人员之间的“左情右达”和“右情左达”的信息需求。只有全面收集这三方面的相关信息需求，制订出的项目管理沟通的管理计划才能满足项目各方面的信息需求。

2）项目管理沟通方法和手段的信息收集

这主要包括:项目信息需求中哪些需要使用口头沟通或书面沟通的方式方法去实现，哪些需要使用会议的方式方法或书面报告和报表的方式方法去实现，哪些需要使用电子沟通的方式方法去实现，哪些需要使用面向公众的信息沟通渠道和媒介的方式方法去实现，以及哪些需要使用组织内部的沟通渠道和媒介的方式方法去实现。这方面的信息也是人们制订切实可行的项目管理沟通的管理计划的需要。

3）项目管理沟通时间和频率方面的信息

项目管理沟通的时间是指一次项目管理沟通所持续的时间，项目管理沟通的周期要求是指隔多长时间开展一次项目管理沟通，而项目管理沟通频率则是指同一种项目管理沟通在一定时间周期内进行多少次。另外，还包括项目沟通活动是定期还是不定期举行的或是二者相结合进行等。因为项目信息有较高的时效性，所以对于制订项目管理沟通的管理计划也是十分重要的。

4）项目信息来源与最终用户的信息

这是有关谁是项目信息生成者、发布者、最终接收者等方面的信息。人们必须清楚地知道项目信息的来源与最终用户的信息，这样才能够制订出科学合理的项目管理沟通的管理计划。这涉及这些人的义务与责任，这包括收集、加工、传递和使用信息的责任以及信息保密的责任等。这些也是项目管理沟通的管理计划制订中必需的相关信息。

5）项目管理沟通的各种限制和约束信息

这包括国家或主管部门对各种项目管理沟通活动的法律规定及规章制度、项目承发包合同中对于项目管理沟通的规定和要求等。另外还必须注意收集有关项目的假设前提条件和约束因素，因为这也是制订这种计划必须依据的信息之一。在制订这种计划中还必须全面收集各种项目管理沟通存在的风险情况。

2. 加工和处理收集到的各种相关信息

人们在获得项目数据后还必须将其加工和处理成信息，这方面工作的主要内容包括整理、汇总、归纳、分类和提取等必要的信息加工和处理工作，其核心内容是开展“去粗取精，去伪存真，由此及彼，由表及里”的信息加工制作，以便将收集的项目管理沟通需求数据加工成编制项目管理沟通的管理计划所需的信息。这方面的工作既可以由专门的信息收集和处理人员完成，也可以由项目管理沟通的管理计划编制人员去完成。特别需要注意的是，在这种计划的实施过程中，人们还需要根据项目发展变化去修订计划，所以还需要进一步收集和加工这方面的信息。

3. 项目管理沟通与信息资源需求的分析和确定

这方面的工作包括项目各相关方对于项目的范围、时间、成本、质量、环境影响、资源需求、预算控制、经费结算等各方面信息需求的分析与确定。这涉及对项目各方面所需信息的内容、格式、类型、传递渠道、沟通模式、更新频率、质量等多方面的确定与决策。在这项工作中需确定的内容包括如下几方面。

1）项目实施组织的管理信息资源需求

这是有关项目实施组织和项目团队等相关方的信息需求。这包括项目实施组织、项目团队、分包商和供应商等的组织结构、相互关系、主要责任与权利、主要规章制度、主要人力资源情况等方面的信息需求。

2）项目管理和决策方面的信息资源需求

这是项目业主、项目实施组织、项目团队在开展项目管理和决策活动中所需的各方面信息的需求，最典型的包括：项目业主、项目承包商、项目团队等在各种项目管理决策中所需的支持信息，项目各种变更管理和决策所需的支持信息等。

3）项目技术与环境方面的信息资源需求

这是有关项目技术工作和项目环境发展变化方面的各种信息需求，这包括：项目可交付物的技术要求信息、项目管理和业务工作的技术信息、项目实施的各种技术信息需求，以及项目全过程中各种项目环境发展变化的信息等。

4）项目资源管理方面的信息资源需求

这类信息需求是关于项目全过程中所需资源及其成本预算和时间安排等方面的信息需求，这包括：项目所需人力资源、信息资源、物资和服务资源等方面的信息，以及这些资源的配备和质量信息。这些信息需求对于实现项目资源有效配置是必不可少的。

5）项目时间管理方面的信息资源需求

这方面的信息需求主要包括：项目进度计划安排及其完成情况方面的信息需求、项目时间和项目资源之间的相互转换关系方面的信息需求、项目时间和项目范围之间的相互转换关系方面的信息需求等。

6）项目相关方参与方面的信息资源需求

这方面的信息需求主要包括：项目主要相关方的各种信息、项目相关方参与项目需求确定方面的信息、项目相关方参与项目管理计划制订方面的信息，以及项目相关方按照合作伙伴关系开展积极合作方面的信息等。

7）项目公众关系方面的信息资源需求

这包括两方面的信息需求：一个是项目组织所需的各种公众信息需求（包括国家、地区和项目所在社区的各方面信息），另一个是项目组织需要向社会公众发布的项目信息（包括项目环保、项目收益及其重要性等）。

在所有这些项目管理沟通需求的确定中，对项目相关方的信息需求与动机要进行仔细、全面、客观的分析和确定，因为这是项目管理沟通取得成功的关键。

7.3.2　项目管理沟通方式与方法的确定

不同的项目管理沟通和信息需求要采取不同的沟通方式与方法，而不同的沟通方式和方法会直接影响到项目管理沟通中所传递信息的准确性、可靠性、及时性和完整性。因此在编制项目管理沟通的管理计划的过程中，人们还必须明确各种项目管理沟通所需的沟通方式和方法。这方面的影响因素主要有以下几个方面。

1. 项目管理沟通的信息时效性

项目管理沟通必须能够及时有效地为项目决策提供支持信息，这就要求在沟通方式和方法的选用上必须考虑项目管理沟通所获信息的时效性。对于时效期短的信息就要选用更为快捷的沟通方法和方式，对于时效期长的信息则可选用较为舒缓有效的沟通方法和方式。

2. 沟通方式与方法的有效性

人们在具体开展项目管理沟通工作中采用何种沟通方式和方法，关键需要考虑的因素还有具体沟通方式与方法的有效性。这还与沟通参与者的习惯和能力等各方面有关系，如使用电子媒介进行沟通的人必须能够熟练使用计算机等。

3. 沟通参与者的能力和习惯

这是指在这方面的选用中还必须充分考虑沟通参与者的经历、知识水平、接收与理解能力以及在沟通方面的习惯做法等因素。

4. 项目的范围与复杂性

这方面的选用还取决于项目的范围与复杂性，范围小且复杂性低的项目可选用传统和人们习惯的沟通方式与方法。反之，项目范围大且复杂性高的时候，人们就需要采取先进而有效的沟通方式和方法。总之需要权衡利弊做好这方面的选用。

5. 可用的项目管理沟通方式与方法

项目相关方之间信息沟通的方式与方法有许多种，最主要的有：互动沟通，如使用会议、电话、社交媒体和视频会议等沟通工具；推式沟通，它可以采用信件、备忘录、报告、电子邮件、传真、语音邮件、博客、新闻稿等方式；拉式沟通，它使用的方法包括门户网站、企业内网、电子在线课程、经验教训数据库或知识库等。

6. 采用多种不同方法能实现更好的沟通效果

项目管理沟通方法主要包括：项目的人际沟通、项目小组的沟通、项目与公众间的沟通、项目信息在大众传媒中的传播、公众网络和社交工具沟通（借助社交媒体的多对多沟通）等。

7.3.3　项目管理沟通的管理计划编制的工作内容

这方面的编制工作需要确定项目管理沟通工作的任务、责任、时间、方式、方法、具体方案、应急措施和预算等计划内容。这种计划编制的最终结果是给出一份项目管理沟通的管理计划书，这种计划书通常包括如下几方面的内容。

1. 项目相关方的沟通与信息需求

这种计划书的首要内容是给出各项目相关方的沟通与信息需求，以便计划和安排如何去满足他们的沟通和信息需求。这包括负责发送信息的人员或群体的信息与数据需求、负责接收信息的人员或群体的信息需求等。

2. 项目管理沟通活动的时间和行动方案

这种计划书中最重要的是安排出各种沟通活动的时间与行动方案，这包括：有关项目会议的时间和方案、有关项目信息发布的时间和方案、有关项目绩效报告的编制和使用方案等。

3. 项目信息收集和加工处理的方法

这是根据项目管理沟通与信息需求而确定的信息收集与加工处理的方法的规定，在这方面规定中应包括项目信息的结构、信息收集与存储的分类、信息收集和加工处理的程序与步骤、信息更新和修订的办法与步骤等。

4. 项目信息存储、传递和使用的方法

这是针对项目所需信息的存储、传递和使用方法的相关规定。在项目管理沟通的管理计划中应规定：信息存储和传递的格式、内容和方法，信息使用的权限和保密等，信息传递中的要求等。

5. 项目信息汇总处理和文档化的管理

这种计划书中还要规定出人们需要采用何种格式去汇总处理项目管理沟通所产生的各种不同类型的信息，以及人们需要开展的项目文档化管理的办法，即对已经发布和使用过的项目信息的管理、保存、归档格式和使用程序与方法的规定等。

6. 项目信息发布格式与发布权限的规定

这种计划书中还需要规定出各种项目信息发布的权限以及各种不同类型信息的发布方式，项目信息发布格式与权限的规定必须要与项目组织分解结构给出的权限与责任一致，以便项目管理沟通的管理计划具有可操作性和权威性等特性。

7. 项目管理沟通活动的资源和预算安排

这种计划书中的另一内容是开展项目管理沟通活动所需的资源和资金成本预算的计划与安排。因为人们开展各种沟通活动都是要耗费或占用资源的，而耗费和占用的资源必然会形成项目成本，所以必须给出相关资源和预算的安排。

8. 更新或修订项目管理沟通的管理计划书的规定

这种计划书中还需要给出更新或修订该计划书的有关规定，这包括根据项目发展变化的需要去更新该计划书的规定、该计划书与项目集成计划的同步更新要求和规定，以及更新或修订该计划书的方法与程序等规定。

9. 项目管理沟通的管理计划的约束与假设前提条件

这包括两项内容：一是项目管理沟通的管理计划涉及的各种约束条件，二是这种管理计划的假设前提条件。前者是在编制这种管理计划时限制项目管理沟通开展的各种因素，后者是那些开展沟通时假定实际存在并作为制订管理计划依据的前提条件。

7.4　项目管理沟通的管理工作

这是确保项目所需信息及时且恰当地得以收集、生成、发布、使用、存储、检索、管理、监督和最终处置的管理工作，其主要作用是促成项目团队与项目相关方之间的有效信息流动。这会涉及与有效开展项目管理沟通有关的各方面，包括使用适当的技术、方法和技巧去开展沟通的管理等。此外，这种管理需要允许项目管理沟通活动具有足够的灵活性，以满足项目相关方及项目环境与条件变化带来的沟通和信息需求的变化。

7.4.1　项目管理沟通的管理依据

项目管理沟通的主要管理依据包括五个方面，具体内容分述如下。

1. 项目管理沟通的管理计划

这是根本依据，因为在这一计划中规定了项目信息加工与传递工作的任务、责任、时间、内容和做法等，所以任何项目管理沟通的管理中都必须以这种管理计划作为根本依据，项目信息加工与传递工作也不能例外。

2. 项目集成计划

这是对项目的目标、任务、工期、成本、质量、范围、资源、风险等各方面的合理配置关系的计划安排，其中包括为满足项目管理沟通需求的安排。由于这种管理工作是为实现项目集成计划服务的，所以项目集成计划是重要的依据之一。

3. 项目管理沟通的实际需要

项目管理沟通的管理工作是为项目实施与项目管理提供信息和决策支持的，因此当项目的实际情况与项目计划发生偏离时，这种管理工作就必须以项目实际需要为根本依据，从而为项目的实施和变更提供必要的信息支持和服务。

4. 项目管理计划和项目文件

项目管理沟通的管理工作也需要依据项目各专项管理计划和项目文件，这包括项目资源管理计划、相关方参与计划、项目变更日志、项目问题日志、项目经验与教训登记册、项目风险报告、项目工作绩效报告等。

5. 事业环境和组织过程资产

这包括能够影响项目管理沟通的管理计划实施的组织文化、政治氛围和治理框架、人事管理政策、沟通渠道、工具和系统；沟通设施和资源的地理分布、企业的社交媒体、道德和安全政策及程序；制作、交换、储存和检索信息的标准化指南等。

7.4.2　项目管理沟通的管理的方法与结果

在项目管理沟通的管理过程中，人们所需使用的方法和最终结果分述如下。

1. 项目信息收集的方法

主要方法包括各种原始数据记录法、项目实况写真法和项目例外事件报告法等一系列项目信息收集方法。不同项目会使用不同的信息收集方法，所以项目选用的信息收集方法必须是为获得项目所需各种信息资源服务的。

2. 项目信息加工的方法

主要方法包括数据整理、信息汇总、信息分类、数据与信息的筛选、数据和信息的综合分析等。在项目信息加工中最为重要的方法是去粗取精、去伪存真、由此及彼、由表及里、归纳演绎和各种统计分析的方法。

3. 项目信息传递的方法

这主要包括口头传递的方法、书面传递的方法、电子传递的方法，以及其他信息传递方法。具体的项目信息传递方法有项目会议、书面文件、信息网络和数据库、电话和传真、电子邮件系统和语音邮件系统，甚至建设专门的项目区域网络等。

4. 项目信息的文档化方法

这是对于各种项目业务、技术和管理的文件与档案进行全面管理的方法，包括文档的生成、存储、归类、归档、使用与更新等一系列管理技术和方法。这会生成项目文件查询系统、电子数据库、项目管理信息系统等专门的项目文档化管理系统。

5. 项目管理沟通的记录结果

项目相关方分享的各种信息多以项目记录和项目报告的形式存在。其中的项目记录是项目信息收集和加工的结果，包括项目的原始记录、通信记录、备忘录和会议记录等。项目记录是生成项目报告的原始数据与资料，所以它是项目报告的原料。

6. 项目管理沟通的报告结果

这是根据项目记录整理而成的有关项目实际情况或特殊问题的报告文件，项目的报告种类包括很多种，主要有项目绩效报告、项目总结报告、项目预测报告、项目定期报表和不定期报告等。有关项目报告的详细讨论将在下文中展开。

7.4.3 项目报告的分类

项目报告是收集和发布项目信息的行为和结果，这种报告应针对各项目相关方的信息需求来给出项目报告及其发布的层次、形式和细节。这包括从简单的口头报告到详尽的定制报告和演示等不同的报告格式与内容。项目报告在项目管理沟通中具有不可替代的作用，项目管理人员必须了解、熟悉和掌握项目报告的基本方法、作用、程序与格式。按照作用分类的项目报告主要有三种，而按照项目报告格式和用途的分类有两种。

1. 汇报性的项目报告

这种项目报告的核心内容是汇报项目的实际情况、事实或发生的问题，所以这种报告需要用“白描”式的方法给出。在这种报告中只能将事情的本来面貌叙述清楚，不需要加入分析、评论或其他性质的内容，否则会导致报告的中肯性受到质疑。

2. 说服性的项目报告

这种报告的目的是说服对方接受自己的观点、计划、方案或请求，或是说服对方提供某种支持、资源或机遇等。所以，说服性报告中要包括对事实的叙述，更要包括说服性和论证性的报告内容，这包含逻辑说服和感情说服等内容，以获得对方支持与帮助。

3. 敲定性的项目报告

这种报告的目的是为项目决策者提供多种决策所需的备选方案，所以在这种报告中必须给出建议和两种及以上的备选方案（若只有一种备选方案则报告者就自己敲定了），并说明备选方案的优先序列。这种报告是支持项目决策用的，所以需有备选方案的评估信息。

4. 不同格式的项目报告

这主要有两大类，即项目报表和项目报告。其中，项目报表是使用统计或会计等专业语言编写的项目报告，其又可分成固定格式或变动格式，也可按固定周期或变动周期等标志进行分类。项目报告是使用文字去说明项目实际情况或项目问题的书面报告，这种项目报告有无固定的报告格式和要求均可，项目报告也有定期和不定期之分，也可以按照项目需要报告的具体问题或情况进行报告。

5. 不同用途的项目报告

这也是一种项目报告的分类，最为常用的有项目绩效报告和项目终结报告两大类。其中，项目绩效报告是在项目实施过程中，按照一定的报告期不断给出的有关项目各方面工作实际结果的报告；项目终结报告是在项目或项目阶段结束之时对项目或项目阶段的总结工作报告。项目终结报告的内容和格式多数需要项目承发包双方商定，因为最终项目造价结算的主要依据就是这种项目终结报告。

7.4.4　项目报告的编写

各种项目报告的编写都要考虑下列要求和方法，以便能够提供有价值的项目报告。

1. 项目报告语言要简洁明了

由于项目具有时限性，所以项目报告越是简洁明了越有效。不要试图以报告长度来打动项目报告接收者，项目报告越简明，人们才越愿意阅读和能够尽快获得信息，因此应尽量使各种项目报告按照简洁明了的原则去编写。

2. 项目报告内容和形式要一致

这要求项目财务报表必须按照国家和地方相应的财税制度规定，使用财务报表的形式和语言去编制。项目其他报表需要根据报告内容去选用报告的格式和语言，如项目技术报告就需要使用专业术语和工程语言去编制。

3. 项目报告要借助图表等表达方式

图表是项目管理中使用的工程语言，所以在项目报告中要充分使用这种工程语言去编制项目报告，因为一般自然语言在项目管理沟通中的效果不佳，尤其会出现歧义和误解，如项目 WBS 和甘特图等都是典型而有效的项目图表的表达方式。

4. 项目报告要选用报告使用者的语言

项目报告有“上下”、“左右”和“内外”信息沟通的报告之分，不同的项目相关方有自己熟悉的编码系统，所以不同的项目报告要根据使用者的情况去选用项目报告的语言或编码系统，只有项目报告符合项目报告使用者的语言才能够实现信息的传递和使用。

7.4.5 项目绩效报告

这是在项目实施过程中按一定报告期给出的项目各方面实际进展情况的报告，这种报告通常有特定的报告期，即可以是周报、月报或季报等。项目绩效报告进一步还可以分为项目绩效描述报告、项目计划实施进度报告和项目未来情况的预测报告等。

1. 项目绩效报告的主要内容

项目绩效报告的主要内容有如下几个方面。

1）自上次报告后的项目绩效

这部分是报告本报告期中已实现的关键项目目标，同时也包括关于项目的一些特定目标实际完成（或没有完成）情况的说明与报告。

2）项目计划的实际完成情况

这是有关项目及其各个专项或要素的计划实际完成情况的报告，主要内容是项目实际完成的指标值与项目计划目标值之间的绝对和相对差异分析等情况。

3）项目前期遗留问题的解决情况

如果项目前一期的绩效报告中曾经提出过任何需要在本报告期解决的问题，在本期报告中就应给出问题解决的结果，不管问题已解决还是尚未解决都应该报告情况。

4）项目本期新发生的问题和情况

这是本报告期内项目所发生新问题的报告，这类问题具体可以是技术问题、进度问题、成本问题、人员问题和其他任何与项目相关的问题。

5）项目下个报告计划要达到的目标

这是项目下个报告期预期或计划目标的说明和规定。这些项目下个报告期的计划目标必须科学合理，并且要能够与项目各项管理计划的更新或修订进行全面的集成。

6）项目下一步计划采取的应对措施

这部分详细说明了在下个报告期内为解决新发现或此前遗留问题所要采取的应对措施，包括提出所要采取的应对措施，以及因此需对项目业务和管理工作的调整等。

项目绩效报告中使用的表述方法包括文字说明、报表文件、各种曲线图、各种表格等，同时还需要借助这些图表和数据去做相应的分析而给出项目绩效的分析和评价。

2. 项目绩效报告的方法和工具

项目绩效报告所使用的方法和工具主要包括如下几种。

1）项目绩效评估的方法

这包括对于项目实际结果与项目计划指标的绝对数、相对数、平均数、指数等比较分析的方法，以及其他一些绩效评估的分析方法。这些方法主要用来给出项目实际绩效情况的客观评价，包括项目实施成果、存在问题与应对措施的评价。

2）项目偏差分析的方法

这包括项目实际完成情况与项目计划指标值情况的对比分析，以及造成项目出现偏差的根本原因分析等方法。在项目偏差分析中最常用的是项目成本、质量与工期的偏差分析，特别重要的是项目偏差根本原因的分析，因为这是消除项目偏差的基础工作。

3）趋势分析和预测方法

这是借助统计学方法开展的项目绩效分析，它会告诉人们项目绩效未来的发展变化趋势。根据项目绩效未来的发展变化趋势，人们可预先采取各种措施去谋求更好的项目结果。这种方法多数采用需要使用统计学的趋势分析和预测外推的方法。

4）项目挣值分析的方法

这种方法集成了项目成本和项目进度的相互关联与影响，通过给出项目的计划值、挣值和实际值去分析计算出成本绩效偏差、进度绩效偏差及二者共同造成的偏差，最终分析给出项目的进度和成本的绩效偏差情况以及项目绩效未来的预测。

5）项目挣值管理拓展的方法

这种方法是在项目挣值管理方法的基础上，使用前面讨论的项目挣值管理拓展的方法对涉及项目全要素的计划值、中间变量值和实际值进行比较分析，并计算出这些项目专项的绩效及其相对数与绝对数偏差指标，以及根本原因分析的方法。

3. 项目绩效报告工作的结果

项目绩效报告工作最终输出的结果通常包括两个方面，具体内容分别讨论如下。

1）项目绩效报告文件

这种报告将详细给出整个项目绩效评估的结果、项目绩效偏差分析与项目绩效趋势预测分析的结果及其细节说明。这种报告必须详细到能够满足项目相关方的要求和项目管理沟通的管理计划的规定。这种报告应包括必需的曲线图、文字、报表、棒图等。

2）项目未来的各种变更

根据项目绩效报告中的绩效评估和预测，人们会提出相应的项目未来需要变更的请求，这种变更请求既要符合项目环境与条件未来发展变化的趋势，又要满足项目相关方主观意愿的请求。这种项目未来的变更必须按照正规程序去提出和批准。

7.4.6　项目终结报告

这通常是一个项目或一个项目阶段的总结文件，其主要的工作内容包括收集和整理项目记录、分析和说明项目成果与效率等。

1. 项目终结报告的内容

项目整体或项目阶段的工作终结报告包括以下几个方面的内容。

1）项目业主/客户对项目或项目阶段的要求

这包括在项目定义阶段提出的项目业主/客户的各种期望与要求，以及通过项目合同和协议等给出的项目各方面的期望与要求。

2）项目或项目阶段既定的主要目标和指标

这包括在各种项目计划和合同书中所包括的项目或项目阶段的既定目标与具体要求指标和指标值，以及这些目标的改动和修订情况。

3）项目或项目阶段实际作业的简要描述

这包括对于项目或项目阶段的任务、资源、进度、成本、质量等方面的简要描述，以及相关的约束条件和假设前提等方面的说明。

4）项目或项目阶段实际结果和预期的对比

这包括项目或项目阶段成果及其体现出的各种实际利益（包括给项目业主/客户带来的实际利益），以及这些实际利益与项目计划阶段确定的预期利益之间的比较。

5）项目或项目阶段目标的实现程度说明

这包括项目或项目阶段具体实现的结果与目标或计划指标相比较所得到的计划实现程度等方面的说明，以及未能实现预期的目标的原因的详细说明等。

6）项目所需善后和处理事宜的说明

这部分包括项目需要后续解决的问题和为项目维护、提高或扩大项目能力而需要在将来应该采取的可持续发展措施等方面的内容。

7）给业主/客户的项目产出物说明

这是对项目或项目阶段所交付的项目产出物的描述，包括项目或项目阶段生成的设备、材料、软件、设施、技术等，以及相应的图纸、图样、技术说明书和报告等。

8）项目成果的最后测试或运行数据

这包括对于项目产出物的测试过程、测试参数、测试方法、测试结果和项目试运行等各方面的数据汇总。这些都是为项目业主/客户接收和使用项目而提供的信息。

9）项目或项目阶段的经验与教训

这主要是有关项目或项目阶段所犯错误或失误及所取得成绩的经验总结，以及由此带来的各方面可吸取的教训的说明。

2. 项目终结报告的方法

项目终结报告是项目完工与交付的重要工作之一，这种报告的方法主要包括两个：一是项目终结报表的汇总方法，二是项目终结报告的编写方法。

1）项目终结报表的汇总方法

在编写项目终结报告之前需要借助项目终结报表对各种数据进行汇总和整理，从而提炼出项目或项目阶段的客观数据，所以项目终结报告的首要方法就是借助项目终结报表去汇总和整理项目数据的方法。这包括数据汇总的方法、数据整理的方法（分类、归并和整理的方法）、数据分析的方法（包括去粗取精和去伪存真等处理方法）。

2）项目终结报告的编写方法

这是根据报告编制者和接收者双方的商定，或者根据国家或地方财税法律法规和制度以及项目章程的规定去选用的，如项目终结报告中的财务部分的内容就需要根据国家的财税法律法规和制度规定去编制，而项目终结报告中关于项目合同责任和义务的完成情况就需要根据双方签订合同的条款去编制。这方面的编写方法有两个方面的要求或原则是必须遵守的，一是合法合规，二是满足项目相关方的需求。

7.5　项目管理沟通的监控

这是一项为确保满足项目决策和项目相关方的信息需求而开展的沟通管理工作，其主要作用是确保人们按项目管理沟通的管理计划和项目相关方参与计划的要求，开展好项目管理沟通工作和项目管理沟通的管理工作，以满足项目决策和项目相关方的信息需求。

7.5.1　项目管理沟通监控的作用和依据

这种工作的主要作用是保障项目管理沟通和信息传递的成功且是按计划进行的，这方面工作的主要依据是项目管理沟通的管理计划等项目专项管理计划和文件。

1. 项目管理沟通监控的作用

这一工作的主要作用是通过监控项目管理沟通及其管理，来确定各种项目管理沟通工作和活动是否按照计划得以落实，是否根据环境与条件的变化而进行了变更以满足项目相关方对项目决策所需信息的提供和支持力度。这一工作最重要的作用是及时评估和监控项目管理沟通工作的实施，以确保项目相关方在正确的时间通过正确的渠道将正确的信息传递给正确的受众。这方面工作涉及一系列的具体活动，如开展项目相关方沟通满意度的调查、整理项目管理沟通工作中的经验教训、开展项目管理沟通工作的现场观察、审查项目管理沟通问题中的数据、评估项目相关方参与度和改进项目管理沟通工作等。项目管理沟通监控工作可能触发项目管理沟通的管理计划和项目管理沟通的管理过程的变更，以便通过修改项目管理沟通的管理计划和开展额外的沟通活动来提升项目管理沟通的效果。

2. 项目管理沟通监控的依据

项目管理沟通监控工作的依据主要包括如下方面。

1）项目专项管理计划和项目文件

这包括：项目管理沟通的管理计划（根本依据）、项目资源管理计划（资源保障的依据）、项目相关方参与计划（沟通目的方面的依据）、项目问题日志（包括项目管理沟通的问题）、项目管理沟通的记录（沟通及其管理实施情况的记录）、项目经验教训登记册（沟通方面的经验教训和问题原因分析）、项目管理沟通的工作绩效（项目管理沟通的实际效果）等。

2）事业环境因素与组织过程资产

这主要包括：组织文化、政治和治理框架，组织已确立的沟通渠道、工具和系统，组织所拥有的项目管理沟通设施和资源，可供组织使用的社交媒体、公关政策及程序，组织对沟通的原则要求，组织对加工、传递和储存信息的标准或指南，组织以往的类似项目信息和经验教训知识库，以往的类似项目管理沟通的数据和记录，项目管理沟通所处的政治、经济、社会和法律环境，项目管理沟通存在的各种限制因素与条件等。

7.5.2 项目管理沟通监控的方法和工具

这是开展好项目管理沟通监控工作的保障,这方面的方法、技术和工具包括如下几种。

1. 项目管理沟通监控的专家法

项目管理沟通监控工作要求有技术或管理专长,所以这项工作首要的方法是专家法,即借助专家经验去开展沟通监控的方法。例如,在与公众的沟通过程中借助具有这些方面专家经验的任意团队去开展监控工作。

2. 项目管理信息系统的方法

项目管理信息系统不但可以为项目相关方提供一系列项目管理信息,同时也可以为项目管理沟通监控提供重要的帮助,如项目管理信息系统都具备项目信息传递记录、追踪与审计等方面的功能,而这就是开展沟通监控的重要功能。

3. 项目管理沟通的数据分析方法

这种方法是发现项目管理沟通工作和管理问题的方法,然后通过项目管理沟通的管理计划变更去改进项目管理沟通活动及其管理,如项目相关方参与度评估矩阵就可提供沟通及其管理的效果信息,所以应定期检查这方面信息并对项目管理沟通进行必要变更。

4. 人际关系的技能和方法

适用于项目管理沟通监控的人际关系技能主要包括现场项目管理沟通中使用的口头、书面、非语言和电子沟通等方面的技巧和方法,更进一步还包括行为分析和行为观察等方面的技能和方法。这些技能和方法有助于确定沟通方法、发现沟通问题和提高沟通效果。

5. 项目管理沟通监控的会议法

这是一种面对面或使用虚拟会议去监控项目管理沟通及其管理的方法,这是一种直接听取项目相关方对于沟通工作及其效果的技术和方法。人们可以借助会议提出或回应项目相关方对于沟通效果改进的请求,以及与项目相关方讨论项目管理沟通工作的改进方向。

7.5.3 项目管理沟通监控的结果

这方面的结果包括两个方面:一是发现项目管理沟通工作及其管理中的问题;二是针对发现的问题去开展必要的提高沟通效果的工作,这包括对于沟通管理计划的变更和对于沟通工作和管理方法的改进。

1. 项目管理沟通的工作绩效和问题

这是借助项目管理沟通实际情况与其管理计划的比较分析给出的监控的结果。它包括对项目管理沟通的反馈信息、沟通效果的调查结果信息、沟通中存在的问题和需要采取的改进措施,以及项目管理沟通的管理计划变更等方面的结果。

2. 项目管理沟通需求的变更

这是指随着项目进展和项目各方面环境与条件的发展变化,项目相关方的信息需要变化，从而需要对项目管理沟通的管理计划所安排的沟通活动及其管理工作进行必要的调整和变更，包括修订项目相关方的沟通需求和开展新的项目管理沟通工作及其管理。

3. 项目管理计划和文件的变更

这方面需要变更的项目专项管理计划主要有项目管理沟通的管理计划和项目相关方参与计划（反映项目相关方新的沟通需求）。需要变更的项目相关文件主要有项目问题日志、项目经验教训登记册和项目相关方登记册。

本章思考题

1. 项目管理沟通有哪些独特性?
2. 项目信息资源具有哪些独特性?
3. 项目管理沟通的管理工作有哪些主要作用?
4. 项目管理沟通的管理计划有哪些主要的内容和做法?
5. 项目信息资源的根本作用是什么?
6. 项目信息资源的处理方法有哪些?

第 8 章 项目组织与人力资源管理

【本章导读】项目组织与人力资源管理涉及项目组织管理、人力资源管理和相关方参与的管理，这些都是使用组织管理原理和方法开展管理的。所以，本章讨论的内容首先从项目组织规划、组织建设、项目治理等组织管理的内容开展讨论；其次，讨论项目相关方参与管理、项目实施组织管理、项目团队管理、项目经理管理；最后，开展项目人力资源规划、获得、配备、开发与激励等方面的讨论。

8.1 项目组织与人力资源管理的概述

在项目资源管理中，项目人力资源的管理是至关重要的。按照管理学的基本原理，管人属于组织管理的范畴，只有借助组织管理手段才能管理好人力资源，所以本书将项目组织管理与人力资源管理并入一章进行阐述。

8.1.1 项目组织管理的概念和内容

从理论上说，自人类开展“有组织活动”之日起，就有了项目组织管理的实践。随后人们逐步将组织管理变成了管理职能之一，即有计划、组织、领导和控制的管理职能。

1. 组织管理的概念

动词的“组织”中的“组”字，指借助分工和部门化等手段把人们“组”到一起去开展有组织的社会和生产活动的意思。动词的“组织”中的“织”字，指人们的合作和部门相互配合，即“织”成一个组织整体去开展社会和生产活动的意思。所以，组织管理的核心就在于通过分工、部门化、各部门和每个人的有机结合开展有组织活动。这还涉及规定好组织中人们的责权利关系，以便组织中的所有成员借此实现合理的配置关系，从而相互合作、共同努力、有效地开展社会或生产活动，最终实现组织既定的目标和使命。

2. 项目组织管理的概念

在项目的全过程中，人们需要开展项目组织管理工作，这是为有效地开展项目计划、组织、实施和交付等工作所开展的一种项目专项管理工作。项目与日常运营在组织管理方面的最大差别在于，前者是一种基于工作授权的团队式组织管理，后者是一种基于职权的科层制的组织管理。因为日常运营是周而复始、不断重复的工作，所以人们能够明确分工和按照职能划分部门，并通过职务授权去开展组织管理。但项目组织是面向一次性、独特性和不确定性工作的，所以要按基于团队和工作授权的模式去开展项目组织管理。

3. 组织治理与项目治理的概念

组织治理是通过制定组织的政策和流程，用结构化方式指明组织方向并进行必要的控制，以便能够实现组织战略和运营目标。组织治理涉及组织的人员、角色、结构等框架的安排，组织治理的规则、政策、程序、规范、关系和系统等。项目治理是指用于指导项目管理活动的框架、功能和过程，从而创造独特的产出物以满足组织、战略的目标。广义的项目治理内涵包括组织级的项目治理、项目组合的治理、项目集治理以及项目治理等。同时，组织治理的原则、决策和过程等都会影响到组织中各级的项目治理。

4. 项目组织管理的内容

这涉及五个层次的组织管理内容，图 8-1 给出了这五个层级的模型。一是项目经理管理，这包括选择正确的人选并给予足够的工作授权等方面的组织管理工作。二是项目团队管理，这包括如何由项目经理按照组织分解结构（organizational breakdown structure，OBS）去确定项目团队成员，以及去做好项目团队建设与开发等方面的组织管理工作。三是项目实施组织管理，这涉及项目实施组织如何为项目团队提供良好的组织环境，以及如何通过项目实施组织的管理去确保项目目标的实现等方面的组织管理工作。四是项目相关方参与管理，这涉及项目相关方的识别和参与、项目相关方的沟通与合作等方面的组织管理工作。五是项目全团队集成管理，这是指对于所有项目相关方的全面集成管理方面的组织管理工作，或者叫组织治理工作。

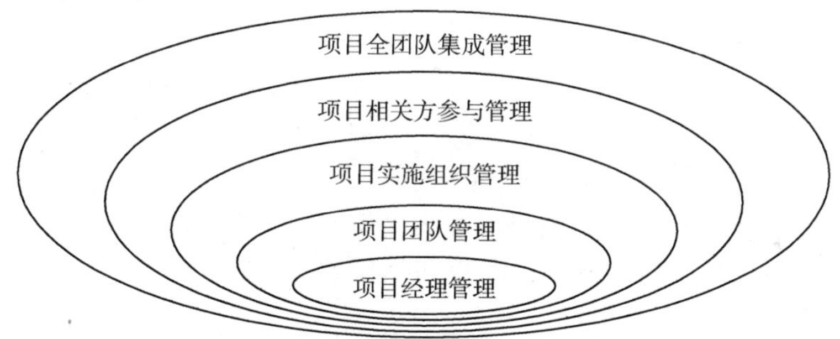

图 8-1　项目组织管理的层次结构模型

8.1.2　项目人力资源管理的概念和内容

人力资源管理是 20 世纪 60 年代以来快速发展起来的一种管理学的新领域，这一管理将人力资源看成组织生存与发展的重要战略资源，所以人力资源管理要求组织通过不断地获得和开发人力资源去为实现组织目标服务。项目人力资源管理是人力资源管理中的一个组成部分，所以本节将讨论人力资源管理和项目人力资源管理的概念和内容。

1. 人力资源的概念

经济学把可以投入生产过程中去创造财富的东西统称为资源，并且认为资源的最大特性是它的稀缺性和使用价值。人力资源管理是将“劳心者”看成一种战略资源，因为这种资源既能够创造财富的价值，又具有稀缺性。与自然资源相比，人力资源是最活跃和最具能动性的，是最为重要的一种资源，因为人力资源具有如下特点。

1）能动性

这表现在人力资源具有的自我管理、自我激励和主观能动等特性，这种特性使得人力资源具有主观意愿和意识，且他们的行为受主观意愿和意识的支配，管理者可以通过改变他们的主观意愿和意识，去改变他们的行为而使这种资源发挥最大的作用。

2）再生性

这是指人力资源的能力能够通过学习和培训再生，这既包括人们体力和智力的可恢复性，也包括人们的知识和思想的扩散、复制和不可磨损性等特性。人力资源可以在使用、继承和发扬中再生或重生，但不会“磨损”且还能不断进化和提升。

3）智能性

人力资源在使用过程中会发挥自己的智能性去发现问题的原因和找到解决问题的办法，他们还能运用自己的智能使自己从繁重的体力和脑力劳动中解放出来。这种智能性是人力资源与其他资源最根本的区别，是人力资源的能力和作用的根本体现。

4）价值性

这包括两个方面：一是指人力资源需要通过合理的配置才能充分体现和发挥它的最大价值，二是指人力资源应该是一种全社会配置和服务的战略资源。人力资源只有实现社会化合理配置才能真正体现其价值，这也是人力资源的社会价值所在。

2. 人力资源管理的概念

人力资源管理的形成与发展过程包括三个阶段。第一阶段是科学管理阶段的人事管理（从19世纪末到20世纪初），第二阶段是行为科学管理阶段的人事管理（20世纪30年代前后），第三阶段是现代人力资源管理的阶段（20世纪60年代末开始至今）。人力资源管理的内容包括人力资源的配置、开发、使用、管理、评估、激励等。

3. 项目人力资源管理的概念和内容

项目人力资源管理的对象是项目所需人力资源，其根本目的是发挥项目人力资源的主观能动性去实现既定的项目目标和提高项目效益。项目人力资源管理的内容可用图8-2给出示意，包括如下几个方面。

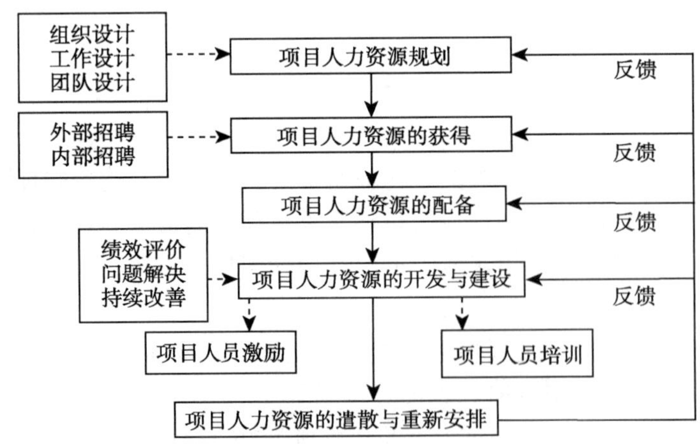

图8-2 项目人力资源管理的核心内容

1）项目人力资源规划

这是对于项目人力资源的计划和安排，是按照项目 WBS 分析给出的项目人力资源在数量、质量和时间上的要求、具体安排和打算。具体工作包括：确定项目 OBS、确定项目所需的人力资源数量和质量。

2）项目人力资源的获得

这是项目组织通过内部和外部招聘或其他方式获得项目所需的人力资源的工作，由于项目的一次性和项目团队的临时性，项目人力资源的获得要求具有高效快捷和直接使用等特性。

3）项目人力资源的配备

这是项目组织将通过内部和外部招聘或其他方式获得的项目所需的人力资源根据他们的技能、素质、经验、知识等进行合理的配备，从而构建一个成功的项目组织或团队的工作。

4）项目人力资源的开发与建设

这是在项目实施的过程中不断提升项目人力资源的能力、改善项目成员间的合作关系、为实现项目目标而开展的对项目人力资源的持续提升活动。这方面的工作包括项目人员的培训、项目人员的绩效评估、项目人员的激励与项目人员的创造性和积极性的发挥等。其中，培训是为开发能力服务的，激励是为提高人们积极性服务的。

5）项目人力资源的遣散与重新安排

这是在项目实施完成后所开展的项目人力资源管理的工作，因为此时不再需要项目人力资源，所以需要对项目所有成员进行必要的遣散和重新安排。其中，对于所有外部招聘的项目团队的成员需要完成所有合同终结手续以后而予以遣散；对于所有内部招聘的项目团队的成员需要按照当初的招聘规定而对他们日后的工作做重新安排。

4. 项目人力资源的特性

项目人力资源具有自己的特性，具体分述如下。

1）团队性

项目是以一种项目团队合作的形式完成的，项目工作的绩效在很大程度上取决于项目团队所具有的团队精神和合作的好坏，因此项目人力资源管理具有团队性的特性。

2）临时性

项目工作是一次性的，项目团队完成项目以后就会解散，因此项目人力资源也具有临时性的特性。这就对项目人力资源管理提出了更高的要求，因为没有“返工”的机会。

3）开放性

项目的过程是逐渐展开的，所以项目的人力资源是逐渐进入和推出的。他们在项目全过程中“有进有出”，所以项目人力资源具有开放性的特性。

4）目的性

项目人力资源是专门为完成项目任务和实现项目目标而工作的，所以他们具有很强的目的性，即他们就是专门为实现项目既定目标而服务的。

5. 项目人力资源管理的特性

项目人力资源管理的主要特性分述如下。

1）项目人力资源管理强调团队建设

因为项目是以项目团队的方式去完成的，所以项目团队建设是项目人力资源管理的首要任务，从组织规划到人员配备与开发都应考虑项目团队建设的需要。

2）项目人力资源管理强调高效快捷

由于项目具有时效性，所以项目人力资源管理中十分强调高效和快捷，不管是项目人员配备与激励，还是项目团队建设与冲突解决，都要按高效快捷的方法去完成。

3）项目人力资源管理强调目标导向

由于项目的目的性，这就要求项目人力资源管理必须强调以项目目标为导向。不管是项目组织设计还是项目人员获得与配备，都须以实现项目目标为导向。

8.2 项目组织的全面集成管理

本书作者通过多年研究发现，项目组织必须按照全面集成管理去开展，有关这方面的内容分述如下。

8.2.1 项目组织全面集成管理的模型

人类有组织的活动要想取得成功，就需要依靠组织管理作根本保障，而项目组织又具有开放性、临时性、团队性和集成性等特性，这些特性使得项目组织管理具有更高的集成管理要求，所以项目组织管理在项目组织全面集成管理方面有自己的原理和方法。本书作者通过多年研究提出了图 8-3 中所示的项目组织全面集成管理的层次结构模型，这种层次结构模型涉及各不同层次项目组织管理工作和它们的全面集成管理工作。由图 8-3 可知，该模型中相邻的两个层次之间必须进行集成管理（故在图中用双向箭头表示）。这就要求所有项目组织层次必须开展全面集成管理，从而使得各个组织层次共同构成一个合理配置的整体（由图中逐层包裹的椭圆表示）。

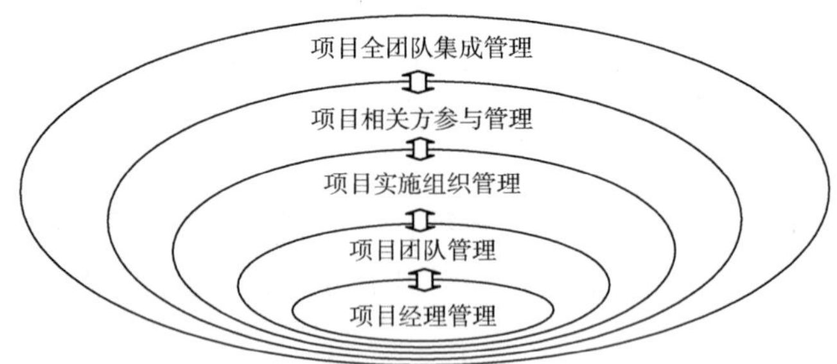

图 8-3 项目组织全面集成管理的层次结构模型

8.2.2 项目组织全面集成管理的层次

由图 8-3 可知，项目组织全面集成管理涉及五个层次的组织集成管理的内容，有关这些不同层次的项目组织全面集成管理的内容分述如下。

1. 项目经理层次的组织集成管理

项目经理是项目组织管理的核心，所以在图 8-4 中项目经理被放在中心位置。

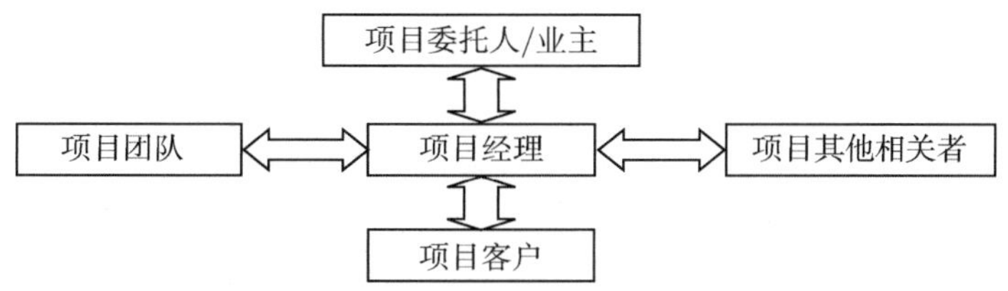

图 8-4　项目经理在项目组织管理中的核心地位

同时，在很多情况下一个项目会有代表不同项目相关方的项目经理，这些项目经理之间需要开展相应的集成管理工作，图 8-5 给出了他们之间的集成管理关系。

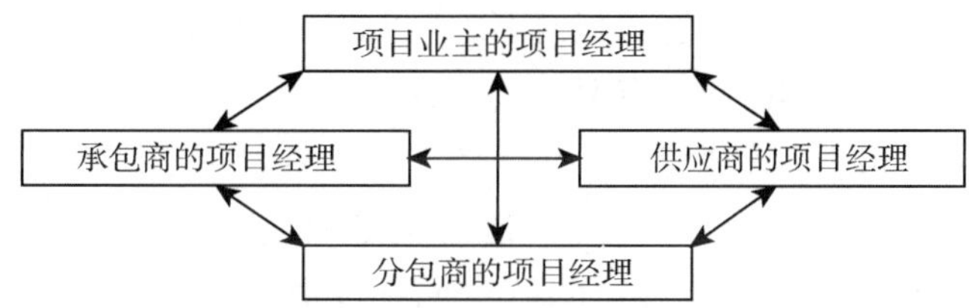

图 8-5　项目主要相关方的项目经理的集成管理

由图 8-5 可知，不同项目相关方的项目经理也需要开展必要的集成管理，以便他们能够很好地合作去实现项目价值的最大化和项目价值分配的合理化。最重要的是项目经理与项目团队及其成员之间的集成管理，因为项目经理领导项目团队去对项目开展实施和管理，所以项目经理必须具有选定、聘用和激励项目团队成员的授权。如果没有项目经理与项目团队成员的组织集成，项目经理就无法带领项目团队去完成项目任务。另外，项目经理这一层次的组织集成管理工作还涉及项目经理与项目团队、项目实施组织和项目相关方的全面集成管理。这既要按组织集成管理去保障项目的实施和管理，也要按组织集成管理去做好项目利益的分配和分享，所以项目经理层次的组织集成管理至关重要。

2. 项目团队层次的组织集成管理

项目团队是为实现既定项目目标的一组人所构成的一种具有临时性和开放性的协同工作的团队，其组织和建设的好坏直接关系到项目的成败，因此在图 8-1 中的模型里项目团队管理被放在第二层次的位置上。这方面的组织集成管理包括四方面的内容：一是关于项目团队在项目全过程中各阶段的集成管理工作，二是向上与项目实施组织的基础管理工作，三是向下与项目经理的组织集成管理工作，四是项目团队与各组织层次的全面集成管理工作。图 8-6 给出了项目团队的组织全面集成管理示意，由图 8-6 可知项目团队的组织集成管理工作包括四方面的内容：一是项目团队建设的集成管理，这涉及项目团队的形成阶段、震荡阶段、规范阶段、辉煌阶段的集成管理；二是项目团队开发的集成管理，这包括人员配备、绩效控制、组织激励和冲突管理等方面的集成管理；三是项目团队与其所在项目实施组织的集成管理，这需要项目团队去适应其所在项目实施组织的独特环境；四是项目团队与项目经理的组织集成管理，这已在项目经理的组织集成管理中做了讨论。

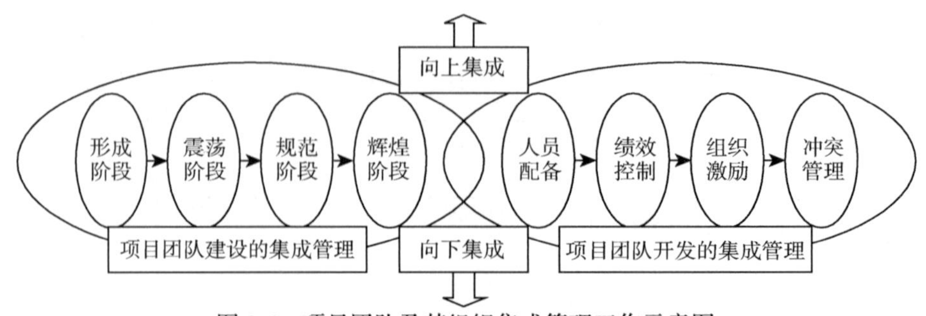

图 8-6 项目团队及其组织集成管理工作示意图

3. 项目实施组织层次的组织集成管理

项目实施组织被放在图 8-3 中的第三层，这表明它要向下与项目经理和项目团队进行组织集成管理，向上与项目相关方进行组织集成管理。同时，项目实施组织内部也必须开展组织集成管理，所以项目实施组织的组织全面集成管理包括四方面的内容。一是项目实施组织中各部门的集成管理，这是图 8-7 中标注有“各部门的组织集成管理”的虚线方框部分的集成工作。二是项目实施组织与项目团队的组织集成管理，这是图 8-7 中标注有“项目实施组织与项目团队的全面集成管理”的虚线框部分的集成工作。三是项目实施组织中各项目团队之间的组织集成管理，这是指在项目实施组织中同时存在的各个项目必须努力实现全面集成管理，这是图 8-7 中标注有“各项目团队的集成管理”的虚线框部分的集成工作。四是项目实施组织与其他项目相关方之间的组织集成，因为所有项目相关方开展合作才能保障项目的成功，进而获得项目所带来的利益和价值。

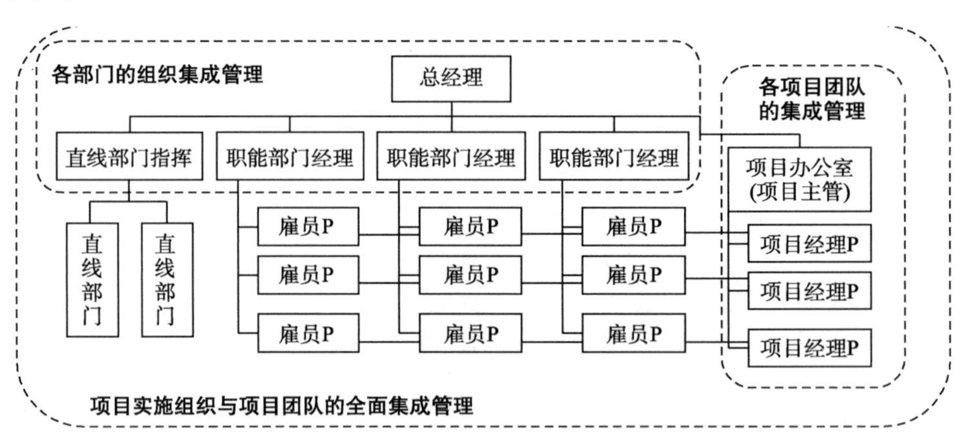

图 8-7 项目实施组织层次的组织集成管理模型

带“P”的雇员和项目经理是指从项目实施组织的职能部门或直线部门中抽出来做项目的雇员和项目经理

4. 项目相关方层次的组织集成管理

因为项目管理的根本目标都是为满足和超越项目各相关方的需求服务，而开展项目相关方集成管理是实现这一根本目标的重要保障，所以在图 8-3 中，项目相关方参与管理被置于第四层的位置。项目相关方层次的组织集成管理工作有四方面的内容。一是识别出项目的全部相关方，不能有遗漏而导致利益冲突。二是确定项目相关方的需求，这些需求的满足是项目成功之所在。三是借助项目相关方的组织集成管理去创造出项目价值的最大化，因为只有借此才有机会去满足和超越项目各相关方的合理需求和期望。四是借助项目相关方之间的组织集成管理去实现项目价值的最大化和项目价值分配的合理化。

5. 项目全团队层次的组织集成管理

上述各层面的项目组织集成管理共同构成了项目全团队的组织集成管理。这种项目全团队的组织集成管理的模型如图 8-8 所示，由此可知项目全团队的组织集成管理涉及四方面的工作。一是按照项目相关方之间的合同关系所开展的组织集成管理，这是一种按照法律调节的关系去开展的组织集成管理工作。二是按照项目相关方之间的合作伙伴协议去开展的组织集成管理工作，这是按照合作伙伴关系去协商解决各种冲突和开展沟通、协调与合作的组织集成管理工作。三是借助“项目促进人”所开展的专家协调关系的项目全团队组织集成管理，这种“项目促进人”是与所有项目相关方均无经济利益关系的“德高望重”的专家，他从“第三方中介和辅助”的角度去实现项目全团队的组织集成管理。四是政府主管部门利用行政管理手段所开展的项目全团队的组织集成管理工作，这包括使用政府的法规和条例等手段去开展的项目全团队组织集成管理的工作。

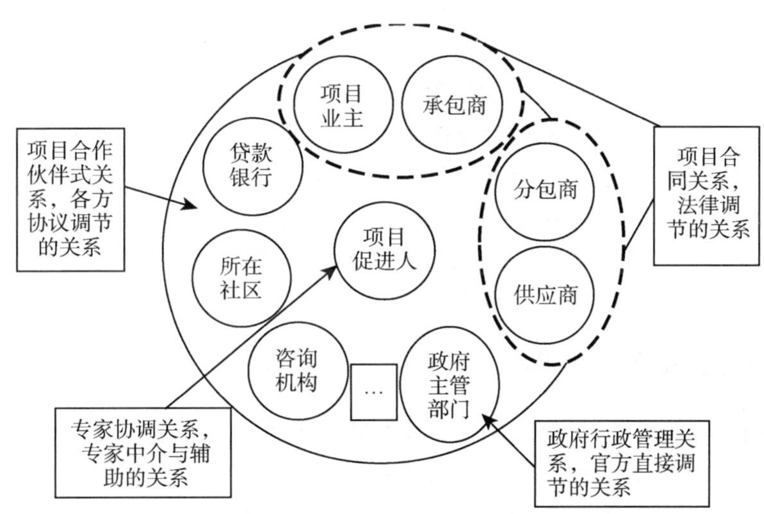

图 8-8　项目全团队的四种关系及集成管理模型

8.3　项目相关方的参与管理

项目会涉及很多组织和个人的相关利益，所有这些组织和个人都属于项目相关方。因此，项目组织管理的任务之一是开展项目相关方的参与管理。由于所有项目相关方的利益均受项目成败的影响，所以他们因利益关系而构成了一个项目全团队。这方面的管理内容包括识别项目相关方、计划安排项目相关方参与、管理和监督项目相关方参与等。

8.3.1 项目相关方参与管理的概念和内容

每个项目相关方都会受到项目积极或消极的影响，他们也能对项目施加积极或消极的影响，所以现在项目团队、项目实施组织、项目业主、项目供应商、政府监管机构、社会环保人士、金融组织、各种媒体，以及受项目工作或成果影响的人都成了项目相关方，因此项目相关方管理或他们的参与管理就成了项目组织管理的重要内容。

1. 项目相关方参与管理的核心概念

项目相关方是指可能影响项目决策、活动或结果的个人、群体或组织，以及会受或自认为会受项目决策、活动或结果影响的个人、群体或组织。项目相关方参与管理的核心概念是借助这种管理去实现项目相关方的利益和要求，即实现项目价值的最大化和项目价值分配的合理化的目标。这方面的管理需要通过所有项目相关方的参与去实现两方面的目标，一是整个项目取得成功，二是项目所有相关方获利。因此，项目相关方参与管理涉及项目相关方的参与程度及其形成的正面及负面影响的管理。其中，正面影响是项目相关方对项目的积极支持所带来的效益；负面影响是因项目相关方未能有效参与而造成的项目损失。在项目生命周期的不同阶段，会有不同的项目相关方参与管理，所以项目相关方参与管理还须按照动态或滚动的模式去进行。

2. 项目相关方参与管理的主要内容

这包括：项目相关方识别，这是定期识别项目相关方，分析和记录他们的利益、参与度、相互依赖性和对项目成功的潜在影响的工作；制订项目相关方参与计划，这是根据项目相关方的需求、利益和对项目的影响力，去制定项目相关方参与方法和过程的工作；项目相关方参与的管理，这是与项目相关方进行沟通和协作，以满足他们的需求与期望，处理问题并促进他们合理参与的过程等；项目相关方参与的监督，监督和控制项目相关方之间的合作关系，以及通过修订项目相关方参与策略和计划来引导项目相关方合理参与项目。因为每个项目都是独特的，所以项目相关方参与管理需要借助裁剪去满足项目的独特需要。这种裁剪应考虑的因素包括：项目相关方的多样性、他们关系的复杂性、他们之间沟通过的所需技术支持情况、项目的复杂性和不确定性等。

8.3.2 项目相关方识别

项目相关方可能与项目直接相关，也可能与项目间接相关。有些项目相关方对项目的影响能力有限，而有些项目相关方对项目的影响能力重大，所以人们应该在项目章程获批后就开始识别项目相关方的工作，这包括识别能够影响项目或会受项目影响的人员、团体或组织，评估他们对项目或受项目的影响程度等。另外，在项目全过程中需多次开展这种识别工作，至少在每个项目阶段开始和项目出现重大变化时再次开展这种识别工作。项目相关方识别的依据、方法和结果分述如下。

1. 项目相关方识别的依据

项目相关方识别的主要依据包括下述几个方面。

1）项目章程

项目章程会开列给出关键的项目相关方清单，并且还会给出项目相关方的职责、权益和义务等方面的有关信息，所以这是识别项目相关方的首要依据。

2）项目商业文件

在首次开展项目相关方识别过程中，项目合同和协议、项目收益计划和商业论证文件等都是识别项目相关方的依据，因为其中给出了受项目商业影响的相关方。

3）项目各专项管理计划

在后续的项目相关方识别中，项目各专项管理计划已经编制完成，像项目沟通管理计划和项目相关方参与计划等当中的信息是进一步识别项目相关方的主要依据。

4）项目文件

有些项目文件是首次识别项目相关方的依据（如项目需求文件），有些项目文件是后续项目相关方识别的依据（如项目变更日志），因为项目启动后才会生成这些项目文件。

5）事业环境因素

能够影响人们识别项目相关方的事业环境因素包括：项目实施组织的文化、政治氛围、治理框架，政府或行业的标准与法规，项目实施的各种环境与条件等。

6）组织过程资产

作为识别项目相关方依据的组织过程资产包括：项目相关方登记册及其模板和说明，历史类似项目的相关方登记册，以及这些项目相关方的偏好、行动和参与的信息。

2. 项目相关方识别的方法

项目相关方识别的主要方法分述如下。

1）项目相关方分析法

这种方法可用于分析和生成项目相关方清单，并给出项目相关方的各种信息，如项目相关方在项目全团队中的位置和角色及其与项目的利害关系、他们的期望和对项目的支持程度、他们对项目信息的兴趣和利害关系等。这种方法的分析内容包括：项目相关方受到的和给予项目的影响分析、他们的项目所有权和其他权利义务的分析、他们的专业知识和对项目的贡献度分析，以及历史类似项目的经验教训分析等。

2）项目相关方分类法

这是利用不同分类标志去对项目相关方进行识别的方法，这方面主要的分类方法有：一是基于项目相关方的权力、关心程度、影响能力的“权力利益影响方格”法；二是把这些方格中的要素组合成三维模型的“相关方立方体法”，这是将项目相关方视为三维实体加以识别的方法；三是通过评估项目相关方的权利、参与的紧迫性和合法性对他们进行分类的凸显模型方法，这是确定和识别项目相关方的重要性的方法；四是根据项目相关方对项目影响方向进行分类的方法，这包括对项目的正面和负面影响的分析法；五是优先级排序法，即对项目相关方进行优先级排序的方法。

3）数据调查法

项目相关方识别的数据调查法包括问卷、访谈、会议和观察等方法。一是访谈调查或焦点小组讨论以及大规模的结构化或非结构化的问卷调查法；二是用于识别项目相关方的头脑风暴法，这包括常规的头脑风暴法和改良的头脑写作法（让个人参与者有时间在小组创意讨论开始前单独思考问题，然后通过会议收集或在虚拟环境中收集信息的技术方法）；三是会议法，这包括召开引导式研讨会、指导式小组讨论会，以及虚拟小组讨论等方法；四是观察法，借助直接或间接观察识别项目相关方的方法。

4）专家判断法

这是较常用的项目相关方识别的方法之一，这种方法借助于这方面专家的经验和判断去识别项目相关方及其优先序列等。这种方法通过征求具备以下方面的专业知识和经验的个人或小组的专家经验去识别：整个项目全团队组织内的政治和权力结构、项目所涉及的组织以及受项目影响的组织所处的环境和组织文化、项目所在行业的情况或项目产出物的类型和影响、项目团队成员个体的贡献和专长等。这种方法对于所咨询的专家的要求较高，但是这种方法最为直截了当和省时省力。

3. 项目相关方识别的结果

使用上述项目相关方识别方法和技术，可获得项目相关方识别结果，分述如下。

1）项目相关方登记册

这是识别项目相关方工作的主要结果，它记录了已识别出的项目相关方的信息，这包括他们的身份信息、组织职位、联系方式，以及在项目中的角色等；评估信息，这包括项目相关方的需求、期望、影响项目成果的潜力，以及他们能影响的项目生命周期阶段；分类信息，这是用内外，作用、影响、权力或利益，上级和下级，以及其他分类特性进行分类的结果。按项目相关方参与管理的原理，项目相关方登记册是项目相关方识别的结果和信息汇集。

2）项目专项管理计划的更新

随着项目相关方识别结果不断更新，项目各专项管理计划也会变更或更新。由此可能需要变更的主要包括：项目需求管理计划，因为新识别的项目相关方可能会影响到项目需求的既定计划和安排；项目沟通管理计划，因为项目相关方的变化会改变项目相关方的沟通要求和项目沟通计划与方法；项目风险管理计划，因为项目相关方的变动需要开展新的项目风险识别和度量或改变项目风险管理的方法；项目相关方参与计划，因为需要针对新识别的项目相关方去制订新的项目相关方参与计划。

3）项目文件的更新

同样，项目相关方识别结果的变化还会导致项目各方面文件的变更或更新，这主要包括：项目假设日志，因为如果项目相关方发生变动就应该对假设日志文件进行更新或变更；项目问题日志，因为新的项目相关方识别的结果会发现新的问题并将这些新问题记录到项目问题日志中；项目风险登记册，如果项目相关方的变动会导致项目风险发生变化，就需重新识别和度量项目风险并且必须将这些变更记录在项目风险登记册中。

4）识别出的项目相关方

这是最重要的项目相关方识别结果。主要的内部项目相关方包括项目发起人、业主、项目经理、项目团队成员、项目管理办公室（project management office，PMO）等。主要的外部项目相关方包括项目客户、最终用户、承包商、供应商、政府监管机构、项目所在社区及其人员、贷款银行、项目竞争者等。主要的项目相关方及其影响和角色分述如下。

（1）项目业主或发起人。这是项目投资人和所有者，所以是项目的最终决策者，他们拥有对于项目目标和管理方面的最终决策权。他们可以是或不是项目的实施者，他们可借助项目承包商实施项目，当他们自行实施项目时则兼有项目业主和实施者身份。

（2）项目的用户或最终用户。他们是项目成果的使用者，项目的功能就是为用户或最终用户服务的，所以在项目相关方识别中必须认真识别和分析项目用户或项目最终用户的需要和要求，以确保项目符合项目用户与最终用户的要求。

（3）项目经理和项目团队。项目经理是获得授权而对整个项目负责的人，他需要领导和组织好自己的团队去做好项目的实施与管理工作。项目经理的能力和素质对项目的成败是至关重要的，项目团队是实现项目业主和客户的各方面要求的主体。

（4）项目实施组织。这可能是项目承包商，也可能是项目业主的内部单位或部门。项目实施组织与项目业主在项目利益和影响力上是不同的，项目实施组织与项目业主在项目利益分配方面会有某种博弈，他们之间还会有某种委托和代理机制方面的问题。

（5）项目的其他相关方。这包括项目的供应商、贷款银行、政府主管部门，以及项目所涉及的市民、社区、公共社团等方面的其他项目相关方，他们都有自己的需要和要求，他们的行为都会对项目成败产生影响。

5）识别出的项目相关方之间的关系

项目相关方之间的关系既有利益一致而相互合作的一面，也有利益冲突而相互斗争的一面。通常，项目相关方之间的关系有下列几个方面。

（1）项目业主与项目实施组织或项目团队之间的关系。通常他们之间首先是利益一致而积极合作的关系，这使他们能够形成项目合同规定的委托和受托关系。同时，他们也有利益冲突的关系，因为双方都想实现利益的最大化，所以他们需要有合同去约束和协调这种关系，同时还要使用合作伙伴管理的方法去调整双方的利益冲突。

（2）项目业主与其他相关方之间的关系。他们之间同样存在利益一致和利益冲突的问题。利益一致的一面使得他们得以开展项目的合作，而利益冲突的一面则会使得合作出现问题或失败，所以必须合理地协调和解决利益冲突，最理想的解决方法是做好项目所有相关方组成的项目全团队的合作伙伴式的关系的集成管理。

（3）项目实施组织与其他相关方之间的关系。他们也有利益关系，并也有利益一致和利益冲突两个方面。虽然这种利益关系没有那么直接和紧密，但是同样也存在由利益冲突而导致项目受损的可能，所以他们之间的关系也需要采取合作伙伴式的管理，从而努力地消除他们之间的利益冲突，使项目获得成功。

8.3.3　制订项目相关方参与计划

这是根据项目及其管理的需要，以及项目相关方的需求、利益及其对项目的积极和消极的影响，去制订项目相关方参与管理计划的工作。其主要作用是安排好与项目相关方之间进行有效互动、积极沟通和激励他们参与项目管理的计划。这种计划制订或更新工作需要根据项目相关方的进出而在项目全过程中定期地进行，重要的项目相关方发生变化会对项目造成重大影响，所以这种计划和项目各专项管理计划都需要进行变更。

1. 制订项目相关方参与计划的依据

要制订科学合理的项目相关方参与计划，就必须使用下述的相关依据。

1）项目章程和项目合同与协议

项目章程包含与项目目的、目标和成功标准有关的信息，在制订这种计划时必须使用这些信息作依据。项目合同与协议是项目业主与项目承包商及供应商之间的法律约定和参与项目的权利与义务约定，所以这方面的信息也是这种计划制订的重要依据。

2）项目各专项的管理计划

这方面的依据包括：项目资源管理计划，因为有提供资源相关方的角色和职责的信息；项目沟通管理计划，因为包含项目相关方的沟通与信息传递的规定；项目风险管理计划，因为包含项目相关方的风险应对能力与参与风险管理的责任等信息等。

3）项目各种文件

这方面的依据包括：项目相关方登记册，它提供项目相关方的信息；项目假设日志，它给出了项目假设条件和制约因素；项目风险登记册，它包含项目风险和项目相关方的风险责任等；项目进度计划，它给出了特定项目实施或管理活动的时间；项目问题日志，它给出了需要项目相关方参与解决的问题；项目变更日志，它给出了项目变更的信息。

4）事业环境因素与组织过程资产

事业环境因素方面的依据包括：项目相关方的组织文化、结构和治理情况，他们的各种管理政策、风险偏好、沟通渠道和习惯，技术设施和资源的分布情况等。组织过程资产方面的依据包括：组织面临的问题、风险和变更，信息管理政策与程序，沟通要求，加工处理信息的标准或指南，经验教训、独特偏好、行动规则和参与意愿等信息。

2. 制订项目相关方参与计划的方法

项目的规模大小不同、复杂程度不同及不确定性程度不同，所以需要分别使用不同的方法去制订项目相关方参与计划，主要的方法有如下几种。

1）专家法

这种方法需要借助专家经验，这包括分析和认识各项目相关方的组织内部及外部的政治和权力结构、认识项目相关方组织文化和组织所处外部环境、掌握项目相关方参与管理所需分析和评估技术与方法、具有与项目相关方开展沟通的手段和策略等方面的专家经验。

2）标杆法

这种方法使用历史类似项目成功经验作为标杆，按照“由此及彼”的方法去制订新项目的相关方参与计划。这种方法省时省力且具有“吃堑长智”的好处，但是这种方法的缺点是项目的独特性使人们很难找到合适的“标杆”，而“标杆”有误会导致此法失败。

3）假设条件分析法和根本原因分析法

假设条件分析法是根据项目的假设条件和制约因素，去合理安排项目相关方参与的策略和计划的方法。根本原因分析法是识别出究竟是什么原因导致了项目相关方对项目的支持和反对，以便选择适当策略应对和据此制订项目相关方参与计划的方法。

4）会议法和决策法

会议法用于组织大家开会讨论去分析和制订项目相关方参与计划，以便能够集思广益去制订出良好的项目相关方参与计划。决策法是借助不同的决策技术去确定出项目相关方及其需求的优先级排序或分级，然后据此去制订项目相关方参与计划。

5）相关方参与度评估矩阵法

这是将项目相关方当前参与水平与期望参与水平进行比较，然后修订或更新项目相关方参与计划的方法。表8-1给出了这种矩阵的示意，项目相关方参与水平可分为五类，人们可根据其中的信息去制订新的项目相关方参与计划。

表8-1 相关方参与度评估矩阵法

项目相关方	不知型	抵制型	中立型	支持型	领导型
相关方1	*C*			*D*	
相关方2		*C*		*D*	
相关方3			*C*	*D*	
相关方4				*C*	*D*

注：*C* 代表项目相关方的当前参与水平，*D*代表计划达到的项目相关方参与水平

3. 制订项目相关方参与计划的结果

这方面的根本结果就是得到一份项目相关方参与计划，这是项目各专项管理计划中的一个独特的管理计划。它给出了促进项目相关方有效参与项目的策略和行动方案，以及调动或激励特定项目相关方积极参与的各种特定策略或方法。根据项目的不同，这种计划可以是正式或非正式的，可以是非常详细或高度概括的。

8.3.4 项目相关方参与的管理

这包括与项目相关方进行沟通和协作、满足项目相关方的需求与期望、处理各种冲突问题、促进项目相关方合理参与的工作。其主要作用是让项目管理者能够提高项目相关方的支持，并尽可能降低项目相关方的抵制。

1. 项目相关方参与管理的内容

这方面主要的工作内容包括：一是在适当的项目阶段去积极组织和引导项目相关方的参与以获取、确认或维持他们对项目工作和项目成功的支持；二是在必要的时候通过与特定项目相关方进行谈判和沟通去管理好这些项目相关方的要求和期望；三是努力应对和处理与项目相关方有关的项目风险，积极预测项目相关方可能遭遇的问题并制定好应对预案；四是及时解决已识别的特定项目相关方面临的问题等。项目相关方参与的管理有助于确保他们明确了解项目的目的、目标、收益和风险，有助于他们积极参与和贡献去保障项目的成功。

2. 项目相关方参与管理的依据

这方面的根本依据就是项目相关方参与计划，该计划为管理项目相关方的参与提供了计划、安排、方案和相关信息。另外，项目各专项管理计划类的依据还包括：项目沟通管理计划，它给出了与项目相关方开展沟通的方法、形式和技术；项目风险管理计划，它描述了特定项目相关方的风险及其应对和管理方面的信息；项目变更管理计划，它给出的项目变更会涉及项目相关方的利益和影响。同时，项目文件类的依据有：项目相关方登记册，它提供了项目相关方清单与相关信息；项目问题日志，它记录了项目相关方关注的问题和处理具体问题的方案；项目经验教训登记册，它可用于项目后期去提高项目相关方参与管理的效率和效果。另外，在项目相关方参与管理中还需依据项目事业环境因素和组织过程资产方面的信息，这些也是项目相关方参与管理的依据。

3. 项目相关方参与管理的方法

这方面最重要的方法是项目沟通的方法，因为只有项目相关方获得足够的信息才会积极参与项目的实施、管理和决策。同样，十分重要的另一种方法是人际关系的处理方法，因为项目相关方参与管理过程中需要处理众多的人际关系问题。

1）项目沟通的方法

在项目相关方参与管理过程中，人们需要根据项目沟通管理计划去针对每个项目相关方的独特性采取相应的项目沟通方法。这包括口头沟通方法、书面沟通方法、电子沟通的方法以及非语言的沟通方法等。人们还应该使用积极的反馈机制去了解项目相关方的反应和参与程度，并应使用各种激励机制去鼓励项目相关方的积极参与。

2）人际关系的处理方法

由于这种管理中需要处理众多的人际关系问题，所以人际关系的处理方法也是这方面的重要方法。这类最主要的方法包括：冲突管理的方法，用于及时地解决项目相关方之间的各种冲突；观察和交流的方法，用于及时地了解项目相关方的期望、要求和态度；谈判与妥协的方法，用于平衡项目相关方的利益和需求；搁置与容忍的方法，用于化解项目相关方之间的文化差异、语言差异、制度差异、治理结构差异。

3）项目协调人的方法

这是借助第三方独立身份的“项目促进人”的专业技术或项目管理权威去做好项目相关方参与管理的方法（可见图 8-8）。因为“项目促进人”完全独立于所有项目相关方的利益，他们可以“第三者”身份去管理项目相关方参与过程中出现的各种分歧、冲突和利益分配不公等问题。由于他们具有项目相关方参与管理的经验，所以这种方法经常会具有很好的管理效果。

4. 项目相关方参与管理的结果

这种管理的最重要结果是获得了项目相关方的积极参与，进而保障了项目实施、管理和决策等各方面的成功。另外，随着项目相关方参与工作的进展，这方面的结果还有项目工作和产出物范围的变更、项目沟通管理计划的变更（以反映项目相关方沟通新需求）、项目相关方参与计划的更新、项目相关方登记册的变更，以及项目问题日志的变更等。

8.3.5 项目相关方参与的监督

这是监督项目相关方参与计划的实施、监督项目相关方之间关系的合理配置情况，以及修订和更新项目相关方参与策略和计划等方面的工作。这项工作需要在整个项目期间开展，其主要作用是随着项目进展和环境变化，维持或提升项目相关方参与项目实施、管理和决策活动的水平和程度，努力提高项目相关方参与的效率和效果。

1. 监督项目相关方参与的依据

这方面的根本依据就是项目相关方参与计划，因为它给出了监督项目相关方参与的计划和安排。其他的依据中包括的项目专项管理计划有：项目沟通管理计划，它描述了适用于项目相关方开展沟通的计划和策略；项目资源管理计划，它确定了项目相关方参与的资源投入和配置的安排。另外，依据的各种项目文件有：项目相关方登记册，它记录了各种项目相关方信息；项目沟通记录，它记录了项目相关方需要参与的项目沟通；项目问题日志，它记录了所有与项目相关方有关的问题；项目风险登记册，它记录了与项目相关方参与有关的风险及其应对措施。

2. 监督项目相关方参与的方法

这方面的方法主要是监测和统计分析的方法。其中，监测是获得项目相关方参与各种数据的方法，而统计分析方法是将监测数据加工成对决策有支持作用的信息的方法。

1）监测的方法

这种方法涉及众多的技术和工具，这包括出席沟通和会议的签到表、对话完成后整理的谈话记录、面谈中使用眼睛对视来监测对方心情的方法、在对方自觉和不自觉状态下的现场观察方法，以及监测各项目相关方参与水平变化的评估方法等。

2）统计分析的方法

这是对监测所获数据去开展各种分析，从而加工成监测信息的方法。这主要包括：项目相关方参与计划完成情况分析、项目相关方参与效果的根本原因分析、项目相关方在特定时间所处状态分析、项目相关方参与的绩效分析、项目相关方之间的人际关系状况和问题分析等。

3. 监督项目相关方参与的结果

这方面的根本结果是给出一份项目相关方参与工作的绩效报告和相关细节信息，这包括有关项目相关方参与的绩效和状态的信息，如项目相关方对项目的支持水平及其改进的结果等。附带的结果包括对于项目各专项管理计划的更新和项目文件的更新。其中，项目专项管理计划的更新主要有：项目相关方参与计划的更新、项目沟通管理计划的更新、项目资源管理计划的更新等。项目文件方面的更新主要有：项目相关方登记册的更新、项目沟通记录的更新、项目风险登记册的更新、项目问题日志的更新等。

8.4　项目实施组织的管理

项目实施组织是负有完成项目实施责任的独特组织，而项目团队是在项目实施组织的环境中建立、生存和发展的，因此项目实施组织是项目团队所处的组织环境，它会直接影响到项目团队的管理和绩效。项目实施组织的管理首先要分析和认识项目实施组织的结构和特性，其次要建设好项目实施组织去为项目团队创造一个更好的组织环境。

8.4.1　项目实施组织及其项目团队构成

项目实施组织有多种不同的类型，这些不同的项目实施组织构成了不同的项目团队的组织环境。典型的项目实施组织的类型包括如下几种。

1. 直线职能型组织及其项目团队构成

在这种组织结构中，每个成员都是按照专业化分工被组织在某个职能部门或直线部门中。其中，直线部门是直接开展业务生产经营或实施的部门，而职能部门是负责企业或组织各方面的职能职责管理的部门。这种组织的结构刚性较大，是一种日常运营导向型的组织，主要是为开展程序化和结构化的日常运营管理服务的，由于项目需要的是非结构化与非程序化的管理，所以在这种组织中开展项目管理很难。在这种组织中，直线部门和职能部门各自按照拥有的职权去开展管理，所以在这种组织中很难组织高效的项目团队。这种组织的结构如图 8-9 所示，由图中可知这种组织在开展项目时会将项目工作或活动拆分到相关职能部门或直线部门去完成。在这种组织环境下，项目团队的工作和协调是在职能部门和直线部门的层面上进行的，因此多需要使用会议协调和领导协调的方法。项目团队成员中多数人在行政上仍属于他们所在的职能部门或直线部门，所以这种项目团队是一种具有相对松散关系的项目团队。在这种组织环境下，项目经理和项目团队成员多是兼职的，项目经理的权限很小，甚至不用“项目经理”这一头衔，而只能称其为“项目协调人”。这些对开展项目管理很不利，不是一种项目友好型的组织环境。

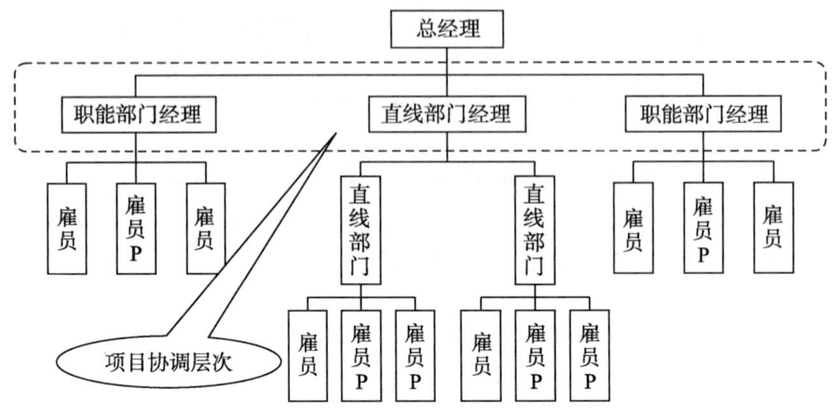

图 8-9 直线职能型组织结构及其项目团队构成示意图

2. 项目型组织及其项目团队构成

项目型组织是一种面向项目活动的组织，所以它是一种十分适合于开展各种业务项目的组织环境。项目型组织中的项目团队通常是由各种职能或专业人员组合而成的一个工作授权的团队，他们独立地去为具体项目实施和管理负责。在项目型组织中的职能部门对项目管理的权限很小，它们主要是为项目管理提供各种支持或服务的。这种组织结构的组织模式如图 8-10 所示，由图中可知这种组织中的项目团队中各种协调多是在项目团队内部完成。这种组织模式中的项目经理是专职且有完全的工作授权，他领导的项目团队成员也多是专职的专业技术或管理人员。这种项目团队在开展一些特殊项目时，还会临时聘用少量熟悉特殊行业的专业人员参加项目团队的工作。

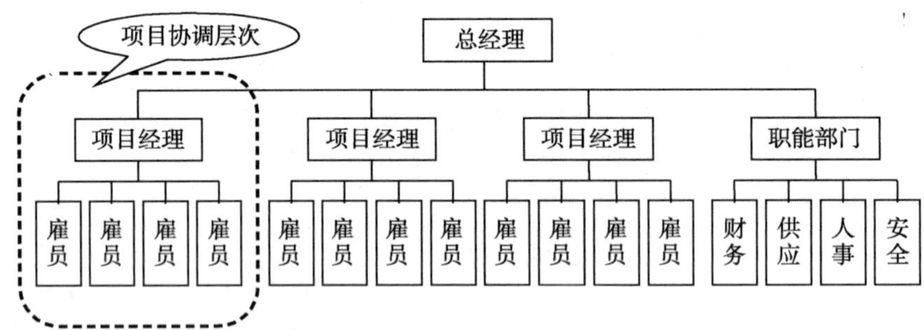

图 8-10 项目型组织的结构及其项目团队构成示意图

3. 矩阵型组织及其项目团队构成

矩阵型组织是为兼顾日常运营和项目活动而创立的一种组织结构形式，是直线职能型组织和项目型组织的一种混合物。所以，矩阵型组织的特色是它的职能部门构成了这种组织的“列”，而它的项目团队组织构成了这种组织的“行”，这些行和列共同构成了“矩阵”。这种组织可以进一步分为强矩阵组织、弱矩阵组织和均衡矩阵组织。其中，弱矩阵组织具有较多直线职能型组织的色彩，而强矩阵组织的结构与项目型组织非常相似，均衡矩阵组织介于前二者之间。这种组织结构如图 8-11 所示，由图中可知，矩阵型组织是从不同职能部门或直线部门抽调各种人员组成项目团队，当项目结束后项目人员再回到原部门去，所以这种组织具有很大的柔性。在这种组织中的项目团队的任务和目标等方面的协调多是在项目团队内部完成的。

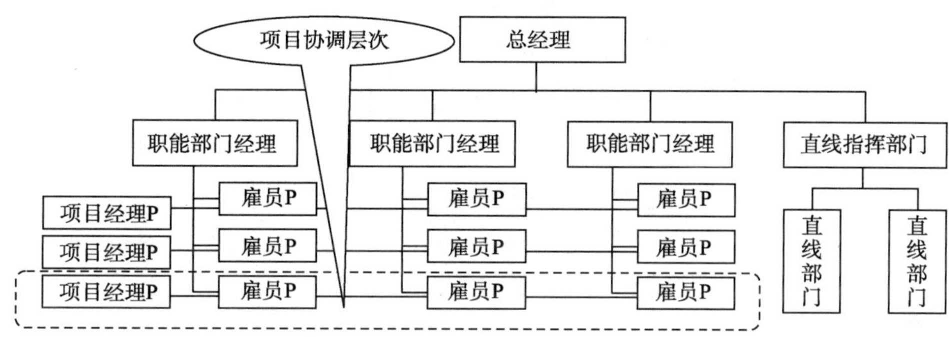

图 8-11　矩阵型组织的结构及其项目团队构成示意图

4. 项目导向型组织及其项目团队构成

这种组织结构是以项目和项目管理为导向而设立的，在这种组织结构中会有专门的 PMO 去协调和集成管理组织中所开展的众多项目、项目群和项目组合，所以这种组织具备很高的项目、项目群和项目组合管理的能力。虽然项目导向型组织是以项目和项目管理为导向的，但是这种组织中同样存在日常运营活动，只是它将日常运营活动也按照项目去对待和管理而已。因此这是一种具有很好的组织柔性和适应环境的灵活性的二元化组织结构，图 8-12 给出了这种项目导向型组织结构及其项目团队的示意。项目导向型组织中的项目经理具有很高的工作授权，他所领导的项目团队具有很高的专业化程度，同时这种组织的 PMO 负责组织中所有项目的统一和集成管理。

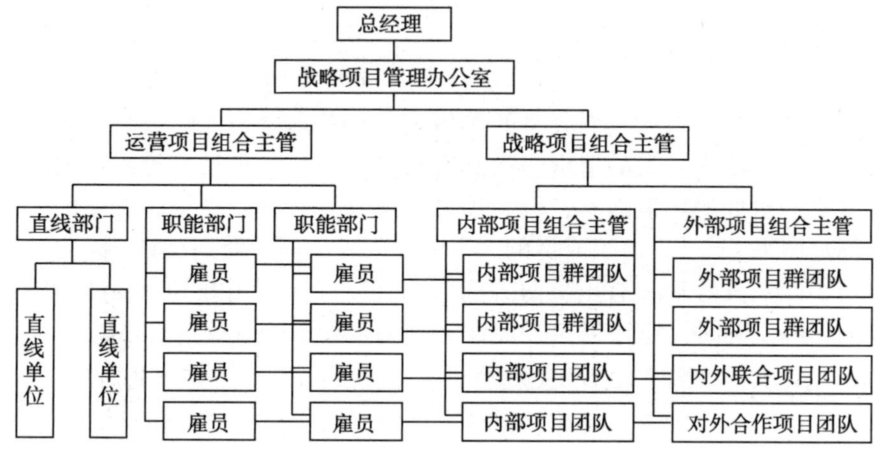

图 8-12　项目导向型组织的结构及其项目团队示意图

8.4.2 项目实施组织对项目团队的影响

任何项目团队都是处于一定的项目实施组织的环境之下的，所以项目实施组织的结构、管理机制、文化等都会对项目团队及其开展的项目管理造成影响，这种项目实施组织作为项目团队的组织环境的影响分述如下。

1. 项目实施组织的结构对项目团队的影响

不同项目实施组织的结构会对项目团队具有直接的影响，如何在既定的项目实施组织结构的环境中做好项目团队及其管理，是项目组织管理的重要内容。不同项目实施组织环境的影响以及相应项目团队管理模式如表 8-2 所示。从表 8-2 中可清楚地看到，不同项目实施组织环境下的项目团队和项目经理的授权等也不同，所以项目团队建设和管理要考虑这种组织环境的影响。

表 8-2 项目实施组织结构对项目团队的影响

实施组织特征	直线职能型	弱矩阵型	均衡矩阵型	强矩阵型	项目型
项目经理权力	很低	较低	中等	较高	很高
可利用的资源	很低	较低	中等	较高	很高
项目全职人员	很少	较少	中等	较多	很多
项目预算控制者	职能经理	职能经理	职能经理	职能经理	职能经理
项目经理	非全职	非全职	全职	全职	全职
项目经理称谓	项目协调人	项目协调人	项目经理/官员	项目经理/官员	项目经理/官员
项目管理人员	非全职	非全职	非全职	全职	全职

2. 项目实施组织的管理机制对项目团队的影响

日常运营导向型组织的管理机制是按基于分工的职能和直线管理机制安排的，这种管理机制不利于项目实施和管理的开展。项目导向型组织的管理机制是按照基于团队的项目管理机制安排的，这种管理机制有利于项目和项目管理。另外，包括国家和地方的财税制度与法律法规等国家宏观的管理机制，对项目团队及其管理也有很大的影响。因此，人们必须根据它们所处的企业或国家的管理机制去做好项目团队及其管理工作。

3. 项目实施组织的文化对项目团队及其管理的影响

组织文化是指在组织中人们分享的价值观、经营理念、人际关系和职业道德等，组织因历史、环境、领导人的追求等而具有自己的文化。项目实施组织的文化也是项目团队及其管理所处的环境因素，因为项目团队及其管理会受组织文化的影响。任何组织文化都是用来“同化”组织成员的，项目团队成员都会受到这种“同化”。这种“同化”对项目团队及其管理具有正负两方面影响，所以要利用好其正面的影响和努力克服其负面的影响。同时，应该努力去建设更有利于项目团队及其管理的组织文化。

8.4.3 PMO

企业和组织为了更好地管理组织的全部项目而建立专门的PMO或战略项目管理办公室（strategy project management office，SPMO），去对组织中所有项目进行全面集成的管理。

1. PMO 的概念和定义

PMO 是组织中集中管理和协调所有项目的机构，是组织提高自己项目管理绩效的核心部门。PMO 负责企业的项目管理流程制定、项目管理人力资源培养、项目管理信息系统建立、项目管理协调和指导、项目组合管理等方面的工作，从而确保组织的全部项目成功率得以提高，以及组织战略目标的实现。PMO 的作用是使组织的各种项目资源能够实现共享，使得组织的各种项目和项目管理能够更好地协调与发展。

2. PMO 的分类和称谓

PMO 也有狭义和广义之分，狭义的 PMO 是为组织中所有项目的管理而设立的一种项目管理机构，广义的 PMO 是一种为组织战略发展和项目集成而设立的高层项目管理机构。但是，由于各组织对 PMO 职权范围界定和授权的不同，不同组织的 PMO 的概念、规模、形式、权限和功能都会有所不同，表 8-3 是国际上常见的 PMO 所处组织层次及称谓的列表。

表 8-3　PMO 所处的组织层级及称谓

层级	管理层级	名称或称谓
第一层	项目级	项目控制办公室（project control office，PCO）（狭义的）
第二层	部门级	PMO（广义的）
第三层	公司级	SPMO（最广义的）

3. PMO 的主要功能

虽然不同组织的 PMO 在功能上会有所不同，但通常 PMO 的主要功能如下。

1）合理配置项目的资源和工作

这是 PMO 的主要功能之一，即协调解决好组织中所有项目对于特定资源的争夺和有效利用。同时，PMO 还需要从整个组织既定资源的情况下去实现整个组织或企业资源的最佳配置和工作的集成计划与管理。PMO 甚至要从整个组织的角度去对各个项目组合、项目群和项目开展集成管理与协调。

2）建设和使用项目管理信息系统

PMO 的主要职责之一是收集、加工、传递和报告项目的情况与信息，以供组织的领导者和各项目团队使用，所以 PMO 负有为组织建立、维护和使用好这种 PMIS 的责任。这种 PMIS 具有收集、处理和发布项目信息，开展项目文档化管理的功能，是一种人机结合的信息系统。

3）组织项目管理方面的培训

PMO 还负有组织项目管理人员培训的责任，以便使组织中各项目团队的管理水平不断提高。PMO 在组织中所提供的项目管理培训内容主要包括具有一般性的项目管理知识体系、项目所属专业的专门管理知识体系、项目管理技能等方面的培训。

4）为组织制定项目管理的规范

PMO 还负有制定组织的项目管理的流程、方法、模式、标准、方针和政策的职责，所有这些都是组织中各项目团队开展项目管理的大政方针、行为准则和组织规定。另外，PMO 还必须不断地修订和改进这些规范，以适应不断发展和提高的项目管理需要。

5）对具体项目提供支持和指导

PMO 还需要对组织中具体项目的管理者提供必要的指导、帮助和支持，这种帮助和支持既有资源方面的支持，也有方法和技术方面的指导。PMO 还需要组织各项目经理或项目团队之间开展有关项目及其管理的协作，以及各种形式的信息交流和经验讨论等。

6）协调组织开展的多项目管理

PMO 最重要的功能是为组织提供多项目或项目组合的管理和协调，即从整个组织整体角度去开展多项目和项目组合的全面集成管理。这包括根据组织发展战略去设计和提出项目、项目集或项目组合，根据需要开展它们的集成计划与实施，以及根据需要进行项目或项目组合的变更与变更总体控制等多项目管理工作。

PMO 除了上述功能外，还具有很多其他方面的功能。例如，组织的项目管理与日常运营管理的协调、组织开展项目外协和对外合作等。

8.5 项目团队的管理

项目的组织管理中十分强调项目团队的管理，其中的项目团队建设与开发是项目组织管理中一项十分重要的内容，本节将全面讨论这方面的内容。

8.5.1 项目团队的定义与特性

本节对在项目组织管理中的项目团队的定义和特性做如下讨论。

1. 项目团队的定义

项目团队是由一组承担特定角色和职责的个体成员为实现一个具体项目的目标而组建的协同工作队伍，其根本使命是实现项目的目标和完成项目的各项任务，所以项目团队是一种具有临时性的组织，项目团队会在项目完成或者中止时予以解散。其中的项目经理是项目团队的领导者，所以他负有积极培养项目团队的技能和能力，提高并保持团队的满意度和积极性，确保所有项目团队成员共同努力去完成项目的责任。

在知识经济和网络社会中，还有利用各种虚拟手段组建虚拟项目团队的，这种虚拟项目团队的定义是：具有共同目标和承担不同角色的，通过虚拟活动平台完成项目工作的一种团队。这种虚拟项目团队具有更高的分散性特点，现在的很多创新项目都是通过网络发布和招标等方式建立虚拟项目团队并最终完成项目的。

近年来发展起来的还有一种自组织项目团队，这种自组织项目团队无须集中管理和控制。对于自组织项目团队而言，“项目经理”的角色主要是为自组织项目团队创造环境、提供支持并信任自组织项目团队成员能够完成工作。成功的自组织项目团队通常由通用的专才而不是主题专家组成，他们能够不断适应变化的环境并采纳建设性意见和反馈。

2. 项目团队的特性

按照项目团队的上述定义，项目团队主要具有如下几个方面的特性。

1）目的性

项目团队是为完成项目的目标而建设和开发的，因此这种组织具有很高的目的性，它只承担与项目目标相关的使命或任务，而不承担与项目目标无关的使命和任务。

2）临时性

项目团队在完成项目的任务后即告终结和解散，所以项目团队具有临时性。当项目出现中止的情况时，项目团队也会临时性解散，当项目重新开始时再重建项目团队。

3）开放性

项目团队的开放性是指项目团队成员在项目实施期间“有进有出”，这会使得项目团队成员的数量和人选随着项目发展与变化而不断调整，甚至同一成员会多次“进出”。

4）团队精神

项目团队十分强调团队精神与团队合作，因为这种项目团队协作需要项目团队精神予以支持，所以项目团队精神是项目团队合作与项目成功的根本保障。

5）双重领导

在直线职能制等组织中，项目团队成员既受原所在行政部门的领导，又受项目经理的领导，当出现双重领导者的意见不同的情况时，项目团队成员会陷入无所适从的境地。

8.5.2　项目团队精神与项目绩效

要想建成高效的项目团队，就必须培养项目团队成员的团队精神，因为项目团队精神对于项目工作绩效的影响是至关重要的。

1. 项目团队精神的内涵

项目团队精神是一个项目团队的思想支柱，是一个项目团队所拥有的各种精神的总和。项目团队精神的内涵主要包括下述几个方面的内容。

1）高度的相互信任

项目团队成员之间都具有高度的信任，大家都相信其他人所做的和所想的事情都是为了项目团队的整体利益，都是为实现项目的目标和完成项目团队的使命而做的努力。同时，项目团队成员也承认彼此之间的差异，因为这些差异与项目团队目标没有冲突，反而会使每个成员感到自我存在的必要和自己对于项目团队的贡献。

2）强烈的相互依赖

项目团队成员之间存在着专长权或知识与信息资源等方面的相互依赖，项目团队成员只有充分理解每个成员都是不可或缺的，他们才会很好地合作并且强烈地相互依赖。这种项目团队成员之间的依赖性是形成项目团队的凝聚力的关键所在，而这种凝聚力就是项目团队精神的一种最好体现。

3）一致的共同目标

项目团队全体成员必须具有一致的共同目标，项目团队的每位成员都希望为实现项目目标而付出自己的努力。在这种情况下，项目团队的目标与成员个人目标是一致的，所以大家都会为共同的目标而努力。这使得项目团队成员具有积极地为项目成功而付出时间和努力的意愿，这也是团队精神的一个组成部分。

4）全面的互助合作

这包括项目团队全体成员的互助合作，以及在互助合作中所进行的开放、坦诚且及时的沟通。这样会使项目团队成员成为彼此的力量源泉，大家都希望看到他人的成功，都愿意在他人陷入困境时提供自己的帮助并能相互做出和接受批评、反馈和建议，这些也是团队精神的重要组成部分。

5）平等与积极参与

这是指项目团队成员之间的关系是平等的，每个人都有权利和义务积极参与项目的工作与管理。项目团队多是一种民主和分权的团队，因为项目团队的民主和分权为的是使团队成员能够以主人翁的身份去积极参与项目的各项工作，从而形成一种项目团队精神，并用这种团队精神去驱使项目团队成员为实现项目目标而努力。

6）自我激励和自我管理

这是指项目团队成员应按自我激励与自我管理的模式去开展工作，这种自我激励和自我管理的模式能使项目团队成员尽心尽力，从而表现出团队精神和意志。这种自我激励和自我管理的模式是项目团队不断创造辉煌的保障，只有这样才能使项目团队成员积极承担责任和约束自己，从而努力完成任务和实现整个项目团队的目标。

2. 项目团队精神与项目绩效的关系

项目管理的实践表明，没有团队精神就不可能形成有高绩效的项目团队，所以建立项目团队精神的根本作用就是借此确保项目团队成员之间能够很好地合作，从而创造出更高的项目绩效。项目团队精神是以项目团队成员之间的相互依赖为基础的，由于项目团队成员“各有所长”，相互依赖才使得他们聚在一起去共同合作。项目团队成员既需要依靠“他人之长”，又需要发挥“自己之长”，最终大家凭借这些“长处”去完成项目而获得和分享创造出的项目价值与好处。因此项目团队精神的基础就是项目团队成员之间的相互依赖。

3. 项目团队绩效的影响因素

直接影响项目团队绩效的因素是团队精神，其他影响项目团队绩效的因素如下。

1）项目经理

项目经理必须能够充分运用工作授权和个人权力去指挥项目团队为实现项目目标而奋斗，这是影响项目团队绩效的根本因素之一。

2）项目目标

这是指项目团队成员能否充分了解项目目标和项目的范围、质量、预算和进度等目标要素的指标，如果项目团队成员的目标不一致或不明确就会导致项目绩效低下。

3）项目职责

这是指项目团队成员各自承担的职责、角色与责任及其执行的好坏，如果项目团队成员在职责和角色上有冲突，项目就难有绩效。

4）团队沟通

这是指项目团队内部和项目团队同项目其他相关方之间的沟通与相互了解，如果沟通不畅而造成信息严重不足，就会导致项目决策错误和项目失败。

5）团队激励

这是指项目经理和管理人员需采用各种激励措施，使项目团队成员能够积极努力地开展工作，所以需要采取各种激励措施去激发团队成员的积极性和提高绩效。

6）规章制度

这是指项目团队必须有自己的团队章程和足够的规章制度去规范与约束项目团队成员的行为，特别是要严格按规章制度去奖惩项目团队成员的正面和负面的行为。

8.5.3　项目团队的建设与开发

项目团队需要通过建设和开发去提高项目团队能力、促进团队成员合作、改善团队的精神，以提高项目的绩效。

1. 项目团队建设与开发的阶段模型

根据塔克曼（B.W. Tuckman）教授提出的团队建设与开发的五阶段模型（图 8-13）可知，项目团队的建设和开发需要经历形成阶段、震荡阶段、规范阶段、辉煌阶段和解散阶段五个阶段，这五个阶段也是项目团队从创建到开发并取得辉煌的全过程。

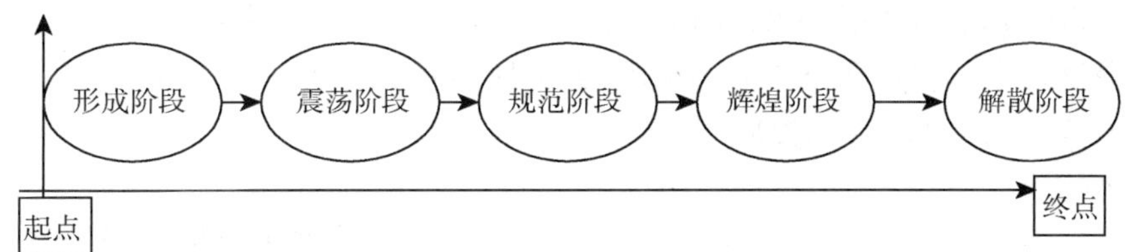

图 8-13　项目团队的建设与开发阶段

1）形成阶段

项目团队成员可从项目实施组织内部或外部获得，然后在这一阶段将他们合理配置而组成一个团队。此时，项目团队成员由个体而归属于团队，这种归属感的满足使得他们有一种积极向上的愿望和急于展示自己的冲动。然而在此阶段，项目团队成员在自己和伙伴的职责、角色与关系等方面还是不清楚，所以在此时项目经理需要为项目团队明确方向、目标和任务，为每个成员确定职责和角色，这是形成项目团队的奠基性工作。这一阶段项目团队成员的心理呈现出高度焦虑和极不稳定的状态，他们的情绪特点包括激动、希望、怀疑、焦急和犹豫。此时他们都急于展示自己和了解他人，每个人都担心自己的角色和职责是否与个人能力、期望和职业发展相一致。此时项目经理要不断地向团队成员说明项目的目标、每个人的角色和职责，以及项目的任务、利益和好处等。项目经理要及时公布有关项目的要求、标准和限制，积极建立同项目团队成员间的良好关系，特别是要很好地管理团队成员的期望（因为期望高于实际就会失望）并完成项目团队的组建任务。

2）震荡阶段

此时项目团队成员开始按分工进行合作去完成项目任务，而且他们对项目目标和任务等也逐步明确，但在这一阶段中团队成员会遇到某些问题，有些成员会对自己的工作责任失望，有些成员会对团队成员间的关系失望，有些团队成员间会出现矛盾和问题。这些问题会导致团队成员之间及其与项目经理之间发生矛盾和抵触，项目团队建设就进入震荡阶段。此时项目团队的思想和人际关系处于一种震荡的状态，人们的情绪特点是紧张、不满、对立和抵制等并存，这会导致项目团队中关系紧张、气氛恶化、矛盾和冲突相继出现。此时项目经理需应对和解决所出现的问题与矛盾，特别是需要容忍人们的不满、解决冲突、协调关系，需要去消除项目团队中的各种震荡因素，最终引导项目团队成员根据自己的任务和情况对自己的角色及职责进行调整。此时，项目经理的容忍是各种冲突和震荡的“阻尼”，没有这种“阻尼”就会使项目团队在震荡阶段解体。

3）规范阶段

在经受了上述震荡阶段的考验后，项目团队就会进入规范阶段。此时，项目团队成员之间的关系已经理顺和确立，绝大部分震荡阶段的矛盾已得到解决，因为项目团队成员个人的期望得到了调适，项目团队成员接受并熟悉了工作及其环境，项目管理的各种规程得以改进和规范。项目经理逐渐掌握了对项目团队的控制，项目团队的凝聚力开始形成，项目团队全体成员产生了归属感和集体感，每个人都觉得自己已经成为团队的一部分。此时团队成员的情绪特点是信任、同心、忠诚、友善和满意。此后，他们会开始大量地相互交流信息、观点和感情，使得团队合作意识增强。团队成员之间及其与项目经理之间在信任的基础上建立了相互的忠诚和友谊，这使得项目团队的绩效得到提高。此时项目经理应该对团队成员所取得的进步予以表扬，借此去进一步规范项目团队成员的行为和提高工作绩效。

4）辉煌阶段

这是项目团队不断取得项目成果和绩效的阶段，此时团队成员积极工作，努力为实现项目目标而做出贡献。在这一阶段中，团队成员间的关系更为融洽，工作绩效更高，集体感和荣誉感更强。项目团队成员能开放地、坦诚地、及时地交换信息和思想，并能根据需要以团队、个人或临时小组的方式开展工作。此时，项目团队成员间相互依赖程度提高，项目经理对成员的工作授权增多。团队成员在项目工作中实行自我激励和自我管理的方法，从而使得他们都能体会到自己正在获得事业上的成功和自我发展。此时项目团队成员的情绪特点是开放、坦诚、依赖、集体感和荣誉感，项目经理应该积极授权从而使项目团队成员更多地进行自我管理和自我激励。同时，项目经理应该及时公告项目的信息，表彰先进成员，努力督促团队完成项目计划。在这一阶段中，项目经理需要集中精力管理好项目的预算、进度和项目变更，指导项目团队成员改进作业方法，努力提高工作绩效，带领项目团队创造更大的辉煌。

5）解散阶段

这是在项目团队完成项目任务和进入项目终结阶段后，项目团队中内部招聘成员分别按照行政隶属关系被安排回原有的部门或其他部门，外聘人员则会按照雇佣合同规定予以遣散或安排。此时项目团队成员间的关系最为融洽，团队成员会为自己的项目成就感到自豪。他们会一边欣赏自己所创造的项目成果，一边相互道别和反复重申相互的友谊。这一阶段，项目团队成员的情绪特点是为项目成果而自豪、为团队情谊而高兴，但是也会为解散而遗憾和失落。此时项目经理应该积极做好项目团队成员的行政安排和遣散工作，同时应该及时“论功行赏”和安抚失落的团队成员。在这一阶段中，项目经理需要集中精力做好项目管理终结的工作，带领项目团队成员按照“善始善终”的原则去完成“善终”的各项项目终结工作。

任何项目团队都无法从一开始就直接进入辉煌阶段，但是一个项目团队可以努力缩短前三个阶段而更早进入辉煌阶段，然后不断提高辉煌的水平。

2. 项目团队建设与开发的依据

项目究竟需要什么样的团队，项目管理需要开展哪些项目团队的建设和开发工作，这些都必须要有依据，这方面主要的依据包括如下几个。

1）项目团队章程

项目团队章程包含项目经理的授权与职责，项目团队的工作指南，项目团队的价值观，项目团队精神的规定，项目团队及其成员的职责、权利和义务，项目团队建设的大政方针等，所有这些为建设和开发项目团队提供了最主要的依据。

2）项目资源管理计划

项目资源管理计划中规定了关于项目团队以及项目主要的人力资源，还规定了应该如何开展项目团队绩效评价和项目团队管理活动，以及如何为项目团队成员提供奖励、提出反馈、增加培训或采取惩罚措施等方面的依据和指南。

3）各种相关项目文件

相关的项目文件包括：项目团队派工单，它给出了项目团队成员的角色与职责；项目资源日历，它定义了项目团队成员何时能参与团队建设活动；项目进度计划，它给出了如何与何时为项目团队提供培训和建设，以培养不同阶段所需的项目能力。

4）事业环境因素和组织过程资产

相关的事业环境因素包括：雇用和解雇团队成员的政策、团队成员绩效审查与培训安排和对于他们的认可与奖励，项目团队成员具备的技能、能力和特定知识等。相关的组织过程资产主要是此前项目团队建设与开发的经验教训和相关知识库。

3. 项目团队建设与开发的方法

建设与开发项目团队涉及一系列技术和方法，主要包括提升项目团队能力和做好项目团队激励两个方面的方法，具体方法分述如下。

1）项目团队成员培训的方法

这是旨在提高项目团队成员各方面技能的方法。项目团队成员的培训可以是正式或非正式的，可以是课堂培训、在线培训、在岗培训、辅导及训练等。项目经理应该按项目团队建设的计划来安排和实施这种培训计划，同时应根据在项目团队建设过程中发现的问题来开展必要的计划外培训。这种培训的成本应包括在项目预算中，这种培训可以由内部或外部的培训者来实施。

2）项目团队建设活动的方法

这是通过举办各种项目团队活动去建设和强化团队成员之间的合作关系、积极打造项目团队合作环境、努力建设项目团队精神，以及提升团队绩效的方法。这包括正式的项目团队会议活动、项目团队拓展训练活动，以及为改善团队成员人际关系而设计的独特活动等。另外，随着项目环境与条件的变化，为有效应对变化就需要持续不断地开展团队建设活动。

3）组织认可和激励的方法

这是在项目团队建设中使用的给予成绩优秀的团队成员组织认可和各种激励的方法，这可以使团队成员能够明确努力方向和提高士气。在决定做出组织认可与奖励时，应考虑成员的文化差异，让人们感受到自己在团队中的价值。通常，项目奖励制度要求激励措施必须高效快捷，而且要做到“投其所好”。大多数项目团队成员更愿意得到成长机会、获得成就感、得到赞赏，以及迎接新挑战。

4）沟通技术与方法

在项目团队建设过程中，团队成员之间需要公开和透明地沟通与信息分享，所以沟通技术与方法对于项目团队建设同样至关重要。它有助于消除团队成员之间的误解、增加团队成员之间的信任、提升团队士气与团队精神等。可采用的沟通技术与方法包括团队会议、视频会议、音频会议、电子邮件、聊天软件、门户网站、共享信息库、项目管理信息系统等。

5）团队和成员的评估方法

这种方法能让项目经理全面了解项目团队及其成员的优势和劣势，还可帮助项目经理去认识团队成员的偏好和愿望、他们如何处理和整理信息与如何制定决策，以及团队成员与他人打交道的特点等，因此项目经理就可有针对性地去开展项目团队的建设。这方面的工具和方法包括心态调查、专项评估、结构化访谈、能力测试等。这些工具和方法是获取如何开展项目团队建设工作信息的有力工具和方法。

6）人际关系的技能与方法

这方面的方法和技能可以让项目经理更好地管理项目团队中的冲突，以便及时地以建设性方式解决冲突和创建高绩效团队。这方面的方法和技能可以让项目经理展现自己的领导力和提升他对项目团队的影响力，以维护团队成员相互信任关系和借此在重要问题上达成意见一致。这方面的方法和技能可以让项目经理在与团队成员的关系中处于有利的地位，同时还能够提升项目经理进行激励的效果。

7）集中办公与虚拟团队的方法

集中办公是指把许多项目团队成员安排在同一个物理地点工作，以增强团队工作能力。集中办公既可以是临时的，也可以是贯穿整个项目的。虚拟团队是利用信息技术营造的一种项目团队，这种团队使用网络在线环境，由此大大降低项目团队工作的成本，提高项目团队成员的工作效率。“集中”和“虚拟”是两种极端的项目团队建设技术方法，需要仔细选用。

4. 项目团队建设与开发的结果

这方面的根本结果是建设出一个适合项目需要且具有良好团队精神和高效的项目团队。这种项目团队在技术和管理能力上能够适合项目的需要，在项目团队士气和相互合作方面能够适合项目的需要。这方面的附加成果包括如下几点。

1）项目团队绩效的评价结果

随着项目团队建设工作的开展，项目经理应该对项目团队的绩效进行正式或非正式的评价，根据评价结果去开展提高团队绩效的相应建设工作，从而提高实现项目目标的可能性。这方面评价的内容包括：项目团队能力与改进方向、团队成员离职率和满意度的情况、团队精神和凝聚力的情况，以及团队成员个人技能和绩效的情况等。由此可识别出项目团队所需的特殊培训、教练、辅导、协助或改变，然后去实施提高项目团队绩效的改进工作。

2）项目管理计划和文件的变更

其中最重要的变更是项目资源管理计划的变更，因为项目团队属于项目人力资源的范畴。随着项目团队建设和开发的进展，需要对这方面的计划进行变更。另外，项目文件的变更主要包括：项目团队章程的变更，以反映因项目团队建设而产生的全新需要；项目团队派工单的更新，以反映项目团队建设而导致的派工单的变更；项目进度计划的变更，以反映项目团队建设活动导致的项目进度改变等。

8.5.4　项目团队的管理与激励

项目团队管理是根据项目团队的工作表现，提供信息反馈、解决各种问题、管理各种变更和优化项目绩效等的工作。项目团队激励是调动项目团队及其成员的主观能动性和工作积极性，从而更好地实现项目目标的工作。这些工作的作用是影响项目团队行为、管理团队的冲突、解决团队的问题、提升团队的士气。

1. 项目团队管理和激励的依据

开展项目团队管理和激励的依据有多个方面，主要的依据有下述方面。

1）项目团队章程

这是为项目团队创建价值观、共识和工作指南的文件，其包括的主要内容有：项目团队的价值观、项目团队的沟通指南、项目团队的决策方法和过程、项目团队冲突处理方法和过程、项目团队各种会议的指南，以及其他项目团队达成的共识。由于项目团队成员需要参与制定项目团队章程，所以他们会共同接受这些行为准则和共同价值观。因此项目团队章程是开展项目团队管理和激励的重要依据。

2）项目OBS和责任分配矩阵

项目OBS是根据项目WBS分解得到的，是关于项目团队中的组织结构、任务和责任分工以及各种报告关系的规定。项目团队管理需要依据项目OBS去做好项目团队成员的责任、角色和任务的安排与监督，进而去开展好项目团队的管理和激励。项目责任分配矩阵（responsibility assignment matrix，RAM）更为详细地给出了项目各成员在具体活动中的角色、职责和职权的分配，它也可确保每项项目任务都有具体人负责，从而避免职权不清。表8-4给出了一个项目RAM的示意。

表8-4　某项目的RAM示意

项目活动	项目团队成员				
	张尚	王琦	刘峰	孙成武	赵子盘
常见章程	A	R	I	I	I
收集需求	I	A	R	C	C
开展评估	I	A	R	R	C
制订计划	A	C	I	I	R

注：R表示负责，A表示审核，C表示建议，I表示获知

3）项目团队绩效评价报告

项目团队绩效评价报告是开展项目团队管理和激励的重要依据，因为这种报告中包括了项目团队在项目的范围、进度、成本、质量、资源和风险管理方面的实际结果及其评价。项目团队管理需要依据不断开展的项目团队绩效评价及其报告去不断地认识项目团队绩效及其中的问题，从而有助于采取解决问题的措施、调整团队沟通方式、解决团队冲突和改进项目团队的合作。这种报告有助于确定项目团队管理中未来的需求，有助

于开展项目团队的组织认可与激励，有利于更新项目资源管理计划的实施。

4）其他方面的依据

其他依据包括：项目资源管理计划，因为它有管理和遣散项目团队的安排和指南；项目问题日志，因为它给出了在管理项目团队过程中出现的各种问题以及由谁负责在何时去解决特定问题；项目团队派工单，因为它给出了项目团队成员的具体角色与职责；项目经验教训登记册，因为早期的经验教训可以用到项目后期阶段去提高项目团队管理的效率与效果；组织的人力资源管理政策和组织的认可与激励政策，因为这些会影响项目团队管理和激励政策。

2. 项目团队管理和激励的方法

这方面的方法既有科学性的成分，也有艺术性或人为性的成分。因为这种管理和激励中的管理者是人，被管理者也是人，所以这类方法中有很多属于人际关系处理的方法和技能，只有关于项目团队绩效评估等使用的是统计分析等科学的方法。

1）PMIS和项目团队绩效评估的方法

PMIS是项目团队管理与激励的工具和方法之一，因为PMIS中包括项目团队管理和工作方面的信息，这些既可用于开展项目团队绩效的评估，也可用于管理和协调团队成员的工作。项目团队绩效评估的方法主要是利用统计分析方法去比较项目各方面实际与计划指标之间的差异，从而获得项目团队管理和激励所需信息，所以这是项目团队管理中所使用的科学性的管理方法。

2）项目团队内部冲突管理的方法

在项目全过程中团队内部冲突是不可避免的，其来源包括项目资源稀缺、进度优先级排序和个人工作风格差异等。成功的项目团队内部冲突管理可提高团队的绩效和改进工作关系。不同的项目团队可采用不同的解决冲突的方法，主要有五种常用的团队冲突解决的方法：撤退和回避的方法，这是从冲突中退出而将问题推迟到成熟时再予以解决的方法；缓和和包容的方法，这是为维持团队的和谐关系而容忍和缓和矛盾的方法；妥协和调解的方法，这是为暂时或部分解决冲突而寻找能让人们局部满意方案的方法；强迫和命令的方法，这是以牺牲某方利益为代价利用权力强行解决冲突的方法；合作和解决问题的方法，这是采用合作态度和方法引导各方达成共识和承诺而带来双赢局面的方法。

3）影响力和领导力的方法

在不同的项目实施组织环境中，项目经理对团队成员具有不同的权力，他们可以使用这些权力去影响项目团队成员。这种项目经理的影响力主要体现在：其一，利用权力去强制他人的影响力；其二，利用权力去奖惩他人的影响力；其三，利用权力去配置资源的影响力；其四，他的专长权所带来的影响力；其五，他的“高见”所造成的影响力等。项目经理还需要使用他的领导力去做好项目团队管理，即领导和带领项目团队以及激励和督促项目团队去做好工作的能力。领导力的内涵有：“审时度势”的能力、“因势利导”的能力、“趋利避害”的能力、“正确决策”的能力、“身先士卒”的能力、“耳提面命”的能力、“远见卓识”的能力等。

4）情商、谈判和风险管理的方法

情商泛指识别、评估和管理个人情绪、他人情绪及团体情绪的能力。在项目团队管理和激励中需要使用情商来了解、评估及控制项目团队成员的情绪，预测团队成员的行为，确认团队成员的关注点及跟踪团队成员的问题，从而解决团队问题和加强团队合作。另外，项目团队管理和激励中会涉及很多团队内部和外部的谈判所需的方法，这包括与组织的职能部门或直线部门的谈判方法、对团队成员的待遇和报酬方面的谈判方法等。同时，在项目团队管理中还需要使用风险管理的方法，即对于项目团队建设、开发、管理和激励中存在的风险事件和系统性风险的识别、度量、监督和应对等管理方法。

3. 项目团队管理和激励的结果

项目团队管理和激励的最根本结果是获得了项目团队工作绩效的改进和提高，尤其是项目团队整体绩效的提高和项目团队成员满意度的提高。其中，项目团队整体绩效关乎项目的成败,项目团队成员满意度的提高关系到项目团队每个成员的成功的管理效果。项目团队管理和激励的附加成果包括如下方面。

1）项目团队及其管理的变更

在项目团队管理和激励过程中会出现必要的变更请求，以及项目团队管理和激励的推荐措施、纠正措施或预防措施等，项目经理应该积极提出这方面的变更请求，并对这些变更请求进行审批、实施和处理。例如，项目团队人员配备的变更就需要开展选派人员或转派人员去替换离职人员等方面的管理工作。

2）项目专项管理计划和项目文件的更新

这方面的更新有：项目资源管理计划，因为它需要根据实际的项目团队管理结果而予以更新；项目进度计划，因为项目团队管理和激励可能会导致更改项目进度；项目成本预算，因为项目团队管理和激励可能需要更改项目成本预算；项目问题日志，因为在项目团队管理和激励中会提出新问题；项目团队派工单，因为需要对项目团队做出的变更在此文件中记录；项目经验教训登记册，以记录在这种管理和激励中所获的经验教训。

8.6　项目经理的管理

项目经理是由项目组织委派去领导项目团队实现项目目标的人。这就要求项目经理必须具备特定的能力、素质和品质等。不同的项目组织对项目经理的角色和要求会有所不同，因此项目经理的角色和职责需要符合项目组织的需求和要求。

8.6.1　项目经理的角色与职责

项目经理的根本角色就是项目的主官，其根本职责是带领项目团队按时、优质、低成本地完成项目任务，从而使项目全体相关利益者能够获得满意的项目结果。他在整个项目管理中的主要角色和职责包括下列几个方面。

1. 项目团队领导者和决策人

项目经理需要领导项目团队完成项目任务，所以他既要带领项目团队去“冲杀”，又要“坐镇指挥”项目团队去完成项目。他在项目团队中具有全权指挥和制定决策的权力，其他人都属于协同工作的团队成员。因此，他的主要职责是充分运用自己的权力去影响、带领和驱使项目团队为实现项目目标而努力工作。由于他在项目实施过程中需要制定各种项目管理的决策，所以他是项目实施和管理的决策人（不是整个项目的决策者）。

2. 项目的计划者和分析师

项目经理是项目管理计划和专业计划的主导制订者，虽然项目会有专门的计划管理人员，但是项目经理是项目具体计划的定夺者。当然，项目的整体计划最终是由项目业主批准的。同时，在项目计划编制和实施过程中，项目经理必须全面地分析项目计划实施的绩效情况，并据此去管理好项目变更，所以项目经理还承担着项目分析师的角色和职责。

3. 项目的组织者与合作者

项目经理组织和建设项目团队，这包括设计项目团队的构成、分配成员的角色、安排人员的职责、积极进行授权、组织和协调团队成员等组织工作，所以他是项目的组织者。同时，项目经理不但要与项目团队成员合作，而且要同项目相关方合作。因为项目的实现过程就是一种基于团队的合作过程，在这个过程中项目经理是以合作者的身份出现的，所以他是项目团队与项目相关方合作的管理者。

4. 项目的控制者和预测者

项目经理还是项目实施和管理过程中的控制者，因为他既要根据项目目标和项目相关方要求去制定项目各方面的控制标准，又要对照这些控制标准去度量项目实际绩效和确定项目的各种偏差并采取纠偏措施。同时，他还需要扮演项目预测和评价者的角色，要不断地预测、衡量和评价项目进度、质量与预算的实际完成情况，要及时预测、评价和判断各种偏差对项目的影响，并根据预测提出各种项目变更请求。

5. 项目的协调人和促进者

项目经理还扮演着项目利益协调人和项目价值最大化与项目利益分配合理化的促进者的角色，因为项目经理实际上处于项目相关方信息沟通的主导地位，项目经理要协调项目相关方与项目团队的关系。因为项目是由项目经理领导项目团队实施的，所以项目经理也是创造和增加项目价值的促进者，他需要努力促使项目相关方的合作以实现项目价值最大化，他还要努力做好项目相关方在价值分配方面的合理化的工作。

6. 项目集成管理的主导者

项目经理的另一个角色是项目集成管理的主导者，在这方面项目经理承担着双重职责：一是他要全面地了解项目集成计划和管理的要求；二是他要负责指导项目团队开展项目集成计划的实施。因此，项目经理首先要做好项目全面集成的计划和实施工作，这包括项目资源合理配置和项目各专项的集成管理。其次，他要具备集成管理能力、项目集成管理的观念和识别各方面合理配置关系的能力。

7. 项目复杂性的现场应对者

当今的项目越来越复杂，项目的环境与条件更为复杂多变，所以现在的很多项目具有复杂性而难以管理。这种项目复杂性主要来源于项目组织的复杂系统行为、项目和组织环境与条件中的复杂性，以及复杂的项目中不同个体和群体间的相互作用行为。项目经理应全面考虑项目复杂性所涉及的这三种来源，从而努力做好项目复杂性的应对和管理，处理好项目中会出现的技术复杂性、方向复杂性、渐进复杂性和结果复杂性的问题。

8. 项目不确定性和风险的管理者

由于项目及其环境与条件都存在某种不确定性，且这些项目不确定性会带来积极或消极的结果，项目具有风险性。项目风险管理的结果可能会出现项目风险损失，或者出现项目风险收益。项目经理必须承担好项目不确定性和项目风险的管理者的角色和职责，努力去做好“趋利避害”的项目风险管理工作。实际上，对于具有确定性的项目及其工作，项目经理管与不管，其结果都是确定的，具有不确定性和风险性的项目工作才是管理的对象。

8.6.2　在项目团队建设和管理中的角色和任务

项目经理作为项目团队的领头人，在项目团队建设和管理中承担着十分重要的角色和任务，具体分述如下。

1. 项目经理在项目团队建设与开发中的角色和任务

项目经理负有定义、建立和开发项目团队的责任，建设高效的项目团队是项目经理的根本职责，所以项目经理在项目团队建设与开发中具有重要的角色和任务。

1）项目团队建设与开发中项目经理的角色

这方面角色主要是：在项目团队中使用开放与有效的沟通，以提高项目团队的信任和凝聚力；积极创造项目团队发展的机遇，以便使得项目团队成员都有机会获得发展；努力建立团队成员间的信任，以提升团队精神和工作绩效；以建设性方式管理和解决团队中的冲突，防止出现破坏性冲突和影响团队绩效；鼓励自主型的工作方式方法，努力使项目团队成员实现自我管理和自我激励，鼓励和使用合作型的集体决策方法，以便使项目团队成员能够以“主人翁”精神去参与项目决策和实施。

2）项目团队建设与开发中项目经理的任务

项目经理在项目团队建设与开发中的主要任务包括如下几个方面。

（1）组织培训与提高项目团队成员的知识水平和技能，以提高他们完成项目的能力，并能够降低项目成本、缩短项目工期和提高项目质量。

（2）努力提高项目团队成员之间的信任和认同感，能够提高项目团队的士气，减少项目团队内部与外部的冲突，能够大力增进项目团队的协作。

（3）积极创建富有凝聚力和协作性的项目团队文化，从而建设好项目团队精神，提高项目团队的生产率，促进团队成员之间的沟通和交流以分享知识和经验。

（4）全面提升团队成员参与项目决策的机会和能力，使他们承担起对解决问题的责任和参与项目决策的主人翁精神，以获得更高效的项目成果。

2. 项目经理在项目团队管理和激励中的角色和任务

项目经理是项目团队管理和激励的责任人，项目经理在这方面的角色和任务分述如下。

1）项目经理在项目团队管理中的角色和任务

项目经理最根本的职责就是“管人成事”，所以管理项目团队最重要的就是将项目团队成员作为人力资源去进行管理。项目经理在这方面的主要任务有：开展有效的谈判，从组织内部和外部获得项目团队所需的人力资源；努力做好项目预算和资金投入，从而使项目团队所获人力资源能够获得满意的报酬和激励，做好项目团队建设和开发，积极为项目团队提供多元化的培训和激励去提升项目团队的能力和做到“人尽其能”。

2）项目经理在项目团队激励中的角色和任务

项目团队激励是改变项目团队行为的根本手段和途径，而项目经理是这方面工作的责任人。项目团队的激励包括精神和物质的奖励（正强化），也包括精神和物质的惩罚（负强化）。所以，项目经理在这方面的主要任务包括：其一，确定项目团队成员每个人的角色、职责、授权、能力要求；其二，安排项目团队及其成员的绩效要求和计划指标并借此开展项目团队绩效评估；其三，制订组织认可与激励计划；其四，一旦时机成熟立即按照组织认可与激励计划开展激励行动。

8.6.3 项目经理的技能要求

项目能否成功在很大程度上取决于项目经理的领导和管理工作，因此项目经理必须具备保证项目成功所需的各种技能，这主要包括如下三个方面。

1. 项目经理的概念性技能

这是指项目经理在遇到各种问题时能根据具体情况做出正确判断，提出正确解决方案和做出正确决策，最终合理解决问题的技能。所以，项目经理须具备如下能力。

1）发现问题的能力

这是从复杂多变的情况中发现问题的能力，包括发现问题的敏锐性、准确性和全面性。其中，敏锐性是指项目经理能够见微知著并能够及早预见项目问题，准确性是指项目经理在发现问题后能够准确地找到问题的根本原因，全面性是指项目经理不但要能发现问题，而且要能够全面彻底地发现问题的根本原因或影响因素。

2）分析问题的能力

这涉及分析问题的逻辑性、可靠性和透彻性三个方面。其中，逻辑性是指项目经理必须能够透彻分析出项目问题的前因后果及各种逻辑关系，可靠性是指项目经理在分析问题时能实事求是而非凭空想象，透彻性是指项目经理要能够从多个不同角度去深入透彻地分析问题的实质和原因。这些构成了项目经理分析问题的能力。

3）解决问题的能力

这涉及解决问题的针对性、艺术性、正确性和完善性四个方面的能力。其中，针对性是指项目经理在解决问题的过程中采取的对策和方法都具有很强的针对性，艺术性是指项目经理要在解决项目问题的过程中能够按权变思想去找出最适合的解决问题方案，正确性是指项目经理采用的是能带来最佳结果的问题解决办法，完善性是指项目经理在解决问题的过程中能集成解决眼前的问题及关联性问题。

4）制定决策的能力

这是他在复杂情况下做出正确决策（急中生智）的能力，包括收集信息、处理信息、编制备选方案及抉择最佳方案的能力。其中，收集信息的能力是指项目经理必须“耳聪目明”能获得项目决策所需信息，处理信息的能力是指他能将项目数据加工成支持决策的信息，编制备选方案的能力包括制订、比选和优化备选方案的能力，抉择最佳方案的能力是“正确拍板”的能力。

5）灵活应变的能力

项目各方面都是可能变化的，所以项目总是“计划永远赶不上变化”。因此项目经理必须具有灵活应变的能力，这种能力表现在两个方面：一是对于各种项目各方面变化做出快速反应的能力，即能够积极识变的能力；二是灵活运用各种手段进行项目集成变更的能力，即能正确应变的能力。项目经理的这种灵活应变的能力是项目取得成功的重要保障。

2. 项目经理的人际关系技能

这是指项目经理与项目相关方和项目团队成员进行沟通与合作方面的技能，这可以使项目经理有效地影响他人行为和处理好人际关系，这包括如下几个方面的技能。

1）沟通技能

因为项目经理要不断地与项目相关方及项目团队成员进行各种各样的沟通，所以项目经理必须有很强的沟通技能。这包括项目实施和管理的技术沟通技能、同项目人员进行思想和感情方面沟通的技能。项目经理需要具备工程技术语言沟通技能，以及使用母语或外语沟通的技能。由此，项目经理可以在项目管理中充分进行信息传递和思想交流，进而积极影响他人的行为，为实现项目目标服务。

2）激励技能

项目经理要管理好项目和项目团队就需要具备足够的激励技能，这包括对他人的激励和自我激励两个方面的技能。在项目实施过程中项目经理需要不断地激励项目团队成员以保持旺盛的士气和积极性，同时项目经理也需要不断地激励自己去面对和解决项目出现的各种问题。这方面的技能包括：深入了解和正确认识每个项目团队成员激励需求的技能，以及认识和使用对于项目团队成员有效的激励手段的技能。

3）交际技能

项目经理要与项目相关方和项目团队全体成员打交道，因此他必须具备足够的交际技能，否则他将无法与项目全体相关方保持良好的关系。项目经理的交际技能主要涉及按照法律法规开展交际的技能（与政府主管部门）、按照合同和协议开展交际的技能（与有合同关系的项目相关方），以及按照合作伙伴关系开展交际的技能（与项目全团队成员）三个方面。总之，项目经理必须具备较好的交际技能才能做好项目管理。

4）协调技能

项目经理经常处在项目矛盾和冲突的中心，因此他必须具备处理矛盾和冲突的协调技能。项目经理的协调技能主要包括：友好协商的技能（处理各种冲突的首要手段是协商）、调停的技能（调停项目相关方之间的矛盾和冲突）、妥协的技能（能牺牲某些利益去化解矛盾和冲突）、搁置的技能（通过搁置问题，矛盾和冲突会随时间推移自行化解或消失）、激化的技能（促使问题发生转化从而得到解决）等。

5）领导技能

项目经理最重要的技能是他的领导技能，因为他需要领导项目团队去实现项目的目标。此处的领导技能包括指导、激励和带领项目团队去实现项目目标所需的技能。项目经理的领导技能主要表现在：具有远见卓识和高瞻远瞩的技能，能够创建和带领高效项目团队的技能，说服和改变他人行为的技能，实事求是和按客观规律办事的技能，搞好政治（涉及谈判、影响他人、自主决策和权力使用）的技能等。

6）影响力方面的技能

项目经理还需要一种重要的技能就是影响力方面的技能，这是项目经理运用自己的权力和各方面技能去影响他人的一种能力。项目经理的影响力主要来自所处地位（授权）、信息掌控、人际关系、个人魅力、专长权、参与权、个人影响权、信任度、奖惩技能、强制技能（职权）、说服力、可借助的外力等。项目经理使用这些去影响和改变他人行为的技能，就是项目经理领导好项目团队的一种重要技能。

3. 项目经理的专业技术技能

这是指项目经理处理项目所属专业领域技术问题的技能或能力。由于项目属于既定的专业技术领域，所以在项目管理中“外行领导内行”的办法是行不通的，项目经理应由“内行人”担任。项目经理须具备的项目的主要专业知识和技能包括如下几个方面。

1）项目的特定技术知识和技能

项目经理必须掌握具体项目所涉及的特定技术领域方面的知识和技能，以便能够有效管理特定技术领域的具体项目。对于十分独特的技术领域的项目管理，项目经理经常可以依赖该领域的技术专家提供的帮助，但即便是这样，项目经理也必须了解特定技术领域所需的技术知识和专长,以及如何才能找到具备具体项目所需专业技术知识的专家。

2）项目的战略和商务管理技能

这方面的技能包括：纵览组织战略、有效商务协商、了解商业环境、积极战略调整、创新决策与行动的技能、具备相关行业的专业知识等。具体包括：向他人解释项目商业信息的技能、与项目相关方共同制订项目交付方案的技能、实现项目价值最大化的技能、编制和变更项目管理计划的技能、裁剪项目管理技术和方法的技能等。

3）项目所属行业方面的管理技能

项目经理还应具有项目所属行业的相关管理知识和技能，并且要时刻关注项目相关行业的最新发展趋势，这包括相关产品和技术开发情况、变化的市场竞争情况、专业技术和管理标准情况、最新的专业或行业技术支持工具、影响具体项目的行业政策等。获悉这些趋势后，项目经理可具备项目所属行业方面的管理技能。

8.6.4 项目经理的素质要求

项目经理还必须具备基本的素质，项目经理的基本素质主要包括如下几个方面。

1. 要勇于决策和勇于承担责任

由于项目具有后果不可挽回的根本特性，因此项目经理必须能够独自承担项目决策和管理的责任，须有勇于决策和勇于承担责任的素质。由于项目及其环境与条件的不确定性，项目经理经常需要做出各种各样的决策。中国话说“将在外，君命有所不受”，项目经理不能坐等上级指示，他们需具备勇于决策和勇于承担责任的素质。

2. 要能够积极进取和大胆创新

因为项目具有众多特性，所以项目经理经常没有现成的经验和办法可以借鉴。因此，项目经理须在项目过程中积极进取和大胆创新与探索，这就要求项目经理必须具备这方面的素质。项目经理不能保守或墨守成规，因为多数项目就没有“教条”和“成规”可依，所以要大胆创新，要有积极创新的精神和鼓励成员共同创新的素质。

3. 要做到实事求是和踏实工作

项目经理还须具有实事求是和踏踏实实工作的素质，因为项目经理必须从客观实事中寻找出事物的客观规律。项目经理坚持实事求是的方针，就是根据实际项目情况的发展变化找出客观规律并据此去管理好项目。项目经理须踏实工作是指对于项目出现的各种发展变化，须按“脚踏实地”的原则去做好各种项目变更的集成管理。

4. 要坚持任劳任怨和积极肯干

项目经理作为项目团队的首领，必须具有吃苦耐劳、任劳任怨、身先士卒和积极肯干的素质。因为他会有许多需要解决的矛盾与冲突，人们首先会对项目经理有各种各样的抱怨和意见，如果项目经理没有这方面的基本素质，不断抱怨，就会造成项目团队的士气低落，不积极肯干就会使项目的绩效下降而无法实现项目目标。

5. 要有自信心和主人翁精神

项目经理还需要有自信心和主人翁精神,因为项目经理是项目团队成员的根本依靠。项目经理很多时候须依据所获信息、自己的经验和判断去进行决策与指挥，所以他们须有很强的自信心。项目经理独自领导项目团队开展工作，所以他们必须具有主人翁精神。不自信就会犹豫不决而贻误时机，无主人翁精神就难做好领导。

6. 要能够容忍和体恤下属

项目经理还必须具备能够容忍和体恤下属的素质，否则就无法与项目相关方开展合作，就无法领导好项目团队。项目经理在处理项目相关方的需求和他们的利益关注中，需要“能够容人”的素质提供支持。对于项目团队成员的管理，项目经理须具备“体恤下属”的基本素质，否则会导致项目团队内部出现矛盾和冲突甚至是对抗而影响项目的成功。

8.6.5　《孙子兵法》的“智、信、仁、勇、严”

综上所述可知，项目经理需要具备的各方面的技能和素质在我国管理哲学巨著《孙子兵法》中归纳成“智、信、仁、勇、严”五个方面，有关“智、信、仁、勇、严”五个方面的具体讨论如下。

1. “智”的内涵

“智”的核心是“急中生智”，所以这属于概念性技能的范畴。“为将”实际就是做项目经理，因为战争、商争、战斗都属于项目的范畴。所以，“为将”必须有足够的智谋和能够“急中生智”去应对战场或项目中发生的各种突发事件和发展变化。

2. “信”的内涵

“信”的内涵涉及一句中国话，叫作“言必信，行必果”，这是说“为将”或做项目经理必须具备专业技能，只有这样他说的话才能使得项目团队“令行禁止”（言必行），并且这种“符合客观规律”的“令”产生的最终结果一定是取得战争或项目的成功（行必果）。

3. “仁”的内涵

“仁”的内涵也涉及一句中国话，叫作“仁者爱人”，这是说“为将”或做项目经理必须“体恤下属”，这显然是那时项目经理的人际关系技能，因为只有项目经理“体恤下属”在前，才会有项目团队“三军用命”在后，最终才会取得项目的成功。

4. “勇”的内涵

“勇”的内涵是指“勇于决策和勇于承担责任”，“为将”或做项目经理必须“勇于决策”，这是项目经理的基本素质之一。同时，项目经理“勇于决策”之后就必须做到“勇于承担责任”，只有具备这样的素质，项目经理才能带领项目团队实现项目的既定目标。

5. “严”的内涵

“严”的内涵是指“严于律己和严于律人”，“为将”或做项目经理首先必须做到“严于律己”，这是项目经理的基本素质之一。同时，项目经理还要能够“严于律人”，因为项目没有时间“宽以律人”，只有“严于律己和严于律人”才能带领项目团队去完成项目。

8.7 项目人力资源的管理

项目组织管理中最基本的任务是“管人”，其核心就是人力资源管理。按最新的项目组织管理理论，项目组织需要管理好服务资源和人力资源两大类人员。其中，项目所需人力资源的管理最重要，因为他们是为完成项目而贡献技术或管理方面的聪明才智的“劳心者”。这方面管理所涉及的五方面具体内容分述如下。

8.7.1 项目人力资源计划

这包括分析、确定及分配项目组织的角色和职责，确定和安排项目团队成员之间的报告关系以及制订项目人员配备和管理计划等一系列工作。其具体内容有：识别与发现项目人力资源的需求、安排与分配人们的角色、组织和安排人们的责任体系、设计他们之间的报告与沟通关系、设定人力资源获得与遣散时间、确定培训需求、制订奖惩计划、编制相应的文件等。这方面的依据、方法和结果，具体讨论如下。

1. 项目人力资源计划的依据

项目人力资源计划的主要依据包括如下三大类。

1）项目的人力资源需求信息

这方面的信息包括：项目工作任务的信息，因为需要依据这些信息去确定项目人力资源的需求；项目进度计划，因为需要依据该计划去确定项目何时需要投入和退出哪些人力资源；项目人力资源的质量要素，因为需要据此给出项目所需人力资源的技术和管理能力要求等。

2）项目所处的环境与条件因素

项目所处的外部环境与内部条件也是项目人力资源计划的重要依据。项目外部环境因素包括：项目所处的宏观（国家级的）环境、中观（行业级的）环境和微观（地方级的）环境的经济、技术、市场、地理位置等。项目内部条件包括项目实施组织和项目相关方拥有的人力资源情况、历史类似项目人力资源需求和供给情况、相关的资料和经验与教训等。

3）项目及其管理的相关信息

这方面包括：项目的目标要求、项目各专项管理计划和专项计划、项目各种相关的限制因素等。其中，项目计划方面的信息包括项目范围、进度、成本、质量、风险和资源等方面的管理计划和相关专业计划的信息；项目的限制因素包括国家法律的限制、项目组织的管理规定、项目管理和技术方面人力资源的供给限制等。

2. 项目人力资源计划的方法

现有一系列项目人力资源计划的方法，其中主要的有如下几种。

1）项目 OBS 方法

这是以项目 WBS 为依据，通过进一步向下分解去获得一份项目 OBS，进而给出项目人力资源需求的方法。图 8-14 给出了一个信息系统开发项目 OBS 的示意，图中的虚线以上部分是项目 WBS，图中的虚线以下部分是项目 OBS，根据项目 OBS 即可获得项目人力资源的需求信息。由图 8-14 可以看出，每个项目工作包可以分解成一个项目工作小组，根据项目工作包中的项目活动分解可得到项目工作小组中所需的成员。然后，每个小组都需要有负责人，而各个小组都归项目经理领导。这就是项目 OBS 方法，是项目人力资源计划中最常用和最为有效的方法。

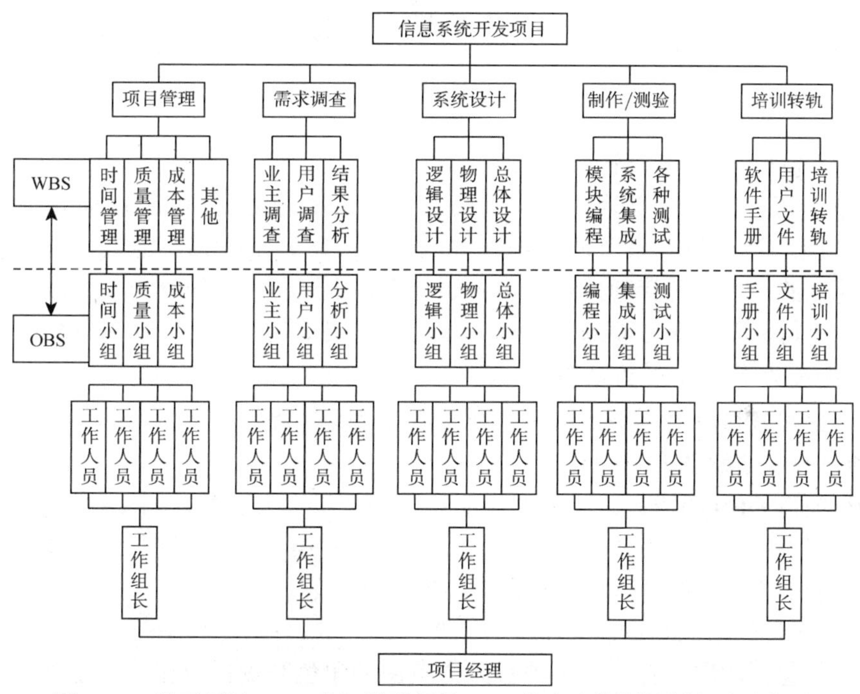

图 8-14　基于项目 WBS 分解得到项目 OBS 的人力资源计划方法示意图

2）原型法或平台法

这是指利用此前组织完成的历史类似项目的人力资源计划作为“原型”或“平台”，通过一定的“增删”和“改进”去获得新项目人力资源计划的方法。这种方法简单有效，其最为典型的就是根据项目活动清单模板，将清单中所有的项目活动都安排上所需人力资源。表 8-5 给出了这种方法的示意，由表可知：每项项目活动都是由具体的项目小组成员完成的，所以每项项目活动都有所需的人力资源。这种方法要比使用上述的项目 OBS 方法制订出的项目人力资源计划更为精确一些，因为项目 WBS 中的项目工作包没有项目活动清单给出的项目所需人力资源的信息那样详细和具体。

表 8-5 项目人力资源需求创建的平台法

项目阶段	代码	项目产出物	项目工作包	项目工作包的描述	项目小组	项目活动的责任人
项目提案阶段01	1.01	项目提案准备	1.01.01	制定项目备选提案	小组 1	张珊、崔新华
			1.01.02	撰写项目提案报告	小组 2	王强、刘刚
	1.02	项目提案决策	1.02.01	比较优选项目提案		
			1.02.02	做出项目提案决策	PMO	李建国、李毅
项目计划阶段02	2.01	项目集成计划	2.01.01	确定项目制约因素	小组 3	马平、李秀英
			2.01.02	确定项目假设前提	小组 3	张和平
			2.01.03	确定合理配置关系	小组 3	李洪祥
			2.01.04	制订集成管理计划	小组 3	黄星、石家任
			2.01.05	审定集成管理计划		
	2.02	项目专项管理计划	2.02.01	项目范围管理计划	小组 4	李进、许昌
			2.02.02	项目时间管理计划	小组 5	郑忠明、钱沙
			2.02.03	项目成本管理计划	小组 6	刘祥、胡叁
			2.02.04	项目质量管理计划	小组 7	卢新、齐梦云
			2.02.05	项目资源管理计划	小组 8	赵萍、李凯
			2.02.06	项目风险管理计划	小组 9	王小明、贺兰
⋮	⋮	⋮	⋮	⋮	⋮	⋮

3）其他的项目人力资源计划方法

这包括使用一般性组织管理中计划所需人力资源的方法，由于这种方法主要是为日常运营的组织规划与人力资源计划服务的，所以需要做好相应的裁剪工作。虽然一般性组织管理的人力资源管理计划方法主要是为日常运营组织设计与规划服务的，但是只要合理地进行裁剪，这方面的原理和方法也可以用于项目人力资源的计划。

3. 项目人力资源计划的结果

这方面结果就是给出一个项目的人力资源需求和计划安排，具体结果分述如下。

1）项目组织结构和人员图表

这是由项目 OBS 图或表以及相关说明构成的项目人力资源计划文件，它描述了一个项目的人力资源的责权利安排和信息报告关系。图 8-14 给出的是项目 OBS 图及其人力资源计划，表 8-5 就是项目组织结构和人力资源计划表。

2）项目人员的角色和责任安排

这种安排包括两层内容：一是项目人力资源的角色和责任分派，二是项目团队成员间的报告关系。表 8-6 给出了这种项目人力资源责任分配矩阵的基本格式和内容。

表 8-6 项目组织角色和责任分派结果的责任分配矩阵示意

项目阶段	张山	李思	王武	赵柳	钱奇	刘霸	贺就	隋石
项目机会分析	N	A	N	N	N	A	M	N
项目评估	N	A	N	N	N	A	M	N
项目设计	A	N	M	N	N	N	M	E
项目计划	A	N	M	N	N	N	M	E
项目实施	N	N	M	E	E	N	M	N
项目完工交付	N	N	N	N	N	A	M	A

注：N 代表与其无关，A 代表分析责任，M 代表管理责任，E 代表实施业务或技术责任

3）项目人力资源配备计划书

这是项目组织和配备所需人力资源的计划书，它规定了项目在何时需要配备哪些人力资源，以及这些人力资源何时完成使命而退出项目。该计划书的主要内容是人员获得计划、人员遣散计划、人员培训计划和奖励计划等。

8.7.2　项目人力资源的获得

这是指通过各种途径获取项目所需人力资源，并组成项目团队的管理工作，其主要目标是确保项目组织能够获得所需的人力资源。这方面所涉及的具体方法讨论如下。

1. 项目人力资源获得的主要途径

项目人力资源获得主要有两种途径：一是项目实施组织内部获得的途径；二是项目组织外部招聘的途径。这方面的具体内容讨论如下。

1）内部获得的途径

这是首选的获得途径，只有当组织内部没有项目所需的人力资源时，才可用外部招聘的途径。这种途径可更好地利用组织现有人力资源而节约大量的外部招聘所需的花费。这种方法还可更好地为组织的现有人力资源提供发展的机会，而且由此获得的人力资源相互有充分了解，能够保证项目团队成员之间的更好合作。

2）外部招聘的途径

这种途径可以在更大的外部平台上获得项目所需的独特人力资源，由此获得的项目人力资源还会带来许多新思想、新观念、新方法与新技术。同时，采用这种途径获得的团队成员之间没有组织内部人员之间的原有恩怨和矛盾。但是，这种途径要比内部获得项目人力资源花费更多的费用和时间，并且需要引导外聘人员融入组织和团队文化。

2. 项目人力资源获得的主要做法

主要做法有三种：当采用内部获得的途径时，需要使用谈判的方法；当采用外部招聘的途径时，需要使用招聘的方法；当外部招聘无法实现时，只能用任务外包的方法。

1）内部谈判获得项目人力资源的做法

在此做法中，项目所需人力资源既不能由提供的部门选送，也不能由组织的高管人员指定（这样会导致项目经理难以服众），而必须由项目经理同相关部门经理通过谈判的方法去完成。因为没有哪个职能部门会愿意将有能力的人员派去给临时的项目团队工作的，所以项目经理必须使用自己所拥有的谈判筹码去换取所需人力资源，这种谈判中的最大筹码就是项目成本预算。这要求项目经理必须在项目成本预算中编制组织内部人力资源工资、报酬、奖金等方面的费用，以便借此去谈判获得项目所需人力资源。

2）外部招聘获得项目人力资源的方法

这是采用公开招聘或借助猎头公司等手段和方法去获得项目所需人力资源的途径。使用公开招聘方法时，需要按照程序去开展：发布项目人力资源的招聘信息、接受应聘者提出的申请、获取应聘者的信息、对于应聘者的全面评估、最终选出项目所需人力资源并聘用他们等工作。借助猎头公司去实现外部招聘的方法多数用于对项目经理或项目关键人力资源的获得。使用外部招聘获得项目所需人力资源时必须遵循项目人力资源计划、项目 OBS 文件、项目人员的角色和责任安排、项目人力资源雇用计划等。

3）项目合同外包的方法

当组织内部没有且也无法通过外部招聘获得项目所需人力资源时，人们只能使用项目合同外包的方法去完成项目的某些特定工作。使用这种方法的根本原因是那些能够完成项目特殊任务的人力资源不愿意按外部招聘的方式加入项目团队，他们只愿意按照合同委托的方法去独立完成项目的特殊任务或工作。这种方式可以更好地提高项目工作的效率和创造新增的项目价值,因为这可充分利用社会分工所带来的项目工作效率的提高。这就是各种项目总包商、分包商和供应商乐于按照合同外包方式去完成不同的项目工作的根本原因，它们利用社会分工的效率优势去获得更大收益与好处。

8.7.3　项目人力资源的合理配备

这不但有利于充分实现项目人力资源的合作,还能够提高项目人力资源的工作绩效、加强项目团队建设和提高项目团队的精神与士气。

1. 项目人力资源合理配备的原则

为了做好项目人力资源的合理配备工作，人们应遵循以下基本原则。

1）项目人力资源的合理配备必须以实现项目目标为导向

这是项目人力资源合理配备的首要原则，这要求一切项目人力资源的配备都必须为实现项目目标服务，这是项目人力资源合理配备以实现项目目标为导向的根本原则。

2）项目人力资源合理配备必须坚持精简、高效和节约

这是指在项目人力资源合理配备上既不允许配备多余的人力资源，也不允许配备的人力资源不足。这会促进项目人力资源合作和兼职，从而提高项目人力资源的效率。

3）项目人力资源合理配备应坚持科学地搭配各种人员

这包括项目技术工作成员和辅助工作成员的合理配备、项目管理成员和实施成员的合理配备、各专业或工种之间的人力资源合理配备等。

2. 项目人力资源合理配备的模型

为实现项目团队成员的合理关系配备，进而实现项目人力资源间的取长补短、相互依赖和互补合作,本书作者经多年研究发现如图 8-15 所示的这种项目人力资源合理配备的模型。这一模型的基本原理和步骤分述如下。

由图 8-15 可以看出，在项目团队成员合理配备中，首先要根据项目专家之间的相互依赖性，安排他们各自负责项目管理或实施的某个专业方面，如对工程项目而言，造价工程师负责项目成本管理，监理工程师负责项目质量管理，项目建造师负责项目进度或时间管理，他们必须合理配备以便能够相互合作。同时，项目经理必须与项目专家相互依赖，否则会出现项目经理“恃才傲物”的问题。图 8-15 中的“项目经理 2”就是一种全能型的项目经理，他在各个方面的专长都强于项目团队各领域的专家，所以他对于专家的依赖程度很低，因此就会出现辞退项目团队专家成员的情况。图 8-15 中的“项目经理 1”是偏重管理专长的项目经理，他在各方面都需要依赖相关的专家，这会形成他们之间的相互依赖关系和稳定性，这种关系才符合合理配备关系的要求。

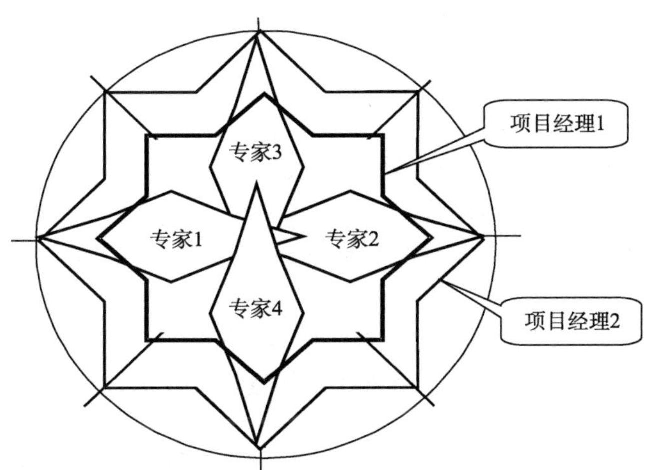

图 8-15　项目所需人力资源的合理配备关系模型

3. 项目人力资源合理配备的方法

这方面的方法包括三个具体内容，介绍如下。

1）项目人力资源的需求预测

这是根据项目所需完成的工作和项目所需人力资源的计划信息，最终预测出项目人力资源实际需求的工作。由于项目工作是具有临时性的，所以这种预测的时间相对较短。

2）项目人力资源的供给预测

这主要涉及两方面的预测：一是项目组织内部的人力资源供给能力的预测，二是外部环境为项目供给人力资源能力的预测。

3）项目人力资源的综合平衡

这包括项目人力资源的总量综合平衡和结构综合平衡。其中，总量综合平衡是从总量上综合平衡人员的供给和需求，结构综合平衡是对不同专业或工种人员的综合平衡。

8.7.4　项目人力资源的开发

这方面的工作包括：项目人力资源培训、项目人力资源绩效评估、项目人力资源激励。其中，项目人力资源培训是为能力开发服务的，项目人力资源绩效评估是为开展激励服务的，项目人力资源激励是为提高人力资源的主观能动性与积极性服务的。

1. 项目人力资源培训的作用

这方面工作的首要任务是项目所需专业能力和管理能力的培训，这种培训多数是短期的培训，是为开发项目人力资源所需工作能力而做的培训。具体作用分述如下。

1）提高项目人力资源综合素质

通过对项目人力资源的培训，去统一他们对于项目、项目目标、项目工作、项目合作等方面的认识，从而使他们的综合素质得到加强，以便在项目工作中更好地合作。

2）提高项目人力资源专业技能和绩效

通过对项目人力资源的培训，项目人力资源的专业技能和专业技术水平可得到提高，从而每个人的工作绩效可得到提高，以使项目人力资源创造出更多的工作成果。

3）提高项目人力资源的工作满意度

通过这种培训还可以提高项目人力资源的满意度并降低项目人力资源流失率，因为这种培训在提升人力资源成员能力的同时，也会减少他们的心理压力和调动他们的积极性。

2. 项目人力资源培训的形式

项目人力资源培训的形式主要是短期培训，有岗前培训和在岗培训两种。

1）岗前培训

这种培训的针对性强、方式灵活多样、内容具体、花费不大、易于组织、见效较快，所以在项目人力资源培训中已被广泛采用，如进行统一认识和安全生产方面的培训。

2）在岗培训

这种培训以项目工作实际需要为出发点，开展有针对性的培训。这种培训偏重于专业技术和管理能力的培训，具有边培训、边提高、边工作的优点。

3. 项目人力资源绩效评估概念

项目人力资源绩效评估的定义、作用、原则和内容四方面具体分述如下。

1）项目人力资源绩效评估的定义

这种评估是按照一定的标准，采用科学方法去评定项目人力资源履责程度和工作绩效，是一种计划绩效与实际情况的对比性评估。借此可获得项目人力资源的绩效信息，为进行报酬、奖惩、辞退等工作提供支持。

2）项目人力资源绩效评估的作用

这种评估主要有三大作用：一是作为制订和变更项目人力资源开发计划的依据，二是作为合理确定项目工作报酬与奖金的基础，三是作为提职、惩罚、调配或辞退的依据。因为这种评估可客观地反映出项目人力资源能力、绩效与计划要求间的正负差距。

3）项目人力资源绩效评估的原则

这种评估必须遵循三项原则：公开原则，即要公开评估的目标、标准、方法、程序和结果；公正原则，即在制定标准和开展绩效评估中应该做到客观与公正；多渠道、多层次和全方位评估的原则，即多方面收集信息和全方位评估的原则。

4）项目人力资源绩效评估的内容

这方面的评估内容有三个：业绩评估，以反映人们对项目的贡献大小；工作能力评价，以反映人们完成项目工作的能力；工作态度评价，以反映人们对项目工作的积极性和主动性。

4. 项目人力资源绩效评估的程序与方法

项目人力资源绩效评估的程序和方法包括下述内容。

1）项目人力资源绩效评估的程序

其主要步骤包括：制订评估工作计划，制定评价标准和评价方法，开展评估数据和信息的收集，开展评估结果的分析与评价，公告和运用绩效评估结果激励人力资源，以及根据评估结果开展人力资源开发工作。

2）项目人力资源绩效评估的方法

这方面的方法有四种：评分表法，即根据绩效指标对考核对象实际情况评分的方法；

绩效标准法，即把考核对象的工作绩效与既定绩效标准相对照做出评价的方法；排序法，即按评估结果由高到低进行排序的方法；描述法，即以书面形式给出评估结果的方法。

5. 项目人力资源激励的概念

有关项目人力资源激励的定义、作用、原则等分别讨论如下。

1）项目人力资源激励的定义

这是通过采用满足项目人力资源特定需求的措施和手段，去激发人们的积极性和创造性，从而提高项目绩效的管理工作。从心理学讲，激励就是使用刺激手段去转变人们内心的动力，激活人们的行为动机，从而产生强大的主观能动性去驱使人们为实现既定目标积极工作的一种行为。

2）项目人力资源激励的作用

其作用有三个方面：一是可提高人们的工作效率，使他们的潜能得到最大限度的发挥；二是有助于项目目标的实现，因为激励可提高人们工作的积极性和创造性；三是有助于提高人们的素质，因为激励可改变人的行为进而可提高人的素质。

3）项目人力资源激励的原则

这方面的基本原则包括：目标原则，即为实现项目目标服务；公平原则，即在激励中须对所有人一视同仁；按需激励原则，即激励必须满足人的真实需要；因人而异原则，即要针对个人具体情况和需求有针对性地采取激励措施（投其所好）。

6. 项目人力资源激励的方式与手段

在项目人力资源激励中通常采用的方式和手段有以下几种。

1）物质激励与荣誉激励

这是项目人力资源激励中采用最多的激励手段。其中，物质激励包括工资和奖金等；荣誉激励是众人或组织对个体或群体的高度评价。后者是满足人们自尊需要。

2）参与激励与制度激励

其中，参与激励是指尊重和信任人们并让他们参与项目决策，从而激发主人翁的精神；制度激励是指使用规章制度去奖励和约束人们的行为而取得正负向的激励。

3）目标激励与环境激励

其中，目标激励是利用项目目标提供激励力量，因为目标具有理想和信念层次上的激励作用；环境激励是借助满足人们的保健需求去推动人们努力工作。

4）榜样激励与感情激励

其中，榜样激励是通过满足人们模仿和学习的需要，引导人们的行为达到要求的水平；感情激励是利用感情因素去提升人们的工作积极性而起到激励的作用。

8.7.5　项目人力资源的遣散与重新安排

这是在项目实施完成后所开展的项目人力资源管理的工作，具体内容分述如下。

1. 项目外聘人员的遣散

所有外部招聘的项目人员的遣散工作，首先需要完成外部招聘的合同书所约定的各种权利与义务的终结手续，这包括项目外派人员合同中规定的保密约定的义务的终结，然后才能够按照招聘合同约定办理相应的遣散手续。多数项目外部招聘的合同书中会约定人员遣散的各种费用安排，如项目外聘人员返乡费用等。外聘人员的合同还必须按照合同约定做好最终结清工作，即按照合同约定终结各种合同权利与义务的工作。

2. 项目内聘人员的重新安排

对于所有内部招聘的项目人员而言，同样需要按照当初的内部招聘规定去做好权利和义务的最终结清工作，如所有内部招聘的项目人员需要完成项目经验教训的总结，以供组织后续开展新项目的管理使用（吃堑长智）。虽然内部招聘人员没有遣散费用等方面的问题，但是对于他们有些人的日后工作需要做出重新的安排。有些内部招聘项目人员会回到原职能部门或直线部门，但是可能需要重新安排他们的工作岗位和内容。有些内部招聘的项目人员需要去新的职能部门或直线部门，所以更需要重新安排他们的工作岗位和内容。

本章思考题

1. 项目相关方之间最大的冲突是什么？
2. 项目导向型与日常运营导向型组织有哪些不同？
3. 如何才能更好地利用项目团队所具有的各种特性？
4. 项目经理的概念性技能、人际关系技能和专业技能哪个最重要？
5. 项目人力资源管理与项目范围、时间、成本和质量管理是什么关系？
6. 项目人力资源管理与日常运营的人力资源管理相比有哪些独特之处？

第 9 章　项目采购管理

【本章导读】项目所需的物资和服务是通过市场采购获得的，所以对于项目所需物资和服务的获得管理就被称为项目采购管理。本章的重点内容包括：项目采购管理的概念、项目采购计划的制订、项目采购计划的实施、项目采购的控制。同时，本章将讨论项目或项目阶段的完工与交付工作，因为这涉及项目采购合同的终结和手续办理等方面的问题，所以这部分内容也归于此章之中。

9.1　项目采购管理的概念

项目采购管理是指在整个项目过程中从组织外部寻求与获得各种项目所需服务和物资的管理过程，所以也有人将这方面的管理内容称为“项目获得管理”。任何一个项目的实施都需要有物资和服务的投入，这包括各种劳务、技术服务、组织服务、物流服务等，以及各种材料、工具、设备等各方面的投入。这些资源可分成两类：一类是有形的物资，一类是无形的服务。其中，有形的物资包括各种原材料、设备、工具、机器、仪器、能源等实物，而无形的服务包括各种项目承发包的实施、项目管理咨询、物流服务、银行贷款服务、保险服务和各种中介服务等。由于在项目采购过程中，存在买方和卖方两种各不相同的管理，本书选定从“买方”角度讨论项目采购管理。

9.1.1　项目采购管理中的核心概念

项目采购管理是涉及法律义务和责任的项目专项管理，因为项目采购过程中涉及采购合同的依法订立和履约的管理。

1. 项目采购的合同与协议

项目采购管理中涉及使用项目合同或协议，它们是用来描述项目采购买卖双方之间权利与义务关系的文件。项目采购协议与合同必须符合国家或地区的法律和法规的规定，这包括合同法、价格法、招投标法等。项目采购合同的签署、合同履约和合同纠纷处理等工作也都涉及依法进行关系调节的工作，如出现合同纠纷所需的仲裁和诉讼更是必须依法进行。另外，开展国际采购时需注意项目采购合同规定必须符合当地的法律规定。

2. 项目采购合同与协议的审批

鉴于项目采购合同或协议所具有的法律约束力，它们需要经过严格的审批程序，主要涉及组织的风险合规部门的审批。这一工作的主要目的是确保合同中对于卖方提供的物资或服务做了充分的描述，并且这些描述均符合法律法规关于项目采购的规定。项目采购合同的描述必须包括合同的四大要件：一是采购“标的物”的描述，二是采购“标的物”质量的描述，三是采购交货期的描述，四是采购价格的描述。这四个要件缺少一个则合同就不能成立。

3. 项目采购的发展趋势和新兴实践

这主要包括：其一，项目采购工具的改进，现在许多时候能够通过在线途径完成，包括在线签署的合同与协议同样具有法律效力；其二，各种软件的应用日益广泛，这为项目采购工作节省了大量时间和资金，甚至能够大幅减少施工索赔、降低成本和缩短工期；其三，更先进的项目风险管理方法和技术，如现在的项目采购合同多数将项目风险安排给最有能力对其管理的一方；其四，项目采用国际公认的标准合同范本日益普遍，这减少了项目采购合同执行过程中的问题和索赔；其五，物流和供应链管理的进步，这可以节约很多的时间、成本和资金；其六，项目采购管理的信息沟通获得长足进步，包括视频会议和网络技术在改善项目采购的沟通和关系上作用显著。

4. 项目采购管理裁剪的考虑因素

因为每个项目都是独特的，所以人们需要裁剪项目采购管理过程和方法，这种裁剪应考虑的因素包括：一是项目采购的复杂性，二是项目采购的物理位置，三是项目采购组织的治理条件，四是项目采购的法律环境，五是资源供给情况，六是项目的生命周期（项目是按预测型生命周期还是适应型生命周期会直接影响到项目采购的计划和实施），七是项目采购的模式（即究竟是采用“甲供”还是“乙供”资源的模式）。所有这些都是项目采购中所应该考虑的裁剪项目采购过程和方法的因素。

9.1.2　项目采购管理中的角色

在项目采购管理中主要涉及四个方面的项目相关方，他们各自的角色及其在项目采购管理中的关系如图 9-1 所示。图中的“实箭线”表示“委托-代理”关系，其箭头方向表示项目资金的流向，图中的“虚箭线”表示项目采购中的信息关系，其箭头方向表示项目信息的流向。项目采购管理的核心任务就是项目资源采购作业的管理和项目采购中项目相关方之间的关系管理。项目采购中四个项目相关方作为买主和卖主的角色分述如下。

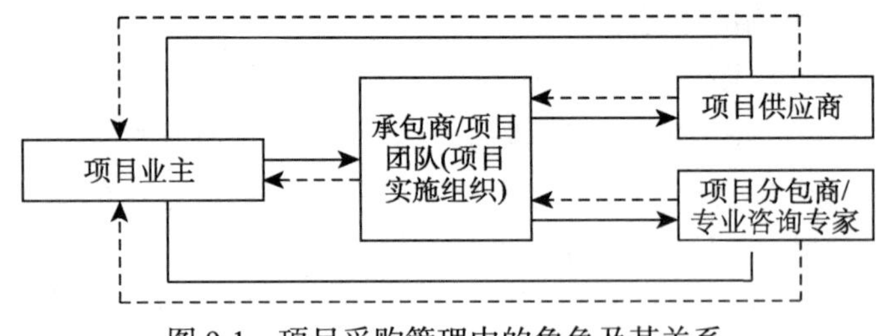

图 9-1　项目采购管理中的角色及其关系

1. 项目业主的角色

项目业主是项目发起人和拥有者，与项目实施组织间存在买卖合同关系。在这种合同关系中项目实施组织以卖方出现去为项目业主提供项目所需资源和服务。项目业主是项目所需各种物资和服务的购买者，因此其在项目采购管理中以买方身份出现。

2. 项目实施组织的角色

项目实施组织是项目承包商或项目团队，既可能是项目业主的代理人（代为采购物资），也可能是项目服务的提供者或卖方。它甚至可以受托为项目业主采购物资和服务，也可以作为卖主直接出售物资或服务，因此它也是项目采购管理的重要角色。

3. 项目供应商的角色

项目供应商是为项目业主或项目实施组织提供项目所需物资或服务的卖主，既可以直接将物资或服务卖给项目业主,也可以将物资或服务直接卖给项目承包商或项目团队，所以它在项目采购管理中始终作为卖方出现。

4. 项目分包商或专业咨询专家的角色

项目分包商或各种专业咨询专家都是从事项目某方面专业服务的企业或独立工作者，其可以直接为项目实施组织提供服务，也可以直接为项目业主提供服务。其与项目供应商一样，在项目实施过程中始终作为卖方出现。

9.1.3　项目所需服务和物资的来源

项目所需的服务和物资有很多种，它们的主要来源有如下几个方面。

1. 项目业主

在自我开发项目中，项目业主是项目资源的主要提供者。在承发包项目中，项目业主也会向项目实施组织提供一些资源，这被称为“甲供资源”（因为项目业主是甲方），严格且规范的“甲供资源”条款可保护项目实施组织的利益，避免由项目业主方面的“甲供资源”耽搁而导致项目承包商受损。所以在这种项目合同中需要约定出“甲供资源”耽搁情况的责任，以约束项目业主/客户做好“甲供资源”供应工作。

2. 外部的服务市场

项目所需服务是以项目服务实施的工作人员为载体的，不同项目需要各种不同类型的服务。项目业主或项目实施组织为了以较低成本或较快速度完成项目，都会从外部服务市场获取自己所需的服务人员。例如，在软件开发项目中，项目实施组织可能临时招聘一些计算机程序员，而在工程建设项目中招聘一些施工技术人员和管理人员等。

3. 分包商或咨询专家

当项目实施组织缺少专业技术人员或专家去完成某些特殊项目任务时，它们就需要雇用分包商或咨询专家。它们既可以雇用独立的专家来完成特殊专业技术或管理作业，也可以雇用专业分包商完成项目某部分的工作。项目实施组织从这些分包商和咨询专家处获取各种特殊的服务，从而利用社会分工为降低项目成本和增加项目价值服务。

4. 物料和设备供应商

项目所需的物资多数是从供应商处采购的，在多数项目中项目实施组织或项目业主都需要从供应商处采购大量的物资。为了在项目实施过程中适时且适量地得到项目所需的各种物资，任何一个项目实施组织或项目业主都必须认真做好供应商的管理，因为这也是节约项目成本和提高项目收益的源泉之一。

9.1.4 项目采购中的合同类型

在项目采购中需签订有法律约束力的采购合同，不同项目所需资源的采购需用不同类型的项目采购合同。项目业主、项目承包商、项目分包商与项目供应商之间的项目采购都需要签订书面的采购合同。所有的项目采购合同中都要详细地规定项目所采购物资或服务的标的、价格、交货期和质量规定等。项目资源的采购合同类型可以通过双方协商去选择，项目采购合同可分为如下三种类型。

1. 项目固定总价合同

在这类项目采购合同中，买卖双方通过谈判对严格定义的采购标的（物资或服务）确定双方认可的项目采购价格，规定项目合同采购资源的质量要求及项目采购标的的交付期等。从某种程度上讲，固定总价合同一般要求购买的资源是能够严格定义的（或说是确定的），但由于项目实施过程中会有各种变化，所以这种项目固定总价合同将主要的风险放在了合同卖方的身上（项目实施组织），因为项目固定总价合同即使发生风险价格也是不变的。项目固定总价合同对于买方来说风险相对较低，因为买方只需按项目合同的固定价格付款即可。因此在选择签订项目固定总价合同时，卖方必须在项目成本预算基础上编制出项目风险的应急储备和管理储备。另外，项目固定总价合同中可能会有奖惩条款，如提前或推迟交付项目或资源的奖励或惩罚等。

2. 项目成本补偿合同

这类项目合同要求买方向卖方支付他们所提供物资或服务的实际成本，并且在此基础上外加一定比例的规定利润和国家税金等。这种合同中的项目成本通常又被分为项目直接成本和项目间接成本两类，其中，项目直接成本是为生成项目产出物而直接花费的费用（如业务人员的薪金、材料费、设备费等），而项目间接成本主要是一般管理费用和风险费用。买方在这种合同中承担较大的风险，因为项目实际变化所发生的成本增加都是由买方补偿的。这种项目采购合同多用于不确定性较大的项目采购工作，并且这种合同也应有相应的奖励或惩罚条款，如项目结算成本低于预算则买方会给卖方奖励。

3. 综合单位价格合同

这种类型的项目采购合同是按照单位物资或服务的预定金额结算，项目总成本是根据项目所需物资或服务单价乘以实际总量求得的。这种项目采购合同适合于项目需要采购的产品数量不确定的情况，因为这是一种按照计件或计时付费的项目合同。这种项目合同对于买方和卖方都有风险，因为不管综合单价高低，只要没有准确的项目采购成本测算就很难保证按照综合单价付费的采购合同的科学性。由于项目具有一次性、独特性和创新性的特性，所以事先确定正确的项目综合单价是很难的，而且在这种合同履约过程中难免出现侵害对方利益的情况。因此，这种合同一般用于那些项目工作内容比较确定、项目的物资和服务消耗定额及其评估指标比较明确的项目。

项目究竟采取哪种类型的合同，只能按照“具体情况具体对待”的方式去进行，因为项目合同类型的选择，既取决于合同买卖双方的偏好，也受到客观条件的影响。最重要的是双方所签订的项目采购合同条款必须是双方合意的表达（双方一致同意的），并且必须与国家或地区的法律和法规没有抵触（合法），有些项目合同还需要经过政府部门批准（如用政府预算的项目合同），所以选择合同类型是十分重要的项目采购管理工作。

9.1.5　项目采购管理的内容

项目采购管理是由一系列管理工作和过程构成的,这主要包括如下几个方面的工作。

1. 计划安排项目采购管理工作

为满足项目的需要就必须根据项目集成计划和资源需求去编制出详细可行的项目采购管理计划，进而为项目采购管理工作提供大政方针和工作指南。同时，为保证能够按时、按质、按量地获得各种物资或服务，人们还必须制订出项目采购的业务计划。这是有关项目何时开展所需物资或服务产品的询价、订货、签订合同等工作的具体计划。

2. 计划安排项目采购业务工作

这是指计划项目采购各种作业的步骤和内容,以及准备好项目采购合同订立所需的各种文件，以便为后续的项目合同买卖双方的招投标和邀请与要约提供支持。这包括四项工作：一是计划安排各种项目采购作业的工作（包括询价、报价、要约、招投标等）；二是准备项目采购所需的各种文件（如招标通知书、招标书、询价和报价单等）；三是制定选择供应商的评价规范；四是项目合同文本的准备工作。

3. 向项目承包商或供应商询价

这是人们为获得项目所需物资和服务所开展的项目采购的第一步工作，这包括在项目物资采购中获得资源的报价、各种项目服务采购中的招投标报价，以及从供应商和承包商处获得的各种服务和物资的信息、要求、报价单、投标书等文件的实际工作。在项目采购中的询价和报价并不具备法律义务或约束，因为这只是采购意向而已。

4. 选择项目承包商和供应商

这是在获得多个供应商或分包商的报价信息之后,按照规定的承包商和供应商选择评价标准,从所有的候选对象中选定供应商或承包商的工作。这种选择有两种方式：一是对于物资或物资的采购需要借助询价与报价、发盘与还盘去选定供应商，二是对于项目服务的采购需要借助招投标去确定承包商。

5. 开展项目合同签约和履约管理

这是与选定的卖方完成项目采购合同谈判、合同签订和此后所开展的项目合同履约管理工作。这是项目采购中买方与卖方之间的项目采购合同关系的确立和管理工作,包括对项目采购合同履约中的纠纷解决工作。项目物资采购的合同管理主要依据合同法和价格法，项目服务采购的合同管理主要依据招投标法及其实施细则。

6. 做好项目合同的终结工作

这是在项目采购合同全部或部分履行工作完成后,项目采购合同的双方所开展的项目采购合同的各种结算和决算的工作,以及项目采购合同涉及的各种产权和所有权的交接工作与双方合同权利和义务的终结工作。这包括一系列关于项目采购合同条款履行情况的验证、审计、完成和交接工作，最终是采购合同的结清证明签署工作。

9.2　项目采购计划的制订

这是项目采购管理的首要任务，这项工作会生成项目采购管理计划和项目采购作业计划两份计划书，所以这是按项目资源需求去安排好项目采购管理和项目采购作业的计划工作。这种计划的制订始于项目所需资源的“自制或采购”决策，然后对于“采购”的资源去通过综合平衡安排制订出项目采购管理计划和作业计划。这些计划涉及的内容包括自制或外购、怎样采购、采购什么、采购多少、何时采购等方面的安排。

9.2.1 项目采购计划制订的过程

在制订项目采购计划过程中需要开展的工作内容和步骤分述如下。

1. 收集和加工处理相关的信息

在项目采购计划的制订中，人们首先需要去收集各种相关信息，然后对这些信息进行必要的加工和处理，以找出这种计划决策所需的各种支持信息。有时项目组织还要聘请各类专家顾问或专业技术人员对收集到的信息进行必要的加工和处理。

2. “自制或采购”的决策分析

在获得了相关信息以后，项目服务和物资的买方要开展“自制或采购”的决策分析，以决定需要从外部采购哪些物资和服务资源，自己可以提供哪些服务和物资。在制订项目采购计划过程中，这一决策分析是首要任务。

3. 项目采购要素的计划安排

在确定“采购”的采购策略以后，还必须按照分析确定项目采购管理和作业计划中的六大要素，即全面计划和安排好采购什么、何时采购、如何采购、采购多少、向谁采购和何种价格采购。这是项目采购计划工作的核心内容。

4. 项目采购计划制订的核心要素

在项目采购计划制订的过程中，需要对如下方面做好相应的计划和安排。

1）项目采购合同类型的选择

在确定项目所需资源需外部采购后，必须确定出项目采购合同的类型，即确定需要与项目所需资源的供应商或承包商签订何种项目采购合同。

2）项目采购计划文件的制定

项目采购计划制订将最终生成项目采购管理计划、项目采购作业计划、项目采购标书、供应商评价标准等文件，以及在项目采购中常用的标准格式文件等。

9.2.2 项目采购计划制订的依据

项目采购计划制订的依据涉及广泛，其中主要的依据包括如下方面。

1. 项目章程和商业文件

项目章程中规定了项目目标、项目的描述、项目的里程碑，以及预先批准的项目财务资源和预算等，这些都是项目采购计划制订的重要依据。项目的商业文件包括：其一，项目的商业论证，项目采购计划需要和这种论证保持一致以确保商业论证的有效性；其二，项目收益管理计划，该计划描述了何时产出具体的项目收益，这将直接影响项目采购的日期和合同条款的确定。

2. 项目的各专项管理计划

这包括：项目范围管理计划，它决定的项目工作范围直接影响项目所需资源；项目质量管理计划，它包含项目采购需要遵循的质量标准与准则；项目资源管理计划，这包括项目所需资源采购或租赁的信息以及影响项目采购的假设条件或制约因素；项目时间管理计划，它对计划安排项目采购管理、采购策略和采购作业都有重要影响。

3. 项目的各种文件

这包括：项目里程碑清单，它给出了项目采购需要在何时交付标的物；项目派工单，它给出了项目所需人员技能及其培训的信息；项目需求文件，它给出了项目所需资源提供方的技术、法律以及其他非技术的要求；项目风险登记册，它列明了项目风险识别、度量和应对等方面的信息；项目相关方登记册，它提供了项目相关方及其要求的信息。

4. 事业环境因素和组织过程资产

事业环境因素包括：资源市场条件、资源卖方情况、项目采购当地的特殊要求、组织的合同管理系统、组织的财务会计和合同支付系统等。组织过程资产包括：组织使用的项目采购各种合同协议类型，组织青睐的承包商和供应商名录，组织的正式采购政策、程序和指南等。

9.2.3　项目采购计划制订的方法

项目采购计划制订的方法涉及确定项目采购策略、制定项目采购决策、选择项目采购方法，以及如何识别卖方等工作的计划安排，所以这方面方法有如下几种。

1. “自制或采购”决策分析方法

这是用于分析和决定项目所需资源是自行生产还是从外部采购的方法，其原理是：如果组织自己能以较低成本提供项目所需资源，那就不应该从外部采购。对于任何一种项目所需资源而言，在制订项目采购计划中必须开展“自制或采购”的分析和决策。在这方面的方法中，项目采购经济性和组织的能力是决策的核心要素，所以这种分析方法的核心是：分析自制或采购哪种方式最经济、组织是否有制造能力、项目资源的投入时间。

2. 项目采购要素分析法

这方面的方法涉及六方面的分析，所以也被称作项目采购计划的六要素法。

1）采购什么

首先人们要决定项目采购的对象或标的，这包括采购对象的名称、规格、化学或物理特性、材料、制造要求、用途、质量标准和特殊要求等。在项目采购决策制定中，需要满足四个条件：一是它的适用性（符合项目需要），二是它的通用性（最好采购通用产品），三是它的可获得性（按时按质），四是它的经济性（成本低）。

2）何时采购

这是分析和决定项目采购工作何时进行，最好是按照“准时制”进行项目采购，以降低项目采购成本。由于项目采购从开始订货到签合同再到投入项目使用都需要时间，所以在决定项目何时采购时，应按照倒推法给出合理采购时间。人们必须依据项目进度计划、资源需求计划及物流时间等，合理地确定采购订货和交货时间。

3）如何采购

这是指在项目采购过程中使用何种方式和方法去采购，以及项目采购的策略、大政方针和交易合同条件等。这方面的分析主要包括：确定是否采用分批交货、确定采用何种物流方式、确定具体交货方式和地点、确定项目采购的付款方式与付款条款等。另外，项目采购合同的类型、格式、违约条款等都需要予以确定。

4）采购多少

这是关于项目采购资源的数量决策和管理，项目所需资源的采购数量必须根据项目实际需要决定，这可以使用经济订货模型等方法来决定。另外，在决定项目资源采购数量时还应该考虑大批量采购的数量优惠因素，以及项目存货的资金、时间、价值等方面，所以采购多少涉及数量和资金成本两方面的综合考虑。

5）向谁采购

这是有关选择项目供应商或承包商的管理和决策问题，项目采购的买方必须建立合理的供应商或承包商评价标准和选择程序，并用它去做出“向谁采购”的科学决策。在决定向谁采购方面还应考虑卖方的技术、质量、组织等方面的能力和财务信用状况等多方面的条件。

6）以何种价格采购

这是项目采购计划中的定价管理和决策问题，组织不能无条件按照最低价原则去采购项目所需资源，必须同时考虑项目采购质量和交货期等要素。通常，项目采购合同价格的高低受到市场供求关系、供方的成本、合同计价方法、采购条件、政府政策、通货膨胀、采购人员议价能力等多方面的影响。

3. 项目采购计划的专家法和会议法

这方面的专家法就是利用相关专家的经验和判断去制订计划的方法，这方面的相关专家需要具有关于项目采购和招投标方面的专家经验，项目采购合同方面的专家经验，以及项目采购相关法律、风险和合规性方面的专家经验。这方面的会议法是采用“集思广益”和“群策群力”的方式去制订项目采购计划的方法，这可以用在项目采购计划的调查研究阶段，也可用在项目采购计划的制订阶段。

4. 项目采购计划的信息收集方法

制订项目采购计划需要两种信息：一是项目采购所处外部环境的信息，二是项目组织自身条件方面的信息。其中，项目采购所处外部环境的信息主要包括：项目所需各种资源的市场信息、现有市场上项目所需资源的竞争信息、项目所需资源的供应商和承包商信息、项目采购途径和方式的信息等。项目组织自身条件方面的信息主要是：组织在项目采购方面的政策、策略、规章制度，组织积累的各种项目采购的经验和教训，项目组织制定的各种历史类似项目采购的合同等。这些信息各自需要使用调查研究、文档整理和数据挖掘等方法去获得。

9.2.4 项目采购计划制订的结果

项目采购计划制订工作的根本结果是生成一份项目采购管理计划书和一份项目采购作业计划书，同时还会生成一系列与项目采购相关的计划和文件。

1. 项目采购管理计划书

这种计划书全面描述了人们所需开展的项目采购管理工作的计划和安排，这包括从项目采购策略的安排到项目采购管理工作的计划，再到项目招投标活动、供应商的选择、采购合同的签订与实施、合同管理与完结等各方面的管理计划安排。在项目采购管理计划书中给出的主要内容如下。

1）项目采购管理的总体安排

项目采购管理计划书中要明确规定项目如何采购资源和在这些项目所需资源的采购过程中人们应该开展的采购管理工作或活动的计划与安排。

2）项目采购作业的工作要求

项目采购管理计划书中还应该给出项目采购作业的各种要求和规定，这包括项目采购工作的时间进度安排和项目采购实施办法的规定等。

3）项目采购使用的合同类型

这包括在项目采购中组织选定采用的合同类型，如是采用项目固定总价合同、项目成本补偿合同还是采用综合单位价格合同，还应该确定合同的方式是招投标还是其他方式。

4）项目采购使用的定价办法

项目采购管理计划书中要对项目所要采购资源的定价办法做出规定，并以此作为选择与确定供应商或承包商的依据和评判报价与投标书的标准。

5）项目采购工作的责任安排

项目采购管理计划书中还应该规定在项目采购中项目业主、项目实施组织、项目经理、项目团队等分别承担哪些责任与工作，如谁负责询价、招投标、谈判与签约等。

6）项目采购文件的标准化

项目采购管理计划书中还应该规定编制或获得项目采购合同或协议等方面的标准文本，这包括标准合同文本或协议、标准采购需求文本、标准招投标文本等。

7）项目资源供方的管理规定

项目采购管理计划书中还应该规定在项目采购工作中如何去管理供应商和承包商，这包括如何监控它们以及如何确定它们的履约情况等（如使用监理公司等）。

8）项目采购与其他工作的协调

项目采购管理计划书中应该规定在项目采购过程中如何协调项目采购工作与项目其他方面的工作，尤其是在出现变更的时候如何协调，以便更好地实现项目的目标。

9）项目采购工作的制约因素和假设条件

这是项目采购管理计划制订的前提条件，所以它们必须包含在项目采购管理计划书中。其中，制约因素是客观存在的，假设条件是为制订计划所做的主观假设。

10）项目采购过程中的风险管理安排

在项目采购过程中会有各种各样的风险情况，所以在项目采购管理计划书中应规定如何开展项目风险的识别、度量、监测和应对，如采用履约保函或保险合同等。

这种计划书可以是正式的或非正式的、详细的或粗略的，但内容应包括以上几个方面。

2. 项目采购作业计划书

这是根据项目采购管理计划而制定出的开展项目采购工作的作业计划安排。它规定和安排了项目采购管理计划实施过程中各项具体工作的任务、日程、方法、责任、应急措施和管理办法等内容。主要内容包括：对外询价、获得报价、选择供应商、开展招投标、合同谈判、签订合同、开始履约等采购工作的计划和安排。项目采购作业计划的内容还应包括：项目所采购资源的规格、数量和质量要求，订货和履约时间、地点及其他要求等。这种计划还需要说明项目采购工作所需的附加服务，如物流服务、绩效考核、所购物资在后续运营中所需的支持等。另外，在项目采购过程中还应该根据需要对这种作业计划进行变更或修订，以便这种计划能够真正符合项目采购实际工作的需要。

3. 项目采购的策略和方案安排

在完成“自制或采购”决策后，对于从项目外部渠道的采购就应制定项目采购策略。在项目采购策略中要规定项目交付方法、项目采购合同的类型，以及项目采购阶段的安排等。项目交付方法是根据项目所属行业确定的，如建设项目交付方法包括：交钥匙、设计-建造、设计-招标-建造、设计-建造-运营、建造-拥有-运营-转让等。项目采购合同的类型包括：综合单价、固定总价、成本加奖励费用、成本加激励费用等。项目采购阶段的安排包括：按项目采购工作顺序划分阶段并设定阶段目标、确定项目采购阶段绩效指标和里程碑、建立项目采购阶段转换的标准、用于追踪项目采购进展的监督和评估、后续知识转移等。

4. 承包商和供应商选择标准

在项目采购计划制订中需要确定出承包商和供应商的评估标准，以确保项目采购的买方能选出可提供最佳质量服务和物资的卖方。这种卖方的选择标准主要包括：承包商和供应商的技术与组织能力及潜能，供方对于卖方真实需求的理解程度，所能提供的资源采购成本和全生命周期成本，供方的技术专长和相关经验与成果，供方公司的组织和管理能力与经验，供方公司的财务稳定性，供方关键员工的职业资质、可用性和胜任力，项目所采购资源的交付日期和方式，供方的知识转移计划，针对跨国项目这种评价标准还应包括“本地要求”的内容。这种评价标准的各指标需有不同的权重，以说明各评价指标的重要程度。在项目采购中人们需要使用这些评价标准对供应商及承包商的报价书或投标书进行评价。表 9-1 是项目承包商的综合评价标准体系的示例。

表 9-1 项目承包商的综合评价标准体系

评价指标	指标说明	权重
对项目需求理解程度	承包商对业主项目需求的准确理解，可从其提交的报价或发盘中看出来	0.20
项目全生命周期成本	承包商是否能够按项目全生命周期最低总成本（采购成本加运维成本）供货	0.30
项目实施组织技术能力	承包商是否具备项目所需的技术能力，或未来能否最终具备项目所需的技术能力	0.25
项目实施组织管理水平	承包商是否已经具备，或未来能否具备项目所需的管理能力，以确保管理的成功	0.15
项目实施组织财务能力	承包商是否具备，或未来能否具备项目所需的财力资源和财务能力	0.10

5. 项目采购的决策方法和做法

在项目采购计划制订中还需要给出开展项目采购的初始决策和跟踪决策的方法和做法。项目采购初始决策的核心是“自制或采购”决策，所以要规定人们做好“自制或采购”分析。项目采购跟踪决策的关键是项目采购变更方面的决策，项目采购计划必须给出项目采购变更请求、批准和实施方面的程序、方法和规定，以及在项目采购变更中如何做好项目变更集成控制的方法和做法。另外，对于大型项目或大宗服务和物资的采购，项目采购者可自行准备独立估算或聘用外部专业估算师去做估算，这些是评价卖方报价的对照基准，这方面的相关决策方法和做法也应该在项目采购计划中给出。

6. 项目采购所需各种文件的规定

在项目采购计划中还需要给出项目采购中所需各种文件的内容、格式、术语、规范等方面的规定和要求。在项目采购计划中所规定的采购文件要求会因行业或项目而不同，这也取决于项目所需的服务或物资，如招标文件可以是信息邀请书、报价邀请书、建议邀请书，或其他适当的采购文件。另外，在项目采购计划中还需要给出项目采购文件的应答格式、相关的采购工作说明及所需的合同条款。项目采购文件的复杂和详细程度方面的规定应与采购价值及相关风险相一致。项目采购文件的规定既要能够获得足够详细的信息，以确保潜在卖方会做出一致且适当的应答，同时又要留有足够的灵活度，以让卖方为满足买方的实际需求而提出更好的建议。

7. 项目采购风险管理的责任和规定

这包括对于项目采购风险的识别、度量、监测和应对等方面的规定。最为重要的内容涉及三个方面：一是关于项目采购合同中所用标准合同或格式合同的规定，这包括由项目采购买方或卖方所提供的格式合同的使用、审查和免责等方面的规定；二是项目采购过程中所购买各种保险等方面的规定，如海外采购中所需购买的保险和国内采购所需购买的保险等；三是关于为应对项目采购风险所给出的应急储备和管理储备的规定，这需根据项目采购风险识别和度量结果去制定出相应的储备的额度和使用规定等。

9.3　项目采购计划的实施

项目采购计划的实施包括获取卖方的应答、选择卖方、签署合同和开展履约管理等方面的工作，其主要作用是获得及时有效的项目所需服务和物资。

9.3.1　项目采购计划实施的角色

项目采购计划实施中的角色最主要的就是项目采购的买卖双方，二者在项目采购计划实施中分别扮演着不同的角色和具有不同的法律权利与义务。

1. 项目采购计划实施中的买方

在项目采购计划实施过程中，首先需确定出买方的角色和职责，以确保项目采购买方能配备具有相关采购专业知识的人员。项目采购买方的采购管理和业务参与者包括项目团队成员、组织的采购部门人员、组织的风险合规方面的人员、所涉及的项目相关方等。这些项目采购买方的管理和实施人员的职责都应记录在项目采购管理计划中，他们的主要职责包括：制订项目采购作业计划、准备独立的项目采购成本估算和预算、开展项目所需物资的采购工作及项目所需服务的采购工作等。

2. 项目采购计划实施中的卖方

在项目采购计划实施过程中，还需要逐步确定出项目采购的卖方，这是经过项目采购买方的一系列评价程序后确定的。项目采购的卖方包括：项目所需物资的供应商、项目所需服务的承包商、项目所需其他服务资源的提供商。这些卖方的主要职责包括：其一，项目所需物资的供应商需要承担物资的报价、发盘和还盘、承诺和签约、履约管理、合同终结等方面的责任；其二，项目所需服务的承包商需要承担服务的招标应答、参加标前会议、投标报价、标后谈判、签订合约、履约管理、合同终结等方面的责任；其三，项目所需其他服务资源的提供商的主要职责与它们所提供的服务特色有关，如保险商和物流服务商各有不同的卖方的职责。

9.3.2 项目所需物资采购作业计划的实施

项目所需物资的采购作业计划的实施类似于日常运营的采购作业，只有少数情况下项目所需大宗物资的采购会采用招投标的方式进行。

1. 项目所需物资采购工作的流程

项目所需物资采购工作的流程如图 9-2 所示，由图 9-2 可看出项目物资采购工作主要包括三个阶段：第一个阶段是由询价和报价所构成的项目采购意向确定阶段，第二个阶段是由发盘、还盘和承诺所构成的项目采购价格发现阶段，第三个阶段是由签约和履约构成的项目采购合同签署和实施阶段。其中，第一个阶段中询价和报价的行为都不涉及法律约束力，第二个阶段中的要约和反要约的行为则都具有法律约束力，第三个阶段中的合同纠纷就需要开展协商、仲裁或诉讼的法律程序。所以在《中华人民共和国民法典》中将“发盘”和“还盘”称为“要约”（要求对方按自己提出的合同要件去立约，合同要件包括标的物、质量、交货期和价格四个方面），项目物资采购中的买卖双方一旦有一方做出承诺后，则合同订立中的“要约”即成立，具有法律约束力。

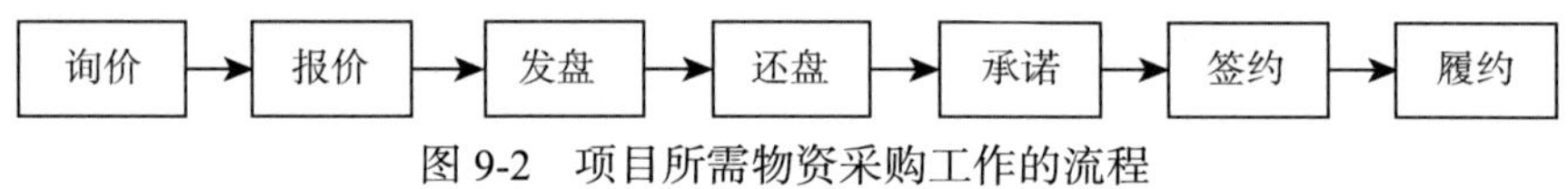

图 9-2 项目所需物资采购工作的流程

2. 项目物资采购的主要工作内容

通常，项目所需物资的采购工作主要包括下面几项内容。

1）项目采购的询价工作

这是根据项目采购作业计划规定的时间和具体工作要求所开展的寻找物资及其供应商的工作。这包括向可能的供应商发出询价信，并相互交流项目所需物资的具体信息，同时邀请对方给出报价。这是项目物资采购工作的第一步，其目的是“货比三家”。

2）获得对方报价的工作

这是指从可能的供应商处获得报价的工作，获得询价的供应商要提供报价信息、解释报价中的依据和理由、确认报价所包括的物资与售后服务的内容等。需要注意，买方询价但对方并不一定必须报价，所以需要多发询价函以获得足够的报价。

3）供应商的评审工作

这是根据报价情况和项目采购评价标准对供应商及其报价进行评价与审查的工作，这需要评审供应商资质的合法性和合理性，评价供应商报价的经济性，列出选择的优先序列，以便选出其中的满意者之后进行讨价还价等项目采购合同的工作。

4）发盘和还盘的工作

这是由项目物资采购者与可能的供应商之间进行发盘（要约）和还盘（反要约）

的工作，即项目采购中的讨价还价工作。由于项目物资采购买卖双方各自的争价能力不同，人们需要根据自己的争价能力去讨价还价，以便最终能够达成交易。

5）承诺和签约的工作

在项目所需物资买卖双方的讨价还价后，若能达成"合意"，就可以开始项目物资采购的合同细节谈判和签约工作。这项工作的主要内容是买卖双方商定采购合同的条款，包括价格条款、数量与质量条款、交货期与交货方式条款、支付条款、违约条款等。

6）合同的履约管理工作

此时最为重要的是买卖双方必须依据项目物资采购合同去履行自己所承担的合同权利和义务。这包括卖方承担提供项目所需物资的责任和获得合同固定价格支付的权利，而买方承担支付项目物资采购价款的责任和获得项目所需物资的权利等。

7）合同后续服务的工作

项目物资采购中有很多工具机器、软件硬件、成套设备，甚至是生产线等，这些都需要有售后的技术服务，包括试运行和并轨方面的服务、知识转移或使用方法培训等方面的服务，所以项目物资采购的最后工作是项目物资采购合同的售后服务工作。

9.3.3　项目服务采购作业计划的实施

项目服务的采购多数是按照招投标的办法进行的，世界上多数国家对于公共项目采购都有招投标的相关法律规定，所以项目招投标就是一种项目所需服务（包括技术服务、组织服务、劳务服务、物流服务等）的采购方式，它是一种由买方发出"要约邀请"（即招标书）而引发的卖方提出"要约"（即投标书），然后买方需对"要约"进行评价（评标），最终择优选定中标者并做出承诺（授标）的项目服务采购合同的订立过程。当然，在项目招投标的中标后，还会有合同细节谈判与合同签署等工作。

1. 项目服务采购中的招投标方式

项目服务采购的买方可以通过招投标方式来选择供应商或承包商，按照我国的规定常用的项目招投标的方式主要有下面三种。

1）公开招标

这是项目服务采购的买方通过在公众媒体或在专业媒体上发布公开招标通告，然后开展招投标后续工作的一种方法。凡是有意向投标的组织在经招标单位资格审查符合条件后，都可在规定时间内购买招标书和提交投标书并参加投标。一般国有资金的项目服务采购规定必须使用这种办法，国际上很多国家都规定使用国有资金的项目需要使用公开招投标方法去选择服务提供商。

2）邀请招标

这是项目服务采购的买方邀请"自我青睐"的承包商参加招投标，以确定项目服务提供者的方法。因为所邀请的承包商都是买方认可或以前合作过的，这种项目服务采购的方法被广泛用于商业项目的服务采购中，特别是民营企业的项目招投标之中。这种邀请招标的方法最大的好处有两个：一是比公开招标能够省钱省力，二是买方和卖方彼此相互了解与信任。

3）直接发包

这是当符合下面三种情况时可采用的一种招投标方法：一是项目的可能服务提供者

（投标者）不足三个而无法满足开展公开和邀请招标的要求，二是项目涉及国家机密或其他保密要求而不能公开或邀请招标的情况，三是项目时间紧迫而没有时间按照公开或邀请招标的方式去“按部就班”工作的情况。通常这种方法多数被用在国防项目、高科技项目和应急项目的招投标中。

2. 项目服务采购中的招投标程序

按照国家标准和国际惯例，项目服务采购的招投标过程可分为多个阶段，这种招投标程序如图 9-3 所示。项目服务采购的招投标所涉及的主要步骤和内容如下。

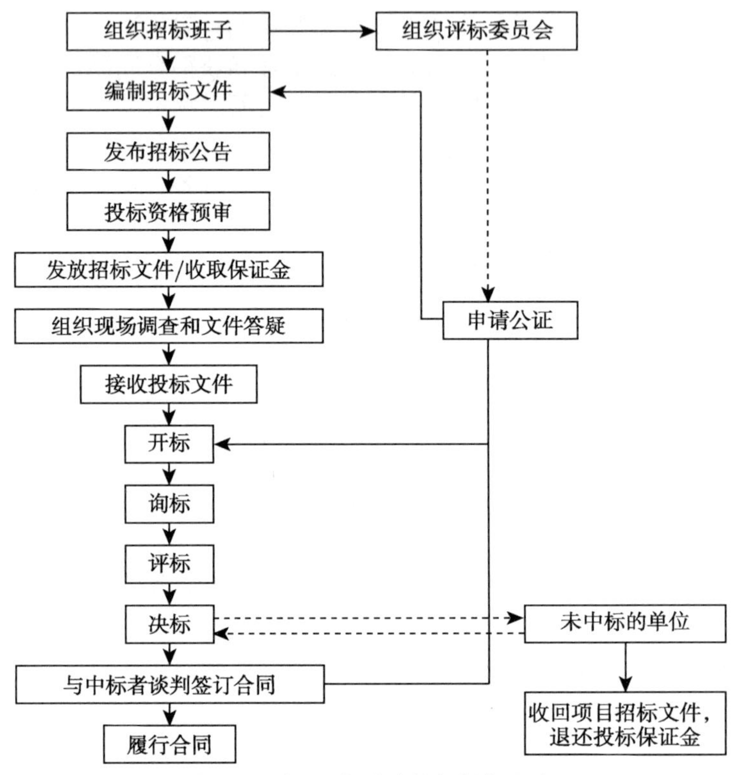

图 9-3 项目服务采购的招投标程序

1）组织招标班子和编制招标文件

此时项目服务采购的买方需要成立负责采购的小组或将招标工作外包给专业的招投标公司去完成，多数大型项目会由专业招标公司负责招标工作。项目招标准备阶段的主要工作是准备招标各种文件，如项目招标公告、项目服务采购评选标准文件等。

2）发布招标公告或邀请和开展资格审查

第二步工作是发布招标公告或邀请，这需按国家法律规定的公告媒体或邀请招标的卖方数量去开展工作。然后对投标的卖方进行资质审查，这方面审查的内容有投标者的技术能力、组织和管理能力、财务与信誉及以往的业绩等。

3）发放招标文件和召开标前会议

对符合条件的投标者发放招标文件并收取投标保证金，然后由投标方根据招标文件去准备投标书。之后买方可组织召开标前会议对项目需求和招标问题做答疑与说明，以确保人们对于采购需求的理解正确，标前会议的纪要可作为修正内容写入招标文件。

4）开标和评标阶段的工作

这项工作是选择与确定项目承包商的工作，包括三方面的内容：第一，开标活动，即将密封的投标文件当众启封并公开宣读的活动；第二，初审和询标活动，其中对初审合格但尚需澄清的问题所做出的书面回答或当面澄清的记录也需作为投标文件的补充部分使用；第三，评标，这是由评标委员会按照预定评标方法选定 2～3 家投标者供下一步决标使用。

5）决标、授标与签约工作

这项工作包括两步：一是决标，国际上的决标多使用“有管理的低价中标”的原则和方法；二是授标与谈判签约，即向中标人发书面“中标通知书”并开展谈判而签署合约的工作。法律规定招标单位应在规定时间内发出中标通知书并谈判签约，如果中标人逾期不签约或拒签则没收投标保证金，买方可顺延向第二顺位中标人授标。

需要特别说明的是，由于项目服务采购及项目招投标都会涉及相关法律问题，而各国所使用的法律又不尽相同，所以项目服务采购时需掌握相关国家的法律与法规。

9.3.4　项目采购作业计划实施中的谈判方法

项目所需物资和服务的采购都会涉及谈判和签订采购合同的工作，所以买卖双方不但要在这种谈判中达成合意并签署采购合同，还要为双方获得最大利益和减少日后的纠纷去谈判合同各方面的条款。这种谈判的方法至关重要，需要单独进行讨论。

1. 项目采购合同谈判的阶段划分

项目采购管理中的合同谈判一般分为如下几个阶段。

1）项目采购合同初步洽谈阶段

这又分为前期准备和初步接洽两个具体步骤，在前期准备中要求项目采购谈判双方做好市场调查、签约资格审查、信用审查等工作。在初步接洽中双方应就各自关心的事项向对方提出要求对方说明或澄清的清单，如说明项目的规模、任务、目标和要求，买卖双方的主体性质、资质状况和信誉，项目已具备的实施条件等。

2）项目采购合同实质性谈判阶段

这是指项目采购合同的买卖双方在相互有一定了解的基础上，随后进入正式谈判的阶段。在这种实质性谈判中，双方要对项目所需物资和服务的采购合同条款进行全面的谈判，这包括项目采购合同买卖双方各自的责任和权利、合同中应用的术语说明、适用的法律、在资源提供过程中所使用的技术手段和管理方法、合同方式及价格等。

3）项目采购合同的签约阶段

在完成相关合同的谈判后就会进入签约阶段，此时所签合同必须要尽量明确、具体，条款完备，双方权利、义务清楚，避免使用含混不清的词句和条款。项目采购合同中要明确规定合同生效的条件、有效期及延长、中止和变更的条件与程序等，对仲裁和诉讼的选择要做明确规定，对仲裁和法律管辖的条款要做明确规定。

2. 项目采购合同谈判的基本内容

在这种谈判中双方需针对合同条款进行逐条谈判，这包括：项目采购合同的标的、采购标的的质量和数量、项目采购合同的价格和支付办法、项目采购合同履约方面的规定、项目采购合同产品的验收与交付、项目采购合同的违约责任及项目采购合同谈判的其他事项等。

1）项目采购合同的标的

“标的”是指项目采购所要交易的物资或服务，这是双方权利和义务所指向的对象。在项目合同中“标的”要规定得完整、详细、准确。买卖双方有必要对项目合同中涉及“标的”的术语进行约定和说明，以使双方对合同“标的”的认识相互一致。

2）采购标的的质量和数量

这是对于采购合同“标的”的质量和数量的要求和描述，这包括项目采购标的涉及的规模、质量、数量、技术要求、标准或规范等，这些都要有清晰和没有歧义的描述。尤其是对标的的质量要求双方须达成共识，相关要求和检验方法都应在合同中写明。

3）项目采购合同的价格和支付办法

这事关买卖双方直接利益的问题，所以也是项目采购合同谈判中的主要议题。其中，支付办法涉及使用何种货币和如何结算方面的规定，包括结算时间、方式、预付金额等。如果是涉外的项目采购合同，还必须明确支付使用的币种和到岸港口等。

4）项目采购合同履约方面的规定

这也是直接关系到买卖双方利益的问题，同时还关系到项目采购合同履约中发生纠纷的法律管辖地问题。在项目采购合同谈判中，还必须确定采购“标的”的交货方式、地点、运输方式和条件以及运杂费、保险费及其如何担负等内容。

5）项目采购合同产品的验收与交付

这是关于项目采购获得物资后服务的验收时间、验收标准、验收方法、验收人员或机构等内容的谈判问题，这些内容也都必须在实质性谈判阶段达成一致意见。另外，有关物资或服务成果的最终交付办法也需要在谈判中明确规定。

6）项目采购合同的违约责任

项目所需物资和服务的买卖双方应就在项目合同履行期间可能出现的错误或失误，以及由此引发的各种问题和违约责任问题进行谈判，并订立违约责任条款以明确双方的违约责任。这方面的具体约定必须符合相关法律有关违约责任和赔偿责任的规定。

7）项目采购合同谈判的其他事项

这包括特定项目采购合同所特有的条款、项目终止和中止条款等，这些都需要根据采购标的的要求去确定。例如，项目采购合同是否合乎有关政府规定和要求、采用的是标准合同格式还是专用合同格式等。

3. 项目采购合同谈判的技巧

项目采购合同的谈判需要很多技巧，因为这种讨价还价的工作中涉及个人和组织的需求、动机、行为以及大量的心理因素，所以在项目采购合同谈判中使用下述技巧，可获得有利的谈判地位和实际利益。

1）努力将谈判地点放在自己组织的所在地

这样会有“主场”的优势，使对方在“做客”的谈判环境中产生压力。例如，在自己公司谈判可有充足时间去准备好庄严、舒适、光线充足、不受干扰的承发包合同谈判会场，将自己的谈判小组安排在首席位置上，并争取把对方小组成员分散开来安排等。

2）尽量让项目采购合同卖方在谈判中多发言

项目采购合同谈判不是谁说得多谁就会占优势，因为多说不但容易说错，而且容易说出各种自己的底线甚至让步条件，所以在项目采购合同谈判中应尽可能让对方先对自己的价格和交易要求等进行说明和解释，如果引导得当会使对方透露很多有用信息。

3）谈判发言必须充分准备不能杂乱无章

项目采购合同谈判中必须很好地准备相关策略和发言，发言时不能把情况和数字搞错，更不能在谈判中无意地泄露重要信息和数据。在合同谈判的发言中要清楚、谨慎、有条理且不露底，这样会使对方因缺乏信息而在心理上处于极为不利的境地。

4）在谈判发生争论时发言不要激动和失态

在合同谈判中发生辩论时，尤其是在项目采购合同谈判中发生争论时，自己的发言不要激动甚至失态，否则就违背了通过谈判去实现"双赢"的目的，甚至会危及自己在谈判中的利益和地位。如果被激动或愤怒支配，多会导致远离预定的谈判目标。

5）项目采购合同谈判中双方要相互顾全体面

如果项目采购合同谈判的一方在某方面犯错，对方也一定要顾全他的体面，如发现谈判的对方在项目采购成本估算和报价中有些明显的"多估冒算"错误，如果指责他欺诈对达成谈判目标有害无利，最妥当的办法是双方共同算账并建议对方做必要的修改。

6）项目采购合同谈判一定要避免过早摊牌

因为一旦摊牌则谈判双方就很难再做进一步的谈判和让步，如向对方说"这就是我的条件，接受或就拉倒"，多数时间会导致合同谈判的破裂。因此，在确认双方已尽到了最后的让步和摊牌之前，要确认是否已经得到自己想要的最后结果。

7）要满足项目采购合同谈判对手感情上的需求

这是要给对手一种尽管在和他们讨价还价，但你也很尊重他们的人格和利益，而且把他们看作合作的项目相关方的印象。在这种谈判中，双方除了为各自争夺利益之外，还有更重要的目的，即双方达成项目采购合同并实现整个项目价值最大化。

9.3.5　项目采购作业计划实施的依据和结果

开展项目采购作业计划实施工作的主要依据有五个，开展项目采购作业计划实施工作的主要结果有三个，具体分述如下。

1. 项目采购作业计划实施的依据

开展项目采购作业计划实施工作的主要依据分述如下。

1）项目各专项管理计划

其中，最重要的就是项目采购管理计划，因为它包含在管理和实施采购的过程中应该开展的管理活动；还有项目需求管理计划，它描述了将如何分析、记录和管理项目各方面的需求；项目沟通管理计划，它描述了买方和卖方之间如何开展沟通和谈判；项目配置管理计划，它定义了项目采购卖方开展配置管理的形式和过程；项目风险管理计划，它给出了如何安排和实施项目采购风险的管理活动；项目范围管理计划，它描述了由卖方负责的项目产出物和项目工作的范围；项目成本管理计划，它可用于开展项目采购的预算和管理采购过程的成本。

2）相关的各种项目文件

这包括：项目进度计划，它确定了项目活动的开始和结束日期以及项目采购活动的日期；项目经验教训登记册，它记载的经验教训可用于项目后期阶段；项目需求文件，它包括了卖方需要满足的技术要求、具有合同和法律意义的需求，以及其他非技术要求等；项目风险登记册，它给出了项目采购方面的风险及其应对措施；项目相关方登记册，它包含与已识别项目采购卖方有关的所有详细信息。

3）相关的项目采购文档

这主要包括：项目采购作业计划或采购工作说明书，它给出了项目采购作业的安排；项目招标文件，包括项目采购的招标邀请书、提案邀请书、报价邀请书，或其他以便卖方编制的应答文件；项目采购独立成本估算和预算，这用于评价投标人提交的投标书或提案的合理性；项目采购供方选择标准，它描述了评估投标人的投标书和提案的标准与权重等。

4）项目采购的卖方文件

这是项目采购的卖方为响应项目采购文件而编制的各种文件，其中最重要的是项目采购招投标中的投标书、报价函、要约、反要约、各种提案等。其中，投标书属于独特的要约，它是评价和选定投标人以及后续签订项目采购合同的根本依据；报价函是卖方为响应买方的询价而给出的回应（它没有法律义务）；要约是卖方给出的按照他们给定的要件进行签约的文件；反要约是卖方给出的反对买方的要约条件而提出新要约的文件；各种提案是卖方给买方提供的建议和意见类的文件。

5）事业环境因素与组织过程资产

事业环境因素包括：项目采购实施所在当地的法律和法规；制约项目采购过程的外部经济环境和市场条件；与组织青睐的承包商或供应商的合作经验；以前类似项目所使用的项目采购合同与协议；组织的合同管理系统等。组织过程资产包括：预审合格的优先卖方清单；可能会影响卖方选择的组织政策；组织中关于项目采购合同与协议起草和签订的模板或指南；关于项目采购实施的付款申请和支付过程的财务政策与程序等。

2. 项目采购作业计划实施的结果

这方面主要结果有三个：一是选出了满意的供应商或承包商，二是获得了组织认可的项目采购合同，三是获得了项目所需的物资和服务。

1）选出了满意的供应商或承包商

这些选定的卖方是在项目投标书或要约函与提案的评估中被识别出的最有竞争力的投标人或报价者。对于较复杂、高价值和高风险的项目物资或服务的采购，在授予项目采购合同之前，要把选定的项目采购卖方报给组织高级管理人员进行审批。

2）获得了组织认可的项目采购合同

这是对买卖双方都有约束力的一种协议，它要求卖方提供规定的项目所需物资或服务，要求买方向卖方支付相应的报酬和奖励，这就是受法律保护的项目采购合同买卖双方的关系。项目采购合同文本的主要内容有：项目采购的标的、进度计划、里程碑、定价和支付条款、质量和验收标准、后续服务和支持、保险和履约保函、变更请求处理、终止条款和替代争议解决方法、违约条款、激励和惩罚条款等。

3）获得了项目所需的物资和服务

项目采购作业计划实施的最终结果是获得了项目所需的物资和服务，这也是履行项目采购合同约定的最终结果。在这种项目采购合同履约过程中可能会出现项目采购合同的变更及集成控制的工作、项目各专项管理计划和项目文件的更新工作、项目采购的管理和业务终结工作、项目采购的合同终结工作（这是双方终结权利和义务的工作）。

9.4　项目采购的控制

这是管理项目采购关系、监督合同绩效、实施必要的变更和纠偏，以及终结项目合同的管理工作，其主要作用是确保项目采购合同的买卖双方履行法律义务与权利，最终去满足项目所需的物资和服务的需求。

9.4.1　项目采购控制的核心概念

项目采购控制的核心任务是按照项目采购合同的规定去控制好项目采购合同的实施，以便能够确保项目采购合同的买卖双方最终都履行义务和获得回报。

1. 项目采购控制中的合同履约管理

在项目采购控制过程中，最重要的控制工作就是项目采购合同的履约管理。鉴于这种控制工作的法律意义，很多项目采购的买方将这种项目采购合同管理工作交给独立于项目的专门部门或专家小组去开展，而多数项目采购控制者还要向组织的法务部门报告。

2. 项目采购控制中的买卖双方责任

项目采购合同的买方和卖方都有自己的控制工作，二者的根本目的都是确保买卖双方能够履行项目采购合同义务，从而确保项目合同规定的各自合法权利得到保护。其中，项目买方会更注重对项目采购合同中标的的交付进行控制，而卖方更注重对于项目采购合同中规定的付款和结算与激励的控制。

3. 项目采购控制中的合理关系配置和集成

项目采购控制工作会涉及项目各目标要素的实现，所以这种控制工作需要考虑项目各方面的合理配置关系和集成。项目采购控制经常会涉及多个项目采购合同及其卖方，这就需要在组织的更高层级上开展全面集成管理。另外，在项目采购合同集成管理中的一个重要方面就是开展好与项目各供应商之间的沟通。

9.4.2　项目采购合同的履约控制

这是控制项目采购合同双方去履行合同义务、兑现合同责任、提供合格的项目所需物资与服务的管理工作。实际上只有做好这方面工作，项目采购的实施工作才会有足够的保障而获得成功。这方面的控制工作是由买卖双方共同合作去开展的，有关项目采购合同履约控制工作的具体内容分述如下。

1. 项目采购合同履约信息的收集工作

在项目采购合同履约控制中需要收集的项目采购合同履约信息主要包括如下几种。

1）项目采购合同方面的信息

这方面的信息包括项目物资和项目服务采购合同方面的信息，这些信息中明确规定了项目采购合同双方所承担的合同权利与义务，以及有关项目采购标的的交付计划和安排，这是开展项目合同履约控制的主要依据。

2）项目采购合同卖方履约实际情况的信息

这方面的信息是关于合同卖方已经交付了哪些物资或服务、所交付物资或服务的质量和采购成本等方面的信息，项目采购合同的买方可根据这些信息去监控卖方的合同履约实际情况。

3）项目采购合同买方履约的支付信息

这方面的信息是项目合同履约管理的直接依据，项目采购合同买方必须保证及时按合同约定向卖方付款。另外，在项目合同终结中的项目支付审计资料也是项目合同履约控制的重要信息。

4）项目采购合同变更方面的信息

项目采购合同会因各种情况进行变更，这可能是由项目环境因素或他们的主观请求造成的，如项目进度计划的调整、项目合同买卖方自身出现履约困难、项目所需资源价格变化等。

5）项目采购合同的结算请求和实施信息

项目卖方在提供项目所需物资或服务以后必须及时向项目买方提交发货单或完工单，并对已完成的供货或服务请求买方付款。项目采购合同双方都应该将采购的发货单或完工单等文件作为合同付款的依据。

2. 项目采购合同履约的监控工作

项目采购合同履约控制的实质是对于项目采购合同的权利和义务履行情况的监控，项目采购合同履约监控的主要工作包括如下几个方面。

1）项目采购合同的变更控制工作

在项目采购合同的履约过程中可能会出现由于买卖双方提出请求，或项目环境与条件变化而需要对合同条款进行变更的情况。由于项目采购合同的变更会对合同双方的利益产生影响，因此需要对此开展严格的控制工作。通常项目采购合同变更控制的办法包括：项目合同变更的做法和过程，以及批准变更所需的程序与审批手续等。同时，各国的有关法律对这种变更也有法定程序和做法的规定，如项目合同变更协议未达成之前原合同继续有效，项目合同变更达成一致意见后双方需签订书面合同变更协议等。

2）项目采购合同履约绩效的评价与报告工作

项目采购合同履约管理还要对项目卖方的工作绩效进行必要的跟踪与评价，这也被称为项目采购计划实施的绩效报告管理工作。由此所产生的相关绩效报告书提供了有关项目卖方履行合同约定的实际情况和相关信息。项目采购合同的买方根据这些信息就可以对项目合同卖方的项目合同履约绩效开展必要的控制工作。例如，在使用成本补偿式的项目承发包合同的履约过程中，项目采购合同的买方会要求项目采购合同的卖方及时提供履约的进度和成本情况，当发现项目采购合同履约的实际成本超出预算或进度出现落后的情况时，就必须对项目采购合同的实施情况进行调整和控制。

3）项目采购合同履约的纠偏工作

项目采购控制的核心是项目采购合同履约偏差监测和控制工作，尤其是项目采购买方应该实时监督和控制合同卖方的物资与服务的提供工作。为了保证及时和保质保量地获得项目所需物资和服务，项目采购合同的买方必须同项目采购合同的卖方保持紧密的联系并监督他们提供项目所需物资或服务的质量和进度，以免延误整个项目的实施工作和进度。若项目采购合同的卖方不能按时按质交付项目所需物资或服务，那就需要调整原定的项目进度计划和项目采购计划。另外，双方的合同纠纷解决也属于项目采购合同履约控制工作。

4）项目采购合同纠纷的控制工作

这方面控制的基本要求包括：在项目采购合同中有处理合同争议条款的可按照合同规定处理，在项目采购合同中没有争议条款时可以由双方协商解决，或升级去寻求第三方进行调解或仲裁（或诉讼）来解决。另外，对于项目采购合同价格和付款方面的纠纷问题，双方也必须依照项目采购合同规定或法律进行管理和解决。同时，在项目采购合同纠纷涉及索赔问题时，由于项目采购合同双方会对索赔持有异议而引起经济纠纷，所以在项目采购合同履约控制中还必须对经济纠纷的仲裁或诉讼进行监督与控制。

5）项目采购合同履约的档案管控工作

这是对与项目采购合同履约相关的信函、文件及签订的合同与合同补充条款，以及索赔文件等进行全面的文档化管理和控制。项目采购合同履约的文档化管理也是项目文档化管理或信息管理系统的一部分，其目的是在项目实施过程中和项目实施完成后，人们能够对照项目合同履约方面的文档，对项目采购合同双方提供物资或服务及其付款的情况进行检查和审计，并为人们今后开展类似的项目采购合同履约管理提供参考和依据。这方面的控制工作最主要的是商业机密的保密工作。

9.4.3　项目采购合同履约控制的依据、方法和结果

有关项目采购合同履约控制的依据、方法和结果分述如下。

1. 项目采购合同履约控制的依据

项目采购合同的履约控制是涉及法律责任和义务的控制工作，所以这种控制工作必须依据项目采购合同的条款和相应的法律规定，以及项目采购方面的各种文件去开展。

1）项目采购合同及其变更信息

项目采购合同或协议包括对买卖双方的法律义务、责任和权利的规定及双方对此的一致理解。所以项目采购合同信息是这种控制工作的根本依据，这种控制就是要努力去保证合同中的所有条款得到遵守。同时，获批的项目采购合同变更请求也是这种控制工作的依据，这种获批的合同变更请求包括了对合同条款的修改等，这些获批变更的信息需要以书面形式正式记录，这样才能够作为这种控制工作的依据。

2）项目各专项的管理计划

项目采购合同的履约控制所要依据的这类计划主要包括：项目需求管理计划，它描述了如何分析、记录和管理项目的物资和服务需求；项目采购管理计划，它规定了在控制项目采购过程中需要开展的活动；项目变更管理计划，它包含了关于如何处理由卖方引发的项目合同获批变更的信息和做法；项目风险管理计划，它描述了如何安排和实施由卖方引发的项目风险管理活动；项目进度计划，它给出了项目进度的整体安排。所有

这些计划都是项目采购合同履约控制的主要依据。

3）项目的各种相关文件

这包括：项目假设日志，它记录了项目采购过程及其控制工作的假设条件；项目质量报告，它给出了用于识别不合规的项目采购卖方履约的过程、程序或产出物；项目需求文件，它给出了卖方需要满足的技术要求和有合同和法律意义的需求以及其他非技术要求等；项目里程碑清单，它说明了卖方需要在何时交付成果；项目风险登记册，它记录了项目采购可能会带来的风险及其应对措施；项目经验教训登记册，其中的经验教训可以改进采购绩效和过程；相关方登记册，它包括已选定卖方以及参与采购的项目相关方。

4）项目采购文档和采购工作绩效数据

这方面的依据包含用于控制项目采购过程的各种记录和文件，主要有项目采购工作说明书、项目采购支付信息、承包商的工作绩效信息、计划、图纸和其他往来函件等。其中，项目承包商和供应商的工作绩效数据涉及卖方的工作绩效数据，如项目采购合同实施的工作绩效、质量情况和技术绩效等。另外还涉及已启动、进展中或已结束的项目采购合同履约活动、已产生或投入的项目采购合同的成本和已向卖方付款的情况等。

另外，还有能影响采购控制的事业环境因素（如市场条件、财务和应付账款管理系统、合同变更控制系统等），以及能影响采购控制的组织过程资产（如采购政策等）。

2. 项目采购合同履约控制的方法

项目采购合同履约控制的方法有很多种，其中主要的有如下几种。

1）索赔的方法

当项目采购合同的买卖双方不能就项目合同变更及其补偿达成一致意见就会出现项目采购合同纠纷。此类纠纷会导致出现索赔问题，而索赔问题不能妥善解决会引发仲裁或诉讼。在整个项目采购合同的履约过程中，必须按照项目采购合同条款对索赔进行记录、处理、监督和管理。如果合同双方无法自行解决索赔问题，则需要按合同中规定的程序，用合作伙伴式的协商与谈判去解决索赔的方法。

2）检验、核查和审查的方法

其中，检验的方法是对卖方所生成的项目产出物的质量进行测量和确认的方法。核查的方法是对卖方所开展的项目工作进行结构化核检的方法。审查的方法可能涉及对卖方的项目产出物的审查，或对他们开展的项目工作质量的审查，以及对于合同履约中买方支付款项的审查等。这种审查的方法是对项目采购合同履约过程的结构化审查，这应该在项目采购合同中明确规定与开展审查有关的权利和义务。项目采购合同的买方主管和卖方主管都应该关注这种审查的结果，以便对项目实施进行必要的调整。

3）合同实施绩效的分析方法

这种方法是对照项目采购合同或协议，对项目采购合同实施的质量、进度和成本等绩效进行测量、比较和分析，以审查项目采购合同工作的绩效，进而提出改进分析和方案的方法。其中，如果确定项目采购合同实施工作提前或落后于项目进度计划、超出或低于项目预算，以及存在质量问题，则必须开展必要的改进，包括提出对于项目采购合同的变更请求和批准与执行等工作。另外，还有像项目挣值管理方法可用于评价和分析项目采购合同实施的进度和成本偏差与绩效指数，以及项目趋势分析方法可用于对采购合同绩效趋势的预测分析和编制关于项目成本绩效的完工估算等。

3. 项目采购合同履约控制的结果

项目采购合同履约控制方面的结果主要有如下几个方面。

1）项目采购合同履约控制的成果

这涉及两个方面的成果，一是项目采购合同的卖方分阶段或全部完成项目采购合同的义务，从而产生或形成了项目采购合同规定的产出物或服务；二是项目采购合同的买方根据合同中付款条款的规定完成了支付合同款项，从而获得了项目采购合同卖方所提供的物资和服务。这些成果包括：卖方已按时、按质、按技术要求交付了实施完成的全部可交付成果，而没有未解决的索赔且全部最终款项已经付清。另外，在项目采购控制过程中买卖双方都可能提出对变更的请求，这些项目采购合同的变更获批后的实施结果也是项目采购合同履约控制的成果。

2）项目采购文档的更新

这包括：项目采购合同已批准的变更请求及其更新，项目采购各种技术文件和要求的更新，项目采购可交付成果的状况更新，项目采购合同卖方绩效报告的更新，项目采购担保、保险、财务文件（包括发票和支付记录）的更新，以及与项目采购合同相关的其他采购文件的更新结果。另外，在这种控制中买卖双方提出的变更请求及其获批的结果也是项目采购合同的更新结果。

3）项目各专项管理计划的更新

项目各专项管理计划的任何变更都是由项目某方提出变更请求导致的，这需要通过组织的变更控制过程进行处理，最终就形成了项目各专项管理计划的更新。这主要包括：项目风险管理计划的更新，因为每个合同的变更都会带来新的项目风险；项目采购管理计划的更新，因为会出现项目采购合同的改进而需要对项目采购管理计划进行更新；项目进度管理计划和进度计划的更新，因为如果项目进度出现变更就需要更新项目进度管理计划和项目进度计划；项目成本管理计划和预算安排的更新，如果项目所需材料价格和服务价格出现较大变动就需要根据这种变动去更新项目成本管理计划和预算的安排。

4）项目文件方面的更新

这主要包括：项目资源需求文件，因为随着项目的进展可能需要变更项目的资源需求；项目经验教训登记册，这是对出现的项目采购合同实施偏差予以记录和采取纠正措施的记录；项目风险登记册，这是对项目采购中出现的新风险的记录；项目相关方登记册，这是对项目采购合同相关方的有进有出情况的记录。

5）组织过程资产的更新

这包括：将项目采购的支付计划、请求和实际情况，所有项目采购的支付按合同条款和条件去完成并汇总入组织过程资产中；将项目合同卖方的绩效评估文件或对卖方的项目执行工作进行评级汇入组织过程资产；组织青睐的供应商或承包商名录，这是将记录审查合格的合同卖方清单及其更新汇入组织过程资产；经验教训知识库，这也应该归档汇总到组织过程资产中；项目采购文档，这些文档也应纳入组织过程资产之中。

9.5 项目采购合同的终结管理

项目采购合同在双方依照合同规定而履行了全部义务之后就进入终结阶段，因而就需要开展项目采购合同终结的管理。有时项目采购合同的终结和整个项目的终结会同步进行，因此本节将讨论项目采购合同终结与项目终结的管理工作。特别是对于类似总承包、交钥匙、设计-采购-实施总包等只有一个项目采购合同的项目更是如此。对于项目终结的管理分别包括项目的管理终结和项目的合同终结两方面管理工作。

9.5.1 项目采购合同终结管理的依据

项目采购合同终结管理工作都必须有依据，这主要包括如下几个方面。

1. 项目采购的合同文件

这是开展项目采购合同终结工作的根本依据，因为任何项目采购都是根据项目合同规定开展的，即使是组织自我开发项目也有类似协议和项目任务书等内部合同。项目合同终结管理必须依据项目合同或协议的规定进行，所以这种项目合同终结管理的依据不但包括项目合同本身，而且包括项目合同的变更文件和其他附加文件，如项目技术指标说明书、项目产品说明书、项目成果验收准则与程序等。

2. 项目各专项的计划文件

这是开展项目采购合同终结管理的主要依据，所以项目采购合同终结的管理需要依据这些项目专项管理计划和项目业务计划的文件去进行。这主要包括项目集成计划和专项计划、项目业务计划和管理计划。这种依据还包括项目计划的变更和附加文件，如项目技术规范和标准等。

3. 项目实际的实施情况和成果

项目采购合同终结管理工作的另一个主要依据是项目采购合同实施的实际情况信息和已经完成的项目产出物或服务的成果，因为项目采购合同的终结管理就是人们对项目采购工作成果的汇总、归纳、总结和控制。这方面的依据包括：项目产出物、项目各种文件和档案、产出物检验单、项目工作核检清单、项目变更和索赔文件等。

9.5.2 项目采购合同终结管理的内容

项目采购合同终结管理的工作内容涉及项目采购合同所规定的权利和义务的两方面的终结工作，根据《中华人民共和国民法典》(以下简称民法典)的最新规定：当事人协商一致，可以解除合同。所以项目采购合同的终结管理需要开展如下几个方面的工作。

1. 项目采购合同规定义务的终结管理

按照民法典的规定“合同是民事主体之间设立、变更、终止民事法律关系的协议”，项目采购合同终结管理属于“终止民事法律关系的协议”的管理工作，而终止民事法律关系中最重要的管理就是项目采购合同的规定义务的终结管理。所以项目采购合同终结管理工作的核心内容是审查和认定项目采购合同双方都已经完成了人们必须承担的合同规定的应有作为。其中，项目采购合同的卖方履行了提供项目所需物资或服务的法律义务，而买方履行了支付项目采购合同规定的付款和奖励的法律责任。另外，对于项目采购合同的终结管理而言，管理好这些义务的履行才会有项目采购合同义务的完全终止。

2. 项目采购合同规定权利的终结管理

按照民法典规定，合同双方的权利和义务是对等的，所以当项目采购合同规定的双方义务得以终结后，项目采购合同规定的双方权利也就得以终结了。但是对于许多特殊的项目采购合同终结情况会有一些特殊的权利，如民法典规定："当事人一方依法主张解除合同的，应当通知对方"，这就是一种项目采购合同权利终结的管理。另外，民法典规定"合同解除后，尚未履行的，终止履行；已经履行的，根据履行情况和合同性质，当事人可以请求恢复原状或者采取其他补救措施，并有权请求赔偿损失"，这是另一种项目采购合同权利终结的管理。同时，民法典还规定"合同的权利义务关系终止，不影响合同中结算和清理条款的效力"，这是一种项目采购合同权利延续的管理。

9.5.3　项目终结的管理工作内容

这是指在项目所有的采购合同终结，并且项目所有实施工作（包括自我实施）完成后，所开展的对于项目整体终结的管理工作。这涉及两方面的管理工作，一是项目的管理终结工作，二是项目的合同终结工作。

1. 项目的管理终结工作

对整个项目的管理终结而言，人们要为整个项目的结束做好以下方面的工作。

1）建立项目管理终结工作队伍和选定方法

项目管理终结的首要工作是建立项目管理终结工作队伍，即确定和分配所有参与项目管理终结工作的项目团队成员和其他项目相关方的任务、角色与责任，其次制定出开展项目成果的自我检查和验收的方法，编制各种项目实施活动情况、项目变更情况和项目相关方之间相互谅解情况的说明文件，分析和记录项目成功与失败的经验和教训，以及将所有经验和教训与信息文档化以供后续使用等。

2）整理项目采购合同与项目实施的文件

这包括项目采购合同书、项目实施工作进度表、各种批准的项目合同变更记录、项目供应商或承包商提供的技术文件、项目供应商或承包商工作绩效报告，以及任何与项目采购合同终结管理有关的记录等。这些项目采购合同管理中的主文件和支持细节文件都应该经过整理后建立文档，这种项目采购合同的文档是整个项目文档记录的重要组成部分。

3）项目产出物和项目工作的自我验收工作

这是由项目管理终结工作队伍按照既定的自我验收方法与程序去开展的确认项目整体成果的工作。这一工作是后续项目合同终结工作的前提条件和准备工作，因为项目实施组织只有先完成了项目产出物和项目工作的自我验收，并且在这一过程中去做好必要的纠偏、返工和质量恢复等工作，才能够在后续的项目合同终结工作中获得合同对方的认可和验收。另外，如果没有这方面的自我验收工作，将项目成果中的问题和错误暴露给对方会导致极大的麻烦和损失。

2. 项目的合同终结工作

这是由项目合同双方共同完成的项目产出物和工作的验收与确认的工作，这涉及项目合同中止、终止或终结与项目产出物的完工交付等方面的内容。同时，这也包括项目合同无法完成而中止的工作，以及项目合同出现法律纠纷的终结工作。这方面工作最主要的是项目业主和项目实施者共同对项目在数量、质量和交货期等各方面的验收与交付工作，以及对出现项目合同变更的终结工作。项目合同终结的管理工作有如下方面。

1）开展所有项目采购合同的审计

这是对项目采购工作的全面审查，包括对项目采购计划到项目采购合同履约管理的全面评审和检查。这种审计依据的是项目合同文件和相关的法律与规定，这种工作的目标是确认所有项目采购合同管理的成功之处、不足之处以及是否存在违法违纪现象，以便从中吸取经验和教训。这种审计工作一般不能由项目采购双方的人员来进行，而应由国家或专业的审计机构与部门来进行。

2）所有项目采购合同的终止手续办理工作

当项目供应商或项目承包商全部完成了项目采购合同所规定的义务以后，项目采购者就应该与项目供应商或承包商办理所有项目采购合同正式终止的管理工作。一般项目采购合同双方应该在项目采购合同中对于如何终止项目合同规定出相应的合同条款，然后项目的合同终止活动就须按照这些合同条款规定办理终结手续。项目合同的终结手续包括：项目合同条款与条件的终结、项目合同终结的法律手续办理、正式验收与移交项目合同规定的最终成果、正式转移项目产出物的所有权等。

本章思考题

1. 项目采购管理中的物资和服务采购有何不同？
2. 项目采购计划制订有哪些主要内容和结果？
3. 项目采购合同履约管理有哪些工作内容和做法？
4. 项目采购计划实施的控制有哪些工作内容和做法？
5. 项目采购合同终结管理有哪些主要的工作内容？
6. 项目采购合同履约控制中最难做的控制工作内容是什么？

第 10 章 项目风险管理

【本章导读】项目管理的最主要任务是对由项目不确定性引起的项目风险进行管理。若项目一切都是确定的，则管与不管结果都一样，那就不需要开展项目管理了。本章将全面讨论项目风险及其管理的概念与思想、项目风险管理计划制订、项目风险识别和风险度量的方法与技术、项目风险监测与项目风险应对措施的计划和实施等。

10.1 项目风险和项目风险管理

项目最大的特性是风险性，这是由项目全过程中存在的不确定性造成的。这种项目风险性从根本上说是由项目所具有的一次性、创新性和独特性等特性，以及在项目全过程中所涉及的项目内外部环境与条件的发展变化所造成的[①]。如果不能很好地管理项目风险就会给项目相关方造成风险损失，反之若能够很好地管理项目风险就会带来项目风险收益。项目风险管理的内容涉及对于项目风险管理的计划安排、对于项目风险的识别和度量、对于项目风险的监测，以及对于项目风险应对措施的安排（预案）和实施等多个方面。项目风险管理的根本目标有三个，一是努力消减项目风险损失和不利后果，二是努力提高项目风险收益和有利后果，三是努力收集信息去降低项目不确定性。

10.1.1 项目风险的定义与成因

项目具有不确定性和风险性，导致项目风险产生的根源分述如下。

1. 项目风险的定义

项目风险是指由于项目及其所处环境和条件等方面的不确定性，以及项目相关方认识风险的能力有限，项目最终结果与项目相关方的期望产生背离，最终给项目相关方带来损失或收益的可能性[②]。项目风险的这个定义可以进一步使用公式表述如下。

$$R = P \times (L/B) \tag{10-1}$$

其中，R 为项目风险；P 为项目风险发生可能性；L 为项目风险损失；B 为项目风险收益。

由式（10-1）可看出，项目风险可能会带来损失，也可能会带来收益。所以项目风险管理的实质是一种“趋利避害”的管理工作，即既要努力避免项目风险带来的损失，

---

① 戚安邦，孙贤伟. 中国式项目风险管理. 北京：机械工业出版社，2021.

② 戚安邦. 项目管理学. 3 版. 北京：科学出版社，2019.

又要努力抓住项目风险带来的收益和机会。这是中国项目风险管理的思想和哲理，但西方最初的风险理念是：风险是发生损失的可能性。这种理念源于西方保险业（1720 年英国首创商业保险公司），只强调项目风险损失的一面，却忽略项目风险收益的一面[①]。

2. 项目风险的三种信息状态

形成项目风险的主要根源有两个：一是人们在主观上对于项目发展与变化的认识能力的不足而造成在项目决策方面出现问题，二是客观上项目环境和条件会发生很多意想不到的发展变化。这二者共同造成了项目决策支持信息的不完备性，即项目管理者对项目及其未来发展变化情况缺乏足够与准确的信息。再加上项目所具有的一次性、独特性和创新性等特性，就决定了在项目全过程中存在着信息的不完备性，从而使得项目会出现许多风险。通常，人们对项目风险具有的三种信息状态具体说明如下。

1）拥有完备性信息的状态

此时，人们知道项目及其活动结果只有一种，且这种结果肯定会发生（发生概率为 100%）。这种项目或项目活动称为“确定性”项目或项目活动。例如，某建设项目需露天浇灌混凝土作业，如果晴天每天可赚取 10 万元，下雨每天会损失 5 万元，现有天气预报报道第二天降水概率为 0，那第二天收益 10 万元就是确定性结果。

2）拥有不完备性信息的状态

此时，人们知道项目或项目活动会有多种可能后果，并且知道每种后果各自的发生概率（可能性），但不知道哪种后果会确切地发生。人们将这种项目或项目活动称为“风险性”项目或项目活动。例如，若上述事例中，天气预报报道第二天的降水概率为 60%，则项目有 60%的可能会因下雨损失 5 万元，有 40%的可能会因不下雨而收益 10 万元。

3）完全没有相关信息的状态

此时，人们对项目或项目活动的可能后果以及每种后果的发生概率都不知道，这就是人们最缺乏项目相关信息的情况。这种项目或项目活动被称为“完全不确定性”项目或项目活动，是项目风险管理中最难管的部分。例如，在上述例子中，若人们根本没有天气预报信息，就不知道第二天是否下雨，更不知第二天的损失和收益了。

在项目的实现过程中，这三种项目风险的信息状态的情况都存在，其中“风险性”项目或项目活动所占比例最大，“完全不确定性”项目或项目活动和“确定性”项目或项目活动都比较少[②]。在实际的项目管理中，人们会将一些风险性不大的项目或项目活动简化成确定性的，这会给人们造成很多项目或项目活动都是确定性的印象，而实际上这些确定性项目或项目活动都是假定的。显然，上述“风险性”和“完全不确定性”项目或项目活动是项目风险管理的根本对象。

3. 项目风险产生的原因

从理论上说，项目或项目活动信息的不完备性可通过人们的努力而降低，但无法完全消除。这与项目风险产生的原因有关，这方面的原因主要有如下四个方面。

1）人们对于项目或项目活动的认识能力有限

由于人们的认识能力有限，至今人们对于许多项目或项目活动独特属性的认识仍然

---

① 戚安邦，孙贤伟. 中国式项目风险管理. 北京：机械工业出版社，2021.

② 戚安邦. 项目风险管理. 天津：南开大学出版社，2010.

存在很大的局限性。从信息科学的角度上说，人们对项目或项目活动认识的这种局限性从主观上说是由人们认识能力在深度和广度方面的制约性造成的。由于人们不能够做到高瞻远瞩和远见卓识，所以对于项目或项目活动及其特性的认识深度和广度十分有限。因此努力去提高人们对于项目或项目活动的认识的深度和广度，克服人们对于项目环境与条件发展变化认识上的不足，是项目风险管理的根本出路之一。

2）项目或项目活动信息本身有滞后的特性

根据信息科学的理论，项目信息本身就具有滞后性，这也成为信息的“时延性”。因为只有项目或项目活动发生后才能够有描述它们的数据，然后只有人们对这些数据进行加工处理后才能生成对于决策有支持作用的信息，所以任何项目或项目活动的信息都有一定的滞后性，这种滞后性妨碍了人们及时认识项目或项目活动及其规律，因此使用各种信息技术去努力缩小这种项目信息的滞后性也是项目风险管理的根本出路之一。

3）项目或项目活动的环境与条件发展变化

这是造成项目或项目活动风险性的客观原因，因为这方面的变化导致了项目或项目活动的不确定性。其中，项目或项目活动的外部环境的发展变化所导致的项目风险多数难以控制而只能应对，因为一个组织难以改变外部环境。但是项目或项目活动的内部条件的发展变化所导致的项目风险可以努力控制去降低不确定性，因为一个组织可以开展内部条件的控制。这种客观原因造成的项目风险性主要靠应对去解决。

4）项目或项目活动信息资源和沟通管理的问题

这也是造成项目风险的根本原因之一，这方面的问题主要包括：项目或项目活动的数据收集和加工处理问题、项目沟通中的信息资源交换与合理使用问题、某些项目相关方滥用自己的信息优势地位，以及项目信息沟通时效性不强等方面的问题。由于某些项目相关方具有利用信息优势地位谋取利益的倾向，从而会增加项目的风险性，如项目承包商会比业主拥有更多项目实施与管理的信息，若管理不善会导致项目风险。

10.1.2　项目风险的分类及特性

为了更好地开展项目风险管理，人们需要对项目风险按不同标志进行分类，借此人们可进一步认识项目风险的特性，以便更好地开展项目风险管理。

1. 项目风险的分类

项目风险分类的方法主要有如图 10-1 所示的六种[①]，它们的具体描述如下。

1）按项目风险发生概率分类

这种项目风险分类的方法可以使人们充分地认识项目风险发生可能性的大小，一般可以将项目风险按发生概率采用定性的方法分为三级、五级或多级，以区分项目风险发生的可能性，而按照项目风险定量度量的方法可以用百分比给出概率大小。

2）按项目风险后果严重程度分类

这种项目风险分类方法可使人们充分地认识到项目风险后果的严重程度，即项目风险损失或收益的大小。按照定性度量方法，人们可将项目风险后果分为三级、五级或多级。

① 戚安邦. 项目管理十大风险. 北京：中国经济出版社，2004.

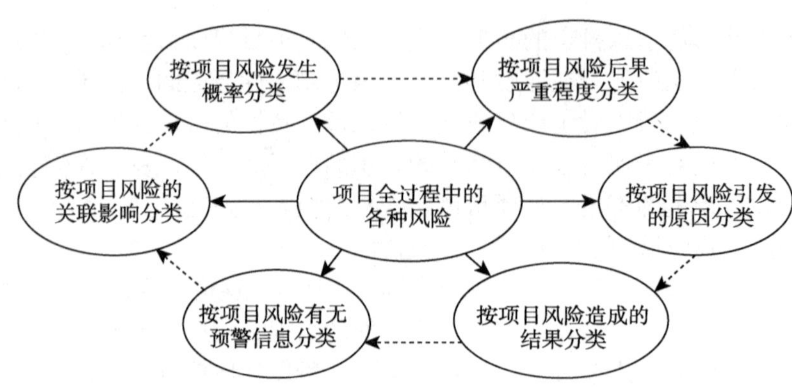

图 10-1　项目风险分类方法及其关系示意图

按照定量度量方法，可用项目风险损失或收益额的数值给出风险后果的严重程度。

3）按项目风险引发的原因分类

这种分类可使人们充分认识项目风险的根本原因，以便能有针对性地对项目风险进行应对。这可按主观/客观、组织内部/外部以及技术、经济、运行等原因进行分类。其中，主观原因是指人们认识能力不足，客观原因是指项目环境与条件发展变化。

4）按项目风险造成的结果分类

这种分类方法可使人们充分认识项目风险后果的实质的指向或所在，从而预先计划和安排好项目风险应对措施。这可按人、财、物等方面的损失或收益分类，如“劳民伤财”的项目风险后果，与“机毁人亡”的项目风险后果需要不同的应对措施。

5）按项目风险有无预警信息分类

这种分类方法将项目风险分为无预警信息风险（风险 Ⅰ）和有预警信息风险（风险Ⅱ）。其中，有预警信息风险可以按照项目风险潜在阶段、发生阶段和后果阶段去开展管理，而无预警信息风险就只能用应急管理的方法去管理了。

6）按项目风险的关联影响分类

这种分类方法可将项目风险分成独立发生的风险和有关联影响的风险，其中有关联影响的风险会在其发生时引发其他项目风险发生。这种分类也是为开展项目风险管理服务的，即在制定和实施项目风险应对措施时须同时应对其关联风险。

综上所述，所有项目风险分类都是为开展项目风险管理服务的，人们只有充分地认识了项目的这些独特属性及分类，才能够更好地开展项目风险管理。

2. 项目风险的主要特性

项目风险的主要特性有如下几个方面。

1）项目风险事件的随机性

项目风险的发生都是随机或偶然的，没人能准确预言项目风险发生的确切时间和后果。虽然借助统计分析可以发现某些项目风险发展变化的基本规律，但这也只是具有随机性的统计规律。项目风险事件的随机性，使得项目风险危害性增大。

2）项目风险的相对可预测性

项目风险会具有多个可能后果，人们要做项目风险管理就必须预测项目的各种风险。

但由于项目环境与条件的发展变化和人们认识能力所限，没人能确切地认识和预测项目所有风险，只能相对预测项目风险及其发展变化，所以项目风险有相对可预测性。

3）项目风险的渐进性

这是说有预警信息风险不是突然爆发的，而是随着项目环境与条件和自身固有的规律逐渐发展及变化的。通常，随着项目环境与条件的逐步发展变化，项目风险的大小和性质也会发生变化，即项目风险不断增大或者项目风险不断减小。

4）项目风险的阶段性

这是指有预警信息风险的发展是分阶段的，这些阶段都有明确的界限、里程碑和风险征兆。一般项目风险发展分三个阶段：一是风险潜在阶段，二是风险发生阶段，三是风险后果阶段。这种阶段性为人们开展风险管理提供了可能。

5）项目风险的突发性

项目及其环境与条件的发展变化有时是突发的，则项目风险及其后果也会是突发的。实际上无预警信息风险就具有这种突发性，这种项目风险的突发性使得项目风险管理变得更加困难。

10.1.3　项目风险管理的概念和方法

项目风险管理是指通过采取有效保障和应对措施，以确保项目风险处于受控状态，从而努力实现“趋利避害”和保证实现项目目标的管理工作，具体概念分述如下。

1. 项目风险管理的定义

项目风险管理是指由项目风险管理计划、项目风险识别、项目风险度量、项目风险应对计划、项目风险监测与应对实施等一系列项目风险管理工作构成的一种项目的专项管理。这种管理可使用式（10-2）予以描述。

$$\mathrm{RM} = P\uparrow \times (L\downarrow / B\uparrow) \tag{10-2}$$

其中，RM 为项目风险管理；$P\uparrow$ 为通过收集信息而弥补项目信息缺口使项目风险信息增加的管理工作；$L\downarrow$ 为通过项目风险管理努力降低项目风险损失的工作；$B\uparrow$ 为通过项目风险管理努力提高项目风险的收益的工作。

1）项目风险管理中的信息收集工作

由式（10-2）可知，项目风险管理的首要任务是通过收集项目信息，去填补项目的信息缺口，进而使得人们对于项目风险发生概率的认识从 P=?（不知道项目风险有几种可能后果及其发生概率）转变为 $P<1$（知道项目风险有几种可能后果及其发生概率），最终变为 P=1（知道项目只有唯一后果）。这种项目风险信息收集工作和信息完备的过程由图 10-2 给出示意，从图中可知这是一个不断收集信息去填补信息缺口的“学习”过程。

图 10-2 给出的项目分类及其信息缺口的弥补过程表明，开放性项目最初的项目信息缺口几乎为 100%，这种项目只能在项目实施进程中去不断收集信息而缩小这种项目信息缺口。例如，邓小平同志对我国“改革开放”项目就采用了“摸着石头过河”的这种逐步收集项目信息的项目风险管理方法，结果我国在几十年中获得了巨大的发展进步。

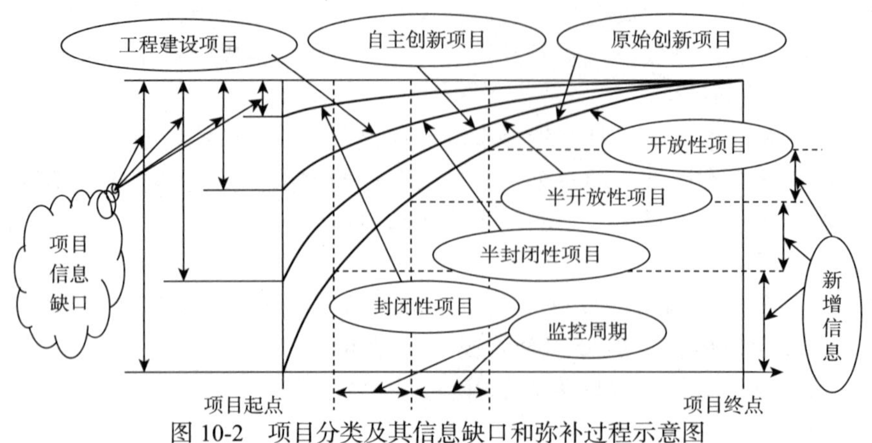

图 10-2 项目分类及其信息缺口和弥补过程示意图

2）项目风险管理中降低风险损失方面的工作

式（10-2）中的“$L\downarrow$”代表的是通过项目风险管理去努力降低项目风险所带来的风险损失方面的工作。实际上任何项目的成本都有确定性成本、风险性成本和完全不确定性成本三类，其中项目确定性成本是没有办法节省或消减的，所以只有项目风险性成本和项目完全不确定性成本才是项目风险管理的对象。这种消减项目风险损失的管理工作是项目风险管理的核心内容，是对风险性和完全不确定性项目成本的风险管理工作。

3）项目风险管理中提高风险收益方面的工作

式（10-2）中的“$B\uparrow$”代表通过项目风险管理努力提高项目风险收益方面的工作。同样，任何项目的收益也都可分成确定性、风险性和完全不确定性收益三类，其中，项目确定性收益是没有办法改变的，项目风险性和完全不确定性收益是可以通过风险管理去提升或增加的。所以提升项目风险收益的管理工作是项目风险管理的重要内容和组成部分，是提升项目风险性和完全不确定性收益的风险管理工作。

由此可知，项目风险管理应该包括“趋利避害”和“增加信息”这方面的工作，但西方传统的风险管理理论只有消减和转移风险损失等单方面的管理。

2. 项目风险管理的理论与方法

这方面的理论和方法中最主要的是按照有无预警信息去开展项目风险管理的理论。

1）项目无预警信息风险管理的理论和方法

这方面的理论和方法是独特的，因为这种项目风险是一种突发性项目风险。这种项目风险难以提前识别、跟踪和应对，所以只能在项目风险发生时或之后采取类似救人、救火式的“突发事件”应急管理的方法去管理这类项目风险。这种项目无预警信息风险的管理主要有四种方法：一是消减项目风险不利后果的方法，二是转移项目风险不利后果的方法（通过购买商业保险等），三是增加项目风险有利后果的方法，四是分享项目风险有利后果的方法（项目相关方共同应对和分享）。由于项目无预警信息风险的占比较少，且它具有突发性，所以其管理的方法就是应急管理的方法，有关这方面的管理方法读者可阅读《应急项目管理》①。

① 戚安邦，姜卉，等. 应急项目管理. 北京：高等教育出版社，2021.

2）项目有预警信息风险管理的理论与方法

对于项目有预警信息风险的管理，人们可以提前做好项目风险识别、度量、监测与应对等管理工作，这种项目风险管理的方法包括如下方面。

（1）项目风险潜在阶段的管理方法。此时，针对项目风险损失可采取规避或消减等方面的方法，而对于项目风险收益可采取获取或提升的方法。因为这种项目风险造成的有利和不利后果在项目风险潜在阶段可以识别与度量，所以当人们识别出潜在的有利或不利项目风险后果时，就可以制定并实施相应的项目风险应对措施以备用。

（2）项目风险发生阶段的管理方法。此时，人们可以采用风险化解或提升等办法对项目风险有利和不利后果进行管理。在这一阶段中人们需立即采取正确的应对措施以使项目风险不利后果得以化解，而对于项目风险有利后果进行提升，以减少项目风险不利后果和增加项目风险有利后果的价值。

（3）项目风险后果阶段的管理方法。在这种项目风险的后果阶段，人们只能采取消减项目风险不利后果和增加项目有利后果的措施去对项目风险进行管理。实际上总有一些项目风险会进入后果阶段才被认识和应对，此时人们可采取的应对措施只有“救火救人”类的消减不利后果的措施，或“抢救性挖掘”这种增加项目风险有利后果的措施。

3. 项目风险管理工作的主要内容

根据上述项目风险管理的理论和项目有预警信息风险管理方法，关于项目有预警信息风险管理工作的主要内容如图 10-3 所示。

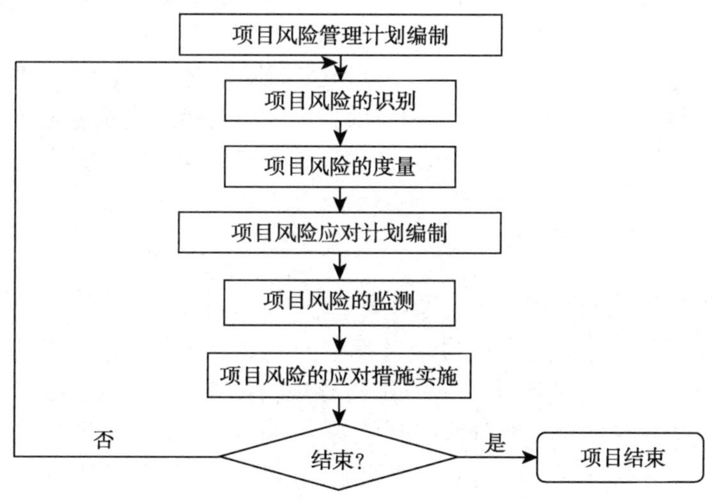

图 10-3　项目风险管理主要工作示意图

由图 10-3 可知，对于这种项目风险的管理工作主要内容包括如下几个方面。

1）项目风险管理计划编制

这是确定如何在项目全过程中开展项目风险管理活动的计划安排工作，这一工作给出的项目风险管理计划书是整个项目开展风险管理的指导性文件。人们需要在这种计划中去说明如何开展各种项目风险管理活动、如何安排项目风险管理的职责等。

2）项目风险的识别

这是指识别和确定项目究竟存在哪些项目风险事件和系统性风险，以及这些项目风险的主要特性的工作，项目风险识别工作要使用分析和发现等方法对项目风险做出识别甚至推断，该工作的好坏取决于人们掌握项目信息的多少和人们的知识与经验。

3）项目风险的度量

这包含项目风险的定性和定量度量两方面的工作。其中，项目风险定性度量是使用定性语言描述给出项目风险发生概率和可能后果的严重程度，项目风险定量度量是使用定量数据给出项目风险发生概率和可能后果等。有关项目风险定量度量的基本公式如下。

$$R=\left(\sum_{i=1}^{n}P_i\times L_i\right)+\left(\sum_{j=1}^{m}P_j\times B_j\right) \tag{10-3}$$

其中，R 为项目风险后果；P_i 为第 i 种项目风险的发生概率；L_i 为第 i 种项目风险造成的风险损失；P_j 为第 j 种项目风险的发生概率；B_j 为第 j 种项目风险造成的风险收益。

4）项目风险应对计划编制

这是根据项目风险识别和度量结果，去安排项目风险应对措施和配备应对资源的风险管理工作。这要用项目风险损失分析、收益分析、因素分析和集成分析等方法去设计好项目风险应对措施的预案，以便在风险征兆出现时选用正确的项目风险应对措施。

5）项目风险的监测

这是指根据项目风险管理计划以及识别和度量的结果所开展的项目风险征兆的监测工作。这包括：根据项目发展与变化去重新识别和度量项目风险，在监测到项目风险征兆时及时抉择和实施项目风险应对措施的工作，核心是发现项目风险征兆的工作。

6）项目风险的应对措施实施

这是当项目风险监测到风险征兆后，人们根据风险征兆预示是哪一种项目风险可能结果会出现，在项目风险应对预案中选定相应项目风险应对措施去实施工作。这就是人们所说的“兵来将挡，水来土掩”的项目风险应对工作，由此会获得“趋利避害”的结果。

10.2 项目风险管理计划

这是项目风险管理的首要工作，其结果是给出一份如何开展项目风险管理活动的计划书。项目风险管理计划描述了项目全过程中人们如何去开展项目风险的识别、度量、监测和应对等项目风险管理活动，是一份指导项目团队开展项目风险管理的纲领性文件和计划安排。这是在项目前期阶段就开始着手并在项目早期必须完成，在项目全过程中当项目发生重大变更时不允许去变更和更新这种项目风险管理计划。

10.2.1 项目风险管理计划的主要任务和内容

项目风险管理计划给出的计划书是开展项目风险管理工作的指南，这种计划工作的主要任务和内容如下。

1. 项目风险管理计划的主要任务

这种计划的根本任务是给出一份项目风险管理计划书，这是项目识别与度量、风险监测与应对等工作的安排和项目风险管理的策略与方法。其主要任务有如下方面。

1）制定项目风险管理的政策和指南

这是人们根据项目章程、项目相关方的风险偏好与风险承受能力、组织的项目风险管理政策等，制定出的一套项目风险管理的指导原则。这些原则是在项目过程中全体相关方共同遵循的，借此解决冲突与矛盾，从而提高项目风险管理效率和效果。

2）制定项目风险管理的计划安排

主要内容包括：哪些项目风险是可以接受的，哪些项目风险是必须规避的，哪些项目风险需要进行转移，哪些项目风险可使用应急储备和管理储备等。这种计划安排给出了项目风险管理的方法，以指导项目风险管理工作。

2. 项目风险管理计划书的主要内容

项目风险管理计划书的主要内容包括如下几个方面。

1）项目风险管理的角色和责任

这是指该计划中给出的项目风险管理的领导者、支持者和实施者的角色与责任，这些项目风险管理责任者要能进行独立的项目风险识别、度量、监测和应对。在项目风险管理中所有项目相关方各有义务与责任，各自承担不同的角色和责任去管好项目风险。

2）项目风险管理的预算安排

这是指在该计划中要安排好项目风险管理所需的资金，以便项目风险管理所需资源有足够的预算做保障。在这种预算中应开展数据收集和确定项目风险管理各方面所需的资金。这种预算中必须包括项目风险的“应急储备”和“管理储备”，以备不时之需。

3）项目风险管理的时间安排

这是指在该计划中要安排好何时开展何种项目风险管理的工作，这包括何时开展项目风险识别和度量、何时开展何种项目风险监测与应对等。在项目全过程中需要及时进行项目风险识别和度量，持续地开展项目风险监测和及时应对好项目风险。

4）项目风险度量方法和应对措施

在该计划中还要给出项目风险度量所需的方法，以及根据不同的项目风险可能后果所需的项目风险应对措施。项目风险应对措施是根据项目风险度量结果确定的，所以在该计划中有两方面的方法，即度量项目风险和应对项目风险的方法。

5）项目风险的阈值或征兆监测

这是指在该计划中要给出项目所需监测的风险征兆，即表明项目风险发生的阈值指标。当人们监测到这种风险阈值时，就可据此去选择和实施相应的项目风险应对措施了。由于项目相关方的风险承受能力不同，监测项目风险的阈值也会不同。

6）项目风险管理所用的方法

这主要是指在该计划中定义和给出在项目风险识别、度量、监测与应对中的管理方法、工具和手段，由于不同项目相关方的知识和经验以及管理水平与应对项目风险的能力各有所不同，所以在该计划书中要给出适合具体实际情况的项目风险管理方法。

7）项目风险报告的格式和内容规定

这主要包括项目风险识别报告、项目风险度量报告、项目风险监测报告和项目风险应对计划的内容与格式，以及在项目风险管理中的报告周期和频率、格式和内容等方面的规定与要求。这些与项目相关方的习惯有关，故需项目相关方充分协商决定。

8）项目风险管理结果的后评估

这包括在项目全过程中对项目风险管理情况和效果的事后评估的规定与安排、各种项目风险管理工作的审计安排和规定，以及各种项目风险的跟踪识别与度量的规定和安排等。这事关积累经验和接受经验与教训，所以需要在项目过程中经常开展。

10.2.2 项目风险管理计划的依据和方法

项目风险管理计划的依据和方法具体分述如下。

1. 项目风险管理计划的依据

这方面的主要依据具体分述如下。

1）项目章程

这是项目风险管理的“根本大法”，它规定了项目相关方和项目经理与团队开展项目风险管理的责任与义务。它的主要内容包括：确认项目管理授权情况，给出项目相关方的相应责任、权利和义务，总体描述项目需求、结果与项目目标等。

2）项目合同

这是指项目承发包或采购双方之间签署的双方的合意文件，它正式规定了项目采购双方各自承担的项目风险责任和拥有的相应权利。它的主要作用包括：规定双方在项目风险方面的具体责任和义务，规定双方在项目风险收益或损失方面的分担情况。

3）组织的项目风险管理政策

这是项目各相关方组织在项目风险管理中使用的大政方针，是项目相关方组织处理各种项目风险问题的基本指南与指导性原则。项目相关方组织在项目风险管理中都必须遵照这些项目风险管理政策去开展项目风险的管理。

4）项目风险管理角色和任务

这是在项目风险管理过程中对项目相关方各自的项目风险管理角色与任务的规定，这使得项目所有风险都有具体的人或组织负责管理和承担责任。这可以使用项目风险管理责任矩阵的方法给出，它可以有效地确保主要的项目风险由专门的人员管理。

5）项目相关方风险承受能力

这也是制订项目风险管理计划必要的依据，因为每个组织对项目风险的承受程度和能力是不同的，所以项目风险管理计划编制必须依据项目相关方对待项目风险的能力以及他们可接受的项目风险程度。

6）组织项目风险管理计划的模板

这同样是项目团队编制项目风险管理计划的重要依据之一，这种模板是人们在以往项目风险管理中不断积累起来的各种知识的集合。在项目风险管理计划中人们使用这种模板可以使这种计划安排更加系统和完善，并能提高这种计划的效率和质量。

7）项目风险管理的各方面约束条件

这主要是项目相关方组织在应对项目风险时的资源约束和管理能力约束等，这也是项目风险管理计划制订的依据之一。因为项目风险管理不但需要花费资源，而且需要人们有足够的风险管理能力，所以在制订项目风险管理计划时必须考虑这些约束条件。

8）项目各专项管理计划

在项目风险管理计划过程中，还应考虑所有已批准的项目各专项管理计划，尤其是项目集成管理计划中的安排。这些已批准的项目各个专项管理计划必须与项目风险管理计划实现合理配置关系，以便整个项目能够实现全面集成管理。

9）项目文件及其他

项目文件中最重要的是项目相关方登记册，包含项目相关方在项目风险管理中的角色和职责，以及为他们设定的项目风险临界值等。另外，组织过程资产中的项目风险政策、项目风险分解结构模板、风险登记册和风险报告的模板等都属于主要的依据。

2. 编制项目风险管理计划的会议法

这种计划方法的主要原理和工作分述如下。

1）参会的主要成员

这包括项目决策者、项目经理、团队成员、项目相关利益方、风险管理人员以及其他相关人员。由于项目决策者和项目经理在项目风险管理中占主导地位，所以他们是这种会议的主持者，风险管理人员和项目团队成员都应参会以便保障该计划的实施。

2）会议的主要内容

这包括：有关项目风险管理的过程、管理原则、管理的具体责任和角色划分、项目风险管理与决策中的报告关系、项目风险管理的监测与应对措施和方法、项目风险管理计划与项目范围、时间、成本、质量等管理计划的集成等。

3）会议的最终结果

这方面的主要内容为：项目风险管理的角色与职责，项目风险管理的经费预算，项目风险管理的识别、度量、监测与应对的计划安排，项目风险识别、度量、监测与应对的主要方法及具体做法和所需使用的工具等。

3. 编制项目风险管理计划的专家法

这是借助专家拥有的经验制订项目风险管理计划的方法，具体要求分述如下。

1）专家的选择

这种方法所需的专家必须具备项目风险管理计划和安排方面的经验和能力，同时他们还必须具有与具体项目相关的专业知识和管理能力。他们还必须熟悉组织所采取的相关政策和方法以及组织的风险管理体系，熟悉项目技术领域中的风险和应对措施等。

2）专家意见的汇总

这种专家法需要借助各种技术或工具去收集和汇总他们给出的专家意见和计划安排，这可以使用常规的“特尔斐法”，也可以使用“头脑风暴法”或“头脑写作法”，甚至可以使用在线收集和汇总的方法，最终将这些意见加工处理而汇总成为专家意见的报告。

3）最终的计划结果

根据获得的专家意见报告，项目管理者或项目经理需要“摘其精华”而形成正式的项目风险管理计划。在形成正式项目风险管理计划过程中还需要反复征求专家的反馈意见，这样按照“有的放矢”的方式，为最终形成正式项目风险管理计划提供他们的专家经验。

10.2.3　项目风险管理计划编制的结果

这种计划编制的最终结果是给出一份项目风险管理计划，其内容和结果分述如下。

1. 项目风险管理战略和方法

在项目风险管理计划中，需要明确给出组织的项目风险管理战略描述，这是用于管理本项目各方面风险的大政方针。同时还要给出项目风险管理的方法，规定出用于开展本项目风险管理的具体方法、工具及数据来源。

2. 项目风险管理资金和时间

其中，项目风险管理的资金安排给出了开展项目风险管理活动所需的资金，以及制订的应急储备和管理储备使用方案情况。项目风险管理的时间安排给出了项目风险管理工作的时间和频率，以及将项目风险管理活动纳入项目进度计划的情况。

3. 项目风险分解结构

通常，项目风险管理计划会借助项目风险分解结构来给出项目风险的分类和结构情况，项目风险分解结构实际是潜在项目风险来源的层级展现（示例见表 10-1）这种项目风险分解结构有助于项目团队识别风险或归类已识别风险。

表 10-1 项目风险分解结构的示意

<table>
<tr><th>项目风险结构第一级</th><th>项目风险结构第二级</th><th>项目风险结构第三级</th></tr>
<tr><td rowspan="33">所有的项目风险</td><td rowspan="8">1. 项目的技术风险</td><td>1.1 项目范围定义方面的风险</td></tr>
<tr><td>1.2 项目需求定义方面的风险</td></tr>
<tr><td>1.3 项目估算和预算方面的风险</td></tr>
<tr><td>1.4 项目假设前提条件方面的风险</td></tr>
<tr><td>1.5 项目实施技术方面的风险</td></tr>
<tr><td>1.6 项目技术装备方面的风险</td></tr>
<tr><td>1.7 项目运行技术方面的风险</td></tr>
<tr><td>等等</td></tr>
<tr><td rowspan="7">2.项目的管理风险</td><td>2.1 项目计划管理方面的风险</td></tr>
<tr><td>2.2 项目组织管理方面的风险</td></tr>
<tr><td>2.3 项目现场管理方面的风险</td></tr>
<tr><td>2.4 项目资源管理方面的风险</td></tr>
<tr><td>2.5 项目沟通管理方面的风险</td></tr>
<tr><td>2.6 项目相关方参与管理的风险</td></tr>
<tr><td>等等</td></tr>
<tr><td rowspan="7">3.项目的商业风险</td><td>3.1 项目合同方面的风险</td></tr>
<tr><td>3.2 项目分包商方面的风险</td></tr>
<tr><td>3.3 项目供应商方面的风险</td></tr>
<tr><td>3.4 项目内部采购方面的风险</td></tr>
<tr><td>3.5 市场发展变化方面的风险</td></tr>
<tr><td>3.6 项目各种商业纠纷的风险</td></tr>
<tr><td>等等</td></tr>
<tr><td rowspan="7">4.项目的环境风险</td><td>4.1 项目微观环境的风险</td></tr>
<tr><td>4.2 项目行业（中观）环境的风险</td></tr>
<tr><td>4.3 项目宏观环境的风险</td></tr>
<tr><td>4.4 项目自然灾害方面的风险</td></tr>
<tr><td>4.5 项目市场竞争方面的风险</td></tr>
<tr><td>4.6 项目汇率和出口方面的风险</td></tr>
<tr><td>等等</td></tr>
<tr><td colspan="2">等等</td></tr>
</table>

4. 项目风险管理的角色和职责

在项目风险管理计划中必须明确规定和给出所有项目相关方所需承担的项目风险管理方面的角色与职责，特别是要确定每一类项目风险管理活动的领导者、支持者和团队成员，并且要明确给出他们的具体任务和职责。

5. 项目相关方风险偏好

在项目风险管理计划中需要记录和给出项目关键相关方的风险偏好，因为他们的项目风险偏好会影响到项目风险管理的诸多方面。特别是应该针对每个项目的具体目标去把项目相关方的风险偏好表述成可测量的风险临界值以及可接受的项目风险敞口水平。

6. 项目风险概率和后果的定义

在项目风险管理计划中还需要给出项目风险概率和后果的定义，以便在项目风险管理中对每个项目风险进行评估和排序。人们可以按照定性方法给出项目风险概率（可能性）和后果的分类，表 10-2 给出了针对三个项目目标提供的概率和后果的定义示例。

表 10-2　项目风险概率和后果（影响）的定义示例

分级	概率	对于项目目标的正面和负面影响或后果		
		项目时间	项目成本	项目质量
很高	>70%	>6 个月	>500 万元	对项目整体功能影响非常重大
高	51%～70%	3～6 个月	100 万～500 万元	对项目整体功能影响重大
中	31%～50%	1～3 个月	50 万～100 万元	对项目关键功能有一些影响
低	11%～30%	1～4 周	10 万～50 万元	对项目整体功能有微小影响
很低	1%～10%	1 周	<10 万元	对项目辅助功能有微小影响
零	0	不变	不变	无影响或后果

7. 项目风险概率和后果（影响）矩阵

在这种计划中还需给出项目风险概率和后果（影响）的矩阵，以便组织可确定项目风险的优先级排序规则。在常见的这种矩阵中，会同时列出项目风险的机会和威胁。项目风险正面影响定义为机会，而项目风险负面影响定义为威胁。图 10-4 给出了示例。

概率	威胁（负面影响或后果）					机会（正面影响或后果）					概率
很高 0.90	0.045	0.09	0.18	0.36	0.72	0.72	0.36	0.18	0.09	0.055	很高 0.90
高 0.70	0.035	0.07	0.14	0.28	0.56	0.56	0.28	0.14	0.07	0.035	高 0.70
中 0.50	0.025	0.05	0.10	0.20	0.40	0.40	0.20	0.10	0.05	0.025	中 0.50
低 0.30	0.015	0.03	0.06	0.12	0.24	0.24	0.12	0.06	0.03	0.015	低 0.30
很低 0.01	0.005	0.01	0.02	0.04	0.08	0.08	0.04	0.02	0.01	0.005	很低 0.01
	很低	低	中	高	很高	很高	高	中	低	很低	
	0.05	0.10	0.20	0.40	0.80	0.80	0.40	0.20	0.10	0.05	
	消极影响或后果					积极影响或后果					

图 10-4　项目风险概率和后果（影响）矩阵示意图

8. 项目风险报告格式规定

在这种计划中还需给出项目风险报告的格式，明确规定将如何记录、分析和沟通项目风险管理工作及其结果。在项目风险管理计划的这一部分中描述风险登记册、风险报告及项目风险管理其他输出的内容和格式，以及跟踪和审计项目风险的管理的要求。

10.2.4 项目风险管理计划的使用和修订

项目风险管理计划编制完毕以后，人们就可以使用该计划去指导项目风险管理工作了。当项目本身及其环境与条件发生重大变化时，就对其做进一步的修订。

1. 项目风险管理计划的使用

一般而言，在项目风险管理计划的使用过程中应遵循如下几方面的原则和做法。

1）严格执行该计划的原则

项目风险管理计划在整个项目风险管理过程中都必须得到严格的遵守，因为项目风险管理计划中包含各个项目相关方所分担的项目风险责任，这多数是项目合同规定而不能随便变动或不承担相应项目风险责任的。

2）对发展变化的灵活应对原则

项目风险管理计划是在项目前期计划阶段制订的，但是在项目风险管理过程中项目所处的环境和条件都会发展变化，因此项目风险管理计划的实施还必须具备一定的灵活性。当人们发现有必要时就需要根据项目实际情况对项目风险管理计划做出更新。

3）不断学习和积累经验的原则

项目风险管理的过程是人们不断认识项目风险的过程，也是人们学习和积累的过程，所以项目风险管理计划的使用有利于人们学习和积累项目风险管理者的经验与提升这方面的能力，同时也需要对项目风险管理计划做出必要的调整和变更。

4）选择适当的项目风险管理方法

这是指人们不但要以项目风险管理计划所规定的原则和方法来管理项目风险，还要针对项目实际风险的发展变化选用更加适合的项目风险管理方法和工具。人们必须根据项目风险的发展变化情况去选择适当的项目风险管理方法。

5）发挥项目风险管理者的主观能动性

项目风险管理工作还必须充分发挥项目风险管理者的主观能动性，因为项目风险是不确定和不断发展变化的，只有充分发挥项目风险管理者的主观能动性，才能使人们主动而积极地开展项目各种风险管理，才能及时有效地做好项目风险管理。

6）建设良好的项目风险管理条件

这是非常必要的，因为这种良好的项目风险管理环境与条件可以为人们开展项目风险管理提供相关的信息资源，确保项目沟通交流的畅通，确保项目团队成员能够坦诚地交流对于项目风险的看法和认识，能促使项目团队成员的相互帮助和积极合作。

2. 项目风险管理计划的修订

如上所述，项目风险管理计划应该是动态的和滚动的，它应该随着项目的进展进行必要的修订。但是这种修订工作必须依照严格的程序进行，否则项目风险管理计划的指导性将会受到削弱。一般而言，这种修订工作需要遵循图 10-5 给出的程序。

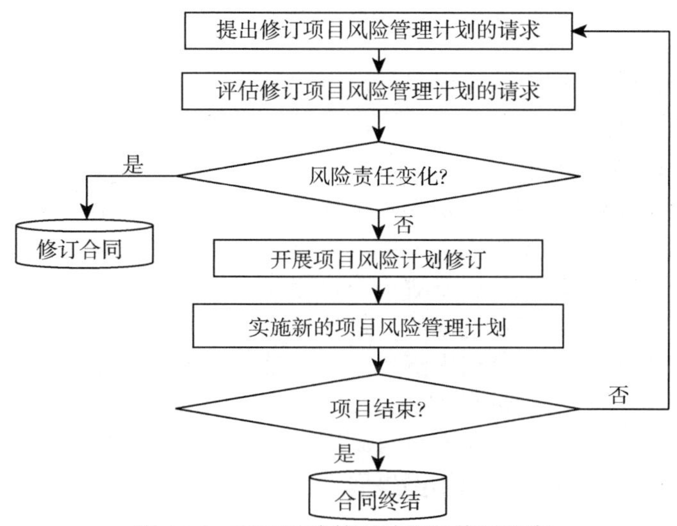

图 10-5　项目风险管理计划的修订程序

由图 10-5 可知，项目风险管理计划的修订包括如下几方面的步骤和内容。

1）提出修订项目风险管理计划的请求

这种请求可以由项目相关方中的任何一方提出，但是需要以书面的形式提出，并在各方认可后召集项目相关方进行讨论和评估。一般而言，项目风险管理计划是在项目遇到此前未预计到的重大事件或环境和条件重大变化时才需要做出调整和修订。

2）评估修订项目风险管理计划的请求

这种评估主要包括两个方面：一是修订是否真有必要，二是提出的计划修订方案是否改变了项目相关方的风险责任和义务。因为这种计划修订必会涉及项目相关方在项目风险管理方面的责任、义务与利益等问题，所以修订时必须进行认真的相关评估。

3）开展项目风险计划修订

这种修订请求获得项目相关方的共同评估和审批后，就可开展征求和设计修订方案工作。如果这种计划的修订涉及项目其他方面的专项管理，人们还需要做好项目范围、时间、质量、成本和资源等方面的重新配置，以及项目风险管理的责权利分配等。

4）实施新的项目风险管理计划

这种计划修订一旦完成，人们就可以按照新的计划去开展项目风险管理，但是此时人们必须发布新的项目风险管理计划文件，以确保项目团队能够及时按照新的项目风险管理计划开展工作。

10.3　项目风险的识别

项目风险的识别是贯穿项目全过程的重要项目风险管理工作，其目标是识别和确定项目究竟存在哪些风险以及这些项目风险有哪些基本的特性。识别项目风险的主要作用是分析和发现项目风险事件和系统性项目风险，以便开展后续项目风险管理工作。

10.3.1 项目风险识别的概念、内容和参与者

项目风险识别就是识别出项目风险事件以及系统性项目风险和它们的根本原因与来源，并记录和给出项目风险及其特征的工作。其作用是为后续项目风险管理奠定基础。

1. 项目风险识别的概念

项目风险识别的根本任务是识别和给出项目究竟存在哪些项目风险，以及这些项目风险具有哪些特性。同时，还要识别出项目风险根本原因和来源，即识别出项目风险是何种因素导致的，以及项目风险属于哪个项目相关方。例如，项目风险是项目团队内部造成的，还是项目外部环境变化造成的；是项目时间方面的风险，还是项目质量方面的风险；是项目所需资源的市场价格上涨风险，还是项目采购卖方导致的项目风险等。另外，人们不但须识别项目风险带来的威胁，而且要识别项目风险带来的机遇。其中，项目风险带来的机遇是一种正面影响而具有获得风险收益的可能性，项目风险带来的威胁是一种负面影响而具有获得风险损失的可能性。

2. 项目风险识别的内容

项目风险识别作为项目风险管理中的重要工作，它的主要内容包括如下几个方面。

1）识别并确定项目有哪些风险

这是项目风险识别的首要任务，即识别和确定项目可能出现哪些风险。所以在项目风险识别中，人们首先要全面分析项目各方面的变化，进而识别出由这些变化带来的各种项目风险，并开列出项目风险的清单。

2）识别项目风险的主要影响因素

这一工作的第二步是要分析和识别各项目风险的主要影响因素，以及这些影响因素对项目目标的影响方式、影响方向、影响力度等。这可为应对和管理项目风险提供依据和信息，因为只有识别出项目风险的主要影响因素才能把握项目风险的发展规律。

3）识别项目风险可能引起的后果

这一工作的第三步是识别出项目风险存在的各种可能后果，以便有针对性地制定出项目风险应对措施和预案。项目风险识别的根本目的就是找到正确的项目风险的应对措施，以起到消减项目风险不利后果和扩大项目风险有利后果的结果。

3. 项目风险识别的参与者

这包括项目经理、项目团队成员、项目风险专家、项目业主、项目的主要相关方、项目最终用户、其他项目经理、运营经理、项目相关方组织内的风险管理专家等。虽然这些是项目风险识别的关键参与者，但还应鼓励所有项目相关方参与这种识别工作。

10.3.2 项目风险识别的依据和方法

识别项目风险的关键是找到足够的项目信息和依据，然后通过分析识别出项目风险。

1. 项目风险识别的依据

项目风险识别的依据主要包括如下几个方面。

1）项目产出物的要求文件

因为项目风险识别就是要找出影响项目按时、按质、按量和按预算生成项目的产

出物从而实现项目的目标的项目风险事件和系统性风险，所以项目风险识别要根据项目产出物要求去识别出影响其质量、数量和交货期的项目风险。

2）项目专项管理计划和项目文件

这包括：项目集成计划和项目各种专项的管理计划与业务计划，以及这些项目管理和业务计划之中所包含的项目要求信息。这些信息既是项目风险识别的依据，也是项目风险识别的对象，因为项目风险就是无法按计划完成项目的各种情况。

3）类似项目的历史资料和信息

这是以前完成的类似历史项目实际风险情况及其应对的资料和信息，这种“前车之鉴”在项目风险识别中是重要的参考和依据之一。这主要包括如下几个方面。

（1）历史类似项目的各种原始记录。这可以从类似项目的实施组织处得到，多数人会保留历史项目的原始记录。某些项目管理组织或成员也保存这类项目原始记录资料。

（2）商业性的历史类似项目数据库。有项目管理的咨询公司会保留大量的历史类似项目信息和统计资料的数据库，其中有项目风险识别所需的各种历史项目信息和资料。

（3）历史类似项目团队成员的经验。历史类似项目团队成员会保留自己参与项目的历史经验，这是一种思想型的历史项目信息，也是项目风险识别的重要依据。

4）项目采购文档、协议与合同

这包括项目采购合同、协议、质量标准、验收条件和奖罚条款等。另外，外部采购商品和服务的文档也是识别项目风险事件和系统性风险的依据。

5）事业环境因素和组织过程资产

这包括商业风险数据库、项目风险核检清单、历史类似项目的风险研究资料、项目文档与数据、项目风险控制资料、历史类似项目的风险核检清单等。

2. 项目风险识别的方法

项目风险识别的方法有很多，既有结构化的方法也有非结构化的方法，既有经验性的方法也有系统性的方法。使用较多的项目风险识别方法有如下几种。

1）假设前提条件分析法

因为在项目计划和决策过程中有很多不确定性的条件与因素，人们不得不对这些不确定性的条件和因素进行必要的人为假设,然后根据这些假设前提条件去制订项目计划。当在后续的项目实施过程中这些项目风险的假设前提条件和实际情况不一致时，就可能会产生项目风险。所以使用“假设前提条件分析法”去分析找出识别各种项目风险是主要的项目风险识别方法，实际上多数项目风险就是人们在项目计划和决策中所用假设前提条件与项目客观实际不符而形成的，所以这种方法是最主要的项目风险识别方法。

2）项目系统分解法

这是一种使用系统分解法的原理，将一个复杂的项目系统分解成一系列简单和容易认识的子系统或系统元素，从而去识别出项目中各个系统要素的各种风险，以及整个项目系统存在的各种风险的方法。例如，投资建造一个化肥厂项目就可根据该项目的特性将项目风险分解成市场风险、投资风险、经营风险、技术风险、资源及原材料供应风险、环境污染风险等一系列的项目子系统，然后对这些项目子系统做进一步的分解去识别出这一项目各方面所存在的各种项目风险。这也是常用的项目风险识别的方法。

3）项目流程图法

这是使用项目系统流程图、项目实施流程图、项目作业流程图等各种不同的流程图，去识别项目各环节或阶段的风险的方法。这种方法的结构化程度高，所以是识别项目风险非常有效的方法。例如，一个工程建设项目的流程会由项目可行性分析、技术设计、施工图设计、计划、施工组织等一系列环节或阶段构成，人们使用这一项目流程去分析和识别该项目中各个环节或阶段中存在的各种项目风险。

4）头脑风暴法

这是一种非结构化的方法，它是运用创造性思维和发散性思维以及专家经验，通过会议等形式去识别项目风险的一种方法。在使用这种方法时，要允许专家畅所欲言，共同分析和发现项目存在的各种风险。这种会议组织者要善于提问、引导、及时地整理出项目风险识别的结果，要促使与会者不断地发现和识别出项目的风险及其影响因素。这种会议讨论的问题和内容包括项目的风险事件、项目的系统性风险、项目风险的特性、项目风险的成因、项目风险事件的征兆等。

5）多种情境分析法

这是通过对项目未来的多种状态或情境（情况）进行详细描绘与深入分析，从而识别出项目风险的方法。这种方法是借助给出项目未来可能发生的情境，去识别出在不同情境下的项目风险情况。项目情境的描述可以使用图表、文字或数学公式等形式，对涉及影响因素多、分析计算比较复杂的项目风险识别，人们还可借助计算机情境模拟系统进行情境分析。这种方法需要先给出项目情境的描述，然后找到项目的发展变动情况，最后分析项目发展变化所造成的项目风险及其特性。

6）项目风险核检清单法

这是利用历史类似项目风险管理的经验，设计出一份项目风险核检清单，然后对照这份项目风险核检清单去识别出项目风险的方法。表 10-3 就是一份用于石油与天然气管道自动化集成项目的风险识别的项目风险核检清单，该清单将项目风险划分成技术风险、商务风险、分包风险和现场服务风险四类，然后找出每类可能出现的风险而构成一份项目风险核检清单。这种方法简单实用，且这种方法的项目风险核检清单可以反复使用，以便人们能够每隔一段时间就开展一次项目风险的识别。

表 10-3 项目风险核检清单示意表

序号	项目风险描述	有风险	无风险
1	项目技术风险		
1.1	项目技术成熟程度不足		√
1.2	项目技术不适用于项目实际环境	√	
⋮	⋮	⋮	⋮
2	项目商务风险		
2.1	项目合同定价过低	√	
2.2	项目需要信用担保		√
⋮	⋮	⋮	⋮
3	项目分包风险		
3.1	项目分包商能力不足	√	

续表

序号	项目风险描述	有风险	无风险
3.2	无法在本国或本地找到项目分包商		√
⋮	⋮	⋮	⋮
4	项目现场服务风险		
4.1	项目现场各种变更	√	
4.2	项目现场遭受天气等方面的影响	√	
⋮	⋮	⋮	⋮

7）会议法

这是指为了开展项目风险识别工作,项目团队召开专门的会议(通常叫风险研讨会),在这种风险研讨会中与会者根据项目风险管理计划的要求，借助经验丰富的引导者去组织和引导会议来识别出项目风险。这种方法的关键是确保适当的人员参加会议，对于较大型项目需要邀请项目发起人、技术专家、项目采购的卖方、客户代表，或其他项目相关方参加会议。对于较小型项目，只要部分项目团队成员参加即可。

8）项目文件、SWOT[①]和根本原因分析法

通过对项目文件的结构化审查去识别出项目风险，也是一种常用的项目风险识别的方法。可供审查的项目文件包括项目计划、假设条件、制约因素、以往项目档案、合同、协议和技术文件等。这些项目文件中的不确定性或模糊性以及不同文件之间的不一致性，都可能是项目风险的指示信号。SWOT 分析法是指对项目的优势、劣势、机会和威胁逐个进行分析，从而识别项目风险的方法。根本原因分析法常用于发现导致项目风险的深层原因，并借此制定预防措施和项目风险应对措施。这种方法使用问题陈述作为出发点，来识别出项目风险及威胁和机遇。

10.3.3　项目风险识别的结果

通常，项目风险识别工作的结果主要包括以下几个方面。

1. 项目风险登记册和风险清单

这二者是给出已识别项目风险的文件，这类文件登记了会影响项目目标实现的各种损失或收益的风险情况。这种登记册和清单主要包括的信息有：已识别出的项目风险及其性质、这些风险可能造成的损失或收益、这些风险的影响对象和风险发生可能时间等。

2. 已识别出项目风险的成因

这包括主观和客观两种原因，如天灾或项目环境变化是项目风险的客观原因，而各种人祸（信息优势地位滥用）或项目相关方的变更请求是项目风险的主观原因。项目风险的成因各不相同，人们只有识别出项目风险成因才能开展项目风险后续管理。

3. 各种项目风险的征兆（阈值）

这是指示项目有预警信息风险的后果或出现的指示现象或标志，所以它们又被称

① 其中，S 代表 strength（优势），W 代表 weakness（弱势），O 代表 opportunity（机会），T 代表 threat（威胁）。

作项目风险的触发器。一个项目风险会有多个征兆，每个征兆分别预示项目风险的不同可能后果，人们需根据不同项目风险征兆去选用不同的风险应对措施。

4. 项目风险报告

这是关于项目风险识别结果的报告，主要是已识别的项目风险事件和项目系统性风险的相关信息。其内容包括：已识别项目风险的信息、项目风险来源的信息、整体项目风险敞口的信息、项目风险的威胁和机会信息、项目风险发展趋势信息等。

10.4 项目风险的度量

这包括对于项目风险各方面的定性度量和定量度量两方面的工作。

10.4.1 项目风险度量的内容和影响因素

1. 项目风险度量的内容

项目风险度量的内容包括四个方面：项目风险发生可能性（概率大小）的度量、项目风险造成后果（损失或收益大小）的度量、项目风险关联影响的度量，以及项目风险发生时间进程的度量。其作用是供人们根据度量结果去制定和实施项目风险应对措施与开展项目风险监测。这些工作的讨论如下。

1）项目风险发生可能性的度量

因为一个项目风险的发生概率越高，造成项目风险后果的可能性就越大，人们对它的监测和控制就应该越加严格，所以在项目风险度量中要分析、确定和度量项目风险发生可能性的大小，即项目风险发生概率的大小。

2）项目风险造成后果的度量

因为即使一个项目风险的发生概率不大，但是它一旦发生则后果十分严重的话，人们就必须对它进行严格的监测和控制，否则它的发生会给整个项目造成十分严重的损失或收益后果，所以必须仔细度量项目风险的后果情况。

3）项目风险关联影响的度量

项目风险发生后可能会导致“多米诺骨牌”效应，从而引发其他的项目风险。因此即便一个项目风险发生概率和后果都不大，但如果它的发生会产生关联影响，人们就需要对它进行严格的监测与控制，所以这方面的风险度量也十分重要。

4）项目风险发生时间进程的度量

因为项目风险的管理必须按项目风险发生时间进行安排，对于先发生的项目风险就应该优先开展项目风险控制，后发生的项目风险可以延后采取措施，所以就需要度量项目风险发生的时间进程，并根据项目风险进程做好项目风险应对计划。

2. 影响项目风险度量效果的因素

项目风险度量的效果受多种因素的影响，所以在项目风险度量过程中人们必须对可能产生重要影响的因素进行认真的分析，这些影响因素主要包括如下几个。

1）项目所处的阶段和环境

项目风险大小取决于项目所处的阶段，通常在项目定义与决策阶段中项目的风险最高，而随着项目的逐步实施，项目的风险性会逐步降低。另外，项目所处环境发展变化是发生项目风险的根本因素，项目风险度量必须对项目环境发展变化进行预测。

2）项目所处的条件和情况

项目所处的条件和情况对项目风险也有重要的影响，项目实施和管理的条件越恶劣，项目自身情况越复杂，则项目所面临的风险性也就越高。例如，项目业主的要求和目标越高，项目风险性就越高；项目团队能力越强，项目风险性就会越低。

3）项目信息和数据的可靠性

在进行项目风险度量的过程中，人们所使用的信息和数据的可靠性决定了项目风险度量的精确性。另外，加工处理这些信息的人所具有的素质、能力和经验也直接影响项目风险度量的结果。

4）项目风险管理计划的科学性

项目风险管理计划中所规定的项目风险度量的基本原则与方法会直接决定着项目风险度量的效果。通常，一个科学而严谨的项目风险管理计划，会对项目风险的度量起到良好的影响。

5）项目风险度量者的能力和素质

项目风险度量者的素质、责任心、能力与经验等也会对项目风险度量结果的科学性与可靠性造成影响。人们需要在项目风险度量中克服各种偏见并全面提升项目风险度量的能力。

综上所述，人们在进行项目风险度量的过程中必须从更加全面和科学的视角出发，有效管理影响因素，保证项目风险度量的科学性和有效性。

10.4.2　项目风险度量的过程

项目风险的度量涉及一系列的工作，这些工作构成了项目风险度量的过程。由于项目风险度量是以项目风险识别为基础的，所以项目风险识别与度量的过程是一个完整的过程，有关项目风险识别与度量的过程如图 10-6 所示，具体分述如下。

由图 10-6 可知，项目风险识别与度量的主要工作包括如下步骤。

1. 项目风险管理信息系统的建立

这种信息系统既可以是以计算机和人为基础的人-机信息系统，也可以是纯人工的信息系统。这一信息系统的主要功能是及时收集、处理和存储有关每个项目具体活动与过程的各种风险信息，以便为项目风险的识别、度量、管理与控制服务。

2. 项目风险信息的收集和处理

这是使用项目风险管理信息系统或人工去收集、处理和生成有关项目全过程与项目各种具体活动的风险信息，这是一个不间断的项目信息收集与加工处理的工作，这是为开展项目风险识别与度量活动提供动态信息的工作。

3. 项目风险的识别

这是运用项目风险的信息，加上项目管理人员的风险管理经验所进行的一种对项目各种风险的分析和判断，并识别给出项目各种风险的工作。在许多情况下，项目管理者的经验、判断，甚至直觉在识别和判断项目各种风险的过程中都是必不可少的。

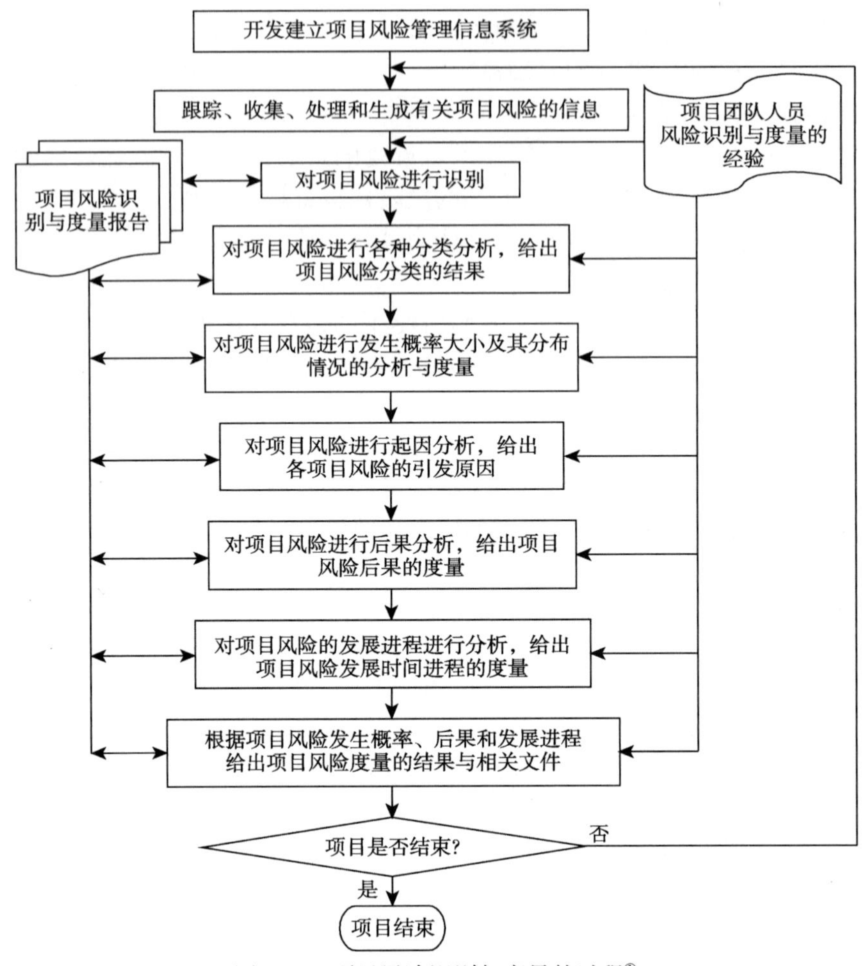

图 10-6 项目风险识别与度量的过程①

4. 项目风险的分类

在识别出项目风险以后，人们还需要使用既定标志对项目风险进行必要的分类，以便更加深入地认识项目风险的各种属性。在完成项目风险分类后，人们就可以给出项目风险清单，这种项目风险清单是项目风险管理中一份十分重要的基础文件。

5. 项目风险发生概率的度量

这是对已识别出的项目风险的发生概率及其分布情况的分析和度量，以便确定项目风险应对措施和项目风险控制的优先序列。这一度量工作需要借助项目现有信息、历史数据和专家的经验等，这是项目风险识别和度量的重要工作之一。

6. 项目风险起因的分析

这是运用现有项目风险信息、历史项目信息与项目管理人员的经验，对已识别出的全部项目风险进行根本原因的分析，由此找出各种引发项目风险的主要原因。由于

① 戚安邦. 项目管理学. 2 版. 北京：科学出版社，2013.

不同项目风险有不同的引发原因，所以必须针对具体项目风险进行深入的分析。

7. 项目风险可能后果的度量

这是对项目风险可能造成的各种后果及其严重程度所做的度量，人们不但要分析项目风险可能造成几种后果，还要分析这些不同的项目风险可能后果的损失和收益值的大小。这种项目风险后果的度量结果是确定项目风险控制优先序列的依据之一。

8. 项目风险时间进程的度量

这是指对已识别的项目风险所进行的项目风险时间发展进程及其风险征兆的分析和度量，这一度量主要是找出项目风险会在何时和何种情况下发生，以及项目风险的诱因或征兆何时会出现、随后项目风险会如何发展等。

9. 项目风险度量结果的确认

在完成上述一系列项目风险度量工作之后，还需要给出项目风险识别与度量的确认和结论，并确定出项目风险应对和控制的优先序列。这种优先序列安排的基本原则是后果严重、发生概率高和发生时间早的项目风险要优先应对与控制。

10. 给出项目风险识别与度量报告

这是项目风险识别与度量过程的最后步骤，由于项目需要进行多次的项目风险识别与度量，所以每次都应给出相应的项目风险识别与度量报告。这种项目风险识别与度量报告的内容包括风险清单、风险分类、风险成因、风险后果等方面的度量。

10.4.3 项目风险的定性度量

项目风险的定性度量是定性评估项目风险发生的概率和影响以及其他特征的工作，其主要作用是给出人们需要重点关注的高优先级的项目风险的定性描述。

1. 项目风险定性度量的主要依据

1）项目风险识别报告

这是项目风险定性度量的主要依据，因为这种报告中给出了已识别出的项目风险的相关信息。这包括项目风险事件和系统性项目风险的识别结果，以及这些项目风险的特性描述和说明。这种信息多采用项目风险登记册和项目风险识别报告形式给出。

2）项目各专项管理计划

这也是项目风险定性度量的重要依据，尤其是其中的项目风险管理计划，因为该计划中给出了项目风险管理的角色和职责、预算和进度活动安排，以及项目风险类别、概率和影响的定义、概率和影响矩阵与项目相关方的风险临界值等。

3）各种项目文件

项目风险定性度量所依据的项目文件包括：一是项目的假设日志，它给出了识别、度量和应对项目风险的假设条件和制约因素；二是项目风险登记册，它给出了已识别项目风险的详细信息；三是项目相关方登记册，它给出了项目风险责任的安排。

2. 项目风险定性度量的主要方法

项目风险定性度量的主要方法有如下几种。

1）专家法

在许多大型和复杂的项目风险管理中，人们都会邀请项目风险管理的专家去运用自己的经验做出项目风险的定性度量。这种项目风险定性度量的方法是比较准确可靠的，因为专家所具有的经验通常是一种比较可靠的思想型信息和数据。他们在项目风险度量中会给出定性的高、中、低三级（或五级）的项目风险概率（这是先验概率，即专家的主观判断）和后果的估计，以及项目风险的关联影响和时间进程的度量结果。

2）会议法

在项目风险定性度量中，项目团队可以召开专门的会议（通常称为项目风险研讨会），对已识别的单个项目风险进行定性度量。这种会议的目标包括：定性度量项目风险发生概率和后果情况（及其他可能的风险参数）、对项目风险进行分类和优先级排序等。在开展项目风险定性度量过程中，需要审查和确认所使用的项目风险概率和后果的度量分级（三级或五级），以及定性度量的量表内容与格式等。

3）项目风险评价法

这是关于项目风险发生概率和后果的评价方法。这种方法要求参加者依照他们对已识别项目风险信息的掌握，去给出自己的定性评价结果。这种评价方法规定，那些中低概率和小影响的项目风险将被列入项目风险登记册中的观察清单，以作为后续再次开展项目风险的识别和度量的信息和依据。

4）项目风险相关参数评估法

在对项目风险定性度量中，人们还需要考虑除概率和后果以外的其他项目风险特性。这主要包括：风险紧迫性，项目风险离当前的时间越短则紧迫性越高；风险潜在性，从项目风险发生到出现后果间的时间长短；风险可控性，项目风险控制难易程度；风险关联性，项目风险关联程度；风险可监测性，项目风险征兆监测的难易；战略影响性，项目风险对组织战略目标的影响大小等。这些都是开展项目风险定性度量和优先序列安排的评估对象与方法。

5）项目风险概率和后果矩阵法

这种矩阵对项目风险发生概率和后果进行组合，以便于把项目风险划分成不同的优先级别（见前文的图 10-4）。这种对项目风险优先级排序的结果可用来指导制定项目风险的应对措施。组织可针对每个项目目标要素制定单独的项目风险概率和后果的矩阵，组织还可以集成这类矩阵去为项目风险确定一个总体优先级别，即给出针对不同项目目标的项目风险综合定性度量的结果，作为项目风险的总体优先级别。

6）层次分析法或气泡图法

如果需要使用两个以上的参数对项目风险进行定性度量，则不能使用二维的概率和后果矩阵方法，而需要按照层次分析法或气泡图法去给出项目风险的优先级别。图 10-7 给出的气泡图法就是能显示三维数据的一种方法。在这种气泡图中，人们把每个项目风险绘制成一个气泡，并用 x 轴值、y 轴值和气泡大小来表示风险的三个参数，使用 x 轴表示风险发生概率，y 轴表示风险后果，气泡大小表示风险后果大小。

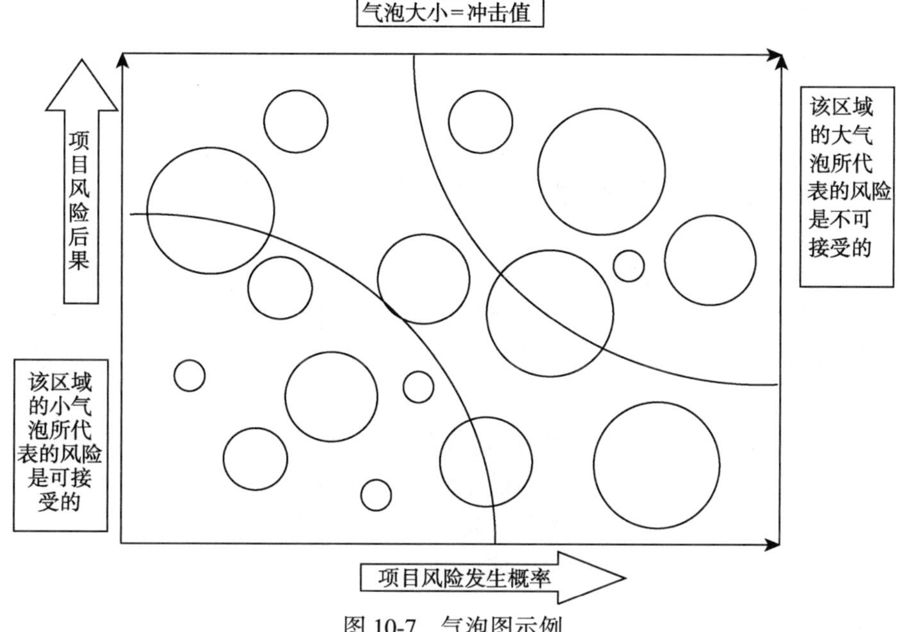

图 10-7　气泡图示例

3. 项目风险定性度量的主要结果

项目风险定性度量的主要结果有如下两个方面。

1）项目风险定性度量的报告

该报告会给出项目风险发生概率、项目风险可能的影响后果、项目风险的关联影响、项目风险时间进程的定性度量结果，以及对于项目所有风险的优先序列的排列。这种报告所给出的项目风险定性度量结果多是按照定性分级给出的，如项目风险发生概率按照高、中、低三级分类给出，而项目风险后果按照十分严重、严重、一般、较低和很低五级给出，所以项目风险定性度量结果精度有限，但对简单和小型项目风险管理已足够供人们开展项目风险管理使用。

2）项目各种文件的更新

项目风险定性度量的结果还包括更新后的项目的各种计划和文件，其中最重要的是更新后的项目风险登记册。这是用项目风险定性度量中生成的新信息去更新项目风险登记册，其主要内容可能包括：每个项目风险的概率和后果的定性度量结果、项目风险的优先级别、项目风险的指定责任人、低优先级项目风险的观察清单及需要进一步识别和度量的项目风险。另外，项目假设日志和问题日志等也需要更新，因为在项目风险定性度量中会做出新的假设条件和发现新的项目问题。

10.4.4　项目风险的定量度量

这是对已识别项目风险所进行的定量分析和度量，其主要作用是定量化给出项目风险的信息，以支持项目风险应对计划和风险监测与采取风险应对措施。不是所有项目都需要开展项目风险的定量度量，规模大且复杂性高的项目，或具有战略重要性的项目，或项目合同规定需要进行风险定量度量的项目，或项目主要相关方要求进行项目风险定量度量的项目，才需要开展这种项目风险的定量度量。项目风险定量度量的最终结果是计划安排项目风险应对预案的依据，人们要据此去制定出项目风险的应对措施和项目风险管理预案。

1. 项目风险定量度量的主要依据

项目风险定量度量的主要依据包括如下几个方面。

1）项目风险定性度量的结果

这是项目风险定量度量的首要依据，特别是这种项目风险定性度量给出的所有项目风险的优先序列的信息，因为这种项目风险定量度量的工作主要是对那些较高优先级的项目风险开展的，对于低优先级项目风险可根据观察清单规定去开展后续观察。

2）项目各个专项管理计划

这方面的依据主要包括：项目风险管理计划，因为该计划确定了项目是否需要开展项目风险定量度量；项目各目标要素的范围管理计划和专项计划，它们给出了对项目风险开展定量度量的目标或基准。实际上项目风险定量度量就是要给出项目风险会影响到这些项目目标要素指标值的实现的可能性和后果大小。

3）项目各方面的文件

这方面的依据主要包括：项目需求文件，它提供了对项目整体目标的要求和规定；项目风险登记册，它给出了项目风险的详细信息；项目风险报告，它描述了项目风险及其来源和当前的项目风险状态；项目目标四要素的指标值，这给出了项目风险定量度量的基线和目标；项目假设日志，项目的各种假设条件与实际情况不符就会引发项目风险，所以项目假设日志中的条件也是项目风险定量度量的重要依据。

2. 项目风险定量度量的主要方法

在项目风险定量度量中所使用的方法主要有如下几种，具体分述如下。

1）项目风险期望值法

这种方法首先要度量项目风险的发生概率和项目风险的损失或收益大小，其次将这二者相乘并求和给出项目风险的期望值，最后使用项目风险期望值去定量度量项目风险。其中，项目风险发生概率及其分布需根据统计资料去定量度量每种项目风险可能后果的发生概率与分布，而项目风险造成的损失与收益值需确定项目风险每种可能后果会造成的风险损失或收益值的大小。计算项目风险损失或收益的期望值的公式如下。由此得到的结果就是项目风险期望值法给出的项目风险定量度量结果。

$$E=\sum_{i=1}^{n}(P_i\times L_i)+\sum_{j=1}^{m}(P_j\times O_j) \tag{10-4}$$

其中，E 为风险损失的期望值；P 为项目风险发生概率；L 为项目风险的损失值；O 为项目风险的收益值；i 和 j 分别为项目第 i 种和第 j 种风险。

2）模拟仿真法

这是用人工或计算机进行模拟仿真去定量度量项目风险的方法，这种方法多数使用蒙特卡洛模拟或三角模拟等具体的技术方法。模拟仿真法多用在大型项目或复杂性项目的项目风险定量度量上，而相对小的项目多使用上述的项目风险期望值法。

3）敏感性分析法

这是用项目净现值或项目内部收益率等指标的敏感性分析去定量度量项目风险的方法。这种方法需要首先规定出项目损失或收益的影响因素（如项目成本、销售价格等）的变化程度（如增减 5%），然后计算和分析项目目标或项目收益指标（项目净现值或项目内部收益率）会发生多大的变化，由此定量度量具体项目风险。这种方法能找出项目敏感性影响因素，从而帮助人们定量度量敏感的项目风险。表 10-4 给出了项目风险敏感性分析的示例。

表 10-4　项目风险敏感性分析示意表　　单位：万元

变动因素	变化程度						
	−15%	−10%	−5%	0	5%	10%	15%
产品产量 Q	0	100	200	300	400	500	600
产品价格 P	−150	0	150	300	450	600	750
项目投资 F	900	700	500	300	100	−100	−300
产品成本 C_v	600	500	400	300	200	100	0

由表 10-4 中的数据可知由项目风险因素 Q、P、F 和 C_v 的变化而造成的项目净现值的变动情况。其中，当项目产品产量 Q 降低 15%以上，产品价格 P 降低 10%以上，而项目投资 F 上升超过 7.5%，产品成本 C_v 上升超过 15%时，项目净现值会出现小于零的情况，此时项目财务风险就超出了可接受范围而进入绝对敏感状态。

4）决策树分析法

这种方法用于在若干项目应对措施备选行动方案中选择出最佳方案，在这种方法中用不同的决策树分支代表不同的项目风险应对的备选方案。每个分支都有相关的项目风险收益或损失情况和项目风险发生概率。人们通过计算每个项目备选方案的期望价值就可以选出最优的备选方案。其示例如图 10-8 所示，由图中可知，备选方案 A 和 B 各有两种不同情境，即项目产品好销和滞销的情况。当项目产品好销的情况出现会有盈利，

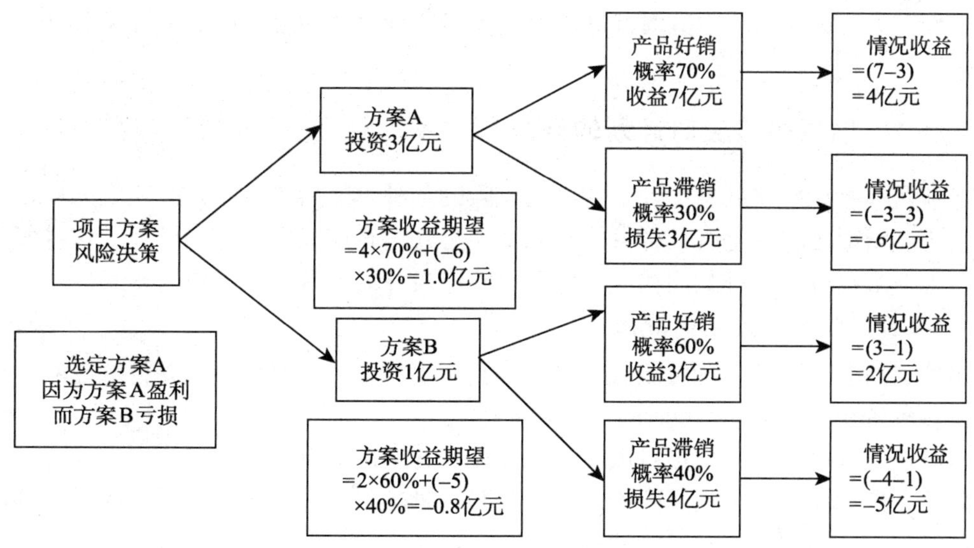

图 10-8　项目风险定量度量的决策树分析法的示例

而当项目产品滞销的情况出现会有亏损。两个备选方案的发生概率不同且损失和收益值也不同，综合考虑两个备选方案各自的两种情况最终发现，方案 A 的期望值是收益 1.0 亿元，方案 B 的期望值是亏损 0.8 亿元，所以项目决策需选择方案 A。由此可见，这种方法具有“趋利避害”的项目风险管理效果。

3. 项目风险定量度量的主要结果

项目风险定量度量的根本结果就是给出一份项目风险度量报告，该报告的核心内容涉及如下几个方面。

1）对整体项目风险的综合评估结果

这种评估结果的描述有两种方式。一是项目整体成功的可能性，这是基于对已识别项目风险的定量度量结果而给出的，对于项目实现其主要目标的可能性的描述。二是对项目目标四要素实现的可能性的描述，这是指项目风险对于项目范围、时间、质量和成本目标实现的概率分布和后果值大小以及关联影响和时间进程的定量描述。

2）项目风险定量度量的具体结果情况

这方面的结果包括：根据项目风险定量度量所给出的项目应急储备和管理储备的需求情况、对项目关键路径影响巨大的项目风险的清单、整体项目风险的主要驱动因素（即对项目结果不确定性影响最大的因素）、项目风险的优先排序、会造成最大威胁或产生最大机会的项目风险事件、项目风险的发展趋势、需要再次开展的项目风险定量度量的时间、项目风险应对的建议以及选用开展项目风险监测的风险征兆规定等。

10.5 项目风险应对计划制订

这是为应对项目风险而制定预案的工作，是选择应对项目风险的策略并安排项目风险应对措施的工作。其主要作用是制定出一整套应对项目风险的措施，以便人们在项目风险监测发现项目风险征兆后，能够根据项目风险征兆去从中选出相应的应对措施开展应对工作。另外，项目风险应对计划中还需要确定项目风险应对所需资源及其预算和时间安排等。

10.5.1 项目风险应对计划的概念和内涵

在项目风险识别和度量中确定的项目风险的各种可能后果都应该有相应的项目风险应对措施，所以项目风险有几种可能后果就会有几个相应的风险应对措施，这些不同的项目风险应对措施的安排共同构成了项目风险应对计划或预案。

1. 项目风险应对计划的概念

将项目所有风险的各种可能后果都一一制定出相应的应对措施，并将这些应对措施所需的各种资源、预算储备和时间都做好安排，最终形成项目风险应对计划或应对预案。项目风险应对计划还必须与项目风险的优先序列相匹配，以便能够经济而有效地应对好项目风险。所以实际上项目风险应对计划就是一种项目全部风险的所有可能后果的应对措施以及如何实施这些应对措施的项目风险应对预案。

2. 项目风险应对计划的内涵

项目风险应对计划就是“兵来将挡，水来土掩”的计划安排，其核心内涵是必须针对每个项目风险事件或系统性项目风险的各种可能后果去制定出一系列应对不同项目风险可能后果的具体措施，并且规定好出现哪种项目风险征兆就去选用哪个项目风险应对措施的计划安排。例如，诸葛亮派兵打仗要给将领多个“锦囊妙计”，并告知他们何种情况用哪个“锦囊”，这些共同构成了“打仗”这个项目的风险应对计划。

10.5.2 项目风险应对的主要措施

项目风险的应对措施包括消减项目风险损失和提升项目风险收益两方面，这两方面的项目风险应对措施主要有如下几种。

1. 项目风险的容忍措施

这是针对那些项目风险发生概率小且后果轻的情况所采取的一种应对措施。这种应对措施又分为主动和被动两种方式，其中的主动措施包括建立应急储备、预留时间、资金或资源以应对项目风险。不同组织的项目风险容忍度是不同的，而且随着项目的进展有些此前可以容忍的项目风险会变得不能容忍而必须进行应对。

2. 项目风险的规避措施

这种措施是当项目风险的不利后果超出项目组织或项目相关方可接受的水平时，人们就会从根本上放弃项目或放弃项目所使用的风险性项目资源、项目技术、项目设计方案等，从而避免项目风险的不利后果。例如，在项目实施中采用更成熟的实施技术和技术装备就是一种项目实施技术风险的规避措施。

3. 项目风险的遏制措施

当项目风险的不利后果未超出项目组织或项目相关方可接受的水平时，人们就可以从遏制项目风险不利后果的角度去采取项目风险应对措施。例如，在项目财务状况进一步恶化会造成项目风险损失时，及时去获得银行贷款资金并注入项目投资中就是一种典型的项目风险遏制措施。

4. 项目风险的转移措施

当项目组织自身没有能力进行项目风险应对的时候，就需要通过购买保险和签订合同将项目外包给专业公司等措施去转移项目风险。例如，通过购买工程项目一切险等保险的方法、将工程项目的风险转移给保险商的办法就属于项目风险转移措施。再比如，将项目某些技术性强且风险性高的工作分包给专业承包商的方法也属于此类。

5. 项目风险的化解措施

这是从消除项目风险的引发原因出发去采取的项目风险的应对措施。例如，对于可能出现的项目团队内部和外部的组织冲突风险，人们可以通过采取双向沟通、调解等各种消除矛盾的方法去应对和解决，这就是一种项目风险的化解措施。很多时候项目人际关系方面的风险多是可以使用这种化解措施去应对的。

6. 项目风险的消减措施

这是在项目风险后果发生阶段采取的应对措施，这种应对措施的根本手段就是借助预先安排的“救人救火”的措施，去消减项目风险的不利后果。例如，对于某工程建设项目因雨天而无法进行室外施工从而造成较大损失的情况下，人们设法安排项目团队从事某些室内作业以消减项目风险损失就属于这类项目风险的消减措施。

7. 项目风险的分享和分担措施

这是根据项目相关方承担风险能力的大小，分别由不同项目相关方合理分担项目风险，并合理分享项目风险所带来的收益的一种应对措施。这种项目风险应对措施多数采用项目合同或项目协议的方式去确定出项目相关方的公平分担项目风险责任及合理分享项目风险收益的办法。

8. 项目风险的收益措施

这是用于提高项目风险机遇发生概率和增大项目风险收益的应对措施，其中提高项目风险机遇发生概率主要靠增加项目信息去实现，而增大项目风险收益主要靠采取各种技术和管理创新措施去实现。如果项目组织希望抓住项目风险带来的机会和收益，就需要采用这种应对措施去积极地引发和扩大项目风险收益。

9. 项目风险的上报措施

当项目风险应对所涉及的资源和做法超出了项目经理的权限时，就需要采用及时上报而由组织上级人员承担项目风险应对责任的措施，并由他们组织人们开展项目风险应对。实际上项目经理的工作授权只限于开展项目工作，当涉及动用整个组织的资源去开展项目风险应对的时候，就必须采用这种上报的应对措施。

10. 项目风险的应急措施

上述这些项目风险应对措施都是针对项目有预警信息风险的应对措施，但是在项目全过程中可能出现项目无预警信息风险，这种项目风险需要使用应对“突发事件”的措施。针对项目无预警信息风险必须事前设计出在突发事件发生时应采用的风险应对措施，这是一种“防患于未然”和“应急管理”的项目风险应对措施。

10.5.3 项目风险应对计划制订的依据

这方面的根本依据是人们开展项目风险识别和度量的工作结果，人们据此先去开展项目风险应对措施的制定，然后去做好项目风险应对计划的制订工作。具体分述如下。

1. 项目风险报告

该报告中给出了项目风险识别和度量等工作的结果信息，这包括已识别项目风险的清单和项目风险定性或定量度量的结果，所有这些信息会直接影响人们去制定和选择相应的项目风险应对措施。项目风险报告还会按优先级顺序列出项目风险事件的应对需求，这些信息都会影响项目风险应对策略的选择和项目风险应对计划的制订。

2. 项目各专项管理计划

人们采取应对项目风险措施和制订项目风险应对计划的根本目的是保障项目各个专项管理计划的实现，所以这些管理计划也是制订项目应对计划或预案的根本依据。最主要的项目管理计划包括：一是项目资源管理计划，因为该计划确定了如何获得用于风险应对的资源；二是项目风险管理计划，因为它规定了项目风险管理角色和职责。

3. 项目各方面的相关文件

这包括：项目风险登记册，它包含了已识别度量的项目风险的详细信息，它列出了每个项目风险的指定风险责任人、已识别的初步风险应对措施，以及项目风险的根本原因、风险征兆、需要尽快应对的风险和后续的风险识别与度量工作；项目经验教训登记册、项目进度计划、项目团队派工单以及相关方登记册等。

4. 项目风险的独特性

通常，项目风险应对措施必须根据项目风险的独特性制定。例如，对于项目有预警信息风险和项目无预警信息风险就必须采用不同的项目风险应对措施，对于项目时间方面的风险、成本方面的风险、范围方面的风险或质量风险就必须采用完全不同的项目风险应对措施。另外，对于消减项目风险损失和提高项目风险收益的多是不相同的。

5. 组织的抗风险能力

承担项目风险的组织自身所具有的抗风险能力也是决定项目风险应对措施和计划的主要依据。项目组织或项目团队的抗风险能力是由资源、能力、经验等诸多要素综合而成的，这包括项目经理承受和应对项目风险的能力，以及项目组织所具有的相应资源和资金储备等，项目经理权限不足就需要采取上报措施。

6. 可供选用的应对措施

每一个具体的项目风险事件实际上会存在几种可供选用的项目风险应对措施，所以可供选用的项目风险应对措施也是人们制订项目风险应对计划的一个重要依据。例如，一个国家或地区是否有“工程一切险”的销售和服务，直接决定了人们能否选择这种工程项目风险的应对措施。

7. 项目风险责任的归属

通常，项目风险应对措施选用的最根本依据就是项目风险责任的归属，人们只应该去应对那些属于自己承担责任的项目风险。例如，对使用固定总价的工程建设项目而言，各种项目安全方面的风险和各种非不可抗力方面的项目风险就都属于项目承包商应该去应对的范畴，因为项目的总造价中包含了应对这些项目风险的资金。

8. 事业环境因素和组织过程资产

在制订项目风险应对计划的过程中所需考虑的事业环境因素主要包括关键项目相关方的风险偏好和项目风险的征兆情况。在制订项目风险应对计划的过程中所需考虑的组织过程资产主要包括：组织的历史类似项目的风险管理计划、组织的历史类似项目的风险应对措施和计划书、项目风险登记册和风险报告的模板、历史类似项目的经验教训知识库等。

综上所述，制订项目风险应对计划或预案需要依据一系列的项目风险管理的信息，而制订项目风险应对计划应及时综合利用这些信息的工作和结果。

10.5.4　项目风险应对计划制订的方法

项目风险应对计划制订的主要方法是“滚动计划法”，即项目风险应对计划需要根据项目风险情况的发展变化而不断修订和更新的方法。因为项目风险情况是不断发展和变化的，所以项目风险应对计划也必须不断修订或更新。这方面的具体方法分述如下。

1. 专家咨询法

制订项目风险应对计划的时候，多需要咨询相关专家的意见和判断。需要咨询的专家主要有：项目实施技术和项目运营技术方面的专家，项目范围、时间、成本和质量管理方面的专家（如造价工程师等），项目风险管理方面的专家（如保险精算师等）。他们会给出关于项目风险损失和收益的应对措施和计划安排意见与建议。

2. 备选方案分析法

这是指对项目风险应对备选方案的特征和要求进行比较，进而确定采用何种项目风险应对计划的技术方法。这种方法中最主要的分析内容是项目风险成本与收益的分析，在具有项目风险的定量度量信息时就可以通过项目风险应对方案的成本和收益去分析和确定备选项目风险应对方案，从而编制出项目风险应对计划。

3. 会议引导法

由于项目风险应对计划涉及众多因素的集成和安排，所以经常需要使用“集思广益”的会议决策的方法，但是这种会议引导法需要有人能够开展会议引导和促进方面的工作，以提高项目风险应对计划制订的有效性。合格的这种会议引导者或促进者可帮助项目风险责任人克服偏见、理解风险、识别、比较并选择备选风险应对措施和制订应对计划。

4. 决策分析法

适用于项目风险应对计划制订的决策方法有很多种，此前讨论的敏感性分析法、决策树分析法、项目风险期望值法等都属于这类方法。项目风险会有多种可能的后果而需要制定出多种可能后果的应对措施，从而构成项目风险应对计划或预案，而这些项目风险决策技术方法有助于分析和确定多种项目风险应对措施并汇总成项目风险应对计划。

5. 多标准评估法

项目风险应对措施和应对计划或预案的选择标准可能包括：应对成本、应对措施在改变风险发生概率和风险后果方面的有效性、资源可用性、时间限制（紧迫性、邻近性和潜伏期）、风险发生的后果严重性、应对措施可能导致的次生风险等。人们需要使用这些评估标准去制定项目风险应对措施和项目风险应对计划或预案。

10.5.5 项目风险应对计划制订的结果

项目风险应对计划制订工作所生成的具体结果主要包括如下几种。

1. 项目风险应对计划

这是关于项目风险应对措施选用和实施工作的计划与安排，它包括：项目风险应对措施的安排、项目风险应对责任的安排和分配、项目风险应对措施及其实施的计划安排和说明、项目风险应对的预算和储备资金的安排，以及项目应对所需资源及其使用等方面的计划与安排等。

2. 项目风险应对的资源安排

这是项目风险应对计划中的重要组成部分，这包括应对项目风险所需各种资源的计划安排和项目风险应对所需储备资金的计划安排等。其中，储备资金包括应急储备和管理储备两部分，应急储备是为补偿差错、疏漏以及突发事件对项目预算的冲击和影响而准备的，管理储备是在项目预算中单独列出且只有项目意外风险出现才能使用。

3. 项目的技术后备措施

项目的技术后备措施是专门用于应对项目技术风险的，它是一系列预先准备好的项目技术措施方案。这些项目技术措施方案也是项目风险应对计划中最重要的组成部分，是针对不同项目技术风险而设计的应对措施方案，只有当项目技术风险情况出现且需要采取应对行动时，才需要使用这些项目技术后备措施。

4. 项目各专项管理计划的更新

制订项目风险应对计划会导致出现项目专项管理计划的更新，这方面的任何变更都以变更请求的形式提出并通过组织的项目变更控制过程进行处理。需要变更的项目管理计划主要包括：项目进度管理计划、项目成本管理计划、项目质量管理计划、项目资源管理计划、项目采购管理计划等。

5. 项目各种文件的更新

同样，制订项目风险应对计划会导致出现项目文件的更新，需要更新的项目文件主要包括：项目假设日志，因为在风险应对计划过程中需做出新的假设；项目进度计划，需要把既定的项目风险应对活动添加到项目进度计划中；项目风险登记册，需要记录选择和既定的项目风险应对措施；项目风险报告，记录项目风险情况和既定的应对措施等。

10.6　项目风险监测

在完成项目风险识别和度量以及项目风险应对措施计划以后，人们就可以根据获得的信息进行项目风险监测。有关项目风险监测的具体内容讨论如下。

10.6.1　项目风险监测的概念、目标和依据

有关项目风险监测的概念、目标与依据具体分述如下。

1. 项目风险监测的概念

项目风险监测是指在项目全过程中根据项目风险管理计划和项目风险应对计划去对项目实际环境与条件的发展变化、项目风险征兆是否出现，以及项目风险管理的有效性情况等所开展的监测活动。因为项目风险具有阶段性、渐进性和可控性等特性，所以人们必须开展全程监测项目风险的工作，人们只有通过监测才能确认项目风险是否发生。因为多数项目风险是不断发展和变化的，这种项目风险的发展与变化是项目风险监测的主要对象和内容。同时，人们在项目风险监测中必须识别和发现项目风险征兆，因为一旦有项目风险征兆出现就必须立刻选择和采取相应的风险应对措施。所以项目风险监测的主要内容包括：监视项目环境与条件的发展变化、辨识是否出现项目风险征兆，以及评估项目风险管理工作的有效性。

2. 项目风险监测的目标

项目风险监测的目标主要有如下三种。

1）及早发现项目环境与条件的变化

项目风险监测的首要目标是及早地发现项目所处环境与条件的发展变化及其可能带来的各种风险。项目风险监测的根本任务就是发现项目实际情况与计划安排的假设前提条件之间的差异，因为这是项目风险的主要成因，所以这是项目风险监测的关键。

2）及时地发现项目风险的征兆

项目风险监测的另一个目标是及时发现项目风险发生的征兆，以便人们根据项目风险征兆去有针对性地采取项目风险的应对措施。这是尽可能消除项目风险发生信息的滞后性，以便人们能够及时地采取有针对性的项目风险应对措施的工作。

3）及时地评价项目风险管理的绩效

这一个目标是及时地评价项目风险管理工作的有效性，以便人们根据项目风险监测发现项目风险管理的问题，并且努力和及时地解决项目风险管理中出现的问题。这可及早修正和改进项目风险管理工作，以便人们能够更好地开展项目风险管理工作。

3. 项目风险监测的依据

项目风险监测的依据主要有如下四个方面。

1）项目风险管理计划

项目风险监测活动必须依据项目风险管理计划去开展，但是当发现新的项目风险后人们需要立即更新项目风险管理计划，所以项目风险监测工作都是依据不断更新的项目风险管理计划开展的。

2）项目风险应对计划

项目风险监测活动还必须依据项目风险应对计划去开展，因为项目风险应对计划中给出了项目风险监测对象的描述信息。其中最主要的就是项目风险征兆的描述和项目风险责任的安排，这两方面的信息决定了项目风险监测的实施者和监测对象。

3）项目风险发展变化情况

有些已识别的项目风险最终会发生，有些已识别的项目风险不会发生。这是项目风险的发展变化情况，也是项目风险监测工作的重要依据之一，同时也是项目风险监测的对象和内容之一。人们需要根据项目风险监测所获信息去做进一步的监测。

4）项目风险管理的绩效指标

项目风险监测的依据还包括项目风险管理的绩效指标，这是人们评估项目风险管理有效性的重要依据和比较对象。人们需要使用这方面的信息去对照项目风险管理工作的实际绩效指标值，以便评估和发现项目风险管理工作绩效方面的问题和不足。

10.6.2 项目风险监测的步骤与内容

项目风险监测是按照一定步骤和流程进行的，具体步骤与做法分述如下。

1. 项目风险监测的流程图

项目风险监测的具体步骤、内容与做法如图 10-9 所示。

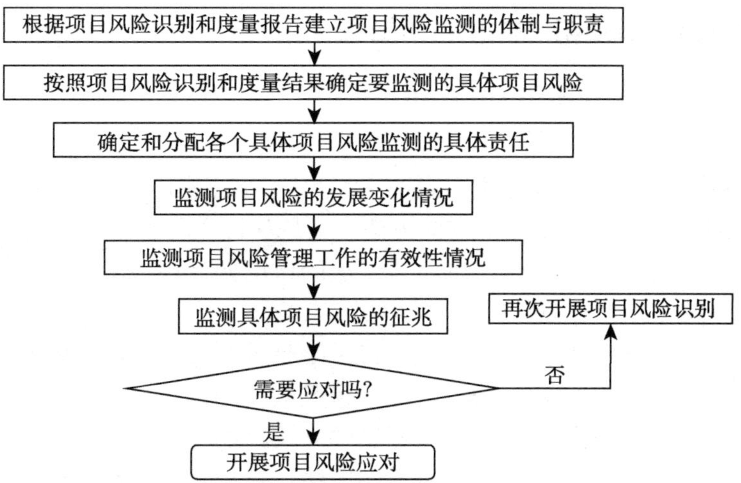

图 10-9　项目风险监测的具体步骤、内容与做法

2. 项目风险监测的步骤与做法

项目风险监测各具体步骤的内容与做法说明如下。

1）建立项目风险监测的体制与职责

这是制定整个项目风险监测的方针、程序、管理体制和具体职责分工的工作，这包括项目风险责任制、项目风险报告制、项目风险监测决策制、项目风险监测。

2）确定要监测的具体项目风险

这是根据项目风险识别与度量结果而确定出整个项目需要对哪些具体项目风险进行监测，以及对哪些项目风险暂时容忍而放弃对它们进行监测与应对。

3）确定和分配各个具体项目风险监测的具体责任

所有需要监测的项目风险都必须落实到具体人员去负责，并要规定他们所负的项目风险监测责任，每项项目风险监测都要由专人负责，而且要由合适的人员去负责。

4）监测项目风险的发展变化情况

人们必须根据既定的项目风险监测方案去开展项目风险发展变化的监测工作，以便及早发现项目环境与条件变化所导致的项目风险发展变化的情况。

5）监测项目风险管理工作的有效性情况

这是人们根据项目风险监测方案，对已实施项目风险管理工作的有效性所做的监测和评价，以便在发现项目风险管理绩效不足或问题后进行必要的工作改进。

6）监测具体项目风险的征兆

这是开展项目风险监测工作的首要任务，若人们发现项目风险发生的征兆，就可以根据这些征兆或阈值信息去选定和采取相应的项目风险应对措施。

7）给出项目风险是否需要应对的决策

在发现项目风险征兆后，人们需做出该项目风险是否需要应对的决策（因为也可能容忍），如果需要应对则采取项目风险应对措施，否则重新识别和度量项目风险。

10.6.3 项目风险监测的方法和结果

这一工作的方法和结果分述如下。

1. 项目风险监测的方法

项目风险监测的方法涉及三类不同的项目风险的监测工作，一是项目风险征兆的监测方法，二是项目风险发展变化的监测方法，三是项目风险管理（包括风险识别、度量、应对等）有效性的监测方法，这三种具体方法的讨论如下。

1）项目风险征兆的监测方法

项目风险监测的根本目的就是发现项目风险是否有进入发生阶段的征兆，以便人们能够及时开展项目风险的应对，所以这是项目风险监测最重要的方法。这方面的技术方法主要有两种：一是核减清单法，这是根据预先设计的项目风险征兆监测所用的核检清单去发现项目风险征兆的方法；二是审计的方法，这是对人们使用核检清单所做项目风险监测结果进行审核或二次核检的方法（以避免出现疏漏）。

2）项目风险发展变化的监测方法

这是为及时发现那些已识别和度量的项目风险的发展变化而使用的一种监测方法，这类方法主要有两种。一是项目目标变化监测法，即监测项目相关方所提出的各种变更请求所导致的项目风险发展变化情况的方法。二是项目环境与条件发展变化监测法，即监测项目所处微观和宏观环境与条件的发展变化情况的方法。

3）项目风险管理有效性的监测方法

这是及早发现和解决项目风险管理有效性不足情况的监测方法，是涉及项目风险识别、度量和应对等各方面工作有效性的监测方法，其主要的方法有两种。一是项目风险管理绩效监测法，这是监测项目风险识别、度量和应对的实际效果的方法。二是项目储备监测法，这是监测项目风险应对工作对项目预算和进度的储备影响的方法。

2. 项目风险监测的结果

这方面的第一种结果是发现项目风险发生的征兆，以便及时指导人们开展项目风险应对工作。这方面的第二种结果就是发现项目风险的各种发展变化，以指导人们去开展进一步的项目风险识别和度量工作。这方面的第三种结果是发现项目风险管理工作中出现的各种问题，以便指导人们去改进和提高项目风险管理工作绩效。除这三方面的结果外，项目风险监测的其他结果具体分述如下。

1）项目各专项管理计划的更新或变更

在开展项目风险监测过程中，当人们发现现有各专项管理计划存在问题时，就需要对这些计划以及成本与进度的基准等进行必要的变更或更新。需要更新或变更的计划主要有：项目风险管理计划，以改进该计划与实际情况不一致的局面；项目目标四要素的管理计划，以解决项目风险发展变化对项目目标要素的影响；项目资源三要素的管理计划，以解决项目风险发展变化导致的项目风险管理所需资源的变化问题等。

2）项目各种文件的更新

由项目风险监测工作导致的项目文件更新主要包括：项目风险登记册的更新，以反映项目风险监测中所发现的新风险及其应对措施；项目风险报告的更新，以记录项目风险监测所发现的项目风险识别、度量和应对中的变化信息；项目问题日志的更新，以反映项目风险监测中所发现的项目风险管理方面的新问题；项目经验教训登记册的更新，以记录在开展项目风险监测中所遇到的挑战和得到的经验与教训。

3）项目风险管理的绩效问题

这也是项目风险监测所获得的结果之一，这种结果可用于改进项目风险识别工作准确性、提高项目风险度量工作的精确性和改善项目风险应对工作的有效性。项目风险监测工作发现的项目风险管理工作绩效信息是经过比较项目风险实际发生情况和预计或计划的发生情况，从而得到的关于项目风险管理工作绩效的信息。

10.7　项目风险应对

项目风险应对是在监测到项目风险发生的征兆后，人们采取项目风险应对措施的工作，这就是“兵来将挡，水来土掩”性质的工作。

10.7.1　项目风险应对的概念和目标

1. 项目风险应对的概念

项目风险应对是指选择并实施项目风险应对计划中与项目风险征兆相对应的项目风险应对措施的活动，其主要作用是确保实施好正确的项目风险应对措施，以实现消减项目损失和增加项目风险收益的目的。由于每个项目风险都会有多种可能后果，对于项目风险的不同可能后果需要采取不同的风险应对措施，所以这项工作首先需要人们选择出针对具体项目风险可能后果的应对措施，然后去开展该风险应对措施的实施，以便实施过程中实现成功应对项目风险的结果。

2. 项目风险应对的目标

开展项目风险应对的主要目标有如下两个。

1）努力消减项目风险损失的目标

项目风险应对的目标之一是通过实施选定的项目风险应对措施，去尽可能地消减项目风险威胁所带来的负面效果，即努力消减项目风险可能带来的损失。这也包括消减人们采取项目风险应对措施中所需资源而造成的应对成本，因为项目风险损失和应对成本共同构成了项目风险不利后果的总价值，这个价值越小则说明项目风险应对越得当。

2）努力增加项目风险收益的目标

项目风险应对的另一个目标是通过实施选定的项目风险应对措施，去尽可能地增加项目风险机遇所带来的正面效果，即努力增加项目风险可能带来的收益。实现这一目标就需要将项目风险应对措施的成本与可能获得的项目风险收益作比较，只有项目风险收益值大于项目风险应对措施的成本，才能够算是项目风险应对得当。

10.7.2　项目风险应对的依据和过程

项目风险应对措施的制定和实施工作需要根据下述依据和步骤去开展和实施。

1. 项目风险应对的依据

项目风险应对的依据主要有如下几个方面。

1）项目风险管理计划

所有项目风险应对活动都是依据这一计划开展的，并且一旦发现新的项目风险或项目风险情况发生变化后，人们就需要立即更新项目风险管理计划，所以项目风险应对工作都必须依据这种不断更新的项目风险管理计划去开展。

2）项目风险应对计划

项目风险应对活动还必须依据项目风险应对计划去开展，因为项目风险应对计划中给出了项目风险应对预案的描述信息。其中最主要的就是各种项目风险可能后果对应的项目风险应对措施的安排，这方面信息是项目风险应对的核心依据。

3）项目各种文件

这主要包括：项目经验教训登记册，其中的有关经验教训可提高风险应对的有效性；项目风险登记册，它给出了项目风险的既定应对措施以及责任者；项目风险报告，它给出了项目风险的评估、项目风险应对策略以及项目风险应对工作的安排。

2. 项目风险应对的流程图

项目风险应对是按照一个流程，其中的具体步骤、内容与做法如图10-10 所示，这些项目风险应对的步骤与做法分述如下。

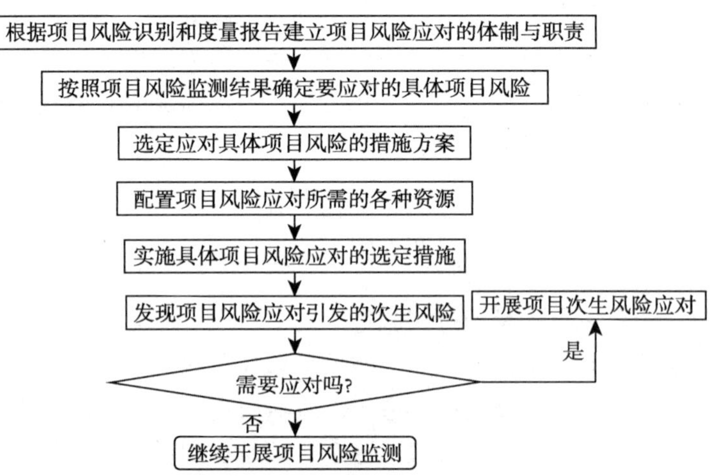

图 10-10 项目风险应对的具体步骤、内容与做法

3. 项目风险应对的具体步骤

项目风险应对过程中的具体步骤和内容说明如下。

1）建立项目风险应对的体制与职责

这是制定整个项目风险应对的方针、程序、管理体制和具体职责分工的工作，这包括项目风险责任制、项目风险报告制、项目风险应对决策制、项目风险与应对的沟通程序等一系列的规章和制度安排。

2）确定要应对的具体项目风险

这是根据项目风险监测所获结果，去确定出需要对哪个具体项目风险进行应对的决策，对于那些可以采取容忍措施的项目风险，人们可以不采取任何项目风险应对行动，而对它们进行进一步的监测，直至这种项目风险发展到必须应对的程度。

3）选定应对具体项目风险的措施方案

这是根据项目风险征兆所指示的具体项目风险的哪种可能后果即将出现，去选定能够正确应对这种项目风险后果的应对措施。例如，某新产品开发项目的销售风险会有三种可能结果（好销、一般、滞销），三种结果各有应对措施，必须依据征兆选定应对措施。

4）配置项目风险应对所需的各种资源

在选定项目风险应对的措施后，人们需要根据具体应对措施所需的资源去做好这些资源的获得和配置工作。这包括项目风险应对所需的人力、物资、信息等各方面的资源，有时还需要动用项目风险应急储备或管理储备这种资金资源。

5）实施具体项目风险应对的选定措施

在人们选定项目风险应对措施并获得项目风险应对所需资源以后，就进入和实施具体项目风险应对的选定措施的步骤。对于转移项目风险的应对措施而言，人们在实施具体项目风险应对措施时需要开展向承包商索赔或向保险商报损与赔付等工作。

6）发现项目风险应对引发的次生风险

在开展项目风险应对的过程中还需要努力识别和发现项目风险应对是否引发了次生风险（或叫项目风险关联影响），如果风险引发了次生风险则必须开展项目风险应对所引发次生风险的应对决策，这是应对这种次生风险具体措施选择的决策。

7）开展项目次生风险应对或继续开展项目风险监测

在认定项目风险应对过程中出现次生风险并做出应对决策后，人们就需开展项目次生风险的应对工作，以便全面应对和消除项目风险的主生和次生风险后果。如果项目次生风险不需要应对（可容忍），人们可转入后续的项目风险监测作业。

10.7.3　项目风险应对的方法和结果

在项目风险管理中最常见的问题是，人们会努力识别和分析项目风险并制定应对措施和预案，但是在应对项目风险过程中会因应对不当而产生糟糕的项目风险结果。古今中外的战争项目失败案例和各种抢险救灾项目的惨痛教训都充分证明了这一点，所以项目风险应对的方法与项目风险应对的结果直接相关且影响巨大。

1. 项目风险应对的方法

项目风险应对的方法涉及两类不同项目风险的应对方法，一是项目无预警信息风险的应对方法，二是项目有预警信息风险的应对方法，具体讨论如下。

1）项目无预警信息风险的应对方法

项目无预警信息风险指的是那些突然发生而没有任何项目风险征兆进行预警的项目风险，这种项目风险的应对方法最核心的是“当机立断”的方法和“积极权变”的方法。

（1）“当机立断”的方法。这种方法要求负责项目风险应对的人一旦发现项目风险突然发生，就必须快速制定决策并实施项目风险的应对。这种决策方法涉及两方面，一是应对还是容忍突发的项目风险，二是使用何种应对措施去应对突发的项目风险。

（2）“积极权变”的方法。这是在应对突发项目风险过程中所采用的“因地制宜”、“因时制宜”和“因人制宜”的决策和行动方法，因为在应对突发项目风险的过程中人们会不断地获得信息，所以人们需要不断地修订突发项目风险的应对决策。

2）项目有预警信息风险的应对方法

项目有预警信息风险的应对方法与上述方法有所不同，但也需要在应对过程中不断收集信息和修订风险应对决策与措施。这方面的方法也主要有下述三种。

（1）选择项目风险应对措施的方法。这是根据项目风险监测过程中所发现的项目风险征兆，按照项目风险应对计划去选择并实施既定应对措施的方法。通常，项目风险征兆中包括两方面信息：一是项目风险进入发生阶段的信息，二是项目风险发生会导致哪种可能后果的信息。例如，天气预报有强对流天气，会有三种可能后果：下暴雨、下冰雹、强风。若项目风险监测到的征兆是会出现冰雹，则必须选应对冰雹的措施，这是已经在项目风险应对计划中做出安排的，直接做出选择决策即可。

（2）根据情况发展变化做好项目风险应对跟踪决策的方法。由于项目有预警信息风险也会随着项目环境与条件的发展变化和项目风险的进程而出现新情况需应对，所以还必须有项目风险应对跟踪决策的方法。这种方法是根据项目风险各方面的发展变化，去修订、变更或制定应对项目风险新情况的决策并实施这些决策的方法。例如，上述强对流天气在发生冰雹两小时之后变成了暴雨，此时就必须去应对强降雨带来的各种危害。使用这种跟踪决策的方法做出应对措施的变更后，就应实施新的项目风险应对措施。

（3）项目风险应对次生风险的方法。在项目风险应对过程中可能会触发关联影响（后果）而导致次生风险，此时人们就需要使用这种项目次生风险的应对方法。这种方法要求在项目风险报告中明确给出对于项目风险关联影响或次生风险后果的识别和度量，并且要将这些次生风险的应对措施也安排到项目风险应对计划或预案之中。在发生这种情况的时候，人们可以根据计划安排去应对这些次生风险。针对突发的项目次生风险，则需要按照项目无预警信息风险管理的方法去开展应对和管理。

2. 项目风险应对的结果

项目风险应对的根本结果是实现“趋利避害”的目标，即做到消减项目风险威胁带来的风险损失和增加项目风险机遇带来的风险收益。这两种项目风险管理的根本目标是在项目风险应对的过程中实现的。有关项目风险应对的其他结果，具体分述如下。

1）项目各种文件的更新

主要更新的项目文件包括：项目风险登记册，以反映开展应对所造成的具体项目风险情况的变更；项目风险报告，以反映应对所导致的项目整体风险变化情况；项目问题日志，以反映应对所带来的新问题；项目经验教训登记册，以记录应对中得到的新经验与教训。

2）项目各专项管理计划的更新

更新的专项管理计划主要包括：项目风险管理计划，以反映应对所造成新情况的计划安排；项目风险应对计划，以反映应对所导致的项目风险应对计划的变化；项目时间管理计划，以反映开展应对所导致的进度变化情况；项目成本管理计划，以记录开展应对所导致的项目成本预算的变化情况等。

综上所述，整个项目风险管理涉及很多方面的工作，它会使项目实现“趋利避害”的效果。实际上，项目风险管理是重要的项目专项管理之一，因为如果项目没有风险则就不需要开展项目管理了。试想如果项目所有方面都是确定的而没有风险，项目管与不管的最终结果是确定不变的，那么项目管理就没有意义了。

本章思考题

1. 项目风险管理与传统风险管理有何区别？
2. 项目风险管理所需开展的主要工作有哪些？
3. 项目风险识别和项目风险度量之间有何关联？
4. 项目风险监测与项目风险应对之间有何关联？
5. 你认为项目风险管理中最重要的是哪方面的工作？
6. 为什么说项目管理中项目风险管理是最为重要的？

第 11 章　项目集成管理

【本章导读】本章将全面讨论有关项目集成管理的概念、作用、原理、内容和方法，重点讨论项目集成计划及其实施。具体内容包括：项目集成的原理、项目集成计划编制、项目集成计划实施和项目变更的集成管理等内容。本章的核心内容是研究如何通过项目集成管理去实现项目各方面的合理配置关系。

11.1　项目集成管理的概论

项目集成管理是现代项目管理知识领域中一个具有统领性的专门领域，其主要作用是实现项目各方面的合理配置关系，因此这是由一系列具有系统性、整合性、综合性和全局性的项目管理工作构成的一个项目专项管理。项目集成管理涉及项目全过程（所有项目活动）、项目全要素（所有项目要素）和项目全团队（项目所有相关方）三方面合理配置关系的实现，以及这三个方面的综合、平衡与合理配置的项目管理工作。

项目全过程中的所有活动都必须按照生成项目产出物和实现项目目标的要求去实现它们之间的合理配置关系，所以需要开展项目全过程的集成管理。在项目全过程中项目范围、时间、成本和质量的目标要素需要合理配置，并且这些项目目标要素的实现需要项目所需人力、信息、物资和服务资源的合理配置作为保障，同时还必须考虑项目风险要素的影响与合理配置，这就需要实现项目全要素的集成管理。另外，项目各相关方各自都有利益和要求，各自都承担着项目管理和实施的角色与责任，所以他们的利益、责任和角色也需要实现合理配置，因此就需要开展项目全团队的集成管理。最终还需开展项目全过程、全要素和全团队的全面集成管理①。

项目集成管理的责任是由项目经理承担的，他需要组织和领导项目管理各知识领域的相关专家去开展好项目集成管理。项目经理在获得项目工作授权后就要对整个项目管理的成败承担最终责任，所以必须将项目集成管理作为实现项目目标的根本途径和手段。从本质上说，项目和项目管理自身就具有集成性，所以才需要按照团队合作的方式去开展管理。因此只有项目集成计划才是真正用于指导项目实施的可执行计划，其他项目专项管理和业务计划都是从项目集成计划中分拆出来的，而且它们中的任何计划变更都必须按照项目集成管理的要求去做好项目变更的集成控制。

---

① 本节中的主要内容是南开大学百年校庆选定并资助出版的十大哲学和社会科学经典著作之一、作者所出版的《项目全面集成管理原理与方法》一书的核心思想。

11.1.1　项目集成管理的基本原理

项目集成管理作为项目管理的概念和思想，主要源于 20 世纪 80 年代前后人们在开展信息系统开发项目中使用“配置”（configuration）和“集成”（integration）的思想。经过多年的借鉴和融入，人们逐渐将“配置”和“集成”的原理与方法推广到项目管理的领域。实际上项目集成管理的原理和方法至今仍处在研究和推广之中，即便是在 PMI 的《PMBOK®指南》第六版（2017 年）[①]和第七版（2021 年）[②]中仍没有系统而科学的项目集成管理的方法。本书中的项目集成管理的主要原理和方法是本书作者的研究成果，本书作者因研究完成的项目集成管理技术开发和应用的成果卓著，而获得 IPMA 的 2009 年研究成果大奖，2023 年全球终身研究成就奖。本书作者的这些研究成果被南开大学选定为资助出版的百年校庆的十大哲学和社会科学经典著作之一，由南开大学出版社出版发行[③]。

1. 项目集成管理的定义

在 PMI 的《PMBOK®指南》中有关项目集成管理的定义是：“项目集成管理知识领域包括在项目全过程中识别、界定、合成、统一、协调项目管理的各种过程与活动的管理过程和工作。在整个项目管理知识领域中，项目集成管理具有合成、统一、关联和集合等方面的特点，这些不仅对于项目的成功实施是至关重要的，而且对于满足项目相关方的需要和管理他们的期望方面也是很重要的。”[④]由此可见，项目集成管理是为项目成功和全面满足项目相关方需要所开展的一种项目专项管理工作。

该定义中的“合成”是指对于项目各要素或专项的全面综合与优化，这需要按照具体项目客观要求的合理配置关系去综合项目目标、产出物、工作、资源、风险和价值，最终“合成”给出项目的计划及其变更方案。该定义中的“统一”是指统一授权项目经理去管理好项目各方面的集成，去统一安排项目工作和合理配置资源。该定义中的“协调”是指综合平衡项目各项目相关方利益，通过协调去实现项目价值的最大化和项目价值分配的合理化。另外，这三方面也需要进一步开展集成管理而使整个项目管理成为一个整体。

本书作者的研究结果证明，项目集成管理是为找出和实现项目全过程、项目全要素和项目全团队三方面合理配置关系所开展的一种项目集成计划编制和实施的管理工作。开展项目集成管理的根本目的是努力实现项目全过程、全要素和全团队三方面客观要求的合理配置关系，以确保项目的成功。所以项目集成管理的核心在于找出项目这三方面的合理配置关系，然后做好项目集成计划安排和实施管理工作，最终实现项目利益最大化和项目利益分配合理化这种项目的终极目标。

2. 项目集成管理的主要特性

由于项目集成管理涉及对所有项目活动（全过程）、所有项目要素（全要素）和所有

① Project Management Institute. A Guide to the Project Management Body of Knowledge（PMBOK® Guide）. 6th ed. Newtown Square：Project Management Institute，2017.

② Project Management Institute. A Guide to the Project Management Body of Knowledge（PMBOK® Guide）. 7th ed. Newtown Square：Project Management Institute，2021.

③ 戚安邦. 项目全面集成管理原理与方法. 天津：南开大学出版社，2015.

④ Project Management Institute. A Guide to the Project Management Body of Knowledge（PMBOK® Guide）. 4th ed. Newtown Square：Project Management Institute，2012.

项目相关方（全团队）实现合理配置关系，所以项目集成管理有如下主要特性。

1）为实现项目合理配置关系所开展的管理

根据具体项目特定和客观的合理配置关系去开展系统性管理是项目集成管理最重要的特性。此处的“合理配置关系”是指具体项目自身及其环境与条件的客观要求的项目目标、项目产出物、项目工作、项目资源、项目风险、项目价值或利益等方面的正确相互匹配关系。这是一种客观存在且需要努力寻求的合理匹配关系，人们需要借助项目集成过程去找到这种客观合理的配置关系，并依此去开展好项目集成管理的计划和实施。

2）为项目全面优化所开展的系统管理

项目集成管理的第二个特性是全面系统优化的特性，即利用项目客观存在的合理配置关系，去系统性地实现项目所有活动、所有相关者和所有要素的优化管理。每个项目都有自己的目标、要求、活动、资源、风险和价值等，项目集成管理就是为实现项目这些方面的系统优化目标服务的，因为项目这些方面都只是项目整体系统的要素，它们只有开展系统性的优化和管理才能实现项目整体系统优化的结果。

3）针对项目各方面进行全面协调的管理

项目集成管理的第三个特性是它的全面协调性，这是一种从项目整体和全局出发去全面协调与控制项目的管理工作。这种全面协调工作的根本目的就是避免出现“突出”项目局部或某个目标的最优，而项目整体不利或受损甚至失败的管理后果。所以项目集成管理的重要特性之一就是克服“单打一”式的管理，从全局和整体的角度协调好整个项目的各个方面，以便最终能够实现项目全局和整体的最优或满意。

4）按照统一授权开展全面管理

项目集成管理的第四个特性是项目相关方按照统一的工作授权系统（不是职务授权）去开展工作，其核心是给项目经理开展项目全面集成管理工作的完整工作授权安排。这是授权项目经理承担起项目所需资源的合理配置和管理的责任，授权项目经理承担起应对和控制项目全过程中各种环境与条件变化所导致的项目变更管理的责任，授权项目经理承担起协调、安排和处理项目相关方提出的项目变更请求的责任等。

11.1.2 项目集成管理的作用及作用机制

项目集成管理的作用是统领项目各其他专项管理，所以项目集成管理具有十分独特的作用和作用机制。

1. 项目集成管理的作用

根据 PMI 的《PMBOK®指南》的观点[①]，项目集成管理是根据实际情况进行资源配置和工作的科学选择、预见各种潜在的问题、在问题尚未变得致命之前进行处理以及协调项目的各项工作以便使项目的总体更好。同时项目集成管理也涉及各种相互冲突的不同目标、不同方案和不同利益之间的全面协调与整合。项目集成管理的基本作用或内涵包括如下几个方面。

---

① Project Management Institute. A Guide to the Project Management Body of Knowledge（PMBOK® Guide）. 4th ed. Newtown Square：Project Management Institute，2012.

1）确保产品、服务或成果的按期交付

这涉及项目生命周期的全过程集成管理，以便项目全过程中的各项工作和产出物能够与项目目标和要求保持一致。

2）编制科学可行的项目集成计划

这涉及项目集成管理中最重要的功能或作用，即按照项目各方面的合理配置关系去制订出科学可行的项目集成计划，以确保项目目标的实现。

3）管理这种集成计划实施的绩效和变更

监控项目集成计划的实施，收集计划实施绩效数据，分析计划实施绩效问题及其原因，做出必要的变更决策；采取纠偏措施以实现项目目标，最终关闭合同和项目。

4）管理项目集成管理方面的知识和信息

开展项目集成管理就要求人们去集成使用所有相关知识领域的知识和成果，从项目实施过程中获取和创造必要的新知识，并确保这些新知识能运用到项目集成管理中。

2. 项目集成管理的作用机制

项目集成管理的主要作用机制包括如下几个方面。

1）项目集成计划的作用机制

在项目集成计划的编制和实施过程中，努力找到项目各方面合理配置关系，并据此去做好项目集成计划安排和实施工作。项目集成计划作用机制的核心是指导人们按照合理配置关系做好项目各方面的集成管理工作，这是人们制订和实施项目集成计划工作所实现的项目集成管理的作用机制。

2）项目变更集成管理的作用机制

在项目实施过程中，随着项目及其环境与条件的变化，项目各方面合理配置关系也必须相应变化。人们需要借助项目变更的集成管理去实现新形势下的项目新的合理配置关系。实际上项目变更集成管理是对已有项目集成计划的修订，是按照新的合理配置关系进行的再次计划集成，这就是项目变更集成管理的作用机制。

3）项目集成管理的其他作用机制

这包括：协调项目各要素之间相互冲突的目标和要求、优化和选用最佳或满意的项目备选行动方案、协调好项目相关方的要求，以及持续改善项目工作方法等方面的集成管理作用机制。从本质上说，这些都是以项目整体利益最大化为目标，以项目各专项管理的协调与整合为内容所开展的系统性项目管理工作。

11.1.3　项目集成管理的内容和工作

项目集成管理涉及很多方面的内容，主要的内容和具体工作包括如下几个方面。

1. 项目全面集成管理的三维模型

项目全面集成管理的三维模型可用图 11-1 给出示意，由图中可以看出，项目全面集成管理包括三个维度：一是项目全过程集成管理，二是项目全团队集成管理，三是项目全要素集成管理。同时，如图 11-1 中弧线所示，这三个方面还必须相互进行全面集成，从而最终形成项目全面集成管理的要求结果。

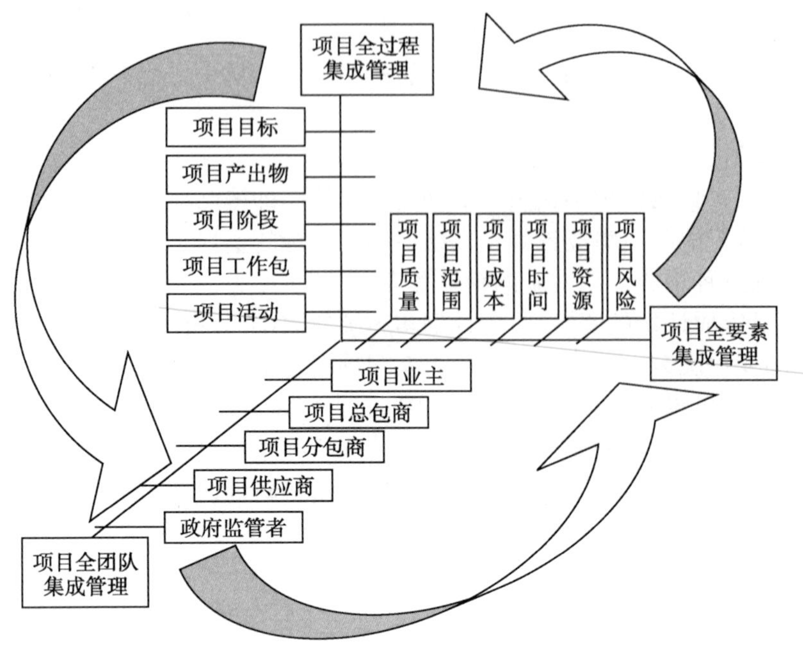

图 11-1 项目全面集成管理的三维模型示意图

2. 项目集成管理的四方面工作

由图 11-1 可以看出，项目全面集成管理的工作包括三个方面：一是项目全过程集成管理，借此去实现目标、产出物、阶段、工作包和活动的全面识别、确认和集成；二是项目全团队集成管理，借此去实现项目相关方参与以及它们各自承担的责任和义务的集成管理；三是项目全要素集成管理，这是项目目标要素、资源要素和风险要素的全面集成管理。有关项目集成管理的工作分述如下。

1）项目全过程集成管理

这是指人们根据项目目标和项目产出物对项目全过程各项工作与活动的集成管理，其目的是找出并按照项目目标、产出物和工作之间应有的合理配置关系去安排所有的项目工作的集成计划及其实施。其过程是：先根据项目目标去分解得到项目产出物，然后根据项目产出物去分解得到项目阶段和工作包，进一步根据项目工作包去确定项目的所有活动，最终做好项目全过程各项工作的合理配置。

2）项目全团队集成管理

根据项目全过程集成得到的项目工作内容，可确定出由哪个项目相关方去完成项目的哪些工作最为合理或合适，然后据此确定项目各相关方的责任和权利，并对项目全体相关方的利益和要求开展合理配置工作。因为项目相关方之间的利益和要求会有冲突的一面，如项目业主希望“少花钱，多办事”，而项目承包商希望“少干点活，多拿钱”，所以这方面集成必须按项目价值最大化和价值分配合理化原则做好管理。

3）项目全要素集成管理

项目全要素集成管理工作涉及项目质量、范围、时间、成本（目标四要素）、人力资源、信息资源、物资和服务资源（资源三要素）以及项目风险要素之间的配置关系的协调和综合平衡的管理。实际上项目失败多是由项目全要素集成管理不当造成的，因为项目各要素之间客观存在着相互干涉和相互影响的关系，所以要实现项目全要素的合理配置就必须开展项目全要素集成管理工作。

4）项目全面集成管理

这种项目全面集成管理的工作就是将项目全过程、项目全团队和项目全要素三个方面，进一步按照三者的合理配置关系去开展全面集成管理的工作。在项目集成管理的工作中，最重要的是针对这三个方面的全面集成管理的工作。例如，采用预测型生命周期的工程建设项目与采用适应型生命周期的新产品开发项目，都需要开展项目全过程、项目全团队、项目全要素三者的全面集成管理。

3. 项目集成管理的核心工作

这包括三个方面：一是项目集成计划的制订与批准工作，二是项目集成计划的实施与控制工作，三是项目变更的全面集成管理工作。这些项目集成管理工作的内容及其相互关系如图 11-2 所示，有关详情将在后续各节中做进一步的展开和讨论。

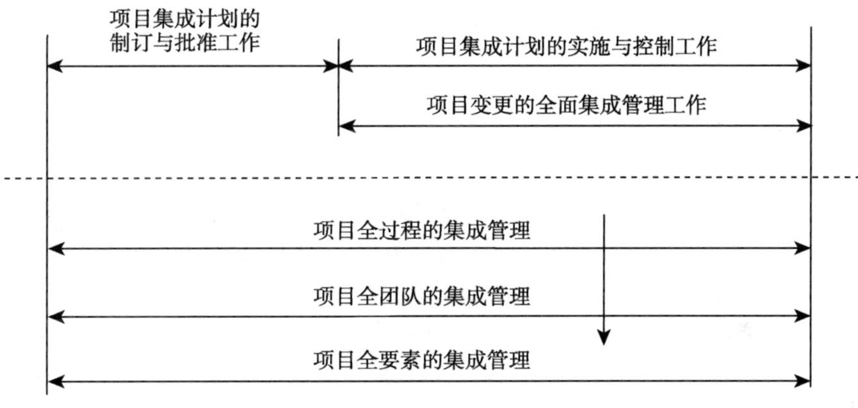

图 11-2 项目集成管理具体工作示意图

1）项目集成计划的制订与批准工作

项目集成计划也被称为项目管理计划或项目主计划，这是根据项目各方面的合理配置关系制订出的项目综合性和集成性的计划。项目集成计划的制订工作是一个全面集成、综合和协调项目各个方面的安排，全面综合平衡和集成给出项目整体管理和业务计划的工作。项目集成计划是指导项目实施的计划，项目各专项计划都是根据项目集成计划分拆所得。项目集成计划的制订必须全面涵盖项目全过程、全团队和全要素的集成计划工作，只有这样才能得到真正的项目集成计划。

2）项目集成计划的实施与控制工作

这是根据项目集成计划的安排去开展项目实施与控制工作，即在项目集成计划实施过程中开展监督，发现偏差并采取纠偏措施，从而使项目实施处于受控状态的管理工作。这是一种在项目集成计划指导下的动态实现项目各方面的全面集成，以便最终实现项目目标和要求的过程。因为在实施项目集成计划的过程中项目环境与条件变化会改变项目原有计划的相互配置关系，所以就需要采取各种监督和控制。在这种计划实施与控制工作中需要按照目标导向和动态应对的原则去做好项目各方面的集成。

3）项目变更的全面集成管理工作

项目变更的全面集成管理也被称为项目变更的总体控制，因为当项目环境与条件发生变化，或某个项目专项计划出现变更，或某个项目相关方要求进行计划变更时，人们就必须开展相应的项目变更全面集成管理工作。因为任何项目变更都会破坏原有项目集成计划中各方面的合理配置关系，所以就需要按照项目变更后的各方面合理配置关系去做好项目集成计划的新安排。实质上这是一种“非零起点”的全新项目集成计划工作，即从“非零起点”（变更的时点）再次进行的项目集成计划制订的工作。

4. 项目集成管理工作的内涵

项目集成管理工作的内涵如表 11-1 所示，具体讨论如下。

表 11-1 项目集成管理工作的内涵

项目集成管理的核心工作	项目集成管理的核心工作的内涵		
项目集成计划的制订与批准工作	项目合理配置关系分析	项目合理配置关系确认	项目集成计划编制批准
项目集成计划的实施与控制工作	项目集成计划实施	项目集成计划工作绩效评审	项目实施绩效纠偏和计划变更工作
项目变更的全面集成管理工作	项目变更请求的审批	项目变更方案的制订与评估	项目变更方案实施与控制

表 11-1 给出三个方面的项目集成管理工作的内涵，这说明在项目实现过程中人们需要不断地去开展项目集成管理的工作。这三个方面工作的内涵分述如下。

1）项目集成计划的制订与批准工作的内涵

这方面的第一项任务是分析和找出项目各方面合理配置关系，第二项任务是开展项目合理配置关系的确认工作（项目相关方参加的确认工作），第三项任务是项目集成计划的编制和批准工作，这一工作的内容将在后续各节中做详细讨论。

2）项目集成计划的实施与控制工作的内涵

这方面的第一项任务是项目集成计划的实施工作，第二项任务是要不断开展项目集成计划的工作绩效评审工作，第三项任务是人们在发现项目实施工作绩效存在偏差时就需要开展必要的项目纠偏和计划变更工作。

3）项目变更的全面集成管理工作的内涵

这方面的第一项任务是项目变更请求的审批工作，第二项任务是在项目变更请求获准后所开展的项目变更方案的制订与评估工作，第三项任务是根据项目变更方案去开展项目变更方案的实施与控制工作。

5. 项目集成管理中的具体工作

项目集成管理的过程中所包括的具体工作有如下几个方面。

1）制定和批准项目章程

这是编写一份正式批准的项目管理“大法”的工作，项目章程给予项目经理工作授权，以便项目经理能够在项目集成管理中使用组织资源和开展必要的管理工作。

2）项目集成计划的制订与批准

这是定义、准备和集成项目各个专项管理和业务计划，按照各方面的合理配置关系去制订一份系统性项目集成计划的工作。

3）项目集成计划的实施与控制

这是为实现项目目标，在实施项目集成计划和实现项目目标的过程中所开展的一系列指导与控制项目集成计划实施的工作。

4）项目集成计划实施绩效的管理

这是监测、跟踪、审查、评估和报告项目集成计划实施绩效的管理工作，是借助项目集成计划跟踪决策去实现既定的项目实施绩效目标的工作。

5）开展项目变更的全面集成控制

这是审查和批准对于项目计划的变更请求，并对这种变更开展集成管理或变更整体控制的工作。任何项目专项计划的变更都需要开展这种集成管理或变更整体控制工作。

6）项目或项目阶段的终结管理工作

项目或项目阶段的终结需要开展两个方面的管理工作，一是项目管理终结的工作，二是项目合同终结的工作，这也是项目集成管理中的重要管理过程。

11.2　项目全过程集成管理的原理和方法

项目全过程集成管理是集成管理项目目标、项目产出物、项目阶段、项目工作包、项目可交付成果和项目活动的工作，这方面集成管理的原理和方法讨论如下。

11.2.1　项目全过程集成管理的原理

这方面的基本原理是按照“充分/必要”的原则，去分解和找出项目目标、项目产出物、项目阶段、项目工作包、项目可交付成果和项目活动之间的合理配置关系，进而按照这种合理配置关系去管理好项目全过程。其基本方法是借助项目全过程中各方面间存在的层次结构关系，按照“自上而下”和“充分/必要”的原则，去分解和得到项目全过程各方面的合理配置关系的方法。项目全过程集成管理的原理可用下面的两个方面的模型给出示意和描述。

1. 项目全过程集成管理原理的逻辑分解原理

图 11-3 给出了项目全过程集成管理原理的逻辑分解原理模型，这是借助项目工作分解技术去确定项目目标、项目产出物、项目工作包和项目活动之间的层次结构关系的原理。由图 11-3 可知，这种集成管理的过程是一种自下而上的分解过程，人们需要先根据项目目标，向下分解得到项目阶段，并由此实现项目目标与项目阶段的集成。进一步人们要分解项目阶段而得到项目产出物和项目工作包，并由此实现项目阶段与项目产出物和项目工作包的集成。更进一步是分解项目工作包而得到项目可交付成果和项目活动，并由此实现项目工作包与项目可交付成果和项目活动的集成，再进一步是项目可交付成果与项目活动间的集成，最终实现项目全过程的全面集成。

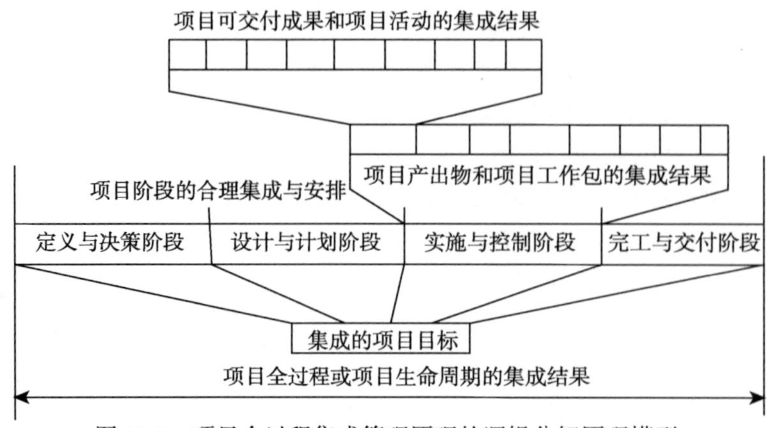

图 11-3 项目全过程集成管理原理的逻辑分解原理模型

2. 项目全过程集成管理方法的层次分解原理

图 11-4 给出了项目全过程集成管理的层次分解原理模型，这种原理借用了项目工作分解的方法（项目 WBS 的方法）。图 11-4 中以工程建设项目为例，给出这种项目全过程的集成管理是逐层实现的原理。其中，第一层是项目目标的分解与集成，这是将组织的战略目标进行分解和集成的工作；第二层是项目目标与项目产出物之间的集成，这是

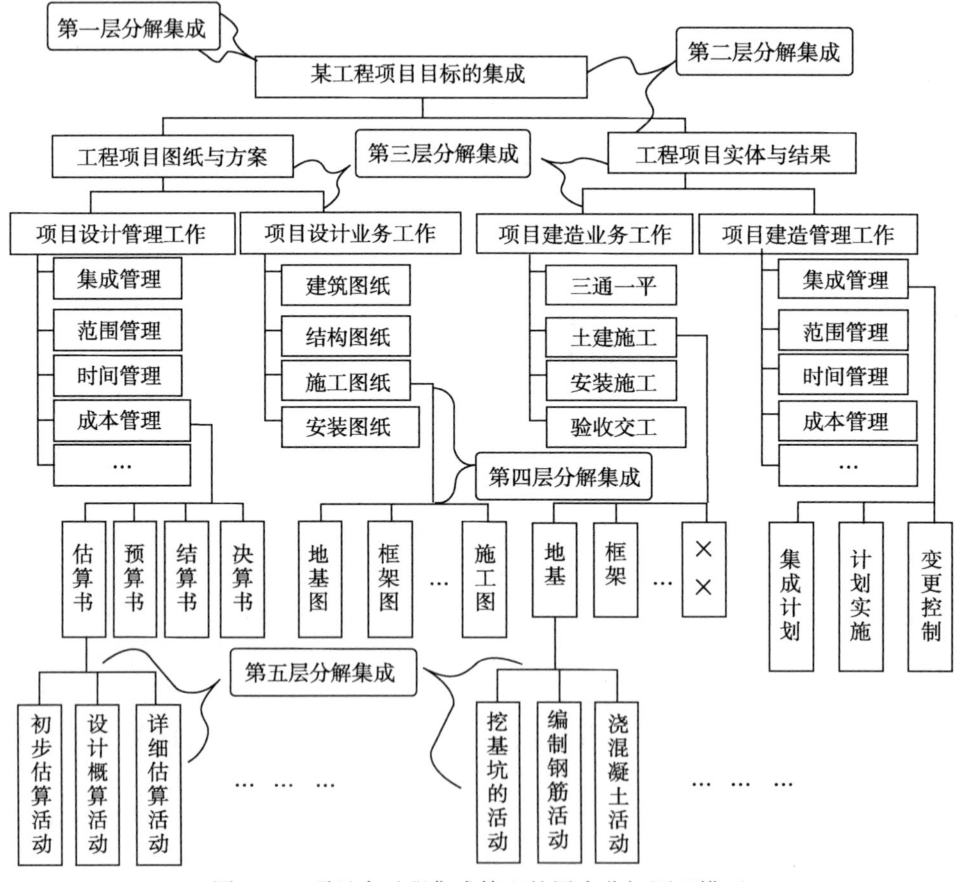

图 11-4 项目全过程集成管理的层次分解原理模型

根据项目目标去分解给出项目产出物的集成工作；第三层是项目产出物与项目工作包之间的集成，这是保障所有项目工作包都必须是为生成项目产出物服务的集成工作；第四层是项目工作包及其项目可交付成果之间的集成，以保障每个项目工作包中都包含足够的项目可交付成果；第五层是项目可交付成果与项目活动的集成，以保障所有项目活动都是为生成项目可交付成果服务的分解和集成工作。

11.2.2　项目全过程集成管理的方法

上述项目全过程集成管理原理和模型涉及的具体方法分述如下。

1. 项目目标的分解与集成的方法

这是将项目目标按照组织使命、愿景、战略进行分解和集成的工作，以确保项目能够符合组织的根本需要。这是项目集成管理的首要工作，这种分解与集成使用的方法如图 11-5 所示。由图 11-5 可知，人们必须根据组织使命、组织愿景、组织大目标和组织战略，去分解和集成给出所要开展的项目及其目标。如果没有这一层面的分解与集成，所确定的项目及其目标是盲目的，最终会导致项目成功但组织损失或失败。人们需先确定组织愿景，然后根据愿景去确定组织战略目标，进一步根据战略目标去确定具体组织，再进一步根据组织战略去确定出需开展的项目组合或项目群，最终给出具体项目及其目标。由此实现组织所开展的项目及其目标都是为实现组织战略服务的，而组织战略都是为实现组织发展愿景服务的。

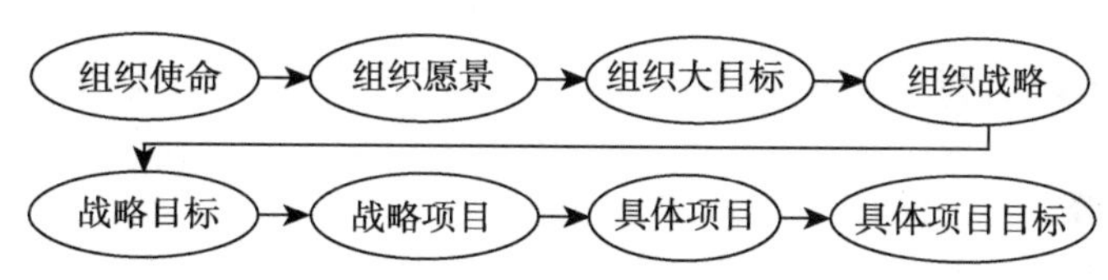

图 11-5　项目目标集成过程模型和方法示意图

2. 项目目标与项目阶段的分解和集成方法

在项目目标确定后，人们要根据实现项目目标的需要去划分出项目阶段。这需要根据项目阶段性产出物的要求去分解出一系列的阶段性目标，然后根据项目阶段性目标去分解得到项目的阶段划分。例如，典型项目四阶段的模型中，项目定义与决策阶段的目标是做出项目科学决策；项目设计与计划阶段的目标就是制定出项目的设计和计划安排；项目实施与控制阶段的目标就是给出项目产出物；项目完工与交付阶段的目标就是实现终结。所以项目各个阶段的目标决定了项目阶段的划分。

3. 项目阶段与项目产出物的集成方法

这是将项目阶段性目标与项目阶段性产出物实现集成的方法。这个层面的集成方法是一种基于项目产出物分解和集成的技术方法，是先将一个项目的产出物分解和集成出项目各阶段性产出物，然后将阶段性项目产出物进一步分解和集成的方法。例如，人们生产一艘定制化游艇的项目就需要将游艇分解成船体、发动机、传动箱、螺旋桨、油电气控制等一系列的阶段性产出物，然后每个项目阶段生成阶段性产出物，最后人们将这些阶段性产出物集成一艘完整的游艇。

4. 项目阶段产出物与项目工作包的集成

这是根据项目阶段产出物去分解得到项目工作包，以确保所有项目工作包“充分/必要”的集成管理方法。因为每个项目阶段会有多个项目产出物，所以需要有多个项目工作包去分别生成不同的项目产出物。这种集成方法要求任何为生成项目产出物的项目工作包一个也不能少（充分），不是为生成项目产出物的工作包一个也不能多（必要）。例如，在游艇制造项目中，发动机的生产至少包括发动机零件制造和装配两大工作包。

5. 项目工作包与项目可交付成果的集成

项目可交付成果是指构成项目产出物的“零件”，这是项目产出的最小单元，即不可再分解的项目可交付物。这方面的分解与集成工作首先要求对于项目工作包中的项目产出物进行分解，由此得到一系列的项目可交付成果，然后进一步将它们进行集成，从而成为一个整体的方法。例如，在游艇发动机零件制造工作包中有一系列的零件，这些零件就是项目可交付成果，所以发动机零件制造工作包需要分解给出这些零件。

6. 项目可交付成果与项目活动的集成

项目活动是由一系列工序或步骤等所构成的一个整体，每个独立的项目活动是生成一个项目可交付成果的一系列工序或步骤的整体，所以项目可交付成果与项目活动的集成是一种一对一的集成，即每个项目可交付成果必须对应一个具体项目活动。由此可知，项目活动是项目全过程集成管理中最下层元素，是不能再进一步分解和集成的项目元素。项目可交付成果和项目活动必须实现科学的分解和集成，这是项目成功的基层保障。

11.3 项目全团队集成管理的原理和方法

有关项目全团队的集成原理和方法，第 8 章的项目组织与人力资源管理中已做了某些讨论，此处主要讨论项目全团队集成管理的原理和方法。

11.3.1 项目全团队集成管理的原理

这主要是项目全体相关方相互配合与合作，以便按照合理配置关系去做好所有项目工作的集成管理。这方面的集成管理不但需要考虑项目所有相关方的利益和要求的集成管理，还要考虑他们各自能力与责任的集成管理。这种集成管理是综合平衡项目相关方的分工与合作，以实现项目价值的最大化以及项目价值分配的合理化的集成管理。实际上项目集成管理中最重要的是项目全团队的集成管理，因为如果没有项目全团队集成管理的组织保障，任何项目的成功都是无法完成的。

1. 项目全团队集成管理的价值最大化原理

作者研究结果表明，在市场经济环境下项目各相关方都会为自己的利益而参与项目的合作，所以在将项目全过程中不同任务分别交给不同的项目相关方去实施的时候，首先要安排好项目全团队成员开展项目工作所能获得的价值和利益。式（11-1）和式（11-2）给出了项目全团队实现项目价值最大化和价值分配合理化的集成模型。

$$\max V = \max V_{O} + \max V_{GC} + \max V_{C} + \max V_{SC} + \max V_{S} + \cdots \tag{11-1}$$

其中，$\max V$ 为项目价值的最大化；$\max V_{O}$ 为项目业主的价值最大化；$\max V_{GC}$ 为项目总包商的价值最大化；$\max V_{C}$ 为项目分包商的价值最大化；$\max V_{SC}$ 为项目专业分包商的价值最大化；$\max V_{S}$ 为项目供应商的价值最大化；…为其他项目相关方的价值最大化。

由式（11-1）可知，项目全团队成员参加项目都是为获得最大利益，这就要求项目全团队的集成首先要能够实现项目价值的最大化，然后按照合理分配的原则去实现项目价值分配的合理化，这样才能确保项目全团队成员的要求得以满足。

2. 项目全团队集成管理的新增价值原理

由式（11-1）可知，项目所有工作都应该按照价值最大化的原则去分配给相应的项目相关方去完成，这就是市场经济中借助社会分工创造新增价值的原理体现。图 11-6 给出了在项目全团队集成管理中，通过社会分工和社会竞争创造新增价值的基本原理的示意。由图 11-6 可知，如果项目业主自行实施自己并不在行的项目，其结果是项目成本远高于承包商的平均水平，而且项目风险很大（由图中的项目成本分布区间广且概率低于 50%可知）。如果将项目交给承包商实施就会创造出借助“社会分工的新增价值”，因为项目承包商是专业的，所以它们实施的成本远低于项目业主实施的成本，且实施的项目风险小得多（由图中项目成本分布区间窄和概率高于 50%可知）。如果在项目承包商的选择中使用招投标驱使承包商开展竞争，则就会借此创造出“社会竞争的新增价值”，因为中标的“先进承包商”的项目成本会低于社会平均水平，且其实施的项目风险会更小（由图中的项目成本分布区间更窄和概率为 80%以上可知）。这就是人们需要开展项目全团队集成管理的基本原理，因为这种集成管理会创造出“社会分工的新增价值”和“社会竞争的新增价值”。

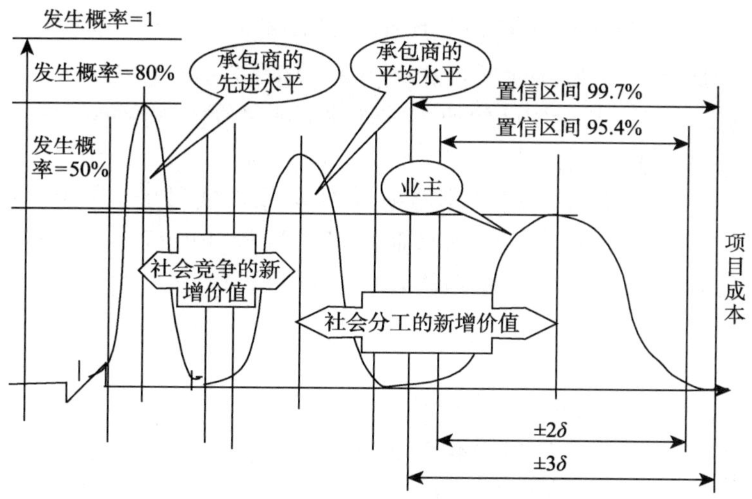

图 11-6　项目全团队集成管理所创新增价值和模型示意图

3. 项目全团队集成管理的价值链原理

这方面的原理是项目全团队成员在承担项目工作中需能够获得自己满意的价值，式（11-2）给出了项目全团队集成管理的价值传递模型。很显然，该模型中任何一个价值链条上出现前者的成本不等于后者的价值的情况，就会出现这种项目价值链传递的中断，从而导致项目的失败。其原因很简单，任何项目相关方如果不能借助项目实现自己应得到的价值，就会推出整个项目相关方组成的项目全团队，从而项目缺少一个价值链条而出现无法实现项目价值最大化与价值分配合理化的管理目标。式（11-2）的内涵解释如下。

$$V_{\mathrm{O}}=\frac{F_{\mathrm{O}}}{C_{\mathrm{O}}\nearrow}V_{\mathrm{GC}}=\frac{F_{\mathrm{GC}}}{C_{\mathrm{GC}}\nearrow}\sum V_{\mathrm{C}_i}=\sum\frac{F_{\mathrm{C}_i}}{C_{\mathrm{C}_i}\nearrow}\sum V_{\mathrm{SC}_j}=\sum\frac{F_{\mathrm{SC}_j}}{C_{\mathrm{SC}_j}\nearrow}\sum V_{\mathrm{S}_i}=\sum\frac{F_{\mathrm{S}_i}}{C_{\mathrm{S}_i}}=\cdots \quad (11\text{-}2)$$

其中，V_{O}为项目业主通过项目所获得的价值；F_{O}为项目业主通过项目所获得的功能；C_{O}为项目业主为获得F_{O}所付出的项目代价或成本；V_{GC}为项目总包商通过项目所获得的价值（斜箭头代表$C_{\mathrm{O}}=V_{\mathrm{GC}}$）；$F_{\mathrm{GC}}$为项目总包商实施项目所创造的功能（$F_{\mathrm{GC}}$应该等于$F_{\mathrm{O}}$，但是实际情况是并不完全相等）；$C_{\mathrm{GC}}$为项目总包商为创造项目功能而实际花费的成本（斜箭头代表$C_{\mathrm{GC}}=\sum V_{\mathrm{C}_i}$）；$\sum V_{\mathrm{C}_i}$为项目全体分包商通过做项目而获得的价值总和；$V_{\mathrm{C}_i}$为项目某分包商通过做项目而获得的价值；$F_{\mathrm{C}_i}$为项目某分包商为项目创建的某种功能；$C_{\mathrm{C}_i}$为该项目分包商为创造项目的某种功能而付出的项目成本（斜箭头代表$C_{\mathrm{C}_i}=\sum V_{\mathrm{SC}_j}$）；$\sum V_{\mathrm{SC}_j}$为所有为项目提供专业服务的专业分包商的价值；$V_{\mathrm{SC}_j}$为项目提供某种专业服务的专业分包商的价值；$F_{\mathrm{SC}_j}$为某专业分包商所提供的某种专业分包为项目创建的某种子功能；C_{SC_j}为该专业分包商为项目创建某种子功能过程中所花费的项目成本（斜箭头代表$C_{\mathrm{SC}_j}=\sum V_{\mathrm{S}_i}$）；$\sum V_{\mathrm{S}_i}$为项目提供各种资源的供应商所获得的价值；$V_{\mathrm{S}_i}$为项目提供某种资源的供应商所获得的价值；$F_{\mathrm{S}_i}$为某供应商为项目提供某种资源所带来的功能；$C_{\mathrm{S}_i}$为该供应商为项目提供某种资源所产生的成本；…为其他项目相关方的价值、功能与成本。

综上所述，可知项目全团队价值集成管理中项目价值链传递有如下几方面的内涵。

1）项目业主所获新增价值

项目业主所获价值V_{O}是通过获得项目功能F_{O}而实现的，为此项目业主必须花费项目成本C_{O}，而当$V_{\mathrm{O}}-C_{\mathrm{O}}>0$时项目业主可通过投资项目而获得新增价值。这就是项目业主愿意投资项目的根本原因所在，若项目不能为业主带来新增价值，他就不会投资该项目。

2）项目总包商的新增价值

项目总包商承包项目是为获得V_{GC}所代表的价值，而这与项目业主所付出的成本C_{O}（$C_{\mathrm{O}}=V_{\mathrm{GC}}$）等值，项目总包商为此必须创造出项目功能$F_{\mathrm{GC}}$（$F_{\mathrm{GC}}=F_{\mathrm{O}}$），由此就需项目成本$C_{\mathrm{GC}}$，只有当$V_{\mathrm{GC}}-C_{\mathrm{GC}}>0$时它们才能获得新增价值，否则它们就不

承包项目。

3）项目分包商的新增价值

项目分包商承担项目具体实施任务是为获得 $\sum V_{C_i}$ 代表的项目分包总价值，这与总包商所付成本 C_{GC}（$C_{GC}=\sum V_{C_i}$）等值。项目分包商为此要去创造项目功能 F_{C_i}，并需要花费项目成本 C_{C_i}，只有当 $V_{C_i}-C_{C_i}>0$ 时它们才能为获得新增价值而分包项目工作。

4）项目专业分包商的新增价值

项目专业分包商之所以要承担专业服务也是为借此获得 $\sum V_{SC_j}$ 所代表的专业分包总价值，这与分包商所付成本 C_{C_i} 等值。但它们要想获得 V_{SC_j}，就要创造项目功能 F_{SC_j}，并要花费成本 C_{SC_j}，只有当 $V_{SC_j}-C_{SC_j}>0$ 时它们才能获新增价值而承包项目专业工作。

5）项目供应商的新增价值

项目供应商（为项目提供某种资源者）也是为获得 $\sum V_{S_i}$ 所代表的总价值才提供项目所需资源的，但它们要获得 V_{S_i} 就要提供具有功能 F_{S_i} 的项目所需资源和花费成本 C_{S_i}，只有当 $V_{S_i}-C_{S_i}>0$ 时项目供应商才能为获得新增价值而为项目提供所需资源。

6）其他项目相关方的新增价值

式（11-2）中的"…"代表的是项目其他相关方的价值传递链条，实际上所有参与项目的相关方都是要从项目中获得新增价值的。这包括国家需要从项目中获得国民经济的新增价值，项目所在社区需要从项目中获得就业或新增福利的机会等。

11.3.2　项目全团队集成管理的方法

项目全团队集成管理需要使用下述三种主要的方法。

1. 项目全团队集成管理的组织分解方法

这方面管理最重要的方法是由图 11-7 给出的项目工作与项目团队之间的合理配置关系的方法。图 11-7 中上半部分集成结果是人们使用项目 WBS 的方法获得的，而图 11-7 中下半部分的集成结果是人们使用项目 OBS 的方法获得的，最关键的是借助这两种方法获得了项目工作和项目团队之间的合理配置和集成。图 11-7 是借助一个案例给出的这种项目 WBS 和 OBS 两种方法集成使用的示意，从图中可以看到首先要将项目目标分解成 A、B、C 三个项目阶段性目标，进一步向下得到了项目阶段性目标 A 需生成的带 1、2 和 3 标号的项目产出物，而其中的 2 号项目产出物需要由标注为 1、2 和 3 的项目工作包去生成，而这三个项目工作包更进一步分解得到标注为 1~8 的项目活动，这些项目活动需要由八个项目全团队成员去完成，他们分别组成了三个不同的项目团队，这三个项目团队又分别属于不同的项目承包商或分包商。最终，他们不但需要开展项目团队的集成管理，而且需要开展项目实施组织的集成管理。

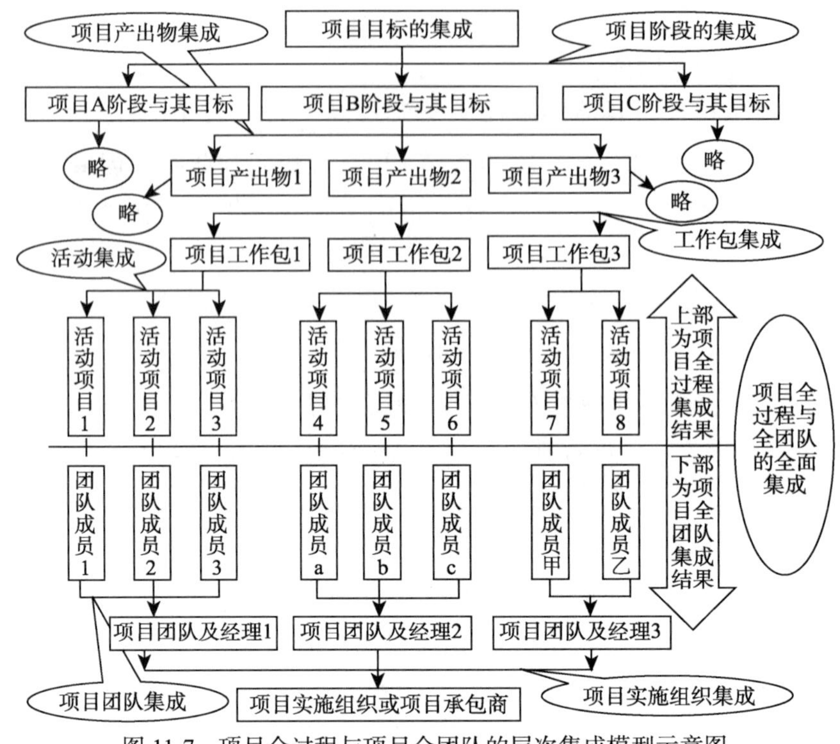

图 11-7 项目全过程与项目全团队的层次集成模型示意图

2. 项目全团队集成管理的项目分解与集成方法

项目全团队集成管理还需要使用项目分解与集成的方法去实现项目工作和项目相关方二者的集成。由图 11-8 可知，项目全团队中的各项目相关方分别负责项目的不同任务，而这些不同的项目任务就是项目相关方各自的不同项目，这些不同的项目有不同的项目生命周期和项目管理与实施的内容。其中，项目业主所做的是投资项目，这种投资项目不但有项目建设期而且有项目运营期，项目业主必须做好项目全生命周期中的项目全要素的集成管理。项目承包商做的是所承包项目的实施技术服务和组织与管理服务的项目，这种项目主要完成项目实施期的任务（再加上项目质保期就构成了承包商项目的全生命周期），承包商也要做好项目建设期的全要素集成管理工作。项目贷款银行做的是银行贷款项目，这种银行贷款项目在项目实施期发放贷款（此时不能收回贷款），在贷款项目的还本付息期收回贷款并获得利息，在贷款项目全过程中贷款银行也必须开展贷款项目的全要素集成管理。由此可知，项目全团队集成管理需要使用这种项目分解与集成的方法，去分别由项目业主、贷款银行和承包商分担不同的项目任务，最终按照图 11-8 的示意去实现“项目全团队成员间各自承担项目的全面集成管理”，只有这样才能够确保项目全生命周期集成管理的成功。

3. 项目全团队集成管理的冲突解决方法

项目全团队集成管理中还需要项目全团队成员之间的冲突解决方法。由于项目所有相关方都是为从项目中获得某种利益而构成了项目全团队，而全团队成员之间的这种利益关系会导致出现利益冲突，所以这种项目相关方之间冲突的解决方法最主要的有如下两种，具体分述如下。

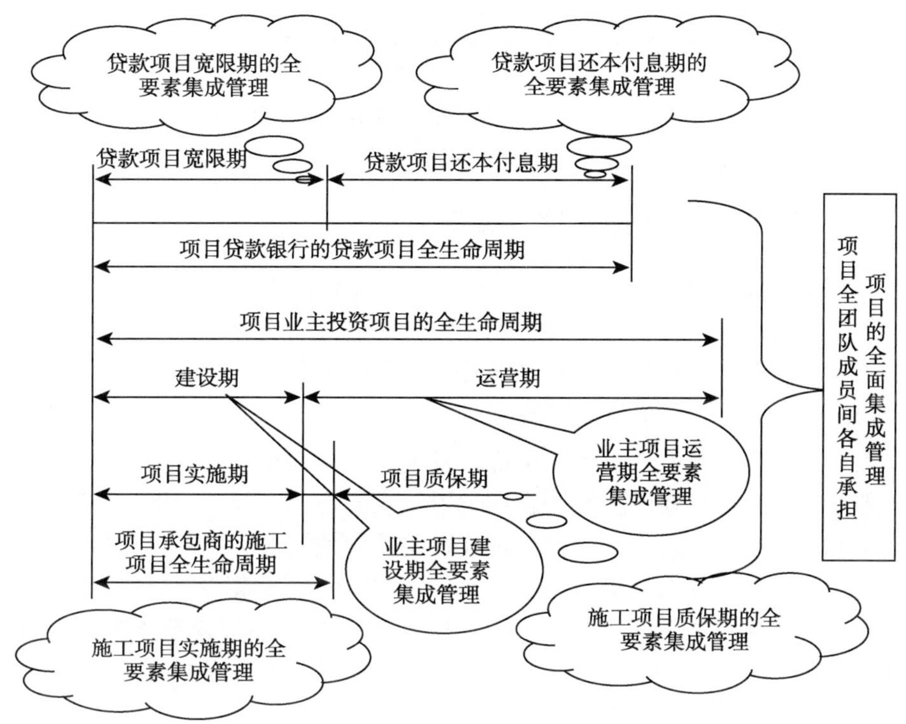

图 11-8　项目全面集成管理模型示意图

1）项目合同的法律调节方法

按照第 8 章中图 8-8 所示，项目全团队的很多成员之间具有按照项目承包合同或采购合同或协议所构成的法律关系，合同的买卖双方都受到了《中华人民共和国民法典》中关于合同权利和义务等法律调节关系的约束。所以项目全团队集成管理在项目相关方之间存在合同或协议的时候，首先需要采用项目合同的法律调节方法。这种方法包括协商解决、调解、诉讼或仲裁等相关方法，这既包括在形成合同关系时的法律调节（如法律规定“合同是双方合意的表达”），也包括合同实施或履约过程中的法律调节（如违约而需要赔偿等法律规定）。在市场经济和法治社会中，所有法律规定是项目相关方冲突的首要解决方法。

2）项目合作伙伴关系的方法

按照第 8 章中图 8-8 所示，项目全团队成员之间还有按照项目合作伙伴协议规定的合作伙伴关系进行调节的方法。这是因为在项目合作伙伴关系协议中对项目相关方参与决策、项目相关方之间的沟通、项目相关方之间的关系调节等都有明确的规定，所以当项目全团队成员之间出现矛盾或冲突的时候，人们就可以按照这种协议去解决这些矛盾或冲突。虽然这种方法对于项目全团队成员的约束力没有法律约束力那样具有强制性，但是借助第三方“项目协调人”的调节，这种项目合作伙伴关系的调节也是十分有效的。例如，借助这种方法可以很好地降低某些项目相关方的信息优势地位滥用的问题。实际上这种方法是项目合同的法律调节方法的补充，是解决项目相关方冲突的有效方法。

11.4 项目全要素集成管理的原理和方法

项目全要素集成管理是项目集成管理的核心内容或最主要的内容，所以这方面集成管理的原理和方法是本章讨论的核心内容（也是作者获得 IPMA 大奖的核心内容）。

11.4.1 项目全要素集成管理的原理

项目全要素集成管理最基本的原理有两条：一是任何项目、项目阶段或项目任务的管理都必须按照其中项目各要素间合理配置关系去进行集成管理，二是项目全要素集成管理的实质是找到并实现项目各要素之间的合理配置关系。

1. 项目各要素之间的合理配置关系

任何项目、项目阶段或项目工作中都涉及项目目标四要素、资源三要素和风险要素的管理，即对于这些项目要素之间的合理配置关系的管理。例如，项目挣值管理方法就是项目成本和项目时间这两个要素的合理配置关系管理的方法。一个项目的目标四要素首先必须实现合理配置关系的集成，然后要加上项目资源要素和项目风险要素，从而实现项目全要素合理配置关系的集成。更进一步地，如果将项目资源要素拆分成项目人力、信息和服务资源三要素，那么一个项目就会有八个项目要素，它们之间合理配置关系的集成就是项目全要素的合理配置关系。

2. 项目各要素之间的科学集成管理

项目全要素集成管理的根本任务就是“找到”并“实现”项目要素之间的合理配置关系，而“找到”和“实现”项目全要素的合理配置关系就需要使用相应的集成管理过程和方法。这就涉及项目集成计划编制、项目集成计划实施与管理和项目变更的集成管理三个方面的具体工作，并且要按照两两分步集成的方法去逐步实现项目全要素的科学集成与管理。其中，项目集成计划编制是在项目既定目标、任务和考核指标要求的基础上，按照项目各要素间客观存在的合理配置关系去计划安排好项目的集成计划，并借此去分拆出项目各方面的专项计划。项目集成计划实施与管理则是按照这种项目全要素合理配置关系去完成项目的既定任务，并且当项目环境与条件变化或项目全团队成员主观请求而必须变更时，去开展项目变更的集成管理。

3. 项目两要素的集成管理原理

项目要素集成管理中应用最多的是项目两要素集成管理，特别是项目时间和成本的两要素集成管理，这方面集成管理原理和方法就是在第 5 章中讨论过的项目挣值管理方法。因为项目时间和成本二者直接而紧密相关，所以使用最广泛的是这种项目两要素的集成管理。另外还有项目时间和质量、成本和质量、成本和范围、范围和质量等多方面的两要素集成管理。因为这些项目两要素之间也有自己的合理配置关系，所以也需要开展这些两要素的合理配置关系的集成管理。一个具体项目究竟选择哪两种要素去开展集成管理，取决于具体项目要素的优先序列。例如，工程项目中项目挣值管理方法选择项目时间和成本要素，但对于博士论文项目来说质量和时间是集成管理的首要对象。

4. 项目三要素的集成管理原理

项目三要素集成管理的应用也十分广泛，其中最主要的项目三要素集成（俗称项目“铁三角”）是项目时间、成本和质量三要素的集成管理。因为这三者中的某个项目要素的变动都会影响其他两个要素的变动，所以人们广泛开展对它们的合理配置关系的集成管理。例如，项目时间的缩短会导致项目质量下降和项目成本的上升。另外，项目范围、时间和成本三要素集成管理也比较常用，因为项目范围是根据项目目标和项目产出物的生成需要分解得到的（WBS），所以项目范围、时间和成本的三要素集成管理也是这方面的主要应用之一，所以它们的合理配置关系也被称为项目管理的“铁三角”。

5. 项目四要素的集成管理原理

项目四要素的集成管理的主要应用就是项目质量、范围、成本和时间这四个项目目标要素的集成管理，因为项目目标四要素之间是相互影响和需要合理配置的。本书作者根据中国建设社会主义的“多（范围）快（时间）好（质量）省（成本）”的原理，在其博士学位论文中对项目目标四要素集成管理的原理和方法开展了深入的研究①。实际上项目目标四要素的集成管理必须按照具体项目客观存在的合理配置关系进行集成计划和管理与控制，所以人们首先需要“找到”项目目标四要素之间的合理配置关系，然后去“实现”对于项目目标四要素的集成管理，因为如果这四个项目目标要素中的某个要素发生变动，就会影响或引发其他三个项目目标要素的关联变动。例如，人们要提高项目质量就要“精雕细刻”，这就需要增加成本和时间，因此必须对项目目标四要素进行集成管理。

6. 项目六要素的集成管理原理

这是在项目目标四要素集成的基础上，再加上项目资源要素和项目风险要素而构成的项目六要素集成管理方面的应用，因为任何项目的目标四要素的实现都受到项目资源要素的制约、项目风险要素的全面影响。因此人们需要“找到”项目这六个要素之间的合理配置关系，并对此进行全面的集成管理。实际上这六个项目要素的相互关联和相互作用是客观存在的，它们之中任何一个要素的变动都会给其他五个项目要素造成影响或引起关联变动。例如，当出现项目风险损失可能性时，人们就需要安排应对项目风险的措施和所需资源，这就会导致项目成本、时间、质量和范围都出现改变。因此项目六要素的集成管理也具有十分广泛的应用，在本书第 5 章的“项目挣值管理方法的拓展应用”中讨论了这方面的基本原理。

7. 项目全要素的集成管理原理

项目全要素的集成管理就是对项目目标四要素、资源三要素和风险要素的全面集成管理，因为这八个项目要素实际上是相互关联和相互作用的。实际上项目全要素的集成管理才是实现项目要素全面集成管理的根本所在，但是由于这方面的集成管理原理和方法具有较大的复杂性，所以这方面的应用相对比较有限。同样，人们首先需要“找到”项目全要素的合理配置关系，然后需要通过开展集成管理去实现项目全要素

① 戚安邦. 工程项目全面造价管理. 天津：南开大学出版社，2000.

的集成管理。例如，若项目缺乏信息资源就会使项目风险性增加，从而会造成项目资源三要素和项目目标四要素的关联变动，甚至会直接影响到项目的成败。所以人们需要开展项目全要素的集成管理，否则会由项目全要素配置不当而导致项目失败。

11.4.2 项目全要素集成管理的方法

不同项目的要素集成管理复杂程度不同，所需集成管理的项目要素不同，所以所用的项目要素集成管理的方法也不同，有关项目全要素集成管理的主要方法讨论如下。

1. 项目两要素集成管理方法

现有最成熟的是项目成本和时间的两要素集成管理方法，这就是本书第 5 章讨论过的项目挣值管理方法，所以在此不再赘述。但是项目挣值管理方法的根本缺陷是它不但简化掉了项目范围和项目质量要素的集成管理，而且简化掉了项目资源和风险要素的集成管理。因为人们使用二维坐标的几何描述方法时只能给出项目时间和项目成本的配置关系，所以项目三要素、四要素和多要素是没有办法使用二维坐标的平面几何方法去描述与集成计划的。图 11-9 给出了项目挣值管理存在的这些问题的示意，从中可以看出项目不但应该有目标四要素的集成管理，而且要再加上项目资源要素和风险要素的影响，但项目挣值管理方法只实现了项目两要素的集成管理。

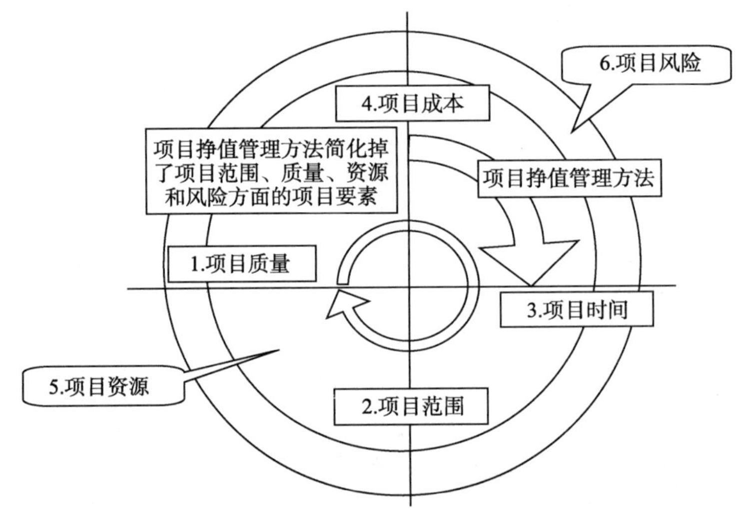

图 11-9 项目挣值管理方法对于项目集成要素的简化示意图

2. 项目三要素集成管理方法

现有项目三要素集成管理方法也是一种使用几何方法描述项目要素配置关系和开展项目三要素集成管理的方法，这是一种使用 “项目三角形” 的方法进行项目三要素配置关系描述和项目集成计划编制与控制的方法。图 11-10 给出了示意，图中所有实线描述的是项目三要素最终的合理配置关系，而图中的虚线描述的是项目三要素合理配置关系的“寻找”和“实现”过程与做法。由于不同项目的目标三要素有自己的优先序列安排，所以项目三要素集成管理的方法也不相同。图 11-10 给出了常用的两种项目三要素优先序列的合理配置关系及其实现过程，其中实线项目三要素图标中的 1、2、3 是它们的优先序列，虚线项目要素图标中的 2’和 3’是项目第二和第三优先序列要素的计划与安排方法和过程，实线三角形是项目三要素的合理配置关系。

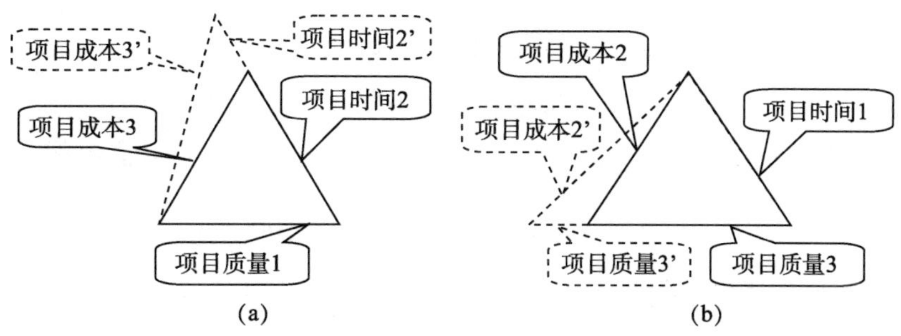

图 11-10　项目时间、质量和成本三要素的配置关系示意图

项目管理的实践表明，人们在项目集成计划编制、实施和项目变更集成管理中，首先按项目实际需要确定出第一优先要素的指标值，其次去配置和调整第二、第三优先要素的指标值，最后按照项目要素的优先序列去分步集成形成项目要素的合理配置关系。所以这种项目三要素集成管理方法就是一种两两分步集成的方法，这种两两分步集成方法的过程如图 11-11 所示［图 11-11 以图 11-10（a）为例］。

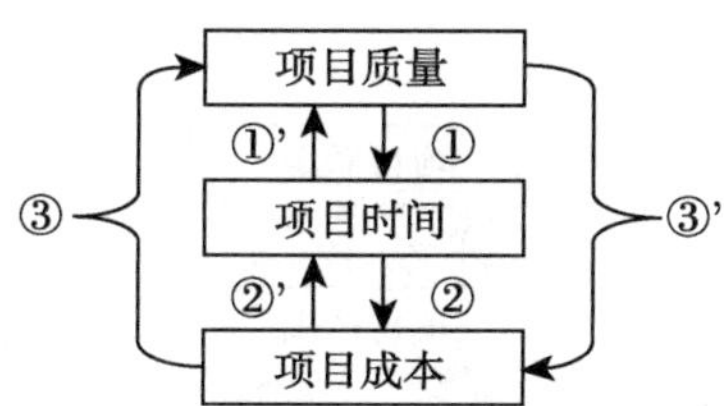

图 11-11　项目三要素两两分步集成过程示意图

由图 11-11 可知，第一步是标号①和①’两要素双向集成的步骤，以便实现项目第一和第二优先序列要素的集成（这可用平面二维坐标的几何描述方法去实现）。第二步是标号②和②’两要素的双向集成步骤，以便实现项目第二和第三优先序列要素的集成，若这一步能实现项目三要素的合理配置关系则照此制订集成计划并开展集成管理。反之，则需进一步开展标号③和③’两要素双向集成的步骤，借此去进一步调整项目第三和第一优先序列要素的集成，按照这种两两分步集成的方法最终就可实现三者（或多要素）的合理配置或集成。显然，这种方法要比项目挣值管理方法和过程复杂得多，但是这种是一种项目集成管理内容和方法方面的巨大进步。因为这种方法突破了使用平面几何描述的二维坐标系统只能开展项目两要素集成管理的约束。

3. 项目目标四要素集成管理方法

这也是借助上述两两分步集成的方法和几何描述方法，去开展项目要素合理配置关系的“发现”和“实现”方面的集成管理方法。图 11-12 给出了项目目标四要素合理配置关系模型的示意，其中的项目质量是第一优先要素而用内切圆代表，项目成本、时间和范围三要素由项目三角形的各边来代表，并使用数字标号 1、2、3、4 给出它们的优先序列。实际上有许多种项目目标四要素的不同优先序列配置关系情况，都可以使用这种项目四要素配置关系模型，只是人们需根据项目实际项目四要素的优先序列调整图 11-12 中各个要素的排放位置即可。图 11-12 中使用虚线表示当项目质量发生变化后（变成虚线的内切圆），项目其他三个要素必须按照合理配置关系进行相应变化（变成由虚线表示的三角形）。如果项目质量提高了（由实线变到虚线），必然会导致项目时间、成本和范围的相应变化，这些虚线图形描述了项目目标四要素的全新合理配置关系。

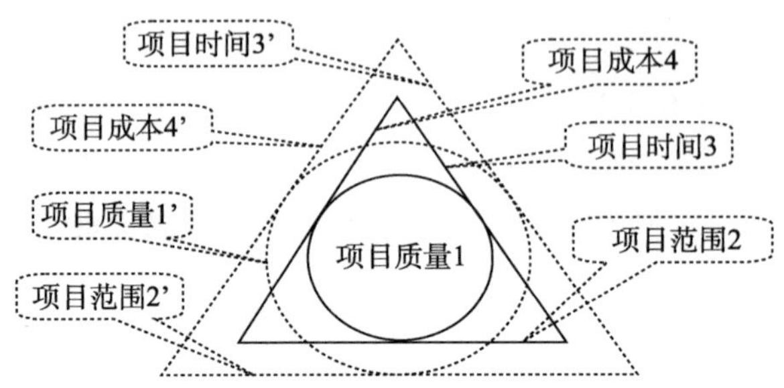

图 11-12 项目目标四要素的合理配置关系模型示意图

项目目标四要素集成方法是一种两两分步集成的方法，这种方法如图 11-13 所示。由图 11-13 可知，项目目标四要素可按两两分步集成的方法找出它们之间的合理配置关系。这种方法的步骤分述如下。

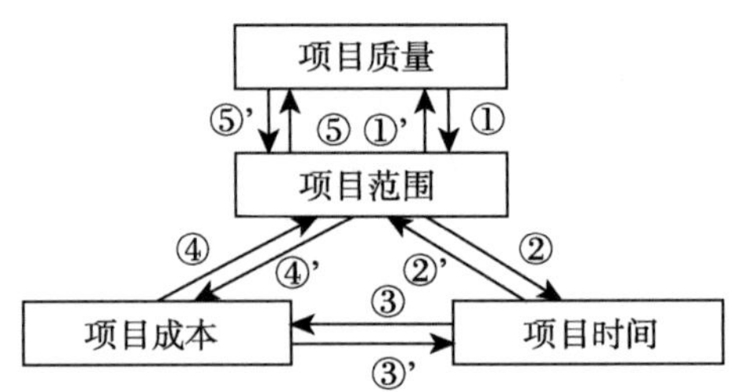

图 11-13 项目目标四要素两两双向分步集成方法示意图

其一，确定出项目四要素的优先序列，如将项目质量第一优先就需根据项目质量去确定项目范围（步骤①），反过来也可根据项目范围限制去修改项目质量（步骤①’），所以这是一种双向集成的方法。

其二，根据项目范围去确定项目时间（步骤②），反过来也可以根据项目时间的限制因素去反向修改项目范围（步骤②’）。

其三，根据项目时间去确定项目成本（步骤③），反过来也可以根据项目成本的制约因素去变更项目时间（步骤③’）。

其四，若发现项目成本超过了项目预算限制，人们就需要根据实际项目预算去调整项目范围（步骤④），或反过来根据项目范围去重新确定项目成本预算（步骤④’）。

其五，若项目范围因预算限制而调整，人们就要根据新的项目范围去调整项目质量（步骤⑤），或反过来根据项目质量变化去调整项目范围（步骤⑤’）。

人们用这种双向的两两分步集成方法去实现四要素的合理配置关系和科学集成。这种项目要素双向两两分步集成的方法既可以用于集成项目目标四要素，也可以用于项目多要素的集成管理，如下面的项目六要素集成管理就需要使用这种方法。

4. 项目六要素集成管理方法

为了实现项目目标四要素和资源要素与风险要素的合理配置关系，人们需要使用项目六要素集成管理方法。按照运筹学目标规划方法的原理，项目目标四要素是项目管理目标函数中的规划要素，而项目资源要素和风险要素是这种目标规划中的约束变量或要素。这种项目六要素集成的原理可用式（11-3）和式（11-4）给出描述。

$$\text{项目目标集成管理的目标函数：} Y = f(S, T, C, Q) \tag{11-3}$$

$$\text{项目集成管理的约束条件：} \mathrm{Sub}: R, R' \tag{11-4}$$

其中，S 为项目范围要素；T 为项目时间要素；C 为项目成本要素；Q 为项目质量要素；R 为项目风险要素；R' 为项目资源要素。

由式（11-3）可知，项目目标函数中有四个变量，它们四个项目目标要素之间具有相互影响和相互作用的合理配置关系。项目的独特性使得人们无法使用数学解析的方法去描述出项目目标四要素的函数关系，但可用运筹学的目标规划的方法去给出它们之间的合理配置关系的描述。由式（11-4）可知，这种项目目标函数的约束条件中包含项目资源和项目风险两个约束变量。同样，人们无法使用数学解析的方法去描述这种项目目标的约束变量函数，但是能够使用式（11-4）给出的运筹学目标规划的方法描述它们的合理配置关系。

同时，人们可以使用上述“双向两两分步集成”的方法，去找出和实现这六个项目要素之间的合理配置关系。图 11-14 给出了示意，由图中可知，在项目目标四要素的合理配置关系中，实线内切圆和项目三角形被放在了该图的中央，而代表项目资源要素的外切圆紧紧包围着项目三角形，以表示项目资源要素对于项目四目标要素的约束。图 11-14 中的虚线代表项目风险要素（即项目不确定性导致的变化结果）对于项目目标四要素和项目资源要素的影响及其造成要素变化的分布范围。图 11-14 中使用标号 6 去给出项目风险要素，就是虚线和实线之间的区间分布情况。这就是项目六要素的合理配置关系的几何描述，图 11-15 则给出了它们之间实现科学集成的过程模型。

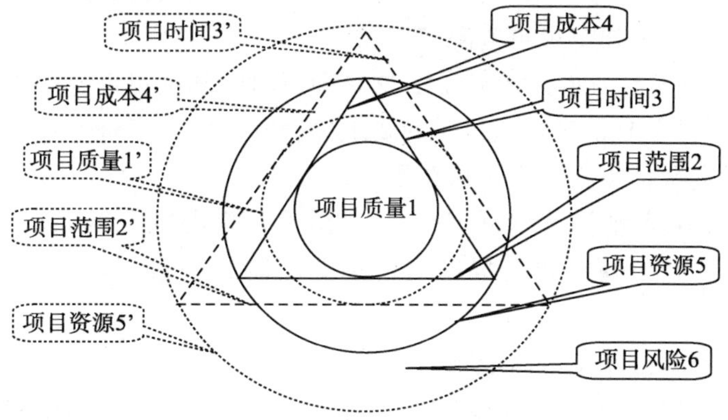

图 11-14　项目六要素合理配置关系模型示意图

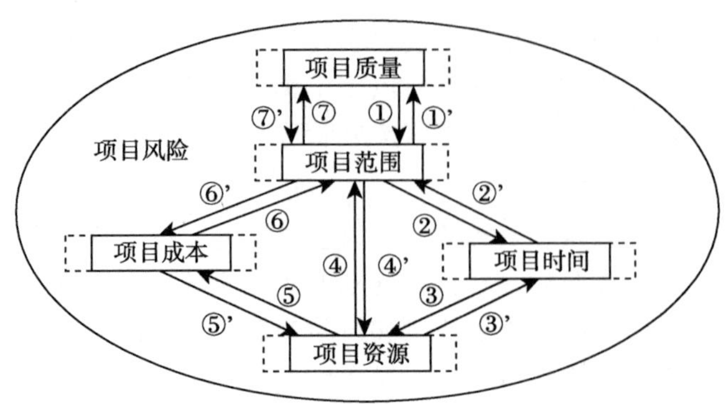

图 11-15 项目六要素两两双向分步科学集成方法过程模型

项目目标四要素和项目资源与风险要素的集成方法，也是先按照双向两两分步集成的方法去“找出”它们之间的合理配置关系，然后按照它们的合理配置关系去开展项目集成计划和控制而最终实现它们的这种合理配置关系。这种项目六要素的集成方法，具体请见图 11-15 给出的示意。在这种集成方法中，人们先需要找出项目六要素的确定性部分，再需要按照项目风险管理的6δ法去找出项目各要素的风险变化部分（图中虚线所表示的部分）。同时，在项目六要素的双向两两分步集成过程中要将实线和虚线所表示的确定性与风险性的两部分各自去实现它们的合理配置关系。图 11-15 给出的这一方法的步骤分述如下。

1）确定出项目各要素的风险分布区间

人们先要根据项目风险报告给出项目各要素变化的分布区间，即图 11-15 中每个项目要素的实线和虚线间的部分。

2）根据项目质量去确定项目范围

这在图 11-15 中表示为步骤①和①'，这是项目质量和项目范围两要素之间的双向集成的方法，这一步骤主要是根据项目质量要求去合理配置项目范围的工作。

3）根据项目范围去确定项目时间

这在图 11-15 中表示为步骤②和②'，这是项目范围与项目时间两要素之间的双向集成的方法，这一步骤主要是根据项目范围要求去合理配置项目时间的工作。

4）根据项目时间去确定项目资源

这在图 11-15 中表示为步骤③和③'，这是项目时间和项目资源两要素之间的双向集成的方法，这一步骤主要是根据项目时间要求去合理配置项目资源的工作。

5）根据项目资源种类去调整项目范围

这在图 11-15 中表示为步骤④和④'，这是项目资源的制约条件与项目范围的双向集成的方法，这一步骤主要是根据项目资源的制约因素要求去合理调整项目范围的工作。

6）根据项目资源去确定项目成本

这在图 11-15 中表示为步骤⑤和⑤'，这是项目资源和项目成本两要素之间的双向集成的方法，这一步骤主要是根据项目资源情况去合理配置项目成本的集成工作。

7）根据项目成本约束去合理调整项目范围

这在图 11-15 中表示为步骤⑥和⑥’，这一步骤是当项目预算限制不足项目需要时，人们通过消减项目范围去重新合理配置好这两个项目要素的工作。

8）项目范围缩减后需重新配置项目质量

这在图 11-15 中表示为步骤⑦和⑦’，这一步骤是项目范围的缩减会造成项目质量的变化，所以此时人们应根据项目范围的变化去重新合理配置项目质量。

9）项目六要素集成的第二循环方法

一旦出现步骤⑦和⑦’的情况，人们须按上述过程再次开展从步骤①和①’到步骤⑤和⑤’的第二循环，借此实现新情况下项目六要素的合理配置，这是该方法的关键所在。

人们使用这种双向两两分步集成的方法可“找出”项目六要素的合理配置关系，然后去编制和实施项目六要素集成计划，最终实现项目六要素的合理配置和集成。

5. 项目全要素集成管理方法

项目全要素集成管理方法是对项目目标四要素、资源三要素和风险要素所开展的集成管理方法。这种集成管理的原理中所使用的项目目标函数如式（11-3）所示，但项目目标函数的约束条件由式（11-4）变为式（11-5）。

$$\text{项目全要素集成管理的约束条件：}\ \mathrm{Sub}: R_1, R_2, R_3, R \tag{11-5}$$

其中，R 为项目风险要素；R_1 为项目所需信息资源要素；R_2 为项目所需人力资源要素；R_3 为项目所需物资和服务资源要素。

由此可知，与项目目标四要素构成的目标函数是相同的，只是项目约束条件变成了四个，因为项目资源要素分解成了三个项目所需的人力资源、信息资源与物资和服务资源要素。其中，项目信息资源要素是首要和基础的，因为正是项目信息缺口造成项目各要素的发展变化风险。由于项目信息资源是由项目人力资源进行加工和使用的，所以这两种资源之间必须具有合理的配置关系。同时，项目物资和服务资源可以从市场上采购与获得，所以这种项目资源要素又与项目成本要素直接相关联。图 11-16 给出了项目全

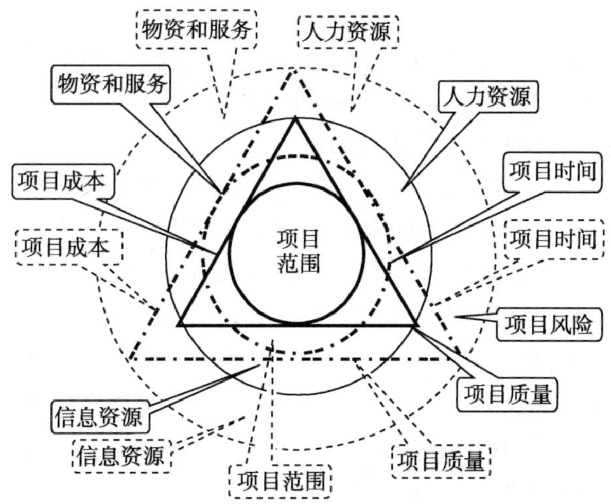

图 11-16　项目全要素合理配置关系模型示意图

要素之间合理配置关系的几何描述，图 11-17 给出了项目全要素合理配置关系集成过程的步骤和做法，这套方法就是项目全要素集成计划编制、实施与控制和项目变更的集成管理方法。

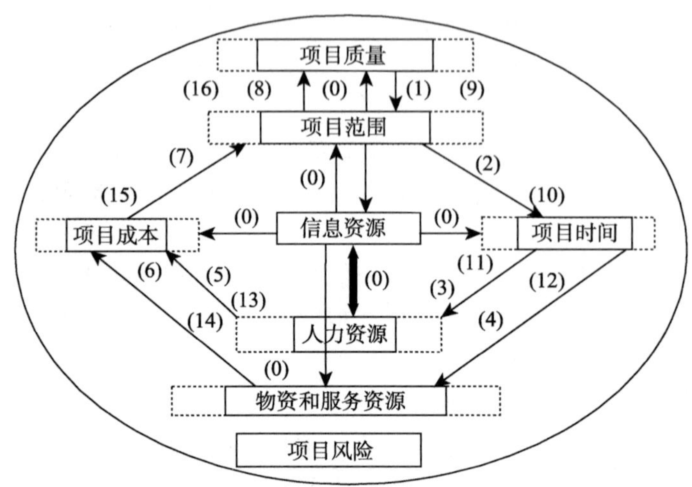

图 11-17 项目全要素合理配置关系集成过程的步骤和做法

由图 11-16 可知，项目目标四要素的集成是核心，而项目资源三要素与风险要素作为约束条件限制了项目目标四要素的设计和确定。在图 11-16 中的项目各要素确定性部分都是用实线标出的，而项目各要素的风险部分都是用虚线标出的。这表示各项目要素都存在风险，而项目风险要素导致的“变化”反映在各项目要素的实线和虚线之间的分布之中。所以在项目全要素集成管理中，项目风险要素是首要和基础的。

图 11-17 给出了人们“找出”和“实现”项目全要素合理配置关系的过程、步骤和做法。由图 11-17 可知，项目全要素合理配置关系集成的过程中涉及如下步骤和做法。

1）获得项目集成所需的信息资源

这些项目所需信息资源是人们开展项目全要素集成的起点、基础和前提条件，所以项目信息资源在图 11-17 中使用带有（0）标识的箭头为标示。因为项目信息是确定项目风险分布的依据，所以这是首先要确定的。

2）开展项目信息资源与人力资源的集成

因为项目信息资源是由项目人力资源加工处理和使用从而去做决策的，所以人们需要根据项目所需信息资源的加工处理和使用要求，去确定出项目所需的人力资源。图 11-17 中使用了粗线箭头表示这两种资源合理配置关系的重要性。

3）根据项目信息资源确定项目其他要素的风险分布

这是根据既有项目信息资源去确定出项目各要素的风险变化分布范围，最终给出项目各要素的确定性部分和不确定性部分及其变化范围的步骤。图 11-17 中各项目要素的实线方框表示的是确定性部分，而虚线方框表示的是不确定性部分。

4）确定出项目目标四要素的优先序列

这一步骤与上述项目四要素集成管理的第一步的做法一样，可参阅上述相关讨论。

5）开展项目质量与项目范围要素的集成

这一步骤与上述项目四要素集成管理的第一步的做法同，可参阅上述相关讨论。

6）开展项目范围与项目时间要素的集成

这一步骤与上述项目四要素集成管理的第二步的做法同，可参阅上述相关讨论。

7）开展项目时间与项目所需资源的集成

由于项目所需信息资源是在第一步骤中就已经确定了，所以在这一步骤中人们只需要根据项目目标四要素的要求，去确定出项目所需物资和服务与人力资源的需求。因为分别是采购和招聘获得的，所以图 11-17 中给出了两条独立集成的步骤和线路。

8）开展项目所需资源与项目成本的集成

此时人们需要根据项目所需物资和服务、人力与信息资源的需求及供给，以及项目所需资源的价格信息去合理配置和确定项目成本。若由此确定的项目成本超出项目投资预算，则需要开展项目六要素集成的步骤 7）、8）和 9）的合理配置的步骤和工作。

综上所述，项目全要素集成管理涉及项目目标要素与约束要素的全面集成，只有这样才能按项目目标函数及其约束条件的客观要求去实现项目全要素的合理配置关系。

11.5　项目章程

项目章程是项目管理的大政方针和责权利安排的文件，是指导项目实施和管理的“根本大法”。它为人们提供了项目的要求、目标、规则和方向，给出了项目经理的授权以及项目团队与项目相关者的责权利关系方面的规定。所以项目章程实际上是项目集成管理的根本依据，因此制定项目章程就成为项目起始的主要工作之一和项目集成管理的内容之一。

11.5.1　项目章程的制定和依据

项目章程的制定就是编写一份正式批准项目，并授权项目经理在项目活动中使用组织资源的正式文件的工作。其主要作用是，明确项目与组织战略目标之间的直接联系，确立项目的正式地位，给予项目经理足够的工作授权去规划、执行和控制项目，并展示项目的目标、要求、规则和方向等。项目章程的内容和编制依据讨论如下。

1. 项目章程的内容

与公司章程类似，项目章程实际上就是项目相关者之间责任、权利和利益关系的规定，因此在项目章程中应该包括如下几个方面的基本内容。

1）项目目标和要求以及项目相关方的要求

这是确定项目各专项管理和业务计划与指标值的根本依据，是可测量的项目目标和项目成功标准，是对于项目相关方要求的界定，也是项目相关方责权利安排的依据。

2）项目所交付成果的要求、说明和规定

这是根据项目环境与条件，以及项目相关方的要求所提出的项目最终成果的要求和规定、对于最终项目成果的实物或服务的功能和质量等方面的具体规定。

3）项目主要相关方的责任和权利

这是对于项目相关方在项目管理和实施中应负责任和义务的规定，以及其应有的权利和利益的说明。这也包括对项目相关方所承担项目工作和风险责任等方面的规定。

4）项目其他方面的规定和要求

这包括项目整体风险、总体里程碑和进度计划的要求、项目预算和质量要求、项目经理的权限和职责规定、项目变更请求及其批准和推出项目的规定等。

2. 项目章程制定的依据

任何项目章程都要根据项目自身的特性和具体情况以及项目相关者的要求通过综合分析和共同会商编制。制定项目章程的主要依据有如下几个方面。

1）项目起始决策的信息

不管项目是自我开发项目还是业务项目，项目章程的根本依据是人们做出的项目起始决策的相关信息。这包括项目可行性评估与项目商业论证信息、项目主要目标和指标的信息等。这些信息都属于项目既定文件的范畴，所以不能对它们进行更新或修改。

2）项目的商业合同或协议

当项目是由承包商实施的业务项目时，项目合同和协议也是制定项目章程的根本依据，项目章程的各方面规定都不能违背项目合同中对责任和义务的约定。项目的协议或合同包括：承发包合同、采购合同、服务协议、口头协议、要约和反要约等。

3）项目目标、项目工作和质量说明文件

这是对项目可交付成果和项目工作的要求和质量说明，实际上就是对项目的具体质量要求的说明文件。其中，对于项目目标和项目工作的说明文件最为重要，而对于项目可交付成果的质量要求也是制定项目章程的重要依据。

4）项目的事业环境因素

在编制项目章程时人们还必须考虑项目所处外部环境与条件，这包括政府或行业标准的规定、国家法律法规的要求、市场竞争情况与条件、组织的文化和治理结构、项目相关方的期望和风险应对能力，以及项目实施组织的技术和管理能力等。

5）项目涉及的组织过程资产

这包括项目组织所拥有的各种信息、知识和经验等，因为这些都是构成组织过程资产的组件。项目章程制定涉及的内容包括：组织标准和政策、流程和程序、组织的项目治理结构、组织的监督和报告方法、组织的相关模板和方法、组织的经验教训知识库等。

11.5.2 项目章程制定的方法和结果

依据上述信息，人们就可以开展项目章程的制定工作了。这方面所使用的主要方法和最终制定的结果讨论如下。

1. 项目章程制定的方法

项目章程制定的主要方法包括如下几种。

1）会议商定法

这是项目章程制定中的最主要方法，因为项目章程作为项目管理的"根本大法"必须兼顾项目所有相关方的利益和要求，而不同项目相关方的利益和要求有时会发生冲突，所以项目章程制定中就需要使用会议商定的方法去使项目相关方就项目目标、成功标准、项目需求、项目描述、总体里程碑和其他内容达成一致意见。

2）专家经验法

这是在项目章程制定中所用的重要辅助方法，是借用专家经验和判断去制定项目章程初案的方法。专家经验和判断是指基于专家所具有的应用技术、专业知识和历史经验而做出的关于项目章程内容的合理判断和选择。专家经验和判断还包括专家在项目管理方面的高瞻远瞩和远见卓识。

3）头脑风暴法

制定项目章程时还可通过头脑风暴法去向项目相关方、项目管理专家和项目团队成员收集制定项目章程所需的数据、解决方案或创意。这是一种"群策群力"编制项目章程的方法，因为头脑风暴法有三个构成部分，一是创意的产生，二是创意的分析，三是创意的完善，最终会形成"集思广益"的项目章程。

2. 项目章程制定的结果

项目章程制定的根本结果就是给出一份项目章程文件，同时还会给出一份项目假设前提条件方面的文件，二者的具体讨论分述如下。

1）项目章程

这是正式批准项目成立并授权项目经理去开展项目活动，以及记录关于项目和项目可交付成果等信息的文件。其核心内容包括：项目目的、项目目标、项目成功标准、项目描述、项目边界定义、项目可交付成果规定、项目整体风险情况、项目总体里程碑的进度安排、项目财务资源、关键相关方、项目经理及其职责和权限规定等。

2）项目假设条件与制约因素

这是在编制项目章程中，识别和给出的项目实施与项目运营的假设前提条件与项目所存在的各种制约因素。这些项目假设条件与制约因素都应纳入项目章程，并且必须编制成项目假设日志文件以指导项目实施和管理。其记录了项目的各种假设前提条件和制约因素，以便在项目实施和管理工作中作为最重要的依据和前提条件。

11.6　项目集成计划的编制

根据上述所讨论的项目全过程、全团队、全要素和全面集成的原理与方法，人们就可以开展项目集成计划的制订，这方面的相关内容分述如下。

11.6.1　项目集成计划的概念

项目集成计划是根据前述项目全过程、全团队、全要素集成的原理和方法所做出的项目综合计划和安排，所以它是整个项目管理的基础和依据。

1. 项目集成计划的定义和内涵

项目集成计划有很多不同叫法（如项目管理计划、项目主计划），本书对其定义如下。

1）项目集成计划的定义

项目集成计划是全面集成、综合和协调项目各要素、各方面和各相关方的要求，全面协调项目各个专项管理和业务计划的一种项目全面集成的计划。它是指导项目实施和管理的根本依据与基础，因为它是根据项目各种限制因素与假设条件以及项目方面的合理配置关系编制而成的，用于指导项目实施和管理的集成性、综合性、全局性的计划。

2）项目集成计划的内涵

项目集成计划的核心任务在于综合考虑项目各方面之间的合理配置要求和需要，借助前文讨论的项目全过程、全团队和全要素集成管理的方法，去“找出”并“实现”项目各方面的合理配置关系的计划和安排。同时，在项目集成计划的编制中人们需要根据项目各方面的合理配置关系去分解和编制出项目各项专项的管理计划和业务计划。

2. 项目集成计划的主要作用

项目集成计划的作用很多，主要作用有如下几个方面。

1）分拆生成项目各专项的管理和业务计划

项目集成计划的首要作用是据此去分拆生成项目各专项的管理和业务计划，包括项目目标四要素、项目资源三要素和项目风险要素的专项管理和业务计划。

2）指导项目各方面的具体实施和管理

项目集成计划的根本作用之一是指导项目全团队为达到项目目标和要求在项目全过程中去管理好项目的实施，因为只有项目集成计划才是项目可实施性的计划。

3）安排好项目各方面的合理配置关系

项目集成计划的根本作用之一是安排好项目各方面的合理配置关系，这包括项目全过程、全要素和全团队的全面合理配置关系，已成为项目集成管理工作的根本依据。

4）指导项目实施和管理绩效的评估

项目集成计划给出了度量项目实施和管理绩效评估与监控的基准，所以在项目实施和管理绩效的评估与监控中人们依据它去做好项目实施和管理绩效的评估工作。

5）作为项目全团队成员沟通的基础

因为项目集成计划集成了项目相关方的要求，给出了实现这些要求的计划安排，所以它是项目相关方开展沟通的基础，人们通过它就可以知道自己所能够获得的利益情况。

6）记录项目制约因素和项目假设前提条件

项目集成计划的另一个作用是记录这种计划编制的假设前提条件和项目的制约因素，这些是人们制订和变更项目集成计划与开展项目风险管理的依据。

7）激励项目团队和项目相关方的士气

项目集成计划还具有目标激励的作用，因为项目集成计划中包括项目目标和要求，所以它对于项目团队和项目相关方的士气具有很好的激励和鼓舞作用。

11.6.2　项目集成计划编制的依据

项目集成计划编制的主要依据是项目章程和与项目集成计划相关的信息，其中项目各专项管理和业务计划方面的信息尤为重要，这些依据的内容具体分述如下。

1. 项目章程

如前所述，项目章程是起始项目和开展项目集成计划的起点和根本依据，因为项目集成计划的编制就是为实现项目章程所给出的项目目标和要求服务的。项目章程中指导项目集成计划编制的信息众多，其中的项目目标是供编制项目集成计划的最重要信息。

2. 项目各专项计划的信息

由于项目集成计划是项目各专项管理计划和业务计划的综合与汇总，所以在编制项目集成计划的过程中需要依据项目各专项方面的管理和业务要求方面的信息。这包括项目全要素中各要素的相关信息，以及项目全团队成员提出的各种要求方面的信息。

3. 项目全过程和全团队集成方面的信息

项目集成计划编制的依据还包括：项目全过程集成管理的相关信息和文件、项目全团队集成管理的相关信息和文件，以及项目全面集成的相关信息和文件。另外，组织在项目集成管理方面的经验与教训以及组织的治理框架等也是依据性信息。

4. 项目所处环境与条件方面的信息

项目集成计划编制还需收集项目所处环境与条件方面的信息及其未来发展变化的预测信息，项目的约束条件和项目假设条件以及与项目不确定性和风险相关的信息，项目相关方的政策、组织结构、文化、管理能力、管理流程、程序和模板等方面的信息。

11.6.3　项目集成计划的编制方法

项目集成计划的编制涉及多方面的方法，这方面的相关方法分述如下。

1. 项目各方面合理配置关系的分析方法

人们首先需要使用分析项目全过程、项目全团队、项目全要素三方面合理配置关系的方法，借此给出在项目集成计划中的项目目标要素间的合理配置关系、项目相关方要求的合理配置关系和项目目标与工作的合理配置关系等。

2. 项目集成计划各备选方案的编制方法

分析确定了项目各方面合理配置关系后，人们需要使用编制项目集成计划备选方案的方法去制订出多个可替代的不同项目集成计划的方案，以便后续经过优化和比较去选出满意的项目集成计划方案。这也是项目集成计划的重要方法之一。

3. 项目集成计划备选方案的优化选择方法

这是使用优化和必选的方法去对项目集成计划备选方案做进一步的优化和抉择的方法，这种方法是综合各备选方案的优点，最终给出最优项目集成计划方案的方法。项目相关方需要参加这方面工作，以便选出能满足他们要求的项目集成计划方案。

4. 项目集成计划方案的最终审批方法

项目集成计划的最终方案是经关键项目相关方共同审定和批准的优化方案，所以项目集成计划方案的最终审批方法也十分重要。由于项目关键相关方是项目最终决策者，所以项目集成计划方案的最终审批必须有项目关键相关方的参与和确认才行。

5. 项目集成计划的变更与修订方法

当项目目标、要求或环境等方面出现变更时，人们则需对项目集成计划进行必要的变更或修订。这种项目集成计划变更和修订的方法如图 11-18 所示，由图中可知，项目集成计划依据的信息会不断更新，每当信息更新后项目集成计划就需要变更。

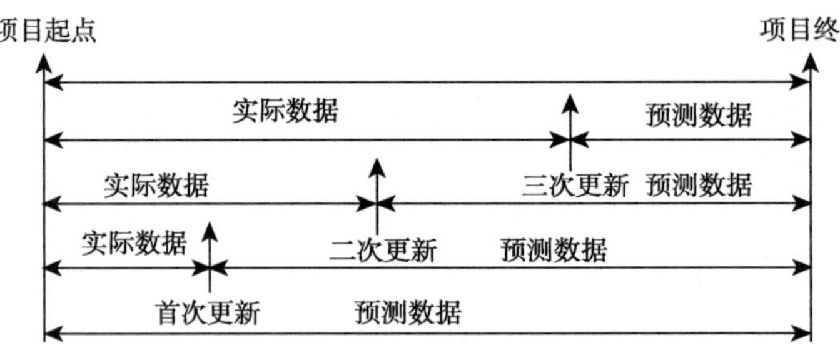

图 11-18 项目集成计划信息和数据不断更新示意图

11.6.4 项目集成计划编制的结果

这方面的主要结果是给出最终批准的项目集成计划书，同时还有一系列的项目专项计划的要求和规定，以及项目集成计划变更的审批和实施的要求等。

1. 项目集成计划书

其主要内容包括：项目的理由（是解决问题还是抓住机遇）、项目决策的说明、项目目标及其说明、项目目标四要素的说明和要求、项目绩效度量基准的描述和说明、项目重要里程碑与目标日期的说明、项目经理的指定与授权、项目团队成员的描述与说明、项目实施责任的划分与说明、项目风险及其管理的说明、项目约束条件和假设前提条件的说明、项目现存遗留问题和后续决策要求问题的说明等。

2. 项目专项计划的要求和规定

项目集成计划中综合了所有项目各专项管理计划和业务计划及其基准，所以项目专项计划的要求和规定都是分拆出的项目各专项管理与业务计划的根本依据。表 11-2 给出了项目集成计划中包括的项目专项管理和业务计划或基准，详见该表。

表 11-2 项目集成计划所关联的项目专项管理计划和业务计划与文件

项目专项管理计划	项目业务计划或基准
1. 项目范围管理计划	1. 项目范围计划或基准
2. 项目进度管理计划	2. 项目进度计划或基准
3. 项目成本管理计划	3. 项目成本预算或基准

续表

项目专项管理计划	项目业务计划或基准
4. 项目质量管理计划	4. 项目绩效测量基准
5. 项目资源管理计划	5. 项目质量要求和指标
6. 项目沟通管理计划	6. 项目需求文件
7. 项目风险管理计划	7. 项目风险登记册和报告
8. 项目采购管理计划	8. 项目资源分解结构和需求
9. 项目相关方参与计划	9. 项目相关方登记册
10. 项目变更管理计划	10. 项目假设日志和约束因素
11. 项目配置管理计划	11. 项目经验教训登记册

3. 项目集成计划变更的审批和实施的要求

这是项目集成计划中给出的关于项目集成计划变更方面的审批和实施的规定，这是人们修订和变更项目集成计划的程序与方法，也是项目集成计划书中的重要内容。其核心内容是对项目变更整体控制系统的安排，它是由一系列项目集成计划变更和修订的申请与批准程序，以及相关权限安排和规定及其文档化要求等构成的。

11.7 项目集成计划的实施与管理

这是在实施项目集成计划的过程中，所开展的一系列指导与管理的工作。项目集成计划实施与管理工作包括两方面：一是项目集成计划实施与管理的组织；二是项目集成计划实施与管理的控制，二者的相互关系如图 11-19 所示，具体内容分述如下。

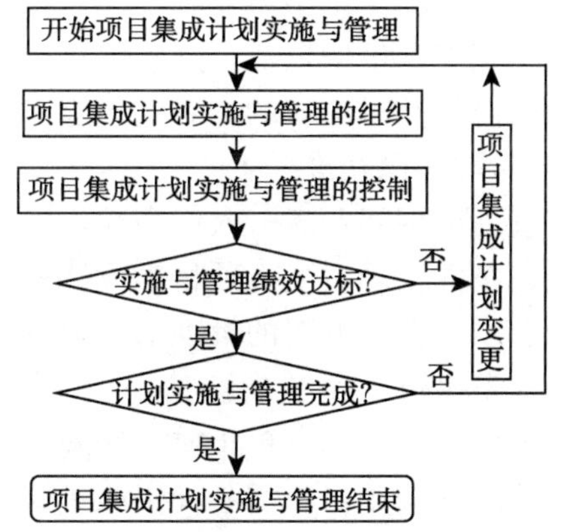

图 11-19 项目集成计划实施与管理的组织与控制之间的关系

11.7.1 项目集成计划实施与管理的组织工作

这是项目集成计划实施与管理的首要工作，涉及项目集成计划实施与管理中各方面的组织工作。这方面的工作内容、工作依据和工作结果分述如下。

1. 项目集成计划实施与管理的组织工作内容

项目集成计划实施与管理的组织工作涉及对于项目相关方和项目所需资源的组织工作，这是开展项目集成计划的实施与管理的基础工作，这方面工作的内容如下。

1）组织好项目所需的资源

这包括：首先，通过组织内部或外部招聘等方式获得、配备、培训项目团队成员；其次，组织建立好项目团队及其沟通渠道；最后，组织好项目招投标和采购以获得与配备好项目所需的各种人力、物资、服务、资金等资源。

2）组织好项目相关方的参与和合作

这包括：组织好项目相关方的积极参与，组织好项目相关方的各自项目团队，开展好这些项目团队的建设与激励，组织好这些项目团队按项目集成计划去开展好各自的项目工作，组织好项目相关方开展好管理沟通工作。

3）组织好项目风险管理和储备

这主要包括：组织好对于已识别项目风险的应对预案和具体应对措施，组织好应对项目各种突发事件的应急物资储备和应急资金储备（包括应急储备和管理储备），组织好开展项目风险监测与应对的各种资源等。

2. 项目集成计划实施与管理组织工作的依据

项目集成计划实施与管理的组织工作需要依据下列信息和文件。

1）项目集成计划实施与管理的获准文件

项目集成计划实施与管理组织工作最重要的依据是项目集成计划和项目各专项管理计划、业务计划、项目基准、规范与工作标准等。这些必须是已生成并获准使用的项目计划，未及时更新的项目相关文件不能作为项目集成计划实施与管理组织的依据。

2）项目集成计划实施与管理所需的信息

项目集成计划实施与管理所需的信息中主要有：项目环境与条件发展变化的信息、项目绩效的信息、项目风险识别与度量信息等。这些信息也必须是在时效期内的，即必须在人们这方面组织工作的时候是及时更新的，否则不能作为依据。

3）项目集成计划实施与管理的已获准变更

在项目集成计划实施与管理出现问题时，人们需要积极采取各种项目变更行动，即针对项目出现的问题与环境和条件变动去变更项目集成计划。所以这方面的依据包括：项目变更方案及其评估报告、项目变更方案的批准书、项目变更的实施计划等。

3. 项目集成计划实施与管理组织工作的结果

项目集成计划实施与管理组织工作的结果主要包括两个方面。

（1） 组织好并实现合理配置的项目所需各种资源。这包括项目所需人力资源、信息资源、物资和服务资源的及时到位和应有储备两方面的结果。

（2） 完成了项目集成计划实施和管理所需的组织建设。这包括项目各相关方建立了项目团队，以及建立了项目全团队合作伙伴关系与项目相关方沟通的组织和程序等。

11.7.2 项目集成计划实施与管理的控制工作

项目集成计划实施与管理过程中的控制工作的内容、方法和结果分述如下。

1. 项目集成计划实施与管理控制工作的内容

这不但包括对于项目集成计划实施过程中的项目各专项业务工作的控制，而且涉及在项目实施过程中项目各专项管理工作的控制。图 11-20 给出了项目集成计划实施与管理中的五个管理子过程所形成的相互关系示意，具体讨论如下。

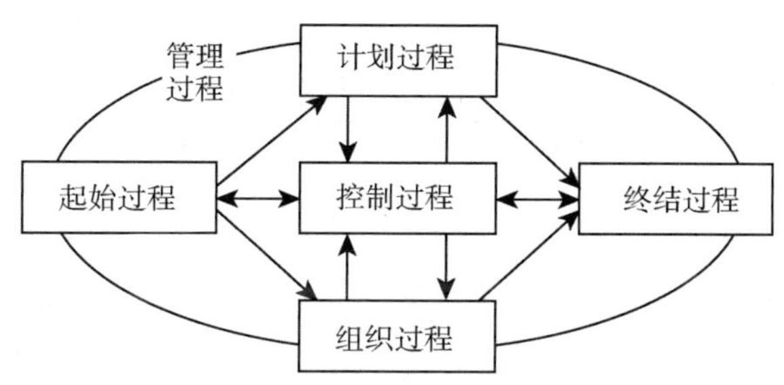

图 11-20　项目集成计划实施与管理过程相互关系示意图

由图 11-20 可知，项目集成计划实施和管理的控制工作不仅涉及对于项目业务工作的控制，而且涉及对于项目管理工作的控制，具体内容如下。

1）项目集成计划实施与管理控制工作的基本内容

这方面的内容主要有：度量、收集、加工和发布项目集成计划实施绩效的信息，对照相关控制标准去评价这种计划实施绩效的结果，分析和预测这种计划实施绩效情况的发展趋势，发现这种计划实施中需改进的地方，发现和预防这种计划实施中可能出现的问题，设计和采取这种计划实施中所需的纠偏与补救行动，设计和采取必要的项目集成计划变更和修订，以控制项目集成计划的时效性和实际效果。

2）项目集成计划实施与管理控制工作的具体内容

这方面的内容主要有：对照项目集成计划去制定实施控制的标准或界线，根据这些控制标准或界线去度量项目集成计划实施的绩效，分析和评价项目集成计划实施绩效的差异与问题，设计和安排这种所需的纠偏与补救行动，提出并采取项目变更行动，从而使项目集成计划实施始终处于受控状态，或在出现失控时能够尽快恢复到受控状态。

2. 项目集成计划实施与管理控制工作的方法

这种方法主要涉及四方面的内容：一是制定这种控制所用的控制界线从而给出预警空间，二是度量项目集成计划实施的绩效和实际情况，三是发现项目集成计划实施的绩效与计划之间的偏差，四是采取相应的纠偏措施或项目集成计划的变更。图 11-21 给出了这种控制工作方法的示意图，具体步骤和做法分述如下。

1）项目集成计划实施与管理的控制界线制定的方法

这方面控制工作的首要任务是制定出控制界限，以便给出项目集成计划实施和管理的预警区间以获得预警信息，以便在获得预警信息后可采取相应的纠偏措施或项目变更等控制措施。该方法的关键是不能使用项目集成计划的目标和要求去作为控制界限，必须根据项目目标和要求及组织的控制能力去制定出控制界限。

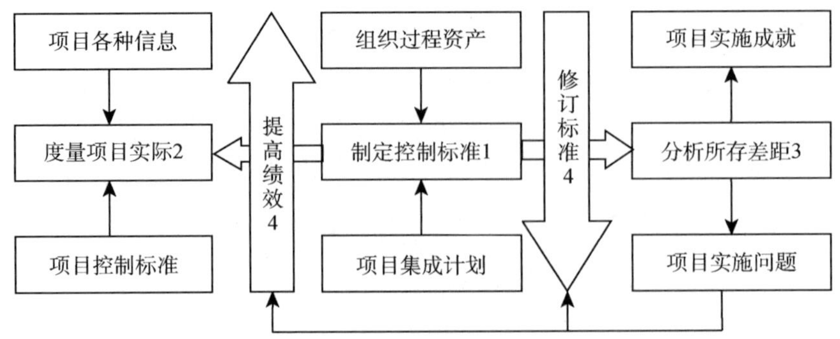

图 11-21 项目集成计划实施与管理控制工作方法示意图

2）项目集成计划实施与管理实际情况度量的方法

这主要是使用项目统计分析的具体方法。其中，最重要的是使用绝对数和相对数的分析方法去度量项目集成计划完成程度的方法，其次还有使用专业技术方面的方法去监测和度量项目产出物或成果的方法等。

3）项目集成计划实施与管理绩效所存偏差的分析方法

这类方法是根据项目集成计划实施与管理绩效度量得到的实际情况数据，去对照项目集成计划的控制界限，进而找出项目集成计划实施与管理绩效中所存偏差的方法。由此去分析和确定项目集成计划实施工作绩效的差距是成绩还是问题，如果是问题则需进一步分析找出造成问题的根本原因。如果这些差距是成绩，那就证明项目集成计划实施与管理处于受控状态。

4）项目集成计划实施与管理控制措施实施方法

这主要有两种方法：一是努力提高项目集成计划实施绩效的方法，这包括采取各种激励措施和奖惩手段以及增加资源等方面的方法；二是调整或变更项目集成计划的措施和方法（当人们发现计划与实际不符的时候的措施），因为这种调整或变更改变了项目集成计划原有的目标和要求，所以这就是一种项目集成计划变更的控制方法。

3. 项目集成计划实施与管理控制工作的结果

这方面的结果主要包括如下几个方面。

1）项目集成计划实施与管理所产出的项目可交付成果

项目集成计划实施与管理控制工作的根本结果是按照计划和要求而生成了项目的可交付成果，这包括有形或实物的成果，也包括记录项目集成计划实施与管理工作的各种文档，还可能包括任何独特并可核实的产品、成果或服务能力等。

2）项目集成计划实施与管理的工作绩效数据

这方面的工作绩效数据是在实施与管理项目集成计划过程中，从每个正在执行的实施与管理活动中收集到的原始观察结果和数值。这主要包括：已完成的工作、关键绩效指标、技术测量结果、进度情况、可交付成果状态、变更请求、实际成本等。

3）项目各专项管理和业务计划与文件的更新

表 11-2 中给出的项目各专项管理计划和业务计划都有可能会出现变更，因为在项目集成计划实施过程中可能会出现变更它们的请求。项目文件更新主要包括：项目活动清单、

项目假设日志、项目需求文件、项目风险登记册、项目相关方登记册等方面的更新等。

11.8　项目变更的集成管理

这是贯穿项目集成计划实施和管理全过程的工作，因为若项目某方面或某要素发生变化，人们就需要变更项目集成计划，此时就必须开展项目变更的集成管理。

11.8.1　项目变更集成管理的作用

任何项目都难以完全按原定计划完成，因此项目变更及其集成管理是必不可少的。

1. 项目变更集成管理的基本作用

在项目集成计划实施和管理过程中若某方面出现变更则会对项目其他方面产生影响而导致需要变更，由此就需要进行项目变更集成管理。这种项目变更集成管理的作用就是在项目变更时能够实现项目各方面在新情况下的全面合理配置关系。

2. 项目变更集成管理的具体作用

这主要包括：在进行项目变更时努力保持原有项目绩效度量基线的完整性，保证项目产出物的变更与项目工作变更同项目资源配置变更的一致性，统一和协调好项目各相关方提出的变更请求并防止伤害项目其他相关方的利益等。

11.8.2　项目变更集成管理的内容

项目变更集成管理包括基本内容和主要内容，二者具体分述如下。

1. 项目变更集成管理的基本内容

这包括分析和找出客观需要的项目变更以及项目相关方主观要求的项目变更，分析这些项目变更对于项目各方面合理配置关系的影响，修订项目集成计划和制订出项目变更的优化方案，然后管理好项目变更的集成实施与控制。

2. 项目变更集成管理的主要内容

这包括项目变更方案的设计和优化、项目变更方案实施的集成控制、项目变更的合同集成修订等。另外，根据项目不断发展变化的环境与条件的情况而及时提出、审查与批准项目团队采取的变更行动和措施也属于这方面的工作内容。

11.8.3　项目变更集成管理的依据

项目变更集成管理所需依据的信息和文件的具体内容分述如下。

1. 项目变更集成管理所依据的信息

这方面的主要信息包括：项目变更的客观环境与条件的信息、项目环境与条件发展变化的信息、项目变更请求方面的信息、项目集成计划实施绩效评估的信息、项目集成计划实施和管理的偏差与问题方面的信息等。项目变更集成管理要依据这些信息去进行制订项目变更方案、方案优化、批准、实施和协调工作。

2. 项目变更集成管理所依据的文件

这方面的文件主要包括：项目集成计划、项目各专项管理和业务计划、项目集成计划实施的绩效报告(这是实际情况数据和资料,包括项目实施的问题和可能出现的变更)、项目相关方提出的项目变更请求、项目变更的方案和措施文件等。项目变更集成管理要依据这些文件去开展项目变更实施工作。

11.8.4 项目变更集成管理的方法

项目变更集成管理需要一系列的方法与工具，其中主要的有如下两项。

1. 项目变更集成管理系统的方法

这是指对于项目变更的内容、方案与请求的正式申报和审批程序与办法所构成的一种集成管理的控制系统，这种系统中包括项目变更方案的书面请求和审批程序、项目变更实施的跟踪控制方法、项目变更请求审批的权限规定等。一般项目变更集成管理系统中建有一个专门负责批准或拒绝项目变更请求的项目变更控制委员会，该委员会的权利和义务必须由正式文件做出明确的规定与说明。这种系统方法还包括那些处理各种项目突发事件的应急处理程序，按照项目文档化管理的要求安排和规定出项目变更的分类、分级管理权限与控制方法以及所有项目变更的正式文件和记录等。

2. 项目变更的配置管理方法

人们还需要使用配置管理的方法去开展项目变更集成管理，以便实现项目变更后的项目各方面新的合理配置关系，这方面的方法包括：项目合理配置关系的识别（这与集成计划方法相同)、项目各方面合理配置关系的确认，以及根据项目各方面合理配置关系开展项目变更后的集成管理等。图 11-22 给出了这种项目变更的配置管理方法的示意。

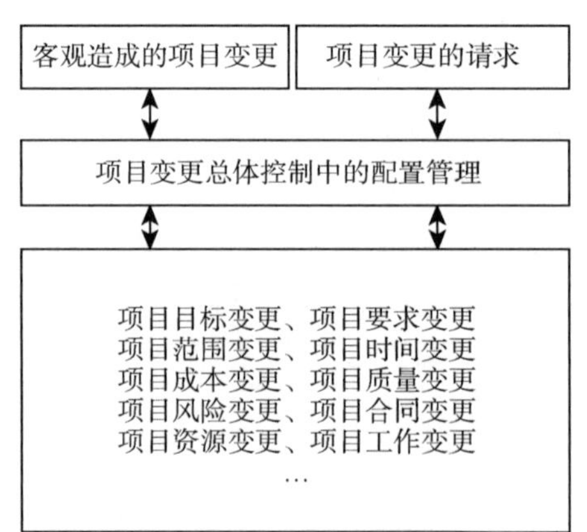

图 11-22 项目变更集成管理中的配置管理方法示意图

由图 11-22 可以看出，运用这种项目变更的配置管理方法，人们就能根据项目某方面的变更去实现项目各方面的合理配置和控制。例如，当项目目标发生变更时，人们就必须对项目产出物、项目工作进行合理配置管理，而当某项目相关方请求变更时，人们就必须去重新配置项目所有相关方的目标和要求等。

11.9 项目或项目阶段的终结管理

这种管理的主要作用是：总结已完成的项目工作，做好项目或阶段信息的文档化管理，释放项目团队和其他项目占用的资源。所以这需要开展两方面的管理工作，一是项目管理终结的工作，二是项目合同终结的工作，这也是项目集成管理的重要工作。

11.9.1 项目或项目阶段的终结管理的内容

在项目或项目阶段的终结中，人们需评估项目集成计划实施的情况，以确保所有项目工作都得以完成且项目或项目阶段目标得以实现。这方面工作主要包括如下内容。

1. 项目管理终结的工作内容

项目管理终结是指项目实施组织从公司管理角度所开展的项目或项目阶段的终结管理工作，其具体包括：确认所有项目可交付成果和相关文件都已是最新且没有遗留问题的，确认所有项目成本都已入账且结算完毕，关闭项目账户和重新分配人员，重新分配项目占用的设施、设备和其他资源，编制详尽的项目或项目阶段终结报告，收集和存档项目或项目阶段的原始记录和信息，总结项目或项目阶段的经验教训，收集改进或更新组织政策和程序的建议，评估项目相关方的满意程度等。

2. 项目合同终结的工作内容

项目合同终结是项目合同双方之间共同开展的终结管理工作，这方面的工作内容主要包括：确认项目或项目阶段可交付成果已交付给客户并已获得客户的正式验收，确认关闭项目合同或项目阶段的合同和正式验收的各种手续的办理工作，最终处置和处理项目未决的索赔与项目合同纠纷方面的工作，由双方或第三方审计项目成败的工作，为向项目下一阶段或向项目成果使用部门（项目运营者）移交项目产出成果而完成了试车和培训等方面的工作。若项目提前终止，则项目合同终结也需开展相应工作内容。

11.9.2 项目或项目阶段的终结管理依据

项目或项目阶段的终结管理的依据主要包括下述几个方面。

1. 项目章程、项目商业文件及项目效益管理计划

项目章程中记录了项目成功的标准、项目终结的审批程序和规定，以及由谁来签署项目结束的文件等。项目商业文件包括项目商业可行性分析和论证报告，它记录了作为项目终结依据的商业需求和项目成本效益等方面的要求。项目效益管理计划概述了项目的目标效益和要求等。其中，项目商业可行性分析和论证报告用于确定项目是否达到了经济可行性研究的预期要求，而项目效益管理计划用于测量项目是否达到了计划的效益。

2. 项目各专项计划和项目文件

项目各个专项管理计划和业务计划给出了项目目标四要素、资源三要素和风险要素的管理和业务方面的规定，所以它们是项目管理终结和项目合同终结的重要依据。其中，可作为项目或项目阶段终结管理依据的项目文件包括：项目假设日志，因为它记录了项目计划的全部假设条件和制约因素；项目变更日志，因为它包含了项目或项目阶段期间

的所有变更请求的审批和实施状态；项目质量测量结果，它证明了项目产出物和工作符合质量要求；另外还有成本估算依据和方法、项目沟通记录、项目风险登记册等。

3. 供项目或项目阶段终结验收的项目可交付成果

供项目或项目阶段终结验收的可交付成果包括：供项目的管理终结去验收的可交付成果和供项目的合同终结去验收的可交付成果两类。项目实施组织首先需对项目的管理终结去验收可交付成果和做必要的整改，以防止直接开展项目的合同终结验收时被买方发现项目可交付成果的缺陷而造成不必要的损失。这方面的主要依据包括：批准的项目产出物的规范、项目终结交货收据和项目工作绩效评估文件等。

4. 项目合同或协议与采购文档

项目合同或协议中会给出明确的正式关闭项目合同的要求和规定，所以这是重要的项目终结管理的依据之一。因此在项目的管理终结与合同终结中需收集全部项目采购文档作为终结管理的依据，因为这些项目采购文档中有关于合同履约进度、范围、质量和成本绩效等方面的信息，以及项目合同变更、结算和支付记录以及质量检查结果。在项目的管理终结和合同管理的过程中，应以“实际执行的”计划、图纸、技术要求为主要依据，以“初始编制的”文档、手册、故障排除文档和其他技术文档作为辅助依据。

11.9.3 项目或项目阶段的终结管理的方法和结果

项目或项目阶段的终结管理的方法包括项目管理终结的方法与项目合同终结的方法两种。项目或项目阶段的终结管理结果也有项目管理终结的结果与项目合同终结的结果两种。按照项目终结管理实施者的不同，具体分述如下。

1. 项目管理终结的方法与结果

项目管理终结是由项目实施组织开展的项目或项目阶段的终结管理工作，所以这种工作所用的方法是项目实施组织自己的方法，其最终结果也是项目实施组织的结果。

1）项目管理终结的方法

项目管理终结工作的方法是一种“自检”和“专检”的方法。其中“自检”是由项目团队成员去开展项目或项目阶段终结管理工作的方法，“专检”是邀请项目实施组织自己或外聘的专家（如外部的监理工程师或造价工程师等专家）去开展项目或项目阶段终结管理工作的方法。这两种方法中使用最多的是技术方法，包括项目或项目阶段的集成计划完成情况分析方法、项目或项目阶段尚存问题及其根本原因分析方法、项目或项目阶段纠偏措施和结果分析方法、项目后续环境与条件发展变化趋势分析方法等。

2）项目管理终结的结果

这方面的结果有三个，首先，项目实施组织对于项目或项目阶段可交付成果的自我验收；其次，对于项目或项目阶段可交付成果的尚存问题的解决（由此形成可供项目合同终结的供买方验收的项目可交付成果）；最后，关于项目管理终结报告和组织过程资产更新方面的成果。其中，项目管理终结报告的内容包括：项目或项目阶段的概述、项目或项目阶段的可交付成果和可移交给的正式文件、项目目标四要素达标的证据、项目或项目阶段最终成果的确认结论、满足项目商业计划业务需求的概述等。组织过程资产更新的内容包括项目计划和文件的更新、经验教训知识库的更新等。

2. 项目合同终结的方法与结果

项目合同终结是由项目合同买卖双方共同开展的项目或项目阶段的终结管理工作，所以这种工作的方法和结果都是按照项目合同买卖双方合同规定的要求和方法去开展的，由此所得的结果也是由项目合同买卖双方分享的结果。

1）项目合同终结的方法

项目合同终结工作的方法属于一种“互查”的方法，这是项目合同买卖双方相互检查对方是否全面履行了项目合同规定的责任和义务，然后确认项目合同终结的方法。在这个过程中使用最广泛的是“会商法”，即通过项目合同双方举行会议去商量和确认项目可交付成果的验收，从而确定项目已达到合同终结的要求而正式关闭项目合同的方法。通过这种“会商”，项目合同双方可协商解决项目合同权利与义务方面存在的问题，共同评估合同双方的满意度等。其会议类型包括项目合同终结报告会、项目纠纷解决总结会、项目经验教训总结会，以及项目成功庆祝会等。

2）项目合同终结的结果

项目合同终结管理的一个主要结果就是项目最终成果的验收和移交，即由项目实施组织将项目的最终成果转交给运营部门（自我实施项目）或运营组织（承发包项目），并由它们在后续项目运营阶段去开展项目运维和支持。项目合同终结管理的另一个主要结果就是项目终结报告、项目运营和维护所需文档，以及项目技术文件汇总的验收和移交。这些成果也需要转交给运营部门（自我实施项目）或运营组织（承发包项目），并由它们在后续的项目运营阶段开展项目运维和支持。

本章思考题

1. 项目全过程集成管理的核心内容是什么？
2. 项目全团队集成管理的核心内容是什么？
3. 项目全要素集成管理的核心内容是什么？
4. 项目集成计划编制有哪些主要作用和方法？
5. 项目集成计划实施和管理有哪些主要的内容？
6. 项目变更集成控制系统的内容和作用是什么？

第 12 章　最新项目管理知识体系

【本章导读】本章将讨论PMI于2021年推出的第七版《PMBOK®指南》及其中的《项目管理标准》和《项目管理知识体系》所给出的最新项目管理标准和知识体系的内容，新版与2017年的第六版相比具有“颠覆性”的变化，新版是按“基于原理和聚焦项目管理主绩效域”给出的知识体系，而第六版是按“基于原理和聚焦项目专项管理”给出的知识体系，所以本章重点讨论新版的项目管理原理和项目管理主绩效域的最新知识体系。

12.1　概论

PMI 在第七版的《PMBOK® 指南》（以下简称《指南》）和《项目管理标准》（以下简称《标准》）的序言中说道：“全球项目管理界已认同应将该标准转变为一份原理声明”……“以充分体现项目管理实践的公认目标及其核心功能”……“这是全球专家团队基于原理方法开发的新产品代表”。所以说这是项目管理知识体系的最新发展。

12.1.1　新旧版本《指南》的对比

根据 PMI 的说法，项目管理知识体系的最新发展可由图 12-1 给出示意。由图 12-1 可知，第七版《指南》的具体内容和排列顺序等方面都与第六版完全不同。

1. 新旧版本《标准》和《指南》的转化

首先，PMI《指南》的新版将《标准》放在前面，而将《项目管理知识体系》放在了后面。但是，将项目管理原理放在了前面，PMI 的说法是：用来指导人们的行为去开展项目管理主绩效域的工作的项目管理原理应该放在前面。其次，新旧版本在内容变化上颇具颠覆性，按照 PMI 的说法，旧版《指南》是“基于过程”的，新版《指南》是“基于原理”的。从内容上说，旧版《指南》中的《标准》的内容是五个项目管理子过程，新版《指南》中的《标准》的内容是 12 个项目管理的基本原理。

2. 新旧版本的主要不同

旧版《指南》是聚焦“项目专项管理”的，新版《指南》是聚焦“八个项目管理主绩效域”的。另外，新版《指南》中的《标准》中增加了“价值交付系统”一章，以讨论从项目“产出物交付”向“价值交付”的转变。新版《指南》的《项目管理知识体系》中增加了“裁剪”和“模型、方法和工件”两章，以讨论如何根据具体项目情况去裁剪项目过程和方法及其所需的“模型、方法和工件”。这种变化是具有颠覆性的“最新发展”，所以本书新增加本

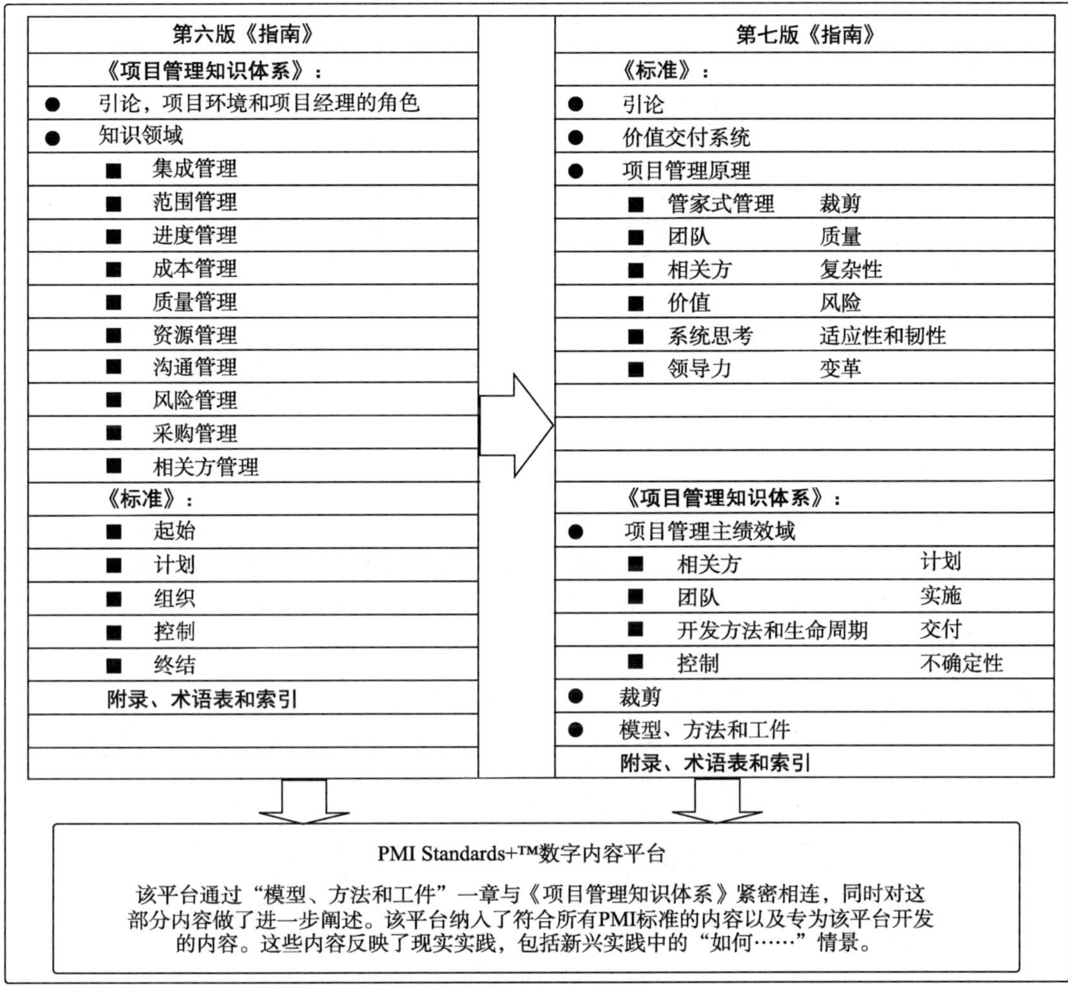

图 12-1　PMI 新旧版本《标准》与《指南》的比较示意

章去讨论这种“最新发展”及其影响。另外，第七版《指南》中增加了“PMI Standards+™数字内容平台”。这是一种借助信息和网络技术实时更新信息的进步。具体请见图 12-1。

12.1.2　《指南》的说法

PMI 在第七版《指南》的“声明”和“序言”中给出了许多重要的信息，尤其是有关为什么要做出这种具有“颠覆性”变化的说法，具体说法分述如下。

1. 第七版《指南》“声明”的说法

PMI 在第七版《指南》声明中说道：“作为 PMI 的标准和指南，本版本是在相关人员自愿参与、协商的基础上而开发形成的”……“PMI 管理该开发过程并制定规则以促进协商的公平性，但并没有直接参加写作，也没有独立测试、评估或核实本标准及指南出版物中所包含的任何信息的准确性、完整性和其中所包含的任何判断的有效性”。这表明 PMI 只是组织者，而不是制定者，按照“文责自负”的原则，PMI 不承担新版《指南》中存在不足或错误的相关责任。PMI 在新版声明中还说：“因本出版物或对本出版物的应用或依赖而直接或间接造成的任何人身伤害、财产或其他损失，PMI 不承担任何责任，无论是特殊的、间接的、有因果关系的还是具有补偿性的责任。”这说明新版《指南》的原理和方法是否有效与 PMI 无关，如果有人借此进行相关认证，则任何责任由认证者或者声明者承担。这从某种程度上显示出 PMI 对于新版《指南》的推广和应用存在谨慎性，因为毕竟新版是初步尝试。PMI 从 1987 年推出《指南》草稿到 1996 年有了《指南》第一版经历了 10 年，再从 1996 年到 2017 年六版《指南》经历了 20 多年，所以在短时间内由“基于过程”的转换成“基于原理”的项目管理知识体系确实需要十分谨慎。

2. 第七版《指南》“序言”的说法

PMI 在《指南》的序言中首先说：“每当开始编撰新版《标准》和《指南》的时候，我们都有机会从全球视角考虑关于项目管理、实现收益所用的方法，以及项目输出的价值这些方面所发生的变化。”在新版《指南》的序言中 PMI 关于这些变化的讨论主要聚焦在以下几个方面。

1）以客户和最终用户为中心的新版设计

PMI 在《指南》的序言中说：“虽然此前第六版的《指南》仍然在发展中，但在第七版的《指南》开发过程中，PMI 一直在全球范围内积极广泛地争取对于《标准》和《项目管理知识体系》有使用体验的相关方参与。”这些相关方反馈和提出的意见聚焦于四个方面：一是保持并增强《标准》和《项目管理知识体系》的可信度和相关性；二是提高《标准》和《项目管理知识体系》的可读性和实用性；三是了解项目相关方在信息和内容方面的需要并提供补充内容；四是要认识到原先《指南》版本对某些项目相关方仍有价值并应在不否定旧版本的前提下推动相关方转向新版本。

2）新旧版本《指南》中《标准》和《项目管理知识体系》的主要变化

PMI 在新版《指南》的序言中说：“自从 1987 年《指南》首次推出以来，项目管理知识体系一直在逐步演进” ……“这种逐步演进不仅涉及书本页数的增加，还涉及实质内容的显著且根本的变化” ……“与原先各版本的《标准》和《指南》一样，新版认识到了项目管理的大环境在不断发展变化”……“以及组织模式发生了转型，这引发了新的项目工作和团队结构，从而需要采用一系列广泛的方法来进行项目和产品交付，并要更多地关注成果而非可交付物”。由此可见，新版是针对项目管理环境和条件发展变化而创新的。

3）新旧版本《指南》中《标准》和《项目管理知识体系》的变更理由

PMI 在新版《指南》的序言中说：“自 1987 年以来，《标准》一直代表着基于过程的项目管理标准”“但从本质上看，基于过程的《标准》是具有规定性的。随着项目管理按比以往更快的速度发展，过去基于过程的版本难以为继，无法反映价值交付的整个环境。因此新版采用基于原理的标准，为有效的项目管理提供支持，并更多地关注预期成果，而非可交付物”。由此可见，新旧版本《指南》转变的根本目的是解决“基于过程”的《标准》规定性过高的问题，所以人们需要“基于原理”的《标准》，因为它的适应性更好。PMI 在新版《指南》中提出：“借助这些原理，PMI 提供了整个价值交付环境中有效的项目管理方法、从预测型到适应型及二者中间的各种方法。”

4）新旧版本《指南》中《标准》和《项目管理知识体系》的关系

与此同时，PMI 在新版《指南》的序言中说：“不否定本版《标准》和《项目管理知识体系》中的任何内容与过去版本中基于过程的方法的一致性”……“很多组织和从业人员仍然认为基于过程的方法对于指导其项目管理能力、调整其方法论并评估其项目管理能力非常有用”。这表明从某种程度上说，第六版《指南》的作用在一定时期内不会因第七版《指南》的出现而消失，因为有很多项目管理的标准或知识体系（包括 ISO 的相关标准和指南）是按照“基于过程”制定的，甚至很多项目管理专业的执业资质和认证也多是按照“基于过程和聚焦项目专项管理”安排的，因此第六版在今后很长时间内仍会获得广泛使用。

5）新旧版本《指南》中《标准》和《项目管理知识体系》的核心变化

PMI 在新版本中的说法为：“本版《指南》的一个重要变化是从系统视角论述项目管理。这种转变始于系统视角将价值交付作为项目管理标准的一部分”……“该价值交付系统改变了原有视角，即从项目组合、项目集合、项目治理转到重点关注将它们与其他业务能力结合在一起的价值链，再进一步推进到组织的战略价值和商业目标”。由此可见，新旧版本《指南》的核心变化是“从聚焦于项目产出物的交付转化到系统视角的价值交付”。这与本书前面讨论的“实现项目价值最大化和项目价值分配合理化”在很大程度上是不谋而合的。

6）新旧版本《指南》的二维系统

既不否定“基于过程和聚焦项目专项管理”的第六版，同时又推出了“基于原理和聚焦项目管理主绩效域”的第七版，这表明二者会共存。最重要的是这表明新旧两个版本的《指南》会共同构成一个二维的项目管理全新知识体系。其中，“基于过程”的旧版内容是横轴坐标给出的项目管理知识体系，而“基于原理”的新版内容是纵轴坐标描述的项目管理原理与工作，二者会形成一个稳定结构并继续演化和推进发展，最终在某个时点“合二而一”而形成再次的项目管理知识的革命。

7）新旧版本《指南》中关于“裁剪”的讨论

旧版的《指南》中强调必须对项目过程和方法进行裁剪，使之适用于各项目的独有特征及运行背景，如第六版在各项目专项管理章节中都明确了裁剪及其应该考虑的因素，以帮助项目团队对其项目管理方法进行裁剪。新版《指南》特设了“裁剪”一章，这表明新版本对于“裁剪”问题更加重视。这是项目和项目管理的独特性所要求的，任何项目及其管理都会不同于历史类似项目，所以都须对具体项目过程和方法进行裁剪。

12.1.3　新版《标准》的概论

如前所述，第七版《指南》中的《标准》和《项目管理知识体系》的优先序列安排与第六版的不同，新版《指南》是《标准》在前，所以本节将首先讨论《标准》的相关概念和内涵。

1. 新版《标准》的作用

PMI 在新版《指南》中的《标准》的相关概论部分提到，本《标准》确定了项目管理原理，用以指导项目专业人士和开展或参与项目的其他相关方的行为和行动。本《标准》为了解项目管理及其如何实现预期成果提供了基础。本《标准》描述了项目运作的系统，包括治理、可能的职能、项目环境以及针对项目管理和产品管理之间关系的考虑因素。

2. 新版《标准》的概念和术语

PMI 在新版《标准》概论中提到，本《标准》反映了项目管理职业的发展情况，人们期望项目除了生成产出物外，还能交付成果。项目管理交付的项目应能为项目相关方创造价值。同时，新版《标准》概论中还对项目、项目组合、项目集、产出物、项目管理、项目经理、项目团队、项目成果、价值交付系统、价值等术语进行了全新定义。

3. 新版《标准》的受众

PMI 在新版《标准》概论中提到，本《标准》为参与项目的相关方提供了基础的参考资料。这包括：项目从业者、顾问、教育工作者、学生、发起人、相关方和供应商等。负责交付项目成果的，全职或兼职为项目工作的，参与项目组合、项目集或项目管理的，为项目提供资源的，参与项目价值交付链的任何人都属于受众范畴。

12.1.4 新版《指南》中《项目管理知识体系》的概论

PMI 在新版《指南》的《项目管理知识体系》的概论中介绍了与该《项目管理知识体系》的重要信息，描述了新版《指南》的《项目管理知识体系》与《标准》间的关系，以及新版《指南》的《项目管理知识体系》的变化和《项目管理知识体系》与 PMI Standards+™的关系。

1. 新版《指南》的《项目管理知识体系》的结构

新版《指南》的《项目管理知识体系》主要包含三章的内容，分别是：第 2 章项目管理主绩效域，这确定并描述了构成整个系统的八个项目管理主绩效域，以指导成功交付项目和预期成果；第 3 章裁剪，此章介绍了裁剪的内涵并概述了裁剪的内容和如何进行裁剪；第 4 章模型、方法和工件，这些模型、方法和工件可供项目团队选用。

2. 新版《指南》的《项目管理知识体系》和《标准》的关系

新版《指南》的《项目管理知识体系》中项目管理主绩效域中的工作，是以新版《指南》的《标准》中的项目管理原理为指导的。正如新版《指南》的《标准》中所说："一个原理是一种基本规范、事实或价值。项目管理原理为参与项目的人员提供了行为指导，这会影响项目管理主绩效域的预期成果的生成。"PMI 承认"在概念上，项目管理原理和主绩效域之间存在重叠"，但是 PMI 认为"项目管理原理指导着项目管理行为，主绩效域就是展示这些行为焦点的领域"。图 12-2 展示了项目管理原理是如何为项目管理主绩效域的工作提供指导的，所以图 12-2 给出了新版《指南》的《项目管理知识体系》和《标准》之间的关系。

3. 新版《指南》中《项目管理知识体系》的主要修改

首先，新版《指南》中《项目管理知识体系》更关注项目交付成果，而不是考虑项目的过程和方法。其次，旧版《指南》中《项目管理知识体系》使用的 ITTO 为项目管理过程提供支持，但新版取消了 ITTO 的内容，转而使用"项目管理主绩效域"所代表的一组能有效地交付项目成果的重要管理活动。新版《指南》的《项目管理知识体系》将"裁剪"独立成章，以便人们能够对有关的项目管理方法、治理和过程在经过深思熟虑后做出调整，从而更适合特定项目的环境和工作。

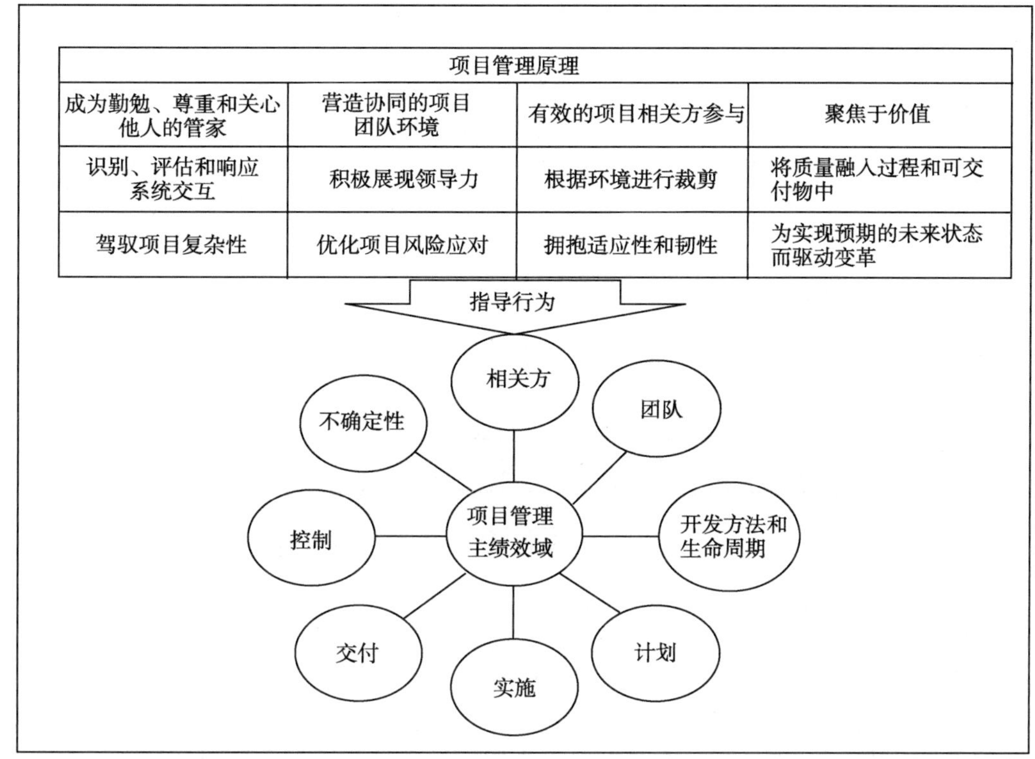

图 12-2　新版《指南》中《项目管理知识体系》和《标准》的关系

12.2　价值交付系统

新版《指南》中这部分的主要内容包括：创造价值、组织治理系统、价值交付系统的支持工作、项目环境和项目运营中的产品管理等，从而给出了项目管理的价值交付系统。

12.2.1　创造价值

项目存在于更大的系统中，系统为项目相关方创造价值。项目创造价值的方式包括：创造满足人们所需的新产品、服务或结果，同时为社会或环境做出积极贡献，项目能提高效率、生产力、效益和能力，项目带来必要变革使系统向期望的未来状态过渡等。

1. 项目价值交付系统的组成

广义的项目包括项目组合，项目集，项目、产品和运营，它们共同创造价值。它们共同组成了一个符合组织战略的价值交付系统。图 12-3 给出了这种价值交付系统的示例。由图 12-3 可知，所有项目、项目集或项目组合都有其产出物，通过运营这些产出物直接或间接地去实现价值。这种价值交付系统包含在整个系统内部环境中，所以它受到系统内部环境的政策、程序、方法、治理结构等的制约。这种系统内部环境存在于整个系统外部环境中，这包括宏观经济、竞争环境、法律限制等。这些系统的成果可带来收益，收益继而可以创造价值。这里的价值是指值钱和有重要性与实用性的东西。

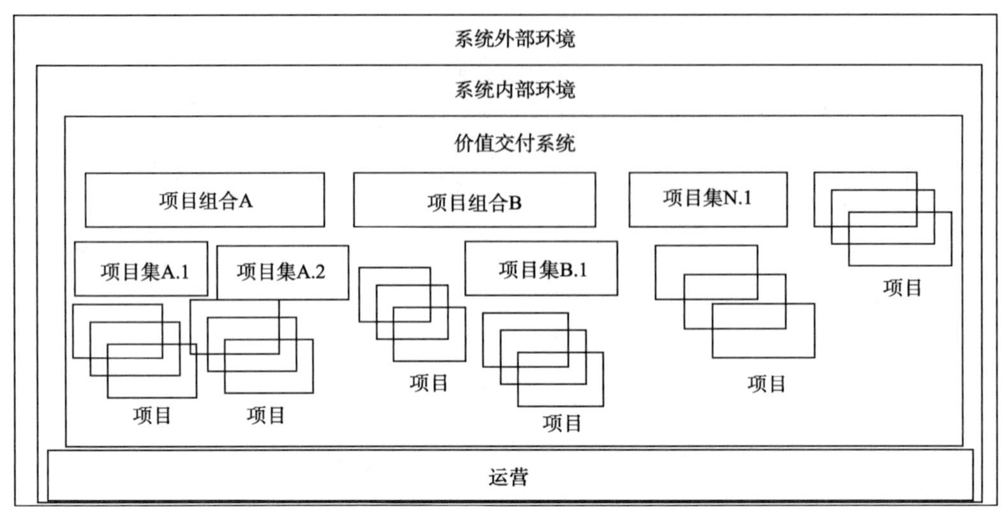

图 12-3 价值交付系统的示例

2. 项目价值交付系统中的信息流

当价值交付系统的信息及其反馈在系统各部分之间以既定方式共享时，价值交付系统最为有效，并且这会使该系统与组织战略保持一致、与项目环境保持协调。图 12-4 给出了这种信息流的模型，图中的实线代表从组织高层领导到项目组合管理者、项目集与项目管理者以及运营部门的信息传递。组织高层领导会与项目组合管理者分享战略信息，而项目组合管理者会和项目集与项目管理者分享期望成果、收益和价值信息，项目集与项目管理者会将项目可交付物及其运营和维护信息传递给运营部门。图 12-4 中的虚线表示信息的反馈，即运营部门向项目集与项目管理者提供对项目可交付物的更新、修复或调整的信息，项目集与项目管理者会给项目组合管理者提供已实现期望成果、收益和价值方面的绩效信息，项目组合管理者会给组织高层领导提供项目组合绩效评估以及组织战略推进的信息。

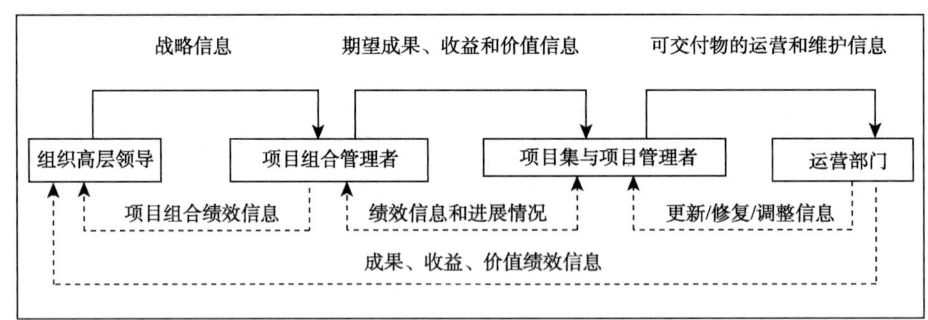

图 12-4 价值交付系统的信息流示意

12.2.2 组织治理系统

如果组织治理系统与价值交付系统协同运作，则可使价值交付系统的工作流更流畅、管理得更好并能为项目决策提供支持，因为组织治理系统为项目提供了指导项目工作的功能和过程，这包括监督、控制、价值评价、各方面的集成以及提升决策能力等内容。这种组织治理系统提供了用于分析与评估项目环境和价值交付系统的相关变更、问题和风险的方法与过程。项目治理必须与项目集、项目组合以及组织治理系统保持一致，而项目治理涉及用于批准项目变更和做出与项目相关决策的职权安排等。

12.2.3　价值交付系统的支持工作

项目及其价值交付都是由人驱动的，人们通过有效率且有效果地完成项目工作来实现这一目标。项目工作可能由个人或一组人进行，协调这些工作对于项目成功至关重要，但不同类型的项目工作的协调方式不同，有些项目适合去中心化的协调，以便项目团队成员能进行自我组织和自我管理。有些项目受益于集中化的协调，某些集中化协调的项目可由自组织的项目团队去开展工作。项目团队需要得到组织对它们工作的支持，项目的需要、组织和项目环境都会影响项目团队的支持工作，重要的支持工作分述如下。

1. 项目监督和协调的工作

从事这方面工作的人需要精心安排好项目工作，帮助项目团队实现项目目标，这包括项目的领导、计划、监督和控制等工作。这也包括项目前期所需评估的工作，以及监督和改善项目团队成员的健康、安全和福祉的工作。这还包括收集高层和职能部门领导的想法，以推进项目目标的实现、提高项目绩效以及满足客户需要。另外，协助进行项目商业分析、招标和合同谈判以及商业论证等方面的工作，监督和参与有关收益实现和维持的项目后继工作，以及项目所需的裁剪工作等都属于这方面的工作范畴。

2. 收集项目客户和最终用户信息的工作

这方面的工作人员负责收集和提供项目客户和最终用户的观点、见解和相关信息，项目实施和管理者需要将项目客户和最终用户的明确需求、成果和期望作为他们工作的指导。在适应型和混合型项目环境中，项目管理者更需要持续获得项目客户和最终用户的反馈，甚至需要项目客户或最终用户参与到项目团队中，以便他们能够进行定期的项目绩效审查和信息反馈。对于项目客户和最终用户的意见和反馈信息，还需要进行加工处理，这主要取决于项目性质以及项目所需的指导或信息。

3. 项目促进和支持的工作

提供项目促进和支持的工作与提供项目监督和协调的工作密切相关，这方面工作涉及鼓励项目团队成员的参与、全面协作项目各方面的工作，以及对项目输出的共同责任感。其中，项目促进工作有助于项目团队就问题解决方案达成共识，为解决冲突提供帮助，促进项目决策的制定。项目支持工作主要是帮助项目团队克服障碍去开展相应的变革，以便为项目的成功提供保障，这可以包括评估项目绩效和提供信息反馈，以帮助项目团队去学习、适应和改进等方面的一系列支持性的工作。

4. 贡献“真知灼见”的工作

这方面的工作人员会为项目提供生成产品和实现项目目标所需的知识、技能、经验和“真知灼见”，他们可以在项目全过程或某段时间内以全职或兼职方式开展这方面工作。虽然多数项目工作可由项目团队成员完成，但是有些项目工作需要具有高度专业性知识的人提供“真知灼见”。从跨职能部门的人员中可以获得来自组织中不同部门的“真知灼见”，与关键业务部门建立联盟可以鼓励来自职能部门的成员成为该职能领域的变革推动者。这方面工作会随着项目产出物的逐步实现或移交，可进一步扩展到对项目运营的这种支持方面的工作。

5. 提供专家经验和商业指导的工作

提供专家经验的人会提供与项目特定领域相关的知识、远见和专家经验，他们会为项目提供建议和支持，并会为项目团队的学习和工作做出贡献。这些人可以是组织外部的人员，也可以是组织内部的成员。提供商业指导的人会根据商业价值、依赖关系、技术或运营风险来分析和确定项目需求和项目工作优先级。他们向项目团队提供反馈信息，以实现项目价值的最大化。他们提供的商业指导意见和见解在适应型和混合型环境中可按特定节奏进行，在预测型环境中可按既定核检点来提供反馈信息和指导。

6. 提供资源和工作指导的工作

提供这方面工作的人会推动项目的开展，并与项目团队和项目相关方去沟通关于组织愿景、目标和期望方面的问题。他们通过确保项目决策、资源和授权去帮助支持项目和项目团队，他们是管理高层和项目团队之间的联络官。他们为使项目与商业目标保持一致，会发挥支持作用、消除障碍、解决项目团队无权决策的某些问题。他们为项目团队无法解决或管理的问题及风险提供上报的路径。他们识别到项目出现了改进机会时就会与高管进行沟通，从而促进项目创新。他们会在项目终结后监督项目成果去实现预期的商业收益。

7. 维持项目治理的工作

从事这方面工作的人会按组织既定的治理准则和做法去批准项目各种变更以及项目变更的集成管理，他们会支持项目团队成员提出建议，会监测项目的进展，以及项目预期成果方面的实现情况。他们会维持项目团队与组织战略或项目商业目标之间的联系，因为项目商业目标在项目开展过程中可能会发生变化。总之，他们会使得组织治理系统为项目提供包括监督、控制、价值评价、各方面的集成以及提升决策能力等方面的支持。

12.2.4 项目环境

项目是在内部和外部环境中进行实施和管理的，这些项目环境对价值交付有不同程度的影响。项目的内部和外部环境可能会影响项目管理的各个方面。这些项目环境可能会对项目的特征、项目相关方或项目团队产生有利、不利或中性的影响。

1. 项目内部环境

组织的内部因素可能来自组织自身、项目组合、项目集、其他项目或这些的组合。这方面的主要构成可见表 12-1，表中给出了项目内部环境因素的描述。

表 12-1　项目内部环境的主要环境因素列表

内部环境因素	内部环境因素的描述
组织过程资产	组织过程资产可能包括工具、方法论、方法、模板、框架、模式等
组织治理文件	该文件中包括了组织治理和项目治理的相关政策、流程与规定等
组织的数据资产	这包括组织此前的项目数据库、文件库、度量指标、数据和制成品
组织的知识资产	这包括项目团队成员、各方面专家和其他员工的独特知识与隐性知识
组织安保和安全	这包括针对设施访问、数据保护、保密级别和专有秘密的程序和实践
文化/结构和治理	这包括组织愿景、使命、价值观、信念、文化规范、领导力风格、等级制度、职权关系、组织风格、道德和行为规范
资源的地理分布	这些资源包括工作地点、虚拟项目团队和共享系统
组织的基础设施	这包括设施、设备、组织和电信通道、信息技术硬件、可用性和功能
信息技术与软件	这包括项目软件、配置管理系统、网络接口、协作工具和工作授权系统
所需资源可用性	这包括已签订合同及其制约因素、获准的供应商和分包商合作协议等

2. 项目外部环境

组织的外部环境因素可能会增加或限制项目成果或产生中性影响，项目外部环境的主要构成可见表 12-2，其中的主要项目外部环境因素在表中给出了描述。

表 12-2　项目外部环境的主要环境因素列表

外部环境因素	外部环境因素的描述
市场条件	这包括竞争对手、市场份额、品牌认知度、技术趋势和商标等
社会/文化影响	这包括政治气候、地域风俗和传统、公共假日和事件、行为规范、道德和观念
监管环境	这包括与安全性、数据保护、商业行为、雇佣、许可和采购相关的各种法律与法规
商业数据库	这包括标准化的成本估算数据和行业风险研究信息
学术研究	这包括行业研究、出版物和标杆对照结果
行业标准	这些标准与产品、生产、环境、质量和工艺有关
财务考虑因素	这些考虑因素包括汇率、利率、通货膨胀、税收和关税等
物理环境	物理环境与工作条件和天气有关

12.2.5　项目运营中的产品管理

虽然项目组合、项目集、项目和产品（即项目运营所生成的产品或服务）管理十分不同，但了解这些领域之间的相互关系和影响可为项目运营的可持续发展提供支持。

1. 产品生命周期及其管理

此处的“产品”是指项目投入运营后所生成的产品，产品具有自己的生命周期，即产品具有从引入、成长、成熟到衰退的演变全过程的一系列阶段，所以产品生命周期的管理涉及项目组合、项目集、项目的集成管理，以便在产品生命周期中创建、维护和进一步开发产品。这种项目运营期的可持续发展工作（或项目）可以在产品生命周期的任何时点启动，图 12-5 给出了产品生命周期中的项目组合、项目集和项目的示意。这些都是为增加或改进产品特定组件、属性或功能服务的，所以这方面的管理也属于价值交付系统的内涵。

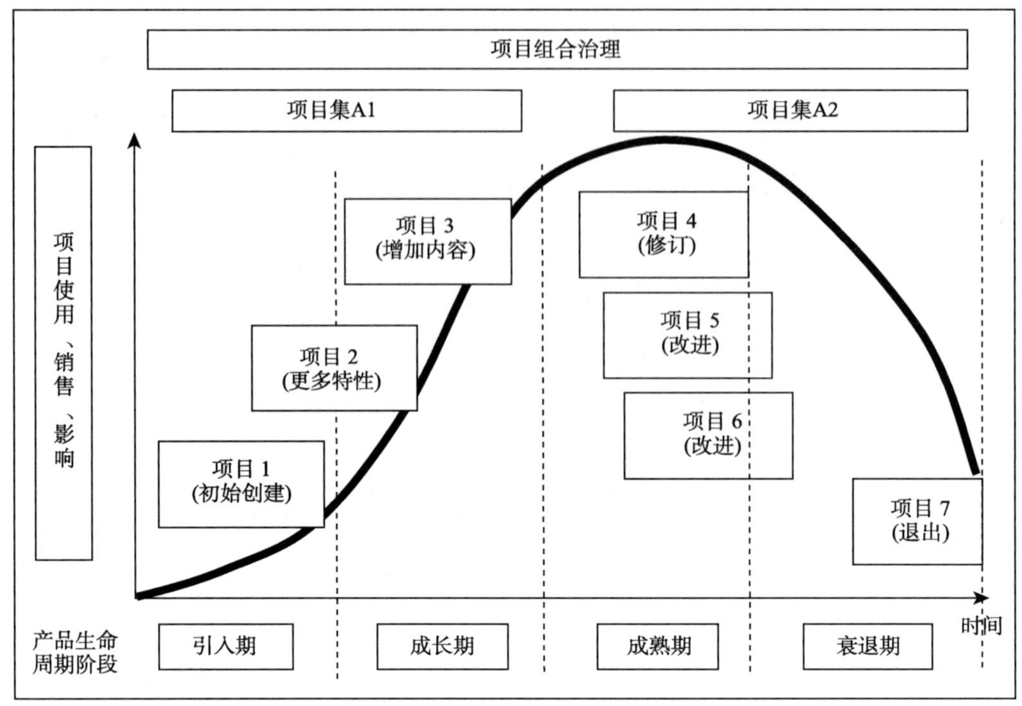

图 12-5　产品生命周期中的项目组合、项目集和项目的示意

2. 产品生命周期中的项目管理

由图 12-5 可知，项目运营期的产品可持续发展的管理可以表现为不同的形式，主要的形式包括下述几个方面。

1）产品生命周期中的项目组合管理

这种管理是对于一系列项目所构成的项目组合的管理，对于规模大或长期运营的产品而言，在产品生命周期中可能需要对多个协同运作的项目集进行项目组合管理。

2）产品生命周期中的项目集管理

这种管理是为产品功能的开发和增强所做的可持续的项目集的管理，人们可根据项目组合治理的需要去特许设立具体的项目集，以进行对产品的改进或独特改造。

3）产品生命周期中的具体项目管理

这是在既定项目集之内所开展的具体项目管理，这是为获得产品特定收益而开展的项目管理。人们可通过产品能力分析（如竞争分析和功能分析）找到需开展和管理的具体项目。

虽然这种产品管理是一个单独的知识领域且有自己的知识体系（这属于项目运营期所开展的可持续发展后评估和决策及其实施的管理范畴），但它也是这方面项目集和项目管理的一个关键整合点。

12.3　新版《指南》中的项目管理原理

对任何职业而言，原理是对于战略制定、决策和问题解决的基本指导准则，也是专业标准和方法论的基础。项目管理的原理本质上是指导项目参与者行为的，这些原理有着广泛的应用基础，因此个人和组织可以通过多种方式应用这些项目管理原理。

12.3.1 新版《指南》中项目管理原理的概论

通过全球项目从业者群体的参与，新版《指南》确定和开发出了 12 个项目管理的原理，项目管理从业者经过多轮反复修订而形成的这 12 个项目管理原理为有效开展项目管理提供了指导。这些项目管理原理的应用程度和应用方式会因受到组织、项目、可交付物、项目团队、项目相关方和其他项目因素的影响而不同。

1. 项目管理原理的内在一致性

这些项目管理原理彼此之间具有内在一致性，这表明其中没有任何一个原理与其他原理是相抵触的，但这些项目管理原理可能会有重叠，如驾驭项目复杂性的原理也可以指导人们去识别、评估和响应系统交互或优化项目风险应对。项目管理原理与一般管理原理也具有内在一致性，如项目和企业通常都会聚焦于交付价值的基本原理。

2. 项目管理原理的核心内容

表 12-3 列出了项目管理原理的核心内容，这些项目管理原理虽然在表中出现的先后顺序不同，但是都没有任何特定的权重或顺序。

表 12-3 新版《指南》中项目管理原理的核心内容

序号	核心内容
1.	成为勤勉、尊重和关心他人的管家
2.	营造协同的项目团队环境
3.	有效的项目相关方参与
4.	聚焦于价值
5.	识别、评估和响应系统交互
6.	积极展现领导力
7.	根据环境进行裁剪
8.	将质量融入过程和可交付物中
9.	驾驭项目复杂性
10.	优化项目风险应对
11.	拥抱适应性和韧性
12.	为实现预期的未来状态而驱动变革

12.3.2 项目管理原理的内容

本节的核心内容是对于 12 个项目管理原理的具体讨论，具体分述如下。

1. 成为勤勉、尊重和关心他人的管家[①]

在不同的项目管理环境中，管家式管理的含义和应用会略有不同。管家式管理既涉

① 由于在中国人的文化概念中“管家”具有某种贬义，所以这一项目管理原理在中国最好换个名称，如可叫作“主人翁式的管理”，这样会有更好的效果或更高的接受度。

及被委托管理某项事务的概念，也涉及以负责任的方式去计划、实施和管理工作的内涵，同时还包括要在工作中维护价值观和道德的含义。管家式管理需要以透明且可信赖的方式进行领导和管理，管家式管理应仔细考虑事物的正面和某些负面的影响与后果，以便通过权衡组织和项目的目标以及项目相关方的需求来做出负责任的管理决定。由于当今世界比以往更加互联且面临资源限制和环境恶化，因此管家式管理还需考虑超出项目之外的各种影响。管家式管理需要履行组织内部和外部两方面的责任，所以就需要遵守组织内部和外部的准则，因此管家式管理必须以正直、关心、可信和合规的模式去开展项目管理和实施活动。

2. 营造协同的项目团队环境[①]

协同工作的项目团队环境可更有效率且更有效果地实现项目目标，协同的项目团队环境有助于为交付项目相关方要求的项目成果做出最佳贡献，以及为个人和项目团队的学习和发展提供帮助，同时还能避免与其他组织的文化和准则发生冲突。协同的项目团队的特点是大家共同对项目成果负责并积极努力工作，将不同观点汇集起来从而消减项目信息缺口去做好项目决策。协同的项目团队环境可以为项目团队工作提供支持和避免成员之间发生冲突，还可促进信息和知识的交流与分享，从而促进项目团队和个人的发展。这也会使每个人都能尽最大努力为组织交付项目成果做贡献。

3. 有效的项目相关方参与[②]

项目相关方包括能影响项目决策、工作和成果的任何实体，以及会受项目决策、工作和成果影响的实体，他们以积极或消极的方式直接或间接影响项目决策、工作绩效和最终成果。在项目全过程中项目相关方会有进有出，他们的利益、影响或作用会随时间的推移而有所变化。这就要求项目团队在项目全过程中做好识别和分析并主动争取和促进项目相关方的参与，通过有效沟通去确定项目相关方的要求与他们愿意的参与方式、时间和内容。项目相关方参与的关键在于通过积极沟通去深入了解他们的想法和观点，并借此去共同制订他们都能接受的问题解决方案。总之，项目相关方参与能消减对项目的消极影响，扩大对项目的积极影响，从而会取得更出色的项目绩效和成果。

4. 聚焦于价值[③]

价值是指某个事物的作用、重要性或实用性，“萝卜青菜各有所爱”说明在某种意义上价值具有主观性，所以必须考虑每个项目相关方的不同价值，并将它们与项目整体价值进行集成。项目价值的大小由项目的交付成果体现，要明确项目价值就需要对项目开展评估，并借助项目评估去确保项目与组织战略的一致性、项目风险的可控性、项目的经济技术可行性、项目的投资回报率等。在项目前评估和跟踪评估中需要

---

① 在旧版中这部分被称作“项目团队建设与开发”，属于项目组织与人力资源管理方面的内容，在新版中这被作为一条被称作“营造协同的项目团队环境”的项目管理原理，从聚焦项目团队本身的建设与开发转变到关注项目团队环境，虽然二者有所不同，但管理的对象和内容具有一定的相同性。

② 在旧版中这部分被称作“项目相关方参与管理”的一个项目专项管理，在新版中这被作为一条被称作“有效的项目相关方参与”的项目管理原理，实质是一个东西的不同描述方法而已。

③ 旧版聚焦于项目产出物而新版聚焦于项目成果的价值。虽然旧版的项目产出物也是根据项目目标（包括项目价值目标）分解得到的，但是强调“聚焦于价值”就更能明确项目的根本目标是项目的价值。

使用价值工程方法去分析和找到实现项目价值最大化的途径、方案和方法。为了聚焦于价值，项目团队需将关注重点从项目可交付物转到项目预期成果价值上。另外，项目团队可通过诸如优先交付、更好的客户服务或项目改善工作等，去更好地实现“聚焦于价值”。

5. 识别、评估和响应系统交互①

这是按系统理论去识别、评估和应对项目内外部的动态发展变化，进而积极地开展系统交互去提升项目绩效的管理原理。这可带来的积极效果主要有：及早考虑项目不确定性和风险，积极调整假设前提条件和计划安排，使项目与项目相关方的目标与要求保持一致，更好地适应项目环境的变化，捕捉和利用新出现的机会，实现最佳的项目绩效，使多数项目相关方受益等。项目团队需按系统交互原理去支持和实现项目整体的均衡性，在这种系统交互中还需考虑时间因素，因为项目资金具有时间价值，项目成果的提前交付也能创造新增价值。随着项目推进，其内外部环境与条件也会变化，这些变化可能会对项目各方面造成影响，所以项目团队必须及时开展系统交互去提升和实现项目价值。

6. 积极展现领导力②

此处的领导力是指对项目相关方施加影响以便实现项目成果的行为，它涉及指导、激励、影响、教练和率领人们去实现项目目标的行为。这种领导力并非特定项目管理角色所独有，而是项目所有成员都应积极发挥的一种独特领导力。项目管理不同于日常运营管理需按科层制和职务授权去做好领导工作，其需要人们各展所长和积极发挥领导力作用。由于项目的复杂性和不确定性，其很难靠某个人的领导力而获得成功，故需要每个人在特定方面发挥领导力。这是借助个人专长权去带领项目团队做好工作的能力，是根据项目实情去找出项目方向和解决方案并带领与激励人们去实施项目的能力。实际上“积极展现领导力”的管理原理是按照“群策群力”去做好项目管理工作的原理。

7. 根据环境进行裁剪③

这是指根据项目的背景、目标、相关方、环境与条件去专门设计具体项目实施和管理的独特过程与方法，即“裁剪”是为适合特定项目环境和任务而对项目实施和管理过程与方法所做的适应性调整。项目的独特性要求每个项目的过程与方法都需通过深思熟虑的裁剪，以适应具体项目的独特性和环境与条件的不同。这种裁剪包括：选择适合的项目过程、开发方法、交付模式、实施方案和管理方法。人们不能套用常规的项目过程和方法，因为这对具体项目及其成果没有任何价值和作用。所以现有项目管理方法论或工作方式都是“裁剪”对象，人们需根据具体项目的独特性去裁剪其过程和方法。这种

① 旧版虽然没有单独提出这方面的命题，但是在旧版的项目风险的专项管理中具有这方面的思想和方法，新版将此作为一个项目管理的原理单独列出还是具有某种新意和创新性的。

② 旧版中虽然也讨论过“领导”和“激励”等方面的方法和内容，但是旧版只是在项目组织和人力资源管理中做过较浅的涉及，不像新版这样将此作为一个项目管理的原理单独列出且做了深入讨论。

③ 如前所述，旧版中虽然在各个项目专项管理中都讨论过“裁剪”的内容和方法，但是不像新版这样将此作为一个单独的项目管理原理给出并且对其做了更加深入的讨论。

“裁剪”工作具有滚动性，在项目生命周期中需多次裁剪以适应项目环境与条件的发展变化。

8. 将质量融入过程和可交付物中[①]

质量是产品、服务或结果的一系列内在特性能够满足人们需求的程度，这包括满足人们明确说明和隐含的需求的情况。对项目的产品、服务或结果进行检验，以确定是否符合项目质量要求的验收标准和用途。这种项目质量要求是项目产品、服务或结果必须达到的要求，这源自项目相关方、项目合同、组织政策、标准或监管机构以及这些方面的全面组合。为达到项目相关方的质量要求，人们必须做好项目工作质量和项目产出物质量两方面的管理。项目质量管理更应该聚焦在项目工作质量的管理，因为项目工作质量是形成项目产出物质量的基础和保障。项目质量管理的目标就是确保项目可交付物能达到项目相关方的要求，同时能使项目资源浪费最小化和项目价值最大化。

9. 驾驭项目复杂性[②]

复杂性是由人类行为、系统交互、不确定性和模糊性等因素造成的，复杂性会对项目结果带来影响，所以项目团队需要不断评估和驾驭好项目的复杂性。所有能影响项目价值、范围、沟通、相关方利益、风险和创新的因素或情况都可能会导致项目复杂性，项目复杂性程度取决于项目系统交互要素的性质和数量。虽然复杂性是客观存在和难以预见的，但项目团队可以对项目工作做出调整以应对复杂性所造成的影响。复杂性可能会出现在项目生命周期的任何时点和项目任何领域，人们通过持续关注项目各方面的变化可以察觉到出现的复杂性迹象，项目团队可借助系统思考、复杂性分析、积极调整工作方法和计划等去增强驾驭复杂性的能力。

10. 优化项目风险应对[③]

项目风险是对项目某个或多个目标可能产生的积极或消极的影响，项目风险管理的核心是通过优化项目风险应对工作去力求增大其积极影响（机会或风险收益）和消减其消极影响（威胁或风险损失）。项目风险的根本特征是人们只知道事物会有几种可能的后果，但是不知道最终哪种后果会出现，甚至有时对事物可能后果的发生概率也不知道。对于项目风险的每种可能后果都需预先制定好应对措施，以便在项目风险征兆出现或项目风险进入发生阶段后，人们能够实施正确的项目风险应对措施。这就和诸葛亮派兵打仗会提前给将领几个“锦囊”，然后由将领根据战场上出现的征兆，从这几个“锦囊”中找出符合战场实情的那个“应对妙计”是一个道理。

---

① 旧版中虽然将项目质量管理作为项目目标四要素的专项管理之一，并且也对项目质量管理的内容、过程和方法做了较全面的讨论，但是没有像新版这样将项目质量与项目过程（即项目工作）和产出物质量的管理紧密地关联在一起。

② 驾驭项目复杂性问题是个全新的命题，旧版中没有这方面的专门讨论（但项目复杂性管理在21世纪初就有诸多讨论，具体请见《复杂性项目的管理工具》）。新版将“驾驭项目复杂性”作为项目管理原理之一是全新的。

③ 项目风险管理的核心在于项目风险的正确应对，新版将这个问题单独拿出来作为一项项目管理的原理，抓住了项目风险管理的关键所在。虽然旧版中有专门的项目风险管理知识领域或项目专项管理，但是突出对于项目风险应对的优化还是具有一定的进步意义的。

11. 拥抱适应性和韧性[①]

此处的适应性是指人们应对不断变化情境的能力，而韧性是指人们吸收冲击的能力和从挫折或失败中快速恢复的能力，所以拥抱适应性和韧性则是指项目人员应具备这两方面的能力。实际上项目很少是按最初计划完成的，大多数项目会在某个阶段遇到挑战、障碍或挫折，此时就需要项目团队重新评估、重新思考、重新计划和开展项目变更，这就是项目团队的适应性和韧性所在。项目团队所用的项目方法也应具有适应性和韧性，这不但有助于项目适应各种变化而最终获得成功，而且有助于使项目团队在情况发生变化时能积极应对，更有助于它们从挫折中恢复过来，甚至还有助于项目团队学习和改进。因为项目风险可能会带来机会，项目团队应该借此去争取比项目初始计划更好的结果。

12. 为实现预期的未来状态而驱动变革[②]

变革管理或实施变革可以使实体（组织）从当前状态提升到预期的新状态，由于变革会涉及既得利益格局的改变，所以需要努力使那些受变革影响的相关方去适应或接受变革。在项目过程中开展变革具有挑战性，甚至会遭到项目相关方的反对或抵制，因此就需要使用项目相关方参与和激励等方法去使变革得以顺利进行。项目过程中的变革可能是由项目相关方提出或实施的，推动项目相关方开展变革是促进项目实现更好的预期成果的途径。实际上项目本身就是组织变革的推进器，所以项目经理应具备担当变革驱动者的独特能力。项目相关方应共同合作去解决有人抵制和反对变革的问题，让大家认识到开展项目变革能取得更好的项目成果，从而可以使所有项目相关方获益。

12.4　新版《指南》的项目管理主绩效域[③]

项目管理主绩效域是一组对有效地交付项目成果而言至关重要的项目管理工作，项目管理主绩效域是相互作用、相互关联和相互依赖的项目管理工作领域，它们可协调一致地实现预期项目成果。

12.4.1　项目管理主绩效域的概论

本节所讨论的内容是新版《指南》中给出的项目管理的八个主绩效域，这些项目管理主绩效域共同构成了一个统一的项目管理工作和知识领域的整体。

---

① 这一项目管理原理在此前的旧版中没有过多的讨论，或者说没有使用这样的说法。当然，旧版中也有关于积极应对项目环境与条件发展变化所带来的机遇方面的讨论，但是使项目团队和项目工作与方法具有适应性和韧性的专题或项目管理原理还是很有创新性的。

② 这一项目管理原理实际上讨论的并非项目变更的管理与控制，而是更高层次的项目革命或变革的管理与控制。这种项目全过程中的变革是一种改变项目相关方既得利益格局的工作，这种项目的变革是一种推翻原有计划、合同、协议及其权责利关系，进而去实现更高的项目价值和全新的利益分配的“变革”。这表明“变更”只是对于项目计划的修订，而变革则是对于项目目标与价值的全面提升。

③ PMI的英文版用的词是“project performance domains”，由于“performance”本身具有“工作”的含义，而“domains”具有“知识领域”的含义，所以本书将此翻译为“项目管理主绩效域”，因为这八个主绩效域讨论的都是项目工作。

1. 它们是相互关联的项目管理工作

项目的八个管理主绩效域在整个项目全过程中需要协同开展，项目管理者自始至终都要聚焦于这八个管理主绩效域，并且不能将它们当作孤立的项目管理工作去开展，因为它们之间是相互重叠且相互关联的，是一个不可分割的项目管理工作的整体。

2. 其内涵会因项目的具体情况的不同而不同

项目的八个管理主绩效域中所开展的具体工作内容需根据组织的背景、项目及其可交付物、项目团队、项目相关方和项目环境与条件等一系列的因素去确定，虽然这八个项目管理主绩效域没有特定的优先序列，但不同项目中它们的内容会有所不同。

3. 它们需在项目管理原理指导下开展

如图 12-2 所示，这八个项目管理主绩效域是在项目管理原理指导下开展的。这是新版将《标准》中的项目管理原理安排在《项目管理知识体系》中的项目管理主绩效域之前的根本原因，这意味着这些项目管理工作都需要遵循项目管理原理。

4. 它们导致《指南》发生根本转变

这八个项目管理主绩效域的推出是新版《指南》的根本改变，这使得新版《指南》关注于项目的交付成果，而不再考虑项目全过程中使用的 ITTO。这种转变使得项目所有相关方能够从获得更好的项目成果中获益。

12.4.2 项目管理主绩效域的内容

项目管理主绩效域是以项目管理原理为指导的，但是项目成果是借助项目管理主绩效域的开展去生成的。虽然项目管理原理和主绩效域间在概念或内涵上存在某种重叠或交叉，但只有通过项目管理原理的指导去开展好项目管理主工作域的工作才能获得项目成功。

1. 项目相关方管理主绩效域

这是针对项目相关方的管理工作和功能的项目主绩效域，其主要成果有：在项目全过程中与项目相关方建立富有成效的关系，获得项目相关方对项目目标的同意并进行合作，增加项目受益人的支持和满意度，降低项目受损者的反对和负面影响等。这方面管理工作的对象包括：组织内部和外部的相关方，对项目持支持、中立或反对态度的相关方。这方面的管理工作内容包括：有效地识别和分析相关方以及积极引导和管理项目相关方的参与。这方面工作的核心是项目相关方及其参与的管理、激励、引导和监督等，具体分述如下。

1）项目相关方的识别

在项目可行性评估（即商业评估）阶段就需开展项目相关方识别工作，随着项目的展开，这方面识别会逐渐明细化，并且要识别找出项目相关方的“进出”与变换。有些项目相关方容易识别，但有些项目相关方因不与项目直接相关则难以识别，所以这是一项有难度的项目管理主绩效域的工作。

2）项目相关方的分析

这是指努力分析和认识项目相关方的立场、要求、态度、期望、信念、权利、作用、影响力、价值观和项目相关方间的关系，以及他们是否结成联盟等工作。这些都会在项目过程中发生变化，因此这是项目全过程中持续开展的工作。因为这种分析及其信息会导致项目相关方误解和对抗，所以这方面信息应保密以防误解。

3）项目相关方的排序

由于项目相关方较多，且项目相关方的影响和参与程度各不相同，所以人们需要根据项目相关方的分析和认识结果去对他们进行优先级别排序。这是项目相关方参与管理的一种方法和工作，人们需根据项目相关方的影响力和利益从大到小进行排序。随着项目的进展，人们需根据变化后的项目相关方情况去重新进行这种排序。

4）项目相关方的参与管理

这方面工作包括：让项目相关方深入认识项目、激发他们的需求、管理他们的期望、解决冲突和问题、做好沟通和谈判、管理好优先级排序、处理好他们的难题等。项目相关方参与管理会用到各种人际关系技能，特别是开展沟通的技能。这一工作的根本目的是使所有项目相关方共同为项目的成功做贡献。

5）项目相关方的监督

在项目全过程中多需要对项目相关方参与的数量、质量和有效性开展监督工作。这包括随着项目的进展去识别和认识新的相关方及其要求、态度或权利所发生的变化，以及评估实行的项目相关方参与管理是否有效或需要调整等。这可以通过项目审查会、产品审查会、问卷调查和其他方法获得这种监督的信息。

6）与其他项目管理主绩效域的相互作用

项目相关方管理工作会渗透到项目各方面，这能帮项目团队去定义项目需求和范围，有利于制订项目计划，能帮助确定项目成果的验收和质量标准，能帮助减少项目的不确定性等。项目大部分工作都需围绕着争取相关方参与以及与他们沟通而展开，所以这一项目管理主绩效域与其他项目管理主绩效域有广泛的相互作用。

2. 项目团队管理主绩效域

这是对负责生成项目可交付物和实现项目成果的人员所开展的管理工作，有效开展此工作会产生的成果有：创造高效团队，团队成员会共享责任和发挥团队精神，所有成员会积极展现出领导力、共同做好项目。这方面的主要工作内容分述如下。

1）注重管理和领导力

其中的“管理”聚焦于实现项目目标的方法和过程（如项目计划、协调和监督等工作），而“领导力”关注于团队成员（包括影响、激励、率领、引导等）。无论项目团队采用集中式或分布式的管理和领导模式，这一主绩效域的内容都包括：创建愿景和目标、分配角色和职责、项目团队运作、提供工作指导、促进成员的发展等。

2）创造项目团队文化

每个项目团队都会发展出自己的团队文化，这可以通过制定项目团队章程与规范去有意识地建设和形成，也可以通过大家共同行动去自然地形成，项目团队文化会影响项目团队成员的工作与行为。公开、透明、坦诚、信任与合作是项目团队文化的核心，因此这种文化有助于促成团队共识与合作，从而促进项目的成功。

3）建设高绩效项目团队

项目团队管理主绩效域的根本目标是打造出高绩效项目团队，这方面的工作包括：

开诚布公地沟通、共享责任和收益、相互信任和依赖、相互认可和协作、具有韧性和适应性、工作授权与赋能、诚信和尊重、借助会议去群策群力、相互支持和帮助、勇于创新和尝试、及时奖惩和激励、共同庆祝成功等。

4）发挥领导力技能

无论项目团队是在集中式或分布式的组织管理环境中，项目团队成员都应该具有领导力技能。其特征和内容包括：建立和维护项目愿景（以激励和指导人们正确使用时间和精力）、开展批判性思维（如洞察力、直觉、反思性思维等）、激励和奖惩（使成员表现得更为出色）、人际关系技能（如情商、决策和冲突解决技能等）。

5）选用好领导风格

项目团队管理主绩效域还需要对领导风格进行选择和裁剪，以满足项目、项目环境、项目团队和项目相关方的需要。这方面的考虑因素包括：项目团队的经验和能力（有经验和能力强就有自我管理能力）、项目团队的成熟度（成熟度高则所需的监督和指导就较少）、组织治理结构（集中式和分布式结果）、项目团队的地理分布等。

6）与其他项目管理主绩效域的相互作用

项目团队是项目实施和管理的主体，这一管理主绩效域的工作好坏会直接影响到其他项目管理主绩效域的工作和结果。项目团队成员需要在各项目管理主绩效域中去展现他们的领导力素质和技能，这对项目计划管理和项目相关方管理主绩效域的影响最为直接。

3. 开发方法和生命周期管理主绩效域

这一管理主绩效域需要建立和优化生成项目成果所需的开发方法、交付节奏和项目生命周期方面的工作与功能，其作用是做好与项目相关方的价值关联，且生成项目可交付物所需的交付节奏、开发方法和项目生命周期及其阶段划分。具体分述如下。

1）三者的界定和相互关系

这一管理主绩效域的内容有三个方面：一是项目开发方法，这是在项目生命周期内用于创建或改进产出物的方法；二是项目交付节奏，这是项目全过程中交付项目成果的节律；三是项目生命周期，这是由一组项目阶段按照逻辑关系组成的项目全过程安排。它们的相互关系是：项目可交付物的类型决定了开发方法，项目可交付物类型和开发方法决定了项目交付节奏，项目开发方法和交付节奏决定了项目生命周期。

2）项目交付节奏

这是指项目可以一次性交付、多次交付、定期交付或持续交付。其中，一次性交付的项目是在项目结束时整体交付的。多次交付是因为项目中包含多个组件，这些组件可在整个项目期间的不同时间交付。定期交付是按固定的交付进度计划进行项目产出物交付的。持续交付是将项目产出物的增量及时交付给客户的方式。

3）项目开发方法

这是在项目生命周期内创建和改进项目产出物的方法，不同项目会用不同的开发方法。常用方法有预测型、混合型和适应型三种方法。图 12-6 给出的示意表明，从“预测型”到“适应型”中间有很多“混合型”方法可选择。其中，预测型方法是指在项目初始就计划安排好项目工作和产出物的方法，适应型方法是在项目需求、工作和产出物高度不确定时使用的方法，混合型方法是适应型和预测型方法的结合体。

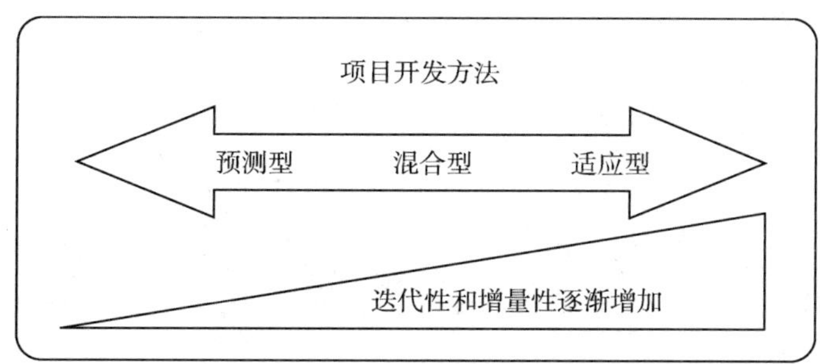

图 12-6　项目开发方法的示意

4）选用开发方法的考虑因素

项目开发方法的选用需考虑的影响因素包括：项目产出物及其创新程度、项目需求确定性程度、项目范围稳定性程度、项目交付节奏和方案、项目风险、安全要求与法规等。另外，项目相关方、项目制约因素和项目资金情况同样会影响到开发方法的选用。组织因素也会影响开发方法的选用，如组织结构、组织文化能力、项目团队规模和所处位置等。

5）项目生命周期和阶段

项目生命周期中项目阶段的类型和数量取决于许多因素，最主要的是项目交付节奏和开发方法。项目阶段通常会设有阶段关口，以便在进入下一阶段之前检查当前阶段是否已达到预期成果或满足完成标准。这种完成标准与项目可交付物、合同义务、项目特定绩效目标或其他方面的验收标准密切相关。图 12-7、图 12-8 和图 12-9 分别给出了预测型、增量型和适应型开发方法的生命周期的示意。

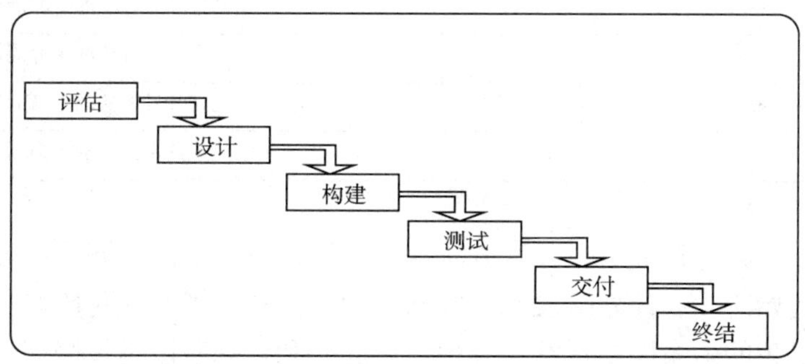

图 12-7　预测型开发方法的生命周期示意

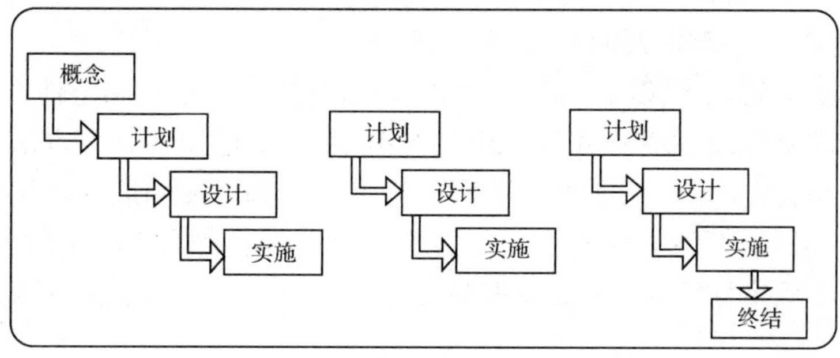

图 12-8　增量型开发方法的生命周期示意

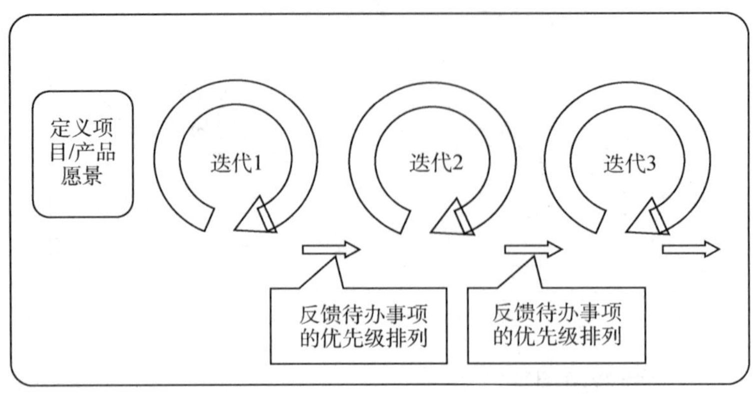

图 12-9 适应型开发方法的生命周期示意

6）交付节奏、开发方法和生命周期的匹配

每个项目或项目集都会有与自己工作内容和可交付物特性相匹配的交付节奏、开发方法和生命周期，做好这三者之间的匹配和协调工作是这一项目管理主绩效域中最为重要的工作。为了能更好地说明这一问题，此处使用某社区建设项目集给出示意，该项目集的可交付物、交付节奏与开发方法和生命周期请见表 12-4。

表 12-4 社区建设项目集的可交付物、交付节奏与开发方法和生命周期

可交付物	交付节奏	开发方法和生命周期
社区中心建筑	一次性交付	预测型开发方法的生命周期
老年人服务业务	多次交付	迭代型开发方法的生命周期
社区互联网站	定期交付	适应型开发方法的生命周期
社区服务培训	多次交付	增量型开发方法的生命周期

为了做好项目集交付节奏、开发方法和生命周期三者之间的匹配，该项目集的生命周期会包括：起始阶段、计划阶段、实施与控制阶段和完工与交付阶段。图 12-10 给出了社区建设项目集的生命周期示意，其中项目起始和计划阶段是按顺序进行的，而实施与控制和完工与交付阶段是相互重叠的，该项目集中的不同项目可交付物会按照表 12-4 中给出的不同交付节奏以及开发方法和生命周期去完成。

7）与其他管理主绩效域的相互作用

这个管理主绩效域直接与项目相关方、项目计划、项目不确定性、项目交付、项目实施和项目团队管理主绩效域具有相互作用。首先，选用的开发方法和生命周期不同会影响项目相关方的参与。其次，不同的开发方法和生命周期会使项目计划和项目控制工作不同。另外，开发方法和交付节奏不同会使得项目实施和交付管理工作不同，而且会使项目不确定性管理不同。最重要的是这会使项目团队能力和工作内容出现很大不同。

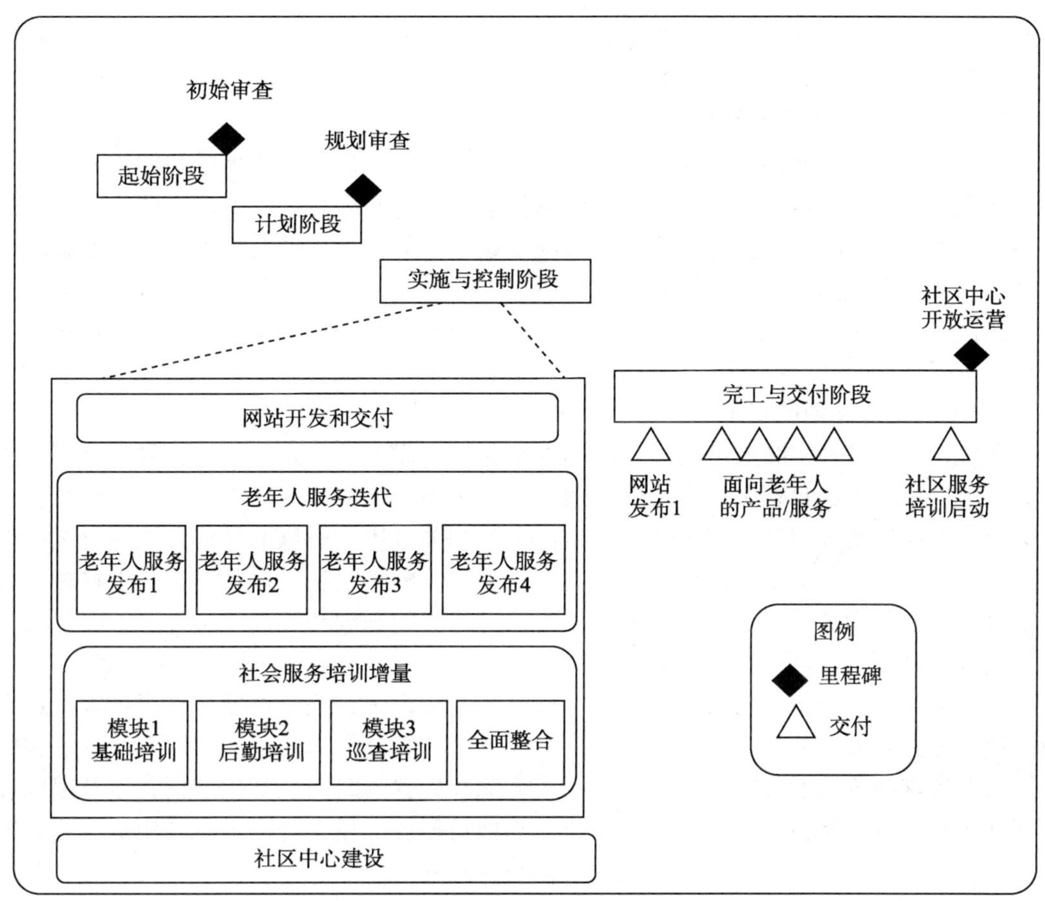

图 12-10　社区建设项目集的生命周期示意

4. 项目计划管理主绩效域

这是在项目全过程中开展的初步计划、详细计划以及计划变更的组织和协调的工作，其主要成果包括：项目会按合理的计划安排去以协调一致的方式推进，项目计划会根据不断变化的环境去做出调整和变更，项目相关方会获得足够的项目计划信息以管理好他们的要求，项目最终会按照计划整体交付项目成果，具体内涵分述如下。

1）项目计划的概述

项目计划的目的是积极主动地制订一种方案去生成项目可交付物，项目高层级的计划工作在项目批准和授权之前就开始了，如项目愿景、项目章程、项目论证、战略规划的制定都属此列。随后，项目团队会逐步制订项目初步计划和详细计划，以便项目能按计划去开展工作。项目计划最独特的方面是它需要根据项目环境与条件的发展变化而不断变更，这种计划变更也是项目团队适应和管理相关方要求的手段与途径。

2）项目计划的相关变量

由于每个项目都是独特的，因此每个项目的计划在数量、时间和频率上各不相同。影响项目计划工作的相关变量包括：项目开发方法和生命周期、项目可交付物、项目相关方需求、市场和环境条件、法律或法规限制、项目交付模式和节奏、估算和预算要求、时间限制与进度要求等。

3）项目团队的组成和结构

这一管理主绩效域还要根据项目计划的需要去做好项目团队的组成和结构安排等工作。这先需要确定开展项目计划工作所需的技能组合，然后需评估项目团队成员的工作能力、熟练程度、相关经验与工作年限。使用组织内部成员与借助组织外部专家去制订项目计划会具有不同的成本结构和组成，所以应对由此带来的收益与成本进行权衡。由项目团队自行开展项目计划工作时，应考虑组织和激励项目团队齐心合力地做好项目计划。

4）项目沟通计划的要求

在项目计划管理主绩效域的项目沟通计划制订中需考虑的因素包括：哪些项目相关方需要信息；每个项目相关方需要哪些信息；哪个项目相关方拥有人们所需的信息；怎样才会使有信息的人与其他相关方共享信息；为相关方提供信息的最佳方式是什么；他们需要何时以及多久提供一次信息；如何提供不同类别的信息最好等。分析项目相关方的信息需求及其沟通过程和方法是制订项目沟通计划的基础和关键。

5）项目所需实物资源的计划

项目所需实物资源包括材料、设备、软件、基础设施、测试仪器、许可证等，这方面的计划涉及时间和成本的估算以及供应链、物流和管理等方面。项目所需实物资源的计划需考虑这些资源的寻求、交付、移动、存储和处置的时间及其提前期，以及跟踪和管理从源头到现场交付和入库的所有工作。当项目需要大量实物资源时，应从战略高度去计划好从采购下订单到交付和使用的工作与时间安排。

6）项目资源采购计划

项目所需资源的采购需要预先做好计划安排，这有助于项目采购顺利进行。在确定出项目产出物范围和工作范围后，项目团队就可制定所需资源的"自制或采购"决策了。根据这些信息和项目进度要求以及项目采购合同与项目所需资源物流方面的信息，就可以制订出项目所需资源的采购方面的计划（项目采购计划和采购作业计划）。

7）项目计划的变更及其管理

在整个项目期间，项目各方面计划都会发生变更。有些项目计划变更是由发生风险事件或项目环境与条件变化而导致的，有些则是由项目相关方需求的变更请求造成的。因此，项目团队应制定相关流程去管理好项目计划变更，这包括制定出项目变更的控制流程、开展好项目变更的集成控制，以及重新确定项目基准和交付指标，对于具有合同规定的项目计划还需要遵循既定流程去变更项目合同。

8）项目计划完成情况的度量指标

项目的计划、交付和控制等管理主绩效域之间存在着很强的联系，这很大程度上与项目计划完成情况的度量指标有关。制定这些度量指标的工作包括：按照信度和效度要求去设定度量指标，给出计划的具体指标值，确定实施绩效是否符合计划要求，确定是否出现偏差或变化趋势等。作为项目计划的一部分，人们还需要制定项目绩效和项目产出物的度量指标、基准和临界值以及度量的程序。

9）项目计划的集成性

在整个项目期间，项目计划工作和结果都需要全面进行集成管理。这意味着项目范围、时间、成本和质量这四个项目目标要素的计划需要进行集成；这些项目目标要素与项目所需资源三要素和风险要素的计划要进行全面集成。特别是大型项目必须将所有项目计划都集成到一个全面项目管理计划中。任何项目计划都应实现合理配置关系。

10）与其他管理主绩效域的相互作用

这一管理主绩效域的工作会在整个项目期间持续进行，且它与其他项目管理主绩效域都具有相互关系。人们需根据选定的开发方法和生命周期去开展项目计划工作（所以这二者相互作用），在项目全过程中项目计划将指导项目实施、控制和交付（所以这三者相互作用），项目团队和相关方将按照项目计划开展工作（所以这三者也相互作用）。

5. 项目实施管理主绩效域①

这方面的管理工作可使项目团队保持专注，并使项目活动得以顺利进行。其主要工作具体分述如下。

1）确定和维护项目的过程

项目实施管理主绩效域需建立并定期维护项目实施管理工作的开展过程，这需要通过项目评估去确定项目过程中是否有瓶颈、项目实施工作能否按计划完成以及是否存在障碍因素等。人们需使用裁剪来不断优化项目过程以满足项目实施的需要，借此提升项目实施的效率和效果，同时建立、维护和遵守项目质量要求、国家标准和组织政策等。

2）平衡项目制约因素

项目实施中须了解和管理好相关的制约因素，这包括固定交付日期、法规约束、预算限制、质量规定、相关方反对等因素。在项目全过程中这方面的制约因素会发展变化，新的项目相关方需求可能带来项目进度变更和项目预算的增加，或改变质量要求与缩小项目范围。他们必须平衡项目实施中的制约因素，这是持续进行的一种项目管理活动。

3）使项目团队保持专注

这是指及时评估和控制项目团队的专注点与注意力，并将其聚焦在项目实施工作上。这需要项目经理去平衡项目团队成员的工作量和评估他们的工作满意度，并借助激励手段促使他们保持对项目实施工作的专注，以便能够实现项目价值的最大化。项目实施工作需要聚焦于创造价值、保护项目团队健康及提升工作满意度，从而实现项目价值最大化。

4）项目沟通与参与

大部分项目实施工作都与相关方的沟通和参与相关，这包括口头和书面沟通、正式和非正式沟通、电子媒介方式的沟通，以及非语言沟通等。借助这些沟通可以收集项目

---

① 虽然在 PMI 新版文件中，这一主绩效域被称为“project work performance domain”，但是其核心内容是项目实施工作，因此按照意译的原则本书将该项目管理主绩效域称为项目实施管理主绩效域。实际上项目工作就是项目实施和项目管理两方面的工作，而这一项目管理主绩效域所讨论的核心内容主要是项目实施工作。同时，这样翻译就可以使项目计划、实施、控制、交付这些主绩效域构成一个完整的整体。

所需信息和发布项目相关信息，从而为项目实施中的管理决策提供支持。在项目实施工作中会有人提出特别沟通请求，而过量的特别沟通请求表明项目沟通工作存在不足。在此种情况下要同项目相关方进一步商讨如何改进项目沟通计划以确保满足相关方的信息需求。

5）管理实物资源及其采购

项目实施需要占用或消耗实物资源，某些项目的实物资源需从供应商处进行采购，这就涉及项目所需实物资源的计划、订购、运输、存储、跟踪、控制和采购等一系列的管理工作。该管理产生的效益包括：减少或消除项目实施现场的实物资源搬运、储存及等待时间，最大化利用项目所需实物资源，促进项目实施现场工作环境的安全等。

6）新的项目工作和项目变更

在适应型项目生命周期中，项目实施工作会有变化和调整，所以需要将项目新工作增加到项目实施工作列表中。由此会导致项目范围、项目进度和预算以及项目团队成员的变化，所以需要做好项目变更的管理工作。在预测型项目生命周期中，项目团队也需要积极管理项目实施工作的变更。这种变更都将伴随对项目的人员、资源、进度和预算的适当变更，因此会增加项目不确定性，需要对变更造成的风险进行评估和应对。

7）项目期间的学习

在项目全过程中项目团队会不断地总结经验教训，从而形成项目团队的学习过程。同时，在项目全过程中项目团队不断地收集和使用项目信息，这实际上就是项目团队的“学习曲线”。最重要的是，项目团队在面对全新的项目时，需要进行调查研究和培训等专门的学习，在项目过程中不断分享显性和隐性的知识与信息，这都属于学习的范畴。项目文档化管理的成果会作为组织过程资产而成为组织学习的内容。

8）与其他管理主绩效域的相互作用

项目实施管理主绩效域与其他管理主绩效域都有相互作用，甚至可以说其他项目管理主绩效域都是为项目实施管理主绩效域服务的。同样，项目实施管理主绩效域对其他项目管理主绩效域也具有促进和支持的相互作用，因为它可促进并支持做好项目计划、交付和控制的管理主绩效域，可为项目团队和项目相关方参与提供环境和条件，为管理好项目不确定性提供支持。

6. 项目控制管理主绩效域[①]

这一管理主绩效域涉及评估项目绩效和采取适当行动以维持项目实施处于受控状态的相关的工作和功能，其作用包括：对项目当前状况获得可靠认识，做好项目当前状态的绩效评估，及时采取适当行动和措施以确保项目绩效处于受控状态，积极预测项目发展趋势和做出正确项目决策，以实现项目目标和创造新增价值。具体工作内容分述如下。

---

①按照管理原理，控制的核心内容包括：制定控制指标、度量项目实际、分析问题原因、采取控制措施。PMI 在这一管理主绩效域中讨论的就是这些内容。进一步说，“测量”工作的根本作用是为“控制”工作提供信息，“测量工作”是手段，而实现对于项目工作和绩效的“控制”才是项目管理的目的和关键所在。最重要的是这就可以与项目计划、实施、控制、交付这些管理主绩效域构成一个完整的整体。

1）制定有效的项目度量指标

这种有效的项目绩效度量指标允许人们跟踪、评估和报告项目进展的信息，根据这些信息可以确定项目当前状态以及改善项目工作和提高绩效的措施，可以使项目团队能及时做出决策并采取有效行动。其中的项目关键绩效指标有提前和滞后两种类型。其中，提前类指标可预测项目工作和绩效的变化趋势并据此可采取必要的行动；滞后类指标是事后提供信息的指标并反映项目过去的绩效或状况。

2）开展有效的项目度量内容

这一管理主绩效域需不断评估已完成的项目工作在多大程度上符合项目计划指标，从而拥有关于项目工作和绩效的及时而准确的信息，由此可使项目团队能够确定需采取哪些措施来解决项目实际与计划之间的偏差问题。项目度量是否有效取决于度量的内容、参数、方法和环境，常用项目度量内容包括项目可交付物、项目资源、项目绩效、项目工作、项目价值、项目相关方、项目预测等。

3）给出和展示项目度量信息

项目度量指标和内容很重要，而开展度量去获得信息更重要，但及时发布和展示这些度量信息为项目控制决策提供支持最为重要。发布和展示人们所获信息有很多不同的方式，如通过会议、电话、文件等传统方式发布和展示项目信息，人们也可以使用先进的电子系统和信息系统去发布和展示项目信息，如“仪表板”和大型可见图表等。

4）项目度量中的错误和陷阱

在项目度量工作中也存在一些错误和陷阱，人们必须认识到这些错误和陷阱才能做好项目控制工作。这主要有：度量指标不当导致人们出现不当行为，仅提供项目度量结果而不提供项目决策支持信息，过高的项目绩效度量指标使项目团队士气低落，误用项目度量指标而导致错误决策，坚持偏见而导致项目度量失效或错误认识等。

5）根据项目度量结果做根本原因分析

项目实际指标值超出项目控制临界值，则表明项目管理出现失控情况，此时就应分析问题的根本原因，以便制定有效的项目控制措施。项目团队甚至不应等到项目情况突破了控制临界值才采取行动，而应该通过趋势分析或预测信息去揭示可能会出现超过控制临界值的情况，从而主动去采取控制行动以解决预期出现的偏差。其中，例外项目计划是在项目情况出现失控时采取的一组商定行动。

6）采取项目控制和改进措施

一旦项目团队获得的信息显示项目实际情况超出项目控制临界值时，就必须采取项目控制和改进措施。为使项目工作和绩效重回“受控”状态，需要改进项目工作或提高项目绩效以及提升项目的价值，因为如果项目控制得当会有助于项目团队提高项目绩效和价值。

7）与其他管理主绩效域的相互作用

项目控制管理主绩效域与项目计划、项目实施和项目交付等管理主绩效域都有相互作用，因为项目计划构成了项目度量和控制的信息与基础，项目实施提供了项目度量的数据，而项目交付提供了项目管理和控制的对象。项目不确定性管理主绩效域也会影响到项目绩效，所以必须针对项目不确定性去开展好项目的控制工作。

7. 项目交付管理主绩效域

这是与项目交付相关的管理工作，其作用是：项目最终实现了预期所需交付的成果，项目在计划时间内实现了既定的项目价值和收益，项目相关方接受了项目可交付物并对其感到满意，项目实现了组织的业务目标和推进战略等。具体内涵分述如下。

1）项目价值的交付

这一管理主绩效域的首要工作是能够在项目期间向项目相关方交付已实现的项目价值，并在项目生命周期结束时交付项目产生的全部价值。这种项目价值的交付可以根据项目的商业论证文件和项目合同规定等依据去进行，因为商业论证文件提供了项目的预期商业价值，而项目合同规定了应交付给相关方的价值及其交付和结算等工作内容。

2）项目产出物的交付

这是指在项目期间或项目终结时交付出项目产出物的工作，即提交出根据项目相关方需求所确定的项目产出物的功能或所具备的能力。这会随着项目进展而发生变更，所以在项目期间需要发现和管理这方面的变更。随着项目产出物范围的逐步界定和明确，项目产出物范围也会发生某些变更，所以项目产出物的交付是按最终确定的范围进行的。

3）项目交付中的质量

项目交付工作还需聚焦于项目可交付物的质量，因为这种质量聚焦于项目产出物需要达到的水平及项目的功能和价值。与项目质量相关的很多成本都是由项目相关方承担的，不管是项目工作质量还是产出物质量都需要通过花费质量成本去取得。使用项目质量成本方法可在项目质量预防和修复之间找到恰当的投资平衡点，可确定出与项目质量相关的成本，这包括预防、评估、内部失败、外部失败和补救措施的成本。

4）交付次优的成果

所有项目都试图交付最优成果，但是多数项目难以实现此目标，更多会交付次优成果。每个项目都存在生成次优成果的可能性，包括创新性和试验性项目也是如此。需注意的是，有些项目可能根本无法交付成果，因为市场机会已经错过，或者竞争对手已抢先推出产品。但是有效的项目交付管理工作可以最小化这种项目负面结果，人们可借助项目变更去尝试产生次优的项目成果，并由此交付项目产出物和项目价值。

5）与其他管理主绩效域的相互作用

项目交付管理主绩效域是在项目计划管理主绩效域的指导下开展的，项目交付的节奏是在项目开发方法和生命周期管理主绩效域中确定的，而项目实施和控制管理主绩效域生成项目交付的成果和价值，项目团队和相关方在项目交付管理主绩效域中开展项目交付工作，而项目交付与项目不确定性管理主绩效域的相互作用对项目产出物和价值有直接影响。所以项目交付管理主绩效域与所有其他项目管理主绩效域直接相关。

8. 项目不确定性管理主绩效域①

这一管理主绩效域是与项目不确定性和风险相关的工作，其主要作用包括：评估项目技术、经济、市场、政治、社会和项目运行的环境，积极识别和度量项目风险及其机会和威胁，全程监测和应对各种项目风险所带来的各种可能后果，有效利用项目成本和时间的应急储备和管理储备使项目工作和目标保持一致等。其具体的内涵分述如下。

1）项目普遍存在不确定性

所有项目都会存在不确定性，因此对项目目标造成正面影响的风险被称为机会，而造成负面影响的风险称为威胁。这一管理主绩效域的核心内容就是抓住项目风险机会和消减项目风险威胁。这方面的工作包括：收集信息去识别项目风险，制定好针对项目风险所带来的每种可能后果的应对措施，配置资源和开展项目风险征兆的监测，及时实施项目风险应对措施，做好必要的应急储备和管理储备，提高对风险的快速反应和应对的能力。

2）概念模糊性和情景模糊性

管理学中的模糊性有两类：概念模糊性和情景模糊性。当人们对事物的理解混乱时就是概念模糊性，当事物可能有多个结果时就是情景模糊性，所以项目有多个解决方案时会有情景模糊性，项目需求不明时就有概念模糊性。这方面的解决方法有渐进明细法、实验法和原型法。其中，渐进明细法是随着所获信息增多模糊性降低的方法，实验法是通过实验去消减模糊性的方法，原型法是找出解决模糊性的不同方案的方法。

3）项目存在的复杂性

复杂性是由人类行为、系统行为和模糊性导致项目集和项目难以管理的特征，当项目有许多相互关联的影响因素相互作用时就会存在复杂性。复杂性产生的影响会使人们无法准确预测事物以及项目各种可能结果的发生概率，甚至无法知道项目或事物会出现哪些可能的结果。处理项目复杂性有许多方法，主要的方法包括系统分解的方法、模拟仿真的方法、群策群力的方法、迭代或增量的方法等。

4）项目的易变性

这存在于快速且不可预测地发生变化的项目环境中，通常是项目出现更多变更的原因，这还会影响项目范围、成本、进度和质量目标的实现。项目备选方案法与项目成本和进度储备法是解决项目易变性问题的主要方法。其中，项目备选方案法是针对项目易变性去制订和评估可能需要使用的项目备选方案，项目成本和进度储备法中的应急储备是针对项目突发事件用的，而管理储备是针对人力不可抗拒情况用的。

5）项目不确定性

项目不确定性是产生项目风险的起因，而项目风险一旦发生会对某个或多个项目目标产生积极或消极的影响和后果。项目全过程中都有不确定性和风险，所以应积极识别和度量项目风险，并且要做好项目风险应对措施的计划和实施工作。项目风险又分成项

---

① 虽然在 PMI 新版文件中，这一管理主绩效域被称为"uncertainty performance domain"，但是其中的核心内容的实质是项目风险应对工作，因此按照意译的原则，本书将该项目管理主绩效域称为"项目不确定性"管理主绩效域。按照基本原理，项目不确定性是一种客观存在，人们不需要去对项目不确定性做工作。项目风险是项目不确定性产生的影响或结果，人们可以通过积极应对项目风险去实现"趋利避害"的项目风险管理结果。

目风险事件和系统性项目风险两大类，前者是局限在具体领域的，后者是全局性的。需要对项目风险应对措施进行审查，以确定这些应对措施是否会引发次生风险。

6）与其他管理主绩效域的相互作用

从项目管理的角度看，项目不确定性管理主绩效域最重要的是项目管理工作，因为如果项目各方面都是确定性的，开展项目管理就失去意义了。所以这一管理主绩效域与项目计划、项目实施、项目交付和项目控制管理主绩效域都具有相互作用。同时，项目团队和项目相关方管理主绩效域多是为项目不确定性管理提供信息来源的，而项目开发方法和生命周期的选择将直接影响项目不确定性的管理方式和做法。

12.5 裁剪

裁剪是对有关项目管理方法、项目过程和项目治理等经过深思熟虑后所做出的调整，以便使其更适合特定环境和当前工作。在第六版《指南》中就对“裁剪”工作做了较大篇幅的介绍，但在第七版中将“裁剪”在《指南》中独立成章，可见更为重视。

12.5.1 裁剪的概论

裁剪是指在不同的项目环境中，对项目开发方法、项目过程、项目生命周期、项目可交付物等做必要的调整以适应项目环境的工作，这是参与项目的工作人员在深思熟虑后的选择。裁剪要以项目管理原理为指导，所以是将原理落实到具体项目的工作。

1. 裁剪需平衡的因素

裁剪需要考虑、理解、评估和平衡各方面的因素，以便为项目创造切实可行的实施过程、方法和环境，所以在进行裁剪时需要了解项目背景、目的和运行环境，需要平衡项目各方面的要求，需要尽快交付成果和使项目成本最小化，需要优化项目所交付的价值，需要创建高质量的项目可交付物和成果，需要遵守组织和国家的监管标准，需要满足不同项目相关方的要求，最重要的是需要适应项目所处的不断变化的环境。

2. 裁剪的根本目标

裁剪的根本目标是更好地适应项目组织环境、项目实施环境和项目运行环境的需要。同时，裁剪有助于对项目环境和项目需求的变化进行管理。实际上没有统一的项目过程和方法可应用于所有项目，裁剪满足了具体项目的规模、要求和复杂性以及组织所在的行业、组织文化和项目管理成熟度等要求。裁剪可为项目相关方带来直接和间接的收益，借助裁剪会创造更大的项目价值和更好地满足相关方要求。

3. 裁剪的核心内容

裁剪的核心内容包括：选择最适合的开发方法和生命周期（预测型、适应型或混合型），确定适合项目需要的项目过程（对项目各阶段的内容做出选择）；找到能够组织和激励项目相关方参与的方法，对所有参与项目的人员进行选择、赋能和合理配置；选用适合项目环境的项目管理工具和技术；确定适合项目各专项和集成管理的方法和工件，这包括根据项目所处环境和文化去选用项目方法、文档、模板和其他工件。

4. 裁剪的过程

实际上裁剪在项目全过程中的任何时间都可能发生，所以这是一个在项目期间持续开展的工作。其过程和步骤主要包括：第一，需要分析和了解项目环境；第二，选择项目开发和交付方法以及项目生命周期；第三，根据组织情况进行必要的裁剪；第四，对项目过程和方法进行裁剪；第五，裁剪工作会进入持续改进的过程。整个裁剪过程的具体步骤和由此构成的全过程如图 12-11 所示。

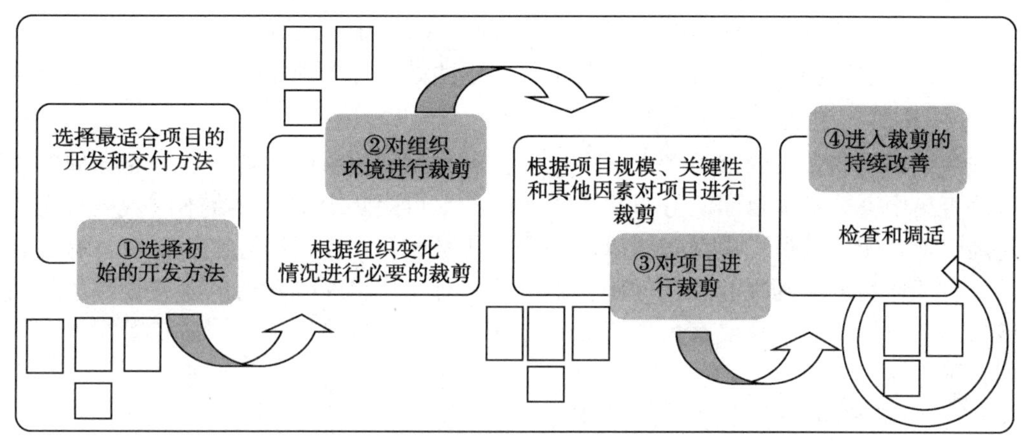

图 12-11　裁剪工作过程中各步骤的示意

根据组织情况进行裁剪是一种独特的情况，这包括组织必须根据法律法规对如安全、健康和卫生等方面的强制规定做出调整。然后，组织裁剪工作还需要根据选定的项目过程、工作和方法等因素对组织做必要的裁剪，具体请见图 12-12。

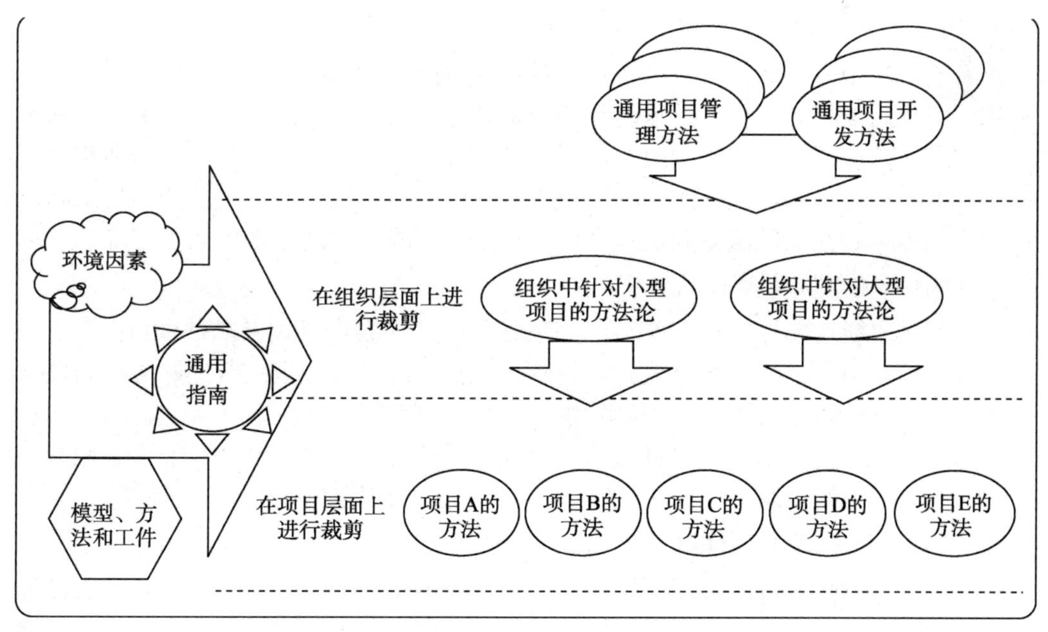

图 12-12　裁剪时对组织和项目因素进行评估

12.5.2 对项目管理主绩效域的裁剪

人们还可以根据项目的独特性对各项目管理主绩效域的工作进行裁剪。每个项目管理主绩效域的裁剪考虑事项分述如下。

1. 项目相关方管理主绩效域

这一管理主绩效域的裁剪考虑事项包括：与项目相关方及供应商的协作环境如何？项目相关方是属于组织内部或外部或二者都是？针对项目相关方沟通有哪些技术最合适且经济有效？在项目中可使用的沟通技术有哪些？沟通中是否存在跨语言等情况？项目现有相关方的情况如何？项目相关方的文化多样性如何？与项目相关方间的关系如何？

2. 项目团队管理主绩效域

这一管理主绩效域的裁剪考虑事项包括：项目团队成员的物理地点分布如何？项目团队是否集中办公？项目团队分布是否跨时区？项目团队中是否存在不同观点和文化？如何确定项目团队成员？项目团队成员是全职还是兼职？项目团队是否形成自有文化？“裁剪”工作将会受到现有文化的哪些影响？现有文化将受到裁剪的哪些影响？如何做好项目团队发展？是否需要有具备特殊才能的项目团队成员？项目团队是否需要有特殊培训？等等。

3. 项目开发方法和生命周期管理主绩效域

这一管理主绩效域的裁剪考虑事项包括：对项目产出物而言最合适的开发方法和生命周期是哪种？如果是适应型开发方法究竟应采用增量型还是迭代型方法？现采用的开发方法是否为最佳选择？对具体项目来说最合适的生命周期是怎样的？这种生命周期应包括哪些项目阶段？组织是否拥有正式或非正式的项目审计和治理政策、程序与指南？等等。

4. 项目计划管理主绩效域

这一管理主绩效域的裁剪考虑事项包括：项目内部和外部环境因素如何影响项目目标和项目可交付物？影响项目持续时间的因素是什么？组织是否有项目成本估算和预算的正式或非正式政策、程序和指南？使用适应型开发方法的项目成本是如何估算和预算的？项目是一次性采购还是多次采购以及采购过程的复杂性如何？组织的项目采购政策是否符合当地采购活动的法律和法规？组织对项目合同审计的需求如何？等等。

5. 项目实施管理主绩效域

这一管理主绩效域的裁剪考虑事项包括：组织文化、复杂性以及其他项目因素中哪些对项目实施管理过程的影响最有效？如何管理项目实施中的知识去营造好协作的项目工作环境？在项目期间及项目结束时应收集和管理好哪些项目信息？哪项技术可用于开发、记录、传输、检索、追踪和存储项目信息和工件？未来项目能否获得历史信息和经验教训？组织是否拥有正式的知识库？项目团队需要使用可随时访问的数据库吗？等等。

6. 项目控制管理主绩效域

这一管理主绩效域的裁剪考虑事项包括：组织和项目相关方是如何度量项目价值的？组织和项目相关方是否有对项目财务价值和非财务价值的度量要求和方法？在项目

期间和项目完成后将如何收回项目投资和获得投资报酬的报告？组织如何去度量项目的指标和极限值？组织在项目实施过程中如何确定其中出现的进度、成本和质量等方面的偏差？组织有哪些纠偏措施和储备管理办法？项目状态报告的要求是什么？等等。

7. 项目交付管理主绩效域

这一管理主绩效域的裁剪考虑事项包括：组织是否拥有正式或非正式的项目需求管理系统？组织是否拥有正式或非正式的项目产出物确认和控制政策、程序与指南？组织有哪些项目质量管理政策和程序？组织使用哪些项目质量管理工具、技术和模板？是否存在必须遵守的行业质量标准？需要考虑的政府、法律或法规因素有哪些？项目中存在需求不稳定的领域应如何应对？如何在项目管理或产品开发中对可持续性发展加以考虑？等等。

8. 项目不确定性管理主绩效域

这一管理主绩效域的裁剪考虑事项包括：组织的项目风险偏好和风险承受能力如何？在选定的项目开发方法中如何最有效地识别和应对项目风险的威胁和机会？项目的复杂性、技术不确定性、产品新颖性、节奏或进展跟踪等情况将如何影响项目风险？组织是否需要采取更详细的风险管理计划？组织是否需要更稳健的风险管理方法？项目的战略重要性如何？项目的战略重要性是否会导致项目的风险级别升高？等等。

综上所述，新版《指南》的《项目管理知识体系》和《标准》彻底颠覆了此前旧版《指南》的《项目管理知识体系》和《标准》的内容，从而构成了一套全新的项目管理知识体系和标准。从旧版的“基于过程”和“聚焦知识领域或项目专项管理”体系转变成了新版的“基于原理”和“聚焦项目管理主绩效域”的新体系。本书由于篇幅所限，不能全面展开对于新版《指南》的《标准》和《项目管理知识体系》的讨论，而只能做简单的介绍。读者如果对于新版《指南》的《标准》和《项目管理知识体系》有兴趣，可深入学习 PMI 官方的英文版和非官方中文版的新版《指南》的《标准》与《项目管理知识体系》。另外，本书作者在注释中给出的个人观点只是一种商榷，不当之处还望读者指正。

本章思考题

1. 基于过程的项目管理标准有几个管理子过程？
2. 基于原理的项目管理标准有几个项目管理原理？
3. 聚焦于项目专项管理的知识体系中有多少个项目专项管理？
4. 聚焦于项目管理主绩效域的知识体系中有多少个项目管理主绩效域？
5. 你认为PMI的《PMBOK® 指南》第六版和第七版会并行存在吗？
6. 你如何看待第七版《PMBOK® 指南》的项目管理原理的作用或功效？